Vahlens Handbücher
der Wirtschafts- und Sozialwissenschaften

Finanzierung

von

Univ.-Prof. Dr. Hartmut Bieg

Univ.-Prof. Dr. Heinz Kußmaul

Univ.-Prof. Dr. Gerd Waschbusch

3., vollständig überarbeitete Auflage

Verlag Franz Vahlen München

Die Autoren sind o. Professoren für Betriebswirtschaftslehre an der Universität des Saarlandes.

Univ.-Prof. Dr. Hartmut Bieg ist tätig im Bereich Wirtschaftswissenschaft.

Univ.-Prof. Dr. Heinz Kußmaul ist Direktor des Betriebswirtschaftlichen Instituts für Steuerlehre und Entrepreneurship am Lehrstuhl für Allgemeine Betriebswirtschaftslehre, insb. Betriebswirtschaftliche Steuerlehre.

Univ.-Prof. Dr. Gerd Waschbusch ist Inhaber des Lehrstuhls für Allgemeine Betriebswirtschaftslehre, insb. Bankbetriebslehre, sowie Direktor des Instituts für Banken und Mittelstandsfinanzierung e. V. (IfBM) mit Sitz in Saarbrücken.

ISBN 978-3-8006-5053-8

© 2016 Verlag Franz Vahlen GmbH, Wilhelmstraße 9, 80801 München
Satz: DTP-Vorlagen der Autoren
Druck und Bindung: Beltz Bad Langensalza GmbH,
Neustädter Str. 1–4, 99947 Bad Langensalza
Gedruckt auf säurefreiem, alterungsbeständigem Papier
(hergestellt aus chlorfrei gebleichtem Zellstoff)

Vorwort

Das hier in 3. Auflage vorgelegte Lehr- und Handbuch wendet sich an Leser, die sich umfassend und grundlegend mit den Fragen der Finanzierung und des Finanzierungsmanagements auseinandersetzen wollen, seien es Lehrende und Studierende an Universitäten, Fachhochschulen, Dualen Hochschulen, Verwaltungs- und Wirtschaftsakademien und ähnlichen Einrichtungen oder seien es interessierte Praktiker. Der Stand des Faches wird in ausführlicher Weise wiedergegeben, wobei die betriebswirtschaftlich gebotene Entscheidungsorientierung in den Mittelpunkt der Überlegungen gestellt wird; selbstverständlich erfolgt die Analyse auf dem Stand der theoretischen Diskussion.

Nach einem knapp gehaltenen ersten Abschnitt mit einer Darstellung der Grundlagen, Grundprinzipien und Bestandteile der Finanzwirtschaft wird im zweiten Abschnitt ein Überblick über die Finanzierungstheorie gegeben, ehe im dritten Abschnitt Gliederungsansätze für den Gesamtbereich der Finanzierung vorgestellt werden. Der vierte Abschnitt enthält eine Systematisierung der vielfältigen Möglichkeiten von Konditionenvereinbarungen der Außenfinanzierung. Daran anknüpfend beschäftigen sich die folgenden Abschnitte ausführlich mit den verschiedenen Instrumenten der Außenfinanzierung, und zwar der fünfte Abschnitt mit der Außenfinanzierung durch Eigenkapital (Einlagenfinanzierung), der sechste Abschnitt mit der Außenfinanzierung durch Fremdkapital (Kreditfinanzierung), wobei auch Fragen der Kreditwürdigkeitsprüfung (Kreditrating) erörtert werden, und der siebte Abschnitt mit der in den letzten Jahren immer bedeutsamer gewordenen Finanzierung durch mezzanines Kapital. Im achten Abschnitt wird das Leasing als eine Sonderform der Außenfinanzierung dargestellt, bevor im neunten Abschnitt die verschiedenen derivativen Finanzinstrumente und ihre Einsatzmöglichkeiten beschrieben werden. Der zehnte Abschnitt befasst sich sodann mit den Grundzügen des Börsenwesens. Im Anschluss daran werden im elften Abschnitt Fragen der Innenfinanzierung, insbesondere der Selbstfinanzierung und der Fremdfinanzierung aus Rückstellungen, aber auch der Finanzierung durch Vermögensumschichtung und Umfinanzierung, diskutiert. Der zwölfte Abschnitt widmet sich einer Betrachtung der Liquidität und Finanzplanung von Unternehmen. Im dreizehnten Abschnitt werden schließlich Theorien bezüglich der Gestaltung der Kapitalstruktur eines Unternehmens vorgestellt.

Die Ausführungen basieren auf dem Rechtsstand Ende des Jahres 2015.

Ein derartiges Werk entsteht weder in einem einzigen Schritt noch ist es das Werk Einzelner. Es ist das Ergebnis unserer an der Universität des Saarlandes (sowie zuvor an der Technischen Universität Kaiserslautern) gehaltenen Veranstaltungen. In den Vorlesungen und Übungen konnten viele Überlegungen zusammen mit den Studierenden, denen an dieser Stelle ganz herzlich gedankt sei, überprüft, verbessert und präzisiert werden. Ganz wesentlich haben unsere wissenschaftlichen Mitarbeiterinnen und Mitarbeiter, mit denen wir zusammengearbeitet haben, zum Abschluss dieses Werkes beigetragen. Bei der Erstellung dieses Werkes konnten wir zudem auf zahlreiche Aufsätze zurückgreifen, die wir vor allem in den Jahren 1996 bis 2010 in der Fachzeitschrift „Der Steuerberater" veröffentlicht haben; für die hervorragende Zusammenarbeit mit deren Chefredakteuren, *Herrn Uwe-Karsten Reschke* und *Frau Maria Wolfer*, möchten wir uns ausdrücklich bedanken.

Dieses Buch stellt eine grundlegende und umfassende Überarbeitung der 2. Auflage aus dem Jahr 2009 dar. Da die 2. Auflage ihrerseits das Ergebnis einer vollständigen Revision der 1. Auflage ist, möchten wir an dieser Stelle zunächst den an der 1. und der 2. Auflage Beteiligten danken, indem wir aus dem Vorwort der 2. Auflage zitieren, wobei zunächst auf die 1. Auflage Bezug genommen wird (die beiden ersten Auflagen wurden noch alleine von den beiden erstgenannten Autoren verfasst):

„Unser Dank für zahlreiche Hinweise, Hilfen und Verbesserungsvorschläge gilt unseren derzeitigen und früheren wissenschaftlichen Mitarbeitern, *Herrn Dr. Christopher Hossfeld, Herrn Prof. Dr. Michael Jacob, Herrn Dipl.-Kfm. Thomas Kern, Frau Dipl.-Kffr. Susanne König-Schichtel, Herrn Dr. Gregor Krämer, Frau Dr. Stefanie Meyer-Haberhauer, Herrn Dipl.-Kfm. Andreas Nestel, Herrn Priv.-Doz. Dr. Gerd Waschbusch* sowie *Frau Dipl.-Kffr. Nicole Klein, Herrn Dr. Bernd Leiderer, Frau Dr. Martina Petersen, Herrn Dipl.-Kfm. Lutz Richter* und *Herrn Dipl.-Kfm. Dipl. ESC René Schäfer*. Für die Sorgfalt und Umsicht beim Schreiben der Manuskripte danken wir *Frau Silvia Comtesse* und *Frau Renate Kolp* sowie *Frau Doris Schneider*; dem Lektor des Verlages, *Herrn Dipl.-Volkswirt Dieter Sobotka*, sind wir für die harmonische Zusammenarbeit zu Dank verpflichtet.

Für Hinweise und Verbesserungsvorschläge bei der Erstellung dieser 2. Auflage danken wir sehr herzlich *Herrn Dipl.-Kfm. Joachim Hauser* und *Herrn Dipl.-Kfm. Guido Sopp*. Bei der Koordination und der Herstellung eines druckfertigen Werkes war uns *Herr Dipl.-Kfm. Guido Sopp* eine unentbehrliche Hilfe; er meisterte diese Aufgabe mit Bravour, außerordentlichem Einsatz und nie erlahmendem Eifer in beispielhafter Weise. Ihm gilt unser ganz besonderer Dank."

Für die Mitwirkung bei der Erstellung der 3. Auflage gilt unser ganz besonderer Dank *Frau Dipl.-Kffr. Nina Kreis* und *Herrn Robin Blaß, M. Sc.* Beide haben mit außerordentlichem Einsatz und Eifer entscheidend zum Gelingen der 3. Auflage beigetragen. Unser großes Dankeschön gilt zudem *Frau Catherine Schroeder, Betriebswirtin (VWA)*, die als Verantwortliche für die Erstellung einer Druckvorlage für den Verlag mit hohem zeitlichem Einsatz Hervorragendes geleistet hat. Unser herzlicher Dank gilt ferner *Frau Heike Mang*, die für die Unterstützung im Umfeld der Publikation maßgebend war, sowie *Frau cand. rer. oec. Susen Claire Berg, Herrn Hannes Schuster, B. Sc., Frau Gabriela Reinstädtler, B. Sc.,* und *Herrn Johannes Biewer, B. Sc.*, die uns insbesondere bei der Aktualisierung der Literatur eine große Hilfe waren. Schließlich danken wir auch den Lektoren des Verlags Vahlen, *Herrn Dipl.-Kfm. Thomas Ammon* und *Frau Dr. Barbara Schlösser*, für die stets harmonische Zusammenarbeit im Vorfeld der Publikation.

Selbstverständlich gehen alle in diesem Werk enthaltenen Fehler ausschließlich zu Lasten der Autoren. Den Lesern sind wir für Anregungen sowie für Verbesserungsvorschläge, die wir gerne berücksichtigen werden, dankbar.

Saarbrücken, im Dezember 2015

Hartmut Bieg

Heinz Kußmaul

Gerd Waschbusch

Inhaltsübersicht

Vorwort V

Inhaltsverzeichnis XI

Verzeichnis der Abbildungen XXVII

Verzeichnis der Abkürzungen XXXIII

Erster Abschnitt
Grundlagen, Grundprinzipien und Bestandteile der Finanzwirtschaft

A. Grundlagen der Finanzwirtschaft 1

B. Grundprinzipien der Finanzwirtschaft 4

C. Bestandteile der Finanzwirtschaft 11

Zweiter Abschnitt
Überblick über die Finanzierungstheorie

A. Vorbemerkungen 17

B. Klassische Finanzierungstheorie 19

C. Neuere Finanzierungstheorie 22

D. Neo-institutionalistische Finanzierungstheorie 25

E. Finanzchemie 26

Dritter Abschnitt
Finanzierungsarten – Systematisierungsansätze

A. Gliederung nach der Herkunft des Kapitals (Mittelherkunft) 27

B. Gliederung nach der Rechtsstellung der Kapitalgeber 29

C. Gliederung nach dem Einfluss auf den Vermögens- und Kapitalbereich 31

D. Gliederung nach der Dauer der Kapitalbereitstellung 31

Vierter Abschnitt
Systematisierung der Konditionenvereinbarungen der Außenfinanzierung

A. Grundlagen 35

B. Kapitalgeber und Kapitalnehmer 35

C. Mögliche Bereiche von Konditionenvereinbarungen 38

Fünfter Abschnitt

Außenfinanzierung durch Eigenkapital (Einlagenfinanzierung)

A. Begriff und Funktionen des Eigenkapitals von Unternehmen 59

B. Bedeutung der Rechtsform für die Möglichkeiten der Eigenkapitalbeschaffung 65

C. Rechtsformimmanente Eigenkapitalbeschaffung nicht emissionsfähiger Unternehmen 66

D. Rechtsformimmanente Eigenkapitalbeschaffung emissionsfähiger Unternehmen 76

E. Rechtsformunabhängige Eigenkapitalbeschaffungsmöglichkeiten 129

Sechster Abschnitt

Außenfinanzierung durch Fremdkapital (Kreditfinanzierung)

A. Charakteristika und Formen der Kreditfinanzierung 147

B. Inhalte von Kreditvereinbarungen 156

C. Langfristige Kreditfinanzierung 201

D. Kurzfristige Kreditfinanzierung 226

Siebter Abschnitt

Außenfinanzierung durch mezzanines Kapital

A. Charakteristika und Formen mezzaninen Kapitals 251

B. Ausgewählte mezzanine Finanzinstrumente 255

Achter Abschnitt

Leasing als Sonderform der Außenfinanzierung

A. Begriff und Einteilungskriterien 275

B. Operate- und Finance-Leasing-Verträge 279

C. Steuerbilanzielle Zurechnung des Leasing-Gegenstands 281

D. Entscheidungskriterien für Kauf oder Leasing 291

Neunter Abschnitt

Derivative Finanzinstrumente

A. Systematisierung derivativer Finanzinstrumente 295

B. Finanzmanagement mit Optionen 296

C. Finanzmanagement mit Swaps 308

D. Finanzmanagement mit Futures 318

E. Finanzmanagement mit Forward Rate Agreements 328

Inhaltsübersicht IX

F. Finanzmanagement mit Kreditderivaten 343

Zehnter Abschnitt
Börsenwesen

A. Vorbemerkungen 349
B. Organisation von Börsen 351
C. Börsenhandel 354

Elfter Abschnitt
Innenfinanzierung

A. Überblick über die Innenfinanzierung 365
B. Selbstfinanzierung 376
C. Fremdfinanzierung aus Rückstellungen 382
D. Finanzierung durch Vermögensumschichtung und Umfinanzierung 399

Zwölfter Abschnitt
Liquidität und Finanzplanung

A. Aufgabe der Finanzplanung 431
B. Grundsätze der Finanzplanung 432
C. Stellung der Finanzplanung im betrieblichen Gesamtsystem 433
D. Ablauf der Finanzplanung 435
E. Kapitalbedarf 444
F. Finanzbudgetierung als Steuerungsinstrument für das Gesamtunternehmen 451
G. Kapitaldeckung und ihre Determinanten 453

Dreizehnter Abschnitt
Theorien bezüglich der Gestaltung der Kapitalstruktur eines Unternehmens

A. Gestaltung der Kapitalstruktur nach den Finanzierungsregeln 455
B. Gestaltung der Kapitalstruktur nach dem Leverage-Effekt 467

Literaturverzeichnis 473
Stichwortverzeichnis 489

Inhaltsverzeichnis

Vorwort V

Inhaltsübersicht VII

Verzeichnis der Abbildungen XXVII

Verzeichnis der Abkürzungen XXXIII

Erster Abschnitt
Grundlagen, Grundprinzipien und Bestandteile der Finanzwirtschaft

A. Grundlagen der Finanzwirtschaft 1
    I. Leistungswirtschaftlicher und finanzwirtschaftlicher Bereich 1
    II. Investition und Finanzierung als Elemente der Finanzwirtschaft 2

B. Grundprinzipien der Finanzwirtschaft 4
    I. Ziele der Finanzwirtschaft 4
    II. Finanzwirtschaftliche Entscheidungskriterien 5
        1. Kapitalrentabilität 5
        2. Liquidität 6
        3. Sicherheit 8
        4. Unabhängigkeit 8
    III. Finanzwirtschaftliche Aufgaben und Fragestellungen 10

C. Bestandteile der Finanzwirtschaft 11
    I. Investition 11
    II. Finanzierung 13

Zweiter Abschnitt
Überblick über die Finanzierungstheorie

A. Vorbemerkungen 17

B. Klassische Finanzierungstheorie 19

C. Neuere Finanzierungstheorie 22
    I. Vorbemerkungen 22
    II. Einwertige Ansätze 23
        1. Einwertige Ansätze auf dem vollkommenen Kapitalmarkt 23
        2. Einwertige Ansätze auf dem unvollkommenen Kapitalmarkt 23
    III. Kapitalmarkttheorie 23

D. Neo-institutionalistische Finanzierungstheorie ... 25
E. Finanzchemie ... 26

Dritter Abschnitt
Finanzierungsarten – Systematisierungsansätze

A. Gliederung nach der Herkunft des Kapitals (Mittelherkunft) ... 27
B. Gliederung nach der Rechtsstellung der Kapitalgeber ... 29
C. Gliederung nach dem Einfluss auf den Vermögens- und Kapitalbereich ... 31
D. Gliederung nach der Dauer der Kapitalbereitstellung ... 31

Vierter Abschnitt
Systematisierung der Konditionenvereinbarungen der Außenfinanzierung

A. Grundlagen ... 35
B. Kapitalgeber und Kapitalnehmer ... 35
C. Mögliche Bereiche von Konditionenvereinbarungen ... 38
    I. Überblick ... 38
    II. Zeitpunkt der Konditionenfestlegung ... 38
    III. Bindungsgrad der Konditionenvereinbarung ... 38
    IV. Art der Konditionen ... 40
        1. Überblick über die Verhandlungsbereiche ... 40
        2. Art der Kapitalgüter bei der Kapitalhingabe, -rückgabe und -entgeltung ... 41
        3. Bemessung der Kapitalhingabe, -rückgabe und -entgeltung ... 43
        4. Art der Realisation der Kapitalhingabe, -rückgabe und -entgeltung ... 48
        5. Übertragung der Finanzierungsinstrumente ... 49
            a) Systematisierung nach der Übertragung der Finanzierungsinstrumente ... 49
            b) Zeitpunkt der Übertragung der Finanzierungsinstrumente ... 50
            c) Beschränkungen bei der Übertragung der Finanzierungsinstrumente ... 51
        6. Dauer der Kapitalbereitstellung ... 52
        7. Verwendung des bereitgestellten Kapitals ... 53
        8. Besicherung ... 53
        9. Sonstige Rechte und Pflichten der Kapitalgeber und Kapitalnehmer ... 54
            a) Überblick ... 54
            b) Haftung ... 55
            c) Beteiligung am Liquidationserlös ... 56

Inhaltsverzeichnis XIII

    d) Einflussnahme 57

    e) Auskunft und Kontrolle 58

Fünfter Abschnitt
Außenfinanzierung durch Eigenkapital (Einlagenfinanzierung)

A. Begriff und Funktionen des Eigenkapitals von Unternehmen 59
    I. Begriff des Eigenkapitals 59
    II. Funktionen des Eigenkapitals 60
        1. Ingangsetzungs- bzw. Errichtungsfunktion (Gründungsfunktion) .. 60
        2. Verlustausgleichsfunktion und Haftungsfunktion 61
        3. Finanzierungsfunktion 64
        4. Dauerhaftigkeit der Kapitalbereitstellung 64
        5. Funktion der Gewinnverteilungsbasis 65
        6. Repräsentations- und Geschäftsführungsfunktion 65
B. Bedeutung der Rechtsform für die Möglichkeiten der Eigenkapitalbeschaffung 65
C. Rechtsformimmanente Eigenkapitalbeschaffung nicht emissionsfähiger Unternehmen 66
    I. Begriff „nicht emissionsfähige Unternehmen" 66
    II. Eigenkapitalbeschaffungsmöglichkeiten nicht emissionsfähiger Unternehmen 67
        1. Einzelunternehmen 67
        2. BGB-Gesellschaft 68
        3. Offene Handelsgesellschaft (OHG) 69
        4. Kommanditgesellschaft (KG) 70
        5. Gesellschaft mit beschränkter Haftung (GmbH) 71
        6. Genossenschaft 73
    III. Kapitalherabsetzung bei nicht emissionsfähigen Unternehmen 74
D. Rechtsformimmanente Eigenkapitalbeschaffung emissionsfähiger Unternehmen 76
    I. Begriff und Rechtsformen emissionsfähiger Unternehmen 76
        1. Begriff „emissionsfähige Unternehmen" 76
        2. Kommanditgesellschaft auf Aktien (KGaA) 77
        3. Aktiengesellschaft (AG) 78
            a) Einleitende Bemerkungen 78
            b) Charakteristik der Rechtsform „Aktiengesellschaft" 78
            c) Vorteile bei der Eigenkapitalbeschaffung für Aktiengesellschaften 81

II. Aktien ... 82

1. Begriff der Aktie ... 82
2. Aktienarten ... 82
   a) Einteilung der Aktien nach den für die Eigentumsübertragung maßgebenden Rechtsvorschriften ... 82
      aa) Inhaberaktien ... 82
      ab) Namensaktien ... 83
      ac) Vinkulierte Namensaktien ... 86
   b) Einteilung der Aktien nach dem Umfang und der Qualität der Mitgliedschaftsrechte ... 86
      ba) Stammaktien ... 86
      bb) Vorzugsaktien ... 88
   c) Einteilung der Aktien nach der Bestimmung der Anteilsquote ... 94
      ca) Nennbetragsaktien (Nennwertaktien) ... 94
      cb) Nennwertlose Aktien (Stückaktien) ... 94
   d) Eigene Aktien ... 96
   e) Vorratsaktien ... 98

III. Kapitalerhöhung bei der Aktiengesellschaft ... 98

1. Begriff und Motive der Kapitalerhöhung ... 98
2. Formen der aktienrechtlichen Kapitalerhöhung ... 98
   a) Überblick ... 98
   b) Ordentliche Kapitalerhöhung ... 99
      ba) Bezugsrecht ... 99
      bb) Platzierungsmethoden ... 105
         (1) Überblick ... 105
         (2) Festpreisverfahren ... 106
         (3) Bookbuildingverfahren ... 107
      bc) Erleichterter Bezugsrechtsausschluss nach § 186 Abs. 3 Satz 4 AktG ... 113
         (1) Vorbemerkungen ... 113
         (2) Materielle Voraussetzungen ... 114
         (3) Formale Voraussetzungen ... 116
         (4) Abschließende Bemerkungen ... 117
   c) Bedingte Kapitalerhöhung ... 118
   d) Genehmigte Kapitalerhöhung ... 120
   e) Kapitalerhöhung aus Gesellschaftsmitteln ... 121

Inhaltsverzeichnis

- IV. Kapitalherabsetzung bei der Aktiengesellschaft 124
  - 1. Begriff der Kapitalherabsetzung 124
  - 2. Formen der aktienrechtlichen Kapitalherabsetzung 124
    - a) Überblick 124
    - b) Ordentliche Kapitalherabsetzung 124
    - c) Vereinfachte Kapitalherabsetzung 126
    - d) Kapitalherabsetzung durch Einziehung von Aktien 128
- E. Rechtsformunabhängige Eigenkapitalbeschaffungsmöglichkeiten 129
  - I. Vorbemerkungen 129
  - II. Private Equity 130
    - 1. Begriff Private Equity 130
    - 2. Abgrenzung formeller und informeller Beteiligungsmarkt 130
    - 3. Buy-Outs 132
    - 4. Venture Capital 133
      - a) Notwendigkeit von Venture Capital 133
      - b) Begriff des Venture Capital 134
      - c) Abgrenzung zum Bankkredit 135
      - d) Abgrenzung zu anderen Beteiligungsgesellschaften 136
      - e) Finanzierung mit Venture Capital 137
        - ea) Generelle Funktionsweise 137
        - eb) Ausgewählte Beteiligungsformen 138
        - ec) Phasen der Finanzierung mit Venture Capital 139
        - ed) Zeitlicher Ablauf einer Finanzierung mit Venture Capital 140
          - (1) Überblick 140
          - (2) Akquisitionsphase 141
          - (3) Investitionsphase 141
          - (4) Betreuungsphase 142
          - (5) Desinvestitionsphase 142
        - ef) Öffentliche Finanzierungsprogramme mit Venture Capital 145

Sechster Abschnitt
Außenfinanzierung durch Fremdkapital (Kreditfinanzierung)

- A. Charakteristika und Formen der Kreditfinanzierung 147
  - I. Abgrenzung von Eigen- und Fremdkapital 147
  - II. Gläubigerschutz als Voraussetzung für die Bereitstellung von Fremdkapital 149
  - III. Formen der Kreditfinanzierung 154

B. Inhalte von Kreditvereinbarungen 156
   I. Nennbetrag, Auszahlungsbetrag, Rückzahlungsbetrag 156
   II. Tilgungsstruktur 156
   III. Zinsstruktur 157
   IV. Effektivverzinsung 158
   V. Laufzeit 162
   VI. Besicherung 162
      1. Vorbemerkungen 162
      2. Mögliche Ziele des Kreditgebers 163
         a) Erlangung von Verfahrensvorteilen bei der Eintreibung von Forderungen 163
         b) Beschleunigung des Beitreibungsverfahrens 163
         c) Verschaffung von Vorrechten beim Zugriff auf einen bestimmten Vermögensgegenstand des Schuldners 163
         d) Verschaffung von Sicherheiten bei anderen Personen als dem Kreditnehmer 163
      3. Formen der Kreditsicherheiten 164
         a) Überblick 164
         b) Schuldrechtliche Kreditsicherheiten 165
            ba) Bürgschaft 165
               (1) Wesen einer Bürgschaft 165
               (2) Bürgschaftsformen 166
            bb) Kreditauftrag 168
            bc) Schuldbeitritt 168
            bd) Garantie 168
            be) Patronatserklärung 168
            bf) Sicherungszession 169
            bg) Negativerklärung 173
         c) Sachenrechtliche Kreditsicherheiten 174
            ca) Eigentumsvorbehalt 174
            cb) Sicherungsübereignung 175
            cc) Pfandrechte 176
               (1) Charakterisierung und Formen von Pfandrechten 176
               (2) Bewegliche Pfandrechte 177
                  (a) Pfandrecht an beweglichen Sachen 177
                  (b) Pfandrecht an Rechten 177

		(3)	Grundpfandrechte	178
		(a)	Grundsätzliches	178
		(b)	Hypothek	179
		(c)	Grundschuld	180
		(d)	Rentenschuld	181

VII. Kreditwürdigkeitsprüfung 181
    1. Vorbemerkungen 181
    2. Beachtung banküblicher Sorgfaltsmaßstäbe 183
    3. Informationsbeschaffung und -verarbeitung 185
        a) Prozess der Informationsbeschaffung und -verarbeitung 185
        b) Informationsgruppen 188
            ba) Informationen aus dem Unternehmensumfeld 188
            bb) Unternehmensinterne Informationen 189
                (1) Überblick 189
                (2) Quantitative Informationen 189
                (3) Qualitative Informationen 192
    4. Kreditkosten und Risikokategorien 194

C. Langfristige Kreditfinanzierung 201
    I. Überblick 201
    II. Unverbriefte Darlehen 202
        1. Darlehen von Kreditinstituten und anderen Kapitalsammelstellen 202
        2. Schuldscheindarlehen 204
            a) Begriff und Funktion 204
            b) Deckungsstockfähigkeit 205
            c) Vergabe von Schuldscheindarlehen 206
    III. Verbriefte Darlehen 207
        1. Begriff und Funktion 207
        2. Emission 208
        3. Wesentliche Ausstattungsmerkmale 209
            a) Überblick 209
            b) Betrag und die Stückelung der Anleihe 209
            c) Verzinsung 210
                ca) Grundsätzliches 210
                cb) „Klassische" festverzinsliche Schuldverschreibung 210
                cc) Null-Kupon-Anleihe (Zero-Bond) 210

cd) Variable Verzinsung bei Floating Rate Notes 212

ce) Zinsbegrenzungsvereinbarungen 213

d) Duration 213

e) Kündigungsrecht 217

f) Tilgungsmodalitäten 218

g) Besicherung 219

4. Besonderheiten von Mittelstandsanleihen 221

a) Vorbemerkungen 221

b) Begebung der Anleihe 222

c) Spezifische Ausstattungsmerkmale 225

d) Schwierigkeiten mittelständischer Unternehmen 225

D. Kurzfristige Kreditfinanzierung 226

I. Überblick 226

II. Warenkredite 227

1. Lieferantenkredit 227

2. Kundenanzahlung 228

III. Geldkredite 229

1. Kontokorrentkredit 229

2. Wechselkredit 230

a) Rechtsgrundlagen 230

b) Zugrunde liegende Rechtsgeschäfte 234

c) Diskontkredit 234

3. Lombardkredit 236

4. Wertpapierpensionsgeschäft 238

5. Euronotes 240

6. Commercial Papers 241

7. Certificates of Deposit 241

IV. „Kreditleihe" 242

1. Vorbemerkungen 242

2. Akzeptkredit 242

3. Avalkredit 243

V. Kurzfristige Kredite im Auslandsgeschäft 244

1. Dokumentenakkreditiv 244

2. Rembourskredit 247

3. Negoziationskredit 249

Siebter Abschnitt
Außenfinanzierung durch mezzanines Kapital

A. Charakteristika und Formen mezzaninen Kapitals 251
    I. Begriff mezzanines Kapital 251
    II. Formen mezzaninen Kapitals 252
    III. Handels- und steuerrechtliche Einflüsse 252
        1. Handelsrechtliche Einflüsse 252
        2. Steuerrechtliche Einflüsse 253

B. Ausgewählte mezzanine Finanzinstrumente 255
    I. Stille Gesellschaften 255
    II. Genussrechtskapital 257
        1. Begriff 257
        2. Anwendungsbereiche von Genussrechten 258
        3. Abgrenzung der Genussrechte von ähnlich ausgestalteten Finanzinstrumenten 259
        4. Rechtliche Rahmenbedingungen für die Ausgestaltung und Ausgabe von Genussscheinen 260
        5. Ausstattungsmerkmale von Genussscheinen 261
            a) Beteiligung am Gewinn 261
            b) Beteiligung am laufenden Verlust 262
            c) Beteiligung am Liquidationserlös 263
            d) Laufzeit und Kündigungsrechte 264
            e) Rückzahlung 264
            f) Einräumung von Bezugs- oder Optionsrechten 265
            g) Verbriefung und Börsennotierung 265
    III. Wandelschuldverschreibungen (Wandelanleihen) 266
    IV. Optionsschuldverschreibungen 269
    V. Gewinnschuldverschreibungen 270
    VI. Partiarische Darlehen 271
    VII. Nachrangige Darlehen 271
    VIII. Gesellschafterdarlehen 272

Achter Abschnitt
Leasing als Sonderform der Außenfinanzierung

A. Begriff und Einteilungskriterien 275
B. Operate- und Finance-Leasing-Verträge 279

C. Steuerbilanzielle Zurechnung des Leasing-Gegenstands 281
    I. Vorbemerkungen 281
    II. Zurechnung im Falle des Operate-Leasing 281
    III. Zurechnung im Falle des Finance-Leasing 281
        1. Vorbemerkungen 281
        2. Vollamortisations-Leasing über bewegliche Wirtschaftsgüter 282
        3. Vollamortisations-Leasing über unbewegliche Wirtschaftsgüter 284
        4. Teilamortisations-Leasing über bewegliche Wirtschaftsgüter 287
            a) Vorbemerkungen 287
            b) Leasing-Verträge mit Andienungsrecht des Leasing-Gebers 287
            c) Leasing-Verträge mit Aufteilung des Mehrerlöses 287
            d) Kündbare Leasing-Verträge 288
        5. Teilamortisations-Leasing über unbewegliche Wirtschaftsgüter 288
    IV. Bilanzielle Auswirkungen der Zurechnung des Leasing-Gegenstands 289
D. Entscheidungskriterien für Kauf oder Leasing 291

Neunter Abschnitt
Derivative Finanzinstrumente

A. Systematisierung derivativer Finanzinstrumente 295
B. Finanzmanagement mit Optionen 296
    I. Grundbegriffe 296
        1. Begriff der Option 296
        2. Optionspreis (Optionsprämie) 297
            a) Grundsätzliche Vorbemerkungen 297
            b) Innerer Wert 297
            c) Zeitwert 300
    II. Gewinn- und Verlustprofile 301
        1. Grundsätzliches 301
        2. Kaufoptionen 301
        3. Verkaufsoptionen 303
    III. Motive der Kontraktpartner 305
    IV. Optionsstrategien 307
C. Finanzmanagement mit Swaps 308
    I. Vorbemerkungen 308
    II. Begriff des Swaps 308

Inhaltsverzeichnis

- III. Swaparten 309
  - 1. Zinsswap 309
  - 2. Währungsswap 312
- IV. Risiken von Swaps 314
  - 1. Vorbemerkungen 314
  - 2. Preisrisiko 314
  - 3. Adressenrisiko 315
    - a) Grundsätzliches 315
    - b) Ausfallrisiko 316
    - c) Erfüllungsrisiko 316
- D. Finanzmanagement mit Futures 318
  - I. Vorbemerkungen 318
  - II. Future-Arten 318
    - 1. Commodity Futures und Financial Futures 318
    - 2. Devisen-Future 319
    - 3. Zins-Future 320
    - 4. Index-Future 320
  - III. Erfüllung eines Future-Kontraktes 321
  - IV. Preisbildung von Financial Futures 322
  - V. Motive der Kontraktpartner 324
    - 1. Spekulationsmotiv 324
    - 2. Arbitragemotiv 326
    - 3. Preissicherungsmotiv (Hedging) 327
- E. Finanzmanagement mit Forward Rate Agreements 328
  - I. Vorbemerkungen 328
  - II. Begriff des Forward Rate Agreements 330
  - III. Erfüllung eines Forward Rate Agreements 333
    - 1. Ausgleichszahlung eines Forward Rate Agreements 333
    - 2. Glattstellung eines Forward Rate Agreements 337
  - IV. Preisbildung von Forward Rate Agreements 339
  - V. Motive der Kontraktpartner 341
- F. Finanzmanagement mit Kreditderivaten 343
  - I. Vorbemerkungen 343
  - II. Ausgewählte Formen von Kreditderivaten 346
    - 1. Credit Default Swaps (CDS) 346
    - 2. Credit Linked Notes 347

Zehnter Abschnitt
Börsenwesen

- A. Vorbemerkungen 349
- B. Organisation von Börsen 351
  - I. Börse und Börsenträger 351
  - II. Börsenorgane 351
  - III. Börsenaufsicht 352
- C. Börsenhandel 354
  - I. Systematisierung von Kassa- und Termingeschäften 354
  - II. Kassahandel 355
    1. Marktsegmente 355
    2. Börsenteilnehmer 355
    3. Abwicklung der Börsengeschäfte 356
  - III. Terminhandel 356
    1. Termingeschäftsarten 356
    2. Handelsobjekte 357
    3. Börsenhandel oder außerbörslicher Handel 358
    4. Terminhandel an der Eurex 359
       - a) Handelsteilnehmer und Handelsprodukte 359
       - b) Abwicklung der Termingeschäfte 359
  - IV. Börsenpreis 360
    1. Arten der Preisbildung 360
    2. Handelsformen zur Ermittlung des Börsenpreises 362
  - V. Indizes 364

Elfter Abschnitt
Innenfinanzierung

- A. Überblick über die Innenfinanzierung 365
  - I. Direkte Finanzierungswirkung von Zahlungsgrößen 365
  - II. Indirekte Finanzierungswirkung von Erfolgsgrößen 365
  - III. Einfluss der Jahresabschlusspolitik auf die Innenfinanzierung 371
  - IV. Überblick über die konkreten Instrumente der Innenfinanzierung 375
- B. Selbstfinanzierung 376
  - I. Überblick 376
  - II. Stille Selbstfinanzierung 377

III. Offene Selbstfinanzierung ... 379

IV. Beurteilung der Selbstfinanzierung ... 381

C. Fremdfinanzierung aus Rückstellungen ... 382

    I. Handels- und steuerrechtliche Vorschriften zur Bildung und Auflösung von Rückstellungen ... 382

        1. Bildung von Rückstellungen ... 382

        2. Auflösung von Rückstellungen ... 385

    II. Finanzierungswirkung der Rückstellungen ... 386

        1. Wirkung der Bildung von Rückstellungen auf Erfolgsausweis, Ertragsteuerzahlungen und Gewinnausschüttungen sowie auf den Bilanzausweis ... 386

        2. Wirkung der Auflösung von Rückstellungen auf Erfolgsausweis, Ertragsteuerzahlungen und Gewinnausschüttungen sowie auf den Bilanzausweis ... 392

    III. Determinanten des Finanzierungsumfangs ... 393

        1. Veränderungsbetrag der Rückstellungen ... 393

        2. Ertragsteuersätze ... 395

        3. Ausschüttungsentscheidung ... 396

        4. Zeitspanne zwischen Bildung und Auflösung der Rückstellungen ... 396

    IV. Finanzierungswirkung von Pensionsrückstellungen im Zeitablauf ... 396

D. Finanzierung durch Vermögensumschichtung und Umfinanzierung ... 399

    I. Vorbemerkungen ... 399

    II. Vermögensumschichtung ... 400

        1. Begriffliche Grundlagen sowie Überblick über die Instrumente der Vermögensumschichtung ... 400

        2. Kapitalfreisetzung durch den Rückfluss von Abschreibungsgegenwerten ... 400

            a) Grundlagen ... 400

            b) Kapazitätserweiterungseffekt ... 407

            c) Reduzierung des externen Kapitalbedarfs ... 412

        3. Kapitalfreisetzung durch den Verkauf von Forderungen ... 413

            a) Factoring ... 413

            b) Forfaitierung ... 419

            c) Asset Backed Securities ... 420

                ca) Funktionsweise von Asset Backed Securities ... 420

                cb) Asset Backed Securities und Finanzmarktkrise ... 424

        4. Kapitalfreisetzung durch den Verkauf (nicht) betriebsnotwendiger Vermögensgegenstände ... 427

5. Kapitalfreisetzung durch Verkürzung der Kapitalbindungsdauer (Rationalisierungsmaßnahmen) 428

III. Umfinanzierung 428

Zwölfter Abschnitt
Liquidität und Finanzplanung

A. Aufgabe der Finanzplanung.. 431
B. Grundsätze der Finanzplanung 432
C. Stellung der Finanzplanung im betrieblichen Gesamtsystem 433
D. Ablauf der Finanzplanung 435
   I. Grundschema der Finanzplanung... 435
   II. Zeitdimension der Finanzplanung.. 436
   III. Teilpläne der Finanzplanung.. 437
      1. Langfristiger Finanzplan... 437
      2. Mittelfristiger Finanzplan 438
      3. Kurzfristiger Finanzplan... 438
      4. Liquiditätsstatus.. 443
E. Kapitalbedarf.. 444
   I. Bestimmungsfaktoren und zeitlicher Anfall des Kapitalbedarfs 444
   II. Ermittlung des Kapitalbedarfs.. 445
      1. Vorbemerkungen 445
      2. Statische Ermittlung des Kapitalbedarfs 445
         a) Anlagekapitalbedarf 445
         b) Umlaufkapitalbedarf 446
         c) Kritik an der statischen Ermittlung des Kapitalbedarfs 447
      3. Dynamische Ermittlung des Kapitalbedarfs 447
F. Finanzbudgetierung als Steuerungsinstrument für das Gesamtunternehmen 451
G. Kapitaldeckung und ihre Determinanten 453

Dreizehnter Abschnitt
Theorien bezüglich der Gestaltung der Kapitalstruktur eines Unternehmens

A. Gestaltung der Kapitalstruktur nach den Finanzierungsregeln 455
   I. Grundlagen.. 455
   II. Kapitalstruktur- und Kapital-Vermögensstrukturregeln 457
      1. Vertikale Kapitalstrukturregeln 457

Inhaltsverzeichnis

2. Horizontale Kapital-Vermögensstrukturregeln ... 457
   a) Gemeinsamkeiten ... 457
   b) Goldene Bankregel und Goldene Finanzierungsregel ... 458
   c) Goldene Bilanzregel ... 458
   d) Liquiditätsgrade ... 459

III. Kritik an den beschriebenen Finanzierungsregeln ... 460
   1. Grundsätzliches ... 460
   2. Kritik an den in die Finanzierungsregeln eingehenden Zahlen ... 460
   3. Kritik an der den Finanzierungsregeln zugrunde liegenden theoretischen Konzeption ... 465

B. Gestaltung der Kapitalstruktur nach dem Leverage-Effekt ... 467

Literaturverzeichnis ... **473**

Stichwortverzeichnis ... **489**

Verzeichnis der Abbildungen

Abbildung 1: Güter- und Finanzbewegungen in einem Unternehmen 2

Abbildung 2: Wirtschaftliche Zusammenhänge zwischen der Finanzwirtschaft und der Bilanzgliederung 3

Abbildung 3: Charakteristika älterer und neuerer Auffassungen zur betrieblichen Finanzwirtschaft 4

Abbildung 4: Ausprägungsformen der Kapitalrentabilität 6

Abbildung 5: Zusammenhänge zwischen betrieblichem Rechnungswesen und Finanzwesen 12

Abbildung 6: Bilanzielle Auswirkungen von Finanzierungsmaßnahmen 15

Abbildung 7: Kernbereiche des Finanzierungsbegriffs 16

Abbildung 8: Forschungsgebiet der Finanzierungstheorie 19

Abbildung 9: Systematisierung verschiedener Ansätze der Finanzierungstheorie i. w. S. 20

Abbildung 10: Gliederung der Finanzierungsvorgänge nach der Herkunft des Kapitals 28

Abbildung 11: Gliederung der Finanzierungsvorgänge nach der Rechtsstellung der Kapitalgeber und nach der Herkunft des Kapitals 30

Abbildung 12: Gliederung der Finanzierungsvorgänge nach dem Einfluss auf den Vermögens- und Kapitalbereich 32

Abbildung 13: Gliederung der Finanzierungsvorgänge nach der Dauer der Kapitalbereitstellung 33

Abbildung 14: Systematisierung der Kapitalgeber und Kapitalnehmer 36

Abbildung 15: Überblick über mögliche Bereiche von Konditionenvereinbarungen 39

Abbildung 16: Systematisierung nach der Art der Kapitalgüter 41

Abbildung 17: Systematisierung der Bemessung der Kapitalhingabe, -rückgabe und -entgeltung 44

Abbildung 18: Systematisierung der Bemessung der Kapitalhingabe, -rückgabe und -entgeltung (Fortsetzung) 46

Abbildung 19: Systematisierung nach der Art der Realisation der Kapitalhingabe, -rückgabe und -entgeltung 48

Abbildung 20: Systematisierung nach der Übertragung der Finanzierungsinstrumente 49

Abbildung 21: Systematisierung nach der Dauer der Kapitalbereitstellung 52

Abbildung 22: Systematisierung nach der Kapitalverwendung 53

Abbildung 23: Systematisierung nach der Besicherung der Kapitalvergabe 54

Abbildung 24: Systematisierung der sonstigen Rechte und Pflichten einer Kapitalvergabe 55

Verzeichnis der Abbildungen

Abbildung 25:	Eigenkapital als Residualgröße	59
Abbildung 26:	Vermögensverlustrisiken von Gläubigern im Insolvenzfall	63
Abbildung 27:	Beispiel für einen prioritätischen Dividendenanspruch in Verbindung mit einer Gleichverteilungsregel	90
Abbildung 28:	Prioritätischer Dividendenanspruch in Verbindung mit einer Gleichverteilungsregel	90
Abbildung 29:	Prioritätischer Dividendenanspruch in Verbindung mit einer generellen Überdividende	91
Abbildung 30:	Limitierte Vorzugsdividende	92
Abbildung 31:	Ausnahmefälle vom Verbot des Erwerbs eigener Aktien (§ 71 AktG)	97
Abbildung 32:	Beispiel für eine ordentliche Kapitalerhöhung	101
Abbildung 33:	Berechnung des Mischkurses bei der ordentlichen Kapitalerhöhung (Variante 1)	102
Abbildung 34:	Berechnung des Mischkurses bei der ordentlichen Kapitalerhöhung (Variante 2)	102
Abbildung 35:	Formel zur Ermittlung des rechnerischen Werts des Bezugsrechts	103
Abbildung 36:	Rechnerischer Wert des Bezugsrechts bei Dividendennachteil	103
Abbildung 37:	Formel zur Berechnung des Mischkurses bei den alten Aktien unter Berücksichtigung eines Dividendennachteils bei den neuen Aktien	104
Abbildung 38:	Formel zur Berechnung des Mischkurses bei den neuen Aktien unter Berücksichtigung eines Dividendennachteils bei den neuen Aktien	104
Abbildung 39:	Platzierungsmethoden bei Wertpapieren	105
Abbildung 40:	Gliederung des Venture Capital in Abhängigkeit von der Lebensphase eines Unternehmens	136
Abbildung 41:	Schematische Funktionsweise einer Finanzierung mit Venture Capital	138
Abbildung 42:	Funktionale Beziehungen zwischen den Gewinnen, dem Kapitalbedarf und dem Risiko im Rahmen der Finanzierung mit Foundation-Venture Capital	140
Abbildung 43:	Varianten der Beendigung des Beteiligungsengagements für eine VC-Gesellschaft	143
Abbildung 44:	Prozentuale Zusammensetzung der Exitkanäle in den Jahren 2013 und 2014	145
Abbildung 45:	Wichtige Aspekte der von der KfW-Mittelstandsbank gewährten öffentlichen Fördermittel	146
Abbildung 46:	Charakteristika von Eigen- und Fremdkapital (idealtypische Abgrenzung)	149
Abbildung 47:	Gliederungsmöglichkeiten der Kreditfinanzierung	155
Abbildung 48:	Annuitätentilgung	157
Abbildung 49:	Effektivzinsberechnung nach der ISMA-Methode	159

Verzeichnis der Abbildungen

Abbildung 50:	Zins- und Tilgungszahlungen eines Beispielkredits	160
Abbildung 51:	Einfluss des Disagios auf die Effektivverzinsung eines Kredits	161
Abbildung 52:	Kreditsicherheiten	164
Abbildung 53:	Ausgewählte Bürgschaftsformen	166
Abbildung 54:	Abtretung einer Forderung	170
Abbildung 55:	Sicherungsübereignung	176
Abbildung 56:	Prozess der Informationsbeschaffung und -verarbeitung	185
Abbildung 57:	Teilgebiete der Kreditwürdigkeitsprüfung	186
Abbildung 58:	Verfahren der Kreditwürdigkeitsprüfung	187
Abbildung 59:	Grenzen der Kapitalbeschaffung und Möglichkeiten zur Überwindung der Misstrauensbarriere	191
Abbildung 60:	Unterstützungsmöglichkeiten des steuerlichen Beraters zur Überwindung der Misstrauensbarriere	192
Abbildung 61:	Zusammensetzung der Kreditkosten	195
Abbildung 62:	Zusammenhang zwischen internem Rating und Kreditkosten	197
Abbildung 63:	Bildung von Risikokategorien durch die Verknüpfung von Bonitäts- und Besicherungskriterien	201
Abbildung 64:	Berechnungsformel der Macaulay Duration	214
Abbildung 65:	Möglichkeiten der Beschaffung kurzfristigen Fremdkapitals	227
Abbildung 66:	Kosten eines Lieferantenkredits bei Überschreitung der Skontoabzugsfrist	228
Abbildung 67:	Merkmale des Kontokorrentkredits	230
Abbildung 68:	Gesetzliche Bestandteile der Wechselurkunde	231
Abbildung 69:	Beziehungen der Wechselbeteiligten bei einem gezogenen Wechsel	233
Abbildung 70:	Refinanzierung durch Diskontierung von Wechseln	235
Abbildung 71:	Merkmale des Lombardkredits	237
Abbildung 72:	Merkmale der Pensionsgeschäftsarten gemäß § 340b Abs. 1 bis Abs. 3 HGB	239
Abbildung 73:	Dokumentenakkreditiv	245
Abbildung 74:	Rembourskredit	248
Abbildung 75:	Mögliche Ausstattungsmerkmale von Genussscheinen	267
Abbildung 76:	Ausstattungsmerkmale von Wandelschuldverschreibungen	269
Abbildung 77:	Systematisierungskriterien für Leasing-Verträge	276
Abbildung 78:	Indirektes Leasing	277
Abbildung 79:	Systematisierung der Leasing-Verträge im Steuerrecht	278
Abbildung 80:	Unterschiede zwischen Operate- und Finance-Leasing	279
Abbildung 81:	Zurechnungskriterien beim Vollamortisations-Leasing über bewegliche Wirtschaftsgüter	283

Verzeichnis der Abbildungen

Abbildung 82: Zurechnungskriterien beim Vollamortisations-Leasing über Immobilien 285

Abbildung 83: Aufspaltung der Leasing-Rate in einen Zins- und Kostenanteil sowie einen Tilgungsanteil 291

Abbildung 84: Kalkulationsbasis für die Leasing-Raten des Leasing-Gebers 293

Abbildung 85: Systematisierung derivativer Finanzinstrumente 296

Abbildung 86: Zusammenhang zwischen innerem Wert und aus dem Geld, am Geld und im Geld stehenden Kauf- und Verkaufsoptionen 300

Abbildung 87: Gewinn- und Verlustsituation für den Käufer einer Kaufoption 302

Abbildung 88: Gewinn- und Verlustsituation für den Verkäufer einer Kaufoption 302

Abbildung 89: Gewinn- und Verlustsituation für den Käufer einer Verkaufsoption 304

Abbildung 90: Gewinn- und Verlustsituation für den Verkäufer einer Verkaufsoption 304

Abbildung 91: Einsatzmöglichkeiten von Optionsgeschäften 307

Abbildung 92: Finanzierungskonditionen der Unternehmen A und B 309

Abbildung 93: Zinszahlungsverpflichtungen der Unternehmen A und B ohne Swap 310

Abbildung 94: Zinszahlungsverpflichtungen der Unternehmen A und B mit Swap 310

Abbildung 95: Finanzierungsvorteile der Unternehmen A und B mit Swap 311

Abbildung 96: Zinszahlungsströme eines Zinsswaps 312

Abbildung 97: Die drei Phasen eines Währungsswaps 313

Abbildung 98: Darstellung von geschlossenen und offenen Swap-Positionen 314

Abbildung 99: Abschluss eines Substitutions-Swaps 317

Abbildung 100: Darstellung eines Portefeuilles zur Erklärung der Preisbildung von Financial Futures 324

Abbildung 101: Absicherung bestehender und zukünftiger Positionen durch Futures bei unterschiedlichen zukünftigen Marktsituationen 329

Abbildung 102: Ausgleichszahlungen zwischen den FRA-Partnern 331

Abbildung 103: Beispiel für die Quotierung eines Euro-Forward Rate Agreements 332

Abbildung 104: Zeitplan eines Euro-Forward Rate Agreements am Beispiel FRA 3–9 333

Abbildung 105: Wirkungsweise eines Forward Rate Agreements 3–9 bei unterschiedlicher Entwicklung des Referenzzinssatzes 334

Abbildung 106: Gewinnentwicklung aus der Glattstellung eines FRA 6–18 mit einem FRA 3–15 bei unterschiedlicher Zinsniveauentwicklung 339

Abbildung 107: Absicherung von Kreditaufnahmen bzw. Finanzanlagen durch Forward Rate Agreements bei unterschiedlichen zukünftigen Marktsituationen 342

Abbildung 108: Konstruktion eines Credit Default Swap 346

Abbildung 109: Konstruktion einer Credit Default Linked Note 348

Abbildung 110: Termingeschäftsarten und ihre Handelsobjekte 357

Verzeichnis der Abbildungen XXXI

Abbildung 111: Derivative Finanzinstrumente im Überblick 358

Abbildung 112: Beispiel zur Feststellung des Kassakurses durch einen
Skontroführer (vorliegende Aufträge) 362

Abbildung 113: Beispiel zur Feststellung des Kassakurses durch einen
Skontroführer (Kursermittlung) 363

Abbildung 114: Beispiel zur Feststellung des Kassakurses durch einen
Skontroführer (Ermittlung des Einheitskurses) 364

Abbildung 115: Finanzierungswirkung von Einzahlungen 367

Abbildung 116: Finanzierungswirkung von Auszahlungen 370

Abbildung 117: Steuerung des Abflusses erwirtschafteter Mittel unter jahresabschlusspolitischen und finanzwirtschaftlichen Gesichtspunkten 373

Abbildung 118: Überblick über die wichtigsten Instrumente der Innenfinanzierung 376

Abbildung 119: Stille Selbstfinanzierung 378

Abbildung 120: Finanzierungswirkung der Bildung von Rückstellungen in der
Gewinn- und Verlustrechnung 387

Abbildung 121: Bilanzielle Auswirkungen der Zahlungen für Ertragsteuern und der
Vollausschüttung eines in liquider Form vorliegenden Gewinns
(ohne Rückstellungsbildung) 391

Abbildung 122: Bilanzielle Auswirkungen der Rückstellungsbildung 392

Abbildung 123: Überblick über die Instrumente der Innenfinanzierung aus
Vermögensumschichtung 401

Abbildung 124: Gewinnminderung und Bilanzverkürzung durch Abschreibungen
(Ausgangssituation: keine Vornahme planmäßiger
Abschreibungen) 403

Abbildung 125: Gewinnminderung und Bilanzverkürzung durch Abschreibungen
(Vornahme planmäßiger Abschreibungen) 404

Abbildung 126: Finanzierungswirkung von Abschreibungen in der Bilanz (I) 404

Abbildung 127: Finanzierungswirkung von Abschreibungen in der Bilanz (II) 405

Abbildung 128: Finanzierungswirkung von Abschreibungen in der Gewinn- und
Verlustrechnung 405

Abbildung 129: Kapazitätserweiterungseffekt bei der Finanzierung aus
Abschreibungsgegenwerten (alle Angaben in EUR) 409

Abbildung 130: Entwicklung der Gesamtkapazität beim Kapazitätserweiterungseffekt im Rahmen der Finanzierung aus
Abschreibungsgegenwerten 411

Abbildung 131: Reduzierung des externen Kapitalbedarfs durch die Verwendung
von Abschreibungsgegenwerten 413

Abbildung 132: Vertragsbeziehungen beim echten offenen Factoring 415

Abbildung 133: Einfluss des Factorings auf die Höhe der liquiden Mittel (Situation
vor Factoring) 417

Abbildung 134: Einfluss des Factorings auf die Höhe der liquiden Mittel (Situation
nach Factoring) 417

Abbildung 135: Grundstruktur einer ABS-Transaktion ... 423

Abbildung 136: Ausgewählte Maßnahmen der Umfinanzierung ... 429

Abbildung 137: Grobschema des Systems langfristiger Teilpläne eines Industrieunternehmens ... 434

Abbildung 138: Zeitraumeinteilung von Finanzplänen ... 436

Abbildung 139: Grobschema eines kurzfristigen Finanzplans ... 439

Abbildung 140: Beispiel für einen kurzfristigen Finanzplan ... 440

Abbildung 141: Planfortschreibung (revolvierende Planung) ... 442

Abbildung 142: Finanzwirtschaftliche Anpassungsmaßnahmen ... 443

Abbildung 143: Güterwirtschaftliche Anpassungsmaßnahmen ... 443

Abbildung 144: Permanenter und zwischenzeitlicher Kapitalbedarf ... 448

Abbildung 145: Grundstruktur eines integrierten Budgetierungssystems mit Finanzbudgetierung ... 452

Abbildung 146: Liquiditätsgrade ... 460

Abbildung 147: Eigenkapitalrentabilität ... 468

Abbildung 148: Abhängigkeit der Eigenkapitalrentabilität vom Verschuldungsgrad $v = FK \div EK$ (Leverage-Effekt) ... 469

Abbildung 149: Eigenkapitalrentabilität bei negativem Leverage-Effekt ... 470

Verzeichnis der Abkürzungen

a. L.	am Lech
a. M.	am Main
Anm. d. Verf.	Anmerkung der Verfasser
Abs.	Absatz
ABS	Asset Backed Securities
abzgl.	abzüglich
ACI	Association Cambiste Internationale
ADR	American Depository Receipts
AG	Aktiengesellschaft
AktG	Aktiengesetz
AnlV	Anlageverordnung
AO	Abgabenordnung
Art.	Artikel
AStG	Außensteuergesetz
Aufl.	Auflage
B. Sc.	Bachelor of Science
BaFin	Bundesanstalt für Finanzdienstleistungsaufsicht
BAKred	Bundesaufsichtsamt für das Kreditwesen
BAV	Bundesaufsichtsamt für das Versicherungswesen
BAWe	Bundesaufsichtsamt für den Wertpapierhandel
begr.	begründet
BewG	Bewertungsgesetz
BFA	Bankenfachausschuss
BFH	Bundesfinanzhof
BGB	Bürgerliches Gesetzbuch
BGBl.	Bundesgesetzblatt
BGH	Bundesgerichtshof
BilMoG	Bilanzrechtsmodernisierungsgesetz
BMF	Bundesministerium der Finanzen
BMWi	Bundesministerium für Wirtschaft und Technologie
BörsG	Börsengesetz

Verzeichnis der Abkürzungen

BörsZulV	Börsenzulassungsverordnung
bspw.	beispielsweise
BStBl.	Bundessteuerblatt
BT	Bundestag
BTU	Beteiligungsprogramm für kleine Technologieunternehmen
BVK	Bundesverband Deutscher Kapitalbeteiligungsgesellschaften
bzgl.	bezüglich
bzw.	beziehungsweise
ca.	circa
CDU	Christlich Demokratische Union
CO_2	Kohlendioxid
CRR	Capital Requirements Regulation
CSU	Christlich-Soziale Union
d. h.	das heißt
d. Verf.	der/die Verfasser
DAX	Deutscher Aktienindex
DepotG	Gesetz über die Verwahrung und Anschaffung von Wertpapieren (Depotgesetz)
Dipl.-Kffr.	Diplom-Kauffrau
Dipl.-Kfm.	Diplom-Kaufmann
DM	Deutsche Mark
Dr.	Doktor
DSL-Bank	Deutsche Siedlungs- und Landesrentenbank
DtA	Deutsche Ausgleichsbank
DTB	Deutsche Terminbörse
E. v.	Eingang vorbehalten
e. V.	eingetragener Verein
EBF	European Banking Federation
ECU	European Currency Unit
EDV	Elektronische Datenverarbeitung
EEX	European Energy Exchange
EG	Europäische Gemeinschaften

Verzeichnis der Abkürzungen XXXV

EGAktG	Einführungsgesetz zum Aktiengesetz
EGBGB	Einführungsgesetz zum Bürgerlichen Gesetzbuch
EGHGB	Einführungsgesetz zum Handelsgesetzbuch
EIB	Europäische Investitionsbank
EK	Eigenkapital
ERA	Einheitliche Richtlinien und Gebräuche für Dokumenten-Akkreditive
ERP	European Recovery Program
EStG	Einkommensteuergesetz
ESZB	Europäisches System der Zentralbanken
etc.	et cetera (und so weiter)
EU	Europäische Union
EUR	Euro
Eurex	Europäische Terminbörse
EURIBOR	Euro Interbank Offered Rate
EuroUmrechV	Euro-Umrechnungsverordnung
evtl.	eventuell
EWR	Europäischer Wirtschaftsraum
F.D.P.	Freie Demokratische Partei
F&E	Forschung und Entwicklung
ff.	fortfolgende
FinDAG	Finanzdienstleistungsaufsichtsgesetz
FK	Fremdkapital
FRA	Forward Rate Agreement
FRABBA	Forward Rate Agreements – FRABBA Terms of the British Bankers' Association
FWB	Frankfurter Wertpapierbörse
GenG	Genossenschaftsgesetz
GewStG	Gewerbesteuergesetz
GmbH	Gesellschaft mit beschränkter Haftung
GmbHG	GmbH-Gesetz
GoB	Grundsätze ordnungsmäßiger Buchführung
GuV	Gewinn- und Verlustrechnung

h. M.	herrschende Meinung
HFA	Hauptfachausschuss
HGB	Handelsgesetzbuch
hrsg.	herausgegeben
Hrsg.	Herausgeber
HÜSt	Handelsüberwachungsstelle
i. Allg.	im Allgemeinen
i. Br.	im Breisgau
i. d. R.	in der Regel
i. e. S.	im engeren Sinne
IDW	Institut der Wirtschaftsprüfer
IFRS	International Financial Reporting Standards
Inc.	incorporated
inkl.	inklusive
InsO	Insolvenzordnung
InvG	Investmentgesetz
InvZulG	Investitionszulagengesetz
IRR	Internal Rate of Return
i. S.	im Sinne
i. S. d.	im Sinne des/der
i. V. m.	in Verbindung mit
i. w. S.	im weiteren Sinne
ISDA	International Swaps and Derivatives Association
ISMA	International Securities Market Association
JÜ	Jahresüberschuss
KAGB	Kapitalanlagegesetzbuch
KEF	Kapazitätserweiterungsfaktor
KfW	Kreditanstalt für Wiederaufbau
KG	Kommanditgesellschaft
KGaA	Kommanditgesellschaft auf Aktien
KStG	Körperschaftsteuergesetz
KWF	Kapitalwiedergewinnungsfaktor
KWG	Kreditwesengesetz

LBO	Leveraged Buy-Out
LIBOR	London Interbank Offered Rate
LKW	Lastkraftwagen
M. Sc.	Master of Science
m. w. N.	mit weiteren Nachweisen
mbH	mit beschränkter Haftung
MBI	Management Buy-In
MBO	Management Buy-Out
MBS	Mortgage Backed Securities
MD	Modified Duration
Mio.	Million(en)
MoMiG	Gesetz zur Modernisierung des GmbH-Rechts und zur Bekämpfung von Missbräuchen
Nr.	Nummer
OHG	Offene Handelsgesellschaft
o. g.	oben genannten
o. O.	ohne Ort
o. V.	ohne Verfasser
OTC	over the counter
p. a.	pro anno (pro Jahr)
PAngV	Preisangabenverordnung
PfandBG	Pfandbriefgesetz
PKW	Personenkraftwagen
Priv-Doz.	Privat-Dozent
Prof.	Professor
REX	Deutscher Rentenindex
RMX	Risk Management Exchange
ROI	Return On Investment
RS	Rechnungslegungsstandard
Rz.	Randziffer
S.	Seite/n

SE	Societas Europaea
s. o.	siehe oben
sog.	sogenannte
Sp.	Spalte
Tz.	Textziffer
u. a.	unter anderem, und andere, und anderen
u. Ä.	und Ähnliche(s)
u. U.	unter Umständen
UBGG	Gesetz über Unternehmensbeteiligungsgesellschaften
UG	Unternehmergesellschaft
US	United States
USA	United States of America
USD	US-Dollar
usw.	und so weiter
v. d. H.	vor der Höhe
VAG	Versicherungsaufsichtsgesetz
VC	Venture Capital
VermBG	Vermögensbildungsgesetz
vgl.	vergleiche
vol.	volume
WG	Wechselgesetz
WGZ	Westdeutsche Genossenschafts-Zentralbank AG
WpHG	Wertpapierhandelsgesetz
WpPG	Wertpapierprospektgesetz
Xetra	Exchange Electronic Trading
z. B.	zum Beispiel
z. T.	zum Teil
ZEW	Zentrum für Europäische Wirtschaftsforschung
Ziff.	Ziffer
ZPO	Zivilprozessordnung
zzgl.	zuzüglich

Erster Abschnitt

Grundlagen, Grundprinzipien und Bestandteile der Finanzwirtschaft

A. Grundlagen der Finanzwirtschaft

I. Leistungswirtschaftlicher und finanzwirtschaftlicher Bereich

Jedes Unternehmen ist über die Beschaffung der Faktoreinsatzgüter, die eigentliche Leistungserstellung („Produktion") sowie den Absatz der erstellten Güter in die Gesamtwirtschaft eingebunden. Über diesen „Kernbereich" der Unternehmenstätigkeit, dem **leistungs- bzw. güterwirtschaftlichen Bereich**, tritt es mit anderen in- und ausländischen Wirtschaftssubjekten und mit dem Staat in Kontakt.[1] Die Einbindung eines Unternehmens in die Leistungs- und Zahlungsströme einer Volkswirtschaft zeigt **Abbildung 1**[2] auf S. 2.

Die hier getroffene gedankliche Unterscheidung zwischen dem leistungs- und dem finanzwirtschaftlichem Bereich sollte jedoch nicht zu der Annahme verleiten, diese beiden Bereiche seien unabhängig voneinander. Die **Abhängigkeit zwischen dem leistungs- und dem finanzwirtschaftlichem Bereich** resultiert vielmehr aus vorangegangenen vertraglichen Vereinbarungen sowie gesetzlichen Vorschriften. Darüber hinaus bedingen sich diese beiden Unternehmensbereiche in zweifacher Hinsicht gegenseitig. Zum einen ist der reibungslose Ablauf des leistungswirtschaftlichen Prozesses jedes Unternehmens nur gesichert, wenn genügend finanzielle Mittel zur Beschaffung der Produktionsfaktoren zur Verfügung stehen und durch den Absatz der Betriebsleistungen über den Markt wieder zurückgewonnen werden können; der leistungswirtschaftliche Bereich setzt also generell voraus, dass seine Finanzierung gesichert ist. Zum anderen führen Störungen im leistungswirtschaftlichen Bereich letztlich immer auch zu Störungen im finanzwirtschaftlichen Bereich, da sich der aus dem Absatz der Betriebsleistungen erwartete Zustrom an Zahlungsmitteln nachteilig verändert.

All dies zeigt die Berechtigung der Vorstellung *Riegers*, wonach der betriebliche Kreislauf im Allgemeinen in Geldform beginnt und über die Umwandlung in Güter bzw. Leistungen in der Wiedergeldwerdung als Folge der Leistungsverwertung endet.[3] Es zeigt auch, dass

---

[1] Wesentliche Passagen dieses Abschnitts sind entnommen aus *Bieg, Hartmut*: Aufgaben, Grundprinzipien und Bestandteile der Finanzwirtschaft. In: Der Steuerberater 1994, S. 456–460 und S. 499–504 sowie Der Steuerberater 1995, S. 15–19 und S. 53–60; *Kußmaul, Heinz*: Grundlagen der Investition und Investitionsrechnung. In: Der Steuerberater 1995, S. 99–103, S. 135–139 und S. 179–183.

[2] Modifiziert entnommen aus *Wöhe, Günter*: Einführung in die Allgemeine Betriebswirtschaftslehre. 21. Aufl., München 2002, S. 11 (in der aktuellen Auflage nicht mehr enthalten).

[3] Vgl. *Rieger, Wilhelm*: Einführung in die Privatwirtschaftslehre. 3. Aufl., Erlangen 1964, S. 179.

„jeder güterwirtschaftliche Vorgang zugleich einen Akt der Kapitaldisposition darstellt"[4]. Zu den Güter- und Leistungsströmen parallel, aber in entgegengesetzter Richtung, verlaufen die Zahlungsströme (Geldströme). Allerdings müssen die korrespondierenden Ströme nicht zeitgleich fließen (z. B. bei einem Kauf auf Ziel); außerdem gibt es finanzwirtschaftliche Transaktionen ohne leistungswirtschaftliche Äquivalente. Trotzdem ist es berechtigt, die **Finanzwirtschaft als Spiegelbild der Leistungswirtschaft** zu charakterisieren, so dass den genannten (leistungswirtschaftlichen) „Kernbereichen" des Unternehmens die finanzwirtschaftlichen Äquivalente der Beschaffungsfinanzierung, der Produktionsfinanzierung und der Absatzfinanzierung gegenübergestellt werden können.[5]

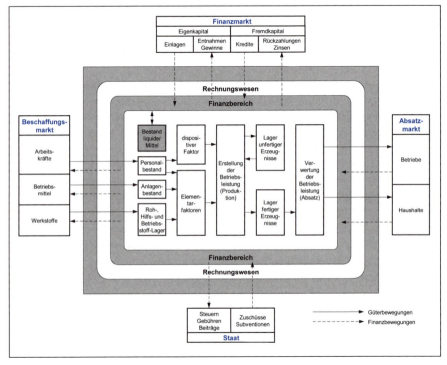

Abbildung 1: Güter- und Finanzbewegungen in einem Unternehmen

II. Investition und Finanzierung als Elemente der Finanzwirtschaft

Entsprechend der Einteilung des leistungswirtschaftlichen Bereichs in die Beschaffung von Produktionsfaktoren, die Produktion und den Absatz der erstellten Leistungen kann man den finanzwirtschaftlichen Bereich in Kapitalbeschaffung (Finanzierung), Kapitalverwendung (Investition) und Kapitaltilgung unterteilen. Die **Lehre der Finanzwirtschaft** umfasst von daher **die Theorie und die Technik der Kapitalaufbringung (einschließlich der Kapitaltilgung) und der Kapitalanlage**, behandelt also sowohl die Akquisition (Gewinnung) als

---

[4] Gutenberg, Erich: Grundlagen der Betriebswirtschaftslehre. 3. Band: Die Finanzen. 8. Aufl., Berlin/Heidelberg/New York 1980, S. 2.

[5] Vgl. Hahn, Oswald: Finanzwirtschaft. 2. Aufl., Landsberg a. L. 1983, S. 37.

auch die Disposition (Verwendung) finanzieller Mittel.[6] Hierbei wird unter der Kapitalaufbringung bzw. Mittelherkunft die **Finanzierung** und unter der Kapitalanlage bzw. Mittelverwendung die **Investition** verstanden (vgl. **Abbildung 2**[7]).

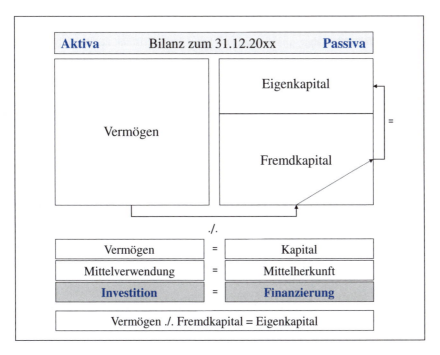

Abbildung 2 : Wirtschaftliche Zusammenhänge zwischen der Finanzwirtschaft und der Bilanzgliederung

Die Zusammenfassung von Investition und Finanzierung unter dem **Begriff Finanzwirtschaft** erfolgt, weil zwischen beiden Bereichen aufgrund der ausgelösten Zahlungsmittelbewegungen Interdependenzen bestehen. So entstehen ohne Mittelverwendungsmöglichkeiten keine Finanzierungsprobleme und Finanzierungsfragen lassen sich nicht abschließend klären, solange die Beziehung zur Mittelverwendung nicht berücksichtigt wird. Ebenso braucht man ohne Finanzierungsmöglichkeiten nicht über Investitionsmöglichkeiten nachzudenken; Investitionsfragen können nicht ohne die Berücksichtigung der finanziellen Aspekte beantwortet werden.[8]

Diese übergreifende Betrachtung der genannten Teilbereiche in der Finanzwirtschaft weicht von der traditionellen isolierten Betrachtung der beiden Gebiete ab. Aber nur in einer derartigen ganzheitlichen Betrachtung des Gesamtsystems des Unternehmens lassen sich die

---

[6] Vgl. dazu auch *Perridon, Louis/Steiner, Manfred/Rathgeber, Andreas W.*: Finanzwirtschaft der Unternehmung. 16. Aufl., München 2012, S. 5.

[7] Geringfügig modifiziert entnommen aus *Staub, Nadine*: Wirtschaftlicher Wandel und Mittelstand – Konjunkturelle und unternehmerische Herausforderungen meistern. Berlin 2012, S. 172.

[8] Vgl. *Büschgen, Hans E.*: Grundlagen betrieblicher Finanzwirtschaft – Unternehmensfinanzierung. 3. Aufl., Frankfurt a. M. 1991, S. 17.

Interdependenzen der einzelnen Bereiche berücksichtigen. Anders als der auf die Deskription finanzwirtschaftlicher Sachverhalte beschränkte traditionelle Ansatz der Finanzwirtschaft ist der moderne Ansatz der Finanzwirtschaft management- und entscheidungsorientiert. Investition und Finanzierung werden nach diesem Ansatz als ein Optimierungsvorgang gesehen, in dem Mittelbeschaffung und Mittelverwendung im Hinblick auf die Unternehmensziele aufeinander abgestimmt werden.[9] Die Charakteristika des traditionellen, des management- und entscheidungsorientierten sowie des ergänzend betrachteten kapitalmarktorientierten Ansatzes der Finanzwirtschaft sind in **Abbildung 3**[10] gegenübergestellt.

traditioneller Ansatz:
(1) externe Betrachtungsweise
(2) deskriptive Methode
(3) Isoliertheit der Finanzierungsentscheidungen im Hinblick auf die Kapitalbeschaffung
(4) Effizienzkriterium: Einhaltung bestimmter Bilanzstrukturnormen
management- und entscheidungsorientierter Ansatz:
(1) interne Betrachtungsweise
(2) analytische Methode
(3) Simultaneität der Entscheidungen im Hinblick auf die Kapitalbeschaffung und die -verwendung
(4) Effizienzkriterien: Beiträge zur Erfolgs- und Risikoposition
kapitalmarktorientierter Ansatz:
(1) externe Betrachtungsweise
(2) analytische Methode
(3) Verständnis der Renditeforderungen von Kapitalgebern als Kapitalkosten des Unternehmens
(4) Effizienzkriterium: Kurswertmaximierung

Abbildung 3: Charakteristika älterer und neuerer Auffassungen zur betrieblichen Finanzwirtschaft

B. Grundprinzipien der Finanzwirtschaft

I. Ziele der Finanzwirtschaft

Aus **leistungswirtschaftlicher Sicht** wird angestrebt, bei der Erstellung der betrieblichen Leistungen und bei ihrem Absatz **langfristig den Gewinn zu maximieren**. Verfolgt die Unternehmensleitung ausschließlich dieses Ziel, so werden betriebliche Leistungen nur erbracht, wenn sich damit ein Gewinn erzielen lässt, wenn also eine positive Differenz

---

[9] Vgl. *Büschgen, Hans E.*: Grundlagen betrieblicher Finanzwirtschaft – Unternehmensfinanzierung. 3. Aufl., Frankfurt a. M. 1991, S. 17.

[10] Geringfügig modifiziert entnommen aus *Süchting, Joachim*: Finanzmanagement – Theorie und Politik der Unternehmensfinanzierung. 6. Aufl., Wiesbaden 1995, S. 7.

zwischen den Leistungen und den Kosten zu erwarten ist.[11] Die **finanzwirtschaftliche Sicht** ist im Gegensatz dazu kapital- bzw. zahlungsorientiert. Dies zeigt sich in der Formulierung der finanzwirtschaftlichen Zielfunktion im Sinne der **Maximierung der Kapitalrentabilität** (dies entspricht einer Kapitalorientierung) **unter den Nebenbedingungen der Liquidität** (dieses Kriterium ist zahlungsorientiert), **der Sicherheit und der Unabhängigkeit**.[12]

II. Finanzwirtschaftliche Entscheidungskriterien

1. Kapitalrentabilität

Die **Kapitalrentabilität** als eine eigenständige finanzwirtschaftliche Zielsetzung stellt eine besondere Interpretation des Gewinnbegriffs dar. Kapitalrentabilitäten sind Kennzahlen, in denen eine Erfolgsgröße ins Verhältnis zu verschiedenen im Unternehmen eingesetzten Kapitalgrößen gesetzt wird. Sie geben an, in welcher Höhe sich das eingesetzte Kapital in der betreffenden Periode verzinst hat, und tragen somit dem weit verbreiteten Renditedenken Rechnung. Da das in der Finanzwirtschaft angestrebte Ziel die **Rentabilitätsmaximierung** ist, orientiert man sich bei finanzwirtschaftlichen Entscheidungen nicht an der absoluten Höhe des Gewinns, sondern an der Relation zwischen Gewinn (bspw. i. S. d. Jahresüberschusses) und eingesetztem Kapital, also an der relativen Höhe des Gewinns. Bei Vergleichen auf Basis des externen Rechnungswesens ist zudem darauf zu achten, dass zwischen dem handelsrechtlichen Gewinn, dem steuerrechtlichen Gewinn und dem Gewinn nach IFRS ein Unterschied besteht und dass darüber hinaus zwischen dem Gewinn vor Steuern und dem Gewinn nach Steuern zu unterscheiden ist. Dabei stellt der Jahresüberschuss den nach handelsrechtlichen Vorschriften ermittelten Gewinn nach Steuern dar.

Abbildung 4 auf S. 6 enthält verschiedene Ausprägungsformen der Kapitalrentabilität. Hierbei entspricht die Rentabilität eines einzelnen Investitionsobjekts dem durch die Investitionsrechnung ermittelten internen Zinsfuß.

Setzt man den Jahresüberschuss (oder in einer anderen Definition das Betriebsergebnis) eines Unternehmens zu seinen Umsatzerlösen in Beziehung, so erhält man die **Umsatzrentabilität**. Eine Modifikation der Kennzahl Gesamtkapitalrentabilität stellt der **Return On Investment** (ROI) dar, der als Quotient aus Jahresüberschuss (bzw. Betriebsergebnis) und Gesamtkapital gebildet wird. Um die Gründe für einen gegenüber dem Vorjahr verbesserten oder verschlechterten ROI besser analysieren zu können, zerlegt man ihn in die Bestandteile **Umsatzrentabilität** (Jahresüberschuss bzw. Betriebsergebnis ÷ Umsatzerlöse)

---

[11] Auf die wichtige Differenzierung zwischen Leistungen und Erträgen bzw. Kosten und Aufwendungen, wobei auch die neutralen Erträge und Aufwendungen einerseits und die kalkulatorischen Leistungen und Kosten andererseits zu berücksichtigen sind, sei hier nur hingewiesen; vgl. dazu *Wöhe, Günter*: Bilanzierung und Bilanzpolitik. 9. Aufl., München 1997, S. 21–24; *Bieg, Hartmut*: Buchführung. 8. Aufl., Herne 2015, S. 66–72.

[12] Vgl. *Bieg, Hartmut*: Betriebswirtschaftslehre 2: Finanzierung. Freiburg i. Br. 1991, S. 18–26. Zu strategischen Entscheidungen, die im Rahmen der Unternehmensfinanzierung zu treffen sind, vgl. *Waschbusch, Gerd u. a.*: Kapitel 4: Finanzierungseffekte einer Mitarbeiterkapitalbeteiligung. In: Mitarbeiterkapitalbeteiligung unter Verwendung einer Beteiligungsgesellschaft – Gestaltung und Finanzierungsansätze, hrsg. von *Jens Lowitzsch* und *Stefan Hanisch*, Düsseldorf 2014, S. 139–142.

und **Kapitalumschlagshäufigkeit** (Umsatzerlöse ÷ Gesamtkapital). Das Produkt dieser beiden Größen ergibt wiederum den ROI.[13]

a) Eigenkapitalrentabilität $= \dfrac{\text{Gewinn (bspw. JÜ)}}{\text{EK}}$

b) Gesamtkapitalrentabilität $= \dfrac{\text{Gewinn (bspw. JÜ) + FK-Zinsen}}{\text{EK + FK}}$

c) Betriebskapitalrentabilität $= \dfrac{\text{Betriebsergebnis}}{\text{betriebsnotwendiges Kapital}}$

d) Rentabilität eines einzelnen Investitionsobjekts $= \dfrac{\text{dem Projekt zurechenbare Einzahlungsüberschüsse}}{\text{für das Projekt erforderlicher Kapitaleinsatz}}$

JÜ = Jahresüberschuss; EK = Eigenkapital; FK = Fremdkapital; EK + FK = Gesamtkapital

Abbildung 4: Ausprägungsformen der Kapitalrentabilität

2. Liquidität

Würde man die Liquidität mit dem Zahlungsmittelbestand (Kassenbestand + jederzeit verfügbare Guthaben bei Kreditinstituten) gleichsetzen, so wäre ihr Umfang eindeutig und ihre Messung unproblematisch. Die Definition der **Liquidität als positiver Zahlungsmittelbestand** ist aber als finanzwirtschaftliches Kriterium wenig aussagefähig. Nicht die Höhe des Zahlungsmittelbestandes ist ausschlaggebend, sondern die Beantwortung der Frage, ob die **Zahlungskraft eines Unternehmens** insgesamt ausreicht, die an es gestellten Anforderungen zu erfüllen. Dem Umstand, dass der Zahlungsmittelbestand nur einen Teil der disponierbaren Zahlungsmittel umfasst, trägt der erste zu erörternde Liquiditätsbegriff Rechnung, wonach Liquidität die Eigenschaft eines Vermögensobjektes ist. Dem Umstand, dass Liquidität nicht nur durch die Zahlungskraft, sondern auch durch die **Zahlungsverpflichtungen** bestimmt wird, trägt der zweite Liquiditätsbegriff Rechnung, wonach Liquidität die Eigenschaft eines Wirtschaftssubjektes (in unserem Zusammenhang also eines Unternehmens) ist.

Versteht man **Liquidität als eine Eigenschaft von Vermögensobjekten**, so geht es im Wesentlichen um die **Liquidisierbarkeit** (oft verkürzt auch als Liquidierbarkeit bezeichnet) **einzelner Vermögensgegenstände**. Man kann also unter Liquidität die „Eigenschaft von Vermögensobjekten [verstehen; Anm. d. Verf.], mehr oder weniger leicht als Zahlungsmittel verwendet oder durch Verkauf oder Abtretung in ein Zahlungsmittel umgewandelt werden zu können"[14] **(absolute Liquidität)**. Zahlungsmittel sind dabei dadurch gekennzeichnet, dass durch ihre Übertragung eine Zahlungsverpflichtung mit befreiender Wirkung erfüllt wird. Gesetzliche Zahlungsmittel, für die ein Annahmezwang besteht, verfügen bei einer ungestörten Geldwirtschaft über diese Eigenschaft. Inwieweit auch andere als die gesetz-

---

[13] Vgl. hierzu ausführlich *Bieg, Hartmut/Kußmaul, Heinz/Waschbusch, Gerd*: Externes Rechnungswesen. 6. Aufl., München 2012, S. 371–374.

[14] *Stützel, Wolfgang*: Liquidität. In: Handwörterbuch der Sozialwissenschaften, hrsg. von *Erwin von Beckerath u. a.*, 6. Band, Stuttgart/Tübingen/Göttingen 1959, S. 625.

B. Grundprinzipien der Finanzwirtschaft

lichen Zahlungsmittel hier einzubeziehen sind, hängt von der Annahmebereitschaft der Gläubiger ab.[15]

Liquidität wird aber auch **als eine Eigenschaft von Wirtschaftssubjekten** im Sinne von **Zahlungsfähigkeit** verstanden. Wie bereits angedeutet, kann es sich im Rahmen betriebswirtschaftlicher Untersuchungen bei den in Frage stehenden Wirtschaftssubjekten nur um **Unternehmen** handeln. Insoweit kann man Liquidität auch als die Eigenschaft von Unternehmen verstehen, „Zahlungsansprüche mehr oder weniger leicht erfüllen zu können"[16]. Dieser Liquiditätsbegriff wurde am prägnantesten von *Witte* formuliert: „Liquidität ist die Fähigkeit der Unternehmung, die zu einem Zeitpunkt zwingend fälligen Zahlungsverpflichtungen uneingeschränkt erfüllen zu können; sie muß während des Bestehens der Unternehmung zu jedem Zeitpunkt gegeben sein."[17] Unter zwingend fälligen Zahlungsverpflichtungen versteht man in diesem Zusammenhang solche, die vertraglich oder gesetzlich zwingend bzw. wirtschaftlich unumgänglich sind.

Nach *Mellerowicz* ist unter der **Liquidität** der Tatbestand der Zahlungsbereitschaft, also die **Fähigkeit eines Unternehmens** zu verstehen, **all seinen Zahlungsverpflichtungen und Zahlungsnotwendigkeiten fristgerecht nachkommen zu können**.[18] Diese Formulierung zeigt besonders deutlich, dass die Liquidität immer unter dem Gesichtspunkt eines fortzuführenden Unternehmens zu sehen ist, was das ständige Eingehen neuer Zahlungsverpflichtungen erforderlich macht. Können diese Verpflichtungen ohne eine Gefährdung der zukünftigen Liquidität eingegangen werden, so wird das Unternehmen vom Zahlungsbereich her nicht behindert.

Nach *Gutenberg* befindet sich ein Unternehmen im **finanziellen Gleichgewicht**, wenn es zu allen Zeitpunkten genau so viele liquide Mittel zur Verfügung hat, wie es zur Deckung seiner fälligen Zahlungsverpflichtungen benötigt.[19] Diese Definition reduziert den Begriff des finanziellen Gleichgewichtes auf die **Zahlungsfähigkeit**, also auf den Liquiditätsaspekt. Da es sich hier um eine ständige Augenblicks- oder Momentanliquidität (**zeitpunktbezogene Liquidität**) handelt, stellt sich das Problem der Aufrechterhaltung der Liquidität für jedes Unternehmen zu jedem Zeitpunkt seines Bestehens. Bei dieser verwendeten Liquiditätsdefinition gibt es nur zwei Möglichkeiten: Entweder liegt Liquidität vor oder nicht. Liquide sein im Sinne dieses Liquiditätsbegriffs bedeutet also nicht, über einen hohen Bestand an Zahlungsmitteln zu verfügen. Eine größere Zahlungskraft als sie von den Zahlungsanforderungen her bedingt wird, ist unnötig und unter dem Rentabilitätsgesichtspunkt unwirtschaftlich. Reicht die Zahlungskraft nicht aus, die auftretenden Zahlungsanforderungen zu erfüllen, so liegt Illiquidität vor.

---

[15] Vgl. *Bieg, Hartmut*: Schwebende Geschäfte in Handels- und Steuerbilanz. Frankfurt a. M./Bern 1977, S. 180–181.
[16] *Stützel, Wolfgang*: Liquidität. In: Handwörterbuch der Sozialwissenschaften, hrsg. von *Erwin von Beckerath u. a.*, 6. Band, Stuttgart/Tübingen/Göttingen 1959, S. 622.
[17] *Witte, Eberhard*: Die Liquiditätspolitik der Unternehmung. Tübingen 1963, S. 15.
[18] Vgl. *Mellerowicz, Konrad*: Allgemeine Betriebswirtschaftslehre. 3. Band, 12. Aufl., Berlin 1967, S. 23.
[19] Vgl. *Gutenberg, Erich*: Grundlagen der Betriebswirtschaftslehre. 3. Band: Die Finanzen. 8. Aufl., Berlin/Heidelberg/New York 1980, S. 272–273.

3. Sicherheit

Unter **Sicherheitsstreben** versteht man das **Ziel** der Eigentümer bzw. der für das Unternehmen Verantwortlichen, **das zur Verfügung gestellte Kapital uneingeschränkt zu erhalten**. Konsequent umgesetzt würde dies den Verzicht auf jegliches Risiko bedeuten. Da jedoch letztlich (fast) jede unternehmerische Tätigkeit ein gewisses Risiko in sich birgt, müsste bei einer strengen Verfolgung dieses Ziels jegliche derartige Tätigkeit eingestellt werden. Dies kann allerdings nicht Sinn und Zweck dieser Zielsetzung sein. Vielmehr muss dieses Ziel zur Nebenbedingung modifiziert werden. Kann nicht von vornherein ein Verlust ausgeschlossen werden, so wird ein Risiko nur dann eingegangen, „wenn der Verlustgefahr auch die Chance eines Gewinns gegenübersteht"[20]. Dabei ist folgendes Verhältnis zwischen Risiko und Gewinn entscheidend: Je höher das Risiko einer Aktion ist, desto höher kann in der Regel der Gewinn aus dieser Aktion und damit die Steigerung der Rentabilität ausfallen. Der Eintritt eines Misserfolges wirkt sich dagegen negativ auf die Rentabilität aus. Bei einem entsprechend hohen Verlust aus der Aktion werden die Gewinne aus anderen Aktionen aufgezehrt; der so entstehende Periodenverlust führt zur Verminderung des Eigenkapitals. Die Rentabilität kann also auch negativ werden. Bei entsprechend hohen (kumulierten) Periodenverlusten kann es zudem zu einer völligen Aufzehrung des Eigenkapitals kommen; im schlimmsten Fall ergibt sich sogar ein „negatives" Eigenkapital.

4. Unabhängigkeit

Unter dem **Unabhängigkeitsstreben** versteht man das **Ziel** der Eigentümer bzw. der Unternehmensleitung, **die Kapitalbeschaffung so zu gestalten, dass das Unternehmensgeschehen nicht durch die Einflussnahme Dritter beeinträchtigt wird**. Es geht also konkret um die Möglichkeit der Einflussnahme der (neu gewonnenen bzw. ihr bisheriges Engagement verstärkenden) Kapitalgeber auf unternehmerische Entscheidungen. Jede Kapitalaufnahme schafft neue Mitspracherechte, die sich nach der Art des aufgenommenen Kapitals unterscheiden.

Mit der **Zuführung von Eigenkapital** ist üblicherweise die Gewährung von Entscheidungs-, Mitsprache-, Stimm- und Kontrollrechten verbunden. Hierbei sind die beiden folgenden Fälle zu unterscheiden:

Erfolgt die **Einlagenfinanzierung durch die bisherigen Gesellschafter** (Fall 1), so können sich Entscheidungsrechte und das Stimmrechtsverhältnis ändern, wenn die einzelnen Gesellschafter mit einer vom bisherigen Beteiligungsverhältnis abweichenden Quote zusätzliches Eigenkapital zuführen; dies gilt allerdings nur für den Fall, dass die Stimmrechtsverteilung von der Anteilsquote abhängt.[21]

Beim **Eintritt neuer Gesellschafter** (Fall 2) sind diesen – neben Vermögensrechten in Form einer risikoadäquaten Verzinsung und der Abgeltung stiller Rücklagen bei Ein- und Austritt – auch „Machtbefugnisse" zu gewähren, die sich auf Mitsprache- sowie Informa-

---

[20] *Hahn, Oswald*: Finanzwirtschaft. 2. Aufl., Landsberg a. L. 1983, S. 35.
[21] Bei Kapitalgesellschaften ergeben sich analoge Veränderungen beim Bezugsrecht, beim Gewinnverteilungsschlüssel und beim Anspruch auf den Liquidationserlös.

tions- und Kontrollrechte erstrecken.[22] Dadurch werden die Entscheidungsbefugnisse der bisherigen Gesellschafter geschmälert, was insbesondere bei mittelständischen Unternehmen, die häufig bewusst nach Unabhängigkeit von fremden Kapitalgebern streben, als nachteilig empfunden wird. Inwieweit sich Auswirkungen auf die Machtstrukturen innerhalb des Unternehmens ergeben, hängt dabei sowohl von der gesellschaftsrechtlichen Stellung der neuen Eigenkapitalgeber (z. B. stiller Gesellschafter, Komplementär, Kommanditist, Stamm- oder Vorzugsaktionär) als auch von den ihnen zustehenden Rechten nach Gesetz, Gesellschaftsvertrag oder Satzung ab.[23] Durch eine entsprechende Gestaltung (z. B. durch die Konstruktion einer stillen Gesellschaft oder die gesellschaftsvertragliche Beschränkung der Einflussnahmemöglichkeiten) kann somit der Machtverlust der bereits beteiligten Gesellschafter begrenzt werden.

Die tatsächlichen Einflussnahmemöglichkeiten der Eigenkapitalgeber können faktisch auch durch eine breite Streuung der Kapitalanteile, wie sie beispielsweise bei Publikumskapitalgesellschaften vorkommt, beschränkt sein. Eine solche Streuung führt dazu, dass für Inhaber mit kleinen Anteilsquoten eine Teilhabe an der Entscheidungsfindung im Unternehmen organisatorisch unmöglich wird und die Kontrolle der Entscheidungsorgane weniger wirksam vollzogen werden kann.[24]

Insgesamt ist die Mitsprache bei der Aufnahme neuen Eigenkapitals üblicherweise größer als bei der Kreditfinanzierung. Bei der **Kreditfinanzierung** sind für den Umfang der Mitspracherechte die Höhe der Kreditgewährung und die Marktmacht des Gläubigers im Verhältnis zum kreditnehmenden Unternehmen entscheidend.

Das **Unabhängigkeitsstreben kollidiert** in starkem Maße **mit den übrigen finanzwirtschaftlichen Entscheidungskriterien**. Durch das Zugeständnis, zukünftig in gewisser Weise auf das Unternehmensgeschehen Einfluss nehmen zu können, werden u. U. insbesondere Fremdkapitalgeber dazu veranlasst, ihrerseits Zugeständnisse bei der Vereinbarung des Zinssatzes zu machen, ihr Kapital langfristig zur Verfügung zu stellen oder risikobereiter zu investieren. Dies mag das kreditnehmende Unternehmen beim Abschluss des Kreditvertrages als außerordentlich vorteilhaft einschätzen. Es wird diese Vorteile aber möglicherweise mit einer Einflussnahme des Gläubigers „bezahlen" müssen, welche die Dispositionsfreiheit und die Flexibilität des Unternehmens so stark einschränkt, dass dadurch der Unternehmensprozess gestört wird. Auch durch die bei der Kreditaufnahme vielfach notwendigen und durchaus üblichen Sicherheiten bspw. in Form von Grundpfandrechten, Mobiliarpfandrechten und Sicherungsübereignungen wird die unternehmerische Verfügungsgewalt eingeengt, ja sogar die Möglichkeit weiterer Kreditaufnahmen begrenzt,[25] denn diese Vermögensgegenstände stehen zur Absicherung weiterer Kredite häufig nicht mehr zur Verfügung.

---

[22] Vgl. *Kußmaul, Heinz*: Betriebswirtschaftliche Beratungsempfehlungen zur Finanzierung mittelständischer Unternehmen. In: Steuerberaterkongreß-Report 1990, München 1991, S. 188–189.

[23] Vgl. *Wöhe, Günter/Bilstein, Jürgen*: Grundzüge der Unternehmensfinanzierung. 9. Aufl., München 2002, S. 417–419.

[24] Vgl. *Franke, Günter/Hax, Herbert*: Finanzwirtschaft des Unternehmens und Kapitalmarkt. 6. Aufl., Dordrecht u. a. 2009, S. 7.

[25] Vgl. *Perridon, Louis/Steiner, Manfred/Rathgeber, Andreas W.*: Finanzwirtschaft der Unternehmung. 16. Aufl., München 2012, S. 12.

10 *Erster Abschnitt: Grundlagen, Grundprinzipien und Bestandteile der Finanzwirtschaft*

Letztlich kann die Beherrschung durch einen einzelnen Kapitalgeber die Rentabilität des Unternehmens insofern beeinträchtigen, als dieser Preise diktieren und Wachstumsbeschränkungen im leistungswirtschaftlichen Bereich vorschreiben kann.[26]

Die Erhaltung der Dispositionsfreiheit und der Flexibilität des Unternehmens ist von einer solchen Bedeutung, dass sich das **Unabhängigkeitsstreben** als eine **wichtige Nebenbedingung bei der Kapitalbeschaffung** und damit auch bei Investitionsentscheidungen darstellt. Es muss allerdings eine überlegte und klare Abwägung vorgenommen werden, ob aus dem Unabhängigkeitsstreben heraus ein Verzicht auf eine weitere Kapitalaufnahme und damit auf eine Investition sinnvoll ist, der dann eventuell einen Verzicht auf ein mögliches Unternehmenswachstum mit sich bringt.[27]

III. Finanzwirtschaftliche Aufgaben und Fragestellungen

Die für die betriebliche Finanzwirtschaft Verantwortlichen müssen die **Geldströme (Zahlungsströme)** eines Unternehmens, die durch betriebliche und außerbetriebliche Prozesse ausgelöst werden, **erfassen, steuern und kontrollieren**. Sie haben dabei insbesondere die termingerechte Erfüllung der Zahlungsverpflichtungen sicherzustellen, müssen aber auch stets darauf bedacht sein, dem Unternehmen nicht durch den Bestand zu hoher liquider Mittel Erträge entgehen zu lassen. Hieraus ergeben sich die folgenden **Aufgaben**:

- Die für die betriebliche Finanzwirtschaft Verantwortlichen haben langfristig den **Finanzmittelbedarf** zu **erkunden**, den das Unternehmen in den übrigen betrieblichen Teilbereichen, aber auch im finanzwirtschaftlichen Bereich hat. Sie haben Finanzmittel in ausreichendem Umfang und in der gewünschten Fristigkeit zu beschaffen, um diese dann ihrer speziellen Verwendung, etwa der Anschaffung von Realgütern oder der Beschaffung vorübergehender oder langfristiger Finanzanlagen, zuzuführen.

- Der zielgerechte Ablauf der Finanzmittelbeschaffung und -verwendung setzt voraus, dass der **Zahlungsverkehr kostengünstig und schnell abgewickelt** werden kann, d. h., es sind nicht nur die notwendigen Vorkehrungen für den ungestörten Ablauf des Zahlungsverkehrs zu schaffen, sondern es sind auch Neuerungen, die den Ablauf langfristig verbessern können, durchzuführen. Darüber hinaus ist im finanzwirtschaftlichen Bereich das organisatorische Umfeld so zu gestalten, dass das Unternehmen seine Ziele erreichen kann.

- Schließlich ist zu **kontrollieren**, ob die eingesetzten Instrumente zielgerecht arbeiten, ob die gewählte Organisationsstruktur sinnvoll ist, ob die Finanzierungsform noch zeitgerecht ist und ob die vorgenommenen Investitionen den Erwartungen entsprechen; falls Änderungen des Umweltzustandes eingetreten sind oder Erkenntnisse anderer Art vorliegen, können unverzüglich Anpassungsmaßnahmen vorgenommen werden.

In großen Unternehmen werden die finanzwirtschaftlichen Entscheidungen häufig dezentral in verschiedenen Abteilungen getroffen. In diesem Falle müssen alle Entscheidungen durch

---

[26] Vgl. *Hahn, Oswald*: Finanzwirtschaft. 2. Aufl., Landsberg a. L. 1983, S. 36.

[27] Vgl. *Perridon, Louis/Steiner, Manfred/Rathgeber, Andreas W.*: Finanzwirtschaft der Unternehmung. 16. Aufl., München 2012, S. 12.

eine Instanz koordiniert werden. Bezeichnet man diese Stelle als das Finanzmanagement, so wird der Begriff – wie allgemein üblich – in institutioneller Sichtweise verwendet. Er bezeichnet also die Instanz, die für die Koordinierung derjenigen Aktivitäten der Unternehmensführung zuständig ist, die das finanzielle Gleichgewicht des Unternehmens sicherstellen sollen. Gewöhnlich ist dies der Finanzvorstand.[28]

Es lässt sich zudem ein **enges Zusammenspiel zwischen Kapitalanlage und Kapitalaufbringung** feststellen. Selbst wer die Investitionsrechnung isoliert betrachtet, hat die Ausgangsfrage zu stellen, welches Investitionsobjekt zu realisieren ist, wenn Mittel in genügend großer Höhe zur Verfügung stehen. Dagegen lautet die Ausgangsfrage der Finanzierung, wie eine Investition, die zwingend benötigt wird, finanziert werden kann. Diese Fragestellungen lassen u. U. vermuten, jeweils einer der Teilbereiche sei fix, während der andere zu optimieren sei. Tatsächlich können aber in der Praxis beide Teilbereiche gleichzeitig gestaltet werden. Daraus ergibt sich die **Notwendigkeit der gemeinsamen Planung von Investition und Finanzierung**. Es gilt folgender Zusammenhang: Jede Mittelverwendung hat eine Mittelbeschaffung zur Voraussetzung. Der beste Investitionsplan ist bedeutungslos, wenn keine Mittel zur Durchführung der Investition zur Verfügung stehen. Umgekehrt ist die Beschaffung finanzieller Mittel unsinnig, wenn für sie keine ertragbringende Verwendung gefunden werden kann. Daher muss Mittelbeschaffung stets eine Mittelverwendung nach sich ziehen.[29]

Trotz dieser Interdependenzen werden die Bereiche der Kapitalanlage[30] und der Kapitalaufbringung[31] üblicherweise getrennt voneinander behandelt. Diese Vereinfachung ist angebracht, um einen Überblick über die einzelnen Teilbereiche zu erhalten. Erst die Darstellung der grundlegenden Zusammenhänge ermöglicht es aber, die fließenden Übergänge und somit das komplexe Zusammenspiel zu erkennen.[32]

C. Bestandteile der Finanzwirtschaft

I. Investition

Der Investor verfolgt mit einer zum gegenwärtigen Zeitpunkt erfolgenden Geldauszahlung für bestimmte Vermögensgegenstände oder Dienstleistungen das Ziel, dadurch in späteren Perioden höhere Geldeinzahlungen oder Minderauszahlungen zu erwirtschaften. Charakteristische Merkmale von Investitionen[33] sind demnach die Transformation eines gegenwärtigen Zahlungsmittelbestandes in materielle, immaterielle oder finanzielle Güter sowie das Ziel, dadurch auf direkte bzw. indirekte Weise zusätzliche Einzahlungen oder geringere

---

[28] Vgl. *Büschgen, Hans E.*: Grundlagen betrieblicher Finanzwirtschaft – Unternehmensfinanzierung. 3. Aufl., Frankfurt a. M. 1991, S. 25–26.
[29] Vgl. *Wöhe, Günter u. a.*: Grundzüge der Unternehmensfinanzierung. 11. Aufl., München 2013, S. 3.
[30] Vgl. dazu *Bieg, Hartmut/Kußmaul, Heinz/Waschbusch, Gerd*: Investition. 3. Aufl., München 2016.
[31] Vgl. dazu das vorliegende Lehrbuch.
[32] Vgl. dazu *Bieg, Hartmut/Kußmaul, Heinz*: Investitions- und Finanzierungsmanagement. Band III: Finanzwirtschaftliche Entscheidungen. München 2000.
[33] Vgl. zum **Ersten Abschnitt, Kapitel C.I.** ausführlich *Bieg, Hartmut/Kußmaul, Heinz/Waschbusch, Gerd*: Investition. 3. Aufl., München 2016, S. 21–24.

12 Erster Abschnitt: Grundlagen, Grundprinzipien und Bestandteile der Finanzwirtschaft

Auszahlungen zu erreichen.[34] Es lässt sich also eine **enge Verknüpfung zwischen der güter- bzw. leistungswirtschaftlichen und der finanzwirtschaftlichen Ebene eines Unternehmens** erkennen. Jedoch kann bei der Beratung, Beurteilung und Entscheidung über eine Investition prinzipiell eine Trennung zwischen leistungswirtschaftlichen und finanzwirtschaftlichen Aspekten vorgenommen werden.

Betrachtet man die innerhalb des Bereichs des betrieblichen Finanz- bzw. Rechnungswesens ablaufenden Prozesse hinsichtlich Entscheidungsvorbereitung, Treffen von Entscheidungen sowie Informationserstellung und -verwertung, so wirken sich die mit einer Investition in Zusammenhang stehenden Aktionen zum einen deutlich auf die Aktivseite einer Bilanz sowie auf die Gewinn- und Verlustrechnung und die Finanzrechnung aus, zum anderen macht sich die Planung und Berechnung von realisationsfähigen und auch zur Verwirklichung geeigneten Investitionsobjekten (Investitionsrechnung) im Bereich der mittel- bis langfristigen Unternehmensplanung bemerkbar (vgl. **Abbildung 5**[35]).

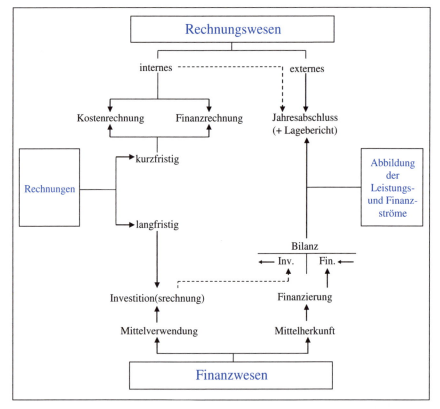

Abbildung 5: Zusammenhänge zwischen betrieblichem Rechnungswesen und Finanzwesen

---

[34] Vgl. *Bieg, Hartmut*: Betriebswirtschaftslehre 1: Investition und Unternehmungsbewertung. 2. Aufl., Freiburg i. Br. 1997, S. 1.

[35] Geringfügig modifiziert entnommen aus *Kußmaul, Heinz*: Grundlagen der Investition und Investitionsrechnung. In: Der Steuerberater 1995, S. 101.

II. Finanzierung

In der Literatur herrscht keine Einigkeit über die Definition des Finanzierungsbegriffs. Die **klassische Interpretation der Finanzierung** orientiert sich an dem in der Bilanz ausgewiesenen Kapital.[36] Finanzierung beschränkt sich danach auf die Vorgänge der Kapitalbeschaffung, wobei der Begriff der Kapitalbeschaffung eng oder weit gefasst werden kann. So kann der Begriff der Kapitalbeschaffung anhand nachfolgender Kriterien eingeschränkt werden:

- entsprechend der Form der Kapitalbeschaffung, z. B. die Beschränkung auf die Beschaffung finanzieller Mittel durch die Ausgabe von Wertpapieren;
- entsprechend der Dauer der Kapitalbereitstellung, z. B. die Beschränkung auf die Beschaffung langfristiger Mittel;
- entsprechend der Verwendung der beschafften Kapitalbeträge, z. B. die Beschränkung auf die Kapitalbeschaffung zum Zwecke der Gründung oder Erweiterung des Unternehmens bzw. zum Zwecke der Finanzierung von Vorhaben, die aus dem Rahmen der gewöhnlichen Geschäftstätigkeit des Unternehmens herausfallen.

In der weitesten Fassung dieser klassischen Definition der Kapitalbeschaffung erfolgt keine Einschränkung bzgl. der Form, Fristigkeit und Verwendung der finanziellen Mittel. Sie umschließt über die Kapitalbeschaffung hinaus sämtliche Kapitaldispositionen, die im Zusammenhang mit dem Betriebsprozess stehen, also auch die Kapitalrückzahlung und die Kapitalumschichtungen.[37] Aber auch in dieser Fassung bezieht sich der Finanzierungsbegriff nur auf die Vorgänge der Passivseite, die extern ausgelöst werden. Der am abstrakten Kapital orientierte Finanzierungsbegriff wird daher durch die Einbeziehung der Vermögensseite erweitert. Damit setzt sich Finanzierung nicht nur mit der Beschaffung externer Mittel, sondern auch mit der internen Mittelbeschaffung durch Gewinne, Mittelfreisetzungen, Abschreibungen usw. auseinander. Dies bezeichnet man als den **am Realkapital orientierten Finanzierungsbegriff**.[38]

Definiert man Finanzierung als „die Summe der Tätigkeiten, die darauf ausgerichtet sind, den Betrieb in dem entsprechenden Umfang mit Geld und anderen Vermögensteilen auszustatten, der zur Realisation der betrieblichen Ziele erforderlich ist"[39], so handelt es sich um einen weiten **entscheidungsorientierten Finanzierungsbegriff**. Ebenfalls um einen entscheidungsorientierten – wenn auch engeren und damit möglicherweise operationaleren – Ansatz handelt es sich, wenn Finanzierung als die zielgerichtete Gestaltung und Steuerung sämtlicher Zahlungsströme eines Unternehmens verstanden wird. Dies führt zu dem pagato-

---

[36] Vgl. *Perridon, Louis/Steiner, Manfred/Rathgeber, Andreas W.*: Finanzwirtschaft der Unternehmung. 16. Aufl., München 2012, S. 389.

[37] Vgl. ausführlich zur Abgrenzung der einzelnen Finanzierungsbegriffe und ihrer Vertreter *Grochla, Erwin*: Finanzierung, Begriff der. In: Handwörterbuch der Finanzwirtschaft, hrsg. von *Hans E. Büschgen*, Stuttgart 1976, Sp. 413–415.

[38] *Perridon/Steiner/Rathgeber* beziehen sich hierbei auf *Beckmann, Liesel*: Die betriebswirtschaftliche Finanzierung. 2. Aufl., München 1956, S. 28 und *Rössle, Karl*: Allgemeine Betriebswirtschaftslehre. 5. Aufl., Stuttgart 1956, S. 105. Vgl. *Perridon, Louis/Steiner, Manfred/Rathgeber, Andreas W.*: Finanzwirtschaft der Unternehmung. 16. Aufl., München 2012, S. 389.

[39] *Grochla, Erwin*: Finanzierung, Begriff der. In: Handwörterbuch der Finanzwirtschaft, hrsg. von *Hans E. Büschgen*, Stuttgart 1976, Sp. 414.

rischen, d. h. an Zahlungsströmen orientierten Finanzierungsbegriff. *Köhler* definiert diesbezüglich: „Zusammenfassend sei die Finanzierung, Teil der Finanzwirtschaft, definiert als Gesamtheit der Zahlungszuflüsse (Einzahlungen) und der beim Zugang nicht monetärer Güter vermiedenen sofortigen Zahlungsmittelabflüsse (Auszahlungen)."[40] Diese Definition beinhaltet alle Formen der internen und externen Geld- und Kapitalbeschaffung, einschließlich der Kapitalfreisetzungseffekte.

In Anlehnung an *Vormbaum* und *Wöhe u. a.* wird im Folgenden von einer **vier Kernbereiche** umfassenden Auslegung **des Finanzierungsbegriffs** ausgegangen.[41] Danach fallen in den Bereich der Finanzierung als Erstes **alle betrieblichen Maßnahmen der Versorgung des Unternehmens mit disponiblem** (für unternehmerische Entscheidungen zur Verfügung stehendem) **Kapital**

- zur Durchführung der betrieblichen Leistungserstellung und Leistungsverwertung (Erfüllung des eigentlichen Betriebszwecks) sowie
- zur Abwicklung bestimmter außerordentlicher finanztechnischer Vorgänge (z. B. Unternehmensgründung, Kapitalerhöhung, Fusion, Umwandlung, Sanierung, Liquidation).

Ergänzend zu dieser Bereitstellung von finanziellen Mitteln jeder Art (Kapitalbeschaffung im weitesten Sinne) kommen als Zweites **Maßnahmen zur optimalen Strukturierung des Kapitals des Unternehmens** hinzu (Kapitalumschichtung, Umfinanzierung). Als Drittes beinhaltet der Finanzierungsbegriff **die Rückzahlung und den Verlust früher beschafften Kapitals** (Kapitalabfluss bspw. in Form von Kapitalentnahmen, Kredittilgungen, Gewinnausschüttungen, Verrechnungen anfallender Periodenverluste mit Rücklagepositionen). Als Viertes zählen zum Begriff der Finanzierung alle Maßnahmen der **Freisetzung des in Sach- oder Finanzwerten gebundenen Kapitals im Wege der Veräußerung bzw. durch den sich über den Markt vollziehenden betrieblichen Umsatzprozess**. Bei diesen Maßnahmen der Vermögensumschichtung handelt es sich um die Verflüssigung bzw. Wiedererwirtschaftung ehemals investierter Mittel und deren Bereitstellung für erneute Finanzierungsvorgänge. Derartige Kapitalfreisetzungen finden ihren Niederschlag nicht nur auf der Passivseite der Bilanz (wegen ihrer Erfolgswirksamkeit), sondern sie zeigen sich vor allem auf der Aktivseite in Form von Vermögensumschichtungen. Vermögensumschichtungen sind aber auch dann möglich, wenn die auf der Passivseite ausgewiesenen Kapitalpositionen konstant bleiben. Von daher fällt auch die Bereitstellung finanzieller Mittel, die nicht zu einer Vergrößerung des auf der Passivseite ausgewiesenen Kapitals führt, unter den Finanzierungsbegriff.

Der Begriff Finanzierung beschränkt sich aber nicht nur auf die reine Geldbeschaffung (liquide Mittel), sondern er umschließt auch die **Zurverfügungstellung von Sachgütern** in Form von Sacheinlagen oder der Einbringung von Wertpapieren. Kapitalbeschaffung (Finanzierung) und Kapitalverwendung (Investition) erfolgen in diesen Fällen als einheitlicher Vorgang. **Finanzierung** umfasst infolgedessen nicht nur die Geldbeschaffung, sondern die

---

[40] *Köhler, Richard*: Zum Finanzierungsbegriff einer entscheidungsorientierten Betriebswirtschaftslehre. In: Zeitschrift für Betriebswirtschaft 1969, S. 451.
[41] Vgl. *Vormbaum, Herbert*: Finanzierung der Betriebe. 9. Aufl., Wiesbaden 1995, S. 26–30; *Wöhe, Günter u. a.*: Grundzüge der Unternehmensfinanzierung. 11. Aufl., München 2013, S. 2–4.

Kapitalbeschaffung in allen Formen. Das zur Nutzung überlassene Eigen- oder Fremdkapital findet seinen vermögensmäßigen Gegenwert in Form von Geld, Sachgütern, Wertpapieren oder anderen Vermögensgegenständen.

Der **Kapitalbereich der Bilanz** (Passivseite) gibt demzufolge Auskunft darüber, welche Kapitalbeträge in welcher rechtlichen Form (Eigenkapital oder Fremdkapital) dem Betrieb zur Nutzung überlassen werden, während der **Vermögensbereich der Bilanz** (Aktivseite) zum Ausdruck bringt, in welchen Vermögensarten die von den Kapitalgebern zur Verfügung gestellten Mittel derzeit gebunden sind. In diesem Zusammenhang lassen sich grundsätzlich **vier Arten von Finanzierungsvorgängen**, die sich in einer Änderung des Bilanzinhalts niederschlagen, unterscheiden (siehe **Abbildung 6**[42]).

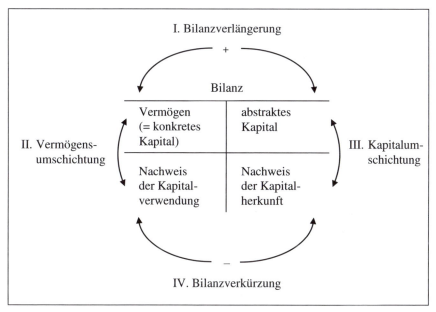

Abbildung 6: Bilanzielle Auswirkungen von Finanzierungsmaßnahmen

Bilanzverlängernde Finanzierungsmaßnahmen führen zu einer Erhöhung des dem Betrieb zur Verfügung stehenden Vermögens bei einer gleichzeitigen gleichgewichtigen Erhöhung des Kapitals. Diese Vorgänge werden in **Abbildung 7**[43] auf S. 16 als **Kapitalbeschaffung** bezeichnet. Mit dem Ausweis des neu aufgenommenen Kapitals (Eigenkapital und/oder Fremdkapital) auf der Passivseite wird der juristische Anspruch dokumentiert. Auf der Aktivseite zeigt sich diese Kapitalerhöhung in ihrer konkreten Form, nämlich als Zufluss von liquiden Mitteln (z. B. Bareinlage, Kreditaufnahme) oder als Erhöhung der Sachgüter (z. B. Sacheinlage, Kauf auf Ziel).

---

[42] Modifiziert entnommen aus *Vormbaum, Herbert*: Finanzierung der Betriebe. 9. Aufl., Wiesbaden 1995, S. 27.

[43] Modifiziert entnommen aus *Vormbaum, Herbert*: Finanzierung der Betriebe. 9. Aufl., Wiesbaden 1995, S. 29.

Vermögensumschichtende Finanzierungsvorgänge (Aktivtausch) führen bei einer gleich bleibenden Bilanzsumme zu einer Umstrukturierung des Vermögens, indem z. B. Sachgüter oder Finanztitel in liquide Mittel umgewandelt werden; gebundenes Vermögen wird also durch eine Veräußerung freigesetzt. Es gibt allerdings Finanzierungsvorgänge, die neben einer **Vermögensumschichtung** gleichzeitig auch zu einer Bilanzverlängerung oder -verkürzung führen. Dies ist der Fall, wenn beim Verkauf von Vermögensgegenständen zu einem über dem Buchwert liegenden Preis stille Rücklagen gewinnerhöhend aufgedeckt werden oder wenn aufgrund ihrer vorherigen Überbewertung ein außerordentlicher Aufwand entsteht. Finanzierungsmaßnahmen, die zu einer Vermögensumschichtung führen, werden in **Abbildung 7** als **Kapitalfreisetzung** bezeichnet.

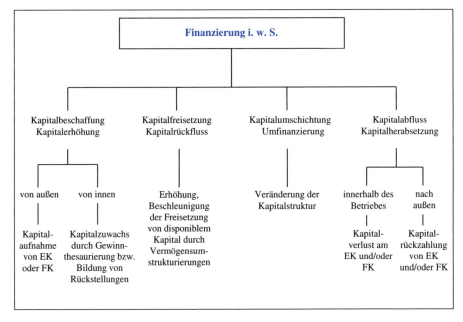

Abbildung 7: Kernbereiche des Finanzierungsbegriffs

Bei **kapitalumschichtenden Finanzierungsvorgängen (Passivtausch)** kommt es bei einer gleich bleibenden Bilanzsumme zu einer Umstrukturierung der Passivseite. Die Veränderung der Rechtsposition des Kapitalgebers gegenüber dem Unternehmen (Eigentümer wird Gläubiger bzw. umgekehrt) zählt ebenso zu dieser **Kapitalumschichtung** wie Strukturveränderungen innerhalb des Eigenkapitals (z. B. eine Kapitalerhöhung aus Gesellschaftsmitteln) und des Fremdkapitals (z. B. die Vereinbarung, einen kurzfristigen Kredit auf eine langfristige Darlehensbasis umzustellen; vgl. **Abbildung 7**).

Bilanzverkürzende Finanzierungsmaßnahmen führen zu einer Verkleinerung der Bilanzsumme durch die Verminderung des dem Betrieb zur Verfügung stehenden Vermögens bei einer gleichzeitigen gleichgewichtigen Verminderung des Kapitals. Dieser **Kapitalabfluss** zeigt sich in konkreter Form als eine Verminderung der liquiden Mittel bzw. von Sachgütern, schlägt sich aber auch in einer entsprechenden Verminderung der die Rechtsansprüche der Kapitalgeber repräsentierenden Eigen- oder Fremdkapitalpositionen nieder (vgl. **Abbildung 7**).

Zweiter Abschnitt

Überblick über die Finanzierungstheorie

A. Vorbemerkungen

Finanzwirtschaftliche Planungen und Entscheidungen wirken mitunter weit in die Zukunft hinein. So führen beispielsweise Einzahlungen aus der Aufnahme von Krediten zu vertraglich vereinbarten Auszahlungsverpflichtungen für Zinsen und Tilgungen in späteren Zeitpunkten. Aus der Aufnahme von Eigenkapital entstehen zwar keine rechtlichen Zahlungsverpflichtungen, wohl aber müssen die Erwartungen der Eigentümer durch Gewinnausschüttungen erfüllt werden. Im Bereich der Leistungsein- und -auszahlungen bestehen ebenfalls **intertemporale Zusammenhänge**; insbesondere ermöglichen Investitionsauszahlungen spätere Einzahlungsüberschüsse im Leistungsbereich. Darüber hinaus sind die Auswirkungen finanz- und leistungswirtschaftlicher Vorgänge auf die Zahlungen an den Staat (Steuern) bzw. vom Staat (Subventionen) zu berücksichtigen. Bei der Abstimmung zukünftiger Ein- und Auszahlungen muss angesichts einer **ungewissen Zukunft** zudem stets so disponiert werden, dass nicht nur beim planmäßig vorgesehenen Ablauf der Zahlungsströme der erforderliche Ausgleich von Ein- und Auszahlungen erreicht wird. Man muss sich vielmehr auch Entwicklungen anpassen können, die vom planmäßigen Verlauf abweichen. Hierzu ist ein hinreichend großes Potenzial von Anpassungsmöglichkeiten (ungenutzte Finanzierungsmöglichkeiten, Einschränkung des Investitionsprogramms, Liquidisierung von Finanzanlagen) notwendig.[44]

Daraus ergibt sich die **Aufgabe**, die aus den wechselseitigen geld- und güterwirtschaftlichen Beziehungen eines Unternehmens resultierenden **Zahlungsmittelbewegungen im Gleichgewicht zu halten**, also den Mittelbedarf und die verfügbaren Mittel aufeinander abzustimmen und die Leitung des Unternehmens auf (mögliche) finanzielle Engpässe hinzuweisen. Bei allen unternehmerischen Entscheidungen, die das Ziel verfolgen, den Erfolg langfristig zu maximieren, ist die **strenge Nebenbedingung** zu beachten, **dass die Liquidität ständig gesichert sein muss**. Der maximale Gewinn muss allerdings nicht zwingend zur Sicherung der Liquidität führen, was sich u. a. durch den Zusammenbruch illiquider Unternehmen zeigt, die durchaus eine günstige Gewinnsituation aufweisen. Durch die Nichtbeachtung dieser Liquiditätsproblematik wird der Bestand des Unternehmens bedroht, da

- die Liquiditätssituation von Ein- und Auszahlungen (Zahlungsmittelbestandsveränderungen)[45] mit beeinflusst wird; diese kann (und wird in der Regel) aufgrund der Periodisierung der Zahlungsvorgänge zu Aufwendungen und Erträgen von der Erfolgssituation einer Periode abweichen;

---

[44] Vgl. *Hax, Herbert*: Finanzierung. In: Vahlens Kompendium der Betriebswirtschaftslehre, Band 1, 4. Aufl., München 1998, S. 179–180.
[45] Vgl. zu diesen Begriffen ausführlicher *Bieg, Hartmut/Kußmaul, Heinz/Waschbusch, Gerd*: Investition. 3. Aufl., München 2016, S. 1–5.

- durch unsere Rechtsordnung die Einhaltung von Liefer- und Zahlungsversprechen erzwungen werden kann.

Damit wird deutlich, dass kurzfristig gesehen die Liquidität für die Existenz eines Unternehmens entscheidender sein kann als die Rentabilität und dass ein Unternehmen nur bei einer ständigen Erhaltung der Liquidität zur langfristigen Gewinnmaximierung in der Lage ist.[46] Der störungsfreie Ablauf des Prozesses der betrieblichen Leistungserstellung erfordert es, dass dem Unternehmen die erforderlichen liquiden Mittel fristgerecht zur Verfügung stehen. Voraussetzung für die Existenzsicherung des Unternehmens ist die zeitliche Koordination der Ein- und Auszahlungsströme. Das **Problem der zeitlichen Abstimmung der Zahlungsströme** entsteht aus zwei Gründen:

- Die Kapitalgeber stellen dem Unternehmen in der Regel das Kapital befristet und unterschiedlich lange zur Verfügung.

- Das in dem Unternehmen eingesetzte Kapital wird für unterschiedlich lange Zeiträume in den Vermögenswerten gebunden.

Im Rahmen der Finanzierungstheorie, die zur Lösung der bei der Finanzierung aufgeworfenen Probleme beitragen soll, sind vor allem zwei Fragestellungen von Interesse:

- **Kapitalgeber** verlangen Hilfestellungen bei der Auswahl von am Geld- und Kapitalmarkt möglichen Anlageformen,

- **Kapitalnehmer** (im Folgenden: die Unternehmen) sind an Entscheidungshilfen interessiert, um in Bezug auf ihre Ziele optimale Finanzierungsalternativen finden zu können.

Bei diesen Fragestellungen sind – dies zeigt **Abbildung 8**[47] auf S. 19 – die folgenden Komponenten von Bedeutung:[48]

- Die **Ziele der Kapitalgeber und Kapitalnehmer** (A): Sie beeinflussen wesentlich die Auswahl aus den zur Verfügung stehenden Alternativen.

- Der **Übertragungsvorgang** (B): Beim Transfer der Zahlungen zwischen Kapitalgeber und Kapitalnehmer treten Behinderungen auf in Form von (1) Steuern, (2) Transaktionskosten (z. B. Überweisungs- und Maklergebühren) und (3) Informationskosten, weil Kapitalgeber und Kapitalnehmer ihre Engagements auswählen und überwachen müssen. Daneben sind (4) Opportunitätskosten zu berücksichtigen, wenn – wie üblich – die Entscheidung für eine Alternative gleichzeitig den Verzicht auf eine andere Möglichkeit erfordert.

- Der **Marktzusammenhang** (C): Die Ziele der Kapitalgeber und Kapitalnehmer und das Übertragungsmedium sind in den Marktzusammenhang zu bringen, aus dem sich die möglichen Anlage- bzw. Finanzierungsalternativen ergeben.

---

[46] Vgl. *Bieg, Hartmut*: Schwebende Geschäfte in Handels- und Steuerbilanz. Frankfurt a. M./Bern 1977, S. 179–180.

[47] Entnommen aus *Bieg, Hartmut*: Überblick über die Finanzierungstheorien. In: Der Steuerberater 1997, S. 27.

[48] Vgl. hierzu *Steiner, Manfred/Kölsch, Karsten*: Finanzierung – Zielsetzungen, zentrale Ergebnisse und Entwicklungsmöglichkeiten der Finanzierungsforschung. In: Die Betriebswirtschaft 1989, S. 410–411.

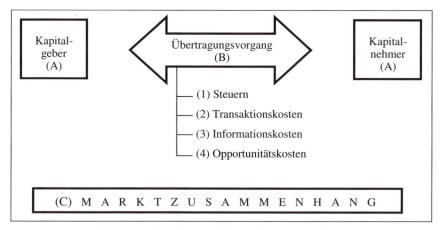

Abbildung 8: Forschungsgebiet der Finanzierungstheorie

Wird die Lösung der Probleme mit Hilfe quantitativ analytischer Modelle angestrebt, so spricht man von der Finanzierungstheorie i. e. S. Die Finanzierungstheorie i. w. S. umfasst zusätzlich den Bereich der Begriffsbildung sowie die Beschreibung und Interpretation von Finanzierungsvorgängen. Hier wird im Folgenden von der weiten Interpretation des Begriffs der Finanzierungstheorie ausgegangen. **Abbildung 9**[49] auf S. 20 enthält eine mögliche **Systematisierung der Ansätze der Finanzierungstheorie**.[50] Bei der folgenden kurzen Charakterisierung der verschiedenen Theorieansätze wird auch darauf eingegangen, welche der in **Abbildung 8** genannten Komponenten Untersuchungsgegenstand des jeweiligen Ansatzes sind.

B. Klassische Finanzierungstheorie

Die klassische Finanzierungstheorie betrachtet die Vorgänge im finanz- und leistungswirtschaftlichen Bereich unabhängig voneinander. Dabei wird hauptsächlich die Komponente (A), also die Ziele der Kapitalgeber und Kapitalnehmer, untersucht. Bei dieser überwiegend deskriptiven **Charakterisierung von Finanzierungsalternativen** anhand verschiedener Kriterien verzichtet man auf die Formulierung quantitativer Entscheidungskriterien, so dass keine eindeutigen Handlungsempfehlungen abgegeben werden können. Während der Marktzusammenhang (C) überhaupt nicht berücksichtigt wird, spielt der Übertragungsvorgang nur am Rande eine Rolle; so werden zwar teilweise Steuern und Transaktionskosten, weniger jedoch Informations- und Opportunitätskosten in die Betrachtung mit einbezogen.

---

[49] Geringfügig modifiziert entnommen aus *Bieg, Hartmut*: Überblick über die Finanzierungstheorien. In: Der Steuerberater 1997, S. 28.

[50] Vgl. hierzu *Steiner, Manfred/Kölsch, Karsten*: Finanzierung – Zielsetzungen, zentrale Ergebnisse und Entscheidungsmöglichkeiten der Finanzierungsforschung. In: Die Betriebswirtschaft 1989, S. 413–425. Andere Systematisierungen sind ebenfalls möglich; vgl. z. B. *Süchting, Joachim*: Finanzmanagement – Theorie und Politik der Unternehmensfinanzierung. 6. Aufl., Wiesbaden 1995, S. 7.

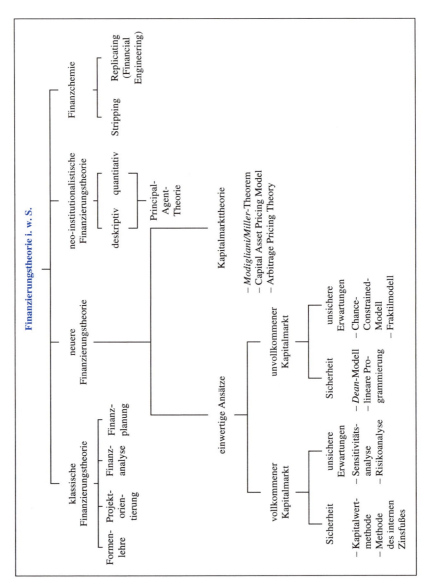

Abbildung 9: Systematisierung verschiedener Ansätze der Finanzierungstheorie i. w. S.

Es lassen sich die folgenden **Teilbereiche der klassischen Finanzierungstheorie** unterscheiden:[51]

Die **Formenlehre** hat die Aufgabe, geeignete Finanzierungsquellen (Innen- und Außenfinanzierung) für den Kapitalnehmer bei einem gegebenen Kapitalbedarf zu bestimmen. Dazu werden die möglichen Finanzierungsalternativen anhand verschiedener Merkmale (z. B. Kapitalkosten, Rendite, Fristigkeit) systematisiert.[52] Da aufgrund der Kreativität der Marktteilnehmer stets neue Finanzinnovationen entwickelt werden, besteht ein permanenter Beschreibungsbedarf, der die Formenlehre noch immer zu einem aktuellen Zweig der Finanzierungsforschung macht.

Der **projektorientierte Bereich** der klassischen Finanzierungstheorie beschreibt „die Durchführung außerordentlicher finanztechnischer Geschäfte wie vor allem Gründung, Umwandlung, Fusion, Kapitalerhöhung, Kapitalherabsetzung und Liquidation"[53] und ihre Rechtsfolgen. Auch dieser Bereich behält aufgrund der fortlaufenden Entwicklung neuer außerordentlicher Geschäfte (z. B. Going Public, Bookbuilding, Management Buy-Out,[54] Leveraged Buy-Out[55]) seine Aktualität.

Bei der **Finanzanalyse** werden Kennzahlen zur Beschreibung der finanzwirtschaftlichen Situation eines Unternehmens entwickelt, um sie u. a. zur Prognose der Unternehmensentwicklung heranzuziehen. Aufgrund ihrer einfachen empirischen Einsatzfähigkeit findet die Finanzanalyse insbesondere bei der Bonitätsprüfung der Geschäftspartner Anwendung. Während sich aber die **Kennzahlenforschung** früher nur auf die Bilanz konzentrierte (z. B. Goldene Finanzierungs- bzw. Bilanzregel[56]), berücksichtigt man heute die Daten des ganzen Jahresabschlusses, insbesondere der Gewinn- und Verlustrechnung (z. B. Cashflow, Umsatzkennzahlen). Dies zeigt den Wandel vom statischen aus der Bilanz ableitbaren Liquidi-

---

[51] Vgl. hierzu *Steiner, Manfred/Kölsch, Karsten*: Finanzierung – Zielsetzungen, zentrale Ergebnisse und Entwicklungsmöglichkeiten der Finanzierungsforschung. In: Die Betriebswirtschaft 1989, S. 412–414.

[52] Vgl. *Perridon, Louis/Steiner, Manfred/Rathgeber, Andreas*: Finanzwirtschaft der Unternehmung. 16. Aufl., München 2012, S. 18–19.

[53] *Grochla, Erwin*: Finanzierung, Begriff der. In: Handwörterbuch der Finanzwirtschaft, hrsg. von *Hans E. Büschgen*, Stuttgart 1976, Sp. 419.

[54] Bei einem Management Buy-Out erwerben die **seitherigen Manager** eines Unternehmens die Mehrheit der Anteilsrechte dieses Unternehmens und versuchen, dessen langfristige Fortführung zu sichern. Reichen ihre eigenen finanziellen Mittel dazu nicht aus, so wird versucht, zusätzliche Mittel über sog. „Management Buy-Out-Fonds", die sich ihrerseits durch Ausgabe von Anteilsscheinen finanzieren, aufzubringen.

[55] Bei einem Leveraged Buy-Out erfolgt der Kauf der Mehrheit der Anteilsrechte eines Unternehmens durch **private Investoren**, die unterschiedliche Ziele verfolgen können. Geschieht der Erwerb der Anteilsrechte, um eine Restrukturierung oder Sanierung vorzunehmen oder um das Unternehmen in einen Konzernverbund einzubringen (industrielle Leveraged Buy-Outs), so ähnelt die Zielsetzung der beim Management Buy-Out. Dagegen ist von einer kurzfristigen Erfolgserzielungsabsicht auszugehen, wenn mit dem – meist ausschließlich mit Fremdkapital finanzierten – Anteilserwerb das alleinige Ziel verfolgt wird, das Unternehmen zu zerschlagen und aus dem Verkauf von unterbewerteten Aktiva bzw. von Unternehmensteilen einen Gewinn zu erzielen.

[56] Siehe dazu z. B. *Härle, Dietrich*: Finanzierungsregeln. In: Handwörterbuch der Finanzwirtschaft, hrsg. von *Hans E. Büschgen*, Stuttgart 1976, Sp. 483–491; zur Darstellung verschiedener Kennzahlen und zur Kritik daran siehe *Bieg, Hartmut*: Kapitalstruktur- und Kapital-Vermögensstrukturregeln. In: Wirtschaftswissenschaftliches Studium 1993, S. 598–604.

tätsbegriff hin zur Interpretation der Liquidität als einem dynamischen und zahlungsstrombezogenen Vorgang. Da sich jedoch unbestritten keine Kennzahl allein zur Prognose der Erfolgssituation eignet, werden mehrere unterschiedlich gewichtete Kennzahlen in Trennfunktionen miteinander verknüpft.[57]

In der **Finanzplanung** wird die Notwendigkeit der eigenständigen Erfassung der Zahlungsströme herausgestellt,[58] da die Existenz eines Unternehmens von der Erhaltung der Zahlungsfähigkeit abhängig ist. Durch die Aufstellung von kurz-, mittel- und langfristigen Finanzplänen kann Zahlungsengpässen frühzeitig entgegengewirkt bzw. können überschüssige Mittel ertragbringend angelegt werden.[59] Modelle, die die Planung der unsicheren Zahlungseingänge ermöglichen, sind z. B. das Kassenhaltungsmodell und die Verweilzeitverteilung, wobei im zweiten Fall die Einzahlungen aus den Umsatzerlösen durch auf Erfahrung beruhende Wahrscheinlichkeiten der Inanspruchnahme von Zahlungszielen geschätzt werden.[60]

C. Neuere Finanzierungstheorie

I. Vorbemerkungen

Bei der neueren Finanzierungstheorie, insbesondere bei der Kapitalmarkttheorie, werden die Ziele der Kapitalgeber und Kapitalnehmer (A) analysiert und in den Marktzusammenhang (C) unter einer weitgehenden Vernachlässigung des Übertragungsvorgangs (B) gebracht. Die Zielsetzungen werden auf **Rendite-Risiko-Überlegungen** beschränkt. Der zahlungsstromorientierte Finanzierungsbegriff[61] führt zur Interpretation der Finanzierungs- und Investitionsvorgänge als spiegelbildliche Aktivitäten. Eine getrennte Betrachtung dieser Vorgänge ist nur dann möglich, wenn auf dem Kapitalmarkt alternativ Sach- und Finanzinvestitionen vorgenommen werden können (vollkommener Kapitalmarkt). Auf dem unvollkommenen Kapitalmarkt müssen dagegen Finanzierungs- und Investitionsentscheidungen simultan getroffen werden.

---

[57] Vgl. *Steiner, Manfred/Kölsch, Karsten*: Finanzierung – Zielsetzungen, zentrale Ergebnisse und Entwicklungsmöglichkeiten der Finanzierungsforschung. In: Die Betriebswirtschaft 1989, S. 414; vgl. *Bieg, Hartmut/Kußmaul, Heinz*: Investitions- und Finanzierungsmanagement. Band III: Finanzwirtschaftliche Entscheidungen. München 2000, S. 245–249.

[58] Vgl. *Perridon, Louis/Steiner, Manfred/Rathgeber, Andreas*: Finanzwirtschaft der Unternehmung. 16. Aufl., München 2012, S. 20.

[59] Vgl. den **Zwölften Abschnitt**.

[60] Vgl. *Franke, Günter/Hax, Herbert*: Finanzwirtschaft des Unternehmens und Kapitalmarkt. 6. Aufl., Dordrecht u. a. 2009, S. 127–128.

[61] Vgl. dazu *Bieg, Hartmut/Kußmaul, Heinz/Waschbusch, Gerd*: Investition. 3. Aufl., München 2016, S. 24–28.

II. Einwertige Ansätze

1. Einwertige Ansätze auf dem vollkommenen Kapitalmarkt

Spiegelbildlich zu den Investitionen beginnen Finanzierungen mit einer oder mehreren Einzahlungen, denen eine oder mehrere Auszahlungen folgen. **Jede Finanzierungsalternative lässt sich** so **durch eine Zahlungsreihe charakterisieren**, auf die – unter der Annahme der Sicherheit – die aus der Investitionsrechnung bekannten Methoden (z. B. Kapitalwertmethode und Methode des internen Zinsfußes) anwendbar sind. Anhand des jeweils betrachteten quantitativen Entscheidungskriteriums lassen sich im Allgemeinen eindeutige Handlungsempfehlungen bezüglich der Wahl der Finanzierungsalternative ableiten.

Unsichere Erwartungen fließen u. a. in die beiden folgenden Ansätze ein. Die **Sensitivitätsanalyse** bestimmt durch eine systematische Variation der unsicheren Zahlungsströme (bzw. der sie determinierenden Einflussgrößen) die Auswirkungen auf das Entscheidungskriterium.[62] Die **Risikoanalyse** ermittelt aus den sicheren und unsicheren Zahlungsströmen eine Wahrscheinlichkeitsverteilung des Entscheidungskriteriums,[63] auf deren Grundlage der Entscheidungsträger dann seine endgültige Entscheidung fällen kann.

2. Einwertige Ansätze auf dem unvollkommenen Kapitalmarkt

Bei der simultanen Betrachtung von Finanzierungs- und Investitionsvorgängen führt im **Ein-Perioden-Fall** unter der Prämisse der Sicherheit das **Dean-Modell** zu einer eindeutigen Lösung. Hierbei werden sowohl die Finanzierungs- als auch die Investitionsalternativen nach ihren internen Zinsfüßen geordnet und als Kapitalnachfrage- und Kapitalangebotskurve gezeichnet. Der Schnittpunkt dieser beiden Kurven legt das optimale Investitions- und Finanzierungsprogramm fest.[64] Im **Mehr-Perioden-Fall** ist ein **lineares Programm** aufzustellen, das die Finanzierungs- und Investitionszahlungsströme in Liquiditätsrestriktionen berücksichtigt.

Mit Hilfe von sog. Ersatzmodellen kann die Unsicherheit der Zahlungsströme in linearen Programmen berücksichtigt werden. Im **Chance-Constrained-Modell** sind nur diejenigen Alternativen zulässig, die mit einer vom Entscheidungsträger vorgegebenen (Mindest-)Wahrscheinlichkeit die jeweiligen Restriktionen erfüllen. Im **Fraktilmodell** entscheidet man sich für diejenige Alternative, die bei einer festgelegten (Mindest-)Wahrscheinlichkeit den höchsten Zielfunktionswert hat.

III. Kapitalmarkttheorie

Die Modelle der Kapitalmarkttheorie basieren auf der **Prämisse des vollkommenen Kapitalmarktes**, „insbesondere der Informationseffizienz, wonach alle Marktteilnehmer den gleichen Informationsstand [haben; Anm. d. Verf.] und die Kaufentscheidung ... sich als

---

[62] Vgl. *Kruschwitz, Lutz*: Investitionsrechnung. 14. Aufl., München 2014, S. 312–313 und S. 317–318.
[63] Vgl. *Kruschwitz, Lutz*: Investitionsrechnung. 14. Aufl., München 2014, S. 322.
[64] Vgl. *Bieg, Hartmut*: Betriebswirtschaftslehre 1: Investition und Unternehmungsbewertung. 2. Aufl., Freiburg i. Br. 1997, S. 132–137.

rationales Abwägen der Informationen mit den Präferenzen des Anlegers"[65] darstellt. Sie berücksichtigen die Unsicherheit der Rückflüsse aus den Investitionen, operieren jedoch mit starken Restriktionen (Prämissen). So werden die Ziele der Kapitalgeber und Kapitalnehmer auf die wesentlichen Aspekte Risiko und Rendite von Finanzierungstiteln reduziert. Für ein kapitalaufnehmendes Unternehmen stellt sich somit das Problem, Anlagemöglichkeiten anzubieten, die möglichst viele in der Regel risikoscheue Kapitalgeber ansprechen. Die Aufnahme eines Finanztitels in ein Portfolio wird gemäß der **Portfolio-Theorie** dann erfolgen, wenn seine erwartete Rendite die Rendite sicherer Anlagen um eine ausreichend hohe Risikoprämie übersteigt.[66]

Modigliani/Miller untersuchten den **Einfluss des Verschuldungsgrades auf den Unternehmenswert**.[67] Sie haben unter bestimmten Prämissen bewiesen, dass der Wert eines Unternehmens durch Veränderungen der Kapitalstruktur nicht beeinflusst wird. Diese Aussage basiert auf der Erkenntnis, dass gleiche Güter auf einem vollkommenen Markt im Gleichgewicht denselben Preis haben.[68] Die Aussage von *Modigliani/Miller* wird durch das **Wertadditivitätstheorem** verallgemeinert. Die Wertadditivität als Eigenschaft einer Bewertungsfunktion im Kapitalmarktgleichgewicht besagt, dass die Summe zweier isoliert bewerteter Zahlungsströme der Bewertung der Summe dieser Zahlungsströme entspricht.[69] Damit lässt sich u. a. widerlegen, dass eine an den Risikopräferenzen der Kapitalgeber ausgerichtete Finanzierungsstrategie eines Unternehmens den Marktwert aller ausgegebenen Finanzierungstitel und damit den Marktwert des Unternehmens selbst maximiert, denn die Finanzierungstitel können lediglich einen gegebenen Finanzmittelstrom aufteilen (Irrelevanz jeder Finanzierungsmaßnahme).

---

[65] *Steiner, Manfred/Kölsch, Karsten*: Finanzierung – Zielsetzungen, zentrale Ergebnisse und Entscheidungsmöglichkeiten der Finanzierungsforschung. In: Die Betriebswirtschaft 1989, S. 417.

[66] Vgl. *Hax, Herbert/Hartmann-Wendels, Thomas/Hinten, Peter von*: Moderne Entwicklung der Finanzierungstheorie. In: Finanzierungs-Handbuch, hrsg. von *Friedrich W. Christians*, 2. Aufl., Wiesbaden 1988, S. 691–692; vgl. dazu *Bieg, Hartmut/Kußmaul, Heinz*: Investitions- und Finanzierungsmanagement. Band III: Finanzwirtschaftliche Entscheidungen. München 2000, S. 108–131.

[67] Vgl. *Modigliani, Franco/Miller, Merton H.*: The Cost of Capital, Corporation Finance and the Theory of Investment. In: American Economic Review 1958, Vol. 48, S. 261–297; vgl. auch (als deutsche Übersetzung) *Modigliani, Franco/Miller, Merton H.*: Kapitalkosten, Finanzierung von Aktiengesellschaften und Investitionstheorie. In: Die Finanzierung der Unternehmung, hrsg. von *Herbert Hax und Helmut Laux*, Köln 1975, S. 86–119; vgl. dazu *Bieg, Hartmut/Kußmaul, Heinz*: Investitions- und Finanzierungsmanagement. Band III: Finanzwirtschaftliche Entscheidungen. München 2000, S. 58–70.

[68] Vgl. *Schmidt, Reinhard H./Terberger, Eva*: Grundzüge der Investitions- und Finanzierungstheorie. 4. Aufl., Wiesbaden 1997, S. 252; vgl. dazu *Bieg, Hartmut/Kußmaul, Heinz*: Investitions- und Finanzierungsmanagement. Band III: Finanzwirtschaftliche Entscheidungen. München 2000, S. 58–70.

[69] Vgl. *Hax, Herbert/Hartmann-Wendels, Thomas/Hinten, Peter von*: Moderne Entwicklung der Finanzierungstheorie. In: Finanzierungs-Handbuch, hrsg. von *Friedrich W. Christians*, 2. Aufl., Wiesbaden 1988, S. 703.

Beim **Capital Asset Pricing Model**[70] handelt es sich um ein **statisches Gleichgewichtsmodell**, das die Preise, die Preisverhältnisse und die Renditen von Finanzierungstiteln am Kapitalmarkt bestimmt. Voraussetzung hierfür ist, dass die Marktteilnehmer homogene Erwartungen haben und sich entsprechend den Erkenntnissen der Portfolio-Theorie entscheiden,[71] d. h. „daß die risikoscheuen Kapitalanleger den Erwartungswert des Nutzens der unsicheren Zahlungen, die ihnen aus den Finanzierungstiteln ihres Portfolios zufließen, maximieren wollen"[72].

Der **Arbitrage Pricing Theory** geht es um die **eindeutige Bestimmung des Preises eines Finanzierungstitels** ohne Kenntnis der Präferenzstrukturen der Anleger und ohne die Annahme homogener Erwartungen,[73] indem durch die Kombination anderer Finanzierungstitel (Duplizieren) ein äquivalentes Portfolio hergestellt werden kann. Voraussetzung ist lediglich, dass sich der Kapitalmarkt im Gleichgewicht befindet, d. h. keine Arbitragemöglichkeiten mehr bestehen (Arbitragefreiheit).[74]

D. Neo-institutionalistische Finanzierungstheorie

Die neo-institutionalistische Finanzierungstheorie hat ihren Betrachtungsschwerpunkt auf der Komponente Übertragungsvorgang (B), vor allem auf den Transaktions-, Informations- und Opportunitätskosten. Dagegen werden die Ziele der Kapitalgeber und Kapitalnehmer (A) weitgehend sowie der Marktzusammenhang (C) völlig vernachlässigt. Die Begründung ist darin zu sehen, dass allenfalls einige Teilmärkte für Finanztitel den Prämissen des vollkommenen Marktes genügen; dagegen herrscht häufig – als ein wesentliches Kennzeichen des unvollkommenen Marktes – **Informationsasymmetrie** zwischen den Kapitalgebern und Kapitalnehmern. Diese verursacht zusätzliche Kosten, weshalb die **Einschaltung von Finanzintermediären** zur Überbrückung dieser Hindernisse notwendig wird.

Die **Principal-Agent-Theorie**[75] untersucht die **Finanzierungsbeziehung** zwischen den Vertragspartnern mit dem Ziel, deren Interessen weitestgehend in Einklang zu bringen.[76] In dieser Theorie engagiert ein Kapitalgeber (Prinzipal) einen Kapitalnehmer (Agent), damit

---

[70] Vgl. dazu *Bieg, Hartmut/Kußmaul, Heinz*: Investitions- und Finanzierungsmanagement. Band III: Finanzwirtschaftliche Entscheidungen. München 2000, S. 131–152.

[71] Vgl. *Franke, Günter/Hax, Herbert*: Finanzwirtschaft des Unternehmens und Kapitalmarkt. 6. Aufl., Dordrecht u. a. 2009, S. 354–355; vgl. dazu *Bieg, Hartmut/Kußmaul, Heinz*: Investitions- und Finanzierungsmanagement. Band III: Finanzwirtschaftliche Entscheidungen. München 2000, S. 108–131.

[72] *Hax, Herbert/Hartmann-Wendels, Thomas/Hinten, Peter von*: Moderne Entwicklung der Finanzierungstheorie. In: Finanzierungs-Handbuch, hrsg. von *Friedrich W. Christians*, 2. Aufl., Wiesbaden 1988, S. 696–697.

[73] Vgl. *Kruschwitz, Lutz/Husmann, Sven*: Finanzierung und Investition. 7. Aufl., München 2012, S. 114.

[74] Vgl. *Hax, Herbert/Hartmann-Wendels, Thomas/Hinten, Peter von*: Moderne Entwicklung der Finanzierungstheorie. In: Finanzierungs-Handbuch, hrsg. von *Friedrich W. Christians*, 2. Aufl., Wiesbaden 1988, S. 699–700 und S. 702.

[75] Vgl. hierzu *Richter, Rudolf/Furubotn, Eirik G.*: Neue Institutionenökonomik – eine Einführung und kritische Würdigung. 4. Aufl., Tübingen 2010, S. 173–181 und S. 225–266.

[76] Vgl. *Perridon, Louis/Steiner, Manfred/Rathgeber, Andreas*: Finanzwirtschaft der Unternehmung. 16. Aufl., München 2012, S. 571–572.

dieser das ihm überlassene Vermögen im Interesse des Kapitalgebers verwaltet. Dies birgt das Risiko in sich, dass der Agent versucht, seinen Nutzen – und damit nicht zwangsläufig den des Prinzipals – zu maximieren **(Moral-Hazard-Risiko)**. Daher ist der Prinzipal bestrebt, derartige ihn schädigende Verhaltensweisen des Agenten zu verhindern. Da die Prämisse des vollkommenen Kapitalmarktes, insbesondere der Informationseffizienz, aufgehoben ist, muss sich der Prinzipal zur Kontrolle der Beziehung Informationen beschaffen; dies verursacht Kosten.

Im deskriptiven Teilbereich dieser Theorie werden die Finanzierungssituationen analysiert, d. h., es werden die Interessenkonflikte zwischen Prinzipal und Agent, die Anreize für den Agenten, den Prinzipal zu schädigen, sowie die Sicherungsformen, durch die sich der Prinzipal schützen kann, dargestellt.[77] Im quantitativen Bereich geht es um die Konzeption von Modellen für die unterschiedlichen Beziehungen zwischen Prinzipal und Agent. Der Marktwert der mit einem Aktionsprogramm verbundenen Zahlungsströme wird zu dem subjektiven Nutzen des Agenten und der subjektiven Zahlungsbereitschaft der Kapitalgeber unter Einbeziehung der anfallenden Informations- und Kontrollkosten in Relation gesetzt.[78]

E. Finanzchemie

In diesem Teilbereich der Finanzierungstheorie geht es um die Analyse der Ziele der Kapitalgeber und Kapitalnehmer (A) unter Würdigung des Marktzusammenhangs (C); das Übertragungsmedium (B) wird vernachlässigt. Die **Finanzchemie analysiert und synthetisiert die Basiselemente von Finanztiteln** („Baukastenprinzip"). Man unterscheidet zwischen dem **Stripping**, der Aufspaltung der Finanztitel in ihre elementaren Bestandteile (Zins, Tilgung usw.), um sie besser bewerten zu können, und dem **Replicating** (sog. „Financial Engineering", „Repackaging"), der zielgerechten Kombination der Einzelelemente zu neuen Finanztiteln. Ziel ist die Konzipierung von an den Bedürfnissen der Kapitalnehmer und Kapitalgeber ausgerichteten „maßgeschneiderten Finanzinstrumenten"[79]. Die Anwendung dieser Methode ist allerdings auf gut organisierte Märkte beschränkt, auf denen Anonymität und Rationalität der Marktteilnehmer vorherrschen.

---

[77] Vgl. *Steiner, Manfred/Kölsch, Karsten*: Finanzierung – Zielsetzungen, zentrale Ergebnisse und Entwicklungsmöglichkeiten der Finanzierungsforschung. In: Die Betriebswirtschaft 1989, S. 420–421.

[78] Vgl. *Hax, Herbert/Hartmann-Wendels, Thomas/Hinten, Peter von*: Moderne Entwicklung der Finanzierungstheorie. In: Finanzierungs-Handbuch, hrsg. von *Friedrich W. Christians*, 2. Aufl., Wiesbaden 1988, S. 706–708.

[79] *Steiner, Manfred/Kölsch, Karsten*: Finanzierung – Zielsetzungen, zentrale Ergebnisse und Entwicklungsmöglichkeiten der Finanzierungsforschung. In: Die Betriebswirtschaft 1989, S. 421.

Dritter Abschnitt

Finanzierungsarten – Systematisierungsansätze

A. Gliederung nach der Herkunft des Kapitals (Mittelherkunft)

Wird die Finanzierung unter dem Gesichtspunkt der Herkunft des Kapitals (Mittelherkunft) in Außen- und Innenfinanzierung unterteilt, so ist eine scharfe Trennung zwischen dem Unternehmen einerseits und den Kapitalgebern (einschließlich den Inhabern oder Gesellschaftern) andererseits erforderlich. Einen Überblick gibt **Abbildung 10**[80] auf S. 28.

Bei der **Außenfinanzierung** (externe Finanzierung) fließen dem Unternehmen finanzielle Mittel in Form von Eigenkapital (Kapitaleinlagen; Eigenfinanzierung von außen) oder in Form von Fremdkapital (Kreditgewährungen; Kreditfinanzierung) zu. Unterscheidet man bei der **Eigenfinanzierung von außen** die Einlagen- von der Beteiligungsfinanzierung,[81] so kann die Unterscheidung allenfalls aufgrund der Rechtsform des Unternehmens getroffen werden. In diesem Sinne bezeichnet man die Bereitstellung von Einlagen durch Einzelunternehmer bzw. Gesellschafter von Personenhandelsgesellschaften als **Einlagenfinanzierung**. Hingegen spricht man von **Beteiligungsfinanzierung**, wenn die Gesellschafter juristischer Personen Eigenkapital zur Verfügung stellen, wobei ihre Gesellschafterrechte durch Beteiligungspapiere (Aktien) verbrieft sein können. Im Folgenden wird für beide Fälle von Einlagenfinanzierung gesprochen; eine Unterscheidung ist aufgrund einer fehlenden unterschiedlichen Problemstellung nicht erforderlich. In allen Fällen nimmt das in der Regel auf unbestimmte Zeit zur Verfügung gestellte Eigenkapital am Gewinn und Verlust des Unternehmens teil. Da das Eigenkapital durch Verluste zuerst angegriffen (eventuell sogar völlig aufgezehrt) wird, wird es auch als Haftungs- oder Garantiekapital bezeichnet.

Die **Kreditfinanzierung** ist **Fremdfinanzierung von außen**; das Kapital wird vom Kapitalgeber (Gläubiger) lang-, mittel- oder kurzfristig zur Verfügung gestellt, wobei vertraglich vereinbart wird, dass

- Zinsen – auch in Verlustjahren – zu zahlen sind,
- innerhalb eines vertraglich vereinbarten Zeitraums bzw. zu einem festen Termin eine Rückzahlung erfolgen muss.

Bei der **Innenfinanzierung** (interne Finanzierung) ist das Unternehmen selbst Quelle der Kapitalbeschaffung. Man differenziert hierbei zwischen einem Vermögenszuwachs und einer dadurch bedingten Kapitalneubildung auf der einen Seite sowie einer Vermögensumschichtung und einer dadurch bedingten Kapitalfreisetzung auf der anderen Seite.

---

[80] Modifiziert entnommen aus *Wöhe, Günter u. a.*: Grundzüge der Unternehmensfinanzierung. 11. Aufl., München 2013, S. 15.

[81] So z. B. *Wöhe, Günter u. a.*: Grundzüge der Unternehmensfinanzierung. 11. Aufl., München 2013, S. 10 und S. 14.

Dritter Abschnitt: Finanzierungsarten – Systematisierungsansätze

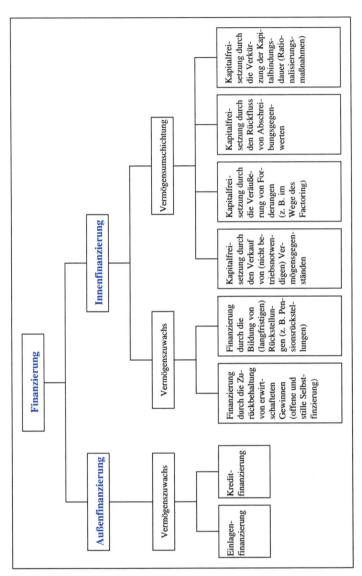

Abbildung 10: Gliederung der Finanzierungsvorgänge nach der Herkunft des Kapitals

Bei der **Innenfinanzierung** ist also zum einen zwischen einem **Zuwachs an Vermögen und Kapital** z. B. durch die Zurückbehaltung von erwirtschafteten Gewinnen im Wege der offenen und stillen Selbstfinanzierung oder durch die Bildung von (langfristigen) Rückstellungen (bspw. Pensionsrückstellungen) und zum anderen einem **Rückfluss bereits früher beschaffter Kapitalbeträge**, die nicht zu einer Erhöhung des insgesamt zur Verfügung stehenden Kapitals führen, zu unterscheiden.[82] Zur Finanzierung durch Vermögensumschichtung zählt vor allem die Finanzierung aus Abschreibungsgegenwerten, aber auch die Kapitalfreisetzung durch den Verkauf von (nicht betriebsnotwendigen) Vermögensgegenständen (Liquidisierung früher investierter finanzieller Mittel) und die Beschleunigung des Kapitalumschlags durch Rationalisierungsmaßnahmen im Beschaffungs-, Produktions- und Absatzbereich (z. B. eine Verringerung der durchschnittlichen Kapitalbindungsdauer in den Rohstoffbeständen), so dass die Betriebsprozesse mit einem geringeren Kapitaleinsatz als bisher durchgeführt werden können, wodurch die finanziellen Mittel für andere Zwecke zur Verfügung stehen. Da sich die Kapitalstruktur durch die Finanzierung aus Vermögensumschichtung nicht verändert (Ausnahme: Fremdkapitaltilgung aus frei gewordenen liquiden Mitteln), kann sie der Eigen- oder Fremdfinanzierung nicht eindeutig zugeordnet werden.

B. Gliederung nach der Rechtsstellung der Kapitalgeber

Die Systematisierung der Finanzierungsvorgänge nach der Rechtsstellung der Kapitalgeber (Gesellschafter- versus Gläubigerstellung) führt zu einer **Unterteilung der Finanzierung in Eigen- und Fremdfinanzierung**, je nachdem, ob die Finanzierungsmaßnahmen das Eigenkapital oder das Fremdkapital des Unternehmens berühren. Beide Finanzierungsformen treten zudem als Außen- und Innenfinanzierung auf.

Zur **Eigenfinanzierung** gehören die (externe) Einlagenfinanzierung sowie die (interne) offene und stille Selbstfinanzierung. In allen Fällen wird dem Betrieb zusätzliches Eigenkapital zugeführt. Bei der Einlagenfinanzierung erfolgt diese Zuführung von außen unter Schaffung erweiterter oder neuer Gesellschafterrechte, bei der Selbstfinanzierung von innen durch einen Verzicht auf Gewinnausschüttungen (offene Selbstfinanzierung) bzw. eine Verhinderung der Gewinnentstehung und Gewinnverwendung (stille Selbstfinanzierung).

Die **Fremdfinanzierung** umfasst die (externe) Kreditfinanzierung und die (interne) Finanzierung aus der Bildung von (langfristigen) Rückstellungen (bspw. Pensionsrückstellungen). Rückstellungen werden zum Fremdkapital gezählt, da sie wegen späterer, allerdings ungewisser Zahlungsverpflichtungen gebildet werden. Gleichzeitig werden sie in der Verursachungsperiode aus Gründen der periodengerechten Erfolgsermittlung als gewinnmindernder und damit eigenkapitalmindernder Aufwand gebucht, was aber – aufgrund der geringeren Gewinnausschüttungen bzw. Gewinnsteuerzahlungen – zu einer Verminderung der Auszahlungen in dieser Periode führt.

Eine Zwischenstellung zwischen Eigenkapital und Fremdkapital nimmt das sog. mezzanine Kapital ein. Das **mezzanine Kapital** ist eine **Form der Außenfinanzierung**, die bestimmte

---

[82] Vgl. *Wöhe, Günter u. a.*: Grundzüge der Unternehmensfinanzierung. 11. Aufl., München 2013, S. 14 und S. 16.

idealtypische Merkmale des Eigenkapitals mit idealtypischen Merkmalen des Fremdkapitals vereint. Die Gestaltungsmöglichkeiten des mezzaninen Kapitals sind vielfältig und können flexibel auf ein Unternehmen ausgerichtet werden. Die Rechtsform des Unternehmens spielt hierbei grundsätzlich keine Rolle. Je nach der vertraglichen Ausgestaltung ist zwischen einer eher eigenkapitalnahen (Equity Mezzanine) oder eher fremdkapitalnahen (Debt Mezzanine) **mezzaninen Finanzierung** zu unterscheiden.

Abbildung 11[83] zeigt nicht nur eine Gliederung der Finanzierungsvorgänge nach der Rechtsstellung der Kapitalgeber, sondern verdeutlicht auch die Zusammenhänge mit der Gliederung der Finanzierungsvorgänge nach der Herkunft des Kapitals. Hierbei ist zu berücksichtigen, dass die Finanzierung aus Vermögensumschichtung nicht eindeutig der Eigen- oder Fremdfinanzierung zugeordnet werden kann und die mezzanine Finanzierung je nach der konkreten Ausgestaltung des mezzaninen Finanzinstruments entweder Bestandteil der Eigen- oder Fremdfinanzierung ist. Die Kapitalumschichtung und der Kapitalabfluss werden in dieser Abbildung nicht erfasst.

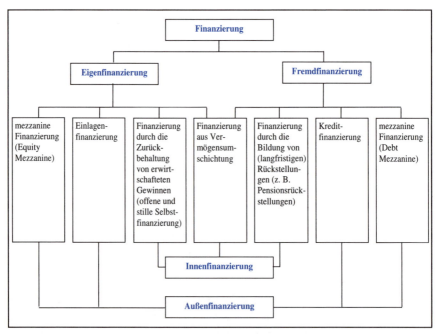

Abbildung 11: Gliederung der Finanzierungsvorgänge nach der Rechtsstellung der Kapitalgeber und nach der Herkunft des Kapitals

In Zusammenhang mit der aufgezeigten Gliederungsproblematik soll auch auf den **Grundsatz der Finanzierungsfreiheit** eingegangen werden. Bei bestehenden Unternehmen treten des Öfteren Situationen auf, in denen die Zuführung von zusätzlichem Kapital erforderlich wird. Mögliche Finanzierungsanlässe stellen dabei z. B. größere Investitionen, ein Beteili-

---

[83] Modifiziert entnommen aus *Wöhe, Günter u. a.*: Grundzüge der Unternehmensfinanzierung. 11. Aufl., München 2013, S. 22.

gungserwerb, der Aufbau ausländischer Tochtergesellschaften, Verlustphasen sowie die Abfindung weichender Gesellschafter oder die Abfindung der Erben eines verstorbenen Gesellschafters einer Personengesellschaft dar. Sobald die Innenfinanzierungsmöglichkeiten ausgeschöpft sind, wird eine Beschaffung von zusätzlichem Eigenkapital aus dem bestehenden Gesellschafterkreis und/oder von neu hinzutretenden Gesellschaftern oder die Aufnahme von zusätzlichem Fremdkapital erforderlich.

Das Unternehmen bzw. seine Entscheidungsorgane haben grundsätzlich das Recht, innerhalb der vom Gesetz gezogenen Grenzen die für sie steuerlich günstigste Gestaltung auszuwählen.[84] Dieser Grundsatz hat auch für die Entscheidung über die zu wählende Finanzierungsform Gültigkeit. So hat der Bundesfinanzhof 1992 ausdrücklich betont, dass ein Gesellschafter einer Kapitalgesellschaft frei darüber entscheiden kann, ob er seine Gesellschaft (über das gezeichnete Kapital hinaus) mit Eigen- oder Fremdkapital ausstattet, wobei auch die Entscheidung, ausschließlich Fremdkapital zuzuführen, grundsätzlich zu akzeptieren ist.[85]

Auch zivilrechtlich ist von der **Freiheit der Finanzierungsentscheidung** auszugehen, so dass Gesellschafter und Unternehmensleitung im Rahmen ihrer Zuständigkeit die Höhe und die Art der einzusetzenden Finanzierungsmittel beliebig festlegen können. Der Finanzierungsspielraum wird lediglich in besonderen Fällen beschränkt, wie beispielsweise durch gesetzliche Regelungen über die Mindest-Eigenkapitalhöhe bei Kapitalgesellschaften im Zeitpunkt der Gründung oder durch branchenspezifische Regelungen wie z. B. im Kreditgewerbe.

C. Gliederung nach dem Einfluss auf den Vermögens- und Kapitalbereich

Der Vermögens- und Kapitalbereich eines Unternehmens wird – wie im **Ersten Abschnitt, Kapitel C.II.** bereits ausführlich dargestellt – durch Kapitalbeschaffungs-, Kapitalabfluss-, Kapitalfreisetzungs- sowie Kapitalumschichtungsvorgänge auf die in **Abbildung 12** auf S. 32 dargestellte Weise beeinflusst.

D. Gliederung nach der Dauer der Kapitalbereitstellung

Bei einer Gliederung der Finanzierungsvorgänge nach der Dauer der Kapitalbereitstellung ist nur die Trennung zwischen **unbefristeter und befristeter Finanzierung** eindeutig (vgl. zur Einordnung **Abbildung 13** auf S. 33). Entscheidend ist hier, ob bei der Kapitalhingabe bereits Vereinbarungen über den Rückzahlungstermin getroffen wurden oder ob die Rückzahlung mangels einer solchen Vereinbarung erst durch den oder die Kapitalgeber im Rahmen der vertraglichen oder gesetzlichen Möglichkeiten beschlossen werden muss.

Grundsätzlich wird davon ausgegangen, dass das **Eigenkapital** für eine **unbefristete Zeit** zur Verfügung steht. Eine Verminderung des Eigenkapitals ergibt sich jedoch bei Verlusten,

---

[84] Vgl. z. B. BFH-Urteil vom 22.08.1951, IV 246/50 S, BStBl. III 1951, S. 181–183.
[85] Vgl. BFH-Urteil vom 05.02.1992, I R 127/90, BStBl. II 1992, S. 536.

bei Entnahmen durch die Eigentümer (nicht bei allen Gesellschaftsformen problemlos möglich) und beim Ausscheiden von Gesellschaftern nach erfolgter Kündigung.

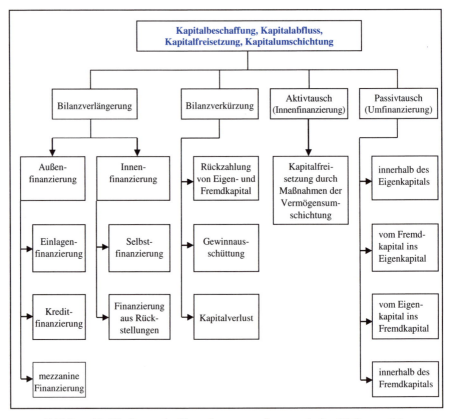

Abbildung 12: Gliederung der Finanzierungsvorgänge nach dem Einfluss auf den Vermögens- und Kapitalbereich

Eine allgemein gültige Festlegung der **Grenzen bei der befristeten Finanzierung** gibt es nicht. Die Trennung zwischen langfristiger, mittelfristiger und kurzfristiger Finanzierung ist somit willkürlich und wird auch in der Literatur nicht einheitlich vorgenommen. § 285 Satz 1 Nr. 1a HGB geht offensichtlich bei einer Restlaufzeit von Verbindlichkeiten über fünf Jahren von einer **langfristigen Finanzierung** aus. Von einer **kurzfristigen Finanzierung** könnte man sprechen, wenn die finanziellen Mittel für einen Zeitraum von nicht mehr als 90 Tagen zur Verfügung gestellt werden. Die Vermerkpflichten des § 268 Abs. 4 und Abs. 5 HGB lassen sich allerdings auch in der Weise interpretieren, dass der Gesetzgeber bei einer Kapitalbereitstellung bis zu einem Jahr von einer kurzfristigen Finanzierung ausgeht. Hierunter fallen z. B. Lieferantenkredite, Kundenanzahlungen, Kontokorrentkredite (tatsächlich erfolgt bei diesen aber häufig eine langfristige Inanspruchnahme) und Lombardkredite. Was man unter einer **mittelfristigen Finanzierung** versteht, richtet sich allein nach den Abgrenzungskriterien für die kurz- und langfristige Finanzierung.

Die Trennung entsprechend der Dauer der Kapitalbereitstellung kann entweder nach der ursprünglichen Überlassungsdauer **(Ursprungslaufzeit)** oder nach der restlichen Überlassungsdauer **(Restlaufzeit)** erfolgen. Für das finanzwirtschaftliche Kriterium „Liquidität" ist allein die Restlaufzeit von Bedeutung.

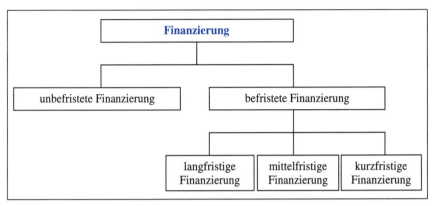

Abbildung 13: Gliederung der Finanzierungsvorgänge nach der Dauer der Kapitalbereitstellung

Vierter Abschnitt

Systematisierung der Konditionenvereinbarungen der Außenfinanzierung

A. Grundlagen

Die historische Entwicklung der Finanzmärkte zeigt, dass die Menge der verschiedenen Finanzierungsinstrumente bzw. die Anzahl der Möglichkeiten, die einem Unternehmen im Rahmen der Außenfinanzierung zur Verfügung stehen, im Zeitablauf stetig zugenommen hat. Hierbei wurden jedoch keine grundsätzlich neuen Finanzierungsmöglichkeiten geschaffen; vielmehr wurden die klassischen Formen der Bereitstellung von Eigenkapital und Fremdkapital nur variiert und in unterschiedlicher Weise miteinander kombiniert.[86]

Aufgrund der großen Anzahl ist eine vollständige Aufzählung sämtlicher Finanzierungsinstrumente nicht möglich; sie wäre auch nicht sinnvoll. Jedes Finanzierungsinstrument setzt sich aus verschiedenen Konditionenbestandteilen zusammen. Deswegen soll eine Systematisierung der möglichen Konditionenbestandteile von Finanzierungsinstrumenten vorgestellt werden. Hierdurch werden die einzelnen Bestandteile in eine hierarchische Ordnung gebracht. Durch eine Kombination dieser Elemente, deren Auswahl überwiegend nach wirtschaftlichen Gesichtspunkten erfolgt, können dann die meisten historischen, heutigen und zukünftigen Finanzprodukte kreiert werden.[87] Auf eine Trennung in Eigenkapital- und Fremdkapitaltitel wird hierbei soweit wie möglich verzichtet, um die grundsätzliche Geltung der Systematik für beide Formen zu verdeutlichen.

B. Kapitalgeber und Kapitalnehmer

Bei jedem Finanzierungsinstrument gibt es – wie **Abbildung 8** auf S. 19 zeigt – einen Kapitalgeber und einen Kapitalnehmer. Sie vereinbaren die dem Finanzkontrakt zugrunde liegenden Konditionen. Der (potenzielle) Kapitalgeber **sucht** eine Anlagemöglichkeit; umgekehrt **bietet** der (potenzielle) Kapitalnehmer eine Anlagemöglichkeit. (Potenzieller) Kapitalgeber und (potenzieller) Kapitalnehmer werden den Finanzkontrakt allerdings nur dann abschließen und somit den Kapitalaustausch nur dann vornehmen, wenn sie sich über die Konditionen der Kapitalhingabe einig geworden sind.[88] Insofern stellt jedes Finanzierungsinstrument sowohl eine Kapitalbeschaffungsmöglichkeit für die Kapitalnehmer als auch eine Kapitalanlagemöglichkeit für die Kapitalgeber dar.

---

[86] So z. B. durch die Schaffung mezzaniner Finanzierungsinstrumente, die sowohl Merkmale von Eigenkapital als auch von Fremdkapital enthalten. Vgl. hierzu den **Siebten Abschnitt**.

[87] Dieser Vorgang wird auch als Replicating oder Financial Engineering bezeichnet. Vgl. hierzu auch die Ausführungen im **Zweiten Abschnitt, Kapitel E.**

[88] In diesem Zusammenhang ist es denkbar, dass die Kontraktpartner einen Vermittler benötigen, der sie zusammenbringt.

Vierter Abschnitt: Konditionenvereinbarungen der Außenfinanzierung

Kapitalgeber und Kapitalnehmer, welche die Entscheidungsträger der einem Finanzkontrakt zugrunde liegenden Konditionenvereinbarung sind, lassen sich nach verschiedenen Gesichtspunkten systematisieren (siehe hierzu **Abbildung 14**).

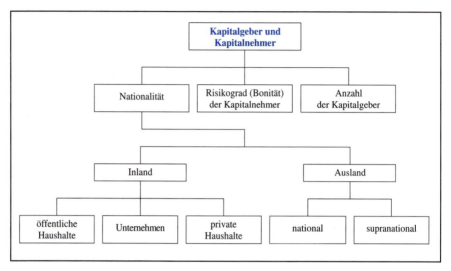

Abbildung 14: Systematisierung der Kapitalgeber und Kapitalnehmer

Die beiden Kontraktpartner, also Kapitalgeber und Kapitalnehmer, können zunächst nach ihrer **Nationalität** unterschieden werden. Hat z. B. bei einem festverzinslichen Wertpapier der Kapitalgeber seinen Sitz im Ausland, so wird von einer Auslandsanleihe im Gegensatz zu einer Inlandsanleihe gesprochen.[89]

Das **Inland** lässt sich – ebenso wie alle ausländischen Staaten – entsprechend den in der volkswirtschaftlichen Gesamtrechnung üblichen Bezeichnungen in die Bereiche **öffentliche Haushalte**, **Unternehmen** und **private Haushalte** unterteilen. Zu den öffentlichen Haushalten zählen in der Bundesrepublik Deutschland der Bund, die Sondervermögen des Bundes, die Bundesländer sowie die Kommunalverbände und Gemeinden. Der Bereich der Unternehmen kann in die Gruppen monetäre Finanzinstitute und andere Unternehmen unterteilt werden, wobei Letztere sich weiter nach einzelnen Branchen systematisieren lassen.[90]

Diese Unterscheidungen werden getroffen, weil sich hieraus einige Namen von Finanzierungsinstrumenten ableiten lassen. Die jeweiligen Bezeichnungen können dabei von den **Kapitalnehmern** abgeleitet sein. So ergibt sich beispielsweise die Bezeichnung „Bundesanleihe" allein aus dem Sachverhalt, dass bei diesem Finanzierungsinstrument der Kapital-

---

[89] Als „Inland" wird in Deutschland üblicherweise die Bundesrepublik Deutschland bezeichnet. Da seit dem Beginn der dritten Stufe der Wirtschafts- und Währungsunion am 01.01.1999 der EUR die offizielle Währung derjenigen Mitgliedstaaten ist, die ab diesem Zeitpunkt die einheitliche Währung eingeführt haben, wird aber immer häufiger – vor allem im Zusammenhang mit der Emission von EUR-Anleihen – die Gesamtheit der Mitgliedstaaten, die den EUR eingeführt haben, als „Inland" bezeichnet.

[90] Der Bereich der Unternehmen kann auch nach anderen Kriterien – beispielsweise nach der Unternehmensgröße – weiter unterteilt werden.

nehmer (Anleiheschuldner) die Bundesrepublik Deutschland ist. Entsprechend ergeben sich z. B. die Namen „Bankschuldverschreibung" oder „Industrieobligation". Ein „Mittelstandskredit" dagegen wird an mittelständische Unternehmen[91] vergeben. Die Bezeichnungen können aber auch von den einzelnen **Kapitalgebergruppen** stammen, so z. B. „Lieferantenkredite", „Kundenkredite" (Anzahlungen), „Arbeitnehmerkredite" oder auch „Bankkredite", „Versicherungskredite", „öffentliche Kredite", „Konzernkredite" und „private Kredite".

Der Sektor **Ausland** lässt sich in dem **nationalen Zweig** ebenso untergliedern wie das Inland. Dies ist allerdings in **Abbildung 14** auf S. 36 nicht berücksichtigt. Der **supranationale Zweig** umfasst dagegen diejenigen Kapitalgeber und Kapitalnehmer, die nicht einem einzelnen Staat zugeordnet werden können. Hierzu zählen vor allem Organisationen wie die Weltbank oder die Europäische Investitionsbank.

Neben der Untergliederung nach Nationalität und Wirtschaftssektoren lassen sich die **Kapitalnehmer** nach dem jeweils von ihrer Bonität abhängigen **Risikograd** systematisieren. Der Risikograd einer Kapitalanlage wird von Ratingagenturen[92] durch ein Rating[93] des Schuldners in komprimierter Form wiedergegeben. In Anlehnung an die gängigen Ratingsymbole werden Anleihen von Unternehmen mit höchster Bonität als Triple-A-Anleihen (AAA-Anleihen) bezeichnet. Derartige Anleihen zeichnen sich durch ein besonders geringes Ausfallrisiko aus. Hingegen sind High-Yield Bonds ein Beispiel für Anleihen, bei denen die Emittenten eine geringe Bonität aufweisen, die vertragsgemäße Bedienung der Anleihen durch die Emittenten also zweifelhaft erscheint.

Nach der **Anzahl der Kapitalgeber** wird speziell bei Krediten zwischen

- den von einem einzigen Kreditgeber gewährten **Einzelkrediten**,
- den von einer Gruppe von Kreditgebern (z. B. von einem Bankenkonsortium) gewährten **Konsortialkrediten** sowie
- den in der Regel von zwei gleichberechtigten Partnern mit jeweils gleichen Kreditteilen gewährten **Metakrediten**

unterschieden.

---

[91] Zum Begriff des mittelständischen Unternehmens vgl. *Waschbusch, Gerd/Kaminski, Volker/Staub, Nadine*: Mittelstandsfinanzierung: Wer ist der Mittelstand? – Eine Annäherung an den Begriff des wirtschaftlichen Mittelstands. In: Der Steuerberater 2009, S. 105–112; *Waschbusch, Gerd*: Stichwort „mittelständisches Unternehmen". In: Gabler Banklexikon: Bank – Börse – Finanzierung, hrsg. von *Ludwig Gramlich u. a.*, 14. Aufl., Wiesbaden 2012, S. 986–987.

[92] Zu den bekanntesten Ratingagenturen gehören Standard & Poor's, Moody's sowie Fitch Ratings; vgl. dazu *Bieg, Hartmut/Kußmaul, Heinz*: Investitions- und Finanzierungsmanagement. Band III: Finanzwirtschaftliche Entscheidungen. München 2000, S. 100–104.

[93] Ein Rating stellt ein Beurteilungsverfahren dar, das eine Vielzahl von Bestimmungsfaktoren eines Untersuchungsgegenstands (hier: ein Unternehmen) bezüglich einer bestimmten Fragestellung (hier: die Bonität des Unternehmens) bewertet und das Ergebnis in einer einzigen Kennzahl, dem sog. „Rating", verdichtet; vgl. dazu *Bieg, Hartmut/Kußmaul, Heinz*: Investitions- und Finanzierungsmanagement. Band III: Finanzwirtschaftliche Entscheidungen. München 2000, S. 100–104. Die Erkenntnis, dass die Bonität eines Unternehmens in starkem Maße von seiner zukünftigen Entwicklung abhängt, wird von den Ratingagenturen dadurch berücksichtigt, dass sie für ein Unternehmen verschiedene nach der zeitlichen Länge des jeweiligen Betrachtungszeitraums differenzierte Ratings vergeben.

C. Mögliche Bereiche von Konditionenvereinbarungen

I. Überblick

Aufgrund ihrer unterschiedlichen Zielvorstellungen müssen Kapitalgeber und Kapitalnehmer Konditionen für die Kapitalüberlassung vereinbaren (siehe hierzu auch **Abbildung 8**, S. 19). Eine Übersicht, in der mögliche Bereiche von Konditionenvereinbarungen aufgeführt werden, findet sich in **Abbildung 15** auf S. 39.

II. Zeitpunkt der Konditionenfestlegung

Bei der Konditionenvereinbarung müssen sich der Kapitalgeber und der Kapitalnehmer zunächst über den **Zeitpunkt der Konditionenfestlegung** einigen. In der Regel wird dieser Vorgang **in unmittelbarer zeitlicher Nähe zur Kapitalbereitstellung** erfolgen (**Kassageschäfte**). Bei **Termingeschäften** werden die Konditionen dagegen in einem entsprechenden zeitlichen Abstand **vor der Kapitalbereitstellung bereits mit Vertragsabschluss** festgelegt. Insofern ist ein normaler Bankkredit, dessen Konditionen in einem entsprechenden zeitlichen Abstand vor der Inanspruchnahme festgelegt werden, ebenso ein Termingeschäft wie ein heute abgeschlossener Kaufvertrag, in dem der veräußerte Vermögensgegenstand ebenso wie der Kaufpreis festgelegt werden, der aber erst in drei Monaten durch die Lieferung des Vermögensgegenstandes und die Bezahlung des Kaufpreises von den Vertragspartnern zu erfüllen ist. Wird der zeitliche Abstand zwischen der Konditionenfestlegung und der Kapitalbereitstellung nach praktischen Gesichtspunkten fixiert, so kann selbst bei einer Frist von wenigen Tagen noch ein Kassageschäft vorliegen (z. B. zwei Valutatage im Bankgeschäft). Die Übergänge zwischen Kassageschäften und Termingeschäften können somit fließend sein.

Der Zeitpunkt der Konditionenfestlegung kann allerdings auch **nach der Kapitalbereitstellung** liegen. In der Praxis werden jedoch in der Regel nicht alle, sondern nur ein einziger Vertragsbestandteil oder einige wenige Vertragsbestandteile nachträglich festgelegt. So gibt es z. B. Finanzkontrakte, bei denen einer der Kontraktpartner (Kapitalgeber oder Kapitalnehmer) die Rückzahlungswährung nach der Kapitalbereitstellung bestimmen kann.

III. Bindungsgrad der Konditionenvereinbarung

Eine ursprünglich vereinbarte Konditionenfestlegung muss – je nach **Bindungsgrad der Konditionenvereinbarung** – nicht in jedem Fall für den gesamten Kapitalbereitstellungszeitraum Gültigkeit besitzen. Wurde ein **Änderungsrecht** oder eine **Änderungspflicht** vereinbart, wie z. B. die Kündigung des Kapitalbetrags durch den Kapitalgeber (z. B. durch einen OHG-Gesellschafter oder durch die satzungsändernde Mehrheit der Aktionäre), so kann durch die Ausübung des Änderungsrechts bzw. muss durch die Erfüllung der Änderungspflicht die ursprüngliche Konditionenfestlegung nachträglich geändert werden.

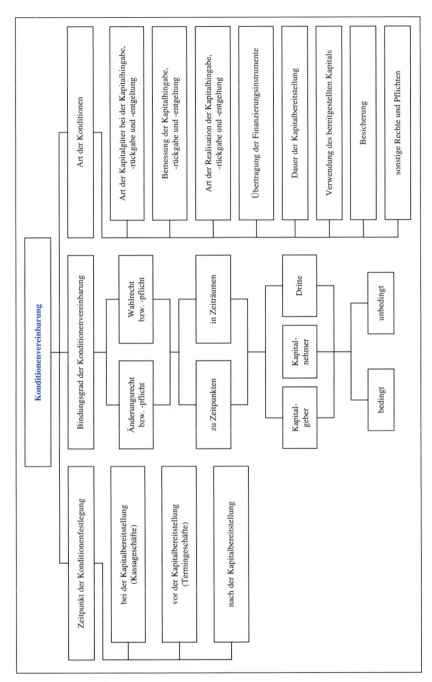

Abbildung 15: Überblick über mögliche Bereiche von Konditionenvereinbarungen

Bei **Wahlrechten** oder **Wahlpflichten** wird zwar eine Konditionenfestlegung getroffen, jedoch ist diese in einem Bereich oder in mehreren Bereichen nicht eindeutig. Folglich kann oder muss später eine Auswahl aus der vorbestimmten Menge von Handlungsalternativen durch den Entscheidungsträger erfolgen. Ein Beispiel hierfür ist das Wandlungsrecht bei der Wandelschuldverschreibung.[94] Hier muss der Kapitalanleger nach Ablauf einer bestimmten Frist entscheiden, ob er die Schuldverschreibung behalten oder gegen Aktien des betreffenden Unternehmens eintauschen will.

Die **Entscheidung** über die Ausübung eines Änderungs- oder Wahlrechts sowie die Erfüllung einer Änderungs- oder Wahlpflicht kann **zu einem bestimmten Zeitpunkt** oder **während eines bestimmten Zeitraums** erfolgen. Beispielsweise sind bei Wandelschuldverschreibungen Vereinbarungen denkbar, die bestimmen, dass die Umwandlungsentscheidung jeweils am 3. Februar der Jahre 02 bis 05, also zu bestimmten Zeitpunkten, oder zwischen dem 3. Februar des Jahres 02 und dem 2. Februar des Jahres 04, also innerhalb eines bestimmten Zeitraums, hier innerhalb von zwei Jahren, zu erfolgen hat.

Entscheidungsträger können hierbei entweder der **Kapitalgeber**, der **Kapitalnehmer** oder **Dritte** sein. Bei einer Wandelschuldverschreibung ist der Entscheidungsträger der Kapitalgeber oder Kapitalnehmer, bei Krediten hingegen ist ein Kündigungsrecht durch den Kapitalnehmer denkbar.

Schließlich kann die Entscheidung vom **Eintreten eines bestimmten Ereignisses** abhängig gemacht werden. Ist die Entscheidung an ein bestimmtes Ereignis gebunden, so handelt es sich um eine **bedingte Entscheidungsmöglichkeit**. So könnte z. B. das Umtauschrecht einer Wandelschuldverschreibung in Aktien an die Bedingung geknüpft werden, dass der Deutsche Aktienindex DAX zuvor die Marke von 10.000 Punkten unterschritten hat. Im Gegensatz dazu hat der Entscheidungsträger bei einer **unbedingten Entscheidungsmöglichkeit** in jedem Fall, also unabhängig vom Eintritt eines bestimmten Ereignisses, eine Entscheidung zu treffen.

IV. Art der Konditionen

1. Überblick über die Verhandlungsbereiche

Neben dem Zeitpunkt der Konditionenfestlegung und dem Bindungsgrad der Konditionenvereinbarung müssen die Vertragspartner schließlich noch die **Art der Konditionen** festlegen. Diese Festlegung kann sich auf die folgenden Bereiche beziehen, die im Weiteren jeweils erläutert werden:

- die Art der Kapitalgüter bei der Kapitalhingabe, -rückgabe und -entgeltung,
- die Bemessung der Kapitalhingabe, -rückgabe und -entgeltung,
- die Art der Realisation der Kapitalhingabe, -rückgabe und -entgeltung,
- die Übertragung der Finanzierungsinstrumente,
- die Dauer der Kapitalbereitstellung,

---

[94] Zu den Wandelschuldverschreibungen siehe den **Siebten Abschnitt, Kapitel B.III.**

- die Verwendung des bereitgestellten Kapitals,
- die Besicherung und
- die sonstigen Rechte und Pflichten der Kapitalgeber und Kapitalnehmer.

2. Art der Kapitalgüter bei der Kapitalhingabe, -rückgabe und -entgeltung

Als Kapitalgüter können einem Finanzierungsinstrument immaterielle und/oder materielle Güter bzw. Werte zugrunde liegen (vgl. **Abbildung 16**). Diese können Grundlage der Kapitalhingabe, der Kapitalrückgabe sowie der Kapitalentgeltung sein. Üblicherweise erfolgt die Kapitalhingabe zu Beginn, die Kapitalrückgabe am Ende und die Kapitalentgeltung während der Laufzeit der Kapitalvergabe, wobei allerdings Abweichungen hiervon möglich sind.

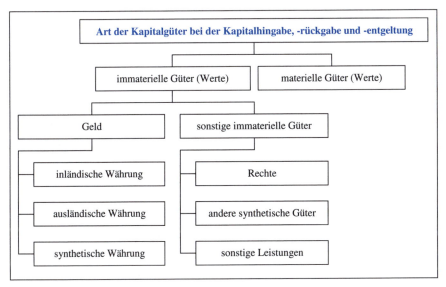

Abbildung 16: Systematisierung nach der Art der Kapitalgüter

Während sich die **materiellen Güter** dadurch auszeichnen, dass sie einem Wirtschaftssubjekt einen direkten Nutzen stiften können, geschieht dies bei den **immateriellen Gütern** grundsätzlich indirekt. Deshalb wird das **Geld** auch den immateriellen Gütern zugeordnet. Es wird hier allerdings aufgrund seiner großen praktischen Bedeutung von den sonstigen immateriellen Gütern abgegrenzt. Das Kapitalgut „Geld" muss nicht notwendigerweise in **inländischer Währung** vorliegen, da Kapitalhingabe, -rückgabe und -entgeltung auch in einer oder mehreren **ausländischen oder synthetischen Währungen** erfolgen können. Eine synthetische Währung war z. B. der ECU,[95] der sich aus bestimmten Anteilen der zu diesem System gehörenden Währungen zusammensetzte („Währungskorb"). Die Kapitalhingabe, -rückgabe bzw. -entgeltung muss auch nicht notwendigerweise in der gleichen Währung erfolgen. In der Praxis gibt es beispielsweise sog. Doppel- oder Mehrfachwährungsanleihen,

---

[95] Die Abkürzung „ECU" stand für European Currency Unit.

bei denen der Kapitalhingabe, -rückgabe bzw. -entgeltung unterschiedliche Währungen zugrunde liegen.[96]

Neben Geld zählen zu den immateriellen Gütern auch Rechte, andere synthetische Güter sowie sonstige Leistungen. Wenn im **Vierten Abschnitt, Kapitel C.III.**[97] von Rechten die Rede war, so waren diese Rechte Bestandteil eines gesamten Konditionenpakets, durch das ein bestimmtes Finanzinstrument gekennzeichnet ist. In dem hier angesprochenen Zusammenhang geht es um **Änderungs- und Wahlrechte** oder um **Bezugsrechte**, die als eigenständige Finanzinstrumente angesehen werden und als solche getrennt disponierbar sind. So ist z. B. bei Aktien das Bezugsrecht und bei Optionsanleihen das Optionsrecht – eine Sonderform des Wahlrechts – zunächst Bestandteil der gesamten die Aktien bzw. Optionsanleihen beschreibenden Konditionenvereinbarungen. Beide Rechte können jedoch auch getrennt von der Aktie bzw. Optionsanleihe gehandelt werden und stellen damit jeweils ein eigenständiges Kapitalgut dar.[98]

Als Kapitalgüter sind außer synthetischen Währungen auch **andere synthetische Güter** denkbar. Zu diesen zählen insbesondere Indizes, z. B. der Deutsche Aktienindex DAX, der Rentenindex REX oder die jeweiligen Dow Jones Indizes. Diese Güter können jedoch nicht physisch geliefert, sondern lediglich fiktiv zur Verfügung gestellt werden.

Als **sonstige Leistungen** kann jedes Tun, Dulden oder Unterlassen verstanden werden. Hierunter fällt auch die Übernahme der Haftung bei einem Akzept- oder Avalkredit. Bei diesen Sonderformen des Kreditgeschäfts, die unter der Bezeichnung „Kreditleihe" bekannt sind, wird nicht wie üblicherweise bei Krediten Geld zur Verfügung gestellt, sondern es wird nur für eine bestimmte Dauer eine bedingte Haftungsleistung erbracht.[99]

Ein typisches Beispiel für die Kreditgewährung bei **materiellen Gütern** ist der Warenkredit eines Lieferanten, der seinen Kunden Waren auf Ziel verkauft.[100] Die Kapitalhingabe erfolgt also durch ein materielles Gut. Bei der Kapitalrückgabe wird dagegen meistens Geld als Kapitalgut eingesetzt. Denkbar wäre aber auch eine Kapitalrückgabe in Form materieller Güter. Das Entgelt für eine derartige Kapitalüberlassung wird in der Regel nicht offen ausgewiesen, sondern ist im Verkaufspreis berücksichtigt; wird der Kredit jedoch nicht in Anspruch genommen, so erfolgt eine – zinsbedingte – Minderung des Kaufpreises durch einen Skontoabzug.

Auch beim Leasing erfolgt die Kapitalhingabe in der Regel durch ein materielles Gut, das – je nach Ausgestaltung des Leasing-Vertrags – nach Ablauf der Vertragsdauer zurückgegeben werden kann.[101] Zur Kapitalentgeltung in Form von Leasing-Raten wird in der Regel Geld benutzt.

---

[96] Siehe hierzu auch den **Sechsten Abschnitt, Kapitel C.III.3.f)**.
[97] Vgl. auch **Abbildung 15** auf S. 39.
[98] Siehe hierzu auch die Darstellung im **Fünften Abschnitt, Kapitel D.III.2.ba)** und im **Siebten Abschnitt, Kapitel B.IV.**
[99] Zur Kreditleihe siehe die Ausführungen im **Sechsten Abschnitt, Kapitel D.IV.**
[100] Siehe hierzu den **Sechsten Abschnitt, Kapitel D.II.**
[101] Eine ausführliche Darstellung des Leasings befindet sich im **Achten Abschnitt**.

Die Kapitalentgeltung mittels materieller Güter, eine im Mittelalter weit verbreitete Entgeltungsform, ist auch heutzutage noch als Bestandteil der Konditionenvereinbarung bei Finanzkontrakten zu finden. So ist es z. B. möglich, dass ein Investor eines Schokoladenherstellers die Kapitalentgeltung ganz oder in Teilen in Form von Naturalien – hier also in Schokolade oder in schokoladeähnlichen Erzeugnissen – erhält.[102]

Kapitalhingabe, -rückgabe sowie -entgeltung können zudem verbrieft oder nicht verbrieft sein.[103] So stellt z. B. ein Sparbrief eine Verbriefung des an eine Bank gewährten Kredits dar, während die Kapitalüberlassung beispielsweise bei einem Schuldscheindarlehen in unverbriefter Form erfolgt.[104]

3. Bemessung der Kapitalhingabe, -rückgabe und -entgeltung

Neben der Art der Kapitalgüter muss bei der Konditionenvereinbarung über die **Bemessung, d. h. die Höhe der Kapitalhingabe, -rückgabe und -entgeltung** entschieden werden. Die Bestimmung der Höhe kann bei der Kapitalhingabe und -rückgabe direkt, d. h. in eindeutiger nominaler Höhe, bei der Kapitalentgeltung hingegen nur in Verbindung mit einem Erfolgszähler, der auf eine Berechnungsbasis angewandt wird, erfolgen (vgl. **Abbildung 17** auf S. 44). Grundlage der Bemessung der Kapitalhingabe und -rückgabe bzw. der Festlegung der Berechnungsbasis der Kapitalentgeltung ist ein **Referenzwert**. Je nach Art des Finanzierungsinstruments werden für diese Referenzwerte unterschiedliche Begriffe verwendet.

Als Bezeichnung für den **Referenzwert** sind z. B. **bei Krediten** die Begriffe „Nennwert", „Nennbetrag" oder „Nominalbetrag" geläufig. Dieser Referenzwert ist dort nicht zwingend eine unmittelbare Zahlungsgröße, sondern dient häufig nur als Berechnungsgrundlage für andere Vertragsbestandteile, beispielsweise für die zu entrichtenden Zinsen, Bearbeitungsgebühren und Vermittlungsprovisionen. Liegt der **Auszahlungsbetrag**, also der Betrag der Kapitalhingabe, **unter dem Nennbetrag**, so bezeichnet man die Differenz als Disagio (auch Abgeld oder Damnum genannt). Liegt der Auszahlungsbetrag hingegen **über dem Nennbetrag**, so wird die Differenz als Agio (Aufgeld) bezeichnet.[105] Der **Rückzahlungsbetrag**, also der Betrag, den der Kreditnehmer neben den Zinszahlungen zurückzuzahlen hat, **entspricht in der Regel dem Nennbetrag**, kann in besonderen Fällen aber auch darüber liegen, wie dies gelegentlich bei festverzinslichen Wertpapieren der Fall ist. Die **Verzinsung** bezieht sich bei Krediten in der Regel auf die Restschuld und nur in Ausnahmefällen auf die Anfangsschuld (bspw. bei Ratenkrediten) oder eine andere Bezugsgröße. Erfolgt

---

[102] So kann sich der Inhaber einer Anleihe (Emission der Jahre 2003 und 2006) der Confiserie Burg Lauenstein aus Ludwigsstadt wahlweise einen Zinssatz von 4,5 % in bar oder 8,5 % in Form handgefertigter Pralinen auszahlen lassen; vgl. hierzu o. V.: Trüffelzinsen und Kuh-Aktien. In: Börsen-Zeitung vom 14.12.2007, Nr. 241, S. 2.
[103] Die Verbriefung von Forderungen wird im **Sechsten Abschnitt, Kapitel C.I.** näher erörtert.
[104] Zum Schuldscheindarlehen siehe den **Sechsten Abschnitt, Kapitel C.II.2.**
[105] Siehe auch den **Sechsten Abschnitt, Kapitel B.I.**

keine Tilgung, so ist die Restschuld mit der Anfangsschuld und damit in der Regel mit dem Nennbetrag identisch.[106]

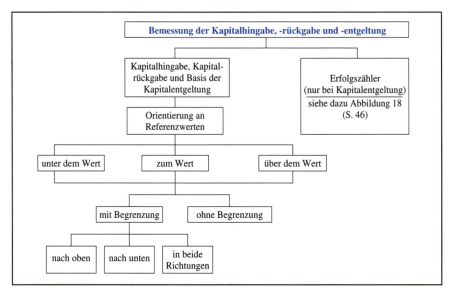

Abbildung 17: Systematisierung der Bemessung der Kapitalhingabe,-rückgabe und -entgeltung

Bei **Aktien** hat der Nennwert oder Nennbetrag eine andere Bedeutung als bei Krediten.[107] Hier schreibt § 6 AktG vor, dass das Grundkapital einer Aktiengesellschaft auf einen Nennbetrag in EUR lauten muss. Der Mindestnennbetrag einer Nennwertaktie muss 1 EUR (§ 8 Abs. 2 Satz 1 AktG),[108] der Mindestnennbetrag des Grundkapitals 50.000 EUR betragen (§ 7 AktG). Die **Kapitalhingabe des Aktionärs richtet sich** allerdings nicht nach dem (rechnerischen) Nennbetrag, sondern **nach dem Emissionskurs**. Letzterer orientiert sich am Kurswert bzw. Marktwert der alten Aktien. Entspricht der Emissionskurs der Aktien ihrem Nennbetrag, so wird von einer **Emission zu pari** gesprochen. Liegt der Emissionskurs hingegen über dem Nennbetrag der Aktien, so besteht **eine Überpari-Emission**. Unterpari-Emissionen sind gemäß § 9 Abs. 1 AktG nicht erlaubt.

Auch die **Kapitalrückgabe bei Aktien** im Falle der Liquidation der Gesellschaft orientiert sich nicht am (rechnerischen) Nennbetrag der Aktien bzw. des Grundkapitals, sondern am Liquidationswert der Aktiengesellschaft. Der Liquidationswert ergibt sich aus der Differenz zwischen den Erlösen, welche die Gesellschaft bei einer Veräußerung all ihrer Vermögensgegenstände erzielt, und den Schulden, die die Gesellschaft zu tilgen hat.

---

[106] Zu den verschiedenen Arten von Tilgungsstrukturen siehe den **Sechsten Abschnitt, Kapitel B.II.**

[107] Siehe zu diesem Themengebiet die ausführlichen Erläuterungen im **Fünften Abschnitt, Kapitel D.II.2.**, insbesondere aber den **Fünften Abschnitt, Kapitel D.II.2.ca).**

[108] Bei Stückaktien darf der auf die einzelne Aktie entfallende anteilige Betrag des Grundkapitals (rechnerischer Nennwert) 1 EUR nicht unterschreiten (vgl. § 8 Abs. 3 Satz 3 AktG); siehe dazu die ausführlichen Erläuterungen im **Fünften Abschnitt, Kapitel D.II.2.cb).**

Die **Entgeltung in Form der Dividende** bezieht sich bei Aktien auf die einzelne Aktie und kann daher auch auf den (rechnerischen) Nennbetrag bezogen werden.

Orientiert sich die Kapitalhingabe, -rückgabe und -entgeltung an einem Referenzwert, so kann eine sich daraus ergebende **Zahlungsverpflichtung der Höhe nach entweder begrenzt oder unbegrenzt** sein. Da ohne eine Begrenzung der Zahlungsverpflichtung das Risiko für einen der Kontraktpartner unbegrenzt hoch sein kann, werden die mit Finanzverträgen verbundenen Zahlungsverpflichtungen häufig begrenzt. Als Beispiel für einen Finanzkontrakt mit einer begrenzten Zahlungsverpflichtung sei hier die Indexanleihe genannt.[109] Die Begrenzung kann bei einer Indexanleihe in der Weise erfolgen, dass eine Obergrenze („cap") für die Zahlungsverpflichtung vorgegeben wird. Ergibt sich also aus dem Referenzwert eine höhere Zahlungsverpflichtung, so ist eine Zahlung lediglich bis zu der festgelegten Obergrenze zu leisten. Analog kann auch eine Untergrenze („floor") festgelegt werden, die stets – also selbst dann, wenn sich aus dem Referenzwert eine niedrigere Zahlung ergibt – zu einer bestimmten Mindestzahlung führt. Schließlich ist noch eine Kombination aus diesen beiden Begrenzungen, d. h. eine Begrenzung sowohl nach oben als auch nach unten („collar") denkbar.

Es wurde bereits darauf hingewiesen, dass im Rahmen der Bemessung der Kapitalentgeltung ein Erfolgszähler zu berücksichtigen ist, der auf die oben angesprochene Berechnungsbasis angewendet wird. Dieser Erfolgszähler, der in der Regel in Prozentpunkten angegeben wird, hängt von der **Art der Erfolgsabhängigkeit der Entgeltung** ab (Dividenden- oder Zinsprozentsatz). Wie in **Abbildung 18** auf S. 46 dargestellt, kann nach der Art der Erfolgsabhängigkeit der Entgeltung die erfolgsabhängige von der erfolgsunabhängigen Entgeltung unterschieden werden.

Bei der **erfolgsabhängigen Entgeltung** wird in der Regel eine **Beteiligung am handelsrechtlichen Erfolg** (bspw. am Jahresüberschuss oder Bilanzgewinn) vereinbart. Die Dividende bei Aktien ist ein Beispiel für eine solche Entgeltungsform. Denkbar sind aber auch **Beteiligungen an anderen Erfolgsmaßstäben** wie z. B. am Gewinn der Steuerbilanz oder am Umsatz. Durch das letzte Beispiel wird deutlich, dass „Erfolg" in diesem Zusammenhang nicht immer eine (positive oder negative) Saldogröße sein muss.

Eine erfolgsabhängige Entgeltung wird grundsätzlich nur dann gezahlt, wenn in der Periode, die der Erfolgsbemessung zugrunde liegt, ein positiver Erfolg erzielt wurde. Im Falle negativer Erfolge kann jedoch eine **Nachholung der Erfolgsentgeltung** für spätere Perioden vereinbart werden. Dies ist zum Beispiel bei kumulativen Vorzugsaktien der Fall.[110]

---

[109] Die Indexanleihe wird im **Sechsten Abschnitt, Kapitel C.III.3.f)** näher erläutert.
[110] Auf die Ausgestaltungsmöglichkeiten des Dividendenanspruchs bei Vorzugsaktien wird im **Fünften Abschnitt, Kapitel D.II.2.bb)** eingegangen.

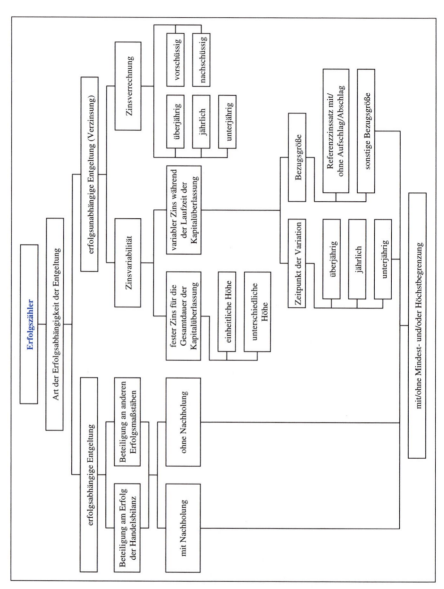

Abbildung 18: Systematisierung der Bemessung der Kapitalhingabe ‚-rückgabe und -entgeltung (Fortsetzung)

Die **erfolgsunabhängige Entgeltung** (Verzinsung) lässt sich nach den Kriterien Zinsvariabilität und Zinsverrechnung systematisieren. Hierbei handelt es sich allerdings nicht um zwei gleichwertige sich gegenseitig ausschließende Kriterien. Im Rahmen der **Zinsvariabilität** ist der feste Zins von dem variablen Zins zu unterscheiden. Charakteristisch für eine **feste Verzinsung** ist, dass der Zins für die gesamte Dauer der Kapitalüberlassung vereinbart wird, wobei dieser Zins in der Regel eine einheitliche Höhe hat. Es gibt jedoch auch sog. „Kombizinsanleihen", bei denen der Festzinssatz während der Dauer der Kapitalüberlassung eine unterschiedliche Höhe aufweist. So ist es bei einer Anleihe mit einer Laufzeit von 10 Jahren beispielsweise denkbar, dass während der ersten 5 Jahre die Kapitalhingabe unverzinslich erfolgt, die Verzinsung während der letzten 5 Jahre hingegen sehr hoch ist, so dass sich insgesamt eine marktübliche Rendite ergibt.[111]

Kennzeichnend für eine **variable Verzinsung** ist ein Wechsel der Höhe des Zinssatzes während der Laufzeit der Kapitalüberlassung. Diese **Variation** kann überjährig, d. h. im Abstand von mehreren Jahren, jährlich oder unterjährig erfolgen. Überjährig variiert der Zins oft bei langfristigen Bankkrediten (nach Ablauf der Zinsbindungsfrist), unterjährig bei zinsvariablen Anleihen, den sog. „Floating Rate Notes".[112] Im Gegensatz zur festen Verzinsung in unterschiedlicher Höhe (Kombizinsanleihen) wird bei einer variablen Verzinsung die Höhe der Entgeltung nicht im Voraus festgelegt. Sie ändert sich vielmehr zum festgelegten Variationszeitpunkt entsprechend der Entwicklung der **Bezugsgröße**, die in der Regel durch einen sog. „Referenzzinssatz" abgebildet wird. In der Praxis wird hierfür u. a. ein EURIBOR-Satz verwendet. Sonstige Bezugsgrößen sind z. B. Durchschnittswerte von Zinssätzen vergangener Perioden. Es wurden aber auch schon Anleihen emittiert, bei denen die Höhe der variablen Verzinsung in Form eines mathematischen Algorithmus an einen Aktien- oder Rentenindex geknüpft ist.

Neben dem Kriterium der Zinsvariabilität wird die erfolgsunabhängige Entgeltung durch die **Art der Zinsverrechnung** gekennzeichnet. Diese kann überjährig, jährlich oder unterjährig und bei jeder dieser Varianten vorschüssig oder nachschüssig erfolgen.

Am häufigsten kommt in der Praxis die jährlich nachschüssige Kapitalentgeltung vor. Dies ist z. B. beim klassischen Sparbuch der Fall. Hier werden die Zinsen der vergangenen Periode – konkret des vergangenen Jahres – am Jahresende dem Kapital hinzugeschlagen und ab diesem Zeitpunkt mitverzinst. Bei einer vorschüssigen Zinszahlung müsste der Zuschlag im Voraus, also bereits am Jahresanfang erfolgen. Dies wäre für den Kapitalgeber, der der Empfänger der Zinszahlung ist, von Vorteil, da er die Zinsen ein Jahr früher zu konsumtiven Zwecken oder Wiederanlagezwecken einsetzen könnte. Der Kapitalnehmer, der der Entgeltzahler ist, hätte dagegen einen Nachteil, da er die entsprechenden Beträge früher aufbringen müsste. Die gleichen Vorteile bzw. Nachteile ergeben sich für Kapitalgeber und Kapitalnehmer bei einer unterjährigen Verzinsung, die beispielsweise bei einer Kapitalanlage in Form eines Festgeldes üblich ist. Hier werden die Zinsen z. B. monatlich oder vierteljährlich – im Vergleich zum Jahr also in kürzeren Zeiträumen – gutgeschrieben, mit der Folge, dass die Wiederverzinsung entsprechend früher einsetzt. Das Gesamtentgelt ist damit ceteris

---

[111] Zur Berechnung der Effektivverzinsung siehe den **Sechsten Abschnitt, Kapitel B.IV.**
[112] Siehe hierzu den **Sechsten Abschnitt, Kapitel C.III.3.cd)**.

paribus umso höher, je kürzer der Zinsverrechnungszeitraum ist. Der umgekehrte Fall liegt bei der überjährigen Verzinsung vor, die in der Praxis allerdings kaum relevant ist.

Schließlich lässt sich zu den möglichen Konditionenvereinbarungen bezüglich der Entgeltung noch sagen, dass bei allen nicht feststehenden Zahlungen eine **Mindest- oder Höchstbegrenzung** festgelegt werden kann.

4. Art der Realisation der Kapitalhingabe, -rückgabe und -entgeltung

Neben der Höhe – also der Bemessung der Kapitalhingabe, -rückgabe und -entgeltung – muss deren **Art der Realisation** bei der Konditionenzusammenstellung einer Kapitalvergabe vereinbart werden (vgl. dazu auch **Abbildung 19**). Die Realisation kann hierbei zunächst fiktiv oder tatsächlich sein. **Fiktiv** ist die Realisation nur dann, **wenn kein Kapitalgut zur Verfügung gestellt wird**. Dies tritt beispielsweise bei der (fiktiven) Kapitalhin- und -rückgabe bei einzelnen Swapformen oder den Forward Rate Agreements (FRA) auf.[113]

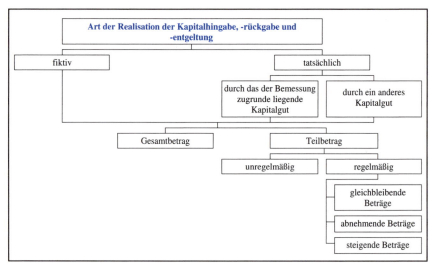

Abbildung 19: Systematisierung nach der Art der Realisation der Kapitalhingabe, -rückgabe und -entgeltung

Im Regelfall wird das **Kapitalgut** bei der Kapitalhingabe, -rückgabe oder -entgeltung jedoch **tatsächlich zur Verfügung gestellt**. Dies erfolgt entweder durch das der Bemessung zugrunde liegende Kapitalgut (z. B. Geld bei einem festverzinslichen Wertpapier oder das Leasinggut bei einem Leasingkredit) oder durch ein anderes Kapitalgut. Ein Beispiel für den letztgenannten Fall wären Ausgleichszahlungen in Geld, die in der Regel dann gewährt werden, wenn – wie z. B. bei einem Index – das Kapitalgut physisch nicht geliefert werden kann.

---

[113] Die Swaps werden im **Neunten Abschnitt, Kapitel C.** erläutert, die FRA im **Neunten Abschnitt, Kapitel E.**

Sowohl die fiktive als auch die tatsächliche Realisation kann in einem **Gesamtbetrag** oder in **Teilbeträgen** erfolgen. Während beispielsweise bei Bankkrediten der Kreditbetrag oft als Gesamtbetrag zur Verfügung gestellt wird,[114] kann die Rückzahlung grundsätzlich in regelmäßigen Teilbeträgen, die gleich bleibend, abnehmend oder steigend sein können, oder in unregelmäßigen Teilbeträgen erfolgen. In der Praxis sind vor allem die Ratentilgung sowie die Annuitätentilgung gebräuchlich.[115]

5. Übertragung der Finanzierungsinstrumente

a) Systematisierung nach der Übertragung der Finanzierungsinstrumente

Im Grunde sind auch Finanzierungsinstrumente nichts anderes als eine Ware und wie jede Ware werden auch sie an Märkten übertragen, d. h. gehandelt. Der **Finanzmarkt** ist der Ort, an dem sich Angebot und Nachfrage nach Finanzierungsinstrumenten treffen. Hier begegnen sich Wirtschaftssubjekte, die entweder freie Gelder anlegen (Kapitalgeber) oder finanzielle Mittel aufnehmen möchten (Kapitalnehmer); sie treten dabei durch den Aufbau von Eigentums- und Schuldverhältnissen in Kontakt zueinander. Ferner bilden sich hier auch die Preise für solche Finanzkontrakte (vgl. zu diesem Bereich **Abbildung 20**).

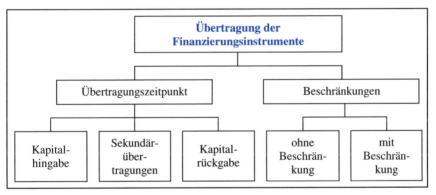

Abbildung 20: Systematisierung nach der Übertragung der Finanzierungsinstrumente

Die **Unterscheidung zwischen organisierten und nicht organisierten (freien) Märkten** richtet sich danach, in welchem Maß feste Handelstechniken vorgegeben und für alle Marktteilnehmer transparent und verbindlich sind. Als organisiert bezeichnet man einen „durch Gesetz oder Gewohnheit institutionalisierten sowie durch Publizität und dauerhafte Organisation charakterisierten Markt"[116].

---

[114] Denkbar ist aber auch eine Auszahlung der Kreditsumme in Teilbeträgen, die sich nach dem Baufortschritt des kreditfinanzierten Immobilienobjekts richten.
[115] Zu diesen beiden Tilgungsformen siehe die Ausführungen im **Sechsten Abschnitt, Kapitel B.II.**
[116] *Häuser, Karl*: Kapitalmarkt. In: Handwörterbuch der Finanzwirtschaft, hrsg. von *Hans E. Büschgen*, Stuttgart 1976, Sp. 1059.

In den meisten Fällen ist der Finanzmarkt nur ein gedankliches Gebilde. Er ist die Summe aller mündlichen, schriftlichen oder telekommunikativen Kontakte, die den Handel in einem einzelnen Finanzierungsinstrument oder in einer Gruppe vergleichbarer Finanzierungsinstrumente betreffen. Zuweilen ist er aber auch – wie etwa bei den Präsenzbörsen – an einem räumlichen Ort konzentriert. Da die Computerbörsen[117] in den letzten Jahren immer mehr Liquidität auf sich ziehen konnten, kommt dem Präsenzhandel heutzutage nur noch eine untergeordnete Bedeutung zu.

Die beiden im Folgenden erörterten Gesichtspunkte der Übertragung von Finanzinstrumenten sind nebeneinander bestehende Gesichtspunkte, die sich nicht gegenseitig ausschließen.

b) Zeitpunkt der Übertragung der Finanzierungsinstrumente

Die erstmalige Übertragung, also die **ursprüngliche Kapitalhingabe** an den Kapitalnehmer, die bei bestimmten Finanzierungsinstrumenten auch „Emission" genannt wird, **erfolgt auf dem sog. „Primärmarkt"**. Auf dem Primärmarkt kommt das Angebot ausschließlich von den Unternehmen, die Finanzierungsinstrumente begeben. Dieser Markt betrifft somit nur den **Erstverkauf**. Hierbei entspricht das dem Unternehmen zufließende Kapital im Wesentlichen dem für das Instrument erzielten Preis.

Grundsätzlich kann der erste – ebenso wie auch der spätere – Kapitalgeber seine **Finanzierungsinstrumente** auch an andere Personen oder Institutionen **auf dem sog. „Sekundärmarkt" weiterverkaufen**. Das hat den Vorteil, dass der Inhaber des Finanzierungsinstruments Zahlungsmittel zurückerhalten kann, ohne dass das Unternehmen selbst davon bezüglich seiner eigenen Liquidität betroffen würde. Aus Sicht des Unternehmens findet lediglich ein Wechsel im Kreis der Anteilseigner oder Gläubiger statt. Das Unternehmen muss also in einem solchen Fall das aufgenommene Kapital nicht vorzeitig zurückzahlen; der dem Finanzierungsinstrument zugrunde liegende Kapitalüberlassungsvertrag gilt vielmehr nach wie vor in rechtlich unveränderter Form.

Der Verkäufer des Finanzierungsinstruments trägt allerdings das Risiko, dass der erzielbare Verkaufspreis niedriger sein kann als der ursprünglich von ihm dafür entrichtete Betrag oder als die erwartete später von dem Unternehmen zu leistende Kapitalrückgabe.

Die Veräußerung jeder Art von Finanzierungsinstrumenten wird erleichtert, wenn für den Kapitalgeber eine Haftungsbeschränkung vereinbart ist und die Finanzierungsinstrumente in Wertpapieren verbrieft sind. Sind die Finanzierungsinstrumente zudem in kleine homogene Anteile gestückelt, die fungibel, also austauschbar, sind, so kann es zu einem ständigen Handel (Kauf und Wiederverkauf) in diesen Instrumenten kommen. Dann besteht die Möglichkeit, einen organisierten Markt (bspw. in Form einer Börse[118]) zu schaffen, auf dem sich Angebot und Nachfrage treffen und auf dem sich ein Preis einstellt, der beides zum Ausgleich bringt.

---

[117] Hierzu können bspw. der Xetra-Handel oder der Handel an der Eurex gezählt werden (siehe dazu auch die Ausführungen im **Zehnten Abschnitt**).

[118] Zum Börsenhandel siehe die ausführliche Darstellung im **Zehnten Abschnitt**.

c) Beschränkungen bei der Übertragung der Finanzierungsinstrumente

Für die Weiterveräußerung von Finanzierungsinstrumenten können je nach Art des Instrumentes bestimmte **Beschränkungen** bestehen.

Der **Verkauf von Forderungen** ist beispielsweise grundsätzlich möglich. Hier gelten dann im Einzelnen die Regeln für die Abtretung von Forderungen gemäß den §§ 398–413 BGB.[119] Mit dem Gesetz zur Begrenzung der mit Finanzinvestitionen verbundenen Risiken (Risikobegrenzungsgesetz) vom 12. August 2008 und dem Gesetz zur Umsetzung der Verbraucherkreditrichtlinie vom 29. Juli 2009 wurde u. a. der Verbraucherschutz in diesem Bereich gestärkt. So muss nach § 491a Abs. 1 sowie § 492 Abs. 2 BGB i. V. m. Art. 247 § 9 Abs. 1 EGBGB bei Immobiliardarlehensverträgen nicht nur in dem vom Darlehensnehmer zu unterzeichnenden Vertrag, sondern auch in der vorvertraglichen Information ein deutlicher Hinweis enthalten sein, „dass der Darlehensgeber Forderungen aus dem Darlehensvertrag ohne Zustimmung des Darlehensnehmers abtreten und das Vertragsverhältnis auf einen Dritten übertragen darf".[120] Wird eine Forderung des Darlehensgebers aus einem Darlehensvertrag an einen Dritten abgetreten, so ist gemäß § 496 Abs. 2 Satz 1 BGB der Darlehensnehmer unverzüglich über die Abtretung sowie über die Kontaktdaten des neuen Gläubigers zu unterrichten. Der Verkauf von Forderungen **kann** generell **durch vertragliche Vereinbarungen eingeschränkt oder sogar ausgeschlossen werden**. Die Einschränkung kann dabei in einer Weise erfolgen, dass die Veräußerung an die ausdrückliche Zustimmung des Schuldners gebunden ist.

Die rechtlichen Möglichkeiten zum **Weiterverkauf von Beteiligungstiteln** sind sehr unterschiedlich. Eine wesentliche Rolle spielen hierbei die Rechtsform und der Gesellschaftsvertrag (bzw. die Satzung) des den Finanztitel ausgebenden Unternehmens. So ist es möglich, dass eine Veräußerung nur erlaubt ist mit Zustimmung

- aller anderen Anteilseigner (dies ist – sofern der Gesellschaftsvertrag keine anderen Bestimmungen enthält – der Normalfall bei Personenhandelsgesellschaften[121]) oder
- der Mehrheit der Gesellschafter (dies stellt eine gesellschaftsvertragliche Alternative für Personenhandelsgesellschaften dar) oder
- eines Organs der Gesellschaft (so bedarf beispielsweise die Übertragung vinkulierter Namensaktien nach § 68 Abs. 2 AktG der Zustimmung des Vorstands oder – falls die Satzung dies vorsieht – des Aufsichtsrats oder der Hauptversammlung).[122]

Es ist aber auch möglich, dass die Übertragung der Finanzierungsinstrumente keinen Beschränkungen unterliegt, der Kapitalgeber also völlig frei über den Verkauf entscheiden kann. Beispiele hierfür sind Inhaberaktien sowie nicht vinkulierte Namensaktien.[123]

---

[119] Vgl. hierzu ausführlich den **Sechsten Abschnitt, Kapitel B.VI.3.bf)**.
[120] Art. 247 § 9 Abs. 1 Satz 2 EGBGB.
[121] Vgl. die Ausführungen im **Fünften Abschnitt, Kapitel C.II.3.** und **Kapitel C.II.4.**
[122] Siehe hierzu die Ausführungen im **Fünften Abschnitt, Kapitel D.II.2.ac)**.

6. Dauer der Kapitalbereitstellung

Nach der **Dauer der Kapitalbereitstellung** können die kurzfristige, die mittelfristige, die langfristige und die unbefristete Kapitalbereitstellung unterschieden werden (siehe **Abbildung 21**).[124] Auch wenn Kapitalnehmer regelmäßig versuchen, den Zeitraum der Bereitstellung der finanziellen Mittel dem Zeitraum ihres Finanzbedarfs anzupassen (fristenkongruente Finanzierung), können wegen mangelnder Voraussicht Anpassungen der ursprünglichen Konditionenvereinbarungen durch die Verlängerung der Kapitalüberlassungsdauer bzw. außerordentliche Kündigungen erforderlich werden. Die tatsächliche Laufzeit der Finanzierungsinstrumente muss also nicht immer der formalen Laufzeit entsprechen.

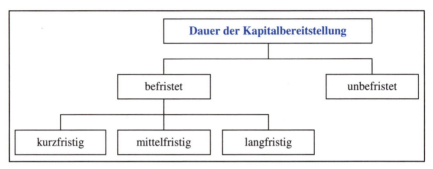

Abbildung 21: Systematisierung nach der Dauer der Kapitalbereitstellung

In diesem Zusammenhang soll kurz auf die in Theorie und Praxis geläufige **Unterscheidung von Geld- und Kapitalmarkt** eingegangen werden. Zwar bestehen unterschiedliche Auffassungen darüber, aus welchen konkreten Geschäftsarten sich beide Finanzmarktsegmente im Einzelnen zusammensetzen, es herrscht aber Einigkeit darüber, dass der Geldmarkt das kurzfristige, der Kapitalmarkt das längerfristige Geschäft betrifft. Als kurzfristig sieht man dabei Fristen bis zu einem Jahr an; doch kommt es auch vor, dass Geldmarktpapiere mit Laufzeiten von bis zu 24 Monaten gehandelt werden.[125] Der Kapitalmarkt ist das Komplement zum Geldmarkt. Er umschließt den Handel in all denjenigen (längerfristigen) Finanzierungsinstrumenten, die nicht dem Geldmarkt zugeordnet werden.

Eine **unbefristete Kapitalbereitstellung** ist vor allem bei Eigenfinanzierungsinstrumenten zu finden. So erhält ein Unternehmen das von seinen Eigenkapitalgebern zur Verfügung gestellte Kapital in der Regel unbefristet. Allerdings ist es Anlegern häufig möglich, sich im Wege des Zweithandels von ihren Eigenkapitaltiteln zu trennen, ohne dass dies Auswirkungen auf die Liquiditätssituation des Unternehmens hätte. Im Rahmen der Fremdfinanzierung ist die Begebung von unbefristeten Finanzierungsinstrumenten zwar unüblich, dennoch sind mit den sog. „Perpetuals" Anleihen begeben worden, bei denen die Kapitalgeber von dem Schuldnerunternehmen unbefristet, also „ewig", regelmäßige Zinszahlungen erhalten, die

---

[123] Diese Finanzierungsinstrumente werden im **Fünften Abschnitt, Kapitel D.II.2.aa)** und **Kapitel D.II.2.ab)** dargestellt.

[124] Siehe hierzu auch die Ausführungen im **Dritten Abschnitt, Kapitel D.**

[125] Dies kann beispielsweise bei Commercial Papers der Fall sein; vgl. den **Sechsten Abschnitt, Kapitel D.III.6.**

Tilgung der Anleihe jedoch unterbleibt. Dies kann auch so interpretiert werden, dass die Tilgung erst nach einem „unendlich" langen Zeitraum (also nie) erfolgt.

7. Verwendung des bereitgestellten Kapitals

Bei dem Konditionenbestandteil „Kapitalverwendung" drückt sich eine u. U. vorhandene **Verwendungsbestimmung**, die sich auf den Ort oder den Zweck der Kapitalverwendung beziehen kann (vgl. dazu **Abbildung 22**), oft schon im Namen des Finanzierungsinstruments aus. Beispiele hierfür sind:

- Konsumkredite,
- Wohnungsbaukredite,
- Betriebsmittelkredite (Produktionskredite),
- Investitionskredite,
- Überbrückungskredite,
- Effektenkredite,
- Außenhandelskredite (Import-/Exportkredite),
- Agrarkredite,
- Kommunalkredite und
- Auslandskredite.

Häufig erfolgt die Kapitalbereitstellung ohne die Bestimmung eines Verwendungszwecks bzw. des Verwendungsorts. In diesem Fall kann der Empfänger der Zahlungsmittel über diese nach Belieben verfügen.

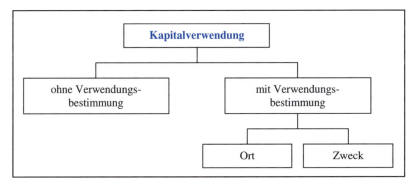

Abbildung 22: Systematisierung nach der Kapitalverwendung

8. Besicherung

Sicherheiten sollen den Kapitalgeber auch dann vor Vermögensverlusten schützen, falls der Kapitalnehmer den Kapitaldienst für die Zins- und Tilgungszahlungen nicht mehr durch den Leistungsprozess erwirtschaften kann; sie sind damit erkennbar **nur für den Fremdkapitalgeber von Bedeutung** (vgl. dazu **Abbildung 23** auf S. 54). Ein vollständiger, absolut zweifelsfreier Schutz kann in der Regel zwar nicht erreicht werden, jedoch steigt für den Kapitalgeber in mehr oder minder großem Umfang durch jede Form der Besicherung die Chance, das von ihm angestrebte Ziel zu erreichen.[126] Es ist nun aber keineswegs so, dass sich die Kapitalgeber bei jeder einzelnen Kapitalvergabe beliebig für eine oder mehrere Sicherheiten entscheiden könnten. Welche Sicherungsform im Einzelnen geeignet und gegenüber dem Schuldner durchsetzbar ist, hängt einerseits von der Art, dem Volumen sowie der Laufzeit des Kapitals ab und wird andererseits auch von der Verhandlungsmacht des Kapitalgebers bzw. Kapitalnehmers mitbestimmt. Insofern bleibt Kapitalgebern häufig nur die Wahl, den Finanzkontrakt ohne Besicherung abzuschließen oder eine andere Kapitalanlagemöglichkeit zu suchen.

Erklärt sich der Kapitalnehmer zu einer Stellung von Sicherheiten bereit, so kommen als **Gegenstand der Besicherung** neben der **Sicherung von Kapital und Erfolg** grundsätzlich auch **sonstige Konditionenbestandteile** – z. B. die Kapitalverwendung[127] – in Frage. Die **Form der Sicherheiten** kann nach den rechtlichen Grundlagen in die **schuldrechtliche und** die **sachenrechtliche Sicherung** eingeteilt werden.[128]

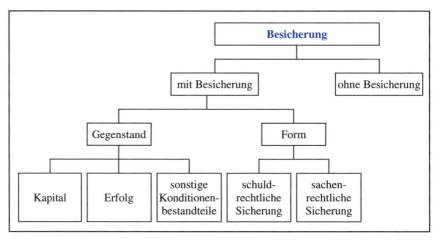

Abbildung 23: Systematisierung nach der Besicherung der Kapitalvergabe

9. Sonstige Rechte und Pflichten der Kapitalgeber und Kapitalnehmer

a) Überblick

Neben den bisher beschriebenen Konditionenvereinbarungen können noch weitere Rechte und Pflichten der Kapitalgeber und Kapitalnehmer Bestandteile von Konditionenvereinbarungen sein (vgl. **Abbildung 24** auf S. 55). Bei diesen **sonstigen Rechten und Pflichten**, die sich in die Kategorien Haftung, Beteiligung am Liquidationserlös, Einflussnahme sowie Auskunft und Kontrolle untergliedern lassen, handelt es sich in der Regel um besondere

---

[126] Zu den mit der Bestellung von Sicherheiten verfolgten Zielen des Kapitalgebers siehe den **Sechsten Abschnitt, Kapitel B.VI.2.**

[127] So kann beispielsweise bei Immobiliendarlehen die Kreditfreigabe in Abhängigkeit vom Baufortschritt als Mittel zur Besicherung des Verwendungszwecks verstanden werden.

[128] Vgl. zu diesen beiden Formen der Besicherung den **Sechsten Abschnitt, Kapitel B.VI.3.**

fakultative Vereinbarungen, die einzelne Aspekte eines Finanzierungskontrakts regeln. Sie können jeweils voll, begrenzt oder gar nicht vorhanden sein.

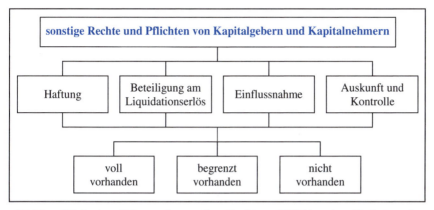

Abbildung 24: Systematisierung der sonstigen Rechte und Pflichten einer Kapitalvergabe

b) Haftung

Im Rahmen der Haftung ist zwischen den Kapitalnehmern und den Kapitalgebern zu differenzieren. Die **Kapitalnehmer haften den Kapitalgebern** mit ihrem gesamten Vermögen für ihre Zahlungsverpflichtungen. Bei Personenhandelsgesellschaften steht den Gläubigern nicht nur das Gesellschaftsvermögen, sondern darüber hinaus auch das gesamte Privatvermögen der Gesellschafter als Haftungsmasse zur Verfügung.[129] Bei Kapitalgesellschaften haftet den Gläubigern das gesamte Gesellschaftsvermögen der schuldrechtlich verpflichteten Kapitalgesellschaft.

Neben dieser selbstverständlichen Haftung des Kapitalnehmers für seine Verbindlichkeiten kann sich aus einem Finanzkontrakt auch eine **Haftung der Kapitalgeber** ergeben. So sind die Kapitalgeber verpflichtet, dem Kapitalnehmer den vertraglich vereinbarten Geldbetrag zur Verfügung zu stellen. Eine solche Haftung besteht aber lediglich solange, bis der Kapitalnehmer die Finanzmittel in der vereinbarten Höhe erhalten hat. Da die Kapitalbereitstellung üblicherweise in unmittelbarer zeitlicher Nähe zum Vertragsabschluss erfolgt, erstreckt sich die Haftung des Kapitalnehmers auf einen eng begrenzten Zeitraum. Es ist aber auch denkbar, dass der Kapitalnehmer den vereinbarten Kapitalbetrag nicht unmittelbar nach Vertragsabschluss (z. B. bei Termingeschäften) oder nicht in voller Höhe vom Kapitalgeber erhält. In diesem Fall bleibt die Haftung des Kapitalgebers für den noch nicht geleisteten Kapitalbetrag bestehen. Als Beispiel ist in diesem Zusammenhang insbesondere die Zahlungsverpflichtung des Aktionärs bei nur teilweise eingezahlten Aktien zu nennen. Die Haftung des Aktionärs erstreckt sich dabei auf den noch nicht eingezahlten Teil des Nennwerts seiner Aktien. Damit die Aktiengesellschaft den Aktionär im Falle der Einforderung dieses von ihm noch nicht eingezahlten Teils des Grundkapitals ausfindig machen kann, ist allerdings eine solche Teileinzahlung nur bei Namensaktien erlaubt.

---

[129] Bei Kommanditgesellschaften haften die Kommanditisten, solange sie ihre Einlage noch nicht voll erbracht haben, für die Resteinzahlung mit ihrem Privatvermögen.

Neben dieser von der Höhe der vereinbarten Kapitalhingabe abhängigen Haftung ist eine Haftung der Kapitalgeber für darüber hinausgehende Kapitalbeträge denkbar. So beschränkt sich die **Haftung der Mitglieder einer Genossenschaft** häufig nicht auf die von ihnen übernommenen Geschäftsanteile. Sie haften darüber hinaus in der Regel pro Geschäftsanteil für eine in der Satzung bestimmte Summe, die sog. **Haftsumme**. Die Haftsumme bezeichnet den Betrag, bis zu dem die Mitglieder im Insolvenzfall der Genossenschaft **Nachschüsse** zu leisten haben, wenn die Insolvenzmasse zur Befriedigung der Gläubiger der Genossenschaft nicht ausreicht. Hierbei ist zwischen der beschränkten und der unbeschränkten Nachschusspflicht zu unterscheiden. Im Falle der beschränkten Nachschusspflicht darf die Haftsumme gemäß § 119 GenG nicht niedriger als der Geschäftsanteil sein. Die Haftsumme stellt somit nicht eingezahltes Haftungskapital für den Insolvenzfall der Genossenschaft dar.

c) Beteiligung am Liquidationserlös

Die Ansprüche, die sich im Rahmen der **Beteiligung am Liquidationserlös** eines Unternehmens ergeben, unterscheiden sich regelmäßig bei Fremdkapitalgebern und Eigenkapitalgebern.[130] Da den **Fremdkapitalgebern** für ihre Forderungen das gesamte Vermögen des Schuldnerunternehmens haftet, können sie sich vor den Eigenkapitalgebern aus dem Liquidationserlös befriedigen. Da der Liquidationserlös allerdings oftmals geringer als die Schulden des Unternehmens ist, entscheidet die Reihenfolge, in der sich die Fremdkapitalgeber aus dem Liquidationserlös befriedigen dürfen, häufig darüber, wie hoch der Bruchteil der Forderung ist, den ein Gläubiger von dem Schuldnerunternehmen zurückerhält. Die **Reihenfolge der Befriedigung** aus dem Liquidationserlös kann im Rahmen der Konditionenvereinbarung festgelegt werden. Dabei wird zwischen **gleichrangigen und nachrangigen Forderungen** gegen das Schuldnerunternehmen unterschieden. Die nachrangigen Forderungen können erst nach der Befriedigung aller nicht nachrangigen Forderungen gegen das Unternehmen befriedigt werden.

Unter den **Eigenkapitalgebern** ist derjenige Teil des Liquidationserlöses zu verteilen, der nach Befriedigung aller gleichrangigen und nachrangigen Forderungen von Gläubigern verbleibt.[131] Dies setzt voraus, dass die Differenz aus dem Liquidationserlös und den Schulden des Unternehmens positiv ist.[132] Innerhalb der verschiedenen Eigentümerpositionen ist eine **vorrangige bzw. nachrangige Befriedigung** aus dem Liquidationserlös möglich. Vorzugsaktien können dergestalt ausgestattet sein, dass sie eine – im Vergleich zu den Stammaktien – bevorzugte Berücksichtigung bei der Verteilung des Liquidationserlöses gewähren.[133] Über die Reihenfolge der Befriedigung von mezzaninen Kapitalformen[134] entscheiden die Regelungen innerhalb der jeweiligen Emissionsbedingungen.

---

[130] Ein Liquidationserlös ergibt sich im Zuge der Auflösung eines Unternehmens; er entspricht der Summe der Veräußerungserlöse sämtlicher Vermögenswerte des Unternehmens.

[131] Aus diesem Grund wird auch von einem Residualanspruch der Eigenkapitalgeber gesprochen (vgl. *Bieg, Hartmut*: Betriebswirtschaftslehre 2: Finanzierung. Freiburg i. Br. 1991, S. 47).

[132] Insofern wäre es präziser, in diesem Fall von einem „Liquidationsüberschuss" zu sprechen.

[133] Siehe auch den **Fünften Abschnitt, Kapitel D.II.2.bb)**.

[134] Vgl. hierzu den **Siebten Abschnitt**.

d) Einflussnahme

Rechte und Pflichten im Rahmen der Einflussnahme ergeben sich grundsätzlich nur aus Eigentümerpositionen, nicht jedoch aus Gläubigerpositionen.[135] Allerdings ist es durchaus möglich, dass ein Fremdkapitalgeber aufgrund einer starken Verhandlungsposition durchsetzen kann, dass ihm bestimmte Mitwirkungsrechte eingeräumt werden.[136] Eine starke Verhandlungsposition des Fremdkapitalgebers kann beispielsweise daraus resultieren, dass sich das kapitalsuchende Unternehmen in einer angespannten, möglicherweise sogar existenzbedrohenden Liquiditätssituation befindet und daher eher bereit ist, dem Kapitalgeber weitgehende Zugeständnisse zu machen, um ihn zu einer Kapitalhingabe zu bewegen. Häufig ist auch festzustellen, dass Fremdkapitalgebern, die das Unternehmen in hohem Maße finanziert haben, gewisse Mitwirkungsrechte eingeräumt werden, die über die Mitwirkungsrechte anderer Gläubiger hinausgehen. So ist bei deutschen Industrieunternehmen deren Hausbank als größter Gläubiger oftmals im Aufsichtsrat des Schuldnerunternehmens vertreten.

Mitwirkungsrechte und -pflichten sind insbesondere für Eigenkapitalgeber typisch. So ist mit der Erbringung des Eigenkapitals regelmäßig eine Einflussnahme auf die Geschäftsführung des Unternehmens verbunden. Bei Personenhandelsgesellschaften besteht sogar eine direkte Einflussnahme der persönlich haftenden Gesellschafter auf die Geschäftsführung. Diese sind nämlich zur Geschäftsführung berechtigt und verpflichtet.[137] Kommanditisten, die lediglich bis zur Höhe ihrer Einlage haften,[138] sind hingegen nicht zur Geschäftsführung berechtigt.[139]

Bei Kapitalgesellschaften ist mit der Erbringung des Eigenkapitals lediglich eine indirekte Einflussnahme auf die Geschäftsführung der Gesellschaft verbunden, da bei diesen Gesellschaften die Eigentümer nicht direkt zur Vertretung berechtigt sind. Sie können nur indirekt über die Bestellung der Vertreter der Gesellschaft Einfluss auf die Geschäftsführung nehmen. Bei der Aktiengesellschaft geschieht dies indirekt über die Bestellung des Aufsichtsorgans (Aufsichtsrat) durch die Hauptversammlung,[140] welches seinerseits die zur Vertretung der Gesellschaft berechtigten Personen (Vorstandsmitglieder[141]) bestellt.[142] Bei der GmbH erfolgt die Bestellung der zur Vertretung der Gesellschaft berechtigten Personen (Geschäftsführer[143]) direkt durch die Gesellschafter bzw. durch den Gesellschaftsvertrag.[144] Auch bei Genossenschaften sind nicht die Eigenkapitalgeber (also die Genossen, Mitglie-

---

[135] Siehe zu diesem Themenbereich auch die Ausführungen im Sechsten Abschnitt, Kapitel A.I.
[136] Ein Fremdkapitalgeber wird sich – da ihm hierdurch keine Nachteile entstehen – höchstens Mitwirkungsrechte, jedoch keine Mitwirkungspflichten einräumen lassen.
[137] Vgl. § 114 Abs. 1 HGB.
[138] Vgl. § 171 Abs. 1 HGB.
[139] Vgl. § 164 Satz 1 Halbsatz 1 HGB.
[140] Vgl. § 101 Abs. 1 Satz 1 AktG.
[141] Siehe hierzu § 76 Abs. 1 AktG.
[142] Vgl. § 84 Abs. 1 Satz 1 AktG.
[143] Siehe hierzu § 35 Abs. 1 GmbHG.
[144] Vgl. § 6 Abs. 3 Satz 2 GmbHG.

der), sondern der Vorstand zur Vertretung der Genossenschaft berechtigt.[145] Dieser wird von der Generalversammlung gewählt, sofern die Satzung nichts anderes bestimmt.[146] Bei Genossenschaften mit bis zu 1.500 Mitgliedern erfolgt die Wahl direkt, d. h. durch alle Mitglieder. Besitzt die Genossenschaft mehr als 1.500 Mitglieder, so kann die Satzung bestimmen, dass sich die Generalversammlung nicht aus allen Mitgliedern, sondern nur aus von allen Mitgliedern zu wählenden Vertretern (Vertreterversammlung) zusammensetzt,[147] welche ihrerseits den Vorstand wählen. Insofern ist in diesem Falle nur eine indirekte Einflussnahme auf die Geschäftsführung der Gesellschaft möglich. Eine indirekte Einflussnahme ergibt sich auch dann, wenn die Satzung eine andere Art der Bestellung des Vorstands (§ 24 Abs. 2 Satz 2 GenG), bspw. durch den von der Generalversammlung bzw. Vertreterversammlung zu wählenden Aufsichtsrat (§ 36 Abs. 1 Satz 1 GenG), vorsieht.

e) Auskunft und Kontrolle

Steht den Eigenkapitalgebern keine direkte Einflussnahme auf die Geschäftsführung der Gesellschaft zu, so besitzen sie stattdessen **anderweitige Rechte**. Zu diesen zählen Auskunftsrechte und Kontrollrechte. Den Auskunfts- und Kontrollrechten der Aktionäre steht die Pflicht des Vorstands gegenüber, Auskunft zu erteilen bzw. sich kontrollieren zu lassen. Bei Aktiengesellschaften ist das **Auskunftsrecht** der Aktionäre in den §§ 131–132 AktG festgelegt worden. So ist jedem Aktionär „auf Verlangen in der Hauptversammlung vom Vorstand Auskunft über Angelegenheiten der Gesellschaft zu geben, soweit sie zur sachgemäßen Beurteilung des Gegenstands der Tagesordnung erforderlich ist" (§ 131 Abs. 1 Satz 1 AktG). Dabei hat die Auskunft „den Grundsätzen einer gewissenhaften und getreuen Rechenschaft zu entsprechen" (§ 131 Abs. 2 Satz 1 AktG). Allerdings steht dem Vorstand ein Auskunftsverweigerungsrecht zu, das er aber nur unter genau festgelegten Bedingungen in Anspruch nehmen darf. Diese Bedingungen sind in § 131 Abs. 3 AktG aufgeführt.

Das Auskunftsrecht ist Voraussetzung für einen sinnvollen **Einsatz des Kontrollrechts**. So stellt die Kontrolle die Überwachung der mit der Ausführung einer Aufgabe befassten Personen (in diesem Fall der Kapitalnehmer) dar, die sowohl präventiv als auch aufdeckend wirken soll. Kontrollrecht und Auskunftsrecht sind insofern eng miteinander verknüpft, als eine Kontrolle nur dann möglich ist, wenn die dazu erforderlichen Informationen den die Kontrolle ausübenden Personen (hier: den Kapitalgebern) zur Verfügung stehen. Eine Kontrolle kann jedoch nur dann die gewünschte Wirkung auf die zu kontrollierenden Personen ausüben, wenn diese damit rechnen müssen, aufgrund eines nicht vertragsgemäßen Verhaltens sanktioniert zu werden. Eine solche Sanktionsmöglichkeit kann den Kapitalgebern im Rahmen der Konditionenvereinbarung eingeräumt werden[148] oder ihnen aufgrund ihrer Rechtsstellung zustehen.[149]

---

[145] Vgl. § 24 Abs. 1 Satz 1 GenG.
[146] Vgl. § 24 Abs. 2 GenG.
[147] Vgl. § 43a Abs. 1 Satz 1 GenG.
[148] So besteht beispielsweise die Möglichkeit, dass die Fremdkapitalgeber über ein vorzeitiges Kündigungsrecht verfügen, von dem sie bei Eintritt bestimmter Sachverhalte Gebrauch machen können.
[149] Hier ist insbesondere an das Recht der Eigenkapitalgeber von Kapitalgesellschaften zu denken, die mit der Geschäftsführung beauftragten Personen bestellen und abberufen zu können.

Fünfter Abschnitt

Außenfinanzierung durch Eigenkapital (Einlagenfinanzierung)

A. Begriff und Funktionen des Eigenkapitals von Unternehmen

I. Begriff des Eigenkapitals

Das **Eigenkapital** umfasst im Unterschied zum Fremdkapital diejenigen **Mittel, die von den Eigentümern des Unternehmens zu dessen Finanzierung aufgebracht wurden**. Gleichwohl sind auch die im Rahmen der **Selbstfinanzierung** im Unternehmen belassenen Gewinne Teil des Eigenkapitals. Die Eigenkapitalzuführung erfolgt entweder aus dem Bereich der privaten, aber auch der öffentlichen Haushalte oder aber aus einem Betriebsvermögen (Beteiligung eines Unternehmens an einem anderen Unternehmen). Während die Gesellschafter der **Personenhandelsgesellschaft** Miteigentümer des Unternehmensvermögens sind, ist Eigentümer des Vermögens einer **Kapitalgesellschaft** allein die juristische Person; sie haftet mit ihrem Betriebsvermögen für die Verbindlichkeiten der Gesellschaft. Die Anteilseigner sind wirtschaftliche Eigentümer der Gesellschaft, weil sie das Verlustrisiko bzw. das Risiko der Ertragslosigkeit der Anteile zu tragen haben.

Dabei ist das Eigenkapital nicht als eine starre und nur auf einem Weg ermittelbare Größe anzusehen. Vielmehr bemisst sich die Höhe des Eigenkapitals nach der Differenz aus einem nach bestimmten Regeln abgegrenzten und bewerteten Vermögensbestand und den aus diesem Bestand termingerecht zu tilgenden Schulden. Ableiten lässt sich dieser Zusammenhang aus der Bilanzgleichung, nach der die Summe der Aktiva gleich der Summe der Passiva sein muss. Die nachfolgende **Abbildung 25** verdeutlicht diese Relation.

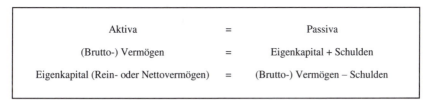

Abbildung 25: Eigenkapital als Residualgröße

Die Abgrenzungs- und Bewertungsregeln für den Vermögensbestand und die Schulden gelten nicht für alle Fälle in gleicher Weise und sind nicht immer eindeutig fixiert. Für den Inhalt von Bilanzen – also dafür, was überhaupt an Vermögen und Schulden auszuweisen ist – und die Bewertung der verschiedenen Vermögens- und Schuldpositionen ist vielmehr die mit einer Bilanz verfolgte Zielsetzung von Bedeutung, weshalb auch die Residualgröße Eigenkapital in gewissem Umfang veränderlich ist. Zusätzlich ist zu beachten, dass es unterschiedliche Bilanzen mit unterschiedlichen Bilanzansatz- und Bewertungsvorschriften gibt. So können sich beispielsweise Unterschiede im Ausweis des Eigenkapitals ergeben, je nachdem, ob es sich um die Handels- oder Steuerbilanz eines Unternehmens handelt oder in

Abhängigkeit davon, ob das Unternehmen etwa nach HGB oder IFRS bilanziert. Zudem erlauben es Bilanzansatz- und Bewertungswahlrechte sowie Ermessensspielräume den Unternehmen, ihre Bilanz ihren jahresabschlusspolitischen Zielsetzungen entsprechend zu gestalten.

Beim Eigenkapital unterscheidet man zwischen dem buchmäßigen, effektiven und realen Eigenkapital. Das auch als **bilanzielles Eigenkapital** bezeichnete buchmäßige Eigenkapital eines Unternehmens bildet die Differenz zwischen den Aktivposten und den Verbindlichkeiten, Rückstellungen und passiven Rechnungsabgrenzungsposten. Überbewertungen (Unterbewertungen) von Aktivposten sowie Unterbewertungen (Überbewertungen) von Passivposten erhöhen (mindern) das in der Bilanz ausgewiesene Eigenkapital. Das **effektive Eigenkapital** ist aufgrund der durch Über- bzw. Unterbewertungen gebildeten stillen Reserven bzw. stillen Lasten nicht ersichtlich und ergibt sich erst bei Verkauf oder Liquidation des Unternehmens. Das **reale Eigenkapital** wird dem Unternehmen in Form von Einlagen der Eigentümer bzw. durch Kapitalerhöhungen oder eingehaltene Gewinne zugeführt. Entnahmen der Anteilseigner sowie Kapitalherabsetzungen und Verluste mindern das Eigenkapital. Bevor näher auf die verschiedenen Beschaffungsmöglichkeiten von Eigenkapital eingegangen wird, sollen nachfolgend zunächst die Funktionen des Eigenkapitals erörtert werden.

II. Funktionen des Eigenkapitals

1. Ingangsetzungs- bzw. Errichtungsfunktion (Gründungsfunktion)

Die Ingangsetzungs- bzw. Errichtungsfunktion (Gründungsfunktion) des Eigenkapitals kann sowohl juristisch als auch ökonomisch interpretiert werden. So erfordert die Gründung von Unternehmen bestimmter Rechtsformen bzw. Branchenzugehörigkeit eine **bestimmte Mindesteigenkapitalausstattung**; ohne sie kann das Unternehmen nicht errichtet werden (**juristische Interpretation**):

- Der Mindestnennbetrag des Grundkapitals von **Aktiengesellschaften** beträgt 50.000 EUR.[150] Bei Bareinlagen muss mindestens ein Viertel des Grundkapitals und das gesamte Agio erbracht werden; Sacheinlagen sind vollständig zu leisten.[151]

- Das Mindeststammkapital einer **GmbH** beträgt 25.000 EUR.[152] Bei Bareinlagen muss mindestens ein Viertel des Nennbetrages der Geschäftsanteile eingezahlt werden; insgesamt muss auf das Stammkapital mindestens so viel eingezahlt sein, dass der Gesamtbetrag der eingezahlten Geldeinlagen zzgl. des Gesamtnennbetrages der Geschäftsanteile, für die Sacheinlagen zu leisten sind, die Hälfte des Mindeststammkapitals erreicht.[153]

- Eingezahltes Anfangskapital bei **Kapitalverwaltungsgesellschaften**: 300.000 EUR (125.000 EUR) bei internen (externen) Kapitalverwaltungsgesellschaften;[154] ansonsten wird die Erlaubnis zur Aufnahme des Geschäftsbetriebs nicht erteilt.

---

[150] Vgl. § 7 AktG.
[151] Vgl. § 36a AktG.
[152] Vgl. § 5 Abs. 1 GmbHG; siehe auch Fußnote 186.
[153] Vgl. § 7 Abs. 2 GmbHG.
[154] Vgl. § 25 Abs. 1 KAGB.

A. Begriff und Funktionen des Eigenkapitals von Unternehmen

- **Kredit- und Finanzdienstleistungsinstitute** müssen zum Schutz ihrer Gläubiger stets über angemessene Eigenmittel verfügen. Die von der Bundesanstalt für Finanzdienstleistungsaufsicht (BaFin) gemäß § 32 Abs. 1 KWG zu erteilende Erlaubnis zum Betreiben von Bankgeschäften oder Finanzdienstleistungsgeschäften wird daher nur erteilt, wenn u. a. eine bestimmte Eigenkapitalhöhe vorliegt. So ist von der BaFin nach § 33 Abs. 1 Satz 1 Nr. 1 Halbsatz 2 Buchstabe d) KWG die Erlaubnis zur Geschäftsaufnahme bei CRR-Kreditinstituten zu versagen, wenn nicht mindestens ein Betrag im Gegenwert von 5 Mio. EUR als Anfangskapital – bestehend aus hartem Kernkapital im Inland – zur Verfügung steht.

Die Gründung anderer Unternehmen (im Wesentlichen von **Personenhandelsgesellschaften**) erfordert dagegen – rein rechtlich gesehen – keine bestimmte Mindesteigenkapitalausstattung. Aus wirtschaftlichen Gründen ist aber praktisch auch bei ihnen ein Mindestmaß an Eigenkapital unerlässlich, denn Gläubiger werden in aller Regel nur dann Fremdkapital zur Finanzierung eines Projekts oder eines Unternehmens zur Verfügung stellen, wenn ein Teil der zu investierenden Beträge von den Eigentümern selbst aufgebracht wird **(ökonomische Interpretation)**. Eine volle Fremdfinanzierung ist in aller Regel ausgeschlossen. Dies ist verständlich, denn bei einer vollen Fremdfinanzierung müssten die Gläubiger das gesamte Risiko übernehmen, ohne überhaupt Gewinnchancen zu erhalten.

2. Verlustausgleichsfunktion und Haftungsfunktion

Der Umfang der für die Bereitstellung von Fremdkapital geforderten Sicherheiten wird beeinflusst

- von den **Risiken**, die das zur Verfügung gestellte Kapital bedrohen, und
- von der **Rangfolge** der zur Deckung dieser Risiken herangezogenen Kapitalbestandteile.

Soweit man an die Übernahme von Risiken durch das Eigenkapital im Falle der **Fortführung eines Unternehmens** denkt (going-concern-Fall), spricht man von der **Verlustausgleichsfunktion des Eigenkapitals**. Das Eigenkapital wird zum Schutz der Gläubiger zuerst zur Deckung von laufenden Verlusten herangezogen; nur wenn die laufenden Verluste den Eigenkapitalbetrag übersteigen, wirkt sich dies auf die Fremdkapitalgeber aus. Diese Rangfolge wird damit begründet, dass der Eigentümer mit dem ihm anvertrauten Fremdkapital wie mit eigenem Kapital arbeiten kann. Das Eigenkapital übernimmt also eine Verlustausgleichsfunktion gegenüber dem Fremdkapital.

Gläubiger können selbstverständlich nicht auf das bilanziell ausgewiesene Eigenkapital zurückgreifen, da die Passivseite der Bilanz lediglich die abstrakte Wertsumme der Vermögensteile zeigt. Eine Befriedigung ihrer Ansprüche ist daher immer nur aus konkret vorhandenen, auf der Aktivseite der Bilanz ausgewiesenen Vermögensgegenständen möglich. **Eigenkapital** ist – wie oben beschrieben[155] – immer nur **ein (rechnerischer) Buchvermerk über die Differenz zwischen dem in bestimmter Weise bewerteten Vermögensbestand und dem Bestand an Schulden**. Für die Gläubiger ist das Eigenkapital nur insoweit von

---

[155] Vgl. den **Fünften Abschnitt, Kapitel A.I.**

Interesse, als ihm Vermögenspositionen gegenüberstehen, die nicht mit Ansprüchen von Fremdkapitalgebern belastet sind. Damit ist aber offensichtlich, dass durch Überbewertungen von Vermögenspositionen bzw. durch Unterbewertungen von Schuldpositionen – und durch die daraus folgende Beeinflussung des Eigenkapitalausweises – den außenstehenden Kapitalgebern bewusst falsche Vorstellungen über ihr von der Höhe des Eigenkapitals abhängiges Risiko vermittelt werden können.

Solange das vorhandene Eigenkapital die aus den von einem Unternehmen übernommenen Risiken zu erwartenden Verluste übersteigt, kann jeder Gläubiger sicher sein, dass das Vermögen, das dem Schuldner nach Eintritt der erwarteten Verluste verbleibt, zur termingerechten und vollständigen Befriedigung aller – also auch seiner – Ansprüche ausreichen wird. Durch die **Bereitstellung und Erhaltung eines den übernommenen Risiken „angemessenen" Eigenkapitals** soll also letztlich die Gesamtheit der Gläubiger vor Vermögensverlusten geschützt werden. Insoweit stellt ein als ausreichend angesehenes Eigenkapital die Voraussetzung jeder Kreditzusage bzw. Kreditprolongation dar, sofern sich der Gläubiger nicht anderweitig ausreichende Sicherheiten beschaffen kann.

Das einem Unternehmen zur Verfügung stehende **Garantie- und Haftungskapital** kann im konkreten Einzelfall allerdings umfassender sein als das auf der Passivseite der Bilanz ausgewiesene Eigenkapital; ihm sind u. U. hinzuzufügen:

- die stillen Rücklagen,
- noch nicht eingezahlte Eigenkapitalteile, z. B. ausstehende Einlagen der Gesellschafter von Kapitalgesellschaften oder der Kommanditisten unter der Voraussetzung entsprechenden privaten Vermögens,
- vereinbarte Nachschussverpflichtungen von Mitgliedern einer Genossenschaft bzw. GmbH-Gesellschaftern unter der Voraussetzung entsprechenden privaten Vermögens,
- das gesamte weitere private Vermögen des Einzelunternehmers, der OHG-Gesellschafter, der Komplementäre von KG bzw. KGaA, also der Vollhafter,
- Zahlungsverpflichtungen von GmbH-Gesellschaftern aus übernommenen Bürgschaften unter der Voraussetzung entsprechenden privaten Vermögens.

Je höher der Fremdkapitalanteil ist, umso höher sind die Zins- und Tilgungsansprüche der Gläubiger, die aus den Einzahlungsüberschüssen des Unternehmens zu leisten sind. Mit einem steigenden Fremdkapitalanteil steigt also das Risiko der Gläubiger, dass ihre Zahlungsansprüche teilweise unerfüllt bleiben **(Ausfallrisiko)**. Je höher der Eigenkapitalanteil ist, umso mehr tragen die Eigentümer das Risiko, das mit der Unsicherheit von Einzahlungsüberschüssen verbunden ist; die Gläubigerposition wird dementsprechend weniger riskant. Dieser Zusammenhang ist gemeint, wenn man **Eigenkapital als Risikoträger im Falle der Unternehmensfortführung** bezeichnet.

Die geschilderte Rangfolge der Befriedigung der Ansprüche von Eigentümern und Gläubigern hat zur Folge, dass den Gläubigern ein bevorrechtigter fester Anspruch auf Zins- und Tilgungszahlungen eingeräumt wird **(Festbetragsbeteiligte)**. Die Eigentümer erhalten dann die „Restzahlungen" **(Restbetragsbeteiligte)**.

A. Begriff und Funktionen des Eigenkapitals von Unternehmen

Geht es um die Übernahme von Risiken im Insolvenzfall (**Zerschlagungsfall**) eines Unternehmens, so spricht man von der **Haftungsfunktion des Eigenkapitals**. Bei allen Unternehmen (Einzelunternehmen, Personenhandels- und Kapitalgesellschaften) sind sowohl die **Zahlungsunfähigkeit** als auch die **drohende Zahlungsunfähigkeit** Gründe für die Auslösung eines Insolvenzverfahrens.[156] Bei Kapitalgesellschaften mit einer auf die Erfüllung ihrer Einlageverpflichtung beschränkten Haftung der Gesellschafter stellt die **Überschuldung** (das unter Zerschlagungsgesichtspunkten bewertete Vermögen ist kleiner als das Fremdkapital) einen weiteren insolvenzauslösenden Grund dar.[157]

Bildet man Unternehmen durch Bilanzen ab, so kann man unter bestimmten Voraussetzungen sagen, die Aussichten der Gläubiger, eine bei Zerschlagung des Unternehmens befriedigende Quote im Insolvenzverfahren zu erhalten, seien umso größer, je höher der Anteil des bilanzierten Eigenkapitals am bilanziellen Gesamtkapital ist (vgl. dazu **Abbildung 26**[158]).

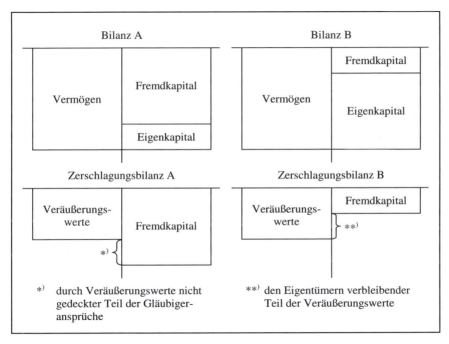

Abbildung 26: Vermögensverlustrisiken von Gläubigern im Insolvenzfall

Angenommen, die Unternehmen A und B haben einen gleichen Bestand an Vermögenspositionen; für beide wird aufgrund der Zahlungseinstellung ein Insolvenzverfahren eingeleitet. Ihre Passivseiten unterscheiden sich hinsichtlich des Verhältnisses von Eigenkapital zu Fremdkapital. Unternehmen B weist eine höhere Eigenkapitalquote (gemessen am Gesamtkapital) auf. Da der Bestand an Vermögenspositionen für beide Unternehmen gleich hoch

---

[156] Vgl. §§ 17 und 18 InsO.
[157] Vgl. § 19 InsO, § 92 Abs. 2 AktG und § 64 GmbHG.
[158] Entnommen aus *Bieg, Hartmut*: Betriebswirtschaftslehre 2: Finanzierung. Freiburg i.Br. 1991, S. 30.

ausgewiesen ist, verfügen beide Unternehmen – annahmegemäß – auch über dieselbe Summe an Veräußerungswerten.

Man sieht, die Gläubiger des Unternehmens A erfahren endgültige Zahlungsausfälle, soweit die Eigentümer nur beschränkt haften. Dagegen werden die Gläubiger von Unternehmen B vollständig befriedigt. Somit übernimmt das Eigenkapital auch im Zerschlagungsfall eine Haftungsfunktion (**Garantiefunktion**). Je größer die Eigenkapitalquote ist, umso größer ist bei einem gegebenen Bestand an Aktiva die Chance der Gläubiger, den Zerschlagungsfall ohne Verluste zu überstehen.

3. Finanzierungsfunktion

Neben der Tatsache, dass ein Vorhandensein von Eigenkapital in einer bestimmten Höhe die grundlegende Voraussetzung für die Gründung eines Unternehmens ist,[159] ergibt sich die bedeutsame Rolle von Eigenkapital während der auf die Gründung folgenden „Lebenszeit" eines Unternehmens aus seiner **Finanzierungsfunktion**. So sinkt gemäß der Verlustausgleichsfunktion mit einem steigenden Eigenkapital einerseits für Fremdkapitalgeber das Risiko eines Ausfalls,[160] wonach sich Unternehmen mit einer steigenden Eigenkapitalquote eine bessere Ausgangsposition bei Verhandlungen mit Fremdkapitalgebern verschaffen, da diesen im Falle eines Ausfalls eine höhere Haftungsbasis zur Verfügung steht. Andererseits ist eine solide Eigenkapitalbasis die Grundvoraussetzung dafür, dass sich überhaupt Möglichkeiten zur Aufnahme von Fremdkapital ergeben. Das Eigenkapital dient folglich der Finanzierung des Unternehmens. Es darf jedoch nicht außer Acht gelassen werden, dass die Eigenkapitalgeber zur Hingabe von Kapital nur bereit sein werden, wenn sie für die übernommenen unternehmerischen Risiken auch eine angemessene Vergütung – etwa in Form von Gewinnbeteiligungen oder Wertsteigerungen der Anteile – erwarten können. Gerade im Falle einer erwarteten Wertsteigerung der Anteile hat Eigenkapital im Gegensatz zu Fremdkapital den Vorteil, dass die „Kosten" des Eigenkapitals (hier also die Wertsteigerung der Anteile) dem Unternehmen zunächst nicht abfließen, während die zahlungswirksamen Fremdkapitalkosten (Zinsen) nach ihrem Abfluss nicht mehr zur Erreichung der unternehmerischen Ziele zur Verfügung stehen.

4. Dauerhaftigkeit der Kapitalbereitstellung

Beteiligungsfinanzierung bedeutet sehr häufig eine **dauerhafte, unbefristete Bereitstellung finanzieller Mittel** ohne die Vereinbarung von Tilgungszahlungen und – selbstverständlich – von Gewinnausschüttungen. In diesen Fällen erfolgt die Rückzahlung des Eigenkapitals erst bei der Liquidation des Unternehmens oder bei einer Auseinandersetzung im Falle des Ausscheidens eines Gesellschafters. Bei einer Aktiengesellschaft wird allerdings die finanzwirtschaftliche Situation vom Wechsel der Eigentümer ihrer Aktien grundsätzlich nicht berührt,[161] da in der Institution der Börse ein funktionstüchtiger Markt für Beteiligungskapital besteht, so dass in der Regel börsentäglich ein Eigentümerwechsel ohne die Mitwirkung der Aktiengesellschaft erfolgen kann. Das Fehlen eines entsprechenden Marktes

---

[159] Vgl. den **Fünften Abschnitt, Kapitel A.II.1.**
[160] Vgl. den **Fünften Abschnitt, Kapitel A.II.2.**
[161] Vgl. den **Fünften Abschnitt, Kapitel D.I.3.**

für Anteile an Personenhandelsgesellschaften bzw. einer GmbH stellt für diese dagegen oft eine Wachstumsbehinderung dar, da die Gesellschafter sich nicht ohne Probleme von ihrer Kapitalbeteiligung lösen können und aus diesem Grund eine entsprechende Kapitalbeteiligung erst gar nicht begründen. Unternehmen solcher Rechtsformen sehen sich daher zuweilen zur Umgründung in eine AG oder KGaA gezwungen.

5. Funktion der Gewinnverteilungsbasis

Eigenkapital fungiert neben den bisher genannten Funktionen als Basis für die Verteilung des Gewinns. Dies bedeutet, dass – im Falle einer Ausschüttung (eines Teils) des Gewinns – zumeist anhand der Höhe des eingezahlten Eigenkapitals bestimmt wird, wie hoch der Anteil des erzielten Gewinns ist, der den einzelnen Gesellschaftern zusteht. Abweichungen hiervon sind innerhalb der gesetzlichen Schranken erlaubt.

6. Repräsentations- und Geschäftsführungsfunktion

Das Eigenkapital repräsentiert „eigenes", d. h. nicht durch Gläubigeransprüche belastetes Vermögen; mit steigendem Volumen verbessert es die Kreditwürdigkeit eines Unternehmens und ist damit Voraussetzung für die Fremdkapitalbeschaffung. Die Eigenkapitalhöhe gilt im **Außenverhältnis** als **Maßstab für die Bonität und Kreditwürdigkeit** des Unternehmens. Im **Innenverhältnis** regelt das Eigenkapital die **Machtbefugnisse der einzelnen Gesellschafter im Verhältnis zueinander**. Ein hoher Eigenkapitalanteil eines Gesellschafters bedeutet in der Regel einen großen Einfluss auf das Unternehmensgeschehen. Bei vielen Unternehmen ergibt sich die **Berechtigung oder Verpflichtung zur (Mit-) Geschäftsführung** aus der Eigenkapitaleinbringung (z. B. Einzelunternehmen, OHG). Gleichwohl steigt aber auch mit sinkendem (gesamtem) Eigenkapital eines Unternehmens die Abhängigkeit gegenüber den Fremdkapitalgebern.

B. Bedeutung der Rechtsform für die Möglichkeiten der Eigenkapitalbeschaffung

Die durch die Rechtsform festgelegte **Haftung der Eigenkapitalgeber** für die Verbindlichkeiten des Unternehmens **bestimmt** im Wesentlichen **Art, Umfang und Grenzen der Beschaffung von Eigenkapital**. Die Haftungsbeschränkung auf die Einlageverpflichtung begrenzt das Risiko für den Eigenkapitalgeber gegenüber dem Fall einer unbeschränkten Haftung, bei der das gesamte übrige Privatvermögen für die Schulden der Gesellschaft mithaftet. Zu beachten ist aber, dass die Haftungssituation und – bei einer fehlenden Haftungsbeschränkung – die Höhe des Privatvermögens des Einzelunternehmers bzw. der Gesellschafter auch die **Möglichkeiten der Fremdkapitalbeschaffung** beeinflussen.

Als allgemeine **Merkmale der Außenfinanzierung durch Eigenkapital**, die bei den einzelnen Rechtsformen unterschiedliche Ausprägungen erfahren, lassen sich nennen:

- die Beteiligung an Gewinn und Verlust, wobei die Verlustbeteiligung durch Vertrag (bspw. beim stillen Gesellschafter) ausgeschlossen oder in ihrer Höhe begrenzt werden kann,
- die Mitspracherechte in der Geschäftsführung (Leitungsbefugnisse),

- die Beteiligung am Auseinandersetzungsguthaben bzw. am Liquidationserlös beim Ausscheiden von Anteilseignern bzw. bei der Liquidation des Unternehmens,
- die Beteiligung an stillen Rücklagen sowie am Firmenwert sowie
- die Haftungsverpflichtungen.

Im Folgenden werden zunächst die rechtsformimmanenten Eigenkapitalbeschaffungsmöglichkeiten der nicht emissionsfähigen Unternehmen aufgezeigt.[162] Daran anknüpfend erfolgt eine Erörterung der rechtsformimmanenten Eigenkapitalbeschaffungsmöglichkeiten der emissionsfähigen Unternehmen.[163] Anschließend werden insbesondere mit dem Venture Capital ausgewählte Maßnahmen der Eigenkapitalbeschaffung dargestellt, die allen Unternehmen rechtsformunabhängig zur Verfügung stehen. Zwar können diese grundsätzlich auch von emissionsfähigen Unternehmen ergriffen werden. Aufgrund ihres Zugangs zum organisierten Kapitalmarkt spielen aber die rechtsformunabhängigen Eigenkapitalbeschaffungsmöglichkeiten bei emissionsfähigen Unternehmen in der Praxis eine eher untergeordnete Rolle und sind für nicht emissionsfähige Unternehmen ungleich bedeutender. Daneben gibt es für Unternehmen aller Rechtsformen mit dem mezzaninen Kapital weitere Finanzierungsmöglichkeiten mit einen Eigenkapitalcharakter (Equity Mezzanine). Dieses Themenfeld wird jedoch erst im **Siebten Abschnitt** gesondert behandelt.

C. Rechtsformimmanente Eigenkapitalbeschaffung nicht emissionsfähiger Unternehmen

I. Begriff „nicht emissionsfähige Unternehmen"

Soweit Unternehmen nicht die Möglichkeit haben, Eigenkapital durch den Verkauf von Anteilsrechten über den organisierten Kapitalmarkt (Börse)[164] zu beschaffen, spricht man von **nicht emissionsfähigen Unternehmen**.[165] Betroffen hiervon sind nicht nur Einzelunternehmen und Personenhandelsgesellschaften, sondern grundsätzlich auch kleinere und mittlere Kapitalgesellschaften. Das **Fehlen eines funktionsfähigen Marktes für Beteiligungskapital** hat für diese Unternehmen zur Folge, dass

- Kapitalgeber, die an **fungiblen Anlagen** interessiert sind, nicht gewonnen werden können;
- die **Bestimmung des Eintrittspreises bei der Neuaufnahme von Gesellschaftern bzw. des Austrittspreises bei ihrem Ausscheiden** oft sehr schwierig ist.[166] Bei emissionsfähigen Unternehmen ergeben sich diese Preise auf dem Marktplatz Börse, wo viele

---

[162] Vgl. dazu *Bieg, Hartmut*: Die Eigenkapitalbeschaffung nicht emissionsfähiger Unternehmungen. In: Der Steuerberater 1997, S. 64–69.

[163] Vgl. dazu *Bieg, Hartmut*: Die Eigenkapitalbeschaffung emissionsfähiger Unternehmungen. In: Der Steuerberater 1997, S. 106–111, S. 153–159 und S. 182–189.

[164] Vgl. hierzu den **Zehnten Abschnitt**.

[165] Allerdings könnte man auch dann von nicht emissionsfähigen Unternehmen sprechen, soweit weder die Möglichkeit der Beschaffung von Eigenkapital durch den Verkauf von Anteilsrechten noch die Möglichkeit der Beschaffung von Fremdkapital bzw. mezzaninem Kapital durch den Verkauf von Schuldverschreibungen bzw. Genussscheinen besteht. Diese Definition wird hier nicht gewählt.

[166] Vgl. *Jahrmann, Fritz-Ulrich*: Finanzierung. 6. Aufl., Herne 2009, S. 190.

Nachfrager und Anbieter entsprechender Anteile zusammentreffen. Die Preise für Anteile nicht emissionsfähiger Unternehmen beruhen demgegenüber nur auf der Einschätzung einzelner Nachfrager bzw. Anbieter. Dies erhöht das Risiko einer nicht wertgemäßen Preissetzung;

- die **Aufteilung des „Eintrittspreises"** auf den Kapitalanteil des neuen Gesellschafters, nach dem sich sein Gewinnbeteiligungsanspruch richtet, und auf den nicht gewinnberechtigten Restbetrag (Aufgeld, Agio) problematisch ist.

Für die Eigenkapitalbeschaffung kommt bei den nicht emissionsfähigen Unternehmen grundsätzlich erschwerend hinzu, dass deren bereits vorhandene Gesellschafter oft so stark mit ihrem Unternehmen verbunden sind, dass sie keine neuen Gesellschafter aufnehmen wollen. Dies gilt insbesondere dann, wenn dadurch ihre Unabhängigkeit, vor allem aber ihre Geschäftsführungsbefugnisse, eingeschränkt werden. Somit beschränkt sich der **Kreis potenzieller Eigenkapitalgeber** häufig auf den Kreis der bereits vorhandenen Eigenkapitalgeber. Als neu hinzukommende Eigenkapitalgeber kommen darüber hinaus in der Regel nur solche Personen in Frage, die sich aktiv, d. h. also nicht nur über eine Kapitalbeteiligung, sondern vor allem auch durch eine unternehmerische Mitwirkung, an dem Unternehmen beteiligen wollen.

II. Eigenkapitalbeschaffungsmöglichkeiten nicht emissionsfähiger Unternehmen

1. Einzelunternehmen

Das **keine rechtliche Selbstständigkeit** besitzende Einzelunternehmen[167] ist Bestandteil des Gesamtvermögens des Eigentümers. Diesem obliegen Geschäftsführung und Vertretungsmacht allein und unbeschränkt. Der Eigentümer haftet für die Verbindlichkeiten des Unternehmens persönlich und uneingeschränkt mit seinem Gesamtvermögen (Unternehmens- und Privatvermögen). Gesetzliche Mindestvorschriften über die Eigenkapitalhöhe sowie Gewinnentnahmebeschränkungen bestehen nicht. Aufgrund des ausschließlich dem Eigentümer zustehenden Gewinns, der von ihm allein zu tragenden Verluste sowie der jederzeitigen Möglichkeit von Entnahmen und Einlagen ist das **Eigenkapital des Einzelunternehmens weitgehend beweglich**.

Die **Eigenkapitalbeschaffungsmöglichkeiten** des Einzelunternehmens sind – insgesamt betrachtet – **eingeschränkt**: Der Einzelunternehmer kann zwar durch **Einlagen** (weitere) Teile seines Privatvermögens in das Unternehmen einbringen; die Höhe des Privatvermögens bildet in diesem Zusammenhang jedoch die Obergrenze des zuführbaren Eigenkapitals. Regelmäßig wird der Einzelunternehmer aber nicht bereit sein, sein gesamtes Vermögen in das Unternehmen zu investieren. Aus Gründen der Risikostreuung wird er Teile auch anderweitig anlegen.[168] Da sich das Gesamtvermögen des Unternehmers auch durch die Einbringung des gesamten Privatvermögens nicht ändert, ist zudem die bonitätsverbessernde Wirkung dieser Maßnahme gegenüber den (vorhandenen und zukünftigen) Gläubigern

---

[167] Vgl. §§ 1–104 HGB.
[168] Vgl. *Wöhe, Günter u. a.*: Grundzüge der Unternehmensfinanzierung. 11. Aufl., München 2013, S. 76–77.

gering bzw. nicht vorhanden. Für sie hat sich nämlich das dadurch zur Verfügung stehende Haftungspotenzial nicht verändert.

Dies ist bei der **Gewinnthesaurierung** als einer zweiten Eigenkapitalbeschaffungsvariante anders zu beurteilen. Der Einzelunternehmer belässt hierbei erwirtschaftete Gewinne (zumindest vorerst) in dem Unternehmen. Aufgrund der ihm allein zustehenden Gewinnverwendungskompetenz kann er die thesaurierten Gewinne allerdings später jederzeit entnehmen. Theoretisch stellt die Gewinnthesaurierung – unter der Prämisse, dass stets Gewinne erzielt werden – eine unerschöpfliche Eigenkapitalquelle dar. Praktisch ist es aber in vielen Fällen so, dass der Einzelunternehmer seinen Lebensunterhalt aus Gewinnentnahmen bestreitet. Es kommt hinzu, dass der erzielte Gewinn beim Einzelunternehmer und nicht bei dem Einzelunternehmen der Einkommensteuer unterliegt. Soweit das Unternehmen die Steuerzahlung leistet, handelt es sich um eine Entnahme des Unternehmers, also eine Eigenkapitalminderung. Aus den genannten Gründen ist die Thesaurierung von Gewinnen nur begrenzt möglich.[169]

Die letzte Alternative der Eigenkapitalbeschaffung – sie kann allerdings kaum noch als rechtsformimmanent bezeichnet werden – besteht darin, einen **neuen Gesellschafter** aufzunehmen. Dies dürfte jedoch eine Maßnahme sein, die erst nach Ausschöpfung aller anderen (einschließlich der rechtsformunabhängigen) Möglichkeiten eingeleitet wird. Die Begründung hierfür ist einerseits, dass die oben angesprochene Verbundenheit der Eigentümer zu „ihrem" Unternehmen bei Einzelunternehmern sicherlich am ausgeprägtesten ist. Eine Aufnahme neuer Gesellschafter mit entsprechenden Machteinbußen für den seither allein entscheidenden Einzelunternehmer ist damit bei dieser Rechtsform am schwersten vorstellbar. Andererseits bedeutet die Erweiterung des Gesellschafterkreises das Ende des Einzelunternehmens und den Übergang auf eine neue Rechtsform, was eine gravierende Änderung der Unternehmenskonstitution darstellt. Hiervon ausgenommen ist die Begründung einer stillen Gesellschaft.[170]

2. BGB-Gesellschaft

Die BGB-Gesellschaft dient als eine auf Vertrag beruhende **Personenvereinigung ohne eigene Rechtsfähigkeit**[171] der Förderung eines von den Gesellschaftern gemeinsam verfolgten Zwecks. Rechte und Pflichten der Gesellschafter richten sich überwiegend nach dem Gesellschaftsvertrag. Geschäftsführung wie Vertretungsmacht stehen den Gesellschaftern im Allgemeinen gemeinschaftlich zu. Die Haftung der Gesellschafter erfolgt gesamtschuldnerisch und erstreckt sich auf ihr jeweiliges Gesamtvermögen, kann aber auch durch eine Vereinbarung mit den Gläubigern auf das Gesellschaftsvermögen beschränkt werden. Auch ihre Eigenkapitalbasis wird damit durch die Vermögenslage der Gesellschafter begrenzt.[172]

---

[169] Vgl. *Wöhe, Günter u. a.*: Grundzüge der Unternehmensfinanzierung. 11. Aufl., München 2013, S. 76–77.

[170] Zur stillen Gesellschaft vgl. den **Siebten Abschnitt, Kapitel B.I.**

[171] Vgl. §§ 705–740 BGB.

[172] Vgl. *Süchting, Joachim*: Finanzmanagement – Theorie und Politik der Unternehmensfinanzierung. 6. Aufl., Wiesbaden 1995, S. 36.

Die Möglichkeiten der Eigenkapitalbeschaffung der BGB-Gesellschaft entsprechen denen des Einzelunternehmens. Sie unterliegen auch den dort angesprochenen Problemen. Wurde allerdings die Haftung auf das Gesellschaftsvermögen beschränkt, so ergibt sich – anders als bei dem Einzelunternehmen – eine Bonitätsverbesserung, wenn Privatvermögen (zusätzlich) in das Gesellschaftsvermögen eingebracht wird.

3. Offene Handelsgesellschaft (OHG)

Bei der OHG, einer **Personenhandelsgesellschaft**[173], deren Zweck der Betrieb eines Handelsgewerbes unter gemeinschaftlicher Firma ist, haften alle Gesellschafter den Gläubigern der Gesellschaft als Gesamtschuldner persönlich und unbeschränkt mit ihrem jeweiligen Gesamtvermögen, also auch mit ihrem Privatvermögen. Die OHG besteht aus mindestens zwei Gesellschaftern. Der dabei auf einen Gesellschafter entfallende Gewinn wird ebenso wie seine Einlage seinem Kapitalanteil gutgeschrieben; der anteilige Verlust sowie Entnahmen kürzen seinen Kapitalanteil. Die **Verteilung des Gewinnes oder Verlustes** erfolgt nach den Bestimmungen des Gesellschaftsvertrages bzw. entsprechend den Regelungen des § 121 HGB. Die gesetzliche Regelung sieht im Gewinnfall zunächst für jeden Gesellschafter einen Gewinnanteil in Höhe von 4 % seines Kapitalanteils (oder im Falle eines dazu nicht ausreichenden Gewinnbetrags in Höhe eines entsprechend niedrigeren Satzes) vor. Die Verteilung des verbleibenden Restbetrags erfolgt nach Köpfen. Verluste sind ohne gesellschaftsvertragliche Regelungen nach Köpfen auf die Gesellschafter zu verteilen.

Sind gesellschaftsvertragliche Regelungen hinsichtlich der **Entnahmen** nicht getroffen, so ist jeder Gesellschafter berechtigt, 4 % seines für das letzte Geschäftsjahr festgestellten Kapitalanteils zu entnehmen; darüber hinausgehende Gewinnanteile des letzten Geschäftsjahres dürfen nur entnommen werden, soweit dies nicht zum offenbaren Schaden der Gesellschaft gereicht.[174] Weitere darüber hinausgehende Entnahmen (Kapitalherabsetzungen) sind nur mit der Einwilligung der anderen Gesellschafter möglich.[175] Die Vorschriften in Bezug auf Entnahmen sind damit strenger gefasst als bei Einzelunternehmen und BGB-Gesellschaften. Grundsätzlich erleichtert dies Gläubigern die Entscheidung, der OHG Fremdkapital zur Verfügung zu stellen.

Für die Verfügungsdauer der OHG über das Eigenkapital ist entscheidend, dass ein Gesellschafter – falls der Gesellschaftsvertrag nichts anderes vorsieht – zum Ablauf eines Geschäftsjahres bei Einhaltung einer Kündigungsfrist von sechs Monaten seine **Mitgliedschaft kündigen** kann.[176] Soweit im Gesellschaftsvertrag nicht der Fortbestand der Gesellschaft unter den übrigen Gesellschaftern im Falle der Kündigung eines Gesellschafters vereinbart wurde, endet die Gesellschaft mit der Kündigung eines Gesellschafters. In diesem Fall verjähren die Ansprüche gegen einen Gesellschafter wegen in seiner Gesellschafterzeit entstandenen Verbindlichkeiten der Gesellschaft – beginnend mit der Eintragung der Auflösung der Gesellschaft in das Handelsregister – in fünf Jahren nach der Auflösung der Gesellschaft, sofern nicht der Anspruch gegen die Gesellschaft einer kürzeren Verjährung

---

[173] Vgl. §§ 105–160 HGB.
[174] Vgl. § 122 Abs. 1 HGB.
[175] Vgl. § 122 Abs. 2 HGB.
[176] Vgl. § 132 HGB.

unterliegt.[177] Ein Haftungsausschluss gegenüber Dritten ist unwirksam. Vergleichbares gilt für den Fall des Ausscheidens eines Gesellschafters, ohne dass die Gesellschaft aufgelöst wird.[178] Der aus der Gesellschaft ausscheidende Gesellschafter erhält zudem auch einen Anteil am Firmenwert.

Grundsätzlich ist die Problematik der Eigenkapitalbeschaffung bei der OHG dieselbe wie bei dem Einzelunternehmen und der BGB-Gesellschaft. Der Vorteil der OHG besteht vor allem in der Möglichkeit, die Eigenkapitalbasis der Gesellschaft durch die Aufnahme weiterer (vollhaftender) Gesellschafter zu erhöhen. Durch die damit verbundene Beschränkung der Einflussmöglichkeiten der bisherigen Gesellschafter wird diese Möglichkeit allerdings eingeschränkt.

4. Kommanditgesellschaft (KG)

Bei der KG, einer auf den Betrieb eines Handelsgewerbes unter gemeinschaftlicher Firma gerichteten **Personenhandelsgesellschaft**[179], haftet mindestens einer der Gesellschafter für die Schulden der Gesellschaft unbeschränkt **(Komplementär)**. Bei den übrigen Gesellschaftern ist die Haftung gegenüber den Gläubigern der Gesellschaft auf den Betrag einer bestimmten Vermögenseinlage beschränkt **(Kommanditisten)**. Die Stellung der Komplementäre einer KG ist mit derjenigen von Gesellschaftern einer OHG vergleichbar. Geschäftsführung und Vertretung der KG obliegen, soweit der Gesellschaftsvertrag nichts anderes bestimmt, grundsätzlich den Komplementären; Kommanditisten können Handlungen der Komplementäre nur widersprechen, wenn diese über den gewöhnlichen Betrieb des Handelsgewerbes hinausgehen.[180] Den Kommanditisten stehen – allerdings nicht sehr ausgeprägte – Kontrollrechte zu (Abschrift des Jahresabschlusses sowie Prüfung seiner Richtigkeit unter Einsicht von Papieren und Büchern der Gesellschaft).[181]

Das **Kapital der Kommanditisten** ist nominell fixiert und in das Handelsregister eingetragen,[182] wobei zwischen dem übernommenen Kapitalanteil (Kommanditeinlage) und dem eingezahlten Kapital zu unterscheiden ist. Die **Gewinn- und Verlustbeteiligung** werden durch Gesellschaftsvertrag bzw. durch § 168 HGB geregelt. Soweit die von den Kommanditisten übernommenen Kapitalanteile bereits voll eingezahlt sind, werden die Gewinnanteile der Kommanditisten nicht ihren Kapitalkonten gutgeschrieben, sondern stellen Auszahlungsverpflichtungen der Gesellschaft dar. Ist eine Kapitaleinlage dagegen nicht vollständig geleistet, so erfolgt die Gutschrift der Gewinne als Kapitaleinlage auf dem entsprechenden Kapitalkonto.[183] Verluste werden gegen das Kapitalkonto verrechnet, das sogar negativ werden kann; eine Nachschusspflicht für dieses negative Eigenkapital besteht allerdings wegen der auf die vereinbarte Kommanditeinlage beschränkten Haftung nicht. Nach der Verrechnung von Verlusten mit dem Kapitalkonto dürfen spätere Gewinnanteile dem Kom-

---

[177] Vgl. § 159 Abs. 1 und Abs. 2 HGB.
[178] Vgl. § 160 Abs. 1 HGB.
[179] Vgl. §§ 161–177a HGB.
[180] Vgl. § 161 Abs. 2 HGB und § 164 HGB.
[181] Vgl. § 166 Abs. 1 HGB.
[182] Vgl. § 162 Abs. 1 HGB.
[183] Vgl. § 167 Abs. 2 HGB.

manditisten erst wieder ausgezahlt werden, wenn sein Anteil wieder voll aufgefüllt ist.[184] Per Gesellschaftsvertrag oder Gesellschafterbeschluss können Gewinne auch thesauriert werden; sie sind dann als Gewinnrücklagen zu bilanzieren.

Die auf die übernommene Kommanditeinlage **beschränkte Haftung der Kommanditisten** erleichtert die Kapitalbeschaffung der KG. Es ist möglich, Gesellschafter aufzunehmen, die nur einen Teil und nicht die Gesamtheit ihres Privatvermögens dem unternehmerischen Risiko aussetzen möchten. Der grundsätzliche **Ausschluss der Kommanditisten von der Geschäftsführung** bedingt auch geringere Widerstände der Komplementäre und „alten" Kommanditisten bezüglich der Aufnahme neuer Kommanditisten. Hierin, wie in der nicht so stark ausgeprägten „Verbundenheit" der Kommanditisten mit ihrem Unternehmen, ist ein Übergang zur Kapitalgesellschaft zu erkennen. Dies gilt insbesondere für Kommanditgesellschaften mit einer großen Zahl von Kommanditisten, die bewusst diese Form der Kapitalanlage gewählt haben, weil sie keine unternehmerischen Ambitionen haben.

5. Gesellschaft mit beschränkter Haftung (GmbH)

Die Rechtsform der GmbH, die eine **juristische Person mit eigener Rechtspersönlichkeit** darstellt, findet vorwiegend bei kleineren und mittleren Unternehmen Anwendung, deren Gesellschafter das Risiko des Kapitalverlustes auf die Kapitaleinlagen beschränken wollen. Die Gründung der GmbH kann auch von einer Person vorgenommen werden. Unabhängig von der Zahl der Gründer bzw. Gesellschafter ist die Eigenkapitalausstattung der GmbH, also die Differenz zwischen dem Vermögen und den Schulden der Gesellschaft, für deren Gläubiger von besonderer Bedeutung, da ihnen nur das Vermögen der GmbH haftet;[185] ein Zugriff auf das Vermögen des Gesellschafters oder der Gesellschafter ist den Gläubigern nicht möglich.

Das **Stammkapital** einer GmbH stellt eine durch Gesellschaftsvertrag nominell fixierte, in das Handelsregister eingetragene Größe dar, die sich auf die verschiedenen Gesellschafter nach ihren Geschäftsanteilen verteilt. Die Mindesthöhe des Stammkapitals beträgt 25.000 EUR.[186] Die Nennbeträge der einzelnen Geschäftsanteile der Gesellschafter können verschieden sein, sie müssen aber jeweils auf einen vollen EUR-Betrag lauten.[187] Die Mitgliedschaft wird nicht in Form von Wertpapieren verbrieft. Die Übertragung der Geschäftsanteile erfolgt durch Vererbung oder durch Verkauf, wobei im zweiten Fall eine Abtretung in Form eines notariell geschlossenen Vertrages vorliegen muss.[188] Die schwierige Suche

---

[184] Vgl. § 169 Abs. 1 HGB.
[185] Vgl. § 13 Abs. 2 GmbHG.
[186] Vgl. § 5 Abs. 1 GmbHG. Durch § 5a GmbHG ist allerdings auch die Gründung einer GmbH möglich, wenn das Stammkapital die geforderten 25.000 EUR unterschreitet. Die GmbH muss dann den Zusatz „Unternehmergesellschaft (haftungsbeschränkt)" bzw. „UG (haftungsbeschränkt)" führen und eine gesetzliche Rücklage bilden, in die mindestens ein Viertel des um einen Verlustvortrag aus dem Vorjahr geminderten Jahresüberschusses einzustellen ist; vgl. dazu ausführlich *Kußmaul, Heinz/Ruiner, Christoph*: Das Gesetz zur Modernisierung des GmbH-Rechts und zur Bekämpfung von Missbräuchen (MoMiG) – Ein Überblick. In: Der Steuerberater 2009, S. 27–28.
[187] Vgl. § 5 Abs. 2 und Abs. 3 GmbHG.
[188] Vgl. § 15 Abs. 3 GmbHG.

nach einem Käufer des GmbH-Anteils sowie die Schwierigkeiten und Kosten seiner Übertragung binden die Gesellschafter einer GmbH in der Regel längerfristig. Diese längerfristige Bindung aufgrund der **eingeschränkten Fungibilität der GmbH-Anteile** erschwert allerdings eine Ausweitung der Eigenkapitalbasis durch eine Erhöhung des Stammkapitals auf dem Wege der Gewinnung neuer Gesellschafter. Andererseits erleichtert es die **beschränkte Haftung der GmbH-Gesellschafter**, Eigenkapitalgeber zu finden, weil diese sich nicht mit ihrem gesamten Vermögen engagieren müssen.

Vor der Eintragung der GmbH in das Handelsregister muss jeder Gesellschafter seine Bareinlagen mindestens zu einem Viertel leisten; die Sacheinlagen sind vollständig zu erbringen.[189] Insgesamt muss auf das Stammkapital mindestens so viel eingezahlt sein, dass der Gesamtbetrag der eingezahlten Geldeinlagen zzgl. des Gesamtnennbetrages der Stammeinlagen, für die Sacheinlagen zu leisten sind, 12.500 EUR erreicht.[190] Da das Stammkapital der GmbH (in der Bilanz als Gezeichnetes Kapital ausgewiesen) – abgesehen von Kapitalerhöhungen bzw. -herabsetzungen – unverändert bleibt, werden Zu- und Abnahmen des Eigenkapitals durch Veränderungen der offenen Rücklagen angezeigt. Auch bei einer Aufzehrung früher gebildeter Rücklagen bleibt das Stammkapital unverändert, wird jedoch durch einen Verlustvortrag korrigiert. Wird im Rahmen einer Satzungsänderung (mit Dreiviertelmehrheit der in der Gesellschafterversammlung abgegebenen Stimmen[191]) eine **Kapitalerhöhung** beschlossen, so kann das neue Stammkapital von den bisherigen Gesellschaftern oder von anderen Personen übernommen werden, die durch die Übernahme der neuen Anteile ihren Beitritt zur Gesellschaft erklären. Die neuen Gesellschafter sind entsprechend ihren Geschäftsanteilen an den stillen und offenen Rücklagen beteiligt. Deswegen haben sie zusätzlich zu ihren Stammeinlagen ein Agio zu leisten, das ihrem Anteil an den bisher in der GmbH gebildeten Rücklagen entspricht. Dieses Agio ist in die Kapitalrücklage einzustellen.

Neben der **Erhöhung der Geschäftsanteile der bereits vorhandenen Gesellschafter**, der **Aufnahme neuer Gesellschafter** und der **Gewinnthesaurierung** durch Einstellung von Gewinnen in die Gewinnrücklagen gibt es für die GmbH eine weitere Möglichkeit, sich Eigenkapital zu beschaffen. Gemäß § 26 GmbHG kann im Gesellschaftsvertrag bestimmt werden, dass die Gesellschafter über den Betrag der Stammeinlagen hinaus die **Einforderung von Nachschüssen** beschließen können. Eine solche Nachschusspflicht kann unbeschränkt oder beschränkt ausgestaltet werden. Es handelt sich hierbei um eine vereinfachte Form der Kapitalerhöhung, weil geringere Formerfordernisse bestehen als bei einer Änderung des Stammkapitals (z. B. keine Änderung der Handelsregistereintragung). Die Nachschusspflicht kann aber auch ohne den Zufluss neuer Mittel eine Funktion des Eigenkapitals, nämlich die Haftungsfunktion, übernehmen. Wird die Nachschusspflicht z. B. derart gestaltet, dass sie im Falle einer drohenden Zahlungsunfähigkeit der GmbH zum Tragen kommt, so stellt sie für die Gläubiger eine zusätzliche Sicherheit dar, ohne dass im Moment finanzielle Mittel fließen. Dieses **Eigenkapital auf Abruf** erleichtert damit die Möglichkeiten der Fremdkapitalbeschaffung.

---

[189] Vgl. § 7 Abs. 2 Satz 1 GmbHG.
[190] Vgl. § 7 Abs. 2 Satz 2 GmbHG.
[191] Vgl. § 53 Abs. 2 GmbHG.

6. Genossenschaft

Die Genossenschaften sind Gesellschaften in Form von **Personenvereinigungen ohne eine feste Mitgliederzahl**, deren gemeinschaftlicher Geschäftsbetrieb darauf gerichtet ist, den Erwerb oder die Wirtschaft ihrer Mitglieder oder deren soziale und kulturelle Belange zu fördern.[192]

Das **Eigenkapital** der Genossenschaften **besteht aus mehreren variablen Teilen**. Der erste Eigenkapitalbestandteil ist die **Summe der Geschäftsguthaben der Genossen (Mitglieder)**. Jeder der mindestens drei Mitglieder übernimmt einen oder mehrere Geschäftsanteile, d. h., durch die Satzung kann bestimmt werden, dass ein Mitglied mehr als einen Geschäftsanteil übernehmen darf. In diesem Fall wird in der Satzung in der Regel auch die Zahl der Geschäftsanteile, die von einem Mitglied gezeichnet werden können, beschränkt.[193] In der Satzung kann aber auch die Verpflichtung zur Übernahme mehrerer Geschäftsanteile vorgesehen sein.[194] Damit wird der Höchstbetrag der zulässigen Gesamteinlage eines Mitglieds einerseits durch die in der Satzung bestimmte Höhe des einzelnen Geschäftsanteils, andererseits durch die Höchstzahl der von einem Mitglied übernehmbaren bzw. durch die Zahl der zu übernehmenden Geschäftsanteile bestimmt. Das Geschäftsguthaben eines Mitglieds ergibt sich aus dem auf den Geschäftsanteil eingezahlten Betrag. Gesetzlich vorgegeben ist hierbei ein Mindestgeschäftsguthaben in Höhe von 10 % des Geschäftsanteils.[195] Die Geschäftsguthaben sind zudem die Basis der Gewinnverteilung der Mitglieder. Gewinne werden allerdings an die Mitglieder nur ausgeschüttet, wenn ihre Geschäftsanteile voll eingezahlt sind. Ansonsten werden sie den Geschäftsguthaben solange zugeschrieben, bis die volle Höhe der Geschäftsanteile erreicht ist. Verluste mindern demgegenüber die Geschäftsguthaben nur, wenn keine offenen (satzungsmäßig nicht an sonstige Zwecke gebundenen) Rücklagen mehr zur Verrechnung zur Verfügung stehen. Eine Erhöhung dieses Eigenkapitalbestandteils der Genossenschaft ist demnach durch die Auffüllung bereits gezeichneter Geschäftsanteile (durch Einlagen bzw. Gewinnzuschreibungen), durch Einlagen der „alten" Mitglieder auf zusätzlich gezeichnete Geschäftsanteile (bis zur Höchstzahl der pro Mitglied möglichen Anteile) sowie durch die Gewinnung neuer Mitglieder möglich.

Der zweite Eigenkapitalbestandteil einer Genossenschaft sind die **offenen Rücklagen**. Neben der **Kapitalrücklage** (sie beinhaltet z. B. Eintrittsgelder) sind dies vor allem die **Ergebnisrücklagen**. Zu Letzteren gehört die **gesetzliche Rücklage**. Sie ist aus dem Jahresüberschuss der Genossenschaft entsprechend den Vorschriften der Satzung[196] zu bilden, bis der in der Satzung angegebene Mindestbetrag erreicht ist. Die gesetzliche Rücklage dient zur buchmäßigen „Deckung" von Bilanzverlusten. Ausscheidende Mitglieder der Genossenschaft haben keinen Anspruch auf einen Anteil an der gesetzlichen Rücklage. Gleiches gilt grundsätzlich auch für die **anderen Ergebnisrücklagen**, die durch einen Beschluss der Mitglieder(vertreter) mit thesaurierten Gewinnen gespeist werden. Die Satzung kann jedoch Mitgliedern, die ihren Geschäftsanteil voll eingezahlt haben, für den Fall ihres Ausscheidens

---

[192] Vgl. § 1 GenG.
[193] Vgl. § 7a Abs. 1 GenG.
[194] Vgl. § 7a Abs. 2 GenG.
[195] Vgl. § 7 Nr. 1 GenG.
[196] Vgl. § 7 Nr. 2 GenG.

einen Anspruch auf Auszahlung eines Anteils an einer – zu diesem Zweck aus dem Jahresüberschuss zu bildenden – besonderen Ergebnisrücklage nach § 73 Abs. 3 GenG einräumen. Von dieser Möglichkeit wird jedoch in der Praxis in der Regel kein Gebrauch gemacht.

Die **Kündigung einzelner Geschäftsanteile und der gesamten Mitgliedschaft** ist unter Wahrung bestimmter Kündigungsfristen möglich.[197] Die damit verbundene Rückzahlung von Geschäftsguthaben vermindert das Eigenkapital und damit die Kreditbasis der Genossenschaft. Da aber die offenen Rücklagen – mit Ausnahme der besonderen Ergebnisrücklage nach § 73 Abs. 3 GenG – durch das Ausscheiden von Mitgliedern nicht verringert werden, ist bei einer Genossenschaft die Eigenkapitalbeschaffung mittels Gewinnthesaurierung besonders wichtig. Insbesondere die gesetzliche Rücklage und die anderen Ergebnisrücklagen haben also für die Existenz und Kreditwürdigkeit einer Genossenschaft eine erhebliche Bedeutung.

Die Genossenschaft haftet für ihre Verbindlichkeiten mit ihrem Vermögen. Die Mitglieder erleiden jedoch im Insolvenzfall der Genossenschaft u. U. nicht nur Verluste in Höhe ihrer bereits eingezahlten bzw. dann noch als Rest einzuzahlenden Geschäftsanteile, sondern darüber hinaus – wenn in der Satzung so vorgesehen – auch in Höhe der **unbegrenzten oder begrenzten Nachschusspflicht**, wofür sie mit ihrem gesamten Vermögen haften.[198] Dies ist vor allem für Kreditgenossenschaften von besonderer Bedeutung. Kreditgenossenschaften gehören allerdings üblicherweise einem Einlagensicherungsverband an, der die Erhaltung der Genossenschaft anstrebt, so dass deren Mitgliedern in der Regel kein Rückgriff droht.

III. Kapitalherabsetzung bei nicht emissionsfähigen Unternehmen

Aufgrund der unterschiedlichen rechtlichen Struktur des Eigenkapitals (fixes oder bewegliches Eigenkapital) sowie der unterschiedlichen Behandlung von Gewinnen und Verlusten bestehen bei den verschiedenen Rechtsformen nicht emissionsfähiger Unternehmen unterschiedliche Möglichkeiten für die Herabsetzung des Eigenkapitals.[199]

Bei Einzelunternehmen und Personenhandelsgesellschaften ist dies relativ einfach, da bei ihnen die Kapitalanteile nicht nominell fixiert sind. Bei **Einzelunternehmen** führen Verluste und Entnahmen von eingelegtem Kapital und erwirtschafteten Gewinnen zur Herabsetzung des Eigenkapitals. Bei der **Offenen Handelsgesellschaft** ergibt sich dagegen eine Einschränkung, da alle persönlich haftenden Gesellschafter aufgrund ihrer Kapitalleistungspflicht, sofern vertraglich nicht anders vereinbart, nur 4 % auf das Kapital des letzten Geschäftsjahres und – soweit es nicht zum offenbaren Schaden der Gesellschaft gereicht – den darüber hinausgehenden Gewinnanteil des letzten Geschäftsjahres entnehmen dürfen.[200]

---

[197] Genauer hierzu § 65 GenG.

[198] Vgl. §§ 6 Nr. 3, 22a GenG.

[199] Vgl. zu den Ausführungen dieses Kapitels *Bieg, Hartmut*: Betriebswirtschaftslehre 2: Finanzierung. Freiburg i. Br. 1991, S. 82–83; *Vormbaum, Herbert*: Finanzierung der Betriebe. 9. Aufl., Wiesbaden 1995, S. 505–507.

[200] Vgl. § 122 Abs. 1 HGB.

C. Rechtsformimmanente Eigenkapitalbeschaffung nicht emissionsfähiger Unternehmen 75

Weitergehende Entnahmen setzen die Zustimmung der anderen Gesellschafter voraus.[201] Auch das Ausscheiden eines Gesellschafters nach fristgemäßer Kündigung sowie die Zurechnung von Verlusten führen zu Kapitalherabsetzungen.

Für die Komplementäre einer **Kommanditgesellschaft** gelten die gleichen Entnahmemöglichkeiten wie für die Gesellschafter einer OHG. Kommanditisten können dagegen keine Privatentnahmen aus dem Kapital vornehmen.[202] Eine durch sämtliche Gesellschafter zur Eintragung in das Handelsregister anzumeldende Herabsetzung der Einlage des Kommanditisten ist jedoch möglich. Vor der Eintragung in das Handelsregister ist sie aber den Gläubigern gegenüber unwirksam. Gläubiger, deren Forderungen zur Zeit der Eintragung begründet waren, brauchen zudem die Herabsetzung nicht gegen sich gelten zu lassen.[203]

Die von den Kapitalkonten beider Gesellschaftergruppen abzubuchenden Verluste können zu einem negativen Kapitalanteil der Kommanditisten führen. Die Kommanditisten sind allerdings nicht dazu verpflichtet, bezogene Gewinne wegen späterer Verluste zurückzuzahlen.[204] Solange aber das Kapitalkonto eines Kommanditisten unter der vereinbarten Einlage liegt, insbesondere aber solange ein negatives Kapitalkonto besteht, darf der Kommanditist eine Auszahlung späterer Gewinne nicht fordern.[205]

Die Herabsetzung des Stammkapitals der **Gesellschaft mit beschränkter Haftung** bedarf

- der Beschlussfassung der Gesellschafterversammlung mit Dreiviertelmehrheit der abgegebenen Stimmen,[206]
- der Bekanntmachung in den Blättern der Gesellschaft,[207]
- der Befriedigung oder Sicherstellung derjenigen Gläubiger, die der Herabsetzung nicht zustimmen,[208]
- der Anmeldung zur Eintragung in das Handelsregister nach Ablauf eines Jahres seit der Bekanntmachung.[209]

Erst nach der Eintragung des Herabsetzungsbeschlusses dürfen Zahlungen an die Gesellschafter geleistet werden.

Ein Jahresüberschuss/Jahresfehlbetrag einer GmbH ist auf der Passivseite der Bilanz als positiver bzw. negativer Bestandteil des Eigenkapitals gesondert auszuweisen.[210] Soll ein Verlust gegen das Stammkapital verrechnet werden, so gelten die genannten Bestimmungen für die Herabsetzung des Stammkapitals.

---

[201] Vgl. § 122 Abs. 2 HGB.
[202] Vgl. § 169 Abs. 1 Satz 1 HGB.
[203] Vgl. § 174 HGB.
[204] Vgl. § 169 Abs. 2 HGB.
[205] Vgl. § 169 Abs. 1 Satz 2 HGB.
[206] Vgl. § 53 Abs. 2 Satz 1 Halbsatz 2 GmbHG.
[207] Vgl. § 58 Abs. 1 Nr. 1 GmbHG.
[208] Vgl. § 58 Abs. 1 Nr. 2 GmbHG.
[209] Vgl. § 58 Abs. 1 Nr. 3 GmbHG.
[210] Vgl. § 266 Abs. 3 HGB.

Eine Ausschüttung zulasten offener Rücklagen kann bei einer GmbH, da diese aus früheren Gewinnen resultieren, nach Gesellschafterbeschluss erfolgen.

D. Rechtsformimmanente Eigenkapitalbeschaffung emissionsfähiger Unternehmen

I. Begriff und Rechtsformen emissionsfähiger Unternehmen

1. Begriff „emissionsfähige Unternehmen"

Von emissionsfähigen Unternehmen wird hier gesprochen, wenn Eigenkapital durch den **Verkauf von Anteilsrechten über die Börse** beschafft werden kann. Für derartige Anteilsrechte existiert eine grundsätzlich **große Zahl potenzieller Eigenkapitalgeber**.[211] Nach wie vor betrifft dies jedoch nur Aktiengesellschaften (AG) und Kommanditgesellschaften auf Aktien (KGaA). Dies ist aber nicht gleichbedeutend damit, dass alle AG und KGaA tatsächlich auch Zugang zum organisierten Kapitalmarkt besitzen. Vielmehr werden die Aktien von ca. 75 % aller Unternehmen dieser Rechtsformen nur auf dem freien nicht organisierten Kapitalmarkt gehandelt. Die AG sowie die KGaA sind damit nicht per se emissionsfähig. Um diese Eigenschaft zu erlangen, müssen sie vielmehr zum Handel an wenigstens einem Börsenplatz zugelassen sein.

Über eine solche Zulassung entscheiden besondere Gremien jeweils an der Börse, bei der die Aufnahme in den Handel beantragt wird.[212] Der Antrag auf Zulassung kann dabei in Deutschland nicht direkt von der AG bzw. KGaA selbst gestellt werden, sondern nur zusammen mit einem Kreditinstitut, das Mitglied der betreffenden Börse ist. Der Antrag ist zudem um einen sog. **Börsenzulassungsprospekt** zu ergänzen, in dem die wirtschaftlichen und rechtlichen Verhältnisse der Gesellschaft dargestellt werden. Dieser Prospekt ist zur Information der Anleger vor Aufnahme des Börsenhandels zu veröffentlichen. Für die Richtigkeit der Prospektangaben haftet neben der AG bzw. KGaA auch das die Zulassung beantragende Kreditinstitut.[213]

Nicht jede AG bzw. KGaA erfüllt aber die Voraussetzungen zur Zulassung an einer Börse. Die Erlaubnis kann vielmehr wegen einer schlechten wirtschaftlichen Situation, aber auch aufgrund eines zu geringen Emissionsvolumens verweigert werden. Nur wenn die emittierende AG bzw. KGaA mit einer ausreichend großen Aktienzahl an die Börse geht, kann ein reibungsloser Handel dieser Titel erwartet werden. Nur dann ist mit einem kontinuierlichen Angebot und einer kontinuierlichen Nachfrage und einer insofern weitgehend störungsfreien Kursfeststellung zu rechnen. Erst ein genügend großes Emissionsvolumen rechtfertigt schließlich auch die Kosten und den Verwaltungsaufwand der Einführung und Notierung an der Börse. Die praktische Erfahrung hat gezeigt, dass das Grundkapital der AG bzw. KGaA bei einer Börseneinführung nicht weniger als 5 Mio. EUR betragen sollte, wovon mindes-

---

[211] Zu den sich aus der Börsenfähigkeit sowohl für die Eigenkapitalgeber als auch für die Unternehmen ergebenden Vorteilen vgl. den **Fünften Abschnitt, Kapitel D.I.3.c)**.
[212] Vgl. dazu den **Zehnten Abschnitt, Kapitel B**.
[213] Vgl. § 21 WpPG.

tens 25 % bis 50 % platziert werden sollten. Zahlreiche kleinere Aktiengesellschaften und viele der – oft als Familienunternehmen[214] geführten – Kommanditgesellschaften auf Aktien erfüllen diese Größenvoraussetzungen nicht.

2. Kommanditgesellschaft auf Aktien (KGaA)

Die Kommanditgesellschaft auf Aktien (KGaA)[215] ist eine **Gesellschaft mit eigener Rechtspersönlichkeit**, bei der mindestens ein Gesellschafter als **Komplementär** den Gläubigern der Gesellschaft persönlich und uneingeschränkt mit seinem gesamten Vermögen haftet. Für persönlich haftende Gesellschafter einer KGaA, deren Name, Vorname und Wohnort in der Satzung enthalten sein müssen,[216] gelten die gleichen Beschränkungen hinsichtlich der Erweiterung der Kapitalbasis wie für OHG-Gesellschafter und für Komplementäre einer KG. Die Ausdehnung ihrer Kapitalbasis wird vor allem durch ihre Vermögensverhältnisse begrenzt. Ob ein persönlich haftender Gesellschafter einer KGaA auch eine GmbH sein kann, war lange Zeit umstritten.[217] Mittlerweile ist jedoch die Zulässigkeit der GmbH & Co. KGaA geklärt.[218]

Neben einem oder mehreren persönlich haftenden Gesellschaftern weist die KGaA eine größere Anzahl von Gesellschaftern auf, die an dem in Aktien zerlegten Grundkapital der Gesellschaft beteiligt sind und ausschließlich für die Erbringung ihrer Einlage haften. Diese sog. **Kommanditaktionäre** haben gegenüber den Kommanditisten einer KG den Vorteil, dass sich ihre Anteile, insbesondere wenn sie zum Börsenhandel zugelassen sind, relativ leicht veräußern lassen. Verglichen mit der Stellung der Aktionäre haben sie jedoch den Nachteil, dass sie nur einen geringeren Einfluss auf die Geschäftsführung des Komplementärs bzw. der Komplementäre der KGaA nehmen können. Nur Hauptversammlungsbeschlüsse, die die Belange der Kommanditaktionäre regeln, sind ohne Weiteres wirksam. Dagegen bedürfen die Hauptversammlungsbeschlüsse „der Zustimmung der persönlich haftenden Gesellschafter, soweit sie Angelegenheiten betreffen, für die bei einer Kommanditgesellschaft das Einverständnis der persönlich haftenden Gesellschafter und der Kommanditisten erforderlich ist"[219]. Die geringe Verbreitung der KGaA (im Wesentlichen eine Beschränkung auf Familiengesellschaften) lässt sich vor allem auch damit erklären.

Es ist zu beachten, dass in der Bilanz einer KGaA die Einlagen der Komplementäre neben dem Gezeichneten Kapital gesondert auszuweisen sind,[220] dass Komplementäre sich auch durch eine Aktienübernahme am Gezeichneten Kapital beteiligen können und dass sie nicht unbedingt eine Einlage leisten müssen; ihre Haftungsübernahme wird allein schon als ausreichend angesehen.

---

[214] Vgl. dazu *Waschbusch, Gerd*: Stichwort „Familienunternehmen". In: Gabler Banklexikon: Bank – Börse – Finanzierung, hrsg. von *Ludwig Gramlich u. a.*, 14. Aufl., Wiesbaden 2012, S. 522–523.
[215] Vgl. §§ 278–290 AktG.
[216] Vgl. § 281 Abs. 1 AktG.
[217] Vgl. zur grundsätzlichen Diskussion und zum alten Rechtsstand *Kußmaul, Heinz*: Die GmbH & Co. KG auf Aktien. In: Das Wirtschaftsstudium 1990, S. 494–496.
[218] Vgl. BGH-Urteil vom 24.02.1997, II ZB 11/96. In: Der Betrieb 1997, S. 1219–1222.
[219] § 285 Abs. 2 Satz 1 AktG.
[220] Vgl. § 286 Abs. 2 Satz 1 AktG.

Die KGaA haftet für die Verbindlichkeiten der Gesellschaft. Die Kommanditaktionäre nehmen bis zur Höhe ihrer Einlagen an Verlusten teil. Darüber hinaus haften im Insolvenzfall der KGaA die Komplementäre unbeschränkt mit ihrem gesamten Vermögen. Der auf den Kapitalanteil eines Komplementärs entfallende Verlust eines Geschäftsjahres ist von seinem Kapitalanteil abzusetzen. Übersteigt dabei der Verlust den Kapitalanteil, so ist er auf der Aktivseite der Bilanz unter der Bezeichnung „Einzahlungsverpflichtungen persönlich haftender Gesellschafter" unter den Forderungen gesondert auszuweisen, soweit eine Zahlungsverpflichtung besteht. Besteht eine solche nicht, so ist der Betrag als „Nicht durch Vermögenseinlagen gedeckter Verlustanteil persönlich haftender Gesellschafter" zu bezeichnen und gemäß § 268 Abs. 3 HGB auszuweisen.[221]

Bei einer entsprechenden Größe und Bonität hat die KGaA Zugang zum organisierten Kapitalmarkt und kann sich durch die Emission von Aktien Eigenkapital beschaffen.

3. Aktiengesellschaft (AG)

a) Einleitende Bemerkungen

Unter sämtlichen Unternehmensrechtsformen weist die Aktiengesellschaft die vielseitigsten, zugleich aber auch die am umfangreichsten gesetzlich geregelten Möglichkeiten der Beteiligungsfinanzierung auf. Für wachsende Unternehmen wird die Aktienfinanzierung früher oder später die interessanteste Art der Beteiligungsfinanzierung sein. Nur sie schafft ein festes unkündbares Eigenkapital, ohne den Aktionären das jederzeitige Veräußerungsrecht an ihren Anteilen zu nehmen (hohe Fungibilität der Aktien). Nur sie erlaubt die Aufbringung wachstumskonformer Eigenkapitalbeträge in einer kleinen Stückelung bei einem angemessenen Mitspracherecht und einer Trennung von Management und Eigentum.

b) Charakteristik der Rechtsform „Aktiengesellschaft"

Die Aktiengesellschaft (AG) weist einen **nominell fixierten Eigenkapitalteil** auf. Es handelt sich um das in der Bilanz als „Gezeichnetes Kapital" auszuweisende **Grundkapital**, das bei der Gründung mindestens 50.000 EUR betragen muss[222] und in einzelne Anteile, die in Aktien verbrieft werden, aufgeteilt ist. Diese Aktien werden von den Gesellschaftern (Aktionären) übernommen und dokumentieren deren Mitgliedschaft. Allerdings gehört den Aktionären damit lediglich ein Wertanteil am Gesamtvermögen der Aktiengesellschaft, nicht jedoch ein konkreter Anteil am Gesellschaftsvermögen.

Die **Gründung** einer Aktiengesellschaft erfolgt in den folgenden Phasen:[223]

- Feststellung der Satzung (§ 23 AktG),
- Übernahme der Aktien durch die Gründer (§ 29 AktG), wodurch die sog. „Vor-AG" errichtet ist,
- Bestellung des Aufsichtsrats, des Vorstands und des Abschlussprüfers (§ 30 AktG),

---

[221] Vgl. § 286 Abs. 2 Satz 3 AktG.

[222] Vgl. § 7 AktG.

[223] Vgl. *Süchting, Joachim*: Finanzmanagement – Theorie und Politik der Unternehmensfinanzierung. 6. Aufl., Wiesbaden 1995, S. 41.

D. Rechtsformimmanente Eigenkapitalbeschaffung emissionsfähiger Unternehmen

- Einzahlung (von mindestens 25 %) des Grundkapitals (§§ 36 Abs. 2, 36a Abs. 1 AktG), wobei Sacheinlagen vollständig zu leisten sind (§ 36a Abs. 2 AktG),
- Erstattung des Gründungsberichts (§ 32 AktG),
- Durchführung der Gründungsprüfung (§§ 33–35 AktG),
- Anmeldung zum Handelsregister (§§ 36 Abs. 1, 37 AktG),
- Prüfung durch das Gericht (§ 38 AktG) sowie
- Eintragung in das Handelsregister und Bekanntmachung der Eintragung (§ 39 AktG).

Bei der Gründung einer Aktiengesellschaft werden sämtliche Aktien von dem Gründerkreis übernommen, der mindestens eine Person umfassen muss.[224] Die Aktiengesellschaft entsteht „als solche" mit Wirkung gegenüber Dritten durch ihre Eintragung in das Handelsregister. Erst nach dieser **konstitutiven (rechtsbegründenden) Eintragung** können die Aktien als Wertpapiere ausgegeben werden. Allerdings ist bei einer **Bargründung** (Leistung der Einlagen in bar) bereits bei der Eintragung der Nachweis zu erbringen, dass die Mindesteinlage (25 % des Grundkapitals bzw. des Nennwerts der einzelnen Aktien plus gesamtes Agio) geleistet wurde und – mit Ausnahme der bei der Gründung anfallenden Steuern und Gebühren – zur freien Verfügung des Vorstandes steht.[225] Für die neben der Bargründung mögliche **Sachgründung** sieht das Aktiengesetz strenge Satzungs-, Gründungs-, Gründungsprüfungs-, Aufsichts- und Haftungsbestimmungen vor, um möglichen Manipulationen, vor allem hinsichtlich der Bewertung der einzubringenden Objekte, zu begegnen.[226] Diese Vorschriften gelten auch für sog. **Nachgründungen.**[227] Das sind Sachübernahmen in den ersten zwei Jahren nach der Eintragung der Aktiengesellschaft in das Handelsregister.

Für die Verbindlichkeiten der Aktiengesellschaft haftet den Gläubigern ausschließlich das Gesellschaftsvermögen,[228] denn aufgrund ihrer **eigenen Rechtspersönlichkeit** ist die Aktiengesellschaft Eigentümerin des Gesellschaftsvermögens, damit Inhaberin aller Gesellschaftsforderungen sowie Schuldnerin aller Gesellschaftsschulden. Die Aktionäre als Gesellschafter haften lediglich für die Erbringung ihrer Einlage. Deswegen hat der Gesetzgeber zum Schutz der Gläubiger u. a. folgende Vorkehrungen getroffen:[229]

- Das **Mindestgrundkapital** einer Aktiengesellschaft soll sicherstellen, dass die Eigentümer zu Beginn der Unternehmenstätigkeit wenigstens 50.000 EUR als Eigenkapital zur Verfügung stellen (deswegen auch das **Verbot der Unterpari-Emission** gemäß § 9 Abs. 1 AktG[230]). Diese Vorschrift kann allerdings nicht gewährleisten, dass tatsächlich stets ein Eigenkapital von mindestens 50.000 EUR vorhanden ist. Zukünftig eintretende Verluste können durchaus zu einer Verminderung dieses Eigenkapitals führen.

---

[224] Vgl. § 2 AktG; siehe auch § 42 AktG.
[225] Vgl. §§ 36 Abs. 2, 36a AktG.
[226] Vgl. §§ 27, 31, 32 Abs. 2, 33 Abs. 2, 34, 46 AktG.
[227] Vgl. §§ 52, 53 AktG.
[228] Vgl. § 1 Abs. 1 Satz 2 AktG.
[229] Vgl. auch *Drukarczyk, Jochen/Lobe, Sebastian*: Finanzierung. 11. Aufl., Konstanz/München 2015, S. 323.
[230] „Für einen geringeren Betrag als den Nennbetrag oder den auf die einzelne Stückaktie entfallenden anteiligen Betrag des Grundkapitals dürfen Aktien nicht ausgegeben werden (geringster Ausgabebetrag)." Nach § 9 Abs. 2 AktG ist die Ausgabe der Aktien für einen höheren Betrag zulässig.

- Aus dem Jahresüberschuss ist eine **gesetzliche Rücklage** zu bilden.[231] Es handelt sich hierbei um eine durch Gesetz erzwungene offene Selbstfinanzierung.
- Den Aktionären dürfen **Einlagen** grundsätzlich **nicht zurückgewährt** werden.[232]
- Vor Auflösung der Aktiengesellschaft darf unter den Aktionären **nur der Bilanzgewinn verteilt** werden, soweit die Verteilung nicht ausgeschlossen wurde.[233] Der Bilanzgewinn ist einerseits abhängig vom Jahresüberschuss, der sich aufgrund der Bilanzierungs- und Bewertungsentscheidungen der den Jahresabschluss erstellenden Organe ergibt, andererseits wird er nicht nur durch die gesetzlichen und satzungsmäßigen Bestimmungen zur Rücklagenbildung bestimmt, sondern auch durch die Entscheidungen von Vorstand und Aufsichtsrat über die Verwendung des Jahresüberschusses durch Gesetz, Satzung oder Hauptversammlungsbeschluss.[234] Somit ist verständlich, dass die handelsrechtlichen Bilanzierungs- und Bewertungsvorschriften sowie die aktienrechtlichen Gewinnverwendungsmöglichkeiten für Vorstand und Aufsichtsrat grundsätzlich auch den Schutz der Aktionäre vor einer Benachteiligung durch die genannten Organe im Auge haben müssen.
- Bei **Kapitalherabsetzungen** dürfen Zahlungen an die Aktionäre nur geleistet werden, wenn **strenge Gläubigerschutzvorschriften** eingehalten werden.[235]
- Bei einem **Verlust in Höhe von 50 % des Grundkapitals** hat der Vorstand unverzüglich die **Hauptversammlung einzuberufen**.[236]
- Werden die Schulden durch das Vermögen nicht mehr gedeckt oder ist die Aktiengesellschaft zahlungsunfähig, so hat der Vorstand unverzüglich die **Eröffnung des Insolvenzverfahrens** zu beantragen.[237]

Seit dem Jahr 2004 ist es Unternehmen auch möglich, die Rechtsform der **Europäischen Aktiengesellschaft** (Societas Europaea; SE) zu führen. Durch die Etablierung dieser europäischen Form der Aktiengesellschaft können Unternehmen und ihre Tochtergesellschaften in einen EU-weit einheitlichen rechtlichen Mantel gebettet werden. Gleichwohl bildet die europäische Verordnung zur SE[238] nur ein Rahmenwerk, das einer Auslegung durch die nationale Gesetzgebung zu Aktiengesellschaften bedarf. Im Grundsatz haben damit die Regelungen des Aktiengesetzes auch für Europäische Aktiengesellschaften mit Sitz in Deutschland Geltung. Allerdings beläuft sich das **Mindestgrundkapital einer SE** auf 120.000 EUR.

Neben dem Aktiengesetz sind für Europäische Aktiengesellschaften mit Sitz in Deutschland die Vorgaben des **SE-Ausführungsgesetzes** (BGBl. I 2004, S. 3675) zu beachten.

---

[231] Vgl. § 150 Abs. 1 und Abs. 2 AktG.
[232] Vgl. § 57 Abs. 1 AktG.
[233] Vgl. §§ 57 Abs. 3, 58 Abs. 4 AktG.
[234] Vgl. § 58 Abs. 1, Abs. 2 und Abs. 2a AktG.
[235] Vgl. § 225 AktG.
[236] Vgl. § 92 Abs. 1 AktG.
[237] Vgl. § 92 Abs. 2 AktG; vgl. auch §§ 16–19 InsO.
[238] Vgl. *Rat der Europäischen Union*: Verordnung (EG) Nr. 2157/2001 des Rates vom 8. Oktober 2001 über das Statut der Europäischen Gesellschaft (SE). In: Amtsblatt der Europäischen Gemeinschaften, Nr. L 294 vom 10.11.2001, S. 1–33.

c) Vorteile bei der Eigenkapitalbeschaffung für Aktiengesellschaften

Aus verschiedenen Gründen ist die Rechtsform der Aktiengesellschaft am besten für die Aufbringung großer Eigenkapitalbeträge geeignet:[239]

- Das **Grundkapital einer Aktiengesellschaft** ist nach deutschem Aktienrecht **in Aktien „zerlegt"**.[240] Im Falle der Ausgabe von Nennbetragsaktien – synonym hierfür Nennwertaktien – bedeutet dies, dass die Summe der Nennbeträge aller Nennbetragsaktien dem Grundkapital der Aktiengesellschaft entspricht. Stückaktien hingegen lauten auf keinen Nennbetrag, sind aber am Grundkapital einer Aktiengesellschaft in gleichem Umfang beteiligt,[241] so dass bei ihnen die Summe der auf die einzelnen Aktien entfallenden anteiligen Beträge (rechnerische Nennbeträge) dem Grundkapital der Aktiengesellschaft entspricht. Während Nennbetragsaktien auf mindestens einen Euro lauten müssen,[242] darf der auf die einzelne Stückaktie entfallende anteilige Betrag des Grundkapitals (rechnerische Nennbetrag) einen Euro nicht unterschreiten.[243] Aufgrund des grundsätzlich geringen (rechnerischen) Mindestnennbetrags einer Aktie von einem EUR sind Aktiengesellschaften in der Lage, eine sehr große Zahl von Nennbetragsaktien bzw. Stückaktien auszugeben. Kapitalgeber können sich daher bereits mit einem vergleichsweise geringen Kapitaleinsatz an einer Aktiengesellschaft beteiligen. Durch den geringen „Mindesteinsatz" hat der Anleger zudem die Möglichkeit, sich an vielen Aktiengesellschaften zu beteiligen. Dabei ist die Haftung des Aktionärs auf die von ihm zu erbringende Einlage beschränkt. **Haftungsbeschränkung** und **Diversifikation** senken sein Risiko erheblich.

- Die Organisationsform der Aktiengesellschaft berücksichtigt, dass sich an ihr eine große Zahl von Personen beteiligen kann, die **ausschließlich kapitalmäßige Interessen** verfolgen und kein Interesse an einer direkten unternehmerischen Betätigung im Sinne einer Mitwirkung an der Geschäftsführung haben.

- Trotz der großen Zahl von Eigentümern ist die Beweglichkeit der Leitung durch die **verselbstständigte Geschäftsführung** sichergestellt. Nur bei äußerst wichtigen Entscheidungen ist ein Beschluss der Hauptversammlung erforderlich.[244]

- Die detaillierten rechtlichen Regelungen des Aktiengesetzes sichern die **Rechte der Eigentümer** in einem gewissen Umfang. Bei einer fehlenden direkten Mitwirkung an der Geschäftsführung ist eine solche von den derzeitigen und potenziellen Aktionären als ausreichend anerkannte gesetzliche Absicherung Voraussetzung dafür, dass von vielen Kapitalgebern Eigenkapital in größerem Umfang zur Verfügung gestellt wird. Trotzdem wird sich nie vollständig vermeiden lassen, dass der Vorstand einer Aktiengesellschaft seine eigenen Interessen zulasten der Aktionärsinteressen verfolgt.

---

[239] Vgl. auch *Perridon, Louis/Steiner, Manfred/Rathgeber, Andreas W.*: Finanzwirtschaft der Unternehmung. 16. Aufl., München 2012, S. 400.
[240] Vgl. § 1 Abs. 2 AktG.
[241] Vgl. § 8 Abs. 3 Satz 1 und Satz 2 AktG.
[242] Vgl. § 8 Abs. 2 Satz 1 AktG.
[243] Vgl. § 8 Abs. 3 Satz 3 AktG.
[244] Vgl. § 119 AktG.

- **Aktien** sind vertretbare (fungible) Wertpapiere. Sofern sie an einer Börse gehandelt werden,[245] erlangen sie eine **hohe Verkehrsfähigkeit**; sie können fast täglich veräußert werden. Der Anteilseigner kann sich damit an einem hoch organisierten Markt grundsätzlich leicht, d. h. schnell und ohne großen Aufwand, von diesen Papieren trennen, zumindest leichter als von einem Anteil an einem nicht emissionsfähigen Unternehmen. Bei diesen müssen erst durch Zeitungsannoncen, Makler, Banken und Berater potenzielle Käufer gefunden werden.

- Das **Eigenkapital** wird der Aktiengesellschaft in der Regel **unbefristet zur Verfügung** gestellt. Der einzelne Aktionär kann seine Aktien lediglich einem anderen Anleger verkaufen; eine Kündigung seines Beteiligungsverhältnisses und damit ein Zurückverlangen seiner Einlage von der Aktiengesellschaft ist ausgeschlossen. Auf die finanzwirtschaftliche Situation der Gesellschaft hat der sich außerhalb der Aktiengesellschaft abspielende Wechsel der Anteilseigner grundsätzlich keine Auswirkungen. Soweit es dadurch aber zu veränderten Mehrheitsverhältnissen kommt, kann sich der gesamte Entscheidungsprozess innerhalb der Gesellschaft ganz erheblich verändern. Erfolgt die Veränderung der Mehrheitsverhältnisse gegen den Willen des Managements, so spricht man von einer „feindlichen" Übernahme. Soweit sich der Mehrheitsgesellschafter die für den Erwerb der Anteilsmehrheit erforderlichen Mittel durch den Verkauf von Unternehmensteilen der übernommenen Aktiengesellschaft beschafft, ergeben sich für die übernommene Gesellschaft auch entsprechende finanzwirtschaftliche Auswirkungen.

II. Aktien

1. Begriff der Aktie

Formal gesehen stellt die **Aktie** einen **Bruchteil des Grundkapitals** dar.[246] Mit ihr wird die **Mitgliedschaft in einer Aktiengesellschaft verbrieft**. Werden Aktien verschiedener Gattungen (Arten) ausgegeben, so sind die Gattungen und die Gesamtnennbeträge der Aktien jeder Gattung als Vermerkposten in der Bilanz gesondert anzugeben.[247] Dies führt zu der Frage nach den unterschiedlichen Aktiengattungen oder Aktienarten.

2. Aktienarten

a) Einteilung der Aktien nach den für die Eigentumsübertragung maßgebenden Rechtsvorschriften

aa) Inhaberaktien

Bei einer **Inhaberaktie** vollzieht sich die **Eigentumsübertragung** relativ einfach **durch Einigung und Übergabe** gemäß § 929 BGB. Beim Inhaberpapier folgt das Recht aus dem Papier dem Recht am Papier. Die verbrieften Rechte kann nur der Inhaber der Aktienurkunde ausüben.

---

[245] Vgl. dazu den **Zehnten Abschnitt**.
[246] Vgl. § 1 Abs. 2 AktG: „Die Aktiengesellschaft hat ein in Aktien zerlegtes Grundkapital."
[247] Vgl. § 152 Abs. 1 Satz 2 AktG.

Inhaberaktien können nur ausgegeben werden, wenn die emittierende Gesellschaft börsennotiert ist oder der Anspruch auf eine Einzelverbriefung der Aktie ausgeschlossen ist und die Sammelurkunde z. B. bei einer Wertpapiersammelbank i. S. d. § 1 Abs. 3 Satz 1 DepotG oder einem zugelassenen Zentralverwahrer hinterlegt wird.[248] Inhaberaktien dürfen zudem nur dann ausgegeben werden, wenn der Nennbetrag der Aktien und darüber hinaus – sofern vorgesehen – auch das Agio voll eingezahlt worden sind.[249]

ab) Namensaktien

Die Aktien einer Gesellschaft lauten seit der Aktienrechtsnovelle 2016[250] im Regelfall auf den Namen.[251] Sofern Aktien nicht voll eingezahlt wurden, müssen sogar gemäß § 10 Abs. 2 Satz 1 AktG **Namensaktien** ausgegeben werden, da ansonsten der Eigentümerwechsel völlig unkontrollierbar wäre und die aktuellen Eigentümer, die noch Restzahlungen zu erbringen haben, im Zweifel nicht auffindbar wären. In einem solchen Fall sind die **nicht eingeforderten ausstehenden Einlagen auf das Grundkapital** auf der Passivseite der Bilanz in einer Vorspalte **offen vom Gezeichneten Kapital abzusetzen**.[252] Dort ist dann der verbleibende Betrag als „Eingefordertes Kapital" in der Hauptspalte auszuweisen.[253] Der eingeforderte, aber noch nicht eingezahlte Betrag der ausstehenden Einlagen auf das Grundkapital ist dagegen unter den Forderungen des Umlaufvermögens gesondert aufzuführen und entsprechend zu bezeichnen.[254]

Werden von der Aktiengesellschaft eingeforderte Beträge nicht rechtzeitig durch die Aktionäre geleistet, so muss der säumige Aktionär vom Eintritt der Fälligkeit an 5 % p. a. **Verzugszinsen** zahlen; daneben kann die Aktiengesellschaft weitere Schäden geltend machen.[255] Nach Ablauf einer Nachfrist kann zudem der säumige Aktionär im Wege der **Kaduzierung** ausgeschlossen werden. Die alten Aktien werden dann für kraftlos erklärt und durch neue Urkunden ersetzt.[256]

In Deutschland verlangen beispielsweise Rückversicherungsgesellschaften üblicherweise nicht sofort die volle Einzahlung des Grundkapitals. Sie benötigen für den normalen Geschäftsablauf nur ein geringes eingezahltes Eigenkapital, müssen aber bei außergewöhnlichen Schadensfällen auf größere Eigenkapitalbeträge zurückgreifen können.

---

[248] Vgl. § 10 Abs. 1 Satz 2 AktG.
[249] Vgl. § 10 Abs. 2 Satz 1 AktG.
[250] Vgl. Gesetz zur Änderung des Aktiengesetzes (Aktienrechtsnovelle 2016) vom 22. Dezember 2015. In: BGBl. I, Nr. 55 vom 30.12.2015, S. 2565–2568.
[251] Vgl. § 10 Abs. 1 Satz 1 AktG. Gemäß § 10 Abs. 1 Satz 2 AktG können Aktien unter bestimmten Voraussetzungen auch auf den Inhaber lauten. Vgl. dazu den **Fünften Abschnitt, Kapitel D.II.2.aa)**. Zu Übergangsvorschriften zu § 10 Abs. 1 AktG vgl. § 26h Abs. 1 EGAktG.
[252] Vgl. § 272 Abs. 1 Satz 3 Halbsatz 1 HGB.
[253] Vgl. § 272 Abs. 1 Satz 3 Halbsatz 2 HGB.
[254] Vgl. § 272 Abs. 1 Satz 3 Halbsatz 3 HGB.
[255] Vgl. § 63 Abs. 2 AktG.
[256] Vgl. § 64 AktG.

Namensaktien zählen zu den (geborenen) **Orderpapieren**. Ihre **Übertragung** erfolgt durch

- Einigung und Übergabe der Urkunde,
- schriftliche Abtretungserklärung auf der Rückseite des Wertpapiers (Indossament) sowie
- Eintragung des Aktionärs mit seinem Namen, seinem Geburtsdatum und seiner Adresse in das bei der Gesellschaft zu führende Aktienregister.[257]

Nur der in das Aktienregister eingetragene Aktionär kann Aktionärsrechte aus Namensaktien ausüben.[258] Für fremde Inhaberaktien und Namensaktien, bei denen der Kunde eines Kreditinstituts im Aktienregister eingetragen ist, dürfen Kreditinstitute das Stimmrecht nur ausüben, wenn sie dazu bevollmächtigt sind.[259] Nach § 135 Abs. 5 Satz 2 AktG ist die Vollmacht im Namen des Aktionärs oder unter Offenlegung der Vertretung unter der Wahrung der Anonymität des Vertretenen auszuüben. Bei Namensaktien, die dem Kreditinstitut nicht gehören, bei denen es aber im Aktienregister eingetragen ist, weil der Kunde seine Eintragung nicht wünscht, darf das Kreditinstitut das Stimmrecht nur ausüben, wenn es von seinem Kunden hierzu ermächtigt wurde.[260] Das Kreditinstitut gilt dann im Verhältnis zur Aktiengesellschaft als Aktionär[261] und kann das Stimmrecht ausüben. Im Innenverhältnis können der Aktionär und das Kreditinstitut jedoch vereinbaren, wie das Stimmrecht vom Kreditinstitut auszuüben ist.[262] Der Aktionär bleibt in diesem Fall anonym, da die Ermächtigung zur Stimmrechtsausübung der Gesellschaft nicht vorzulegen ist. Insofern kann die Aktiengesellschaft auch nicht überprüfen, ob dem Kreditinstitut überhaupt eine Ermächtigung vorliegt. Diese Überprüfung ist stattdessen vom Jahresabschlussprüfer des Kreditinstituts vorzunehmen,[263] der über diese Prüfung gesondert zu berichten hat.[264]

Die Nachteile, die sich früher aus der schwerfälligen und mit einem zusätzlichen Verwaltungsaufwand verbundenen Übertragung der Namensaktie ergaben (**eingeschränkte Fungibilität**), können mit Hilfe der technologischen Entwicklungen der letzten Jahre vermieden werden, so dass es mittlerweile möglich ist, die Funktionalität der Namensaktie mit der Fungibilität der Inhaberaktie zu vereinigen.[265] Die einfache Übertragung der Namensaktie wird heutzutage dadurch erreicht, dass das **Aktienregister** nicht physisch (bspw. in Papierform), sondern **virtuell als elektronische Datei geführt** wird.

Die Vorteile, die sich für die Aktiengesellschaft aus Namensaktien im Vergleich zu Inhaberaktien ergeben, beruhen vor allem auf der **elektronischen Verfügbarkeit der Daten**. So können die Daten aus dem Aktionärsregister mit einem vergleichsweise geringen Aufwand dazu benutzt werden, direkt mit den Aktionären in Kontakt zu treten und ihnen per Post oder

---

[257] Vgl. § 68 Abs. 1, Abs. 3 und Abs. 4 AktG sowie § 67 Abs. 1 AktG.
[258] Vgl. § 67 Abs. 2 AktG.
[259] Vgl. § 135 Abs. 1 AktG.
[260] Vgl. § 135 Abs. 6 Satz 1 AktG.
[261] Vgl. § 67 Abs. 2 AktG.
[262] Neben der vertraglichen Vereinbarung ergibt sich eine Weisungsgebundenheit des Kreditinstituts auch aus den §§ 128 Abs. 2, 135 Abs. 4 i.V.m. 135 Abs. 5 AktG.
[263] Vgl. § 29 Abs. 2 Satz 3 KWG.
[264] Vgl. § 29 Abs. 2 Satz 4 KWG.
[265] Vgl. *Noack, Ulrich*: Die Namensaktie – Dornröschen erwacht. In: Der Betrieb 1999, S. 1306.

D. Rechtsformimmanente Eigenkapitalbeschaffung emissionsfähiger Unternehmen 85

per E-Mail Informationen zu Hauptversammlungen oder Kapitalmaßnahmen zuzusenden.[266] Außerdem ist eine Analyse der Aktionärsstruktur möglich. Würden neben den gesetzlich vorgeschriebenen Daten[267] weitere die Aktionäre betreffende Informationen erfasst, so wäre zudem eine Auswertung der Aktionärsstruktur nach Kriterien wie bspw. Alter, Nationalität oder Geschlecht denkbar.[268] Sogar die Handelsgewohnheiten der Aktionäre (durchschnittliche Haltedauer, Ordervolumen, Häufigkeit von An- und Verkauf) könnten von der Gesellschaft – sofern die entsprechenden Daten verfügbar sind – analysiert werden.

Dadurch, dass der Gesellschaft zeitnahe Informationen über die Höhe des Beteiligungskapitals der einzelnen Aktionäre zur Verfügung stehen, ist es eher möglich, „feindliche" Übernahmen[269] zu erkennen, so dass entsprechende Abwehrmaßnahmen früher ergriffen werden können.[270] Schließlich sind Namensaktien auch erforderlich, wenn sich eine Gesellschaft direkt, also ohne die Verwendung sog. American Depository Receipts (ADR),[271] an US-amerikanischen Börsen notieren lassen möchte. Hierdurch werden auch Unternehmensübernahmen in den USA für die Gesellschaft einfacher, da sie anstelle von Bargeld ihre eigenen Aktien als „Tauschwährung" einsetzen kann.[272]

Den genannten Vorteilen für die Aktiengesellschaft ist es zuzuschreiben, dass die Namensaktie in Deutschland eine Renaissance erlebt[273] und immer mehr Aktiengesellschaften auf Namensaktien umstellen.[274] Allerdings dürften die der Gesellschaft zur Verfügung stehenden Aktionärsdaten bei manchen Aktionären Bedenken auslösen – nicht nur wegen der umfangreichen Analysemöglichkeiten, die sich der Gesellschaft eröffnen, sondern vielmehr auch, weil der Aktionär nicht weiß, was mit seinen Daten geschieht. So besteht die Gefahr, dass sich die Gesellschaft die Daten im Rahmen ihrer Marketingaktivitäten zunutze macht und den Kunden mit ihren Verkaufsmaßnahmen gezielt anspricht. Noch bedenklicher wäre es, wenn Aktionärsdaten an Adressenhändler verkauft würden. Wäre externen Personenkreisen der Zugang zu den Aktionärsdaten möglich und könnten sich diese die Aktienregister mehrerer Gesellschaften beschaffen, so würde durch die Konsolidierung der über einen

---

[266] Bei Inhaberaktien ist der Umweg über die Gesellschaftsblätter sowie die Depotbanken erforderlich.

[267] Gemäß § 67 Abs. 1 Satz 1 AktG sind Namensaktien unabhängig von einer Verbriefung unter Angabe des Namens, des Geburtsdatums und der Adresse des Aktionärs in das Aktienregister der Gesellschaft einzutragen.

[268] Weitere Beispiele nennt *Noack, Ulrich*: Die Namensaktie – Dornröschen erwacht. In: Der Betrieb 1999, S. 1306–1307.

[269] Vgl. den **Fünften Abschnitt, Kapitel D.I.3.c)**.

[270] Allerdings besteht bei börsennotierten Gesellschaften die Vorschrift, dass der Aktionär bei Über- bzw. Unterschreiten gewisser Stimmrechtsquoten die Gesellschaft unverzüglich (spätestens innerhalb von vier Handelstagen) hierüber informieren muss (vgl. § 21 Abs. 1 WpHG).

[271] Dabei handelt es sich um US-amerikanische Hinterlegungszertifikate, die eine bestimmte Stückzahl von hinterlegten ausländischen Originalaktien verkörpern. An der Börse werden dann nicht die Aktien, sondern die Hinterlegungszertifikate (ADR) gehandelt.

[272] Vgl. *Deutsche Börse AG (Hrsg.)*: Unterwegs zur Weltaktie. In: vision + money 1999, Heft 4, S. 11.

[273] Vgl. dazu die verschiedenen Beiträge in *Rosen, Rüdiger von/Seifert, Werner G. (Hrsg.)*: Die Namensaktie. Schriften zum Kapitalmarkt. Band 3, Frankfurt a. M. 2000.

[274] So waren im Mai 2015 unter den 30 im DAX notierten Unternehmen 15 Gesellschaften mit Namensaktien vertreten.

einzelnen Anteilseigner vorliegenden Informationen in der Tat der „gläserne Aktionär" entstehen. Der Gesetzgeber sollte daher durch entsprechende Regelungen dem Missbrauch von Aktionärsdaten entgegenwirken.

ac) Vinkulierte Namensaktien

Vinkulierte Namensaktien gehören ebenfalls zu den (geborenen) **Orderpapieren**. Im Vergleich zu einer „normalen" Namensaktie ist ihre **Übertragung** allerdings **an die Zustimmung der Gesellschaft gebunden**.[275] Diese Zustimmung erteilt der Vorstand, sofern in der Satzung nicht festgelegt worden ist, dass stattdessen der Aufsichtsrat oder die Hauptversammlung über die Erteilung der Zustimmung beschließt.[276] Die Satzung kann zudem „die Gründe bestimmen, aus denen die Zustimmung verweigert werden darf"[277].

Durch die Ausgabe vinkulierter Namensaktien versucht man zu verhindern, dass Aktien an **unerwünschte Aktionäre** verkauft werden, dass also beispielsweise

- die **Aktien** von Familienaktiengesellschaften **an Nichtfamilienmitglieder** gelangen,
- eine „Überfremdung" durch ausländische Kapitalanleger erfolgt,
- Aktien, die noch nicht voll eingezahlt sind, von **weniger vermögenden Aktionären** erworben werden, wodurch eine noch zu leistende Resteinzahlung gefährdet würde, oder
- Aktionäre von **Nebenleistungsgesellschaften**, deren Aktionäre berechtigt oder verpflichtet sind, außer den Einlagen gewisse ständig wiederkehrende und nicht in Geld bestehende Leistungen zu erbringen (z. B. eine bestimmte Menge Zuckerrüben für eine Zuckerrübenraffinerie zu liefern), entweder dieses Recht ohne Zustimmung der Gesellschaft an Dritte übertragen oder sich von ihrer Verpflichtung durch Verkauf der Aktien lösen, was der Gesellschaft u. U. die Erfüllung des Gesellschaftszwecks erschwert oder gar unmöglich macht.

Heutzutage führt die Vinkulierung von Namensaktien aufgrund standardisierter Abläufe zu keinerlei Verzögerungen bei der Eintragung in das Aktienregister und schränkt auch die Börsenhandelsfähigkeit nicht ein. Alle Namensaktien, also auch die vinkulierten Namensaktien, können ebenso wie Inhaberaktien über ein elektronisches Abwicklungssystem (Girosammelverwahrung) übertragen werden.

b) Einteilung der Aktien nach dem Umfang und der Qualität der Mitgliedschaftsrechte

ba) Stammaktien

Für **Stammaktien**, die ihrem Inhaber **sämtliche** im Aktiengesetz **für den Normalfall vorgesehenen Rechte** gewähren, gilt das Prinzip der Gleichberechtigung der Aktionäre hinsichtlich der ihnen eingeräumten Rechte, d. h., die Rechte der Aktionäre richten sich grund-

---

[275] Vgl. § 68 Abs. 2 Satz 1 AktG.
[276] Vgl. § 68 Abs. 2 Satz 2 und Satz 3 AktG.
[277] § 68 Abs. 2 Satz 4 AktG.

D. Rechtsformimmanente Eigenkapitalbeschaffung emissionsfähiger Unternehmen 87

sätzlich nach der Höhe des Aktiennennbetrages, über den sie jeweils verfügen, bzw. nach der Zahl der von ihnen gehaltenen Aktien.

Dieser **Normaltyp der Aktie** räumt dem Aktionär folgende **Mitgliedschaftsrechte** ein, die nicht eingeschränkt werden dürfen:[278]

- **Vermögensrechte**
    - das Dividendenrecht (Recht auf einen Anteil am Bilanzgewinn),
    - das Recht auf einen Anteil am Liquidationserlös,
    - das Bezugsrecht;

- **Verwaltungsrechte**
    - das Stimmrecht,
    - das Auskunfts- bzw. Informationsrecht,
    - das Kontrollrecht.

Aus dem **Recht auf einen Anteil am Bilanzgewinn** ergibt sich für den einzelnen Aktionär neben der Aussicht auf mögliche Kursgewinne seiner Anteilsrechte die Chance der laufenden Einkommenserzielung, da er gemäß seiner Beteiligungsquote an den Ausschüttungen (Dividenden) der Aktiengesellschaft beteiligt ist. Dieser Anspruch ist allerdings auf zweifache Weise eingeschränkt. Erst wenn andere Kapitalgeber (Gläubiger, Vorzugsaktionäre) ihre Ansprüche befriedigt sehen, kann der Stammaktionär seinen Ausschüttungsanspruch geltend machen **(Residualanspruch)**. Außerdem beschränkt sich der Anspruch des Aktionärs auf den Bilanzgewinn.[279] Dieser Bilanzgewinn wird aber bestimmt durch die Rechnungslegungsvorschriften, durch die Ausübung der Bilanzansatz- und Bewertungswahlrechte, durch gesetzliche Bestimmungen und Satzungsbestimmungen hinsichtlich der Gewinnverwendung sowie durch Gewinnverwendungsbeschlüsse.

Auch beim **Recht auf einen Anteil am Liquidationserlös** handelt es sich um einen in § 271 AktG geregelten **Residualanspruch**, da zunächst stets die Ansprüche der Gläubiger und je nach Art der gewährten Vorzüge auch die Ansprüche der Vorzugsaktionäre befriedigt werden müssen; demnach handelt es sich streng genommen um einen Liquidationsüberschuss.

Bei einer Kapitalerhöhung gegen Einlagen[280] bietet die Aktiengesellschaft „junge" Aktien zum Bezugskurs an. Aufgrund ihres **Bezugsrechts** haben die „Altaktionäre" die Möglichkeit, „junge" Aktien gemäß ihrer bisherigen Quote zu erwerben und damit ihre Beteiligungsquote zu erhalten.[281] Eine entsprechende Regelung besteht auch für die Kapitalerhöhung aus Gesellschaftsmitteln.[282]

---

[278] Vgl. dazu vertiefend *Drukarczyk, Jochen/Lobe, Sebastian*: Finanzierung. 11. Aufl., Konstanz/München 2015, S. 332–337.
[279] Vgl. §§ 57 Abs. 3, 58 Abs. 4 AktG.
[280] Vgl. §§ 182–191 AktG; ferner den **Fünften Abschnitt, Kapitel D.III.2.b)**.
[281] Vgl. § 186 Abs. 1 AktG; ferner den **Fünften Abschnitt, Kapitel D.III.2.ba)** und **Kapitel D.III.2.e)**.
[282] Vgl. § 212 AktG.

Zu den **Verwaltungsrechten** der Aktionäre zählen u. a.:

- die Teilnahme an der Hauptversammlung (§ 118 Abs. 1 AktG),
- das Recht auf Teilnahme an den in der Hauptversammlung gefassten Beschlüssen (§ 119 AktG), namentlich über
    - die Bestellung der Mitglieder des Aufsichtsrats,
    - die Verwendung des Bilanzgewinns,
    - die Entlastung der Mitglieder des Vorstandes und des Aufsichtsrats,
    - die Bestellung des Abschlussprüfers,
    - Satzungsänderungen,
    - Maßnahmen der Kapitalbeschaffung und der Kapitalherabsetzung,
    - die Auflösung der Gesellschaft,
    - Maßnahmen der Geschäftsführung (lediglich auf Verlangen des Vorstandes; § 119 Abs. 2 AktG),
- das Minderheitenrecht, die Einberufung der Hauptversammlung zu verlangen (§ 122 AktG),
- das Antragsrecht (§ 126 AktG),
- das Auskunftsrecht über Angelegenheiten der Gesellschaft (§§ 131, 132 AktG),
- das Recht auf Information über die Lage der Gesellschaft (§ 175 Abs. 2 AktG),
- das Stimmrecht (§§ 133–136 AktG) sowie
- das Anfechtungsrecht (z. B. § 245 AktG).

bb) Vorzugsaktien

Vorzugsaktien stellen Aktien einer besonderen Gattung dar. Im Verhältnis zu den Stammaktien gewähren sie den Aktionären **Vorteile hinsichtlich der eingeräumten Rechte**, insbesondere bei der Gewinnverteilung, der Ausübung des Stimmrechts oder der Verteilung des Liquidationserlöses **(absolute Vorzugsaktien)**. Sind diese Vorteile bei bestimmten Rechten mit einem Nachteil bei einem anderen Recht verbunden (z. B. stimmrechtslose Aktien mit höherer Dividende), so liegen **relative Vorzugsaktien** vor.[283]

Vorzugsaktien, die **Vorzüge hinsichtlich der Dividendenzahlungen** einräumen, werden aus verschiedenen Gründen ausgegeben:[284]

- Durchführung einer **Kapitalerhöhung gegen Einlagen** bei einem Börsenkurs der Stammaktien, der unter dem Nennbetrag bzw. unter dem auf die einzelne Stückaktie entfallenden anteiligen Betrag des Grundkapitals liegt. Die Einräumung von Vorzügen gegenüber den bereits im Umlauf befindlichen Stammaktien ist in einem solchen Fall not-

---

[283] Zur Problematik der Wandlung von Vorzugsaktien in Stammaktien vgl. *Olbrich, Michael/Rapp, David*: Die Wandlung von Vorzugsaktien in Stammaktien als Problem der Unternehmensbewertung. In: Die Wirtschaftsprüfung 2011, S. 474–484.

[284] Vgl. *Wöhe, Günter u. a.*: Grundzüge der Unternehmensfinanzierung. 11. Aufl., München 2013, S. 86–87.

D. Rechtsformimmanente Eigenkapitalbeschaffung emissionsfähiger Unternehmen 89

wendig, weil einerseits die Ausgabe von Stammaktien zu einem unter dem Nennbetrag (Nennbetragsaktien[285]) bzw. zu einem unter dem auf die einzelne Aktie entfallenden anteiligen Betrag des Grundkapitals (Stückaktie[286]) liegenden Ausgabekurs (sog. Unter-pari-Emission) nicht möglich ist[287] und andererseits neue Aktien, die den bereits im Umlauf befindlichen Stammaktien hinsichtlich der eingeräumten Rechte entsprechen, im hier unterstellten Fall zum in § 9 Abs. 1 AktG geforderten Betrag oder zu einem höheren Wert nicht abgesetzt werden können.

- Sollen im **Sanierungsfall** nach der Verrechnung des Verlustvortrags mit dem Grundkapital („Gezeichnetes Kapital") – dies hat ein Zusammenlegen oder „Herunterstempeln" der seitherigen Stammaktien zur Folge[288] – flüssige Mittel durch Alt- oder Neuaktionäre zugeführt werden, so muss angesichts der schlechten wirtschaftlichen Situation der Aktiengesellschaft ein Anreiz zur (zusätzlichen) Beteiligung geboten werden.

- Können die bisherigen Aktionäre das von der Aktiengesellschaft benötigte zusätzliche Eigenkapital nicht aufbringen, wollen sie aber ihre Anteilsquote (i. S. eines Stimmenanteils) erhalten, so können **stimmrechtslose Aktien** ausgegeben werden.[289] Dieser Nachteil hinsichtlich der Mitwirkungsrechte kann durch den wirtschaftlichen Vorteil eines erhöhten Dividendenanspruchs ausgeglichen werden. Der Ausschluss des Stimmrechtes für Vorzugsaktien ist aber nur möglich, wenn die Aktie mit einem **Dividendenvorteil** ausgestattet ist.[290] Vorzugsaktien ohne Stimmrecht dürfen allerdings höchstens bis zur Hälfte des Grundkapitals ausgegeben werden.[291]

Für die **Einräumung von Dividendenvorrechten** gibt es verschiedene **Ausgestaltungsmöglichkeiten**:[292]

- **Prioritätischer Dividendenanspruch in Verbindung mit einer Gleichverteilungsregel**

Wird an die Vorzugsaktionäre eine Vorzugsdividende gezahlt, bevor an die Stammaktionäre eine Dividende ausgeschüttet wird (**Vorabdividende**)[293], so muss für den nach der vertragsgemäßen Bedienung der Vorzugsaktionäre verbleibenden Teil des Bilanzgewinns eine Zuteilungsregelung getroffen werden. Wird letztlich eine **gleichmäßige Verteilung des gesamten Bilanzgewinns** auf Stamm- und Vorzugsaktionäre angestrebt, so muss nach der Bedienung der Vorzugsaktien aus dem verbleibenden Teil des Bilanzgewinns den Stammaktionären möglichst dieselbe Dividende zugeteilt werden. Ein danach noch verbleibender

---

[285] Vgl. den **Fünften Abschnitt, Kapitel D.II.2.ca)**.
[286] Vgl. den **Fünften Abschnitt, Kapitel D.II.2.cb)**.
[287] Vgl. § 9 Abs. 1 AktG.
[288] Vgl. den **Fünften Abschnitt, Kapitel D.IV.2.b)**.
[289] Vgl. § 12 Abs. 1 Satz 2 AktG.
[290] Vgl. § 139 Abs. 1 Satz 1 AktG.
[291] Vgl. § 139 Abs. 2 AktG.
[292] Vgl. *Wöhe, Günter u. a.*: Grundzüge der Unternehmensfinanzierung. 11. Aufl., München 2013, S. 87–91.
[293] Vgl. dazu § 139 Abs. 1 Satz 2 AktG. „Wenn die Satzung nichts anderes bestimmt, ist eine Vorabdividende nachzuzahlen" (§ 139 Abs. 1 Satz 3 AktG). In diesem Fall spricht man von einer **kumulativen Vorzugsaktie**.

Rest ist auf alle Aktien, also Stamm- und Vorzugsaktien, gleichmäßig zu verteilen. Ein Vorzug für die Vorzugsaktien ergibt sich also nur, wenn der Bilanzgewinn nicht ausreicht, auch den Stammaktionären die den Vorzugsaktionären zugesagte Dividende zu zahlen.

Im folgenden Beispiel (**Abbildung 27** und **Abbildung 28**[294]) wurde für die Vorzugsaktionäre eine Vorabdividende von 0,25 EUR pro Aktie vereinbart. Ein Vorteil für die Vorzugsaktien ergibt sich daher nur bis zu einer Gewinnausschüttung von 500.000 EUR.

Bilanzgewinn (Gewinnausschüttung) in EUR	Gewinnanteil in EUR je Aktiengattung		Dividende in EUR je Aktie	
	Vorzugsaktien (800.000 Stück)	Stammaktien (1.200.000 Stück)	Vorzugsaktien	Stammaktien
80.000	80.000	–	0,10	–
160.000	160.000	–	0,20	–
200.000	200.000	–	0,25	–
320.000	200.000	120.000	0,25	0,10
500.000	200.000	300.000	0,25	0,25
600.000	240.000	360.000	0,30	0,30
700.000	280.000	420.000	0,35	0,35

Abbildung 27: Beispiel für einen prioritätischen Dividendenanspruch in Verbindung mit einer Gleichverteilungsregel

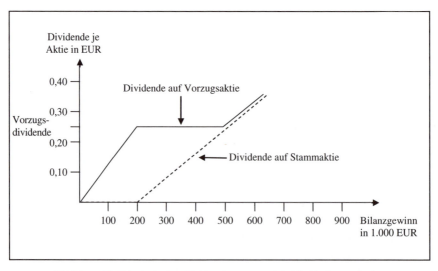

Abbildung 28: Prioritätischer Dividendenanspruch in Verbindung mit einer Gleichverteilungsregel

---

[294] Beide Abbildungen modifiziert entnommen aus *Wöhe, Günter u. a.*: Grundzüge der Unternehmensfinanzierung. 11. Aufl., München 2013, S. 88.

- **Prioritätischer Dividendenanspruch in Verbindung mit einer generellen Überdividende**

In diesem Fall erfolgt die **Verteilung des nach Bedienung der Vorzugsaktien noch verbleibenden Teils des Bilanzgewinns zu gleichen Teilen pro Stamm- bzw. Vorzugsaktie** (vgl. **Abbildung 29**[295]). Bei dieser Verteilungsregel können die Stammaktionäre den Ausschüttungsvorsprung der Vorzugsaktie nie aufholen. Bei einem ausreichenden Bilanzgewinn entfällt bei einem Prioritätsanspruch von bspw. 0,10 EUR je Aktie auf die Vorzugsaktie stets ein Dividendensatz, der um 0,10 EUR höher liegt als der der Stammaktie. Bei einer dergestalt ausgestalteten Vorzugsaktie liegt generell ein erhöhter Gewinnanteil, d. h. eine **Mehrdividende**[296], vor, sofern der Bilanzgewinn die vereinbarte Vorabdividende übersteigt.

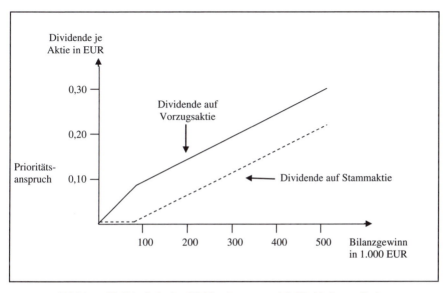

Abbildung 29: Prioritätischer Dividendenanspruch in Verbindung mit einer generellen Überdividende

- **Limitierte Vorzugsdividende**

Der zur Ausschüttung verfügbare Bilanzgewinn wird zunächst zur Leistung der **nach oben begrenzten Vorzugsdividende** verwendet (**maximaler Dividendenanspruch**). Der danach verbleibende Teil des Bilanzgewinns fällt ausschließlich den Stammaktien zu. Nur bei einer relativ schlechten Gewinnsituation kommt es daher bei dieser Verteilungsregel zu einem Vorteil für die Vorzugsaktionäre. Dieser Vorteil wächst mit einem steigenden Bilanzgewinn von 0 EUR bis zum maximalen Dividendenanspruch. Danach schrumpft der Vorteil zusammen, bis er sich schließlich zu einem Nachteil umkehrt. Dies ist ab einem Bilanzgewinn der Fall, der die Bezahlung des Vorzugsdividendensatzes auch an die Stammaktionäre erlaubt.

---

[295] Modifiziert entnommen aus *Wöhe, Günter u. a.*: Grundzüge der Unternehmensfinanzierung. 11. Aufl., München 2013, S. 89.
[296] Vgl. dazu § 139 Abs. 1 Satz 2 AktG.

In **Abbildung 30**[297] wird eine Vorzugsdividende von 0,30 EUR pro Aktie angenommen.

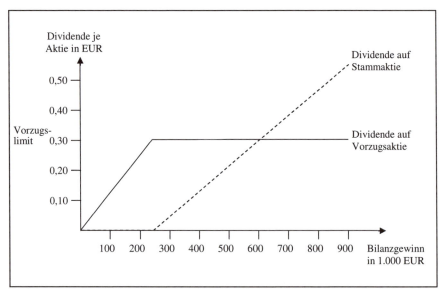

Abbildung 30: Limitierte Vorzugsdividende

- **Limitierte Vorzugsdividende mit Nachholung (kumulative Vorzugsdividende)**

Wird für den Fall, dass der Bilanzgewinn eines Geschäftsjahres die Bezahlung der vorab festgelegten Vorzugsdividende nicht oder nicht vollständig erlaubt, vereinbart, dass die unterbliebenen Dividendenzahlungen in einem der nächsten Geschäftsjahre, in dem der Bilanzgewinn dies zulässt, nachzuholen sind, so entstehen die Dividendenansprüche des Vorzugsaktionärs auch in Verlustjahren. Diese sich **kumulierenden Vorzugsdividenden** garantieren dem Vorzugsaktionär eine **Mindestverzinsung**, soweit in späteren Geschäftsjahren entsprechende Gewinne ausgewiesen werden. Dies bedeutet einen Schutz vor Ausfall der Ausschüttungen aufgrund stark schwankender Gewinne bzw. jahresabschlusspolitischer Maßnahmen des Managements. § 139 Abs. 1 Satz 3 AktG schreibt eine solche Nachzahlung vor, wenn Vorzugsaktien nicht mit dem Stimmrecht ausgestattet sind und in der Satzung nichts anderes bestimmt wurde. Auch bei den zuvor dargestellten Arten des prioritätischen Dividendenanspruchs besteht die Möglichkeit, eine derartige Nachholung unterbliebener Dividendenzahlungen an die Vorzugsaktionäre zu vereinbaren.

Nach § 140 Abs. 2 Satz 1 AktG lebt bei der Ausgabe von **Vorzugsaktien ohne Stimmrecht**, bei denen der Vorzug nachzuzahlen ist, das vertraglich ausgeschlossene Stimmrecht der Vorzugsaktionäre auf, wenn die Vorzugsdividende in einem Jahr nicht oder nicht vollständig gezahlt und der Rückstand im Folgejahr neben dem vollen Vorzug dieses Jahres nicht vollständig nachgeholt wird; das Stimmrecht bleibt bis zur Nachzahlung aller Rückstände bestehen. Bei Vorzugsaktien ohne Stimmrecht, bei denen der Vorzug nicht nachzuzahlen ist, lebt gemäß § 140 Abs. 2 Satz 2 AktG das Stimmrecht im Falle des (teilweisen)

---

[297] Modifiziert entnommen aus *Wöhe, Günter u. a.*: Grundzüge der Unternehmensfinanzierung. 11. Aufl., München 2013, S. 89.

D. Rechtsformimmanente Eigenkapitalbeschaffung emissionsfähiger Unternehmen 93

Ausfalls der Vorzugsdividende solange auf, bis die Vorzugsdividende in einem Jahr wieder vollständig gezahlt werden kann. Mit diesen Regelungen soll verhindert werden, dass Vorzugsaktionäre – aufgrund einer Vereinbarung – stimmrechtslos und zudem – aufgrund der wirtschaftlichen Situation der Gesellschaft – dividendenlos bleiben.

Bei den mit einem mehrfachen Stimmrecht ausgestatteten **Mehrstimmrechtsaktien** ist das Prinzip der Gleichberechtigung der Aktionäre hinsichtlich der Stimmrechte durchbrochen. Mehrstimmrechtsaktien können aber nur bei denjenigen Beschlussfassungen Bedeutung erlangen, die eine **einfache oder größere Stimmenmehrheit** erfordern, z. B. bei der Wahl und der Abberufung von Aufsichtsratsmitgliedern[298] sowie bei der Feststellung des Jahresabschlusses.[299] Bei mit einer Kapitalmehrheit zu fassenden Beschlüssen fallen die Mehrstimmrechtsaktien nicht ins Gewicht. Bei allen Beschlüssen, die den Bestand und die Grundlage der Gesellschaft betreffen (Satzungsänderungen wie bspw. Kapitalerhöhungen bzw. -herabsetzungen,[300] Auflösung der Gesellschaft u. Ä.[301]) verlangt das Aktiengesetz zusätzlich zur Mehrheit der abgegebenen Stimmen eine Mehrheit von drei Vierteln des bei der Beschlussfassung vertretenen Grundkapitals.

Mehrstimmrechtsaktien, mit denen sich trotz einer geringen Kapitaleinlage die Stimmenmehrheit sichern lässt, dürfen seit 1937 grundsätzlich nicht mehr ausgegeben werden.[302] Die vor 1937 ausgegebenen Mehrstimmrechtsaktien haben jedoch weiterhin Gültigkeit, soweit sie nicht durch Hauptversammlungsbeschlüsse beseitigt oder beschränkt worden sind. Die Beseitigung der Mehrstimmrechte kann von der Hauptversammlung mit einer Mehrheit, die mindestens die Hälfte des bei der Beschlussfassung vertretenen Grundkapitals umfasst, beschlossen werden; die Mehrheit der abgegebenen Stimmen ist dafür nicht erforderlich.[303] Sofern die Hauptversammlung nicht mit einer Mehrheit, die mindestens drei Viertel des bei der Beschlussfassung vertretenen Grundkapitals umfasst, die Fortgeltung der Mehrstimmrechte beschlossen hatte, sind diese mit Wirkung zum 1. Juni 2003 erloschen.[304]

Schließlich kann ein **Vorrecht für Vorzugsaktionäre** auch **bei der Verteilung des Liquidationserlöses** eingeräumt werden. Da Aktiengesellschaften aber in der Regel als Gesellschaften auf unbestimmte Zeit langfristig bestehen, ist die praktische Bedeutung eines solchen Vorrechts gering. Da zudem nur ein Vorzug gegenüber den Stammaktionären, nicht jedoch gegenüber den Gläubigern eingeräumt werden kann, ist auch der ökonomische Wert dieses Vorrechts nicht zu hoch anzusetzen.

---

[298] Vgl. §§ 101 Abs. 1, 103 Abs. 1 AktG.
[299] Vgl. § 58 Abs. 1 AktG.
[300] Zu möglichen davon abweichenden Satzungsbestimmungen vgl. § 182 Abs. 1 Satz 2 und Satz 3 AktG und § 222 Abs. 1 Satz 2 AktG.
[301] Vgl. §§ 179, 262 Abs. 1 Nr. 2.
[302] Vgl. § 12 Abs. 2 AktG.
[303] Vgl. § 5 Abs. 2 Satz 1 und Satz 2 EGAktG.
[304] Vgl. § 5 Abs. 1 Satz 1 EGAktG.

c) Einteilung der Aktien nach der Bestimmung der Anteilsquote

ca) Nennbetragsaktien (Nennwertaktien)

Die auf dem europäischen Kontinent überwiegende Aktienart lautet auf einen bestimmten festen Geldbetrag, den Nennbetrag (Nennwert). Die Summe der Nennbeträge aller ausgegebenen **Nennbetragsaktien (Nennwertaktien)** entspricht dem in der Satzung festgelegten Grundkapital.[305] Deswegen spricht man auch von **Summenaktien**. Damit ist bei einer zulässigen und durchaus auch üblichen Ausgabe der Aktien über dem Nennbetrag (Überpari-Emission) das gesamte Aufgeld (Agio) in eine andere Eigenkapitalposition, die **Kapitalrücklage**, einzustellen.[306] Die einzelne Nennbetragsaktie muss zudem einen Nennbetrag von mindestens einem EUR aufweisen;[307] höhere Aktiennennbeträge müssen auf volle EUR lauten.[308] Nennbetragsaktien, die über einen geringeren Nennbetrag als einen EUR lauten, sind nichtig.[309]

Die Rechte der Aktionäre entsprechen bei Nennbetragsaktien dem Anteil der von ihnen jeweils gehaltenen Aktiennennwerte im Verhältnis zu den gesamten Nennwerten (Grundkapital). Damit hat das in der Bilanz als Gezeichnetes Kapital ausgewiesene Grundkapital nicht nur die Aufgabe, das von den Eigentümern zu erbringende Mindestgründungskapital zu bestimmen.[310] Es hat auch die Aufgabe, die Anteilsquoten und damit den Umfang der Rechtspositionen der einzelnen Aktionäre zu bestimmen.

cb) Nennwertlose Aktien (Stückaktien)

Im Gegensatz zu den Nennbetragsaktien (Nennwertaktien) sind **nennwertlose Aktien** dadurch charakterisiert, dass bei ihnen auf die Angabe eines Nennwertes (Nennbetrages) auf der Aktienurkunde verzichtet wird. Wird anstelle eines Nennwertes der durch die einzelne Aktie repräsentierte Bruchteil der Beteiligung an dem Unternehmen – wie dies früher bei den Kuxen der bergrechtlichen Gewerkschaften der Fall war[311] – angegeben, so wird von **„Quotenaktien"** gesprochen.[312] Fehlt dagegen auf der Aktienurkunde auch die Angabe einer Quote und lauten die Aktien stattdessen lediglich auf eine bestimmte Stückzahl, so handelt es sich um **„Stückaktien"**.[313]

---

[305] § 1 Abs. 2 AktG: „Die Aktiengesellschaft hat ein in Aktien zerlegtes Grundkapital."
[306] Vgl. § 272 Abs. 2 HGB.
[307] Vgl. § 8 Abs. 2 Satz 1 AktG.
[308] Vgl. § 8 Abs. 2 Satz 4 AktG.
[309] Vgl. § 8 Abs. 2 Satz 2 AktG.
[310] Vgl. den **Fünften Abschnitt, Kapitel D.I.3.b)**.
[311] Vgl. *Bieg, Hartmut*: Betriebswirtschaftslehre 2: Finanzierung. Freiburg i. Br. 1991, S. 55.
[312] Vgl. *Kübler, Friedrich*: Aktien, Unternehmensfinanzierung und Kapitalmarkt. Köln 1989, S. 10. Da in diesem Fall die Summe der Bruchteile aller Aktien einer Gesellschaft den Wert Eins ergeben muss, lässt sich der Umfang der Rechte der einzelnen Aktionäre durch die Addition der jeweils von ihnen gehaltenen Bruchteile bestimmen.
[313] Vgl. *Jahr, Günther/Stützel, Wolfgang*: Aktien ohne Nennbetrag. Frankfurt a. M. 1963, S. 63.

D. Rechtsformimmanente Eigenkapitalbeschaffung emissionsfähiger Unternehmen 95

Jede dieser beiden Erscheinungsformen nennwertloser Aktien kann als „echte nennwertlose Aktie" oder als „unechte nennwertlose Aktie" ausgestaltet sein.[314] Während die Differenzierung zwischen Quotenaktien und Stückaktien auf dem jeweiligen Aufdruck auf der Aktienurkunde basiert, orientiert sich die Einteilung in echte und unechte nennwertlose Aktien daran, ob die Aktiengesellschaft ein Grundkapital hat oder nicht.[315] Die **echte nennwertlose Aktie** stellt einen Anteil an einer Aktiengesellschaft dar, der nicht über einen Nennbetrag lautet. Außerdem besitzt die Aktiengesellschaft bei dieser Ausgestaltungsform kein bilanziell ausgewiesenes Grundkapital. Im Gegensatz dazu hat eine Aktiengesellschaft mit **unechten nennwertlosen Aktien**, die ebenfalls nicht über einen Nennbetrag lauten, ein Grundkapital, das gemäß den gesetzlichen Bestimmungen in der Bilanz auszuweisen ist.[316]

In Deutschland sind neben den Nennbetragsaktien lediglich unechte nennwertlose Aktien in der Erscheinungsform von Stückaktien erlaubt,[317] wobei der Gesetzgeber diese spezielle Ausgestaltungsform im AktG ausschließlich als „Stückaktien" bezeichnet.

Dadurch, dass auch bei der Emission von Stückaktien[318] die Aktiengesellschaft über ein in Aktien zerlegtes Grundkapital verfügen muss und die meisten Vorschriften für Nennbetragsaktien auch für Stückaktien Geltung haben, ergeben sich nahezu keine Unterschiede zwischen Nennbetragsaktien und Stückaktien. So muss auch bei Stückaktien das Grundkapital der Aktiengesellschaft auf einen Nennbetrag in EUR lauten[319] und der Mindestnennbetrag des Grundkapitals muss 50.000 EUR betragen.[320]

Da die Stückaktien weder über einen Nennwert noch über eine bestimmte Quote lauten und insofern ein Maßstab für die Bestimmung des Umfangs der einem einzelnen Aktionär zustehenden Rechte sowie des Anteils, mit dem die einzelne Aktie am Grundkapital beteiligt ist, fehlt, hat der Gesetzgeber die dafür erforderlichen Vorschriften im AktG verankert. So bestimmt § 8 Abs. 3 Satz 2 AktG, dass die Stückaktien einer Aktiengesellschaft am Grundkapital des Unternehmens in jeweils gleichem Umfang beteiligt sind, so dass sich der Anteil am Grundkapital bei Stückaktien nach der Anzahl der Aktien bestimmt.[321] Da sowohl die Höhe des Grundkapitals als auch die Anzahl der Stückaktien einer Aktiengesellschaft bekannt sind, kann für die einzelnen Stückaktien ein **rechnerischer bzw. fiktiver Nennbetrag**

---

[314] Vgl. *Jahr, Günther/Stützel, Wolfgang*: Aktien ohne Nennbetrag. Frankfurt a. M. 1963, S. 14–15 und S. 68, die auch auf die Möglichkeit hinweisen, diese beiden Ausgestaltungsformen derart zu modifizieren, dass sich „echte nennwertlose Aktien unter Beibehaltung des Grundkapitals" ergeben, bei denen Aktienzahl und Grundkapital völlig unabhängig voneinander verändert werden können.

[315] Vgl. *Jahr, Günther/Stützel, Wolfgang*: Aktien ohne Nennbetrag. Frankfurt a. M. 1963, S. 68.

[316] Siehe hierzu § 152 Abs. 1 Satz 2 AktG sowie § 272 Abs. 1 HGB.

[317] Vgl. § 8 Abs. 1 AktG. Die Einführung echter nennwertloser Aktien war dem deutschen Gesetzgeber nicht möglich, da das europäische Recht für Aktiengesellschaften die Existenz eines Grundkapitals vorschreibt. Vgl. auch *Rohleder, Michael/Schulze, Nathalie*: Euro-Umstellung: Plädoyer für die Stückaktie. In: Die Bank 1998, S. 289.

[318] Bei sämtlichen Aktien einer Aktiengesellschaft darf es sich entweder nur um Nennbetragsaktien oder nur um Stückaktien handeln; eine Kombination von Nennbetragsaktien und Stückaktien ist nicht erlaubt (vgl. § 8 Abs. 1 AktG).

[319] Vgl. § 6 AktG.

[320] Vgl. § 7 AktG.

[321] Vgl. § 8 Abs. 4 AktG.

ermittelt werden, indem das Grundkapital durch die Anzahl der Stückaktien dividiert wird. Dieser „auf die einzelne Aktie entfallende anteilige Betrag des Grundkapitals darf einen Euro nicht unterschreiten."[322] Allerdings hat die Bestimmung, dass höhere Aktiennennbeträge auf volle EUR lauten müssen,[323] lediglich für Nennbetragsaktien Geltung, nicht jedoch für Stückaktien. Bei Letzteren kann der rechnerische Nennbetrag somit auch auf „krumme" EUR-Beträge lauten (bspw. 6,72 EUR), sofern der rechnerische Nennbetrag mindestens einen EUR beträgt.

Diese abweichende Regelung stellt den in der Praxis bedeutendsten Unterschied zwischen Nennbetragsaktien und Stückaktien dar, der vor allem im Zusammenhang mit der Umstellung des Gesellschaftskapitals von DM auf EUR von Relevanz war. Da der Umrechnungskurs zwischen DM und EUR in Art. 1 EuroUmrechV unwiderruflich auf die Relation 1 EUR = 1,95583 DM festgelegt wurde, hätte eine Umstellung der Aktiennennwerte und des Grundkapitals einer Aktiengesellschaft von DM auf EUR bei einer gleichzeitigen Rundung der Nennbeträge auf volle EUR in der Regel zu Abweichungen zwischen der Summe der Nennbeträge aller Aktien der Aktiengesellschaft und der Höhe des Grundkapitals geführt, wenn die Betragsglättung nicht durch Kapitalanpassungen (bspw. durch eine Kapitalerhöhung aus Gesellschaftsmitteln oder eine Kapitalherabsetzung) vorgenommen worden wäre. Um derartige Kapitalmaßnahmen zu vermeiden, hatte der Gesetzgeber mit der Zulassung von Stückaktien die Möglichkeit der Substitution von Nennbetragsaktien durch Stückaktien geschaffen. Da Stückaktien keinen Nennbetrag haben und ihr rechnerischer Nennbetrag nicht auf volle EUR lauten muss, waren Kapitalmaßnahmen bei der Umstellung des Grundkapitals einer Aktiengesellschaft von DM auf EUR dann entbehrlich, wenn gleichzeitig mit der Grundkapitalumstellung die Nennbetragsaktien durch Stückaktien ersetzt wurden.

Da sich bei Stückaktien der Nennbetrag rechnerisch ermitteln lässt, war es dem Gesetzgeber möglich, hieran anknüpfende Bestimmungen zu erlassen, die im Wesentlichen analog zu den für Nennbetragsaktien geltenden Vorschriften ausgestaltet sind. So ist auch bei Stückaktien die Unterpari-Emission nicht zulässig.[324] Dies bedeutet, dass der Emissionspreis der Stückaktien nicht unter dem rechnerischen Nennbetrag liegen darf. Höhere Emissionspreise sind allerdings zulässig,[325] wobei ein über den rechnerischen Nennbetrag hinausgehendes Agio in die Kapitalrücklage einzustellen ist.[326]

d) Eigene Aktien

Der **Erwerb eigener Aktien** stellt eine **Rückzahlung von Teilen des Eigenkapitals** dar. Aus Gründen des Gläubigerschutzes ist er deswegen bis auf bestimmte Ausnahmen (siehe § 71 AktG) gesetzlich verboten. Die meisten der in § 71 AktG vorgesehenen Ausnahmen (**Abbildung 31**[327] auf S. 97) setzen dabei voraus, dass die Aktiengesellschaft im Zeitpunkt

---

[322] § 8 Abs. 3 Satz 3 AktG.
[323] Vgl. § 8 Abs. 2 Satz 4 AktG.
[324] Vgl. § 9 Abs. 1 AktG.
[325] Vgl. § 9 Abs. 2 AktG.
[326] Vgl. § 272 Abs. 2 Nr. 1 HGB.
[327] Modifiziert entnommen aus *Bieg, Hartmut*: Betriebswirtschaftslehre 2: Finanzierung. Freiburg i.Br. 1991, S. 56.

D. Rechtsformimmanente Eigenkapitalbeschaffung emissionsfähiger Unternehmen 97

des Erwerbs eine Rücklage in Höhe der Aufwendungen für den Erwerb bilden könnte, ohne das Grundkapital oder eine nach Gesetz oder Satzung zu bildende Rücklage zu mindern, die nicht zur Zahlung an die Aktionäre verwandt werden darf.[328] Auf diese Weise wird sichergestellt, dass der Rückkauf der eigenen Anteile nur aus dem ausschüttungsfähigen Vermögen erfolgt.[329]

Ausnahmen vom Verbot des Erwerbs eigener Aktien (§ 71 AktG)

1. Der Erwerb ist notwendig, um einen schweren, unmittelbar bevorstehenden **Schaden** von der Gesellschaft **abzuwenden**.

2. Die Aktien sollen **Personen**, die im **Arbeitsverhältnis** zu der Gesellschaft oder einem mit ihr verbundenen Unternehmen stehen oder standen, zum Erwerb angeboten werden.

3. Der Erwerb geschieht, um **Aktionäre abzufinden**, wenn die Aktiengesellschaft z. B. einen Eingliederungs-, Beherrschungs- oder Verschmelzungsvertrag abgeschlossen hat.

4. Die Aktiengesellschaft erwirbt die Aktien **unentgeltlich** oder ein Kreditinstitut führt mit dem Erwerb eine **Einkaufskommission** aus.

5. Der Erwerb erfolgt im Rahmen einer **Gesamtrechtsnachfolge**.

6. Der Erwerb erfolgt aufgrund eines Beschlusses der Hauptversammlung zur **Einziehung** nach den Vorschriften über die **Herabsetzung des Grundkapitals**.

7. Der Erwerb erfolgt durch ein Kreditinstitut, Finanzdienstleistungsinstitut oder Finanzunternehmen aufgrund eines bestimmte Einschränkungen berücksichtigenden Hauptversammlungsbeschlusses zum Zwecke des **Wertpapierhandels**.

8. Der Erwerb erfolgt aufgrund einer bestimmte Einschränkungen enthaltenden, höchstens 5 Jahre geltenden **Ermächtigung der Hauptversammlung**. Nach Auslaufen der Ermächtigung ist ein Erwerb eigener Aktien nicht mehr möglich.

In den Fällen Nr. 1–3 sowie Nr. 7 und Nr. 8 dürfen die erworbenen Aktien zusammen mit dem Betrag anderer Aktien der Gesellschaft, die diese bereits erworben hat und noch besitzt, 10 % des Grundkapitals nicht übersteigen (§ 71 Abs. 2 Satz 1 AktG). Dieser Erwerb ist ferner nur zulässig, wenn die Gesellschaft im Zeitpunkt des Erwerbs eine Rücklage in Höhe der Aufwendungen für den Erwerb bilden könnte, ohne das Grundkapital oder eine nach Gesetz oder Satzung zu bildende Rücklage zu mindern, die nicht zur Zahlung an die Aktionäre verwandt werden darf (§ 71 Abs. 2 Satz 2 AktG).

In den Fällen Nr. 1, Nr. 2, Nr. 4, Nr. 7 und Nr. 8 ist der Erwerb nur zulässig, wenn auf die Aktien der Ausgabebetrag voll geleistet ist (§ 71 Abs. 2 Satz 3 AktG).

Abbildung 31: Ausnahmefälle vom Verbot des Erwerbs eigener Aktien (§ 71 AktG)

---

[328] Vgl. § 71 Abs. 2 Satz 2 AktG.
[329] Vgl. hierzu auch *Bieg, Hartmut/Sopp, Guido*: Der Gesetzesentwurf eines Bilanzrechtsmodernisierungsgesetzes (BilMoG) – Teil III. In: Der Steuerberater 2008, S. 283–284.

e) Vorratsaktien

Diese bei der Gründung einer Aktiengesellschaft oder im Rahmen einer bedingten Kapitalerhöhung neu geschaffenen, noch nicht in Umlauf gesetzten Aktien werden von Dritten (z. B. einem Kreditinstitut) für Rechnung der ausgebenden Gesellschaft gehalten. Der Übernehmer haftet für die volle Einlage, kann aber aus der Vorratsaktie keine Rechte geltend machen. Er hält sie zur Verfügung der Aktiengesellschaft, die sie zu einem günstigen Zeitpunkt verwenden kann (z. B. zur Kurspflege).

III. Kapitalerhöhung bei der Aktiengesellschaft

1. Begriff und Motive der Kapitalerhöhung

Eigentlich stellt jede Erweiterung der Eigen- oder Fremdkapitalbasis eines Unternehmens eine **Kapitalerhöhung** dar. In der betriebswirtschaftlichen Literatur wird aber meist lediglich die **Erhöhung von Eigenkapital durch Einbringung von außen**, also im Wege der Außenfinanzierung, als Kapitalerhöhung bezeichnet. Eine solche Zuführung zusätzlichen Eigenkapitals von außen ist beispielsweise aus den folgenden **Gründen** erforderlich:

- zur Vornahme größerer Umstellungen im Produktionsprogramm,
- zur Durchführung von Rationalisierungsmaßnahmen, insbesondere von Modernisierungsinvestitionen,
- zur Erweiterung der Unternehmenskapazität und/oder
- zum Eingehen von Beteiligungen an anderen Unternehmen.

In vielen Fällen ermöglicht eine Kapitalerhöhung durch die Einlage zusätzlicher Geld- oder Sachmittel erst die Aufnahme weiteren Fremdkapitals, führt sie doch zu einer Erhöhung der Haftungsbasis und damit auch zu einer Verbesserung der für Kreditaufnahmen notwendigen Kreditwürdigkeit (Bonität).[330]

2. Formen der aktienrechtlichen Kapitalerhöhung

a) Überblick

Das Aktiengesetz unterscheidet zwischen den folgenden Formen der Kapitalerhöhung,[331] wobei die Entscheidung für eine Kapitalerhöhung – da es sich bei ihr stets um eine Satzungsänderung handelt – immer von der Hauptversammlung – und zwar grundsätzlich mit einer Dreiviertelmehrheit des bei der Beschlussfassung vertretenen Grundkapitals – zu treffen ist:[332]

- Kapitalerhöhungen, die zu einer **Erweiterung der Eigenkapitalbasis** führen, d. h., dem Unternehmen werden im Wege der Beteiligungsfinanzierung **neue Geldmittel von außen** zugeführt. Hierzu zählen:

---

[330] Vgl. dazu auch den **Sechsten Abschnitt, Kapitel B.VII.**
[331] Vgl. §§ 182–220 AktG.
[332] Vgl. §§ 182, 193, 202, 207 AktG.

D. Rechtsformimmanente Eigenkapitalbeschaffung emissionsfähiger Unternehmen

- die **ordentliche Kapitalerhöhung**, d. h., die Ausgabe neuer („junger") Aktien gegen Einlagen **(Kapitalerhöhung gegen Einlagen)**,
- die **bedingte Kapitalerhöhung** sowie
- die **genehmigte Kapitalerhöhung (genehmigtes Kapital)**.

- **Kapitalerhöhungen aus Gesellschaftsmitteln (nominelle Kapitalerhöhungen)**, bei denen **Umschichtungen innerhalb des Eigenkapitals ohne die Zuführung zusätzlicher Mittel von außen** erfolgen. Unter betriebswirtschaftlichen Gesichtspunkten ist es hier allerdings nicht gerechtfertigt, von einer Kapitalerhöhung im eigentlichen Sinne zu sprechen, da nominelle Kapitalerhöhungen nur die Struktur des ausgewiesenen Eigenkapitals ändern, seine Höhe jedoch nicht beeinflussen.

b) Ordentliche Kapitalerhöhung

ba) Bezugsrecht

Bei der **ordentlichen Kapitalerhöhung** (Kapitalerhöhung gegen Einlagen)[333] werden zur Beschaffung zusätzlichen Eigenkapitals nach einem entsprechenden Hauptversammlungsbeschluss[334] neue („junge") Aktien ausgegeben. Sollen dabei die neuen Aktien zu einem über dem Nennbetrag bzw. über dem rechnerischen Nennbetrag[335] liegenden Emissionskurs ausgegeben werden, so ist der Mindestemissionskurs im Beschluss über die Grundkapitalerhöhung festzusetzen.[336] Der Beschluss über die Erhöhung des Grundkapitals und die Durchführung der Erhöhung des Grundkapitals sind zur Eintragung in das Handelsregister anzumelden;[337] mit der Eintragung der Durchführung der Erhöhung des Grundkapitals gilt das Grundkapital als erhöht.[338]

Bei einer ordentlichen Kapitalerhöhung steht jedem bisherigen Aktionär ein **grundsätzlich nicht entziehbares Bezugsrecht** auf den seiner seitherigen Beteiligungsquote am Grundkapital entsprechenden Teil der neuen Aktien zu.[339] Üben alle Aktionäre ihr Bezugsrecht innerhalb der mindestens zwei Wochen[340] betragenden Bezugsfrist in vollem Umfang aus, so wird ihre Beteiligungsquote gerade erhalten. Durch einen Beschluss der Hauptversammlung (grundsätzlich Dreiviertelmehrheit des vertretenen Grundkapitals) kann das Bezugsrecht jedoch ganz oder zum Teil ausgeschlossen werden.[341] Dabei unterscheidet man zwischen dem formellen und dem materiellen Ausschluss des Bezugsrechtes.

---

[333] Vgl. §§ 182–191 AktG.
[334] Vgl. § 182 Abs. 1 AktG.
[335] Vgl. dazu den **Fünften Abschnitt, Kapitel D.II.2.cb)**.
[336] Vgl. § 182 Abs. 3 AktG.
[337] Vgl. §§ 184, 188 AktG.
[338] Vgl. § 189 AktG.
[339] Vgl. § 186 Abs. 1 Satz 1 AktG.
[340] Vgl. § 186 Abs. 1 Satz 2 AktG.
[341] Vgl. § 186 Abs. 3 Satz 1 und Satz 2 AktG. Die Satzung der Aktiengesellschaft kann allerdings „eine größere Kapitalmehrheit und weitere Erfordernisse bestimmen"; § 186 Abs. 3 Satz 3 AktG.

Der **formelle Ausschluss des Bezugsrechts** dient ausschließlich der erleichterten Durchführung des Emissionsvorgangs. Um den liquiden Gegenwert der neuen Aktien sofort zur Verfügung zu haben, werden die jungen Aktien von der Aktiengesellschaft an eine Bank bzw. an ein Bankenkonsortium verkauft. Die Übernehmer verpflichten sich dabei, den Altaktionären die jungen Aktien gemäß ihrem Bezugsrecht anzubieten. Im Falle einer solchen **Fremdemission** erhalten die beteiligten Kreditinstitute – als Gegenleistung für die Vorfinanzierung der Kapitalerhöhung gegen Einlagen und die Durchführung der Aktienemission – eine **Übernahmeprovision**.

Bei Fusionen oder bei der Ausgabe von Belegschaftsaktien werden die jungen Aktien für die abzufindenden Minderheitsaktionäre der aufgenommenen Gesellschaft bzw. für Belegschaftsmitglieder benötigt. Das Bezugsrecht der Altaktionäre muss deswegen ausgeschlossen werden; die Folge dieses **materiellen Ausschlusses des Bezugsrechts** ist eine Veränderung der Beteiligungsquoten der Altaktionäre.[342] Da mit dem Ausschluss des Bezugsrechts ein wichtiges Mitgliedschaftsrecht der Altaktionäre eingeschränkt wird, kann ein entsprechender Hauptversammlungsbeschluss nur erfolgen, wenn die Ausschließung ausdrücklich und ordnungsgemäß in der Tagesordnung zur Hauptversammlung bekannt gemacht worden ist.[343] Zudem muss der Vorstand der Hauptversammlung einen schriftlichen Bericht über den Grund für den teilweisen oder vollständigen Ausschluss des Bezugsrechts vorlegen.[344] **Vermögensmäßige Nachteile** erleiden Altaktionäre bei einem Bezugsrechtsausschluss nur dann nicht, wenn die jungen Aktien zum Tageskurs ausgegeben werden. Dies ist bei dem der Hauptversammlung zu unterbreitenden Vorschlag, in dem der Ausgabebetrag zu begründen ist,[345] zu beachten. Unter bestimmten Voraussetzungen ist ein **erleichterter Bezugsrechtsausschluss** möglich.[346]

Die **Aufgaben des Bezugsrechts** sind:

- die Wahrung der bestehenden Beteiligungsverhältnisse sowie
- der Ausgleich der Vermögensnachteile der Altaktionäre.

Während der erste Gesichtspunkt (**Wahrung der bestehenden Beteiligungsverhältnisse**) bereits dargestellt wurde und ohne Weiteres einsichtig ist, muss der zweite Gesichtspunkt (**Ausgleich der Vermögensnachteile der Altaktionäre**) im Folgenden noch näher begründet werden. Die gesetzliche Untergrenze des Emissionskurses ist der (rechnerische) Nennbetrag der jungen Aktien;[347] die wirtschaftliche Untergrenze dürfte dagegen die Summe aus dem (rechnerischen) Nennbetrag und den anteiligen Emissionskosten sein. Eine rechtliche Obergrenze ist nicht gegeben;[348] wirtschaftlich dürfte allerdings der Kurs der Altaktien im Zeitpunkt der Durchführung der ordentlichen Kapitalerhöhung die Obergrenze darstellen,

---

[342] Vgl. *Wöhe, Günter u. a.*: Grundzüge der Unternehmensfinanzierung. 11. Aufl., München 2013, S. 113–115.
[343] Vgl. §§ 186 Abs. 4 Satz 1, 124 Abs. 1 AktG.
[344] Vgl. § 186 Abs. 4 Satz 2 Halbsatz 1 AktG.
[345] Vgl. § 186 Abs. 4 Satz 2 Halbsatz 2 AktG.
[346] Vgl. § 186 Abs. 3 Satz 4 AktG; vgl. hierzu den **Fünften Abschnitt, Kapitel D.III.2.bc)**.
[347] Vgl. § 9 Abs. 1 AktG.
[348] Vgl. § 9 Abs. 2 AktG.

D. Rechtsformimmanente Eigenkapitalbeschaffung emissionsfähiger Unternehmen

sofern sich die mit den alten und den jungen Aktien verbundenen Rechte nicht unterscheiden. Die richtige Wahl des Emissionskurses der jungen Aktien ist somit ein wichtiger Faktor für das Gelingen oder Scheitern einer ordentlichen Kapitalerhöhung.

Liegt der Ausgabekurs der jungen Aktien unter dem Börsenkurs der alten Aktien, so werden diejenigen Altaktionäre, die sich nicht an der ordentlichen Kapitalerhöhung beteiligen, einen Vermögensnachteil erleiden. Dies geschieht, weil sich nach der ordentlichen Kapitalerhöhung für die nun nicht mehr zu unterscheidenden alten und jungen Aktien ein **Mischkurs** einstellen wird, der unter dem Börsenkurs der alten Aktien und über dem Emissionskurs der neuen Aktien liegt. Während also der Erwerber einer jungen Aktie einen Kursgewinn in Höhe der Differenz zwischen dem neuen Mischkurs und dem Emissionskurs erzielt, erleidet der Altaktionär einen Kursverlust in Höhe der Differenz zwischen dem alten Börsenkurs und dem Mischkurs. Nur wenn der Inhaber der alten Aktien sämtliche ihm zustehende Bezugsrechte durch den Kauf junger Aktien ausübt, werden sich die Kursverluste bei den alten Aktien und die Kursgewinne bei den jungen Aktien kompensieren. Nimmt er dagegen nicht oder nicht in vollem Umfang an der ordentlichen Kapitalerhöhung teil, so soll ihm sein Kursverlust durch den vom neuen Aktionär zu zahlenden Wert des Bezugsrechts ausgeglichen werden; dieser Wert des Bezugsrechts soll auch den Kursgewinn des Inhabers der jungen Aktien ausgleichen.

Den vorstehend beschriebenen Zusammenhang verdeutlicht das folgende Beispiel (vgl. auch **Abbildung 32** bis **Abbildung 38** auf S. 104).[349]

Beispiel für eine ordentliche Kapitalerhöhung:

M   : Mischkurs
B   : Wert des Bezugsrechts
K_a : Kurs der alten Aktie (Tageskurs)
K_n : Emissionskurs der neuen Aktien
a   : Anzahl der alten Aktien
n   : Anzahl der neuen Aktien
a : n : Bezugsverhältnis

	(rechnerischer) Gesamtnennwert [EUR]	Anzahl der Aktien [Stück]	Kurs [EUR je Aktie]	Gesamt-kurswert [EUR]
bisheriges Grundkapital	5.000.000	a = 1.000.000	K_a = 40	40.000.000
Kapitalerhöhung	2.500.000	n = 500.000	K_n = 25	12.500.000
gesamtes Grundkapital	7.500.000	1.500.000	M = ?	52.500.000

Abbildung 32: Beispiel für eine ordentliche Kapitalerhöhung

---

[349] Modifiziert entnommen aus *Bieg, Hartmut*: Die Eigenkapitalbeschaffung emissionsfähiger Unternehmen. In: Der Steuerberater 1997, S. 155–156. Dieses Beispiel ist unabhängig davon gültig, ob das Grundkapital der AG in Nennbetragsaktien oder in Stückaktien zerlegt ist. Im ersten Fall wird vom Nennbetrag, im zweiten Fall vom rechnerischen Nennbetrag gesprochen.

Der Gesamtkurswert von 52,5 Mio. EUR entfällt nach der Durchführung der ordentlichen Kapitalerhöhung auf ein Grundkapital von 7,5 Mio. EUR.[350] Ohne weitere kursbeeinflussende Einwirkungen würde sich bei der ordentlichen Kapitalerhöhung (rechnerisch) ein Mischkurs ergeben, der auf folgende Weise zu berechnen ist (Variante 1):

$$\text{Mischkurs} = \frac{\text{Kurswert der alten Aktien} + \text{Kurswert der neuen Aktien}}{\text{Zahl der alten Aktien} + \text{Zahl der neuen Aktien}}$$

$$\text{Mischkurs} = \frac{a \cdot K_a + n \cdot K_n}{a + n}$$

$$\text{Mischkurs} = \frac{40.000.000 + 12.500.000}{1.000.000 + 500.000} = 35 \text{ EUR/Aktie}$$

Abbildung 33: Berechnung des Mischkurses bei der ordentlichen Kapitalerhöhung (Variante 1)

Danach beträgt im Beispiel der Gewinn durch Kurssteigerung pro junge Aktie 10 EUR (= 35 EUR – 25 EUR), der Verlust durch Kurssenkung pro alte Aktie 5 EUR (= 40 EUR – 35 EUR). Übt demnach ein Altaktionär bei dem im Beispiel unterstellten Bezugsverhältnis von 2 : 1 (a : n) sein Bezugsrecht aus, so verliert er an zwei alten Aktien je 5 EUR, an der neu übernommenen Aktie gewinnt er 10 EUR. Ein Vermögensnachteil bzw. -vorteil ergibt sich für ihn solange nicht, wie sich der Kurs nach der ordentlichen Kapitalerhöhung tatsächlich wie errechnet entwickelt.

Anleger, die keine alten Aktien besitzen, sich aber an der ordentlichen Kapitalerhöhung beteiligen wollen, müssen sich das Recht auf eine Teilnahme an der ordentlichen Kapitalerhöhung erwerben, indem sie einem Altaktionär, der nicht an der ordentlichen Kapitalerhöhung teilnehmen möchte oder kann, seine Bezugsrechte abkaufen. Der Altaktionär möchte dabei den zu erwartenden Kursverlust an seiner Altaktie durch den Kaufpreis des Bezugsrechts ausgeglichen bekommen. Der Erwerber des Bezugsrechts wird zu diesem Ausgleich bereit sein, da er aus dem Kauf der jungen Aktien einen Kursgewinn erwartet. Die folgende Formel zur Berechnung des Mischkurses bei der ordentlichen Kapitalerhöhung (Variante 2) verdeutlicht den sog. **Bezugsrechtsabschlag**.

$$M = K_a - B$$

Abbildung 34: Berechnung des Mischkurses bei der ordentlichen Kapitalerhöhung (Variante 2)

Beispiel:

Die Formel zur Ermittlung des **rechnerischen Werts des Bezugsrechts** lässt sich aus den vorstehenden Überlegungen wie folgt ableiten:

---

[350] Dies entspricht 1,5 Mio. Aktien mit einem (rechnerischen) Nennbetrag von 5 EUR je Aktie.

D. Rechtsformimmanente Eigenkapitalbeschaffung emissionsfähiger Unternehmen

$$M = K_a - B$$
$$\Leftrightarrow B = K_a - M$$
$$= K_a - \frac{a \cdot K_a + n \cdot K_n}{a+n} = \frac{K_a - K_n}{\frac{a}{n}+1}$$

Für das **Beispiel**:
$$B = \frac{40-25}{\frac{2}{1}+1} = \frac{15}{3} = 5 \text{ EUR/Bezugsrecht}$$

Abbildung 35: Formel zur Ermittlung des rechnerischen Werts des Bezugsrechts

Sofern neue Aktien für das Geschäftsjahr ihrer Ausgabe nicht voll dividendenberechtigt sind, führt dies in der Formel zur Berechnung des rechnerischen Werts des Bezugsrechts zu einer Modifikation. Der **Dividendennachteil der neuen Aktien** (DN) ist beim Emissionskurs der neuen Aktien als Agio (Aufpreis) zu berücksichtigen.

(1) $$B = \frac{K_a - (K_n + DN)}{\frac{a}{n}+1}$$

Berechnung des Dividendennachteils DN:

(2) $$DN = D \cdot \left[1 - \frac{DZ_n}{DZ_a}\right]$$

D = voraussichtliche Dividende
DZ_n = Dividendenberechtigungszeitraum der neuen Aktien (z. B. in Monaten)
DZ_a = Dividendenberechtigungszeitraum der alten Aktien (z. B. in Monaten)

Für das **Beispiel** bei einer erwarteten Dividende von 3 EUR je Aktie für das laufende Geschäftsjahr, für das die jungen Aktien nur zur Hälfte dividendenberechtigt sind:

$$DN = 3 \cdot (1 - \frac{6}{12}) = 3 \cdot 0,5 = 1,50 \text{ EUR pro neue Aktie}$$

Eingesetzt in (1):

$$B = \frac{40-(25+1,50)}{\frac{2}{1}+1} = \frac{13,50}{3} = 4,50 \text{ EUR/Bezugsrecht}$$

Abbildung 36: Rechnerischer Wert des Bezugsrechts bei Dividendennachteil

Das Vorliegen eines Dividendennachteils bei den neuen Aktien bleibt auch nicht ohne Auswirkungen auf die Berechnung des Mischkurses. Bis zur nächsten Dividendenausschüttung werden die alten und die neuen Aktien an der Börse getrennt gehandelt. Demzufolge ist auch zwischen einem Mischkurs für die alten Aktien und einem Mischkurs für die neuen

Aktien zu unterscheiden. Rein rechnerisch ist die Höhe des Unterschiedsbetrages zwischen beiden Mischkursen der Dividendennachteil der alten Aktien. Die Formel zur Berechnung des **Mischkurses der alten Aktien** (M_{alt}) ist **im Falle eines Dividendennachteils bei den neuen Aktien** wie folgt zu modifizieren:

$$M_{alt} = \frac{a \cdot K_a + n \cdot K_n + n \cdot DN}{a + n}$$

M_{alt} = Mischkurs der alten Aktien

Für das **Beispiel**:

$$M_{alt} = \frac{40.000.000 + 12.500.000 + 500.000 \cdot 1,50}{1.000.000 + 500.000} = \frac{53.250.000}{1.500.000} = 35,50 \text{ EUR/Aktie}$$

$$M_{alt} = K_a - B = 40 - 4,50 = 35,50 \text{ EUR/Aktie}$$

Abbildung 37: Formel zur Berechnung des Mischkurses bei den alten Aktien unter Berücksichtigung eines Dividendennachteils bei den neuen Aktien

Die Formel zur Berechnung des **Mischkurses der neuen Aktien** (M_{neu}) **bei Vorliegen eines Dividendennachteils bei den neuen Aktien** lautet wie folgt:

$$M_{neu} = M_{alt} - DN$$

M_{neu} = Mischkurs der neuen Aktien

Für das **Beispiel**:

$$M_{neu} = 35,50 - 1,50 = 34,00 \text{ EUR / Aktie}$$

Abbildung 38: Formel zur Berechnung des Mischkurses bei den neuen Aktien unter Berücksichtigung eines Dividendennachteils bei den neuen Aktien

Die vorstehend dargestellten mathematischen Zusammenhänge zeigen, welche Faktoren Einfluss auf den **Wert des Bezugsrechts** nehmen. Während das Verhältnis von alten und neuen Aktien durch den Umfang der ordentlichen Kapitalerhöhung vorgegeben ist, besteht zum Zeitpunkt der Festlegung des Emissionskurses der jungen Aktien über die Höhe des Kurses der Altaktien zum Emissionszeitpunkt Unsicherheit. Je höher – unter sonst gleichen Bedingungen – der Kurswert der alten Aktien im Emissionszeitpunkt ist, desto höher ist der Bezugsrechtswert.

Darüber hinaus entscheidet das Verhältnis zwischen dem Kurs der Altaktien und dem Emissionskurs über das Gelingen der ordentlichen Kapitalerhöhung. Die **Wahl eines günstigen Emissionszeitpunktes** in Bezug auf die am Aktienmarkt herrschende Situation und die **Bestimmung des Emissionskurses**, der nicht unter dem im Hauptversammlungsbeschluss genannten Mindestemissionskurs liegen darf, sind daher von großer Bedeutung für die

Durchführung der ordentlichen Kapitalerhöhung. Mithin stellt sich die Frage nach den verschiedenen Platzierungsmethoden zur Findung des Emissionskurses junger Aktien.

bb) Platzierungsmethoden

(1) Überblick

In Abhängigkeit von den für die Platzierung Verantwortlichen unterscheidet man zwischen der Eigen- und der Fremdemission (vgl. **Abbildung 39**). Die **Eigenemission** ist hierbei dadurch gekennzeichnet, dass das emittierende Unternehmen alle mit der Emission verbundenen Aufgaben selbst wahrnimmt. Das Unternehmen muss daher über das entsprechende Know-how und die notwendigen Verbindungen zu den potenziellen Anlegern verfügen. Die Eigenemission ist deshalb eher die Ausnahme. Die übliche Vorgehensweise zur Unterbringung der aus einer ordentlichen Kapitalerhöhung stammenden jungen Aktien am Markt ist die **Fremdemission** in Form der öffentlichen Platzierung, bei der das kapitalaufnehmende Unternehmen ein Kreditinstitut bzw. ein Konsortium von Kreditinstituten damit beauftragt, die Aktien einem breiten Anlegerpublikum anzubieten. Die Auflegung junger Aktien zur öffentlichen Zeichnung erfolgt dabei entweder nach dem Festpreisverfahren oder nach dem Bookbuildingverfahren.

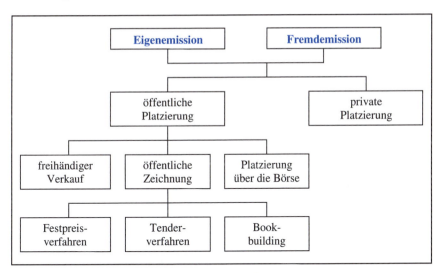

Abbildung 39: Platzierungsmethoden bei Wertpapieren

Bei den Platzierungsmethoden lassen sich die öffentliche und die private Platzierung von Wertpapieren unterscheiden. Bei der **öffentlichen Platzierung** werden die Wertpapiere einem breiten Anlegerpublikum angeboten, während bei der **privaten Platzierung** lediglich ein ausgewählter Anlegerkreis angesprochen wird. In der Regel werden die privat platzierten Wertpapiere nicht an der Börse gehandelt.

Wird bei der Auflegung zur **öffentlichen Zeichnung (Subskription)** ein **Festpreis** zugrunde gelegt, so können interessierte Anleger, die durch Zeichnungsprospekte informiert werden, innerhalb eines bestimmten Zeitraumes zu dem festgelegten Emissionskurs Papiere in dem von ihnen gewünschten Umfang zeichnen. Beim **Tenderverfahren** (Auktionsverfahren) – einer weiteren Variante der öffentlichen Zeichnung – wird der Emissionskurs vom Gebot der einzelnen zeichnenden Anleger bestimmt. Dieses Verfahren ähnelt einer Versteigerung der Wertpapiere. Das sog. **Bookbuildingverfahren** stellt eine Weiterentwicklung der Idee des Tenderverfahrens dar.[351]

Die Besonderheit des **freihändigen Verkaufs** im Rahmen einer öffentlichen Platzierung ist der sukzessive Verkauf der Wertpapiere an die Investoren. Durch dieses Verfahren passt sich der Verkaufskurs der jeweiligen Marktlage an. Die Zuteilung der Wertpapiere erfolgt in der Reihenfolge des Eingangs der Kaufaufträge. Der Verkauf kann dabei über ein eigenes Vertriebssystem erfolgen (z. B. am Bankschalter) oder aber – bei Zulassung des Wertpapiers zum Handel an der Börse – durch einen Verkauf an der Börse entsprechend der Nachfrage.[352] Der freihändige Verkauf eignet sich besonders zur Vornahme von Daueremissionen. Daher wird er vorwiegend von Realkreditinstituten zum Absatz ihrer Pfandbriefe genutzt.

Die **direkte Unterbringung** der zu emittierenden Wertpapiere **an der Börse** ist für eine Großemission nur noch von einer untergeordneten Bedeutung, da mit ihr erhebliche nicht abschätzbare Risiken (Kurssturz durch Überschwemmung des Marktes mit einer großen Anzahl von jungen Aktien; Unsicherheit, ob die nachgefragte Aktienmenge das Emissionsvolumen erreicht) verbunden sind. In der Regel werden heute nur noch die nach Durchführung anderer Platzierungsmethoden vorhandenen Restbestände von Wertpapieren direkt an der Börse platziert.[353]

Im Rahmen der Platzierung von Aktien bei einer ordentlichen Kapitalerhöhung kommen vor allem das Festpreisverfahren und das Bookbuildingverfahren zur Anwendung.

(2) Festpreisverfahren

- **Ablauf des Festpreisverfahrens und Bestimmung des Emissionskurses**

Beim **Festpreisverfahren** überträgt das kapitalsuchende Unternehmen einem Kreditinstitut alle im Rahmen der Aktienplatzierung anfallenden Aufgaben **(Verkaufsfunktion)**. Das Kreditinstitut garantiert darüber hinaus die Abnahme der Aktien zu dem vorher bestimmten festen Preis **(Garantiefunktion)**. Bei einem größeren Emissionsvolumen bilden mehrere Kreditinstitute zur Aufgabenteilung und zur Begrenzung des Emissionsrisikos ein Konsortium, in dem sich jedes einzelne Konsortialmitglied zur Übernahme einer bestimmten Quote der Gesamtemission verpflichtet.

Der Preis, zu dem die Aktien gezeichnet werden können, wird spätestens zu Beginn der Verkaufsfrist von dem emittierenden Unternehmen in Abstimmung mit dem (konsortialführenden) Kreditinstitut („Lead Manager") festgelegt **(Festpreis)**. Nur die Festlegung eines am

---

[351] Zu den Auktionsverfahren bei der Emission von Aktien vgl. auch *Baumeister, Alexander/Werkmeister, Clemens*: Auktionsverfahren für Aktienemissionen. In: Finanz Betrieb 2001, S. 44–49; *Baumeister, Alexander/Werkmeister, Clemens*: Aktuelle Entwicklungen bei Emissionsverfahren für Aktien. In: Wirtschaftswissenschaftliches Studium 2001, S. 225–228.

[352] Vgl. *Perridon, Louis/Steiner, Manfred/Rathgeber, Andreas W.*: Finanzwirtschaft der Unternehmung. 16. Aufl., München 2012, S. 408.

[353] Vgl. *Becker, Hans-Paul/Peppmeier, Arno*: Bankbetriebslehre. 10. Aufl., Herne 2015, S. 226.

Markt erzielbaren angemessenen Platzierungspreises kann dabei verhindern, dass die beteiligten Kreditinstitute auf dem übernommenen Bestand an Aktien „sitzen" bleiben. Grundlage der Bestimmung des Festpreises sollte deshalb in jedem Falle eine **Unternehmensanalyse und -bewertung** sein. Kommt es dennoch zu einer **Überzeichnung**, überschreiten also die eingegangenen Zeichnungen das Emissionsvolumen, so kann die Zuteilung nach dem Ermessen der die Emission durchführenden Konsortialbanken erfolgen. Für diese **Repartierung** gelten keine speziellen Regelungen, jedoch ist es häufig angebracht, die Zuteilung quotal vorzunehmen.[354] Auch eine chronologische Berücksichtigung der Zeichnungen ist denkbar, wird jedoch in der Regel abgelehnt.[355] In jedem Fall ergibt sich aber aus der Zeichnung kein Anspruch auf Zuteilung der gewünschten Wertpapiermenge, sondern lediglich die Verpflichtung, die gesamte gezeichnete Menge im Falle der Zuteilung abzunehmen.

- **Vor- und Nachteile des Festpreisverfahrens**

Das Festpreisverfahren hat für das kapitalsuchende Unternehmen den Vorteil, dass ihm durch die Garantiefunktion der beteiligten Kreditinstitute ein – aufgrund der Zahl der jungen Aktien und ihres Emissionskurses – von vornherein **festgelegter Mittelzufluss sicher** ist. Nachteilig wirkt sich allerdings aus, dass die vorhandene **Investorennachfrage zeitverzögert**, d. h. erst mit Beginn der Verkaufsfrist, **ermittelt** werden kann. Außerdem können **aktuelle Marktereignisse**, die sich möglicherweise entscheidend auf die Nachfrage und den Kurswert der Altaktie auswirken, wegen der vor der Platzierung liegenden Festlegung des Emissionskurses **nicht berücksichtigt** werden. Schließlich fließen die **konkreten Preisvorstellungen** der Investoren – wenn überhaupt – **nur indirekt** (häufig nur über Schätzungen) in die Preisfindung mit ein. Diese Aspekte können zu einer **Fehleinschätzung bei der Preisfestlegung** führen, die letztlich den Erfolg der Gesamtemission beeinträchtigen kann. Um diese Mängel und Gefahren zu beseitigen, wird seit einiger Zeit zunehmend das Bookbuildingverfahren für die Preisfestlegung der zu emittierenden Aktien angewendet.

(3) Bookbuildingverfahren

- **Ablauf des Bookbuildingverfahrens und Bestimmung des Emissionskurses**

Auch beim Bookbuildingverfahren beauftragt das emittierende Unternehmen ein Kreditinstitut oder ein Konsortium von Kreditinstituten mit der Platzierung der jungen Aktien. Anders als beim Festpreisverfahren sind hierbei jedoch **Verkaufs- und Garantiefunktion nicht so eng miteinander verbunden**, d. h. das beauftragte Kreditinstitut bzw. die beteiligten Konsortialmitglieder übernehmen zuallererst die Platzierungsleistung und garantieren erst in zweiter Linie die Abnahme der auszugebenden Aktien zu einem festgelegten (Mindest-)Preis. Dieser (Mindest-)Preis ist zudem niedriger als ein nach den Kriterien des Festpreisverfahrens bestimmter Preis. **Hauptaufgabe der Kreditinstitute** ist es damit nicht, den Zufluss an liquiden Mitteln selbst sicherzustellen, sondern die **Wertpapiere am Markt** unter Beachtung weiterer Zielvorgaben **unterzubringen**. Diese Funktionsauflösung zwischen Verkaufs- und Garantiefunktion spiegelt sich auch in der Provisionsverteilung wider.

---

[354] Vgl. *Bitz, Michael/Stark, Gunnar*: Finanzdienstleistungen. 9. Aufl., Berlin/München/Boston 2015, S. 129.

[355] Vgl. *Kollar, Axel*: Emission von Wertpapieren. In: Handwörterbuch des Bank- und Finanzwesens, hrsg. von *Wolfgang Gerke* und *Manfred Steiner*, 2. Aufl., Stuttgart 1995, Sp. 505.

Zwar erhalten die Konsortialmitglieder wie beim Festpreisverfahren eine **Garantieprovision** auf ihre jeweils übernommene Quote; die **Verkaufsprovision** fällt jedoch nur auf die tatsächlich erbrachte Platzierungsleistung an.[356]

Über diese Funktionsauflösung hinaus wird der Verkauf der Aktien beim Bookbuildingverfahren durch ein im Vergleich zum Festpreisverfahren gezielteres Marketing vorbereitet, so dass den Kreditinstituten als weitere Funktion eine **Marketingfunktion** zukommt. Das emittierende Unternehmen wird seine Wahl des konsortialführenden Kreditinstituts, des sog. **Federführers,** daher insbesondere danach treffen, welches Kreditinstitut ihm das beste Beratungs- und Platzierungskonzept vorlegt und ihm die qualifizierteste Marketing- und Durchführungsunterstützung zusagen kann.[357]

Hieran anknüpfend lassen sich beim Bookbuildingverfahren folgende fünf **Phasen** unterscheiden:[358]

(1) Pre-Marketing-Phase,

(2) Marketing-Phase,

(3) Order-Taking-Phase,

(4) Pricing- und Zuteilungs-Phase sowie

(5) Greenshoe-Phase.

Zu (1): Die erste Phase **(Pre-Marketing-Phase)** dient der **Vorbereitung der Emission**. Durch allgemeine Informationen über die beabsichtigte ordentliche Kapitalerhöhung soll der Kreis potenzieller Investoren angesprochen werden. Das federführende Kreditinstitut erstellt „Research-Berichte", in denen das spezifische Chancen-/Risikoprofil des emittierenden Unternehmens dargelegt wird. In einer „equity story" werden die Wettbewerbsposition, die Ziele, die Zukunftsstrategie und die Ertragserwartungen des emittierenden Unternehmens dargestellt. Denkbar ist auch die Vornahme von Unternehmenspräsentationen („roadshows"). In Gesprächen mit gezielt ausgewählten Investoren versucht man, Preisvorstellungen zu erfahren.[359] Die angesprochenen Investoren erhalten so einen Informationsvorsprung vor den übrigen Marktteilnehmern.

Ergebnis dieser ersten Phase ist die **Festlegung eines Preisrahmens** für die Ausgabe der jungen Aktien, der üblicherweise eine Bandbreite von 10 % bis 15 % des geplanten Emissionskurses umfasst.

Zu (2): Die zweite Phase **(Marketing-Phase)** beginnt mit der **Bekanntgabe des Preisrahmens für den Emissionspreis**. Dabei werden die **potenziellen Investoren** durch Unternehmenspräsentationen („road-shows") oder in Einzelgesprächen („one-on-one Meetings")

---

[356] Vgl. *Grundmann, Wolfgang*: Bookbuilding – ein neues Emissionsverfahren setzt sich durch. In: Zeitschrift für das gesamte Kreditwesen 1995, S. 917.
[357] Vgl. *Voigt, Hans-Werner*: Bookbuilding – der andere Weg zum Emissionskurs. In: Die Bank 1995, S. 340.
[358] Vgl. dazu ausführlich *Voigt, Hans-Werner*: Bookbuilding – der andere Weg zum Emissionskurs. In: Die Bank 1995, S. 340–341.
[359] Vgl. *Grundmann, Wolfgang*: Bookbuilding – ein neues Emissionsverfahren setzt sich durch. In: Zeitschrift für das gesamte Kreditwesen 1995, S. 916.

D. Rechtsformimmanente Eigenkapitalbeschaffung emissionsfähiger Unternehmen 109

gezielt angesprochen. Um überhaupt geeignete Investoren zu finden und die Gespräche dann erfolgreich führen zu können, muss sich das konsortialführende Kreditinstitut zunächst detaillierte Kenntnisse über die spezifischen Märkte der potenziellen Investoren beschaffen. Darüber hinaus muss es fundierte Hintergrundinformationen in den Beratungsgesprächen liefern können.

Der Schwerpunkt der gezielt angesprochenen Investoren liegt bei den **institutionellen Anlegern**. Private Anleger werden in der Regel durch die Anlageberater der Kreditinstitute über die bevorstehende Emission informiert. Generell kommt aber der Beratung auch dieses Kundenkreises im Rahmen des Bookbuildingverfahrens eine größere Rolle zu als beim Festpreisverfahren.[360]

Federführer wie Vorstand des emittierenden Unternehmens sind in der Marketing-Phase besonders gefordert. Der Vorstand wird aktiv in das Marketing mit einbezogen, indem er die Unternehmenspräsentationen unterstützt oder sogar selbst vornimmt. Dabei besteht die Gelegenheit zum Gedankenaustausch mit den potenziellen Investoren über die Entwicklungschancen des Unternehmens. Der Vorstand erhält so die Möglichkeit, den Meinungsbildungsprozess der Investoren gezielt, insbesondere im Hinblick auf den Emissionspreis, zu beeinflussen.[361]

In dieser Phase sollen feste Vorstellungen der (potenziellen) Investoren über den Emissionspreis und ihr nachgefragtes Investitionsvolumen entwickelt werden.

Zu (3): Die Marketing-Phase wird von der **Order-Taking-Phase** zeitlich weitgehend überlappt. Die einzelnen an der Emission beteiligten Kreditinstitute erfassen in der Order-Taking-Phase die **Zeichnung der Aktien durch die Investoren**, die wie beim Festpreisverfahren für die Zeichner bereits bindend ist. Das federführende Kreditinstitut ist über die erfolgten Zeichnungen fortlaufend zu informieren. Alle Zeichnungen werden von ihm in einem gemeinsamen **EDV-Orderbuch** gesammelt, von dem das Bookbuildingverfahren seinen Namen hat. Aufgrund dieser Erfassungsaufgabe wird der Federführer beim Bookbuildingverfahren auch „**Bookrunner**" genannt. Die **Zusammenfassung aller Orders** in einem gemeinsamen Buch **erhöht die Transparenz der Nachfrage** und **verhindert** außerdem nicht beabsichtigte **Doppelzeichnungen**.

Die Mitteilungen der Konsortialmitglieder an den Bookrunner erfolgen anhand eines **Orderformulars**, in dem ab einer bestimmten Ordergröße folgende **Angaben der institutionellen Anleger** erfasst werden:

- **Name und Nationalität des Investors**; die Namensnennung setzt allerdings das ausdrückliche Einverständnis des Investors voraus;
- **Preislimit innerhalb des angegebenen Preisrahmens**, um schließlich den geeignetsten Emissionspreis bestimmen zu können;

---

[360] Vgl. *Grundmann, Wolfgang*: Bookbuilding – ein neues Emissionsverfahren setzt sich durch. In: Zeitschrift für das gesamte Kreditwesen 1995, S. 917.

[361] Vgl. *Grundmann, Wolfgang*: Bookbuilding – ein neues Emissionsverfahren setzt sich durch. In: Zeitschrift für das gesamte Kreditwesen 1995, S. 916; *Voigt, Hans-Werner*: Bookbuilding – der andere Weg zum Emissionskurs. In: Die Bank 1995, S. 342.

- geplante **Zeichnungsgröße des Investors**, um die Höhe des insgesamt von den Investoren nachgefragten Emissionsvolumens bestimmen zu können;
- **Branche des Investors**, um die gewünschte Investorenstreuung zu erzielen;
- **Qualität des Investors**, d. h. seine geplante Haltedauer der Anteile. Voraussetzung ist allerdings, dass die Investoren bereit sind, Auskunft darüber zu geben, bzw. dass aus der Bedeutung der Anteile für den Investor darauf geschlossen werden kann. Die **Einstufung der Investoren in Qualitätsstufen** soll die Zuteilung nach den Platzierungsvorstellungen der emittierenden Unternehmen ermöglichen.

Die Angabe der genannten Daten ist notwendig, weil der Bookrunner (Federführer) mit ihrer Hilfe erkennen kann, „zu welchen Preisen welche Volumina bei welchen Investoren und in welchen Ländern und Regionen platzierbar sind"[362]. Seine Aufgabe ist es nämlich, nach Ablauf der Zeichnungsfrist die Zeichnungen der potenziellen Investoren auszuwerten, um den Emissionspreis endgültig festlegen und den von dem emittierenden Unternehmen gewünschten Investorenmix verwirklichen zu können. Die **privaten Anleger** werden mit ihren Preisvorstellungen und Zeichnungsgrößen **nur pauschal**, d. h. ohne Erfassung dieser Merkmale berücksichtigt.

Zu (4): Nach Abschluss der Order-Taking-Phase erfolgt in der **Pricing- und Zuteilungs-Phase** zunächst eine **Auswertung der gesammelten Daten**. Hierzu wird die Gesamtnachfrage nach verschiedenen Einzelkriterien (z. B. nach Investorenqualität, -typ und -land) aufgeschlüsselt. Daran schließt sich die **Bestimmung der Preissensitivität (-elastizität)** der Gesamtnachfrage sowie nach Investorentyp und nach Regionen an. Die Zusammenfassung der Analyse der einzelnen Merkmale, d. h. die Bestimmung, zu welchen Preisen welche Volumina bei welchen Investoren untergebracht werden können, führt nach Absprache mit dem emittierenden Unternehmen über die gewünschte Zusammensetzung der Investorengruppe **(Investorenmix)** zur Festlegung des Emissionspreises.

Die Zuteilung der Aktien erfolgt schließlich nach Vorgabe des federführenden Kreditinstituts durch die einzelnen Konsortialpartner an ihre Kunden, die gezeichnet haben („directed allocation"). Lediglich ein kleiner Teil der Gesamtemission steht jedem Kreditinstitut des Konsortiums zur freien Platzierung zur Verfügung („free retention"). Im Ergebnis kann dieser Verteilungsmodus dazu führen, dass zugunsten der gewünschten Investorenstreuung nicht immer die Meistbietenden voll befriedigt werden.

Zu (5): Zuletzt folgt die **Greenshoe-Phase**. Als Greenshoe[363] oder **Greenshoe-Option** wird die dem Konsortium eingeräumte Möglichkeit bezeichnet, über das ursprünglich angestrebte Emissionsvolumen hinaus **weitere Aktien des emittierenden Unternehmens** bei den Investoren zu Originalkonditionen **platzieren zu können**. Damit aber den Investoren das gesamte Emissionsvolumen zum Zeitpunkt der Emission zugeteilt werden kann, muss das Konsortium zum Zeitpunkt der Platzierung der Aktien über die erforderliche Anzahl an

---

[362] *Voigt, Hans-Werner*: Bookbuilding – der andere Weg zum Emissionskurs. In: Die Bank 1995, S. 341.

[363] Die Bezeichnung „Greenshoe" wurde aus dem Namen der Greenshoe Manufacturing Inc. abgeleitet, da im Rahmen der Platzierung der Aktien dieser Gesellschaft zum ersten Mal von der Möglichkeit der Mehrzuteilung Gebrauch gemacht wurde.

Aktien (ursprünglich angestrebtes Emissionsvolumen zzgl. der Mehrzuteilung) verfügen. Da dem Konsortium allerdings lediglich das ursprünglich angestrebte Emissionsvolumen zur Verfügung gestellt wird, muss es sich die für die Mehrzuteilung bestimmten Aktien auf einem anderen Wege besorgen. Hierfür stehen ihm verschiedene Möglichkeiten offen.

Denkbar ist beispielsweise, dass das Konsortium die **Mehrzuteilung aus eigenen Beständen** bedient. Dies setzt jedoch voraus, dass die Konsortialbanken bereits vor der Emission der neuen Aktien an der Aktiengesellschaft beteiligt waren. Daneben besteht die Möglichkeit, dass das **Konsortium mit institutionellen Großanlegern vereinbart, dass diese die von ihnen gezeichneten Aktien erst zu einem späteren Zeitpunkt erhalten**. Die auf diese Weise nicht zum Emissionszeitpunkt an die institutionellen Großanleger zu liefernden Aktien können dann zur Bedienung der Mehrzuteilung eingesetzt werden. Bei diesen beiden Möglichkeiten besteht die Gefahr, dass die Konsorten, die die Aktien aus dem Eigenbestand zur Verfügung gestellt haben, bzw. die Großanleger, die erst später bedient werden, auf starke Schwankungen des Aktienkurses nicht rechtzeitig reagieren können, da sie über die Aktien nicht mehr bzw. noch nicht verfügen.

Aus diesem Grund wird die Mehrzuteilung regelmäßig durch den **Abschluss eines Wertpapierleihvertrages** zwischen dem Konsortium und den Altaktionären bedient. Dabei leiht sich das Konsortium die benötigte Anzahl an Aktien von den Altaktionären und kann damit den Investoren das erhöhte Volumen zuteilen. Für die Altaktionäre ergeben sich aus dem Verleih ihrer Aktien in der Regel nicht die bei den beiden anderen Möglichkeiten bestehenden Nachteile (Gefahr, nicht rechtzeitig auf ungünstige Kursentwicklungen reagieren zu können), da die Aktionäre gemäß den Börsenbestimmungen häufig dazu verpflichtet sind, ihre Aktien innerhalb eines bestimmten Zeitraums nach der Emission (z. B. 180 Tage) nicht zu veräußern. Sie können daher – unabhängig davon, ob sie ihre Aktien verleihen oder nicht – innerhalb dieses Zeitraums nicht auf ungünstige Kursentwicklungen reagieren.

Das Emissionskonsortium ist aufgrund des Wertpapierleihvertrages dazu verpflichtet, die entliehenen Aktien an die Altaktionäre zurückzugeben. Der das Emissionsvolumen übersteigende Betrag soll dabei aus dem Rückfluss jenes Teils der zugeteilten Aktien gedeckt werden, der sich erfahrungsgemäß aus dem sofortigen Verkauf der jungen Aktien durch die Investoren an der Börse ergibt. Dabei sind zwei Situationen zu unterscheiden. Ein hoher Rückfluss aufgrund des Verkaufs der jungen Aktien durch die Investoren führt zu einem Sinken des Börsenkurses. In diesem Fall können die Konsortialbanken die Aktien billiger an der Börse erwerben und damit ihre Lieferverpflichtung aus dem Wertpapierleihvertrag begleichen. Außerdem erhöht der Rückkauf der Aktien durch die Konsortialmitglieder die Nachfrage. Es kommt somit zu einer Kursstützung. Steigt jedoch der Börsenpreis der emittierten Aktien, so müssten die Konsortialbanken zur Bedienung des Wertpapierleihvertrages die Aktien zu einem über dem Emissionspreis liegenden Kurs an der Börse erwerben. Die Konsortialbanken werden sich gegen diese Gefahr dadurch absichern, dass sie sich das Recht einräumen lassen, eine entsprechende Anzahl an Aktien von den Altaktionären zu erwerben oder die im Rahmen einer weiteren Kapitalerhöhung geschaffenen Aktien zu übernehmen, wobei der Preis für die Aktien jeweils dem Emissionspreis entspricht. Während sich die Anzahl der Aktien beim Bezug der Aktien von den Altaktionären nicht ändert, ist mit der Kapitalerhöhung eine Erhöhung der Aktienzahl der emittierenden Gesellschaft verbunden.

- **Vor- und Nachteile des Bookbuildingverfahrens**

Durch die genaue Information über die interessierten Investoren und ihre Preisvorstellungen, die sie in der Zeichnung zum Ausdruck bringen, kann der **Emissionskurs beim Bookbuildingverfahren marktgerechter als beim Festpreisverfahren** bestimmt werden. Die explizite Einbindung der Investoren in die Preisfindung ermöglicht die **Erzielung eines** hinsichtlich der Zielvorstellungen des emittierenden Unternehmens **weitgehend optimalen Emissionserlöses**. Darüber hinaus kann aufgrund der Daten, die über die Investoren gesammelt werden, ein Zuteilungsmodus bestimmt werden, der zu einer **zielgruppenorientierten Allokation der Aktien** führt. Die Aktienplatzierung kann also qualitativ und quantitativ gezielt bei den Investoren mit den gewünschten Charakteristika erfolgen. Da man sich bei der Festlegung des Emissionskurses direkt an der Nachfrage orientiert sowie die Zuteilung der Aktien an der Qualität der Nachfrage ausrichtet und zudem das Greenshoe-Verfahren einsetzt, können die **Aktien nachhaltiger platziert** werden, d. h., es drängen wesentlich weniger Aktien direkt nach der Platzierung wieder auf den Markt. Dies schafft ein **positives Standing für das emittierende Unternehmen** und für das Konsortium.

Die Leistung des Konsortiums besteht in dem Verkauf der Aktien. Die beteiligten Banken werden deshalb beim Bookbuildingverfahren danach beurteilt, wie erfolgreich sie die Zielvorgaben ihrer Auftraggeberin, der emittierenden Gesellschaft, erfüllen. Dadurch entsteht ein Konkurrenzdruck unter den Kreditinstituten. Der zunehmende Wettbewerb kann sich zugunsten der emittierenden Unternehmen auswirken.

Das Bookbuilding hat allerdings auch einige Nachteile. Hier ist aus Sicht des kapitalsuchenden Unternehmens die bis zur endgültigen Festlegung des Emissionspreises bestehende **Unsicherheit über den erzielbaren Mittelzufluss** zu nennen. Durch die erst kurz vor der Zuteilung erfolgende Festlegung des Emissionspreises besteht für das emittierende Unternehmen zwar die Möglichkeit, an einer günstigen Marktentwicklung bis zum Ende des Bookbuildingverfahrens teilzunehmen. Bei einer ungünstigen Marktentwicklung erfolgt jedoch auch beim Bookbuildingverfahren – wie beim Festpreisverfahren – ein Zufluss in Höhe des garantierten Übernahmebetrages. Hier erweist sich aber die niedrigere Preisgarantie beim Bookbuildingverfahren als nachteilig für das emittierende Unternehmen.

Das aufgrund der umfangreichen Marketingarbeit, der zahlreichen Gespräche und der notwendigen Auswertungsmaßnahmen doch sehr aufwendige Bookbuildingverfahren erfordert ein relativ **hohes Mindestemissionsvolumen** (als Anhaltspunkt kann ein Volumen von 50 Mio. EUR genannt werden); für kleinere Kapitalerhöhungen kann das Bookbuildingverfahren demnach nicht rentabel durchgeführt werden.

Darüber hinaus werden an das emittierende Unternehmen weitere Anforderungen gestellt. Aufgrund der **großen Öffentlichkeitswirksamkeit** des Bookbuildingverfahrens und der zu verfolgenden Marketing-Strategie ist es noch mehr als beim Festpreisverfahren von Vorteil, wenn das emittierende Unternehmen sehr bekannt und in einer interessanten Branche tätig ist.

Die **Offenlegung der Namen der institutionellen Investoren** kann Schwierigkeiten bereiten. Viele Investoren werden nicht daran interessiert sein, die geforderten Daten und Informationen „nur" zum Zwecke des Kaufs von Anteilen zur Verfügung zu stellen.

Die **Zeichnungswünsche der privaten Investoren** werden beim Bookbuildingverfahren **nur pauschal beachtet**. Dies hat zwar den Vorteil, dass sie anonym bleiben können, doch im Zweifel werden ihre Zeichnungen zugunsten der institutionellen Anleger nicht berücksichtigt. Zudem bietet ihnen das Festpreisverfahren den Vorteil, aufgrund des von Anfang an feststehenden Emissionskurses den Umfang ihres Engagements von vornherein klar errechnen zu können. Beim Bookbuildingverfahren erweist es sich als Nachteil, dass die Privatanleger häufig nicht dazu bereit sind, ihr nachgefragtes Volumen in Abhängigkeit vom Preis zu definieren; es fehlt ihnen die Flexibilität der institutionellen Anleger.

Das Bookbuildingverfahren wird vor allem bei der gezielten **institutionellen Platzierung von größeren Aktienemissionen im In- und Ausland** angewendet. Das Verfahren sichert einen an der tatsächlichen Nachfrage orientierten Preis und kann zu einer nachhaltigeren und dauerhafteren Platzierung des Emissionsvolumens führen. Das Bookbuildingverfahren ist außerdem dazu geeignet, einen **fairen Ausgleich der gegenläufigen Interessen von emittierendem Unternehmen und Investoren** zu ermöglichen.[364] Von großem Vorteil für den Erfolg des Bookbuildingverfahrens ist es, bei der Emission das Bezugsrecht ausschließen zu können. Hierfür wurde das im Folgenden dargestellte erleichterte Verfahren des Bezugsrechtsausschlusses geschaffen.

bc) Erleichterter Bezugsrechtsausschluss nach § 186 Abs. 3 Satz 4 AktG

(1) Vorbemerkungen

Mit dem Gesetz für kleine Aktiengesellschaften und zur Deregulierung des Aktienrechts vom 02.08.1994[365] wurde börsennotierten Aktiengesellschaften durch die Einfügung des § 186 Abs. 3 Satz 4 AktG die Möglichkeit eingeräumt, bei Erfüllung bestimmter Voraussetzungen einen **erleichterten Bezugsrechtsausschluss** vorzunehmen.[366] Die dadurch erreichbare flexiblere Gestaltung des Instruments der ordentlichen Kapitalerhöhung soll nach dem Willen des Gesetzgebers dazu beitragen, die Finanzierung von Aktiengesellschaften durch die Aufnahme von Eigenkapital zu erleichtern, die Ausnutzung günstiger Kapitalmarktverhältnisse ohne große Vorlaufzeit und Kursschwankungsrisiken zu ermöglichen und die bis dahin in diesem Bereich bestehenden Wettbewerbs- und Standortnachteile deutscher Aktiengesellschaften zu verringern.[367] Das seitherige Verfahren der ordentlichen Kapitalerhöhung wurde nicht nur als zu schwerfällig für eine situationsbezogene flexible Unternehmensfinanzierung eingeschätzt. Es wurde auch als Nachteil angesehen, dass aufgrund der Unsicherheit der Börsenkursentwicklung bei der Festlegung des Emissionskurses Abschläge vom Börsenkurs notwendig sind, um bei einem Rückgang des Kursniveaus die

---

[364] Vgl. *Grundmann, Wolfgang*: Bookbuilding – ein neues Emissionsverfahren setzt sich durch. In: Zeitschrift für das gesamte Kreditwesen 1995, S. 916 sowie *Voigt, Hans-Werner*: Bookbuilding – der andere Weg zum Emissionskurs. In: Die Bank 1995, S. 343.

[365] Vgl. BGBl. I 1994, S. 1961.

[366] Zu den bisher schon bestehenden Möglichkeiten des **regulären Bezugsrechtsausschlusses** vgl. den **Fünften Abschnitt, Kapitel D.III.2.ba)**.

[367] Vgl. auch *Dilger, Eberhard*: Die kleine AG und die Neuregelung zum Bezugsrechtsausschluß. In: Die Bank 1994, S. 614.

114　　　*Fünfter Abschnitt: Außenfinanzierung durch Eigenkapital*

Emission nicht zu gefährden, wodurch sich die Höhe des bei der Emission erzielbaren Agios und damit die Höhe des Mittelzuflusses für die Unternehmen verringert.

Zwar bestand schon vor der Verabschiedung dieses Gesetzes die Möglichkeit, das Bezugsrecht auszuschließen.[368] Dieser auch weiterhin mögliche reguläre Bezugsrechtsausschluss war in der Vergangenheit aber aufgrund der strengen Voraussetzungen für Zwecke der Unternehmensfinanzierung nur von einer untergeordneten Bedeutung.[369] Wegen des erleichterten Bezugsrechtsausschlusses gemäß § 186 Abs. 3 Satz 4 AktG kann es allerdings zu einer Benachteiligung der Altaktionäre kommen. Um dies weitestgehend zu verhindern, sind sowohl materielle als auch formale Voraussetzungen zu erfüllen.

(2) Materielle Voraussetzungen

- **Barkapitalerhöhung**

Der erleichterte Bezugsrechtsausschluss ist nur bei einer **Zuführung von Barkapital** erlaubt. Diese Voraussetzung wird insofern als zielkonform angesehen, als gerade eine Barkapitalerhöhung in besonderem Maße der Unternehmensfinanzierung dient.

- **10 %-Grenze**

Die Vereinfachungsregelung darf nur angewendet werden, wenn die **Kapitalerhöhung 10 % des Grundkapitals nicht übersteigt**. Bei der Bestimmung des möglichen Kapitalerhöhungsbetrages ist auf den Nennbetrag des Grundkapitals im Zeitpunkt des Kapitalerhöhungsbeschlusses bzw. – beim genehmigten Kapital – auf den Zeitpunkt des Wirksamwerdens der Ermächtigung abzustellen. Diese Voraussetzung soll sicherstellen, dass die **Beteiligungsquote der einzelnen Altaktionäre** trotz des fehlenden Bezugsrechts in der Regel **nicht wesentlich beeinträchtigt** werden kann. Da im Normalfall der Zukauf von jungen Aktien an der Börse möglich ist, können Altaktionäre einerseits ihre Beteiligungsquote aufgrund des relativ niedrigen Kapitalerhöhungsbetrages mit einem verhältnismäßig geringen Kapitaleinsatz erhalten.[370] Andererseits verändert sich bei einem Kleinaktionär, der keine Aktien zukauft, seine Beteiligungsquote nur minimal. Allerdings ist die Häufigkeit der Durchführung von Kapitalerhöhungen mit einem erleichterten Bezugsrechtsausschluss nicht begrenzt bzw. ein zeitlicher Mindestabstand zwischen derartigen Maßnahmen nicht vorgeschrieben. Zumindest theoretisch kann es damit zu einer Benachteiligung von Altaktionären durch mehrere unmittelbar aufeinander folgende derartige Kapitalerhöhungen kommen.

- **Börsennotierung**

Der erleichterte Bezugsrechtsausschluss ist nur erlaubt, wenn eine **Börsennotierung der Aktien** im Regulierten Markt an einer inländischen Börse oder aber an einer ausländischen

---

[368] Vgl. *Lutter, Marcus*: Das neue „Gesetz für kleine Aktiengesellschaften und zur Deregulierung des Aktienrechts". In: Die Aktiengesellschaft 1994, S. 440.

[369] Vgl. § 186 Abs. 3 Sätze 1–3 AktG.

[370] Vgl. *Lutter, Marcus*: Das neue „Gesetz für kleine Aktiengesellschaften und zur Deregulierung des Aktienrechts". In: Die Aktiengesellschaft 1994, S. 441.

D. Rechtsformimmanente Eigenkapitalbeschaffung emissionsfähiger Unternehmen 115

Börse erfolgt.[371] Dies ergibt sich aus dem in § 186 Abs. 3 Satz 4 AktG verwendeten Begriff des Börsenpreises.[372]

- **Nicht wesentliche Unterschreitung des Börsenpreises durch den Ausgabebetrag**

Um die Voraussetzung einer nicht wesentlichen Unterschreitung des Börsenpreises durch den Ausgabebetrag konkretisieren zu können, müssen zunächst die in dieser Voraussetzung enthaltenen Begriffe Ausgabebetrag und Börsenpreis erläutert werden. Unter dem **Ausgabebetrag** i. S. d. Gesetzes ist der Ausgabekurs zu verstehen, zu dem die neuen Aktien an die Interessenten abgegeben werden.[373] Der **Börsenpreis** wiederum ist der Preis, der an der Börse für eine (alte) Aktie erzielt werden kann. Dieser Rückgriff auf den Börsenpreis als Maßstab für die Bestimmung des Ausgabebetrages schließt aus, dass die Börseneinführung eines Unternehmens (Going Public) mit Hilfe des erleichterten Bezugsrechtsausschlusses vorgenommen werden kann, denn beim Going Public kann kein Börsenpreis zur Orientierung herangezogen werden.

Durch die Vorschrift, dass der Ausgabekurs den Börsenpreis nicht wesentlich unterschreiten darf, soll sichergestellt werden, dass der von den Altaktionären gehaltene **Beteiligungswert nicht wesentlich „verwässert"** wird. Je geringer der zwischen diesen beiden Kursen bestehende Unterschied und je geringer der Umfang der Kapitalerhöhung im Verhältnis zum alten Grundkapital ist, desto näher ist der Mischkurs am Kurs der alten Aktie. Dem Wertverlust, den der Altaktionär bei den Altaktien erleidet, steht zwar eine Wertsteigerung bei den jungen Aktien gegenüber; wegen des Bezugsrechtsausschlusses gelangen diese Papiere jedoch nicht an die Altaktionäre, so dass diese an der Wertsteigerung auch nicht teilhaben können. Um den Wertverlust der Altaktionäre möglichst gering zu halten, ist es außerdem angebracht, den Ausgabebetrag so spät wie möglich festzulegen.

Ein geringer Kursabschlag ist jedoch notwendig, um das – aufgrund der kurzen Zeitspanne zwischen Festlegung des Ausgabebetrages und Platzierung der Aktien in der Regel zwar niedrig einzuschätzende, aber dennoch bestehende – Kursänderungsrisiko abzufedern und zudem den potenziellen Käufern einen gewissen Anreiz zu geben, junge Aktien zu erwerben. Der Rechtsausschuss des Deutschen Bundestages sieht dabei einen **Kursabschlag von 3 % bis maximal 5 %** als **nicht wesentlich** an.[374] Aus dieser Regelung ergibt sich demnach

---

[371] Bei im Ausland gehandelten Aktien muss allerdings sichergestellt sein, dass die Art des Zustandekommens des Börsenpreises an der ausländischen Börse der Preisermittlung im inländischen Amtlichen Handel bzw. am Geregelten Markt gleichwertig ist. Diese zusätzliche Voraussetzung wird in jedem Fall von Aktien, die an Börsen im EWR sowie an den US-amerikanischen Börsen gehandelt werden, erfüllt; vgl. *Marsch-Barner, Reinhard*: Die Erleichterung des Bezugsrechtsausschlusses nach § 186 Abs. 3 Satz 4 AktG. In: Die Aktiengesellschaft 1994, S. 533.

[372] Vgl. auch § 24 BörsG.

[373] Um den Unternehmen eine größtmögliche Kapitalschöpfung zu ermöglichen, sollte der Ausgabekurs allerdings erst so spät wie möglich festgelegt werden, d.h. nicht schon zum Zeitpunkt der Zeichnung der Aktien, sondern erst bei ihrer Platzierung; vgl. *Marsch-Barner, Reinhard*: Die Erleichterung des Bezugsrechtsausschlusses nach § 186 Abs. 3 Satz 4 AktG. In: Die Aktiengesellschaft 1994, S. 535–536.

[374] Vgl. *Rechtsausschuss des Deutschen Bundestages*: Beschlussempfehlung und Bericht des Rechtsausschusses (6. Ausschuss) zu dem Gesetzentwurf der Fraktionen CDU/CSU und F.D.P. – Drucksache 12/6721 – Entwurf eines Gesetzes für kleine Aktiengesellschaften und zur Deregulierung des Aktienrechts. In: BT-Drucksache 12/7848 vom 13.06.1994, S. 9.

grundsätzlich ein Vermögensschaden für die Altaktionäre. Allerdings wird durch diese Bestimmung die Ausgabe der jungen Aktien zu einem über dem Börsenpreis liegenden Ausgabebetrag nicht ausgeschlossen. Ein derartiger höherer Ausgabebetrag kann z. B. bei der Übernahme aller Jungaktien durch einen einzelnen Bewerber bei Zahlung eines Paketzuschlags oder im Rahmen der Sanierung des Unternehmens, wenn die Großaktionäre freiwillig ein höheres Agio zahlen, auftreten.

(3) Formale Voraussetzungen

- **Hauptversammlungsbeschluss**

Der reguläre Bezugsrechtsausschluss muss bei einer ordentlichen Kapitalerhöhung im Beschluss der Hauptversammlung über die Erhöhung des Grundkapitals enthalten sein.[375] Er ist nur gültig, wenn drei Viertel des bei der Beschlussfassung vertretenen Grundkapitals zustimmen.[376] Soll er im Rahmen des genehmigten Kapitals erfolgen, so kann die Entscheidung über den Bezugsrechtsausschluss auch auf den Vorstand übertragen werden.[377] Diese Regelungen gelten auch für den vereinfachten Bezugsrechtsausschluss nach § 186 Abs. 3 Satz 4 AktG.

- **Absprachen über die mit der Kapitalerhöhung angesprochenen potenziellen Aktionäre**

Die Hauptversammlung kann in ihrem Beschluss festlegen, dass die jungen Aktien z. B. möglichst breit gestreut an private und/oder institutionelle Anleger verkauft werden sollen. Damit werden Machtverschiebungen innerhalb der Altaktionäre verhindert,[378] denn viele neue Aktionäre haben jeweils allein nur eine geringe Macht.

Altaktionäre können aber auch im Voraus bestimmte **Festbezugserklärungen** abgeben. So können die Altaktionäre bereits im Vorfeld sicherstellen, dass sich ihre Position im Vergleich zur Situation vor der Kapitalerhöhung nicht verändert bzw. dass das Ergebnis dieser Festbezugserklärung dem der Erhöhung mit Bezugsrecht entspricht. Auf diese Weise lässt sich z. B. eine 10 %ige (steuerlich relevante) Schachtelbeteiligung wahren. Festbezugserklärungen können aber auch zur Erreichung einer bestimmten Beteiligungsquote abgegeben werden. Derartige Erklärungen sind jedoch nur erlaubt, wenn später vom Vorstand dargelegt wird, dass das vorrangige Ziel des Bezugsrechtsausschlusses nicht die Stärkung der Position dieser Aktionäre ist. Da dadurch die Möglichkeit der übrigen Altaktionäre beschnitten wird, ihre Beteiligungsquote über den Zukauf am Markt zu erhalten, sollten diese Festbezugserklärungen zum Schutz vor Anfechtungsklagen bereits im Hauptversammlungsbeschluss über den Bezugsrechtsausschluss enthalten sein.

---

[375] Vgl. § 186 Abs. 3 Satz 1 AktG.
[376] Vgl. § 186 Abs. 3 Satz 2 AktG.
[377] Vgl. § 203 Abs. 2 AktG i.V.m. § 186 Abs. 4 AktG.
[378] Vgl. *Marsch-Barner, Reinhard*: Die Erleichterung des Bezugsrechtsausschlusses nach § 186 Abs. 3 Satz 4 AktG. In: Die Aktiengesellschaft 1994, S. 538.

D. Rechtsformimmanente Eigenkapitalbeschaffung emissionsfähiger Unternehmen

- **Vorstandsbericht**

Wie beim regulären Bezugsrechtsausschluss muss der Vorstand auch beim erleichterten Bezugsrechtsausschluss einen **Bericht über den Grund des Ausschlusses der Bezugsrechte** vorlegen. Dieser Bericht unterliegt beim vereinfachten Bezugsrechtsausschluss allerdings geringeren Anforderungen als beim regulären Bezugsrechtsausschluss. Die wesentliche Erleichterung besteht darin, dass der Ausschluss sachlich nicht ausdrücklich gerechtfertigt werden muss; seine gesetzliche Zulässigkeit ergibt sich bereits aus § 186 Abs. 3 Satz 4 AktG. So genügt es, wenn der Vorstand in seinem Bericht darlegt und begründet, dass das Unternehmen zur Stärkung der Eigenkapitalbasis ein berechtigtes Interesse an der Kapitalerhöhung und an dem Bezugsrechtsausschluss hat.

Der Vorstandsbericht darf nicht als bloße Formalie angesehen werden, liefern doch die darin vorgenommenen Begründungen möglicherweise den Ansatzpunkt für eventuelle Anfechtungen bzw. Klagen von Aktionären wegen Benachteiligungen ihrer Interessen und daraus abgeleitet für Schadensersatzansprüche gegen den Vorstand aufgrund dieser Benachteiligungen. Daher muss dargelegt werden, dass der Ausgabekurs den Börsenkurs nicht wesentlich unterschreitet; außerdem muss der individuell gewählte Betrag der Kapitalerhöhung ausdrücklich und plausibel begründet werden, denn die 10 %-Grenze stellt lediglich eine Grenze dar, die nicht überschritten werden darf.[379]

(4) Abschließende Bemerkungen

Es ist nicht davon auszugehen, dass Unternehmen, die den erleichterten Bezugsrechtsausschluss vornehmen können, ihre Aktienemissionen vorwiegend oder gar ausschließlich auf diese Weise durchführen werden. Das gesetzliche Bezugsrecht stellt zwar einerseits einen wesentlichen Kostenfaktor bei der Emission von jungen Aktien dar, es sichert aber andererseits auch die Abnahme der Aktien auf dem etablierten Markt der Altaktionäre. Das **Bezugsrecht** stellt insofern **eine Vertriebserleichterung** dar bzw. es erfüllt **eine Art Abnahmegarantiefunktion**. Die Unternehmen werden daher in der Regel zweigleisig vorgehen. Sie werden größere Emissionen eher mit einer Bezugsrechtsausgabe vornehmen,[380] kleinere Emissionen hingegen flexibel bezugsrechtsfrei durchführen.[381]

Die Bezugsrechtserleichterung darf zudem **nicht rechtsmissbräuchlich** angewendet werden. Da bewusst in Kauf genommen wird, dass sich aufgrund wechselnder Beteiligungsquoten auch die Rechtspositionen der Aktionäre verschieben können, liegt ein Rechtsmissbrauch erst dann vor, wenn der Bezugsrechtsausschluss einzig mit dem Ziel einer derartigen Verschiebung durchgeführt wurde.[382] Diese Verschiebungen werden durch die Möglichkeit der Festzusagen zwar einerseits ermöglicht, können aber andererseits auch dadurch vermieden werden. Eine rechtsmissbräuchliche Anwendung des erleichterten Bezugsrechtsaus-

---

[379] Vgl. *Lutter, Marcus*: Das neue „Gesetz für kleine Aktiengesellschaften und zur Deregulierung des Aktienrechts". In: Die Aktiengesellschaft 1994, S. 443.

[380] Ein Ausschluss des Bezugsrechts wäre hier auch nur bis zu 10 % des Grundkapitals möglich.

[381] Vgl. *Marsch-Barner, Reinhard*: Die Erleichterung des Bezugsrechtsausschlusses nach § 186 Abs. 3 Satz 4 AktG. In: Die Aktiengesellschaft 1994, S. 535.

[382] Zu denken ist in diesem Zusammenhang eventuell auch an mehrmalige, in kurzen Zeiträumen unmittelbar aufeinander folgende Bezugsrechtsausschlüsse.

schlusses ist also anzunehmen, wenn dieser nur aufgrund des Ziels, bestimmten Aktionären aktienrechtlich relevante Anteile, also Minderheitenrechte bzw. Schlüsselpositionen (5 %, 10 %, 25 % + 1 Aktie, 50 %), zu gewähren oder zu entziehen, durchgeführt wurde. Aber auch der Ausschluss des Bezugsrechts mit dem alleinigen bzw. hauptsächlichen Ziel, eine drohende „feindliche" Übernahme zu verhindern, würde einen Rechtsmissbrauch der Vereinfachungsregelung darstellen.[383]

c) Bedingte Kapitalerhöhung

Bei der **bedingten Kapitalerhöhung** handelt es sich um eine **Sonderform der Kapitalerhöhung**. Die Hauptversammlung kann im Rahmen einer bedingten Kapitalerhöhung eine Erhöhung des Grundkapitals beschließen, die nur so weit durchgeführt werden soll, wie von einem **Umtausch- oder Bezugsrecht** Gebrauch gemacht wird, das die Gesellschaft hat oder auf die neuen Aktien (Bezugsaktien) einräumt.[384] Die bedingte Kapitalerhöhung[385] wird also erst bei der Erfüllung bestimmter Bedingungen wirksam. § 192 Abs. 2 Nr. 1 bis Nr. 3 AktG nennt die Zwecke, zu denen allein eine bedingte Kapitalerhöhung beschlossen werden kann:

(1) Gewährung von Umtausch- oder Bezugsrechten aufgrund von Wandelschuldverschreibungen

Wandelschuldverschreibungen verbriefen neben den Rechten aus einer Teilschuldverschreibung[386] auch ein Umtauschrecht in bzw. ein Bezugsrecht auf neue Aktien.[387] Demnach sind zu unterscheiden:

- Wandelschuldverschreibungen i. e. S. mit einem Umtauschrecht in Aktien **(Wandelanleihen)**

  Der Gläubiger kann bei einer Wandelschuldverschreibung i. e. S.[388] die Obligation innerhalb einer bestimmten Frist in einem festgelegten Umtauschverhältnis und eventuell unter Zuzahlung eines Betrages in junge Aktien aus der bedingten Kapitalerhöhung umtauschen. Diesen Umtausch kann auch der Schuldner veranlassen. Die Wandelschuldverschreibung geht nach dem Umtausch unter. Der Gläubiger wird zum Eigenkapitalgeber.

- Wandelschuldverschreibungen mit einem Bezugsrecht auf Aktien **(Optionsanleihen)**

  Der Gläubiger kann bei dieser Form der Wandelschuldverschreibung[389] Aktien[390] innerhalb einer bestimmten Frist zu einem festgelegten Bezugskurs beziehen. Die

---

[383] Vgl. *Marsch-Barner, Reinhard*: Die Erleichterung des Bezugsrechtsausschlusses nach § 186 Abs. 3 Satz 4 AktG. In: Die Aktiengesellschaft 1994, S. 540.
[384] Vgl. § 192 Abs. 1 AktG.
[385] Vgl. §§ 192–201 AktG.
[386] Vgl. vertiefend hierzu die Ausführungen im **Sechsten Abschnitt, Kapitel C.III.**
[387] Vgl. § 221 Abs. 1 Satz 1 AktG.
[388] Vgl. den **Siebten Abschnitt, Kapitel B.III.**
[389] Vgl. den **Siebten Abschnitt, Kapitel B.IV.**

D. Rechtsformimmanente Eigenkapitalbeschaffung emissionsfähiger Unternehmen 119

Optionsanleihe bleibt auch nach dem Bezug der Aktien bis zu ihrer Tilgung bestehen. Die Gläubigerposition des Obligationärs geht also nicht unter, der Fremdkapitalgeber wird vielmehr zusätzlich zum Eigentümer.

Die **Voraussetzungen für die Ausgabe von Wandelschuldverschreibungen** sind:[391]

- Die Zustimmung von **mindestens drei Viertel des** bei der Beschlussfassung **vertretenen Grundkapitals** zum Beschluss über die Ausgabe von Wandelschuldverschreibungen. Die Satzung kann eine andere Kapitalmehrheit, also auch eine kleinere, und weitere Erfordernisse bestimmen.[392]

- In Höhe des von den einzelnen Wandelobligationären zu beanspruchenden Aktienkapitals ist eine **bedingte Kapitalerhöhung** durchzuführen. Der Nennbetrag des bedingten Kapitals darf hierbei grundsätzlich die Hälfte des zur Zeit der Beschlussfassung über die bedingte Kapitalerhöhung vorhandenen Grundkapitals nicht übersteigen.[393] Dies gilt nicht, wenn eine bedingte Kapitalerhöhung „nur zu dem Zweck beschlossen wird, der Gesellschaft einen Umtausch zu ermöglichen, zu dem sie für den Fall ihrer drohenden Zahlungsunfähigkeit oder zum Zweck der Abwendung einer Überschuldung berechtigt ist"[394]. Die gesetzlichen bzw. satzungsmäßigen Regelungen der Beschlussfassung über die bedingte Kapitalerhöhung entsprechen denen bei der Ausgabe von Wandelschuldverschreibungen, wobei die Satzung allerdings nur eine größere Kapitalmehrheit und weitere Erfordernisse festlegen kann.[395] Der Beschluss der Hauptversammlung muss insbesondere den Zweck der bedingten Kapitalerhöhung, den Kreis der Bezugsberechtigten und den Ausgabebetrag enthalten.[396]

- Den Aktionären muss ein **Bezugsrecht für die Wandelobligation** eingeräumt werden, um eine Beeinträchtigung ihrer Rechte zu verhindern. Die gesetzliche Regelung des Bezugsrechts bei einer Kapitalerhöhung gegen Einlagen[397] gilt sinngemäß.[398]

(2) Gewährung von Umtausch- oder Bezugsrechten zur Vorbereitung des Zusammenschlusses mehrerer Unternehmen (Unternehmensfusionen)

Bei Unternehmensfusionen ist eine bedingte Kapitalerhöhung erforderlich, wenn anderen Personen zur Vorbereitung des Zusammenschlusses Umtausch- oder Bezugsrechte eingeräumt wurden. Nimmt z. B. eine Aktiengesellschaft A eine andere Aktiengesell-

---

[390] Nur der Vollständigkeit halber sei hier darauf hingewiesen, dass auch ein Optionsrecht auf andere Vermögensgegenstände, z. B. Devisen, eingeräumt werden kann.
[391] Vgl. *Süchting, Joachim*: Finanzmanagement – Theorie und Politik der Unternehmensfinanzierung. 6. Aufl., Wiesbaden 1995, S. 130.
[392] Vgl. § 221 Abs. 1 Satz 2 und Satz 3 AktG.
[393] Vgl. § 192 Abs. 3 Satz 1 AktG.
[394] Vgl. § 192 Abs. 3 Satz 3 AktG.
[395] Vgl. § 193 Abs. 1 AktG.
[396] Vgl. § 193 Abs. 2 AktG.
[397] Vgl. den **Fünften Abschnitt, Kapitel D.III.2.b)**.
[398] Vgl. § 221 Abs. 4 AktG.

schaft B auf, so müssen die bisherigen Minderheitsgesellschafter der B-AG entschädigt werden. Dies kann u. a. durch den Umtausch der B-Aktien in A-Aktien geschehen. Da die Kapitalerhöhung nur in dem Umfang erfolgen soll, in dem eine Entschädigung vorgenommen wird, bietet sich das Instrument der bedingten Kapitalerhöhung an. Das Bezugsrecht der Altaktionäre der A-AG ist dann notwendigerweise auszuschließen.

(3) Gewährung von Bezugsrechten an Arbeitnehmer der Gesellschaft und an Mitglieder der Geschäftsführung der Gesellschaft oder eines verbundenen Unternehmens

Die bedingte Kapitalerhöhung ist auch für solche Fälle vorgesehen, in denen den Arbeitnehmern der Gesellschaft bzw. den Mitgliedern der Geschäftsführung der Gesellschaft oder eines verbundenen Unternehmens Geldforderungen aus ihnen eingeräumten Gewinnbeteiligungen zustehen, die sie in die Aktiengesellschaft einbringen, um dafür Aktien zu erhalten. Auch hier ist ein Ausschluss des Bezugsrechts der Altaktionäre erforderlich. In diesen Fällen darf der Nennbetrag des beschlossenen Kapitals 10 % des Grundkapitals, das zur Zeit der Beschlussfassung über die bedingte Kapitalerhöhung vorhanden ist, nicht übersteigen.[399]

Der Beschluss über die bedingte Kapitalerhöhung (einschließlich der Höhe des bedingten Kapitals) ist in den vorgenannten Fällen zur Eintragung in das Handelsregister anzumelden.[400] Erst wenn dies geschehen ist, darf mit der Ausgabe der jungen Aktien („Bezugsaktien") begonnen werden.[401] Im Gegensatz zur ordentlichen Kapitalerhöhung wird die bedingte Kapitalerhöhung nicht erst mit der späteren Eintragung der Durchführung beim Handelsregister wirksam, sondern bereits mit der Ausgabe der Bezugsaktien; das Grundkapital gilt dann als erhöht.[402]

Da die effektive Erhöhung des Aktienkapitals von der Ausübung der Bezugs- oder Umtauschrechte abhängig ist, muss die Höhe der tatsächlich erfolgten Kapitaleinlagen mindestens einmal jährlich bis spätestens zum Ende des auf den Ablauf des Geschäftsjahres folgenden Kalendermonats zur Eintragung in das Handelsregister angemeldet werden.[403] In der Bilanz ist das bedingte Kapital mit seinem Nennbetrag beim Gezeichneten Kapital zu vermerken, jedoch nicht hinzuzurechnen.[404] Der tatsächliche Ausweis des Eigenkapitals durch die Aufnahme in die Hauptspalte erfolgt erst nach Durchführung der Kapitalerhöhung.

d) Genehmigte Kapitalerhöhung

Bei der **genehmigten Kapitalerhöhung** (genehmigtes Kapital)[405] erhält der **Vorstand** üblicherweise aufgrund eines Hauptversammlungsbeschlusses (Dreiviertelmehrheit bzw. durch die Satzung bestimmte größere Kapitalmehrheit und weitere Erfordernisse) für längs-

---

[399] Vgl. § 192 Abs. 3 Satz 1 AktG.
[400] Vgl. § 195 Abs. 1 AktG.
[401] Vgl. § 197 Satz 1 AktG.
[402] Vgl. § 200 AktG.
[403] Vgl. § 201 Abs. 1 AktG.
[404] Vgl. § 152 Abs. 1 Satz 3 AktG.
[405] Vgl. §§ 202–206 AktG.

D. Rechtsformimmanente Eigenkapitalbeschaffung emissionsfähiger Unternehmen

tens fünf Jahre die **Ermächtigung, das Grundkapital nach Bedarf bis zu einem bestimmten Nennbetrag durch die Ausgabe neuer Aktien gegen Einlagen zu erhöhen**.[406] Der Aufsichtsrat soll hierbei der Ausgabe neuer Aktien möglichst zustimmen.[407] Der Nennbetrag des genehmigten Kapitals darf die Hälfte des zur Zeit der Ermächtigung vorhandenen Grundkapitals nicht übersteigen.[408] Da die **genehmigte Kapitalerhöhung** zum Zeitpunkt ihrer Festlegung nicht an einen bestimmten Finanzierungsanlass gebunden wird, ist diese Finanzierungsmaßnahme **weniger schwerfällig als die ordentliche Kapitalerhöhung**. Der Vorstand kann im Rahmen des genehmigten Kapitals günstige Kapitalmarktsituationen ausnutzen (etwa auch für den Erwerb von Beteiligungen an anderen Unternehmen) und einen eventuell kurzfristig eintretenden Kapitalbedarf befriedigen **(größere Elastizität in der finanziellen Disposition)**.

Beschließt die Hauptversammlung bzw. der von der Hauptversammlung hierzu ermächtigte Vorstand den materiellen **Ausschluss des gesetzlichen Bezugsrechtes der Altaktionäre**,[409] so kann der Vorstand die Aktien der Belegschaft anbieten[410] oder sie an der Börse veräußern. Ein solches Angebot bzw. eine solche Veräußerung sollte zum Tageskurs erfolgen, um eine vermögensmäßige Schädigung der Altaktionäre zu verhindern. Eine Verschiebung der Anteilsverhältnisse ist aber dann u. U. nicht zu vermeiden.

Das genehmigte Kapital ist im Anhang anzugeben.[411] Die Bestimmungen hinsichtlich der Eintragung und Wirksamkeit der genehmigten Kapitalerhöhung entsprechen denen bei der Kapitalerhöhung gegen Einlagen.[412]

e) Kapitalerhöhung aus Gesellschaftsmitteln

Im Wege der Durchführung einer **Kapitalerhöhung aus Gesellschaftsmitteln** (nominelle Kapitalerhöhung)[413] kann das Grundkapital einer Aktiengesellschaft durch einen Hauptversammlungsbeschluss auch **ohne zusätzliche Einlagen** der bisherigen oder neuer Aktionäre erhöht werden, indem **Teile der Kapitalrücklage und der Gewinnrücklagen in Grundkapital umgewandelt werden**.[414] Eine derartige Umbuchung innerhalb der Eigenkapitalpositionen (Passivtausch) stellt **keine Maßnahme der Kapitalbeschaffung**, sondern **lediglich eine Umfinanzierungsmaßnahme** (Eigenkapitalumschichtung) dar. Der emittierenden Aktiengesellschaft fließen keine zusätzlichen finanziellen Mittel zu. Bei einer unveränderten Höhe des bilanziell ausgewiesenen Eigenkapitals, der Bilanzsumme und der gesamten Aktiva ändert sich nur die Relation von Gezeichnetem Kapital und offenen Rücklagen.

---

[406] Vgl. § 202 Abs. 1 und Abs. 2 AktG.
[407] Vgl. § 202 Abs. 3 Satz 2 AktG.
[408] Vgl. § 202 Abs. 3 Satz 1 AktG.
[409] Vgl. §§ 203 Abs. 1 und Abs. 2, 186 AktG.
[410] Vgl. § 202 Abs. 4 AktG.
[411] Vgl. § 160 Abs. 1 Nr. 4 AktG.
[412] Vgl. § 203 Abs. 1 AktG.
[413] Vgl. zur Kapitalerhöhung aus Gesellschaftsmitteln §§ 207–220 AktG.
[414] Vgl. § 207 Abs. 1 und Abs. 2 i.V.m. § 182 Abs. 1 Satz 1, Satz 2 und Satz 4, § 184 Abs. 1 AktG.

Bei Aktiengesellschaften, deren Grundkapital in **Nennbetragsaktien** zerlegt ist, hat die Erhöhung des Grundkapitals die Ausgabe neuer Nennbetragsaktien (sog. **Zusatz- oder Berichtigungsaktien**; irreführend auch „Gratisaktien" genannt) an die seitherigen Aktionäre im Verhältnis ihrer Anteile am bisherigen Grundkapital zur Folge.[415] Da ein entgegengesetzter Hauptversammlungsbeschluss nichtig ist,[416] bleibt ihre **Beteiligungsquote** in jedem Fall **erhalten**. Ist das Grundkapital der Aktiengesellschaft hingegen in **Stückaktien** zerlegt, so kann das Grundkapital auch ohne die Ausgabe neuer Stückaktien erhöht werden.[417] In einem solchen Fall erhöht sich lediglich der rechnerische Nennwert der einzelnen Stückaktien. Die prozentuale Erhöhung des rechnerischen Nennwerts richtet sich dabei nach der Relation des Kapitalerhöhungsbetrags zum bisherigen Grundkapital. Erfolgt hingegen eine dem Kapitalerhöhungsbetrag entsprechende Ausgabe von Stückaktien, bleibt der rechnerische Nennwert der einzelnen Stückaktien gleich. Mit der Eintragung des Beschlusses über die Erhöhung des Grundkapitals in das Handelsregister wird die Kapitalerhöhung aus Gesellschaftsmitteln wirksam.[418]

In Grundkapital können nur **offene Rücklagen** umgewandelt werden. Die Umwandlung von „anderen Gewinnrücklagen" und deren Zuführungen ist in voller Höhe möglich, die Umwandlung der „Kapitalrücklage" und der „gesetzlichen Rücklage" sowie deren Zuführungen dagegen nur, soweit sie zusammen den zehnten oder den in der Satzung bestimmten höheren Teil des bisherigen Grundkapitals übersteigen.[419] Ist in der zugrunde gelegten Bilanz ein Verlust einschließlich eines Verlustvortrags ausgewiesen, so dürfen die Kapitalrücklage und die Gewinnrücklagen sowie deren Zuführungen insoweit, also in Höhe des Verlusts einschließlich des Verlustvortrags, nicht in Grundkapital umgewandelt werden.[420] Die Umwandlung von Gewinnrücklagen und deren Zuführungen, die für einen bestimmten Zweck bestimmt sind (satzungsmäßige Rücklagen), ist nur möglich, soweit dies mit ihrer Zweckbestimmung vereinbar ist.[421] Die Umwandlung stiller Rücklagen in Grundkapital setzt ihre vorherige Auflösung und Überführung in offene Rücklagen voraus.

Wer vor diesem Hintergrund glaubt, die Kapitalerhöhung aus Gesellschaftsmitteln sei ein Geschenk der Gesellschaft an ihre Aktionäre – diese Auffassung wird begünstigt durch die Verwendung des Ausdrucks „Gratisaktien" –, unterliegt der sog. **Nennwertillusion**. Zwar verfügen die Aktionäre im Falle der **Emission von Berichtigungsaktien** (Ausgabe von neuen Nennwertaktien bzw. neuen Stückaktien) nach der nominellen Kapitalerhöhung über eine größere Anzahl von Aktien mit einem entsprechend erhöhten (rechnerischen) Gesamtnennwert. Der Kurswert der Aktien wird aber nicht durch ihren (rechnerischen) Nennwert bestimmt, sondern durch den Wert des Unternehmens an sich. Da sich aber der Wert des Unternehmens durch eine Kapitalerhöhung aus Gesellschaftsmitteln nicht ändert, wird sich bei einer erhöhten Aktienanzahl der **Kurswert der einzelnen Aktien** in Abhängigkeit von

---

[415] Vgl. § 212 Satz 1 AktG.
[416] Vgl. § 212 Satz 2 AktG.
[417] Vgl. § 207 Abs. 2 Satz 2 Halbsatz 1 AktG.
[418] Vgl. § 211 AktG.
[419] Vgl. § 208 Abs. 1 Satz 2 AktG.
[420] Vgl. § 208 Abs. 2 Satz 1 AktG.
[421] Vgl. § 208 Abs. 2 Satz 2 AktG.

dem Bezugsverhältnis **vermindern**. Denn der ökonomische Gesamtwert aller Aktien **nach** der Kapitalerhöhung kann nur der gleiche sein wie der ökonomische Gesamtwert aller Aktien **vor** der Grundkapitalerhöhung. Das Aktienvermögen der Aktionäre, das sich durch die Multiplikation der gestiegenen Zahl der Aktien mit dem jetzt niedrigeren Kurswert ergibt, wird demzufolge durch eine nominelle Kapitalerhöhung nicht verändert. Dies gilt zumindest theoretisch, d. h., wenn man von Börseneinflüssen absieht, die zu einer (teilweisen) Aufholung des durch die Zusatzaktienausgabe bedingten Kursabschlages führen können. Vermögensänderungen bei den Aktionären können sich allerdings durch die Dividendenpolitik der Aktiengesellschaft ergeben. Wird der Dividendenbetrag pro Aktie nach einer nominellen Kapitalerhöhung aus Gründen der **„Dividendenoptik"** beibehalten, so erhöht dies den Ausschüttungsbetrag an alle Aktionäre und damit auch an den einzelnen Aktionär. In diesem Fall wird der Ausschüttungsbetrag an die Aktionäre verbessert, ohne dass der Dividendenbetrag (pro Aktie) erhöht werden müsste.

Erfolgt im Vergleich dazu die nominelle Kapitalerhöhung bei einer Aktiengesellschaft ohne die Ausgabe neuer Stückaktien, bleibt also die Anzahl der Stückaktien gleich, so führt dies zu einer Erhöhung des rechnerischen Nennwerts der einzelnen Stückaktien. Da sich in diesem Fall ein unveränderter Gesamtwert des Unternehmens auf eine ebenfalls unveränderte Anzahl an Stückaktien verteilt, wird sich auch der Kurswert der Stückaktien theoretisch, also wenn von anderen Börseneinflüssen abgesehen wird, nicht verändern. Somit bleiben in diesem Fall neben dem Vermögen der Aktiengesellschaft und der Anzahl ihrer Stückaktien auch das Vermögen des Aktionärs, die Anzahl seiner Stückaktien sowie der (theoretische) Kurswert dieser Stückaktien konstant.

Die nominelle Kapitalerhöhung im Wege der Emission von Berichtigungsaktien (Ausgabe von neuen Nennwertaktien bzw. neuen Stückaktien) wird durchgeführt, um die Senkung eines optisch als zu hoch angesehenen Börsenkurses zu erreichen. Aufgrund der dann niedrigeren Börsenkurse erhofft man sich eine **Verstärkung des Aktienhandels**, insbesondere aber eine **breitere Streuung** der Aktien, da nun auch „kleine" Anleger die Möglichkeit haben, diese Papiere zu erwerben. Aus diesem Grund wird die Durchführung einer nominellen Kapitalerhöhung ohne die Ausgabe neuer Stückaktien mit der damit verbundenen Erhöhung des rechnerischen Nennwerts der Stückaktien eher die Ausnahme sein, da in einem solchen Fall der Kurswert der Stückaktien gleich bleibt.

Das Ziel einer Senkung des Börsenkurses der Aktien lässt sich alternativ auch dadurch erreichen, dass eine Aktiengesellschaft das vorhandene Grundkapital auf eine größere Anzahl von Aktien verteilt. Im Vergleich zur Durchführung einer nominellen Kapitalerhöhung wird also nicht das Grundkapital der Aktiengesellschaft erhöht, sondern im Wege einer **Aktienzerlegung** bei einem gleich bleibenden Grundkapital die Zahl der Aktien erhöht. Ein solches **Splitting der Aktien** hat bei einer Nennbetragsaktie eine entsprechende Verringerung des Nennbetrags pro Aktie zur Folge. Allerdings darf hierdurch der Mindestnennbetrag einer Aktie von einem EUR nicht unterschritten werden. Auch bei einem Splitting von Stückaktien muss darauf geachtet werden, dass der rechnerische Nennbetrag wenigstens einen EUR beträgt.

IV. Kapitalherabsetzung bei der Aktiengesellschaft

1. Begriff der Kapitalherabsetzung

Unter **Kapitalherabsetzung** versteht man im Allgemeinen nicht jede Verminderung der Kapitalbasis durch Rückzahlung in Form von Geld oder Sachwerten, sondern nur die **Verminderung des Eigenkapitals eines Unternehmens**. Analog zur Kapitalerhöhung zählt zur Kapitalherabsetzung im engsten Sinne nur die Herabsetzung des Nennkapitals von Kapitalgesellschaften, insbesondere der Aktiengesellschaft.[422]

2. Formen der aktienrechtlichen Kapitalherabsetzung

a) Überblick

Das Aktiengesetz unterscheidet drei **Formen der Kapitalherabsetzung**, für die aus Gründen des Gläubigerschutzes strenge gesetzliche Regelungen bestehen:[423]

- die **ordentliche Kapitalherabsetzung**; es handelt sich hier um die Rückzahlung von Teilen des Grundkapitals in Form von Geld oder von Sachwerten an die Aktionäre oder um die Anpassung des bilanziell ausgewiesenen Eigenkapitals an das durch Verluste geschrumpfte Vermögen der Gesellschaft (Ausgleich eines Jahresfehlbetrages/Verlustvortrages);
- die **vereinfachte Kapitalherabsetzung**; sie dient dem Ausgleich von Wertminderungen, der Deckung sonstiger Verluste oder der Einstellung von Beträgen in die Kapitalrücklage;
- die **Kapitalherabsetzung durch Einziehung von Aktien**; sie dient den bereits zuvor genannten Zwecken.

b) Ordentliche Kapitalherabsetzung

Für die **Herabsetzung des Grundkapitals im Wege einer ordentlichen Kapitalherabsetzung**[424] stehen **zwei Verfahren** zur Verfügung:[425]

- **Verminderung des Nennbetrages der einzelnen Aktien**
  Bei der Verminderung des Nennbetrages der einzelnen Aktien („Herunterstempeln" der Aktien) – die Anzahl der Aktien bleibt hierbei gleich – darf der Mindestnennbetrag von einem EUR nicht unterschritten werden.[426] Die Herabsetzung des Nennbetrages der Aktien ist allerdings nur bei Nennbetragsaktien vorgeschrieben.[427] Bei Stückaktien ist dieses Erfordernis entbehrlich, da sie auf keinen Nennbetrag lauten (insofern ist eine Ver-

---

[422] Vgl. *Wöhe, Günter u. a.*: Grundzüge der Unternehmensfinanzierung. 11. Aufl., München 2013, S. 123. Zu den Formen und Möglichkeiten der Herabsetzung des Fremdkapitals vgl. *Vormbaum, Herbert*: Finanzierung der Betriebe. 9. Aufl., Wiesbaden 1995, S. 515–529.
[423] Siehe hierzu §§ 222–239 AktG.
[424] Vgl. §§ 222–228 AktG.
[425] Vgl. § 222 Abs. 4 Satz 1 und Satz 2 AktG.
[426] Vgl. § 222 Abs. 4 Satz 1 und Satz 2 AktG.
[427] Vgl. § 222 Abs. 4 Satz 1 AktG.

D. Rechtsformimmanente Eigenkapitalbeschaffung emissionsfähiger Unternehmen   125

minderung des Aktiennennbetrages bei ihnen erst gar nicht möglich) und sich ihr rechnerischer Nennbetrag – der sich aus der Relation Grundkapital zu Anzahl der Stückaktien ergibt – „automatisch" mit der Herabsetzung des Grundkapitals der Aktiengesellschaft reduziert. Auch bei Stückaktien ist darauf zu achten, dass der rechnerische Nenn-Nennbetrag nach der Kapitalherabsetzung mindestens einen EUR beträgt.[428]

- **Zusammenlegung mehrerer Aktien zu einer Aktie**
  Beim Austausch einer bestimmten Zahl von Altaktien gegen eine geringere Zahl neuer Aktien (mit gleichem (rechnerischen) Nennbetrag je Aktie) können die Aktionäre aufgrund der Umtauschrelation zum Verkauf von Aktien oder zum zusätzlichen Erwerb von Aktien gezwungen werden, was zu einer geringfügigen Änderung der Stimmrechtsverhältnisse führt. Deswegen ist dieses zweite Verfahren nur erlaubt, wenn das erste Verfahren zu einer Unterschreitung des (rechnerischen) Mindestnennbetrages von einem EUR führen würde.

Eine **Kombination beider Verfahren** ist möglich, wenn die Herabsetzung des (rechnerischen) Nennbetrages zwar vorgenommen werden kann, jedoch für den Umfang der beabsichtigten Kapitalherabsetzung nicht ausreichend ist. Bei der ordentlichen Kapitalherabsetzung darf der gesetzlich festgelegte Mindestnennbetrag des Grundkapitals in Höhe von 50.000 EUR[429] nur unterschritten werden, wenn gleichzeitig mit der Kapitalherabsetzung eine Kapitalerhöhung (ohne Sacheinlage) beschlossen wird, durch die das Mindestgrundkapital wieder erreicht wird.[430]

Der mit einer Kapitalmehrheit von mindestens drei Viertel des bei der Beschlussfassung vertretenen Grundkapitals getroffene Hauptversammlungsbeschluss[431] ist zur Eintragung in das Handelsregister anzumelden.[432] Das Grundkapital gilt mit der Eintragung des Beschlusses als herabgesetzt.[433] Soweit die Forderung eines Gläubigers vor Bekanntmachung der Eintragung des Kapitalherabsetzungsbeschlusses begründet worden ist, kann dieser innerhalb von sechs Monaten nach der Bekanntmachung Sicherheiten für seine Forderungen verlangen, soweit er nicht Befriedigung verlangen kann.[434] Kapitalrückzahlungen an die Aktionäre sind daher erst nach Ablauf dieser sechsmonatigen Sperrfrist zulässig; außerdem muss den Gläubigern alter Forderungen, die sich rechtzeitig gemeldet haben, Befriedigung oder Sicherheit gewährt worden sein.[435] Das Recht der Gläubiger, Sicherheiten für ihre Forderungen zu verlangen, ist unabhängig davon, ob Kapitalrückzahlungen an die Aktionäre geleistet werden.[436]

---

[428] Vgl. § 222 Abs. 4 Satz 2 AktG.
[429] Vgl. § 7 AktG.
[430] Vgl. § 228 Abs. 1 AktG.
[431] Vgl. § 222 Abs. 1 Satz 1 AktG. „Die Satzung kann eine größere Kapitalmehrheit und weitere Erfordernisse bestimmen"; § 222 Abs. 1 Satz 2 AktG.
[432] Vgl. § 223 AktG.
[433] Vgl. § 224 AktG.
[434] Vgl. § 225 Abs. 1 Satz 1 AktG.
[435] Vgl. § 225 Abs. 2 Satz 1 AktG.
[436] Vgl. § 225 Abs. 3 AktG.

Die einzelnen Aktionäre sind verpflichtet, nach Bekanntmachung der Kapitalherabsetzung ihre Aktien der Gesellschaft zum „Herunterstempeln" oder zur Zusammenlegung einzureichen. Erfolgt die Einreichung nicht, so kann die Gesellschaft diese Aktien nach Aufforderung in den Gesellschaftsblättern für kraftlos erklären.[437] An die Stelle der für kraftlos erklärten Aktien treten neue Aktien, die die Gesellschaft unverzüglich zugunsten der säumigen Aktionäre zum amtlichen Börsenkurs und bei Fehlen eines Börsenpreises durch eine öffentliche Versteigerung zu verkaufen hat.[438] Ist von der Versteigerung am Sitz der Gesellschaft kein angemessener Erfolg zu erwarten, so sind die neuen Aktien an einem geeigneten Ort zu verkaufen.[439] Der Erlös ist den säumigen Aktionären auszuzahlen bzw. zu ihren Gunsten zu hinterlegen.[440]

c) Vereinfachte Kapitalherabsetzung

Die Durchführung einer **(vereinfachten) Kapitalherabsetzung**[441] ist nur zulässig,

- um Wertminderungen auszugleichen, sonstige Verluste zu decken oder Beträge in die Kapitalrücklage einzustellen,[442]
- nachdem der Teil der gesetzlichen Rücklage und der Kapitalrücklage, um den diese zusammen über 10 % des nach der Herabsetzung verbleibenden Grundkapitals hinausgehen, sowie die (anderen) Gewinnrücklagen in voller Höhe vorweg aufgelöst worden sind,[443]
- solange ein Gewinnvortrag nicht vorhanden ist.[444]

Ansonsten gelten die Regelungen bezüglich der ordentlichen Kapitalherabsetzung mit Ausnahme der §§ 222 Abs. 3, 225 AktG.[445]

Beträge, die aus der Auflösung der Kapitalrücklage oder von Gewinnrücklagen und aus der Kapitalherabsetzung gewonnen werden, dürfen aus Gläubigerschutzgründen weder zu Zahlungen an die Aktionäre noch dazu verwandt werden, die Aktionäre von der Verpflichtung zur Leistung von Einlagen zu befreien.[446] Gewinne dürfen in den Folgejahren erst ausgeschüttet werden, wenn die gesetzliche Rücklage und die Kapitalrücklage zusammen 10 % des herabgesetzten Grundkapitals erreicht haben.[447] Zudem ist die Zahlung eines Gewinnanteils von mehr als 4 % des Grundkapitals erst für ein Geschäftsjahr zulässig, das später als zwei Jahre nach der Beschlussfassung über die vereinfachte Kapitalherabsetzung beginnt, es

---

[437] Vgl. § 226 Abs. 1 und Abs. 2 AktG.
[438] Vgl. § 226 Abs. 3 Satz 1 AktG.
[439] Vgl. § 226 Abs. 3 Satz 2 AktG.
[440] Vgl. § 226 Abs. 3 Satz 6 AktG.
[441] Vgl. §§ 229–236 AktG.
[442] Vgl. § 229 Abs. 1 Satz 1 AktG.
[443] Vgl. § 229 Abs. 2 Satz 1 AktG.
[444] Vgl. § 229 Abs. 2 Satz 2 AktG.
[445] Vgl. § 229 Abs. 3 AktG.
[446] Vgl. § 230 Satz 1 AktG.
[447] Vgl. § 233 Abs. 1 Satz 1 AktG.

D. Rechtsformimmanente Eigenkapitalbeschaffung emissionsfähiger Unternehmen

sei denn, berechtigte Gläubiger werden zuvor befriedigt oder sichergestellt.[448] Es ist zu beachten, dass die Beträge aus der Auflösung der Kapitalrücklage und von Gewinnrücklagen und aus der vereinfachten Kapitalherabsetzung auch dann nicht als Gewinn ausgeschüttet werden dürfen, wenn die Gläubigerschutzregelungen des § 233 Abs. 2 AktG ergriffen werden.[449]

Das Gezeichnete Kapital sowie die Kapitalrücklage und die Gewinnrücklagen können bereits im Jahresabschluss für das der vereinfachten Kapitalherabsetzung vorausgehende Geschäftsjahr in der Höhe ausgewiesen werden, in der sie nach der Kapitalherabsetzung bestehen sollen („**berichtigte Unterbilanz**"[450]),[451] falls die folgenden Voraussetzungen erfüllt sind:[452]

- Der Beschluss über die Feststellung des Jahresabschlusses ist der Hauptversammlung zu übertragen.
- Der Beschluss über die Feststellung des Jahresabschlusses soll gleichzeitig mit dem Beschluss über die vereinfachte Kapitalherabsetzung gefasst werden.
- Der Beschluss über die vereinfachte Kapitalherabsetzung ist innerhalb von drei Monaten nach der Beschlussfassung in das Handelsregister einzutragen.

Danach darf der veränderte „verlustfreie" Jahresabschluss veröffentlicht werden. Auch eine gleichzeitig mit der vereinfachten Kapitalherabsetzung beschlossene ordentliche Kapitalerhöhung darf bereits in diesem Abschluss als vollzogen berücksichtigt werden.[453]

Durch die im Rahmen der vereinfachten Kapitalherabsetzung vorgesehenen gläubigerschützenden Regelungen soll eine offene oder verdeckte Kapitalausschüttung an Aktionäre verhindert werden. **Hauptzweck der vereinfachten Kapitalherabsetzung** ist damit die **finanzielle Sanierung der Aktiengesellschaft in Form eines Verlustausgleichs**.[454] Aufgrund der lediglich vorgenommenen Umbuchung verändert sich weder das effektiv vorhandene Eigenkapital noch das Vermögen der Aktiengesellschaft. Die nicht auf eine Liquiditätsverbesserung des Unternehmens ausgerichtete Maßnahme verfolgt also lediglich das Ziel, die in der Bilanz auf der Passivseite gesondert ausgewiesenen Verluste (Summe der bis zum Zeitpunkt der vereinfachten Kapitalherabsetzung aufgelaufenen Verluste) buchmäßig zu beseitigen und eventuell zusätzliche Rücklagen zu bilden.

Da es jedoch einer in wirtschaftliche Schwierigkeiten geratenen Aktiengesellschaft häufig erst durch die Zuführung neuen Eigenkapitals und der damit verbundenen Stärkung ihrer Liquiditätsverhältnisse möglich sein wird, ihre Geschäftstätigkeit Erfolg versprechend fortzuführen, schließt sich an eine vereinfachte Kapitalherabsetzung u. U. eine ordentliche

---

[448] Vgl. § 233 Abs. 2 AktG.
[449] Vgl. § 233 Abs. 3 AktG.
[450] Vgl. *Vormbaum, Herbert*: Finanzierung der Betriebe. 9. Aufl., Wiesbaden 1995, S. 509.
[451] Vgl. § 234 Abs. 1 AktG.
[452] Vgl. § 234 Abs. 2 und Abs. 3 AktG.
[453] Vgl. § 235 AktG.
[454] Vgl. *Vormbaum, Herbert*: Finanzierung der Betriebe. 9. Aufl., Wiesbaden 1995, S. 509.

Kapitalerhöhung an.[455] Neben der buchmäßigen Abdeckung bereits entstandener Verluste geht es hier demzufolge insbesondere auch um eine Verbesserung der Liquiditätslage der Aktiengesellschaft und zwar durch Zuführung von Eigenkapital von außen. Denn sollen mit den neu gewonnenen Mitteln bisherige Verlustquellen beseitigt werden, so dürfte es sinnvoll sein, wenn diese langfristig zur Verfügung gestellt werden. Ansonsten könnten in naher Zukunft erneut Liquiditätsprobleme auftreten. Allerdings wird es zu einer Zuführung neuen Eigenkapitals wohl nur kommen, wenn die Eigenkapitalgeber von der **Sanierungswürdigkeit der Aktiengesellschaft** überzeugt werden können. Hiervon ist auszugehen, wenn die nach der Durchführung der Sanierungsmaßnahmen zu erwartende Gewinnsituation eine angemessene Verzinsung des dann im Betrieb gebundenen Kapitals zulässt. Mit anderen Worten: Der den Eigenkapitalgebern in der Zukunft verbleibende Gewinn darf nicht kleiner sein als der Betrag, den sie im Falle einer Liquidation aus der anderweitigen Verwendung des Liquidationserlöses erzielen könnten. Reicht der Gewinn hierzu nicht aus, so kann die Fortführung des Betriebes allenfalls unter anderen (z. B. sozialen) Gesichtspunkten gerechtfertigt werden.

d) Kapitalherabsetzung durch Einziehung von Aktien

§ 237 Abs. 1 Satz 1 AktG sieht zwei Möglichkeiten der Durchführung einer **Kapitalherabsetzung durch Einziehung von Aktien**[456] vor:

- die Zwangseinziehung von Aktien und
- die Einziehung von Aktien nach einem Erwerb durch die Gesellschaft.

Für beide Formen der Aktieneinziehung gelten grundsätzlich die Vorschriften über die ordentliche Kapitalherabsetzung,[457] d. h., es muss ein Hauptversammlungsbeschluss mit Dreiviertelmehrheit vorliegen. Außerdem sind die Gläubigerschutzvorschriften, die bei der vereinfachten Kapitalherabsetzung nicht zu beachten waren, hier anzuwenden. Der Erwerb eigener Aktien, die eingezogen werden sollen, ist aktienrechtlich unbeschränkt zulässig.[458]

Die Einziehung von Aktien kann zu allen Zwecken erfolgen, zu denen eine Herabsetzung des Grundkapitals zulässig ist. Besonders bedeutungsvoll ist jedoch die **Sanierung durch den Rückkauf eigener Aktien**. Da die Aktiengesellschaft in diesem Falle den Aktionären, die ihre Aktien abgeben, üblicherweise ein Entgelt zahlen muss, setzt dieses Verfahren voraus, dass die sanierungsbedürftige Gesellschaft noch über ausreichende liquide Mittel verfügt. Allerdings ist die Durchführung dieser Sanierungsmaßnahme mit Blick auf eine buchmäßige Beseitigung von Verlusten nur dann sinnvoll, wenn die **Aktien unter pari angekauft** werden können. In diesem Fall wird das Grundkapital der Aktiengesellschaft um den (rechnerischen) Nennbetrag der erworbenen Aktien herabgesetzt, so dass – ein Kauf

---

[455] Vgl. zu einem entsprechenden Berechnungsbeispiel *Waschbusch, Gerd*: Kapitalherabsetzung und Kapitalerhöhung. In: Fortbildung – Zeitschrift für Führungskräfte in Verwaltung und Wirtschaft 1992, S. 89–90.
[456] Vgl. zur Kapitalherabsetzung durch Einziehung von Aktien §§ 237–239 AktG.
[457] Vgl. § 237 Abs. 2 Satz 1 AktG.
[458] Vgl. § 71 Abs. 1 Nr. 6 AktG.

unter pari vorausgesetzt – ein Buchgewinn in Höhe der Differenz zwischen dem (rechnerischen) Nennbetrag der eigenen Aktien und dem niedrigeren Kaufpreis (Kurswert, Anschaffungskosten) der eigenen Aktien entsteht. Dieser Buchgewinn wird zur buchmäßigen Abdeckung des Verlustvortrages verwendet. Die erworbene Vermögensposition „eigene Aktien" geht durch die Vernichtung der Aktien unter.

Bei Erfüllung einer der drei folgenden Voraussetzungen gelten **vereinfachte Vorschriften für die Einziehung von Aktien**:[459]

- Voll eingezahlte Aktien werden der Aktiengesellschaft unentgeltlich zur Verfügung gestellt. Die Aktiengesellschaft muss also keine eigenen finanziellen Mittel aufwenden.
- Voll eingezahlte Aktien werden zulasten des Bilanzgewinns oder einer anderen Gewinnrücklage, soweit sie zu diesem Zweck verwendet werden können, eingezogen. Die Verwendung des Bilanzgewinns oder einer anderen Gewinnrücklage verstößt nicht gegen Gläubigerinteressen, da die in diesen Positionen ausgewiesenen Beträge jederzeit als Dividende an die Aktionäre ausgeschüttet werden könnten.
- Für voll eingezahlte Stückaktien bestimmt der Beschluss der Hauptversammlung, dass sich der Anteil der übrigen Aktien am Grundkapital durch die Einziehung erhöht. Wenn der Vorstand zur Einziehung von Stückaktien ermächtigt wird, kann er auch dazu ermächtigt werden, die Angabe der Zahl in der Satzung anzupassen.

In den vorgenannten drei Fällen kann die Hauptversammlung die Kapitalherabsetzung durch Einziehung von Aktien mit einer einfachen Stimmenmehrheit beschließen.[460] Ein dem (rechnerischen) Gesamtnennbetrag der eingezogenen und anschließend vernichteten Aktien entsprechender Betrag ist in den ersten beiden Fällen in die Kapitalrücklage einzustellen.[461] Hierdurch wird eine entsprechende Auszahlung an die Aktionäre zulasten der Gläubiger verhindert.

E. Rechtsformunabhängige Eigenkapitalbeschaffungsmöglichkeiten

I. Vorbemerkungen

Während in den vorangegangenen beiden **Kapiteln C.** und **D.** des **Fünften Abschnitts** die Möglichkeiten der Eigenkapitalbeschaffung beschrieben wurden, die von der Rechtsform des jeweils kapitalsuchenden Unternehmens abhängig sind, werden nachfolgend Eigenkapitalaufnahmemöglichkeiten dargestellt, welche grundsätzlich keiner Beschränkung durch die gewählte Rechtsform des Unternehmens unterliegen. Dies bedeutet allerdings nicht, dass die dargestellten Möglichkeiten für alle Unternehmensformen die gleiche praktische Relevanz haben. Aufgrund der Tatsache, dass den emissionsfähigen Unternehmen gemeinhin die Möglichkeit offen steht, sich über den Kapitalmarkt zu refinanzieren, haben die rechtsformunabhängigen Eigenkapitalbeschaffungsmöglichkeiten für solche Unternehmen in der Praxis regelmäßig eine geringere Bedeutung bei Finanzierungsfragen. Für Unternehmen, denen der Zugang zum Kapitalmarkt verwehrt bleibt, steigt hingegen die Relevanz des sog. „Private

---

[459] Vgl. § 237 Abs. 3 AktG.
[460] Vgl. § 237 Abs. 4 Satz 1 und Satz 2 AktG.
[461] Vgl. § 237 Abs. 5 AktG.

Equity". Von zunehmender Bedeutung sind zudem die grundsätzlich allen Unternehmensformen zur Verfügung stehenden mezzaninen Finanzinstrumente (z. B. stille Gesellschaften). Sofern diese eigenkapitalnah ausgestaltet werden (Equity Mezzanine), ermöglichen sie die Aufnahme wirtschaftlichen Eigenkapitals. Eine Besprechung der Außenfinanzierung durch mezzanines Kapital erfolgt im Siebten Abschnitt.

II. Private Equity

1. Begriff Private Equity

Der als „privates Beteiligungskapital" zu übersetzende Begriff „Private Equity" steht als Oberbegriff für jegliche Form der Bereitstellung von Eigenkapital oder eigenkapitalähnlichen Mitteln, die der Finanzierung von (noch) nicht börsennotierten Unternehmen dienen (Markt für außerbörsliches Beteiligungskapital).[462] Das inhaltliche Gegenstück zum Begriff Private Equity bildet der Begriff „Public Equity". Dieser Begriff steht für die Möglichkeiten der Eigenkapitalfinanzierung eines Unternehmens über einen öffentlich zugänglichen Markt wie die Börse. Der Bundesverband Deutscher Kapitalbeteiligungsgesellschaften (BVK) fasst unter Private Equity alle außerbörslichen Eigenkapitalfinanzierungsformen zusammen und unterteilt diese in mezzanines Kapital[463], Buy-Outs sowie Venture Capital.[464] Gerade der letztgenannte Begriff des Venture Capital, auch Risiko- oder Wagniskapital genannt, ist ein häufig synonym zu Private Equity verwendeter Terminus. Da das Venture Capital jedoch zumeist nur die Frühphasenfinanzierung von innovativen, tendenziell technologieorientierten Unternehmen beinhaltet, stellt es letztlich lediglich einen Teilbereich von Private Equity dar.

2. Abgrenzung formeller und informeller Beteiligungsmarkt

Eine allgemeine Unterteilung des Marktes für Private Equity kann vorgenommen werden, indem man einerseits von einem formellen bzw. institutionellen Markt und andererseits von einem informellen Markt für privates Beteiligungskapital spricht. Auf dem formellen Beteiligungskapitalmarkt sind sog. (Kapital-)Beteiligungsgesellschaften (Private Equity-Gesellschaften) tätig. Diese fungieren zum einen als Intermediäre, d. h., sie betätigen sich als Bindeglied zwischen den kapitalsuchenden Unternehmen und den kapitalgebenden Investoren. Neben der Auswahl und Bewertung der Unternehmen für die Kapitalgeber übernehmen sie häufig auch das Management der Beteiligungen mit dem Ziel, im Zeitablauf eine Wertsteigerung zu erzielen. Zum anderen gehen (Kapital-)Beteiligungsgesellschaften auch direkt Eigentümerpositionen an anderen Unternehmen ein. In diesem Fall handelt es sich

---

[462] Die Ausführungen im Fünften Abschnitt, Kapitel E.II.1. bis E.II.3. beziehen sich weitestgehend auf *Waschbusch, Gerd/Staub, Nadine/Knoll, Jessica*: Mittelstandsfinanzierung: Private Equity – Möglichkeiten der Eigenkapitalbeschaffung nicht kapitalmarktorientierter mittelständischer Unternehmen (Teil I und Teil II). In: Der Steuerberater 2010, S. 74–80 und S. 146–150 sowie die dort angegebene Literatur.

[463] Vgl. dazu den Siebten Abschnitt.

[464] Vgl. *Frommann, Holger/Dahmann, Attila*: Zur Rolle von Private Equity und Venture Capital in der Wirtschaft – Aktualisierte Fassung der im Dezember 2003 erschienenen BVK-Untersuchung „Zur volkswirtschaftlichen Bedeutung von Private Equity und Venture Capital". Berlin 2005, S. 2 und S. 6–7.

üblicherweise um sog. Mittelständische Beteiligungsgesellschaften oder sonstige Beteiligungsgesellschaften mit einem Förderauftrag. Von daher können zwei **Arten von Beteiligungsgesellschaften** unterschieden werden:

- **Erwerbswirtschaftliche (renditeorientierte) Beteiligungsgesellschaften** sind entweder unabhängige Beteiligungsgesellschaften (gekennzeichnet durch das Fehlen eines dominierenden Eigentümers) oder sog. Corporate Venture Capital-Gesellschaften (gekennzeichnet durch das Vorliegen eines dominierenden Eigentümers). Corporate Venture Capital-Gesellschaften i. e. S. verfolgen mit ihrem Engagement nicht nur finanzielle, sondern auch strategische Ziele (insbesondere einen Technologietransfer). Hierbei handelt es sich in der Regel um Tochtergesellschaften von (großen) Industrieunternehmen. Corporate Venture Capital-Gesellschaften i. w. S. verfolgen dagegen mit ihrem Engagement in erster Linie nur finanzielle Ziele. Bei ihnen handelt es sich regelmäßig um Tochtergesellschaften von Kreditinstituten (vor allem Landesbanken und Sparkassen), Versicherungen und/oder sonstigen Kapitalsammelstellen wie Pensionsfonds. Erwerbswirtschaftliche (renditeorientierte) Beteiligungsgesellschaften gehen zumeist als „normale" Gesellschafter Minderheitsbeteiligungen (weniger als 50 % des Eigenkapitals) an mittelständischen Unternehmen ein oder sie beteiligen sich an diesen als stille Gesellschafter. Sie spezialisieren sich dabei vor allem auf risikoreiche und damit auch chancenreiche Beteiligungen an jungen Unternehmen.[465]

- **Staatliche (förderorientierte) Beteiligungsgesellschaften** beteiligen sich zumeist nur in einer deutlich geringeren Höhe an Unternehmen als die erwerbswirtschaftlichen (renditeorientierten) Beteiligungsgesellschaften. Im Unterschied zu diesen ist bei ihnen außerdem nicht die Gewinnerzielung Unternehmenszweck, sondern die kostendeckende Eigenkapitalversorgung vor allem mittelständischer Unternehmen. Beispiele hierfür sind die Förderprogramme der KfW-Mittelstandsbank.[466] Zur Geschäftstätigkeit staatlicher (förderorientierter) Beteiligungsgesellschaften gehört es auch, potenziellen Eigenkapitalgebern eine günstige Refinanzierung ihrer Beteiligungen anzubieten und/oder sie teilweise durch Haftungsübernahmen vom Beteiligungsrisiko zu befreien.

Indem Beteiligungsgesellschaften nur **Minderheitsbeteiligungen** eingehen, wollen sie die im Zusammenhang mit einzelnen Rechtsformen besprochene Problematik der Minderung des Einflusses der Alteigentümer aufgrund der Aufnahme von neuen Gesellschaftern entschärfen. Trotzdem wollen (und müssen) die Beteiligungsgesellschaften die Unternehmen, an denen sie beteiligt sind, beraten und kontrollieren. Die Beratung nimmt dabei regelmäßig den größeren Umfang ein. Die Einflussnahme der Beteiligungsgesellschaften auf das Unternehmensgeschehen ist damit tendenziell geringer, als dies üblicherweise von einem „gewöhnlichen" Gesellschafter zu erwarten ist.

Ein anderes Unterscheidungsmerkmal zwischen Beteiligungsgesellschaften und „gewöhnlichen" Gesellschaftern besteht in der **Dauer des jeweiligen Engagements**. „Gewöhnliche" Gesellschafter gehen in der Regel Beteiligungen ein, ohne dass ein bestimmter Ausstiegstermin anvisiert wird. Häufig erstrecken sich diese Beteiligungen über die Dauer der Er-

---

[465] Vgl. auch den **Fünften Abschnitt, Kapitel E.II.4.**
[466] Vgl. auch den **Fünften Abschnitt, Kapitel E.II.4.ef)**.

werbstätigkeit des betreffenden Gesellschafters und sogar darüber hinaus. Beteiligungsgesellschaften engagieren sich demgegenüber von vornherein nur befristet. Die Frist kann zwar bis zu 15 Jahre betragen, oft ist sie jedoch kürzer (bei Venture-Capital-Gesellschaften normalerweise 5 bis 10 Jahre).[467]

Im Gegensatz zum formellen Markt für privates Beteiligungskapital sind die Kapitalgeber im **informellen Beteiligungskapitalmarkt** entweder **rein renditeorientierte (passive) Privatinvestoren** oder sog. **„Business Angels"**, die den Unternehmen direkt und ohne Mittler Beteiligungskapital zur Verfügung stellen.[468] Verglichen mit den lediglich renditeorientierten Privatinvestoren stellen Business Angels einem Unternehmen in der Regel nicht nur Kapital, sondern gleichzeitig auch ihre Erfahrungen, ihr Wissen und ihre Netzwerke zur Verfügung. Vorwiegend handelt es sich bei ihnen um vermögende Personen, die gehobene Managementpositionen ausgeübt haben oder dies immer noch tun und die ihre Erfahrungen insbesondere in den Bereichen Unternehmensführung, Finanzen, Marketing und Vertrieb in das Unternehmen einbringen können. Da Business Angels normalerweise die Unternehmensentwicklung maßgeblich beeinflussen möchten und von einem Wertzuwachs des Unternehmens profitieren wollen, tätigen sie ihre Investitionen meist in (noch) kleinen, jungen Unternehmen, die sich in einer frühen Phase ihres Lebenszyklus befinden. Neben der Erwartung einer hohen Rendite können bei ihnen gleichermaßen auch persönliche Gründe wie etwa die Selbstverwirklichung oder auch altruistische Gründe eine Rolle bei der Investitionsentscheidung spielen. Nicht selten nehmen Business Angels auch die Funktion eines Aufsichtsrats- oder Beiratsmitglieds in dem zu unterstützenden Unternehmen ein.

Noch vor einigen Jahren waren Business Angels in Deutschland fast unbekannt; sie gewinnen allerdings für die Gründerfinanzierung immer mehr an Bedeutung. Nach Angaben von KfW und ZEW investieren sie jährlich etwa 650 Mio. EUR und sind somit in der sog. Seed-Phase eines Unternehmens ein durchaus beachtenswerter Faktor.[469]

3. Buy-Outs

Buy-Out-Finanzierungen beschreiben die **Möglichkeiten des Unternehmenskaufs durch das eigene oder ein externes Management oder durch sonstige Beteiligte wie z. B. Investoren oder die Belegschaft**. Dabei erfolgt die Bereitstellung von Eigenkapital, um den Kauf von Unternehmen oder Unternehmensteilen in Kombination mit einem mitunter erheblichen Fremdkapitalanteil zu finanzieren. Zumeist werden durch Buy-Outs wesentliche Anteile bis hin zur Mehrheit an einem Unternehmen erworben, wodurch u. U. auch ein Wechsel in der Unternehmensleitung herbeigeführt werden kann. Die Gründe für einen

---

[467] Vgl. *Jahrmann, Fritz-Ulrich*: Finanzierung. 6. Aufl., Herne 2009, S. 210; *Vormbaum, Herbert*: Finanzierung der Betriebe. 9. Aufl., Wiesbaden 1995, S. 175; ferner den **Fünften Abschnitt, Kapitel E.II.4.**

[468] Zu Business Angels vgl. ausführlich *Waschbusch, Gerd/Kreis, Nina/Druckenmüller, Jens*: Mittelstandsfinanzierung: Business Angels – mehr als nur eine Finanzierungsalternative junger Wachstumsunternehmen. In: Der Steuerberater 2010, S. 224–234.

[469] Vgl. *Egeln, Jürgen/Gottschalk, Sandra*: Finanzierung von jungen Unternehmen in Deutschland durch Privatinvestoren – Auswertungen aus dem KfW/ZEW Gründungspanel, Mannheim 2014, S. 26 (www.business-angels.de (Stand: 01.07.2015), Rubrik: Marktinformationen → Forschung & Statistik).

solchen Unternehmenskauf sind vielfältig und liegen vor allem in der **Unternehmensnachfolge**[470] und **Umstrukturierung**.

Ein **Management Buy-Out** (MBO) beschreibt den Vorgang, bei dem das eigene Management den Unternehmenserwerb vollzieht. Im Unterschied dazu spricht man von einem **Management Buy-In** (MBI), wenn die Unternehmensakquisition von einem neuen externen Management vollzogen wird. Daneben liegt ein **Leveraged Buy-Out** (LBO) vor, wenn das zu akquirierende Unternehmen überwiegend fremdkapitalfinanziert von externen Finanzinvestoren übernommen wird, die ein externes oder bereits bestehendes Management zum Zweck der Unternehmensführung einsetzen.[471] Von einem **Spin-Off** wird hingegen gesprochen, wenn eine Abteilung oder ein Unternehmensteil aus einem Unternehmen bzw. einem Konzern ausgegliedert und verselbstständigt wird.

4. Venture Capital

a) Notwendigkeit von Venture Capital

Da in Großbetrieben aufgrund von Rationalisierungen zunehmend Arbeitsplätze freigesetzt werden, erlangen **junge innovative Unternehmen mit Wachstumspotenzialen** für die Schaffung von neuen Arbeitsplätzen sowie als Partner von Großunternehmen eine zunehmende Bedeutung.[472] Diese für die Vitalität einer Volkswirtschaft wünschenswerte Situation i. S. e. Schaffung von Arbeitsplätzen und Stärkung der Innovationsfähigkeit mit einer damit einhergehenden Sicherung der Wettbewerbsfähigkeit der deutschen Wirtschaft bedarf einer **Förderung finanzieller Art**.

Neu zu gründende Unternehmen im mittelständischen Bereich haben in der Regel einen relativ hohen Kapitalbedarf, um ihre notwendigen Investitionsvorhaben – ob materieller und/oder immaterieller Art – zu finanzieren. Im Allgemeinen wird aber privates Eigenkapital nicht ausreichen, um die während der Entwicklungs-, Gründungs- und Wachstumsphase anstehenden Investitionen vollständig finanzieren zu können, so dass eine Diskrepanz zwischen Kapitalbedarf und Kapitalausstattung deutlich wird. Im Rahmen der notwendigen Kapitalbeschaffung stehen hierbei grundsätzlich mehrere Möglichkeiten zur Auswahl.

Während sich die Innenfinanzierung zumindest nicht in der Gründungsphase als ein Instrument der Finanzierung eignet, ist eine Finanzierung durch die Aufnahme eines Bankkredits als Außenfinanzierung in Form einer Kreditfinanzierung grundsätzlich geeignet. Als nachteilig erweisen sich allerdings die daraus in der Regel resultierenden laufenden Zins- und Tilgungszahlungen sowie die zwecks Bonitätsprüfung erforderlichen banküblichen Sicher-

---

[470] Zur Differenzierung der Unternehmensnachfolge von der Unternehmensgründung vgl. *Olbrich, Michael*: Unternehmensnachfolge und Unternehmensgründung – eine terminologische Abgrenzung. In: Entrepreneurship in Forschung und Lehre – Festschrift für *Klaus Anderseck*, hrsg. von *Klaus Walterscheid*, Frankfurt a. M. u. a. 2003, S. 133–145.

[471] Zur Struktur eines Leveraged Buy-Outs vgl. *Waschbusch, Gerd u. a.*: Kapitel 4: Finanzierungseffekte einer Mitarbeiterkapitalbeteiligung. In: Mitarbeiterkapitalbeteiligung unter Verwendung einer Beteiligungsgesellschaft – Gestaltung und Finanzierungsansätze, hrsg. von *Jens Lowitzsch* und *Stefan Hanisch*, Düsseldorf 2014, S. 157–160.

[472] Vgl. *Büschgen, Hans E.*: Venture Capital – der deutsche Ansatz. In: Die Bank 1985, S. 221.

heiten. An Letzteren wird es – insbesondere bei technologieorientierten Unternehmen – aufgrund der geringen Anzahl an Investitionen in Sachgüter häufig mangeln. Bei ihnen überwiegen Investitionen immaterieller Art in technisches Know-how.

Gelingt es dem Unternehmensgründer jedoch trotz mangelnder Sicherheiten, in der Anfangsphase eine Fremdfinanzierung durchzuführen, so können sich die ständig zu leistenden Rückzahlungsraten dann als Problem erweisen, wenn z. B. aufgrund zeitlicher Verzögerungen von Produkteinführungen die Zahlungsfähigkeit des Betriebes nicht gewahrt werden kann. Es kann also möglich sein, dass die Innenfinanzierungskraft des Unternehmens nicht ausreicht, die laufenden Zins- und Tilgungszahlungen zu decken.

Als Lösung bieten sich Wege der Eigenfinanzierung als Außenfinanzierung in Form einer Einlagenfinanzierung an. Dabei wird sowohl im Hinblick auf die Vielzahl von nicht börsennotierten bzw. nicht emissionsfähigen Unternehmen als auch auf das mit der Innovation verbundene Risiko Venture Capital (im Folgenden: VC) zur Verfügung gestellt. Diese ursprünglich aus den USA stammende Finanzierungsform wurde Ende der 1970er bzw. Anfang der 1980er Jahre erstmalig in Deutschland eingeführt. Der Begriff des „Venture Capital" und seine wesentlichen Unterschiede zum üblichen Bankkredit werden nachfolgend aufgezeigt.[473]

b) Begriff des Venture Capital

Unter dem Terminus „Venture Capital" versteht man im Allgemeinen eine **spezielle Form der langfristigen**, aber zeitlich begrenzten **Unternehmens- und Innovationsfinanzierung** mit risikotragendem, in einer Unternehmenskrise haftendem Eigenkapital oder mit eigenkapitalähnlichem Kapital, verbunden mit einer aktiven unternehmerischen Beratung und Betreuung des zu finanzierenden Unternehmens ohne Beeinflussung des laufenden Tagesgeschäfts. In der Regel wird von der VC-Gesellschaft zwecks Wahrung der Autonomie des Existenzgründers bzw. des „wachsenden Unternehmers" nur eine Minderheitsbeteiligung gehalten. Adressaten der VC-Finanzierung stellen kleine bzw. mittlere innovative und tendenziell technologieorientierte, (junge) nicht emissionsfähige und nicht börsennotierte Unternehmen mit einer geringen Eigenkapitalausstattung und hohen Wachstumspotenzialen dar, die allerdings komplexen unternehmerischen Aufgaben gegenüberstehen und zur Entscheidungsfindung auf externe Hilfe angewiesen sind. Der letzte Aspekt lässt sich auf die überwiegend technische Ausbildung und Erfahrung der Unternehmensgründer zurückführen, wobei die VC-Gesellschaft die zusätzlich benötigten betriebswirtschaftlichen und branchen-

---

[473] Vgl. ausführlich zum „Venture Capital" *Kußmaul, Heinz/Richter, Lutz*: Betriebswirtschaftliche Aspekte von Venture Capital-Gesellschaften und ihre Bedeutung im Hinblick auf Existenzgründungen: Einordnung, Funktionsweise, Beteiligungsformen, Finanzierungsphasen. In: Deutsches Steuerrecht 2000, S. 1155–1160; *Kußmaul, Heinz/Richter, Lutz*: Betriebswirtschaftliche Aspekte von Venture Capital-Gesellschaften und ihre Bedeutung im Hinblick auf Existenzgründungen: Zeitlicher Ablauf und öffentliche Finanzierungsprogramme. In: Deutsches Steuerrecht 2000, S. 1195–1204; *Kußmaul, Heinz/Richter, Lutz*: Venture Capital im Rahmen der Existenzgründung. In: Arbeitspapiere zur Existenzgründung, hrsg. von *Heinz Kußmaul*, Band 8, Saarbrücken 2000; ferner zu Kapitalbeteiligungsgesellschaften *Kußmaul, Heinz*: Kapitalbeteiligungsgesellschaften. In: Praxishandbuch Familiengesellschaften, begr. von *Vincent Bünz* und *Ernst W. Heinsius*, Freiburg i. Br. 1980 ff. (Loseblatt), Stand: 1999, Gruppe 4, S. 301–344; *Kußmaul, Heinz/Junker, Andy*: Vorteilhaftigkeitsveränderungen bei Kapitalbeteiligungsgesellschaften im Kontext des „Steuersenkungsgesetzes"? In: Finanz Betrieb 2000, S. 418–430.

bezogenen Kenntnisse zur Eindämmung der Risiken einbringt. Aus diesem Grund soll im Folgenden unter dem Terminus „Know-how" das betriebswirtschaftliche und branchenbezogene Know-how verstanden werden.

c) Abgrenzung zum Bankkredit

Bezugnehmend auf die einleitenden Ausführungen ist hinsichtlich der Zins- und Tilgungsleistungen zu konstatieren, dass im Rahmen einer VC-Finanzierung ein solcher Kapitaldienst während der Laufzeit in der Regel nicht anfällt und daraus resultierend die Liquidität des Unternehmens in dieser Phase nicht belastet wird. Ferner ist festzustellen, dass ein Mangel an beleihungsfähigen Sicherheiten die VC-Finanzierung nicht beeinflusst, da die Kapitalgewährung ausschließlich aufgrund einer Projektidee und der damit verbundenen Ertragsaussichten erfolgt.

Ein Investitionsvorhaben, das vor allem in der Entwicklungs- oder Gründungsphase extern finanziert werden soll, ist für eine notwendige Kreditwürdigkeitsprüfung weniger geeignet, da eine (bilanzorientierte) Beurteilung des Unternehmens anhand von Vergangenheitsdaten nicht möglich ist. Stattdessen muss auf eine zukünftige (dynamische) Betrachtungsweise abgestellt werden.[474]

Die VC-Finanzierung soll jedoch nicht eine völlige Ablösung der Fremdfinanzierung bezwecken. Die VC-Finanzierung kann und möchte auch nicht das alleinige Finanzierungsinstrument darstellen. Somit ist der Existenzgründer ebenfalls auf die Inanspruchnahme von öffentlichen Finanzierungshilfen[475] und Bankkrediten angewiesen, so dass ein Unternehmen aus privatem Gründungskapital, öffentlichen Finanzierungshilfen, Venture Capital und Bankkrediten finanziert wird. Eine VC-Finanzierung ist eine alternative Finanzierungsform, die allerdings in der Regel komplexer ist als die reine (externe) Fremdfinanzierung.[476]

Zwei der zuvor genannten Finanzierungsmöglichkeiten – Venture Capital und Bankkredit – stehen somit in einem stetigen Wettbewerb miteinander. Allerdings darf nicht übersehen werden, dass auch Verknüpfungen bestehen. So erhöht eine Finanzierung mit Venture Capital ceteris paribus die Eigenkapitalquote des Unternehmens und trägt somit bei etwaigen späteren Kreditverhandlungen zu einer verbesserten Darstellung des Unternehmensbildes bei. Ferner wird das Ansehen bei Geschäftspartnern aufgrund der gefestigteren Eigenkapitalposition sowie wegen der fachmännischen Betreuung und Beratung des Existenzgründers durch die VC-Gesellschaft erhöht.

---

[474] Vgl. *Wolff-Simon, Dirk*: Erfahrungen mit Venture-Capital-Finanzierungen für Existenzgründer aus Sicht einer finanzierenden Bank. In: Akademie 1999, S. 16.

[475] Vgl. den **Fünften Abschnitt, Kapitel E.II.4.ef)**. Zu staatlichen Förderprogrammen vgl. auch *Waschbusch, Gerd/Staub, Nadine*: Staatliche Förderprogramme in der Mittelstandsfinanzierung – Theoretische Grundlagen und praktische Gestaltungshinweise insb. für saarländische Unternehmen. In: Arbeitspapiere zur Existenzgründung, hrsg. von. *Heinz Kußmaul*, Band 23, Saarbrücken 2008; *Waschbusch, Gerd/Staub, Nadine*: Notwendigkeit und Möglichkeiten der Finanzierung des Mittelstands durch staatliche Förderprogramme. In: Finanz Betrieb 2008, S. 819–832.

[476] Vgl. dazu näher *Leinberger, Detlef*: Risikokapital für kleine und mittlere Unternehmen: Erfahrungen der Kreditanstalt für Wiederaufbau. In: Zeitschrift für das gesamte Kreditwesen 1998, S. 216–217.

Fünfter Abschnitt: Außenfinanzierung durch Eigenkapital

d) Abgrenzung zu anderen Beteiligungsgesellschaften

VC-Gesellschaften stellen eine Unterart der Beteiligungsgesellschaften dar.[477] Traditionell berührt die VC-Finanzierung eher die Gründung und somit die schwierigste Phase eines Unternehmens. Allerdings kommen nach heutigen Erfahrungen Finanzierungen mit Venture Capital auch in späteren Lebensphasen eines Unternehmens zum Einsatz. Aus diesem Grund wird im Folgenden der Begriff des Venture Capital untergliedert in eine engere Begriffsdefinition, die sich auf die „traditionellen" Bereiche der VC-Finanzierung erstreckt, und in eine weitere Begriffsdefinition, die die „neuartigen" Aufgabengebiete der VC-Finanzierung bezeichnen soll. In **Abbildung 40**[478] ist das Venture Capital in Abhängigkeit von der Lebensphase eines Unternehmens näher untergliedert.

Venture Capital	
Foundation-Venture Capital (Venture Capital i. e. S.)	**Merchant-Venture Capital** (Venture Capital i. w. S.)
• Seed-Phase ⎫ • Start-Up-Phase ⎬ Early Stage • First Stage ⎭ • Expansion Stage	• Later Stage (z. B. Akquisitionen, Sanierungen, Management Buy-Out/Management Buy-In)

Abbildung 40: Gliederung des Venture Capital in Abhängigkeit von der Lebensphase eines Unternehmens

In den folgenden Ausführungen sind sowohl die öffentlich geförderten Beteiligungsgesellschaften – dies sind jene Gesellschaften, die öffentliche Fördermittel im Finanzierungsprozess eines Unternehmens einsetzen – als auch diejenigen (privatwirtschaftlichen) Beteiligungsgesellschaften Gegenstand der Betrachtungen, die in Anlehnung an **Abbildung 40** Foundation-Venture Capital (Venture Capital i. e. S.) zur Verfügung stellen. Im **Fünften Abschnitt, Kapitel E.II.4.ec)** werden die für eine Finanzierung mit Foundation-Venture Capital in Frage kommenden Lebensphasen eines Unternehmens nochmals aufgegriffen und näher erläutert.

Ausgehend von **Abbildung 40** lässt sich generell konstatieren, dass die Finanzierung mit Foundation-Venture Capital aufgrund der erst eintretenden bzw. erst eingetretenen Lebensphase des Unternehmens risikoreicher ist als die Finanzierung mit Merchant-Venture Capital.[479] Mit zunehmendem Alter des Unternehmens verliert das Investitionsrisiko des Unternehmensgründers und somit auch die Attraktivität der VC-Finanzierung an Bedeutung.

---

[477] Vgl. *Beyel, Jürgen*: Kapitalbeteiligungsgesellschaften in der Bundesrepublik Deutschland. In: Der Langfristige Kredit 1987, S. 657, für den VC-Gesellschaften eine Sonderform der Kapitalbeteiligungsgesellschaften darstellen.

[478] In Anlehnung an die Systematik bei *Bell, Markus G.*: Venture Capital. In: Das Wirtschaftsstudium 1999, S. 53 und *Fanselow, Karl-Heinz*: Unternehmensbeteiligungen in Deutschland: Was ist erreicht? Was bleibt zu tun? In: Zeitschrift für das gesamte Kreditwesen 1998, S. 208.

[479] Vgl. auch *Schmidt, Reinhard H.*: Venture Capital in Deutschland – ein Problem der Qualität? In: Die Bank 1988, S. 185.

e) Finanzierung mit Venture Capital

ea) Generelle Funktionsweise

Den Ausgangspunkt der Überlegungen bildet ein junges mittelständisches Unternehmen, das Eigenkapital benötigt und sich mittels der VC-Gesellschaft finanzieren möchte. Mit der **Gewährung des Eigenkapitals geht die VC-Gesellschaft eine Beteiligung an diesem Unternehmen** ein. Da die VC-Gesellschaft als solche in der Regel wenig eigenes Kapital, sondern Finanzmittel von externen Dritten in das junge Unternehmen investiert, muss sie sich refinanzieren. Hierbei kommt die Refinanzierung aus privaten und öffentlichen Mitteln in Betracht. Im Rahmen der privaten Refinanzierung bietet die VC-Gesellschaft (externen) Kapitalgebern – sog. VC-Financiers – im Rahmen eines Fonds[480] eine bestimmte Beteiligung zur Zeichnung an ihrem eigenen Unternehmen an.[481] Für diesen Kapitalgeberstamm bietet die Anlageform einerseits einen Anreiz, weil dadurch im Vergleich zu Aktien oder festverzinslichen Wertpapieren eine überdurchschnittlich hohe Rendite erzielt werden kann. Andererseits müssen die VC-Financiers sowohl auf die Erfahrung der VC-Gesellschaft bezüglich der Auswahl des VC-Nehmers als auch auf die Beratungskompetenz der VC-Gesellschaft während der Laufzeit des Venture Capital vertrauen. Um das Ausfallrisiko der Beteiligungen zu vermindern, werden im Rahmen des Fonds Beteiligungen an mehreren jungen Unternehmen in verschiedenen Lebensphasen, unterschiedlichen Branchen sowie verschiedenen technologischen Richtungen gehalten. Somit wird das Risiko einer Beteiligung durch die Chance einer anderen gehaltenen Beteiligung ausgeglichen. Man spricht von einer **Risikodiversifizierung** oder Risikostreuung. Bei der Refinanzierung aus öffentlichen Mitteln werden der VC-Gesellschaft günstige Darlehen im Rahmen öffentlicher Förderprogramme[482] gewährt.[483]

Am Ende der Laufzeit erhält die VC-Gesellschaft ihre getätigte Einlage zzgl. eines aus der Wertsteigerung der an dem Unternehmen des Existenzgründers gehaltenen Anteile resultierenden Gewinns als Folge der Veräußerung zurück.[484] Die VC-Gesellschaft zahlt ihrerseits die ihr zur Verfügung gestellten Geldleistungen an die VC-Financiers zzgl. einer adäquaten Verzinsung (sog. „Hurdle-Rate") als Entgelt für die befristete Kapitalüberlassung und die Risikoübernahme im Rahmen der Liquidation des Fonds zurück. Hierbei wird deutlich, dass die VC-Gesellschaft als solche nur eine Vermittlerfunktion innehat. Allerdings besitzt sie

---

[480] Man unterscheidet zwischen offenen und geschlossenen Fonds. Unter einem **offenen Beteiligungsfonds** versteht man ein bestimmtes Konzept der Mittelaufbringung, wobei dieser für einen offenen Zeitraum konzipiert wird und für weitere Investoren offen steht. Im Rahmen eines **geschlossenen Fonds** wird dieser nach Zeichnung des gesamten Kapitals für weitere Investoren geschlossen. Vgl. *Baier, Wolfgang*: Venture Capital. In: Gründungsplanung und -finanzierung, hrsg. von *Willi K.M. Dieterle* und *Eike M. Winckler*, 3. Aufl., München 2000, S. 408–409. Die Investoren profitieren hierbei von der Entwicklung sämtlicher im Fonds befindlichen Vermögenswerte.

[481] Man spricht hierbei auch von einer sog. indirekten Beteiligung, da die VC-Financiers nur mittelbar über die VC-Gesellschaft an dem Unternehmen des VC-Nehmers beteiligt sind (vgl. **Abbildung 41** auf S. 138).

[482] Vgl. dazu den **Fünften Abschnitt, Kapitel E.II.4.ef)**.

[483] Aus Sicht des VC-Nehmers hat die VC-Gesellschaft somit eine Finanzierungsfunktion, aus Sicht der VC-Financiers eine Investmentfunktion inne. Vgl. *Kußmaul, Heinz*: Kapitalbeteiligungsgesellschaften. In: Praxishandbuch Familiengesellschaften, begr. von *Vincent Bünz* und *Ernst W. Heinsius*, Freiburg i. Br. 1980 ff. (Loseblatt), Stand: 1999, Gruppe 4, S. 304.

[484] Vgl. hierzu die Ausführungen im **Fünften Abschnitt, Kapitel E.II.4.ed)**.

neben der **Finanzierungsfunktion** auch eine **Beraterfunktion**, die sie aktiv ausübt. Zusammenfassend lässt sich eine VC-Gesellschaft als Mischung aus einem Beteiligungsfonds für Risikokapital und einer Unternehmensberatungsgesellschaft charakterisieren.

Eine Sonderform der VC-Gesellschaften stellen öffentliche Beteiligungsgesellschaften dar, bei denen als VC-Financiers der Staat bzw. Institutionen des Staates fungieren. **Abbildung 41**[485] fasst die Ausführungen nochmals grafisch zusammen.

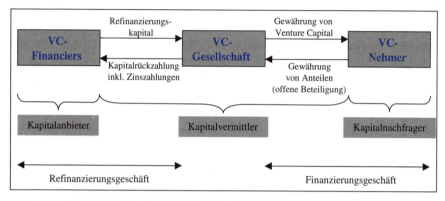

Abbildung 41: Schematische Funktionsweise einer Finanzierung mit Venture Capital

eb) Ausgewählte Beteiligungsformen

Die **Gewährung von Eigenkapital durch eine VC-Gesellschaft** vollzieht sich dadurch, dass die VC-Gesellschaft an dem Unternehmen des Existenzgründers oder dem wachsenden Unternehmen eine Beteiligung eingeht. Hierbei sind verschiedene **Gestaltungsvarianten** denkbar, wobei zwischen der offenen und der stillen Beteiligung unterschieden wird.

Bei der **offenen Beteiligung** wird das Venture Capital in Form von Einlagen bzw. Grund- oder Stammkapital in das Unternehmen des VC-Nehmers eingebracht, wobei mit dem Eintritt Stimm- und Mitspracherechte einhergehen sowie eine Beteiligung an den stillen Reserven erfolgt. Als Beteiligungsform kommen die Übernahme von Kommanditanteilen, GmbH-Stammanteilen sowie Aktien in Betracht. Die Beteiligung als Gesellschafter einer OHG oder als Komplementär einer KG wird aus haftungsrechtlichen Gründen in der Regel ausgeschlossen.

Im Gegensatz dazu stellen **stille Beteiligungen** Fremdkapital dar, wobei die Gewährung materiell wie eine Erhöhung des Eigenkapitals wirkt. Es handelt sich hierbei um ein kreditähnliches Geschäft. Aufgrund der Tatsache, dass die Einlage „in das Vermögen des Inhabers des Handelsgeschäfts übergeht"[486], entsteht keine Beteiligung und somit auch generell kein Mitspracherecht. Weiterhin erfolgt keine Partizipation an den stillen Reserven, wobei aber

---

[485] Entnommen aus *Kußmaul, Heinz/Richter, Lutz*: Betriebswirtschaftliche Aspekte von Venture Capital-Gesellschaften und ihre Bedeutung im Hinblick auf Existenzgründungen: Einordnung, Funktionsweise, Beteiligungsformen, Finanzierungsphasen. In: Deutsches Steuerrecht 2000, S. 1159.

[486] § 230 Abs. 1 HGB.

als Ausgleich eine Wertzuwachspauschale vereinbart werden kann. Allerdings ist der stille Gesellschafter (VC-Gesellschaft) berechtigt, eine Kopie des Jahresabschlusses des VC-Nehmers zu verlangen und dessen Richtigkeit unter Einsicht der Bücher und Papiere zu überprüfen.[487] Die VC-Gesellschaft haftet im Verlustfall nur bis zur Höhe ihrer getätigten Einlage;[488] die Verlustbeteiligung kann zudem durch den Gesellschaftsvertrag ausgeschlossen werden,[489] wobei dies im Rahmen öffentlicher Förderprogramme allerdings nicht üblich ist.

Generell bieten sich stille Beteiligungen an, wenn die VC-Gesellschaft nicht nach außen in Erscheinung treten möchte bzw. die Beteiligungs- und Stimmrechtsquoten (bei bereits gegründetem Unternehmen) unverändert bleiben und flexible vertragliche Gestaltungsmöglichkeiten erreicht werden sollen. Somit besteht zwischen der VC-Gesellschaft und dem VC-Nehmer ein reines Innenverhältnis, wobei nur der VC-Nehmer nach außen in Erscheinung tritt.[490]

ec) Phasen der Finanzierung mit Venture Capital

Die erste für einen Existenzgründer relevante Phase stellt die sog. „Seed-Phase" (auch: F & E-Phase) dar, innerhalb derer zum einen die Finanzierung der vorbereitenden Forschungs- und Entwicklungstätigkeiten zu erfolgen hat und zum anderen der daraus resultierende Prototyp vorgestellt wird. Das Unternehmen ist zu diesem Zeitpunkt noch nicht existent, sondern befindet sich erst in der Gründung. Die VC-Finanzierung ist in diesem Teilbereich mit sehr hohen Risiken behaftet, da die Marktchancen und die zukünftige Akzeptanz der Produktinnovation in dieser Phase in der Regel relativ schlecht abschätzbar sind. Daher erweist sich die Marktanalyse, die sich als Ziel gesetzt hat, Daten über insbesondere potenzielle Kunden und Konkurrenten zu sammeln, zu erfassen, zu klassifizieren und zu analysieren,[491] zur näheren Konkretisierung der Marktchancen als ein unerlässliches Hilfsmittel.

Ein weiteres Problem der „Seed-Phase" besteht in den hohen Aufwendungen (Beratungs- und Betreuungsaufwendungen), denen keine Erträge gegenüberstehen; daraus folgt eine Finanzierungslücke, die in der Regel nicht ausschließlich durch Eigenmittel geschlossen werden kann. Hierbei bietet sich der Einsatz von öffentlichen Fördermaßnahmen an.

Innerhalb der **„Start-Up-Phase"** wird das Unternehmen gegründet und das in der „Seed-Phase" entwickelte Produkt auf eine Markteinführung vorbereitet bzw. eine probeweise Einführung des Erzeugnisses auf einem Testmarkt vorgenommen. Des Weiteren werden die Produktionsvorbereitungen getroffen und detaillierte Marketingkonzepte entwickelt. Die „Start-Up-Phase" erlangt im Rahmen des Gründungsvorgangs einen besonderen Stellenwert, da dort die Finanzierungslücke trotz bereits einsetzender Rückflüsse besonders groß ist.

---

[487] Vgl. § 233 Abs. 1 HGB.
[488] Vgl. § 232 Abs. 2 Satz 1 HGB.
[489] Vgl. § 231 Abs. 2 HGB.
[490] Vgl. zu diesem Absatz *Wöhe, Günter/Döring, Ulrich*: Einführung in die Allgemeine Betriebswirtschaftslehre. 25. Aufl., München 2013, S. 220.
[491] Vgl. ausführlich zum Themenbereich „Marktanalyse" *Kußmaul, Heinz*: Betriebswirtschaftslehre für Existenzgründer. 7. Aufl., München 2011, S. 583–595.

Innerhalb der **"First Stage"** wird die Markteinführung des Produkts mit der damit verbundenen Aufnahme der Produktion vorgenommen sowie ein Fertigungs- und Vertriebsnetz aufgebaut. In der **"Expansion Stage"**, einem weiteren wichtigen Betätigungsfeld der VC-Finanzierung, erfolgt eine Ausweitung der Produktpalette und des Produktions- und Vertriebssystems sowie eine eventuelle Ausdehnung der unternehmerischen Aktivitäten in das Ausland – sog. „cross-border-Geschäfte". In dieser Phase werden die Möglichkeiten der Selbstfinanzierung bzw. der Kreditfinanzierung durch die am Markt erwirtschafteten Gewinne erhöht.

In **Abbildung 42**[492] lassen sich zusammenfassend tendenzielle Aussagen über die Entwicklung der Gewinne, des Kapitalbedarfs und des Risikos des Unternehmens in Abhängigkeit von seiner Lebensphase treffen.

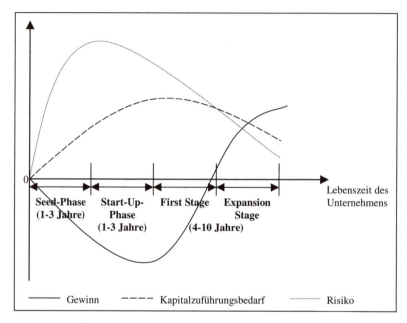

Abbildung 42: Funktionale Beziehungen zwischen den Gewinnen, dem Kapitalbedarf und dem Risiko im Rahmen der Finanzierung mit Foundation-Venture Capital

ed) Zeitlicher Ablauf einer Finanzierung mit Venture Capital

(1) Überblick

Während in dem vorangegangenen Kapitel die für eine VC-Finanzierung primär relevanten Lebensphasen eines Unternehmens erläutert wurden, finden nun diejenigen Phasen Berücksichtigung, die ein Gründungsunternehmen in zeitlicher Hinsicht bis zur Gewährung von Venture Capital zu durchlaufen hat.

---

[492] Vgl. *Merkle, Erich*: Venture Capital als Instrument des Technologiemanagements. In: Betriebs-Berater 1984, S. 1061.

(2) Akquisitionsphase

Bevor eine Finanzierung des Unternehmens des Existenzgründers erfolgen kann, muss die VC-Gesellschaft als solche das für die Beteiligungsinvestition benötigte Kapital akquirieren. Die Interessengruppen innerhalb dieser anfänglichen Phase, die auch als **Suchphase** oder als „**Fund raising**" bezeichnet wird, stellen institutionelle (z. B. Kreditinstitute, Versicherungen), industrielle oder private Anleger dar.[493] In Deutschland verkörpern die Kreditinstitute die wesentlichen VC-Financiers.

(3) Investitionsphase

Innerhalb der **Kontaktphase**, die parallel zur oder anschließend an die Akquisitionsphase verlaufen kann, müssen der VC-Gesellschaft die entsprechenden Beteiligungsprojekte zugänglich gemacht werden. Dies kann zum einen dadurch geschehen, dass auf direkte Weise ein Kontakt zwischen beiden Subjekten geknüpft wird. Zum anderen kann auch ein (externer) Dritter als Vermittler fungieren (z. B. Kreditinstitute, Industrie- und Handelskammer, Unternehmensberater; sog. „Scouts"[494]).

Der primäre Zweck einer daran anschließenden **Grobanalyse** besteht für VC-Gesellschaften in einer Selektion der generell in Frage kommenden VC-Nehmer. Diese Grobanalyse fällt in der Vielzahl der Beurteilungsfälle negativ aus.[495] Hierbei ist zwischen solchen Gründen zu differenzieren, die der Existenzgründer nicht zu verantworten hat (die Investition der VC-Gesellschaft passt nicht in deren Gesamtportfolio), und solchen, die im Einflussbereich des potenziellen VC-Nehmers liegen. Um den letzteren Fall zu vermeiden, hat der potenzielle Existenzgründer die VC-Gesellschaft von der Attraktivität seines Unternehmens zu überzeugen.[496] Hierbei wird vor allem Wert auf die Unternehmerpersönlichkeit sowie auf die Seriosität, Aussagekraft und Professionalität des vom VC-Nehmer zu erstellenden Business Plans[497] gelegt. Weiterhin finden das einzuführende Produkt bzw. die einzuführende Technologie sowie die damit verbundenen Wachstumschancen und Markterfolge in den Überlegungen anhand einer Plausibilitätsprüfung Berücksichtigung.

Die nach der Grobanalyse noch in Frage kommenden potenziellen VC-Nehmer müssen sich im Rahmen der **Detailanalyse** – auch Due Diligence genannt – vertiefenden Gesprächen

---

[493] Vgl. hierzu *Bundesverband Deutscher Kapitalbeteiligungsgesellschaften – German Venture Capital Association e.V.*: Venture Capital von A bis Z. Berlin 1993, S. 5.

[494] Unter einem „Scout" wird eine Person verstanden, die aussichtsreiche Beteiligungsmöglichkeiten sichtet.

[495] Vgl. *Pfeifer, Axel*: Venture Capital als Finanzierungs- und Beteiligungsinstrument. In: Betriebs-Berater 1999, S. 1669.

[496] Zu den Erfolgsfaktoren einer Existenzgründung vgl. *Waschbusch, Gerd/Knoll, Jessica/Staub, Nadine*: Existenzgründung – Erfolgsfaktoren auf dem Weg in die Selbstständigkeit. In: Finanzierung im Mittelstand 2010, S. 6–11.

[497] Vgl. ausführlich zum Aufbau eines Business Plans mit Beispielen *Kußmaul, Heinz*: Aufgaben und Aufbau eines Business Plans. In: Der Steuerberater 1999, S. 471–477; *Kußmaul, Heinz*: Betriebswirtschaftslehre für Existenzgründer. 7. Aufl., München 2011, S. 564–628; *Kußmaul, Heinz*: Business Plan – Aufbau, Inhalt, Zweck, Beispiel –. In: Arbeitspapiere zur Existenzgründung, hrsg. von *Heinz Kußmaul*, Band 2, 2. Aufl., Saarbrücken 2002; *Kußmaul, Heinz/Junker, Andy*: Der Business-Plan am Beispiel. In: Arbeitspapiere zur Existenzgründung, hrsg. von *Heinz Kußmaul*, Band 7, 2. Aufl., Saarbrücken 2003.

unterziehen, um eine persönliche Meinungsbildung seitens der VC-Gesellschaft zu ermöglichen. Ferner wird der in der Grobanalyse als interessant erachtete Business Plan einer ausführlicheren Untersuchung unterzogen.

VC-Nehmer, die auch die Detailanalyse bestehen und deren Interessen mit denen der VC-Gesellschaft harmonieren, schließen zu guter Letzt den Vertrag über die Gewährung von Venture Capital ab (sog. **Vertragsabschlussphase**). Hierbei muss einerseits die Art der Finanzierungsform geklärt werden. Andererseits stellt sich die Frage, wie die Anteile zu bewerten sind und ob beide potenzielle Vertragspartner zu einer Einigung bezüglich des Preises kommen. Hierbei stehen zwei Varianten zur Auswahl. Entweder muss der Preis für eine bestimmte prozentuale Beteiligung festgelegt werden, oder es ist zu vereinbaren, wie hoch der Anteil der VC-Gesellschaft am VC-Nehmer bei einer bestimmten Eigenkapitalzuführung sein soll. Somit wird das Themengebiet des Venture Capital auch entscheidend von der Unternehmensbewertung geprägt.[498] Weiterhin ist innerhalb der Vertragsverhandlungen die Intensität der Bindung des VC-Nehmers an die VC-Gesellschaft zu definieren. Hier stellt sich die Frage der Einräumung von Informations- und Mitwirkungsrechten (evtl. auch in der Geschäftsführung des VC-Nehmers).

(4) Betreuungsphase

Die sich an die Investitionsphase anschließende Betreuungsphase – auch **Zusammenarbeitsphase** oder **Monitoring** genannt – erstreckt sich über einen Zeitraum von fünf bis zehn Jahren, wobei die Bindungsintensität in verschiedener Weise ausgeprägt sein kann. Diese führt von der bloßen Kontrolle bestimmter vertraglich vereinbarter Vorgaben bis hin zur intensiven Betreuung des Managements des VC-Nehmers in Form der Unterstützung der Geschäftsführung bei strategischen Entscheidungen, zur Vermittlung von Kontakten zu weiteren Finanzierungsquellen (Kunden, Lieferanten), zur Hilfe bei kurzfristigen Krisen, zum Organisationsaufbau, zur Personalpolitik (z. B. Ablösung der Führungsmannschaft) und zum Aufbau eines intakten Rechnungswesens (Betriebsbuchführung, Kosten- und Leistungsrechnung) und Controllings.[499] Allerdings können und wollen VC-Gesellschaften nicht die gesamte Unternehmerfunktion übernehmen; sie sind lediglich helfend oder beratend tätig.

(5) Desinvestitionsphase

In der Desinvestitionsphase – auch als **Exit** bezeichnet –, die nach dem zehnten Jahr abgeschlossen sein sollte, wird der VC-Gesellschaft das ursprünglich gewährte Kapital wieder zum Nominalwert – zzgl. eines Entgelts für die Kapitalnutzung in Form laufender Gewinnausschüttungen und/oder von Wertsteigerungen – zurückgezahlt. Die Zeitspanne von zehn

---

[498] Vgl. hierzu ausführlich *Bieg, Hartmut/Kußmaul, Heinz/Waschbusch, Gerd*: Investition. 3. Aufl., München 2016, S. 243–344.

[499] Ob die auftretenden Beratungskosten der VC-Gesellschaft zusätzlich durch den VC-Nehmer abgegolten werden müssen, hängt von der anfänglichen vertraglichen Ausgestaltung ab. Vgl. *Pfeifer, Axel*: Venture Capital als Finanzierungs- und Beteiligungsinstrument. In: Betriebs-Berater 1999, S. 1669. In der Regel sind die gegebenen Beratungen allerdings kostenlos, da sie Gegenstand der gesamten VC-Finanzierung sind. Vgl. *Grisebach, Rolf*: Innovationsfinanzierung durch Venture Capital: eine juristische und ökonomische Analyse. München 1989, S. 58.

E. Rechtsformunabhängige Eigenkapitalbeschaffungsmöglichkeiten 143

Jahren stellt hierbei einen ungefähren Richtwert dar. Maßgebend für den Exit ist letztlich der Zeitpunkt, zu dem die entscheidungsrelevanten Daten des Unternehmens des VC-Nehmers eine bestimmte Untergrenze einer im Vorhinein festgelegten Kennzahl erreichen bzw. übersteigen. Diese Kennzahl stellt in der Regel der ROI (Return On Investment) oder der IRR (Internal Rate of Return; interner Zinsfuß; Rendite) dar.[500]

Die vier in Frage kommenden Beendigungsmöglichkeiten des Beteiligungsengagements, die vertraglich geregelt sein müssen, lassen sich wie in **Abbildung 43**[501] darstellen.

Abbildung 43: Varianten der Beendigung des Beteiligungsengagements für eine VC-Gesellschaft

Auch im Rahmen der Desinvestitionsphase wird die bereits im **Fünften Abschnitt, Kapitel E.II.4.d)** angesprochene Vermischung von Beteiligungsgesellschaften und VC-Gesellschaften deutlich. Während sich für Beteiligungsgesellschaften die Verzinsung ihres eingesetzten Eigenkapitals in (laufenden) Gewinnausschüttungen bzw. Gewinnzuweisungen widerspiegelt, partizipieren die VC-Gesellschaften an der Wertsteigerung ihrer Anteile an dem Unternehmen des VC-Nehmers infolge eines möglichst hohen Veräußerungsgewinns.

Welcher **Entgelttyp** – laufende Gewinnausschüttungen oder realisierte Wertsteigerungen – typisch ist für die befristete Eigenkapitalüberlassung, ist aufgrund der unscharfen Grenzen zwischen VC-Gesellschaften und Beteiligungsgesellschaften nicht mehr genau feststellbar. Dennoch bestehen zwischen den beiden Varianten keine gravierenden Unterschiede. Legt man den Überlegungen eine sog. Nettosubstanzwertbetrachtung zugrunde, so wird durch Gewinnausschüttungen an die VC-Gesellschaft das Eigenkapital und somit auch die Netto-

---

[500] Vgl. auch *Schmitz-Morkramer, Philipp C.*: Die Beteiligungspolitik von Venture-Capital-Gesellschaften in den neuen Bundesländern. In: Zeitschrift für das gesamte Kreditwesen 1995, S. 509, der zutreffend feststellt, dass eine längere Laufzeit der Beteiligung auch einen höheren Veräußerungserlös impliziert, um die gewünschte Rendite des investierten Kapitals erreichen zu können.

[501] In Anlehnung an die Begrifflichkeiten und Definitionen beim *Bundesverband Deutscher Kapitalbeteiligungsgesellschaften – German Venture Capital Association e.V.*: Venture Capital von A bis Z. Berlin 1993, S. 4. Vgl. hierzu auch *Pahlen, Dieter*: WGZ Venture-Capital Gesellschaft: Erwartungen an ein junges Unternehmen. In: Zeitschrift für das gesamte Kreditwesen 1998, S. 225.

substanz des Unternehmens des VC-Nehmers gemindert, woraus ein entsprechend geringerer Veräußerungsgewinn am Ende der Beteiligungslaufzeit resultiert.

Werden hingegen keine Gewinnausschüttungen vorgenommen, so werden durch die Eigenkapitalansammlung die Substanz des Unternehmens und auch der Veräußerungsgewinn der Anteile erhöht. Bei diesen Überlegungen wurde implizit unterstellt, dass sich die Verzinsung der erwirtschafteten Gewinne in dem Unternehmen und die alternative Verzinsung der VC-Gesellschaft im Gewinnausschüttungsfall entsprechen. Trifft diese Kongruenz aber nicht zu, so bietet sich aus Sicht der VC-Gesellschaft eine Gewinnausschüttung genau dann an, wenn die alternative Verzinsung größer als die interne Verzinsung ist et vice versa. Dieser Aspekt impliziert, dass beide Verzinsungsprozentsätze zum Zeitpunkt der Vertragsverhandlungen bereits abgeschätzt werden müssen.

In diesem Zusammenhang lässt sich wiederum der **Begriff „Risikokapital"** veranschaulichen. Stellt sich die Investition in dem Unternehmen des VC-Nehmers als Fehlmaßnahme heraus, d. h., treten die prognostizierten Wachstumschancen gar nicht oder nur in einem geringen Maße ein, so ist mit einem (teilweisen) Verlust des eingesetzten Kapitals zu rechnen (sog. „write off"). Im umgekehrten Fall wird der Unternehmenswert und der daran zu messende Veräußerungserlös der Anteile steigen und somit die Möglichkeit einer überdurchschnittlich hohen Rendite des eingesetzten Kapitals gegeben sein, an dem die VC-Gesellschaft partizipiert, sozusagen als Äquivalent für den möglichen „write off".[502] Aus diesem Grund ist auch verständlich, dass VC-Gesellschaften in Unternehmen mit künftigen Wachstumsperspektiven investieren, um in jedem Jahr eine Maximierung des Shareholder Value anzustreben. Die prozentuale Zusammensetzung der einzelnen Exitkanäle wird in **Abbildung 44**[503] auf S. 145 tabellarisch für die Jahre 2013 und 2014 gegenübergestellt.

Generell ist festzustellen, dass die Gewährung von Venture Capital bei einer schon im Vorfeld verfolgten Strategie des Going Public maßgebend von der späteren Fungibilität, d. h. von der Handelbarkeit der Anteile, abhängig ist. Zweifelsohne erweist sich der Börsengang in diesem Zusammenhang als der optimale Weg.

Die **Exitstrategie des „Buy Back"**, also des Rückkaufs der Anteile durch den VC-Nehmer, stellt sicher, dass der VC-Nehmer aus eigenem Interesse während des Beteiligungsengagements fremde Gesellschafter zum Unternehmensaufbau und zur Einbringung von Knowhow benötigt bzw. duldet. Danach wird allerdings durch den Anteilsrückkauf gewährleistet, dass die Kontroll- und Mitspracherechte im Managementbereich an den VC-Nehmer zurückgehen.[504] Damit soll der Sorge des Verlusts der Selbstständigkeit, des Einflusses auf die Geschäftsführung und der Entscheidungsfreiheit vorgebeugt und ein klassisches Charakte-

---

[502] Die VC-Gesellschaft erwirbt zudem in der Branche des VC-Nehmers zusätzliches Know-how, das sie bei späteren branchengleichen Engagements wieder nutzen kann. Vgl. *Pahlen, Dieter*: WGZ Venture-Capital Gesellschaft: Erwartungen an ein junges Unternehmen. In: Zeitschrift für das gesamte Kreditwesen 1998, S. 224.

[503] Vgl. dazu die Statistiken des Bundesverbandes Deutscher Kapitalbeteiligungsgesellschaften – German Private Equity and Venture Capital Association e. V., abrufbar unter: www.bvk-ev.de (Stand: 24.06.2015), Rubrik: Statistiken → Aktuelle Statistiken.

[504] *Hertz-Eichenrode* formuliert treffend: „Deutsche Mittelständler bevorzugen es, „Herr im eigenen Hause" zu sein". *Hertz-Eichenrode, Albrecht*: Venture Capital in Deutschland: Stimmen die Rahmenbedingungen? In: Zeitschrift für das gesamte Kreditwesen 1998, S. 204.

ristikum von mittelständischen Betrieben – die Personalunion von Eigentümer und Unternehmer – aufrechterhalten werden. Als problematisch dürfte sich hingegen die Findung eines für beide Parteien akzeptablen Kaufpreises für die rückzuerwerbenden Anteile sowie die Finanzierung der Anteile für den VC-Nehmer erweisen.

Exitkanäle	prozentualer Anteil 2013	prozentualer Anteil 2014
Rückzahlung		
stiller Beteiligungen	2,4 %	2,1 %
von Gesellschafterdarlehen	6,8 %	1,8 %
Verkauf		
an andere Beteiligungsgesellschaften	24,8 %	20,6 %
an Finanzinstitutionen	0,7 %	31,5 %
an das Management/Buy-Back	3,8 %	0,6 %
Trade Sale	23,9 %	22,8 %
Direktinvestment über die Börse		
durch Neuemission	1,2 %	0,1 %
durch Aktienverkauf nach Notierung	13,0 %	13,9 %
sonstige Exitkanäle oder unbekannt	0,2 %	0,2 %
Totalverlust	23,2%	6,5 %

Abbildung 44: Prozentuale Zusammensetzung der Exitkanäle in den Jahren 2013 und 2014

ef) Öffentliche Finanzierungsprogramme mit Venture Capital

Öffentliche Finanzierungsprogramme im Zusammenhang mit Venture Capital werden auf zwei Ebenen gewährt:

- Zwecks Übernahme kleinerer Beteiligungen an mittelständischen Unternehmen wird VC-Gesellschaften ein Anreiz in Form von staatlichen Fördermaßnahmen (in Form von Refinanzierungskrediten) geboten. Hierbei wird zum einen die Refinanzierung verbilligt und zum anderen das Verlustrisiko verringert (vgl. das ERP-Beteiligungsprogramm in **Abbildung 45** auf S. 146).

- Es erfolgt eine direkte Beteiligung am VC-Nehmer in Form einer stillen Beteiligung, so dass kein Einfluss auf diesen ausgeübt wird. Diese Beteiligung ist allerdings aus Gründen der Risikodiversifikation von einer weiteren Beteiligung in der gleichen Höhe eines sog. Leadinvestors (z. B. eine VC-Gesellschaft) abhängig, der sich dann auch für die Betreuung und Unterstützung des VC-Nehmers verantwortlich zeigt (vgl. den ERP-Startfonds in **Abbildung 45** auf S. 146).

Bei der Institution, die die öffentlichen Fördermittel (des Bundes) gewährt, handelt es sich um die KfW-Mittelstandsbank. In Abhängigkeit von der Lebensphase des Unternehmens lassen sich dabei unterschiedliche VC-Förderprogramme in Anspruch nehmen, von denen in **Abbildung 45** auf S. 146 beispielhaft typische Konditionen dargestellt werden. Weiterführende Informationen zu den einzelnen Förderprogrammen können auf der Homepage der KfW-Mittelstandsbank eingesehen werden (www.kfw-mittelstandsbank.de, Rubrik: Beteiligungsfinanzierung).

	ERP-Startfonds	**ERP-Beteiligungsprogramm**
Wer wird gefördert?	Kleine, innovative Technologieunternehmen, die – nicht älter als 10 Jahre sind sowie – die Kriterien der EU-Kommission für kleine Unternehmen (weniger als 50 Mitarbeiter und Jahresumsatz oder Jahresbilanzsumme von höchstens 10 Mio. EUR) erfüllen.	Kleine und mittlere Unternehmen der gewerblichen Wirtschaft mit – einem Gruppenumsatz von maximal 50 Mio. EUR (in begründeten Fällen bis zu 75 Mio. EUR).
Was wird finanziert?	Die Entwicklung neuer oder wesentlich verbesserter Produkte, Verfahren oder Dienstleistungen und/oder deren Markteinführung, sofern – der innovative Kern im Unternehmen selbst entwickelt wird und – die neuen Produkte auf eigener Forschung und Entwicklung basieren und sich wesentlich von den bisherigen Produkten des Unternehmens unterscheiden. Die zweckgemäße Verwendung der Mittel ist nachzuweisen.	– Errichtung neuer oder Erweiterung bestehender Betriebe – Existenzgründungen – grundlegende Rationalisierung bestehender Betriebe – Innovations- und Kooperationsvorhaben – Förderung einer Beteiligung auch bei Erbauseinandersetzungen oder beim Ausscheiden von Gesellschaftern möglich
Wie sind die Konditionen?	Höchstbeträge: – maximal 5 Mio. EUR pro Technologieunternehmen (mehrere Finanzierungsrunden innerhalb dieses Rahmens möglich), – maximal 2,5 Mio. EUR pro Finanzierungsrunde (je 12-Monats-Zeitraum). Laufzeit, Konditionen und Beteiligungsform richten sich nach der Beteiligung des Leadinvestors.	Höchstbeträge: – i. d. R. bis zu 1,5 Mio. EUR (die Beteiligung soll das Eigenkapital nicht übersteigen) – in Ausnahmefällen bis zu 2,5 Mio. EUR möglich Beteiligungsdauer: – bis zu 10 Jahre (in den neuen Ländern und Berlin bis zu 12,5 Jahre) Beteiligungsform: – jede Beteiligungsform ist zulässig – Verlustteilnahme des Beteiligungsgebers im Insolvenzfall darf nicht ausgeschlossen werden
Wer kann als Leadinvestor auftreten?	– Beteiligungsgesellschaften (sofern bei der KfW-Mittelstandsbank akkreditiert) – Natürliche und juristische Personen (Zulassung als Leadinvestor erfolgt auf Einzelfallbasis)	– kein Leadinvestor erforderlich

Abbildung 45: Wichtige Aspekte der von der KfW-Mittelstandsbank gewährten öffentlichen Fördermittel

Sechster Abschnitt

Außenfinanzierung durch Fremdkapital (Kreditfinanzierung)

A. Charakteristika und Formen der Kreditfinanzierung

I. Abgrenzung von Eigen- und Fremdkapital

Eigen- und Fremdkapital unterscheiden sich neben den von ihnen zu erfüllenden Funktionen auch bezüglich ihrer charakteristischen Merkmale. Im Folgenden werden die einzelnen **Charakteristika von Eigen- und Fremdkapital** idealtypisch einander gegenübergestellt.

Das **Eigenkapital** zeichnet sich dadurch aus, dass mit ihm eine **Eigentümerposition** verbunden ist, d. h., dass eine Person, die Eigenkapital in ein Unternehmen einbringt, gleichzeitig (Mit-)Eigentümer dieses Unternehmens wird. Im Gegensatz hierzu erwerben Gläubiger als **Fremdkapitalgeber** kein Eigentum an dem Unternehmen. Ihre Verbindung mit dem Unternehmen ist vielmehr **schuldrechtlicher Natur**.

Die **Fremdkapitalgeber** eines Unternehmens besitzen in der Regel **keine Mitsprache-, Kontroll- und Entscheidungsbefugnisse bei der Geschäftsführung**. Sie besitzen – wenn überhaupt – lediglich die **Möglichkeit einer indirekten Einflussnahme auf die Geschäftsführung** des Unternehmens. Man darf allerdings nicht übersehen, dass bei einem hohen Verschuldungsgrad (Fremdkapital ÷ Eigenkapital) bzw. einer hohen Fremdkapitalquote (Fremdkapital ÷ Gesamtkapital), insbesondere wenn der Fremdkapitalbetrag (im Wesentlichen) nur von einem Gläubiger zur Verfügung gestellt wurde, aus der (überragenden) Machtposition des Gläubigers Mitsprache- und Kontrollrechte entstehen, dem Gläubiger sogar Entscheidungsbefugnisse zuwachsen können.

Im Vergleich dazu sind die im entsprechenden Gesetz vorgesehenen bzw. die im Gesellschaftsvertrag oder der Satzung vereinbarten **Mitsprache-, Kontroll- und Entscheidungsbefugnisse bei den Eigenkapitalgebern** wesentlich ausgeprägter. Bei einigen Rechtsformen (z. B. der OHG[505]) verpflichtet die Einbringung von Eigenkapital gleichzeitig zur (Mit-)Geschäftsführung; allerdings kann die Verpflichtung – und das Recht – zur Geschäftsführung im Gesellschaftsvertrag auch abbedungen werden. Sind Eigenkapitalgeber nicht an der Geschäftsführung beteiligt, wie dies bspw. bei der AG grundsätzlich der Fall ist, so besitzen sie stattdessen anderweitige Rechte (z. B. Stimm-, Auskunfts-, Kontrollrechte).

Das **Eigenkapital** kann die Verlustausgleichsfunktion im Falle eines fortbestehenden Unternehmens sowie die Haftungsfunktion im Falle eines aufzulösenden Unternehmens nur übernehmen, wenn es dem Unternehmen **unbefristet überlassen** wurde. Eine fehlende Befristung der Kapitalbereitstellung ist jedoch nicht in jedem Fall gleichbedeutend mit einer

---

[505] Vgl. § 114 Abs. 1 HGB.

Langfristigkeit der Kapitalhingabe. Im Falle einer unbeschränkten Haftung von (Mit-)Eigentümern sehen die gesetzlichen Regelungen üblicherweise relativ kurze Kündigungsfristen und damit Entnahmemöglichkeiten vor.[506] Beschränken jedoch alle Eigentümer ihre Haftung auf die zu erbringende Einlage, so sind die Bindungsfristen länger und die Entnahmevoraussetzungen strenger.[507] Letztlich sollen die angesprochenen Regelungen verhindern, dass die Eigentümer – gerade im Hinblick auf drohende Verluste – ihr eingebrachtes Eigenkapital abziehen und damit die Haftungsbasis des Unternehmens schmälern können. Ansonsten könnten die Verlustausgleichsfunktion sowie die Haftungsfunktion des Eigenkapitals unterlaufen und die Gläubiger hinsichtlich der dem Unternehmen zur Verfügung stehenden Deckungsmasse getäuscht werden. **Fremdkapital** hingegen wird dem Unternehmen im Allgemeinen nur **befristet überlassen**.

Für das Schuldnerunternehmen resultieren aus der Aufnahme von **Fremdkapital Zahlungsverpflichtungen**, die hinsichtlich Zahlungshöhe und Zahlungszeitpunkt **vertraglich vereinbart** und damit **unabhängig von der Erfolgssituation zu erfüllen** sind. Zu diesen Zahlungen zählen vor allem die in einem Betrag oder in mehreren Teilbeträgen zu erbringende Tilgung sowie die Zinszahlungen. Diese Zins- und Tilgungszahlungen bedeuten für das Schuldnerunternehmen eine feste Liquiditätsbelastung, die bei starken Umsatzrückgängen zu Liquiditätsschwierigkeiten oder zumindest zu einer Einengung der Dispositionsfreiheit führen kann.

Wird die Durchführbarkeit von mit Fremdkapital finanzierten Investitionen überprüft, so ist zu beachten, dass das Schuldnerunternehmen zu jedem in der Zukunft liegenden Zeitpunkt in der Lage sein muss, die im Kreditvertrag vereinbarten Zahlungsverpflichtungen vertragsgemäß zu erfüllen. Dementsprechend muss der Finanzplan des Unternehmens neben der Verzinsung auch die Rückzahlung des Fremdkapitals beinhalten.

Im Gegensatz hierzu sind mit dem **Eigenkapital keine zwingenden Zahlungsverpflichtungen** verbunden. Gewinnausschüttungen werden in der Regel nur dann erfolgen, wenn ein entsprechender Gewinn erwirtschaftet wurde. Da die Eigentümer kein Recht auf regelmäßige Zahlungen besitzen, braucht die Unternehmensleitung in Krisensituationen keine Ausschüttungen zu leisten; das Unternehmen erfährt somit keine zusätzlichen Liquiditätsbelastungen.

Während also das **Eigenkapital am Gewinn** des Unternehmens **beteiligt** ist, existiert eine Gewinnbeteiligung beim Fremdkapital in der Regel nicht (Ausnahme: Gewinnschuldverschreibungen). Die an Eigen- und Fremdkapitalgeber zu leistenden Zahlungen unterscheiden sich auch in ihren Auswirkungen auf den handels- und steuerrechtlichen Erfolg. In Höhe der vertraglich vereinbarten **Zinszahlungen** verursacht das Fremdkapital (handelsrechtlich) **Aufwendungen** bzw. (steuerrechtlich) **Betriebsausgaben** und wirkt sich somit negativ auf den handels- bzw. steuerrechtlichen Erfolg des Unternehmens aus. Bei der **Gewinnausschüttung** an die Eigentümer handelt es sich hingegen um die **Verwendung des erwirtschafteten und bereits versteuerten Gewinns**. Kapitalrückzahlungen an die Eigentümer

---

[506] Vgl. z. B. § 132 HGB.
[507] Vgl. z. B. §§ 222 ff. AktG, §§ 58 ff. GmbHG.

A. Charakteristika und Formen der Kreditfinanzierung 149

haben wie auch die Tilgungszahlungen an die Gläubiger keine Auswirkungen auf den Erfolg des Schuldnerunternehmens.

Beim **Auftreten eines Verlustes** haftet das Eigenkapital des Unternehmens bis zur vollen Höhe, während das Fremdkapital – zunächst – nicht am Verlust teilnimmt. Um ihr Verlustrisiko zu vermindern, verlangen Fremdkapitalgeber in der Regel Kreditsicherheiten,[508] die sie bei Ausfall des Schuldners zur Befriedigung ihrer Forderung verwerten können. Dagegen ist es nicht möglich, dass bei der Einbringung von Eigenkapital im Gegenzug durch das Unternehmen Sicherheiten gestellt werden, stellt doch das Eigenkapital gerade dasjenige Risikokapital dar, das die Verlustausgleichs- und Haftungsfunktion übernehmen soll.

Abbildung 46[509] stellt die Charakteristika von Eigen- und Fremdkapital in einer idealtypischen Abgrenzung vergleichend gegenüber.

Merkmal	Eigenkapital	Fremdkapital
rechtliche Stellung des Kapitalgebers	Erwerb von Eigentum	schuldrechtliche Verbindung
Geschäftsführungsbefugnis	i. d. R. vorhanden	nicht vorhanden (höchstens indirekt)
Dauer der Kapitalbereitstellung	unbefristet	befristet
Art der Entgeltung	gewinnabhängig	unabhängig vom Erfolg
Gewinnbeteiligung	ja	nein
Auswirkung der Entgeltung auf den Erfolg des Kapitalnehmers	Gewinnverwendung	Aufwand/Betriebsausgabe (im Rahmen der Gewinnermittlung)
Verlustteilnahme des Kapitalgebers	in voller Höhe	(zunächst) nicht
Stellung von Sicherheiten	nicht möglich	Normalfall

Abbildung 46: Charakteristika von Eigen- und Fremdkapital (idealtypische Abgrenzung)

II. Gläubigerschutz als Voraussetzung für die Bereitstellung von Fremdkapital

Gläubiger können aufgrund schuldrechtlicher Verträge (z. B. Kauf-, Miet-, Leasing- und Pachtverträge, Dienst-, Werk- und Werklieferungsverträge, Maklerverträge, Versicherungsverträge, Darlehensverträge u. Ä.) vom Schuldner zu bestimmten Terminen Zahlungen verlangen, die in ihrer Höhe vertraglich genau festgelegt sind. Man unterscheidet zwischen **Gläubigern aufgrund von Darlehensverträgen** (§ 488 Abs. 1 BGB), die vom Schuldner vertraglich vereinbarte Zins- und Tilgungszahlungen verlangen können, und **Gläubigern aufgrund von Lieferungs- oder Leistungsverträgen**, welche die Bezahlung des vereinbarten Geldbetrages verlangen können, wobei sich eine Verzinsung durch die fehlende Möglichkeit des Skontoabzugs im Falle der Inanspruchnahme des Lieferantenkredits ergeben

---

[508] Zu Fragen der Besicherung vgl. den **Sechsten Abschnitt, Kapitel B.IV.**
[509] Modifiziert entnommen aus *Bieg, Hartmut*: Die Kreditfinanzierung. In: Der Steuerberater 1997, S. 222.

kann.[510] Während die Darlehensgeber die Geldsumme nur hingeben, um – neben der Darlehenssumme – Zinsen vom Darlehensnehmer zu erhalten, stellt der Lieferantenkredit ein Mittel der Absatzförderung dar. Beide Gruppen von Gläubigern sind allerdings am fristgerechten Eingang der vereinbarten Zahlungen in voller Höhe interessiert.

Eine Kreditvergabe oder Kreditprolongation bzw. eine Erhöhung des bereits gewährten Kredits erfolgt nur, wenn der potenzielle bzw. derzeitige Gläubiger erwarten kann, die Kreditsumme und die vereinbarten Zinsen fristgerecht und in vereinbarter Höhe vom Schuldner zu erhalten, sei es aus den laufenden Einzahlungsüberschüssen des rentabel arbeitenden Schuldnerunternehmens, sei es aus den Liquidationserlösen im Falle eines Zusammenbruchs des Schuldnerunternehmens.

Eine größere Zahl von Personen wird demzufolge nur dann bereit sein, Kredit zu gewähren, ohne gleichzeitig Einfluss auf das Unternehmensgeschehen nehmen zu wollen, wenn

1. die Möglichkeit besteht, sich **Informationen über die Erfüllungsfähigkeit des Schuldners** zu verschaffen, wozu auch Informationen über den Bestand an Sicherheiten zählen, die dem einzelnen Gläubiger jeweils zur Befriedigung seiner vertraglichen Ansprüche zu Verfügung stehen. Hierbei ist es für den einzelnen Gläubiger entscheidend, ob er zusammen mit anderen Gläubigern an diesem Bestand partizipiert, ob er andere vom Zugriff auf einzelne Vermögensgegenstände ausschließen kann oder ob er selbst von einem solchen Zugriff durch einzelne oder eine Gruppe von Gläubigern ausgeschlossen werden kann;

2. den Eigentümern des Unternehmens durch geeignete gesetzliche Vorschriften, insbesondere Gewinnermittlungs- und Gewinnverwendungsvorschriften, verwehrt wird, Vermögensgegenstände durch eine Entnahme aus dem Unternehmen und die Überführung in das Privatvermögen der Eigentümer unbemerkt dem Gläubigerzugriff zu entziehen. Dass die **Erhaltung der Erfüllungsfähigkeit des Schuldners** sichergestellt wird, hat umso größere Bedeutung, als unser Recht die Möglichkeit einer Haftungsbeschränkung durch die Wahl einer geeigneten Rechtsform bietet;

3. unsere Rechtsordnung Möglichkeiten bietet, die Erfüllung zu erzwingen, falls der Schuldner nicht erfüllen will, obwohl er erfüllen könnte **(Sicherstellung der Erfüllungswilligkeit)**;

4. bei einem **Wegfallen der Erfüllungsfähigkeit** durch geeignete Rechtsvorschriften sichergestellt wird, dass dies **erkannt** wird und dass dann (weitere) gläubigerschützende Maßnahmen erfolgen müssen.

Im Folgenden soll lediglich untersucht werden, welche Bedeutung dem Jahresabschluss in diesem System der Gläubigerschutzvorschriften zukommt.[511] Bei der Beurteilung des Jahresabschlusses muss man sich allerdings bewusst sein, dass die Bilanzierungsweise stets dem mit der Bilanz verfolgten Zweck folgen muss.

---

510 Auf die Interessen der Gläubiger von Sachlieferungen und Leistungen wird hier nicht näher eingegangen.
511 Vgl. *Bieg, Hartmut*: Gläubigerschutzprinzip. In: Handwörterbuch des Steuerrechts, hrsg. von *Georg Strickrodt u.a.*, 2. Aufl., München/Bonn 1981, S. 686–689.

A. Charakteristika und Formen der Kreditfinanzierung

Zu 1: Geldkreditgeber (meist Kreditinstitute) haben häufig eine derart starke Position gegenüber dem Schuldner, dass sie sich die für die Entscheidung über eine Kreditgewährung und für die Kreditüberwachung erforderlichen Informationen auch außerhalb des veröffentlichten Jahresabschlusses beschaffen können. So ist ein Kreditinstitut bei Krediten über 750.000 EUR oder 10 % des anrechenbaren Eigenkapitals des Instituts dazu verpflichtet, sich vom Kreditnehmer die wirtschaftlichen Verhältnisse, insbesondere durch die Vorlage der Jahresabschlüsse, aber auch durch die Vorlage weiterer aussagekräftiger Unterlagen offenlegen zu lassen.[512] Dagegen sind die Lieferanten mit Ausnahme derjenigen, die sich beispielsweise durch eine Monopolstellung in einer sehr starken Marktposition befinden, üblicherweise ausschließlich auf die durch die Jahresabschlüsse ihrer Abnehmer vermittelten Informationen angewiesen.

Die Zahlungen werden in der Regel aus den Einzahlungsüberschüssen des arbeitenden Schuldnerunternehmens erwartet. Zur Beurteilung der Möglichkeit der Tilgung fälliger Schulden bzw. der Leistung fälliger Zinszahlungen benötigt der Gläubiger zunächst **Informationen über die gegenwärtige und zukünftige Liquiditäts- und Ertragslage des Schuldners**.

Die gegenwärtige und zukünftige Liquiditätslage, also die Fähigkeit, den Zahlungsverpflichtungen termingerecht nachkommen zu können, versucht man durch aus der Bilanz gewonnene Liquiditätskennzahlen zu beurteilen. Notwendige Folge der ausschließlichen Verwendung von Bilanzzahlen ist, dass die so ermittelten Kennzahlen nur insoweit die zukünftige Liquidität darzustellen vermögen, als dies auch die auf einen Stichtag bezogenen Bilanzzahlen vermögen.[513]

Informationen über die gegenwärtige und zukünftige Ertragslage vermag der Jahresabschluss nur im Rahmen der zu den Grundsätzen ordnungsmäßiger Buchführung zählenden Bewertungsvorschriften (Realisations-, Imparitäts-, Niederstwert- und Höchstwertprinzip) zu vermitteln.[514]

Neben den genannten Informationen benötigt der Gläubiger jedoch auch **Informationen über den Grad der Sicherheit der Forderung** im Falle einer zwangsweisen Liquidation des Schuldnerunternehmens, also über den **Grad der Schuldendeckung**, der auch die Möglichkeit eines Unternehmenszusammenbruchs[515] beeinflusst, sowie über eigene und fremde bevorrechtigte Zugriffsmöglichkeiten.

Da die Schuldendeckung durch die in § 242 Abs. 1 HGB geforderte Gegenüberstellung von Vermögen und Schulden ermittelt wird, ist der durch die Grundsätze ordnungsmäßiger Buchführung bestimmte Bilanzinhalt von entscheidender Bedeutung. Für die bilanzielle

---

[512] Vgl. § 18 Abs. 1 Satz 1 KWG.
[513] Vgl. hierzu den **Dreizehnten Abschnitt, Kapitel A.III.2.**
[514] Vgl. hierzu *Bieg, Hartmut/Kußmaul, Heinz/Waschbusch, Gerd*: Externes Rechnungswesen. 6. Aufl., München 2012, S. 38–47.
[515] Zu den verschiedenen Krisenstadien eines Unternehmens vgl. *Waschbusch, Gerd/Sendel-Müller, Markus*: Wenn die Technokratie versagt – Zum Umgang der Betriebswirtschaftslehre mit Unternehmenskrisen. In: OrganisationsEntwicklung 2009, S. 17–19.

Erfassung der Aktiva wird nicht das juristische, sondern das wirtschaftliche Eigentum als Kriterium herangezogen. Das bedeutet, dass auch unter Eigentumsvorbehalt gekaufte Vermögensgegenstände und sicherungsübereignete Vermögensgegenstände in der Bilanz ausgewiesen werden. Diese stehen allerdings nicht dem Zugriff der Gesamtheit der Gläubiger zur Verfügung, denn für die Schuldendeckung im Insolvenzfall sind nicht wirtschaftliche, sondern ausschließlich rechtliche Kategorien entscheidend. Die Rechtsbeziehungen kommen in der Bilanz jedoch nicht zum Ausdruck.

Zu 2: Der **Erhaltung der Erfüllungsfähigkeit** dient die Verpflichtung zur jährlichen vollständigen Erfassung des Vermögens und der Schulden in Inventar (§ 240 Abs. 1 und Abs.2 HGB) und Bilanz (§ 242 Abs. 1 HGB), wodurch Vermögenshinterziehungen zuungunsten der Gläubiger verhindert werden sollen.

Obwohl die Höhe der Ansprüche der Gläubiger nicht von der Höhe des erzielten Periodenerfolgs abhängig ist, sind die **Gläubiger an einer Gewinnerzielung durch den Schuldner interessiert**, da nur mit Hilfe eines dauernd anhaltenden Gewinnstroms die Verzinsung und Tilgung der gewährten Kredite möglich ist. Darüber hinaus sind die **Gläubiger daran interessiert, den Gewinn vor „überhöhten" Ausschüttungen (an Eigentümer und Fiskus) zu schützen**, was die Durchsetzung der eigenen Ansprüche erschweren oder verhindern könnte, weil dadurch einerseits das den Gläubigern haftende Vermögen verringert würde, andererseits u. U. zukünftige Gewinnchancen geschmälert würden. Deshalb sind sie an einer gesetzlich fixierten Ausschüttungssperre interessiert, die durch die Bewertungsprinzipien (Realisations-, Imparitäts-, Niederstwert- und Höchstwertprinzip) errichtet wird.[516]

Für eine Aktiengesellschaft ergibt sich nach § 58 AktG der ausschüttbare Bilanzgewinn nach der Kürzung des Jahresüberschusses um die Zuführungen zu den gesetzlichen und freien Rücklagen bzw. nach der Erhöhung des Jahresüberschusses um die Entnahmen aus den gesetzlichen und freien Rücklagen. Aus der Pflicht zur Passivierung des Grundkapitals und der Rücklagen folgt, dass solange keine Ausschüttungen an die Anteilseigner erfolgen dürfen, wie nicht wenigstens das Grundkapital, die vorgeschriebenen gesetzlichen Rücklagen und die Verbindlichkeiten gedeckt sind. Nur soweit das Vermögen die genannten Passiva übersteigt, dürfen Zahlungen an die Aktionäre erbracht werden (Ausnahme: ordentliche Kapitalherabsetzung unter Beachtung strenger Gläubigerschutzbestimmungen[517]). Dieser Grundsatz der Erhaltung des Grundkapitals sowie aller Einlagen der Aktionäre ist erforderlich, da den Gläubigern für Verbindlichkeiten der Gesellschaft lediglich das Vermögen der Aktiengesellschaft haftet.[518] Ein Rückgriff auf das Vermögen der Aktionäre ist grundsätzlich unmöglich.[519] Die beschriebene Ausschüttungssperre muss jedoch durch Vorschriften konkretisiert werden, die festlegen, was als Vermögen und Schulden in der Bilanz auszuweisen ist und wie diese Positionen zu bewerten sind. Da sich der ausschüt-

---

[516] Vgl. hierzu *Bieg, Hartmut/Kußmaul, Heinz/Waschbusch, Gerd*: Externes Rechnungswesen. 6. Aufl., München 2012, S. 38–47.

[517] Vgl. §§ 222–228 AktG.

[518] Vgl. § 1 Abs. 1 Satz 2 AktG.

[519] Zu beachten ist allerdings die Nichtigkeit des Jahresabschlusses aufgrund der Verletzung gläubigerschützender Vorschriften, insbesondere durch die Überbewertung von Aktivpositionen; vgl. § 256 AktG.

tungsfähige Betrag durch einen höheren Ansatz der Vermögensgegenstände bzw. einen niedrigeren Ausweis der Passiva erhöht, sind die Gläubiger nur dann gegen „überhöhte" Ausschüttungen i. S. d. Rückgewähr von Einlagen geschützt, wenn scharf abgrenzbare Bewertungsvorschriften einen überhöhten Wertansatz der Aktiva bzw. einen zu niedrigen Wertansatz der Passiva und daraus resultierend einen überhöhten Jahresüberschuss und ausschüttungsfähigen Bilanzgewinn verhindern.

Das HGB und die entsprechenden Grundsätze ordnungsmäßiger Bilanzierung vereiteln als Gewinnausschüttungen getarnte Kapitalrückzahlungen durch Höchstwertvorschriften für Aktiva bzw. Mindestwertvorschriften für Passiva. Ohne hier näher auf die genannten Bewertungsprinzipien einzugehen, kann doch festgestellt werden, dass sie alle eher einen zu niedrigen als einen zu hohen Ausweis des Vermögens erfordern, um den ausschüttungsfähigen Gewinn möglichst niedrig zu halten, die Substanz des Unternehmens durch die Vermeidung der Ausschüttung und Besteuerung nicht zu schwächen und das Gläubigerrisiko hinsichtlich termingerechter und vollständiger Zinszahlung und Tilgung der Verbindlichkeiten herabzusetzen.

Zu 3: Ob die Bilanz tatsächlich ein vollständiges Verzeichnis des Vermögens und der Schulden darstellt und ob (bei persönlich haftenden Gesellschaftern) daneben noch privates Vermögen vorhanden ist, kann durch eine **eidesstattliche Versicherung** festgestellt werden.[520] Zusammen mit den Möglichkeiten der zwangsweisen Beitreibung (z. B. Zwangsvollstreckung[521]) stellt die eidesstattliche Versicherung ein geeignetes **Mittel zur Sicherstellung der Erfüllungswilligkeit** dar.

Zu 4: Die Handelsbilanz hat bei einem **Wegfallen der Erfüllungsfähigkeit** des Schuldners weitere gläubigerschützende Funktionen:

- die **Insolvenzauslösungsfunktion**, d. h. die Auslösung der Pflicht, Antrag auf Eröffnung des Insolvenzverfahrens wegen Überschuldung zu stellen;[522]
- die **Dispositionsentzugsfunktion**, d. h., dem Gemeinschuldner wird die Dispositionsbefugnis über das schuldnerische Vermögen mit der Eröffnung des Insolvenzverfahrens entzogen; die Dispositionsbefugnis geht auf den Insolvenzverwalter über;[523]
- die **Belieferung des Insolvenzgerichts mit Beweismomenten** für das Vorliegen einer Zahlungsunfähigkeit oder drohender Zahlungsunfähigkeit nach kritischer Würdigung der Gesamtvermögenslage bzw. des Überschuldungsgrades;
- die **Sicherungsfunktion** für Beweise, die ein etwaiges gläubigerschädigendes Verhalten des Schuldners aufdecken sollen;
- die **Verfahrensbeschleunigungsfunktion**, wobei die Bilanz als Hilfsmittel für ein reibungsloses und verlustsparendes Insolvenzverfahren dient.[524]

---

[520] Vgl. z. B. § 98 InsO.
[521] Vgl. z. B. §§ 88–91 InsO.
[522] Vgl. §§ 42 Abs. 2 Satz 1, 89 Abs. 2, 1980 Abs. 1 Satz 1 BGB.
[523] Vgl. § 80 Abs. 1 InsO.

III. Formen der Kreditfinanzierung

Kreditverträge lassen sich durch verschiedene Vertragskonditionen oder durch andere Kriterien voneinander unterscheiden. Die in **Abbildung 47**[525] auf S. 155 genannten Kriterien erheben allerdings ebenso wie die meisten der bei den einzelnen Gliederungskriterien genannten Unterpunkte keinen Anspruch auf Vollständigkeit.

---

[524] Vgl. zu diesem Komplex (allerdings für den Konkursfall) *Eschrich, Alfred*: Bilanzierung als Instrument zum Schutz von Gläubigern. Saarbrücken 1969, S. 29–42.

[525] Modifiziert entnommen aus *Bieg, Hartmut*: Die Kreditfinanzierung. In: Der Steuerberater 1997, S. 223.

1. **Gliederung nach der Dauer der Überlassung der Kapitalmittel (Laufzeit/Fristigkeit)**
   - kurzfristige Kredite: bis zu 90 Tagen (z. B. Handelswechsel), teilweise bis zu 360 Tagen (die Abgrenzung zu den mittelfristigen Krediten ist fließend)
   - mittelfristige Kredite: über 90 bzw. 360 Tage bis zu 5 Jahren
   - langfristige Kredite: über 5 Jahre Laufzeit (so z. B. die Fristeneinteilung in der Bankenstatistik der Deutschen Bundesbank)

2. **Gliederung nach der vertraglich vereinbarten oder tatsächlichen Verwendungsart**
   - Konsumentenkredite (Konsumkredite) ⎫
   - Betriebsmittelkredite (Produktionskredite) ⎪
   - Investitionskredite ⎬ sachbezogen
   - Effektenkredite ⎪
   - Außenhandelskredite (Import-/Exportkredite) ⎭
   - Saisonkredite ⎫
   - Überbrückungskredite ⎪
   - Zwischenkredite ⎬ zeitbezogen
   - Vorfinanzierungskredite ⎭

3. **Gliederung nach der Anzahl der Kreditgeber**
   - Einzelkredite
   - Konsortialkredite
   - Metakredite (i.d.R. zwei gleichberechtigte Partner mit gleichen Kreditteilen)

4. **Gliederung nach den Kreditgebern (Herkunft des Kapitals)**
   - Lieferantenkredite (Kaufpreisstundungen) ⎫
   - Kundenkredite (Anzahlungen) ⎬ über den Leistungsprozess mit dem Unternehmen verbundene Kreditgeber
   - Arbeitnehmerkredite ⎭
   - Bankkredite (z. B. Kontokorrentkredite, Darlehen, Diskontkredite, Akzeptkredite, Lombardkredite) ⎫
   - Versicherungskredite ⎪
   - Kredite der öffentlichen Hand (z. B. aufgrund öffentlicher Förderprogramme) ⎬ Finanzkreditgeber (ohne Verbindung zum Leistungsprozess des Unternehmens)
   - Konzernkredite ⎪
   - private Kredite ⎭

5. **Gliederung nach den Kreditnehmern**
   - gewerbliche Kredite
   - Kommunalkredite
   - Schiffskredite
   - Wohnungsbaukredite
   - Agrarkredite
   - persönliche Kredite

6. **Gliederung nach der Ausgestaltung des Gläubigeranspruchs**
   - Kredite mit einem unbedingten Zahlungsanspruch
   - Kredite mit einem bedingten Zahlungsanspruch

7. **Gliederung nach der Form der rechtlichen Besicherung**
   - Blankokredite
   - sachenrechtlich (dinglich) gesicherte Kredite (z. B. Grundpfandrechte, bewegliche Pfandrechte, Eigentumsvorbehalt)
   - schuldrechtlich gesicherte Kredite (z. B. Bürgschaft, Garantie, Forderungsabtretung)

8. **Gliederung nach der Art des Kredits**
   - Warenkredite
   - Geldleihe
   - „Kreditleihe"

9. **Gliederung nach der Verbriefung des Kredits**
   - unverbriefte Kredite
   - verbriefte Kredite

Abbildung 47: Gliederungsmöglichkeiten der Kreditfinanzierung

B. Inhalte von Kreditvereinbarungen

I. Nennbetrag, Auszahlungsbetrag, Rückzahlungsbetrag

Der **Nennbetrag**, der die **nominale Höhe des Kredits** angibt, wird als Berechnungsgrundlage für andere Vertragsbestandteile (z. B. zu entrichtende Zinsen) herangezogen. Liegt der **Auszahlungsbetrag**, also der Betrag, den der Darlehensnehmer (Schuldner) tatsächlich erhält, unter dem Nennbetrag, so bezeichnet man die Differenz als **Disagio** (bei Hypothekendarlehen auch als **Damnum**); liegt der Auszahlungsbetrag ausnahmsweise über dem Nennbetrag, so wird die Differenz als **Agio** bezeichnet. Der **Rückzahlungsbetrag**, also der Betrag, den der Kreditnehmer (Schuldner) – neben den Zinszahlungen – in einem Betrag oder in mehreren Teilbeträgen zurückzuzahlen hat, entspricht in der Regel dem Nennbetrag, kann in besonderen Fällen aber auch darüber liegen.

II. Tilgungsstruktur

Die in Kreditverträgen festzulegenden **Tilgungszeitpunkte** und **Tilgungsteilbeträge** langfristiger Kredite sollten sich am langfristigen Amortisationsverlauf des Investitionsobjekts orientieren. Bei einer völligen Übereinstimmung zwischen der Laufzeit eines Kredits und der Amortisationsdauer des damit finanzierten Investitionsobjekts spricht man von **Fristenkongruenz**. Stimmen die Fristen nicht überein, so liegt **Fristentransformation** vor. In den meisten Fällen ist dabei die Kreditlaufzeit kürzer als die Amortisationsdauer des Investitionsobjekts, was nach Auslaufen der Kreditvereinbarung die Refinanzierung durch eine Kreditverlängerung durch den ursprünglichen Gläubiger (Kreditprolongation), die Refinanzierung durch die Ersetzung des seitherigen Kreditgebers durch einen neuen Kreditgeber (Kreditsubstitution) oder aber die Ersetzung des seitherigen Kredits durch Eigenkapital erfordert.

Bei einer **nicht eindeutig festgelegten Struktur der Tilgungszahlungen** können neben den vereinbarten Tilgungsleistungen jederzeit zusätzliche Zahlungen geleistet werden (Möglichkeit von Sondertilgungen). Die Mehrzahl der Kreditverträge enthält jedoch **eindeutig festgelegte Tilgungsstrukturen**, wobei **drei Grundtypen** unterschieden werden:

- **gesamtfälliges Darlehen**

  Bei einem gesamtfälligen Darlehen erfolgt die Rückzahlung am Ende der Laufzeit oder – falls dies möglich ist – nach erfolgter Kündigung und Ablauf der Kündigungsfrist in einem einzigen Betrag. Zinszahlungen erfolgen in der Regel periodisch.

- **Ratentilgung**

  Bei einem Ratenkredit erfolgt die Tilgung in jährlich, quartalsweise oder monatlich gleich bleibenden Tilgungsbeträgen bis zum Ende der vereinbarten Laufzeit, wobei die erste Zahlung bereits am Ende des ersten Jahres, Quartals oder Monats nach der Kreditgewährung oder nach einer vereinbarten mehr oder weniger langen tilgungsfreien Zeit erfolgt. Zinszahlungen erfolgen periodisch. Da die Zinszahlungen in der Regel[526] auf den jeweils in Anspruch genommenen, d. h. auf den durch bereits erfolgte Tilgungsleis-

---

[526] Vgl. den Sechsten **Abschnitt, Kapitel B.III.**

tungen verminderten Kreditbetrag zu leisten sind, die Tilgungsbeträge in den Tilgungsperioden aber stets gleich hoch sind, vermindert sich die periodische Zahlungsbelastung des Schuldners über die gesamte Tilgungsdauer. Nicht zuletzt wegen der bei Inflation zukünftig leichter fallenden Aufbringung der jährlichen Beträge ziehen Kreditnehmer jedoch den fallenden jährlichen Belastungen durch Zins- und Tilgungszahlungen steigende, zumindest aber konstante jährliche Belastungen vor.

- **Annuitätentilgung**

Bei einer Annuitätentilgung erfolgen Verzinsung und Tilgung des Darlehens in der Weise, dass der Schuldner pro Jahr (pro Quartal, pro Monat) einen stets gleichen Betrag leistet, der Tilgung und Zinszahlung enthält. Die Berechnung der jährlichen Gesamtbelastung im Fall der Annuitätentilgung erfolgt nach folgender Formel (**Abbildung 48**[527]):[528]

$$A = R \cdot \frac{i \cdot (1+i)^n}{(1+i)^n - 1}$$

A : jährliche Gesamtbelastung
R : Rückzahlungsbetrag
n : Laufzeit des Darlehens in Jahren
i : Zinssatz p. a.

$\dfrac{i \cdot (1+i)^n}{(1+i)^n - 1}$: Kapitalwiedergewinnungsfaktor

Abbildung 48: Annuitätentilgung

III. Zinsstruktur

Entscheidend für die Zinsvereinbarung sind:

- **die Termine der Zinszahlungen**

Monatliche, quartalsweise oder jährliche Zinszahlungen können nachschüssig oder vorschüssig zu leisten sein.

- **die Bezugsgröße der Zinsberechnung**

Der Zinssatz kann sich beziehen auf
- die Restschuld, also den noch nicht getilgten Kreditbetrag,
- den Nominalbetrag oder Nennbetrag (und zwar unabhängig von den bereits erbrachten Tilgungszahlungen).

---

[527] Entnommen aus *Bieg, Hartmut*: Die Kreditfinanzierung. In: Der Steuerberater 1997, S. 224.
[528] „In Darlehensverträgen wird vielfach die Höhe der Annuität durch den Zinssatz und den Tilgungssatz bezogen auf die ursprüngliche Darlehenssumme als glatter Betrag festgelegt (**abgerundete Annuität**). In diesem Fall ist die Tilgungsdauer zu berechnen. Handelt es sich um keine glatte Zahl, so muss außerdem noch die **Restzahlung** ermittelt werden." *Wöhe, Günter u. a.*: Grundzüge der Unternehmensfinanzierung. 11. Aufl., München 2013, S. 253.

- **die Höhe des Zinssatzes (Nominalzins)**

   Ein über die gesamte Laufzeit des Darlehens fester Zinssatz kann ebenso vereinbart werden wie ein an eine andere Variable (z. B. Basiszins der Europäischen Zentralbank; EURIBOR)[529] gekoppelter Zinssatz. Von der so bestimmten Höhe des Nominalzinses ist die Effektivverzinsung[530] zu unterscheiden.

   Der **Nominalzins**, der sich einerseits auf ein Jahr, andererseits auf die Bezugsgröße, also auf den Nominalbetrag oder auf die Restschuld des Darlehens, bezieht, gibt – bei Vereinbarung genau eines Zinszahlungszeitpunktes pro Jahr – an, welcher Teil der Bezugsgröße (Nennbetrag bzw. Restschuld) zu den jeweiligen Zinszahlungszeitpunkten vom Kreditnehmer an den Kreditgeber als Entgelt für die Kapitalüberlassung zu leisten ist. Sind im Kreditvertrag mindestens zwei Zinszahlungszeitpunkte pro Jahr vereinbart worden, so verringert sich der Teil der zu leistenden Bezugsgröße entsprechend.

IV. Effektivverzinsung

Im Gegensatz zum Nominalzins eines Darlehens stellt die **Effektivverzinsung** den – im Allgemeinen ebenfalls auf ein Jahr bezogenen – Zinssatz dar, bei dem die Summe der mit ihm auf den Zeitpunkt der Kreditauszahlung diskontierten Zins- und Tilgungszahlungen genau dem Auszahlungsbetrag entspricht. Diese Überlegung entspricht den im Rahmen der Investitionsrechnung zum internen Zinssatz angestellten Überlegungen.[531]

Die **Methodik zur Berechnung des Effektivzinses** richtet sich nach den Vorgaben der Preisangabenverordnung (PAngV).[532] Die PAngV legt hierbei – in Übereinstimmung mit der maßgeblichen EU-Richtlinie vom 16.02.1998[533] – als einheitliche Methode zur Ermittlung des Effektivzinssatzes bei Verbraucherkrediten die sog. „ISMA-Methode"[534] zugrunde. Der Effektivzinssatz ergibt sich demnach ausgehend von der in **Abbildung 49** auf S. 159 dargestellten Formel:

---

[529] EURIBOR = Euro Interbank Offered Rate; vgl. hierzu genauer den **Sechsten Abschnitt, Kapitel C.III.cd)**.

[530] Vgl. dazu den **Sechsten Abschnitt, Kapitel B.IV.**

[531] Vgl. hierzu die Ausführungen in *Bieg, Hartmut/Kußmaul, Heinz/Waschbusch, Gerd*: Investition. 3. Aufl., München 2016, S. 107–114; *Bieg, Hartmut/Kußmaul, Heinz/Waschbusch, Gerd*: Investition in Übungen. 3. Aufl., München 2015, S. 89–98. Vgl. auch *Hölscher, Reinhold/Kalhöfer, Christian*: Mathematik und Statistik in der Finanzwirtschaft – Grundlagen – Anwendungen – Fallstudien. Berlin/München/Boston 2015, S. 72–78.

[532] Vgl. *Bundesministerium der Wirtschaft*: Preisangabenverordnung (PAngV) in der Fassung der Bekanntmachung vom 18. Oktober 2002. In: BGBl. I, Nr. 76 vom 25.10.2002, S. 4197–4204; zuletzt geändert durch Art. 7 des Gesetzes zur Umsetzung der Verbraucherrechterichtlinie und zur Änderung des Gesetzes zur Regelung der Wohnungsvermittlung vom 20. September 2013, in: BGBl. I, Nr. 58 vom 27.09.2013, S. 3660–3661.

[533] Vgl. *Europäisches Parlament/Rat der Europäischen Union*: Richtlinie 98/7/EG des Europäischen Parlaments und des Rates vom 16. Februar 1998 zur Änderung der Richtlinie 87/102/EWG zur Angleichung der Rechts- und Verwaltungsvorschriften der Mitgliedstaaten über den Verbraucherkredit. In: Amtsblatt der Europäischen Gemeinschaften, Nr. L 101 vom 01.04.1998, S. 17–23.

[534] ISMA steht für die Methode gemäß Rule 803 der „International Securities Market Association".

$$A_0 = \sum_{t=1}^{T} Z_t \cdot (1+i_{eff})^{-\frac{t}{365 \text{ bzw. } 366}}$$

Hierbei ist:

A_0 : Kreditauszahlungsbetrag im Auszahlungszeitpunkt 0

Z_t : Zins- und Tilgungszahlungen am Ende des Tages t
(t = 1, ..., T in Tagen; i. S. d. t-ten Tages nach dem Kreditauszahlungszeitpunkt 0)

i_{eff} : Effektivzinssatz p. a.

T : Gesamtkreditlaufzeit in Tagen

Abbildung 49: Effektivzinsberechnung nach der ISMA-Methode

Da ein Monat 28, 29, 30 oder 31 Tage bzw. ein Jahr 365 oder 366 Tage haben kann, entsteht das Problem einer taggenauen Ermittlung des Effektivzinssatzes. Die Vorgehensweise der Effektivzinsberechnung nach der ISMA-Methode erfolgt hierbei kalendergenau, indem die Gleichheit zwischen Kreditauszahlungsbetrag am Ende der Periode 0 (t_0) einerseits und diskontierten Zins- und Tilgungszahlungen sowie Kosten am Ende der Periode t (t = 1, ..., T; die Perioden werden exakt in Tagen gezählt) andererseits durch die Gleichung in **Abbildung 49** ausgedrückt wird. Gemäß den Vorgaben der PAngV ist dagegen – in Ausübung eines EU-Wahlrechts – bei der Ermittlung des Effektivzinssatzes unabhängig von der konkreten Anzahl an Tagen eines Monats bzw. eines Jahres von 365 Tagen pro Jahr und 12 gleich langen Monaten auszugehen. Damit wird für jeden Monat eine durchschnittliche Länge von 30,4167 Tagen zugrunde gelegt.

Die der PAngV zugrunde liegende ISMA-Methode zur Effektivzinsberechnung geht zudem gemäß der in **Abbildung 49** genannten Gleichung von einer exponentiellen Verzinsung insbesondere im unterjährigen Bereich aus. Dies folgt aus dem Zusammenhang, dass alle Zins- und Tilgungszahlungen auf den Laufzeitbeginn des Darlehens, also den Zeitpunkt der Kreditauszahlung, abgezinst werden und man hieraus den Effektivzinssatz ermittelt. Ferner erfolgt nach der ISMA-Methode eine tägliche Zinskapitalisierung.

Beispiel zur Effektivzinsberechnung nach der PAngV:

Ein Beispiel zur Effektivzinsberechnung nach der PAngV verdeutlicht die beschriebenen Zusammenhänge. Frau Meier vergibt am 01.04.10 einen Kredit über A_0 = 5.000 EUR und vereinbart, dass der Schuldner, Herr Schmidt, die in **Abbildung 50** auf S. 160 aufgeführten Raten – bestehend aus Zins- und Tilgungszahlungen – zu erbringen hat.

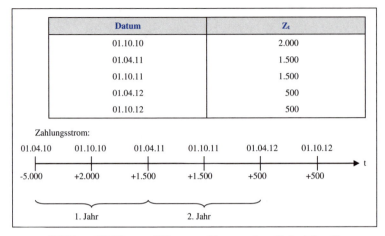

Abbildung 50: Zins- und Tilgungszahlungen eines Beispielkredits

Der Effektivzins dieses Kreditvertrages wird zum 01.04.10 nach der PAngV ermittelt. Jeder Monat geht hierbei zu 1/12 in die Berechnung ein. Ein Monat weist durchschnittlich 30,4167 Tage auf.

Die nachfolgenden Gleichungen führen dann sukzessive zum gesuchten Effektivzins:

$$5.000 \stackrel{!}{=} 2.000 \cdot (1+i)^{-\frac{6}{12}} + 1.500 \cdot (1+i)^{-\frac{12}{12}} + 1.500 \cdot (1+i)^{-\frac{18}{12}} + 500 \cdot (1+i)^{-\frac{24}{12}} + 500 \cdot (1+i)^{-\frac{30}{12}}$$

$$\Leftrightarrow$$

$$0 \stackrel{!}{=} -5.000 + 2.000 \cdot (1+i)^{-\frac{1}{2}} + 1.500 \cdot (1+i)^{-1} + 1.500 \cdot (1+i)^{-\frac{3}{2}} + 500 \cdot (1+i)^{-2} + 500 \cdot (1+i)^{-\frac{5}{2}}$$

Die Lösung der Gleichung erfolgt nach dem *Newton*-Verfahren.[535]

$$\hat{r} = i_1 - \frac{C_{01}}{C'_{01}} :$$

$$C_{01} \stackrel{!}{=} -5.000 + 2.000 \cdot (1+i)^{-\frac{1}{2}} + 1.500 \cdot (1+i)^{-1} + 1.500 \cdot (1+i)^{-\frac{3}{2}} + 500 \cdot (1+i)^{-2} + 500 \cdot (1+i)^{-\frac{5}{2}}$$

$$C'_{01} \stackrel{!}{=} -1.000 \cdot (1+i)^{-\frac{3}{2}} - 1.500 \cdot (1+i)^{-2} - 2.250 \cdot (1+i)^{-\frac{5}{2}} - 1.000 \cdot (1+i)^{-3} - 1.250 \cdot (1+i)^{-\frac{7}{2}}$$

Wird als Kalkulationszinssatz $i_1 = 17\,\%$ gewählt, so ergibt sich die Näherungslösung für den internen Zinsfuß $\hat{r}$ wie folgt:

$C_{01} = 19{,}24555$

$C'_{01} = -4.751{,}41062$

---

[535] Zum *Newton*-Verfahren siehe die Ausführungen in *Bieg, Hartmut/Kußmaul, Heinz/Waschbusch, Gerd*: Investition. 3. Aufl., München 2016, S. 110.

$$\hat{r} = 0{,}17 - \left(\frac{19{,}24555}{-4.751{,}41062}\right) = 0{,}1740505$$

⇒ **Effektivzins $i_{eff} \approx 17{,}41\ \%$**

Im Folgenden wird die Effektivzinsberechnung um ein **Disagio (Damnum)** erweitert. Da durch ein vereinbartes Disagio der Auszahlungsbetrag des Kredits vermindert wird, kann mit Hilfe des Disagios die Effektivverzinsung des Darlehens beeinflusst werden. Mit zunehmender Höhe des Disagios (dies entspricht einem abnehmenden Auszahlungsbetrag des Kredits) erhöht sich ceteris paribus die Effektivverzinsung des Darlehens. Aus diesem Grunde kann das Disagio auch als zusätzlicher Zins interpretiert werden. Dies gilt auch für ein bei der Rückzahlung zu leistendes **Agio**, also für den über dem Nominalwert liegenden Teil des Rückzahlungsbetrags. Beides lässt sich zur **Feineinstellung des effektiven Zinssatzes** einsetzen. **Abbildung 51**[536] verdeutlicht den beschriebenen Zusammenhang.

$$A_0 = K \cdot (1 - d) = K - D$$

$$K - D = \sum_{t=1}^{T} \frac{Z_t}{(1 + i_{eff})^t}$$

A_0 : Kreditauszahlungsbetrag am Ende der Periode 0
K : nomineller Kreditbetrag
Z_t : Zins- und Tilgungszahlungen am Ende der Periode t (t = 1, ..., T)
D : absolutes Disagio
d : Disagio, relativ zum nominellen Kreditbetrag
i_{eff} : Effektivzinssatz p. a.
T : Gesamtkreditlaufzeit in Perioden

Abbildung 51: Einfluss des Disagios auf die Effektivverzinsung eines Kredits

Neben dieser mathematisch exakten Vorgehensweise zur Ermittlung des Effektivzinssatzes lässt sich der effektive Jahreszinssatz auch näherungsweise berechnen. Hierzu wird die Summe aus Nominalzinssatz, dem (linear verteilten) Jahresanteil des Disagios und der einmaligen Kosten sowie den laufenden Kosten zu dem Auszahlungsprozentsatz ins Verhältnis gesetzt.[537] Es ergibt sich die folgende **Formel zur näherungsweisen Ermittlung des Effektivzinssatzes**:

---

[536] Entnommen aus *Bieg, Hartmut*: Die Kreditfinanzierung. In: Der Steuerberater 1997, S. 224.
[537] Vgl. hierzu auch *Kußmaul, Heinz*: Betriebswirtschaftslehre für Existenzgründer. 7. Aufl., München 2011, S. 284; *Wöhe, Günter u. a.*: Grundzüge der Unternehmensfinanzierung. 11. Aufl., München 2013, S. 309–310.

$$i_{eff} = \frac{i_{nom} + \dfrac{d + k_e}{m} + k_l}{1 - d - k_e}$$

mit: i_{eff} : Effektivzinssatz p. a.
  i_{nom}: Nominalzinssatz p. a.
  d : Disagio (in % des Nominalbetrages)
  k_e : einmalige Kosten (in % des Nominalbetrages)
  m : mittlere Laufzeit des Darlehens
  k_l : laufende Kosten (in % des Nominalbetrages)

V. Laufzeit

Auch wenn Kreditnehmer versuchen, den Zeitraum der Bereitstellung der finanziellen Mittel dem Zeitraum des Finanzbedarfs anzupassen **(fristenkongruente Finanzierung)**,[538] können wegen mangelnder Voraussicht Anpassungen durch Kreditverlängerungen bzw. außerordentliche Kündigungen erforderlich werden.

VI. Besicherung

1. Vorbemerkungen

Bei den als Sicherungsmittel in Betracht gezogenen Vermögensgegenständen wird der Kreditgeber regelmäßig eine Antwort auf folgende Fragen suchen:

- Wie hoch ist – vorsichtig geschätzt – der derzeitige Wert des Sicherungsmittels **(Feststellung des Beleihungswertes)**?
- Bis zu welcher Höhe kann der Wert des Sicherungsmittels unter Berücksichtigung einerseits der Bonität des Kreditnehmers und damit der Wahrscheinlichkeit des Liquidationsfalles und andererseits des dabei möglichen Wertverlustes des Sicherungsmittels, der sich aus der Differenz zwischen Beleihungswert und Liquidationswert ergibt, beliehen werden **(Festlegung der Beleihungsgrenze)**?
- Welche **Sicherungsform** soll **für das Sicherungsmittel** gewählt werden, damit der materielle Wert der Sicherheit auch rechtlich gewahrt bleibt?
- Lohnt sich der im Zusammenhang mit der Bestellung, Verwaltung und etwaigen Verwertung des Sicherungsmittels entstehende **Aufwand**, verglichen mit dem aus dem Kreditgeschäft zu erwartenden Ertrag?[539]

---

[538] Vgl. den **Sechsten Abschnitt, Kapitel B.II.**
[539] Vgl. *Süchting, Joachim*: Finanzmanagement – Theorie und Politik der Unternehmensfinanzierung. 6. Aufl., Wiesbaden 1995, S. 211.

2. Mögliche Ziele des Kreditgebers

a) Erlangung von Verfahrensvorteilen bei der Eintreibung von Forderungen

Der Kreditgeber kann den Versuch unternehmen, **Verfahrensvorteile** zu erlangen, um die Möglichkeit der zwangsweisen Eintreibung von Forderungen zu verbessern. Insbesondere wird er bereits bei dem Abschluss des Kreditvertrages bzw. bei der Auszahlung der Kreditvaluta darauf achten, dass er die Kreditgewährung später im Falle eines Prozesses gegen den Kreditnehmer vor Gericht beweisen kann. Er erreicht dies z. B. durch die Beurkundung des Darlehens, aber auch schon durch die im kaufmännischen Verkehr ohnehin übliche Schriftform.

b) Beschleunigung des Beitreibungsverfahrens

Der Kreditgeber kann durch bestimmte Maßnahmen eine **Beschleunigung des Verfahrens bei der Einklagung eines Geldbetrages** erreichen. So kann sich der Schuldner bereits bei der Bestellung der Sicherheit – notariell beurkundet – der sofortigen Zwangsvollstreckung unterwerfen. Oder aber der Schuldner akzeptiert einen Wechsel, was ein beschleunigtes Verfahren beim später eventuell notwendigen Wechselprozess und eine Beschränkung der Einreden des Schuldners zur Folge hat.

c) Verschaffung von Vorrechten beim Zugriff auf einen bestimmten Vermögensgegenstand des Schuldners

Um im Schadensfall vor Verlustrisiken geschützt zu sein, hat der Kreditgeber auch die Möglichkeit, sich durch **sachenrechtliche** (also dingliche) **Kreditsicherheiten** Vorrechte vor anderen Gläubigern beim Zugriff auf das Sicherungsgut zu verschaffen. Dabei erwirbt der Kreditgeber Rechte an Vermögensgegenständen. Zu nennen sind hier:[540]

- der Eigentumsvorbehalt,
- die Sicherungsübereignung,
- Pfandrechte an beweglichen Sachen und Rechten sowie
- Grundpfandrechte.

d) Verschaffung von Sicherheiten bei anderen Personen als dem Kreditnehmer

Die **von Dritten geleisteten dinglichen Sicherheiten** (z. B. Grundpfandrecht auf Grundstücke Dritter) entsprechen grundsätzlich den im **Sechsten Abschnitt, Kapitel B.VI.3.c)** behandelten Sicherheiten; allerdings wird in diesem Fall die Haftungsmasse des Schuldners nicht geschmälert.

---

[540] Vgl. dazu ausführlicher den **Sechsten Abschnitt, Kapitel B.VI.3.c)**.

Haftet dem Kreditgeber aufgrund eines gesonderten Vertrages ein weiterer Schuldner persönlich, so hat der Kreditgeber dadurch den Vorteil, Zugriff auf ein weiteres Vermögen zu erlangen (z. B. Bürgschaften).[541]

3. Formen der Kreditsicherheiten

a) Überblick

Kreditsicherheiten sollen den Kreditgeber auch dann vor Vermögensverlusten schützen, wenn das Schuldnerunternehmen den Kapitaldienst für die Zins- und Tilgungszahlungen nicht mehr durch den Leistungsprozess erwirtschaften kann. Kreditsicherheiten sollen der Art des Kredits, dem Kreditvolumen und der Laufzeit entsprechen.

Abbildung 52[542] gibt einen Überblick über die wesentlichen Formen der Kreditsicherheiten, wobei schuldrechtliche Kreditsicherheiten **(Personalsicherheiten)** und sachenrechtliche (dingliche) Kreditsicherheiten **(Realsicherheiten)** unterschieden werden.

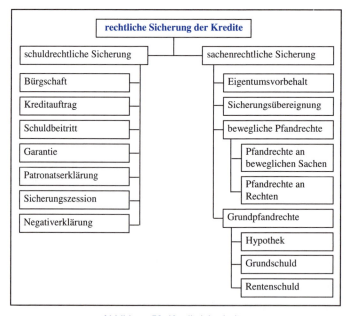

Abbildung 52: Kreditsicherheiten

Nach einer anderen Unterteilung werden **akzessorische Kreditsicherheiten**, die vom Rechtsbestand der gesicherten Forderung des Kreditgebers abhängig sind, von den **fiduziarischen Kreditsicherheiten** unterschieden, die dem Kreditgeber im Außenverhältnis ge-

---

[541] Vgl. zu den im **Sechsten Abschnitt, Kapitel B.VI.2.** beschriebenen möglichen Zielen des Kreditgebers auch *Drukarczyk, Jochen/Lobe, Sebastian*: Finanzierung. 11. Aufl., Konstanz/München 2015, S. 228–240.

[542] Modifiziert entnommen aus *Wöhe, Günter u. a.*: Grundzüge der Unternehmensfinanzierung. 11. Aufl., München 2013, S. 220.

genüber Dritten eine isolierte Rechtsstellung unabhängig vom Rechtsbestand der gesicherten Forderung einräumen. Zu den akzessorischen Kreditsicherheiten zählen z. B. die Hypothek, das Pfandrecht, die Bürgschaft und der Schuldbeitritt; zu den fiduziarischen Kreditsicherheiten zählen beispielsweise die Grundschuld, die Garantie, die Sicherungsübereignung und die Sicherungszession.

b) Schuldrechtliche Kreditsicherheiten

ba) Bürgschaft

(1) Wesen einer Bürgschaft

Bei der **Bürgschaft** handelt es sich um einen einseitig verpflichtenden Vertrag. In diesem verpflichtet sich der Bürge dem Gläubiger eines Dritten gegenüber, für die Erfüllung der Verbindlichkeit des Dritten einzustehen.[543] Die Verbindlichkeit kann hierbei auch eine bedingte oder zukünftige sein.[544] Sie muss jedoch durch den Vertragsinhalt hinreichend bestimmbar sein. Da der Bürge dem Gläubiger neben dem Hauptschuldner mit seinem Gesamtvermögen für die Erfüllung der Verbindlichkeit haftet, stellt die Bürgschaft eine **Form der Personalsicherung** dar.

Voraussetzung für das Zustandekommen einer Bürgschaft ist die Einigung zwischen dem Bürgen und dem Gläubiger der Hauptforderung über den **Bürgschaftsvertrag**. Der Inhalt der Einigung muss dabei darauf gerichtet sein, dass sich der Bürge verpflichtet, für die Erfüllung der Verbindlichkeit des Hauptschuldners einstehen zu wollen. Hierdurch begründet der Bürge eine eigenständige neue Verbindlichkeit, d. h., er übernimmt nicht die Schuld des Hauptschuldners, tritt dieser Schuld auch nicht bei und wird auch nicht Gesamtschuldner zusammen mit dem Hauptschuldner. Zu beachten ist, dass die Bürgschaft grundsätzlich der **Schriftform** bedarf, um Gültigkeit zu erlangen.[545] Durch die Schriftform sollen dem Bürgen die Risiken der einzugehenden Verpflichtung deutlich gemacht werden.

Sofern der Hauptschuldner seine Verbindlichkeit gegenüber dem Gläubiger bei Fälligkeit nicht begleicht, kann der Gläubiger den Bürgen aus der Bürgschaft in Anspruch nehmen und zur Erfüllung der Hauptforderung heranziehen. Voraussetzung für die Inanspruchnahme des Bürgen ist aber, dass der Gläubiger zuvor eine Zwangsvollstreckung in das Vermögen des Hauptschuldners ohne Erfolg versucht hat.[546] Die sich daraus für den Bürgen ergebende **Einrede der Vorausklage** soll sicherstellen, dass der Bürge erst dann in Anspruch genommen wird, wenn das Vermögen des Hauptschuldners allein nicht zur Befriedigung des Gläubigers ausreicht.

Da mit dem Erlöschen der gesicherten Hauptforderung auch die Bürgschaft erlischt, zählt die Bürgschaft zu den **akzessorischen Kreditsicherheiten**.

---

[543] Vgl. § 765 Abs. 1 BGB.
[544] Vgl. § 765 Abs. 2 BGB.
[545] Vgl. § 766 Satz 1 BGB. Diese Formvorschrift findet jedoch keine Anwendung, falls die Bürgschaft für den Bürgen ein Handelsgeschäft darstellt (vgl. § 350 HGB).
[546] Vgl. § 771 Satz 1 BGB.

(2) Bürgschaftsformen

Neben dem zuvor dargestellten Normalfall der Bürgschaft lassen sich noch weitere **Arten der Bürgschaft** unterscheiden. **Abbildung 53**[547] gibt einen Überblick über verschiedene weitere Ausprägungsformen der Bürgschaft. Es sind dies:

- die **selbstschuldnerische Bürgschaft**

Bei einer selbstschuldnerischen Bürgschaft besitzt der Bürge nicht das Recht auf Einrede der Vorausklage gemäß § 771 BGB.[548] Somit ist der Bürge zur sofortigen Zahlung an den Gläubiger verpflichtet, wenn der Hauptschuldner die verbürgte Verbindlichkeit bei Fälligkeit nicht begleicht.

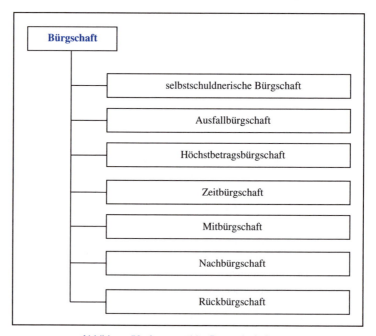

Abbildung 53: Ausgewählte Bürgschaftsformen

- die **Ausfallbürgschaft**

Bei einer Ausfallbürgschaft ist die Verpflichtung des Bürgen von vornherein auf denjenigen Teil der Forderung beschränkt, der nach der Verwertung aller anderen gestellten Sicherheiten und nach der Zwangsvollstreckung in das Vermögen des Schuldners ungedeckt bleibt. Im Gegensatz zur gewöhnlichen Bürgschaft ist also der Ausfallbürge nicht auf die Einrede der Vorausklage gemäß § 771 BGB angewiesen, da der Ausfall des Schuldners bereits zum anspruchsbegründenden Tatbestand gehört.

---

[547] Entnommen aus *Bieg, Hartmut*: Die Kreditfinanzierung. In: Der Steuerberater 1997, S. 226.
[548] Vgl. § 773 Abs. 1 Nr. 1 BGB.

- die **Höchstbetragsbürgschaft**

  Bei der Höchstbetragsbürgschaft wird die Verpflichtung des Bürgen auf einen bestimmten Betrag begrenzt, d. h., er verpflichtet sich nicht in voller Höhe der Hauptschuld.

- die **Zeitbürgschaft**

  Bei der Zeitbürgschaft besteht – genauso wie bei der Höchstbetragsbürgschaft – eine Begrenzung der Haftung des Bürgen. Im Gegensatz zur Höchstbetragsbürgschaft ist die Haftung des Bürgen jedoch nicht der Höhe nach limitiert, sondern auf eine bestimmte Zeit begrenzt.[549] Zu unterscheiden ist hierbei zwischen der echten und der unechten Zeitbürgschaft. Eine **echte Zeitbürgschaft** besteht dann, wenn sich der Bürge gemäß § 777 Abs. 1 Satz 1 BGB für eine bereits bestehende Verbindlichkeit verbürgt. Seine Haftung beschränkt sich dann auf den verbürgten Betrag für die bestimmte Zeit. Bei der **unechten Zeitbürgschaft** hingegen übernimmt der Bürge die Haftung für alle Verbindlichkeiten, die der Hauptschuldner innerhalb der bestimmten Zeit eingeht. In diesem Fall ist seine Haftung für die aus der unechten Zeitbürgschaft resultierenden Verbindlichkeiten allerdings zeitlich unbefristet.[550]

- die **Mitbürgschaft**

  Bei einer Mitbürgschaft verbürgen sich mehrere Bürgen für dieselbe Verbindlichkeit. Jeder der Bürgen haftet dabei bis zur vollen Höhe der Hauptschuld, während der Gläubiger die Leistung nur einmal zu fordern berechtigt ist. Der Gläubiger kann somit die Leistung nach seinem Belieben von jedem der Bürgen ganz oder nur zu einem Bruchteil fordern.[551] Diese **Haftung als Gesamtschuldner** gilt auch dann, wenn die Bürgen die Bürgschaft nicht gemeinschaftlich übernehmen.[552] Derjenige Bürge, der vom Gläubiger in Anspruch genommen wird, hat gegen die anderen Mitbürgen Ausgleichsansprüche.

- die **Nachbürgschaft**

  Bei der Nachbürgschaft steht der Nachbürge dafür ein, dass der Hauptbürge seine Bürgschaftsverpflichtungen erfüllt.

- die **Rückbürgschaft**

  Nimmt ein Gläubiger einen Bürgen aus seiner Bürgschaft in Anspruch, so geht die Forderung des Gläubigers gegen den Hauptschuldner, soweit der Bürge den Gläubiger befriedigt, auf den Bürgen über.[553] Der Bürge erleidet dann insoweit Ausfälle, als der Hauptschuldner seinen Verpflichtungen nicht nachkommt, die Ansprüche des Bürgen also genauso wenig befriedigt wie die des ursprünglichen Gläubigers. Da dies ein wahrscheinlicher Fall ist – denn sonst wäre der Hauptschuldner bereits seinen Verpflichtungen gegenüber dem Gläubiger nachgekommen –, kann sich der Bürge durch eine sog. „Rückbürgschaft" zu schützen versuchen. Hierbei übernimmt der Rückbürge die Haftung dafür, dass die Rückgriffsansprüche des Bürgen gegen den Hauptschuldner erfüllt werden.

---

[549] Vgl. § 777 Abs. 1 Satz 1 BGB.
[550] Vgl. hierzu *Reeb, Hartmut*: Recht der Kreditfinanzierung. München/Wien 1994, S. 85.
[551] Vgl. § 421 Satz 1 BGB.
[552] Vgl. § 769 BGB.
[553] Vgl. § 774 Abs. 1 Satz 1 BGB.

bb) Kreditauftrag

Bei einem Kreditauftrag beantragt nicht der Schuldner selbst die Einräumung eines Kredits. Vielmehr wird der **Kreditgeber** (Gläubiger) **von einem Dritten beauftragt**, im eigenen Namen und für eigene Rechnung **dem Schuldner einen Kredit zu gewähren**. Wird der Kredit gewährt, so erwirbt der Kreditgeber zwei Ansprüche. Einerseits haftet ihm der Kreditnehmer aus dem Kreditvertrag für die Erfüllung der Verbindlichkeit. Andererseits **haftet der Auftraggeber dem Kreditgeber** für die aus der Kreditgewährung entstandene Verbindlichkeit des Kreditnehmers **als Bürge**.[554]

bc) Schuldbeitritt

Bei einem Schuldbeitritt **verpflichtet sich** neben dem eigentlichen Kreditnehmer **eine weitere Person als Gesamtschuldner**. In einem solchen Fall schulden dem Gläubiger mehrere Personen eine Leistung in der Weise, dass jeder Gesamtschuldner verpflichtet ist, die ganze Leistung zu bewirken, der Gläubiger aber die Leistung nur einmal zu fordern berechtigt ist.[555] Da die Entstehung des Schuldbeitritts von dem Bestehen der Hauptschuld abhängig ist, zählt der Schuldbeitritt zu den **akzessorischen Kreditsicherheiten**. Der Vertrag kann entweder mit dem Gläubiger selbst oder mit dem Hauptschuldner vereinbart werden. Wird der Schuldbeitritt mit dem Hauptschuldner vereinbart, so muss der Gläubiger den Vertrag genehmigen.

bd) Garantie

Ebenso wie die Bürgschaft stellt auch die Garantie einen **einseitig verpflichtenden Vertrag** dar. Bei der Garantie handelt es sich um einen Vertrag, durch den entweder die Verpflichtung begründet wird, für den Eintritt eines bestimmten zukünftigen Erfolgs einzustehen, oder aber das Risiko einer zukünftigen Gefahr übernommen wird. Die Garantie ist **gesetzlich nicht besonders geregelt**. Aus diesem Grunde finden die allgemeinen Grundsätze des Schuldrechts Anwendung.

Durch die Abgabe einer Garantie geht der Garantierende eine neue selbstständige Verpflichtung gegenüber dem Begünstigten ein, die vom Bestehen und Umfang einer anderen Verbindlichkeit völlig unabhängig ist. Da die Verpflichtung keiner Veränderung unterliegt, also auch dann noch gilt, wenn die Verbindlichkeit des Hauptschuldners nicht entstanden ist oder später wegfällt, zählt die Garantie zu den **fiduziarischen Kreditsicherheiten**. Somit stellt die Verpflichtung des Garanten eine größere Verpflichtung dar als die des Bürgen. Umgekehrt bietet eine Garantie dem Kreditgeber eine wertvollere Sicherheit als eine Bürgschaft.

be) Patronatserklärung

Unter der Bezeichnung „Patronatserklärung" findet man in der Praxis eine Vielzahl von Erklärungen, deren Gemeinsamkeit darin besteht, dass eine Muttergesellschaft einem Kreditgeber ihrer Tochtergesellschaft Handlungen oder Unterlassungen verspricht oder in Aus-

---

[554] Vgl. § 778 BGB.
[555] Vgl. § 421 Satz 1 BGB.

sicht stellt, um dessen Kreditbereitschaft zu fördern oder zu erhalten. Die Patronatserklärung ist eine Entwicklung der Praxis und bezweckte ursprünglich, den bei Bürgschaften oder Garantien notwendigen Bilanzvermerk oder gegebenenfalls eine Berichterstattung zu vermeiden. Dem trug die später eingeführte Vermerk- und Berichterstattungspflicht bei Patronatserklärungen Rechnung.[556]

Die **Rechtsfolgen einer Patronatserklärung** sind je nach ihrem Inhalt verschieden, ihr Wert als Sicherheit ist oft zweifelhaft. Der verpflichtende Charakter ist vom Wortlaut der Patronatserklärung abhängig; die Grenzen für die Begründung einer Leistungspflicht sind umstritten.

Die Patronatserklärungen lassen sich auf einige **Grundformen** zurückführen, die jede für sich oder kombiniert miteinander Verwendung finden. In ihnen sagt eine Gesellschaft z. B. einer ihrem Tochterunternehmen Kredit gewährenden Bank zu, „für die Dauer des Kreditverhältnisses

(1) das Gesellschaftsverhältnis mit der Tochtergesellschaft beizubehalten;

(2) den Unternehmensvertrag mit der Tochtergesellschaft nicht zu ändern, aufzuheben oder zu kündigen;

(3) die Tochtergesellschaft dahin zu beeinflussen, dass sie ihren Verbindlichkeiten (gegenüber dem Gläubiger) nachkommt;

(4) die Tochtergesellschaft finanziell so ausgestattet zu halten, dass sie ihren Verbindlichkeiten (gegenüber dem Gläubiger) nachkommen kann;

(5) eine bestimmte Kapitalausstattung bei der Tochtergesellschaft aufrechtzuerhalten"[557].

Nach der Auffassung des IDW lösen die Grundformen (1) bis (3) im Allgemeinen keine, wohl aber die Grundformen (4) und (5) eine Vermerkpflicht in der Bilanz der Muttergesellschaft aus, weil in den beiden letzten Fällen von der Muttergesellschaft die Gewähr für eine Liquiditäts- bzw. Kapitalausstattung des Tochterunternehmens übernommen wird (**„harte" Patronatserklärung**).

bf) Sicherungszession

Die Abtretung einer Forderung (Zession) hat den Übergang der Forderung von dem bisherigen Gläubiger (Zedent) auf den neuen Gläubiger (Zessionar) zur Folge (vgl. **Abbildung 54**[558] auf S. 170). Für die Sicherungszession gelten die Vorschriften des BGB über die Über-

---

[556] Vgl. *HFA des IDW*: Stellungnahme HFA 2/1976: Zur aktienrechtlichen Vermerk- und Berichterstattungspflicht bei Patronatserklärungen gegenüber dem Kreditgeber eines Dritten. In: Die Wirtschaftsprüfung 1976, S. 528–535 sowie den Ersatz dieser Stellungnahme durch den *HFA des IDW*: Rechnungslegungshinweis HFA 1.013: Handelsrechtliche Vermerk- und Berichterstattungspflichten bei Patronatserklärungen. In: IDW Fachnachrichten 2008, S. 116–119.

[557] *HFA des IDW*: Rechnungslegungshinweis HFA 1.013: Handelsrechtliche Vermerk- und Berichterstattungspflichten bei Patronatserklärungen. In: IDW Fachnachrichten 2008, S. 117.

[558] Modifiziert entnommen aus *Grill, Wolfgang/Perczynski, Hans*: Wirtschaftslehre des Kreditwesens. 48. Aufl., Köln 2014, S. 387.

tragung von Forderungen (§§ 398–413 BGB). Zedent und Zessionar müssen sich über den Forderungsübergang einigen, wobei die Einigung grundsätzlich formfrei möglich ist.

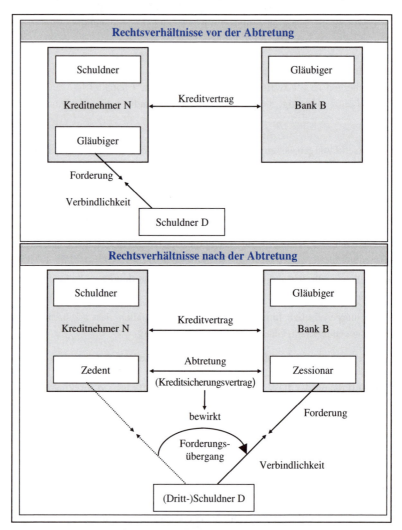

Abbildung 54: Abtretung einer Forderung

Obwohl dies in § 398 BGB nicht ausdrücklich geregelt ist, können auch künftige Forderungen abgetreten werden (sog. **„Vorausabtretung"**). Erforderlich ist aber, dass die künftigen Forderungen zumindest bestimmbar sind, d. h., die im Einzelnen abzutretende Forderung muss bei ihrer Abtretung so umschrieben werden, dass sie spätestens bei ihrer Entstehung nach Gegenstand und Umfang zweifelsfrei bestimmt werden kann.

Werden **Forderungen zur Sicherung eines Kredits abgetreten**, so ersetzen sie nicht die aus dem Kreditverhältnis bestehende Hauptforderung. Die Hauptforderung bleibt uneingeschränkt bestehen. Die abgetretene Forderung dient dem Kreditgeber vielmehr als Sicherheit für den gewährten Kredit; er kann sie bei Ausfall seines Kreditnehmers dahingehend verwerten, dass er die abgetretene Forderung gegenüber dem aus dieser Forderung Verpflichteten (Drittschuldner) geltend macht. Mit der Abtretung tritt also der neue Gläubiger in vollem Umfang an die Stelle des bisherigen Gläubigers.[559] Bei der Sicherungszession handelt es sich somit – materiell gesehen – um eine **Form der Personalsicherung**, da dem Kreditgeber weitere Schuldner (Drittschuldner) zugeführt werden, die ihm mit ihrem jeweiligen Vermögen für die Erfüllung ihrer Verpflichtungen aus den abgetretenen Forderungen haften. Allerdings soll der Drittschuldner durch die Abtretung nicht benachteiligt werden. Er kann deshalb dem neuen Gläubiger alle Einwendungen entgegensetzen, die zur Zeit der Abtretung gegen den bisherigen Gläubiger begründet waren.[560] Dies gilt auch dann, wenn der neue Gläubiger hiervon nichts wusste.

Es lassen sich die beiden folgenden **Formen der Sicherungszession** unterscheiden:

- Bei der **offenen Sicherungszession** wird der Drittschuldner von der Abtretung benachrichtigt. Er kann dann mit befreiender Wirkung nur noch an den neuen Gläubiger leisten.[561] Er ist dem neuen Gläubiger jedoch nur gegen Aushändigung einer von dem bisherigen Gläubiger über die Abtretung ausgestellten Urkunde zur Leistung verpflichtet.[562] Diese Urkunde muss vom bisherigen Gläubiger auf Verlangen des neuen Gläubigers ausgestellt werden.[563]

- Im Falle einer **stillen Sicherungszession** findet eine solche Benachrichtigung nicht statt. Der Zessionar wird zwar wirksam Gläubiger der abgetretenen Forderung; da der Drittschuldner jedoch von der Existenz eines neuen Gläubigers nichts weiß, tilgt er seine Schuld weiterhin durch Zahlung an den ursprünglichen Gläubiger.[564] Der Zedent macht, falls dies notwendig wird, die Forderung in eigenem Namen klageweise geltend. Hierin liegen jedoch nicht unerhebliche **Risiken für den Zessionar**. So hat dieser beispielsweise keinerlei Möglichkeit, die Ordnungsmäßigkeit der Forderungsabtretung durch eine Nachfrage beim Drittschuldner zu überprüfen. Es kommt hinzu, dass der die Zahlung empfangende ursprüngliche Gläubiger diese an den Erwerber der Forderung abführen muss.

Infolge ihrer Publizitätswirkung kann die offene Sicherungszession das Ansehen des Zedenten im Geschäftsverkehr beeinträchtigen. Deshalb ist in der Praxis die stille Sicherungszession – trotz aller Risiken – durchaus üblich. Die Kreditinstitute (in ihrer Position als Zessionare) versuchen aber in der Regel, das mit einer stillen Zession verbundene Risiko dadurch zu verringern, dass sie sich bereits im Zeitpunkt der Forderungszession von ihren Kreditnehmern (Zedenten) unterschriebene **Blanko-Abtretungsanzeigen** aushändigen lassen. Im Bedarfsfall können diese dann von dem Kreditinstitut an den Drittschuldner versandt werden, um diesem die erfolgte Zession doch noch mitzuteilen. Dies hat für den Zessionar den Vorteil, dass ab diesem Zeitpunkt eine offene Forderungszession vorliegt, so

---

[559] Vgl. § 398 Satz 2 BGB.
[560] Vgl. § 404 BGB.
[561] Vgl. § 407 Abs. 1 BGB.
[562] Vgl. § 410 Abs. 1 Satz 1 BGB.
[563] Vgl. § 403 Satz 1 BGB.
[564] Vgl. § 407 BGB.

dass der Drittschuldner die abgetretene Forderung nur noch gegenüber dem Zessionar erfüllen kann.[565]

Im Allgemeinen wird die Laufzeit des dem Kunden des Kreditinstituts gewährten Kredits länger als die Laufzeit der dem Kreditinstitut zur Sicherung abgetretenen Forderung(en) des Kreditnehmers sein. In solchen Fällen entsteht ein **Interessenkonflikt** zwischen dem Kreditnehmer (Zedenten) und dem kreditgewährenden Institut (Zessionar). Würde der Zessionar die Tilgung der früher fälligen zedierten Forderung erhalten, so wäre der länger laufende Kredit bereits vor der vereinbarten Fälligkeit getilgt. Dies liefe den Interessen des Kreditnehmers zuwider, da er einen Kredit mit der längeren Laufzeit benötigt. Würde hingegen der Zessionar den vom Drittschuldner gezahlten Betrag an den Kreditnehmer abführen, so wäre der von ihm gewährte Kredit ab diesem Zeitpunkt unbesichert.

Um in derartigen Fällen einen Ausgleich zwischen den Interessen des Kreditnehmers und des Kreditgebers zu erreichen, hat sich in der Praxis folgende Vorgehensweise entwickelt: In allen Fällen, in denen die Laufzeit der abgetretenen Forderung(en) kürzer als die Laufzeit des gewährten Kredits ist, darf der Kreditnehmer über den eingegangenen Forderungsbetrag verfügen. Dafür muss er jedoch dem Kreditgeber eine **Ersatzforderung** als Sicherheit abtreten. Für die Abtretung solcher Ersatzforderungen hat die Praxis die beiden folgenden Formen entwickelt:

- Bei der **Globalzession** vereinbaren Kreditnehmer und Kreditgeber, dass alle Forderungen, die der Kreditnehmer während der Laufzeit des Kredits gegen einen abgegrenzten Kreis seiner Kunden erwirbt, an den Kreditgeber abgetreten werden, ohne dass eine gesonderte Einigung mit dem Kreditgeber bezüglich jeder einzelnen Forderung für die Wirksamkeit der Forderungsabtretung insgesamt erforderlich wäre. Die einzelnen Forderungen gehen automatisch mit ihrem Entstehen auf den neuen Gläubiger über. Bei der Globalzession ist die Gesamthöhe der abgetretenen Forderungen variabel, d. h., es ist möglich, dass die Summe der abgetretenen Forderungen zeitweise mehr oder weniger als die Darlehenssumme beträgt. Sowohl die stille Zession als auch die offene Zession sind bei der Globalzession möglich.

- Im Unterschied zur Globalzession verpflichtet sich bei der **Mantelzession** der Kreditnehmer, laufend Forderungen in einer bestimmten – vertraglich vereinbarten – Gesamthöhe abzutreten. Die Abtretung selbst wird, im Gegensatz zur Globalzession, jedoch erst dann wirksam, wenn dem Kreditgeber die Forderungen entweder in Form von Rechnungskopien oder durch Debitorenlisten eingereicht werden. Zwar werden dem Kreditgeber auch im Falle der Globalzession Debitorenlisten übergeben, damit er einen Überblick über die Höhe der Kreditsicherheit bekommt. Zur Wirksamkeit der Sicherungsabtretung sind sie bei der Globalzession allerdings nicht erforderlich. Auch bei der Mantelzession sind sowohl die stille Zession als auch die offene Zession möglich.

---

[565] Vgl. zu diesem Absatz § 410 Abs. 1 BGB.

bg) Negativerklärung

Unter einer Negativerklärung versteht man die **schuldrechtliche Verpflichtung des Schuldners**, während der Laufzeit des Kredits **sein Vermögen nicht zum Nachteil des Kreditgebers zu verändern**. Mit Hilfe einer Negativerklärung wird versucht, die Wünsche sowohl des Kreditnehmers als auch des Kreditgebers zu berücksichtigen. Während der Kreditnehmer bestrebt ist, eine Belastung seines Vermögens zu vermeiden, bemüht sich der Kreditgeber, eine sich für ihn durch eine Besserstellung anderer Gläubiger ergebende Benachteiligung zu verhindern.

Negativerklärungen finden hauptsächlich im Emissionsgeschäft sowie im industriellen Großkreditgeschäft Anwendung. Da eine Belastung des Anlagevermögens im Allgemeinen als eine Belastung für die (internationale) Kreditwürdigkeit eines Unternehmens angesehen wird, versucht der Kreditnehmer, mit Hilfe von Negativklauseln sein Standing auf den (internationalen) Finanzmärkten (verglichen mit der Belastung des Anlagevermögens) zu verbessern.[566]

Mit der Abgabe einer Negativerklärung wird der **Kreditnehmer** grundsätzlich gegenüber bestimmten Kreditgebern **in seiner Befugnis beschränkt, bestimmte Vermögensgegenstände zu belasten oder zu veräußern**. Negativerklärungen können den Kreditnehmer z. B. dazu verpflichten,

- seinen Grundbesitz weder zu verkaufen noch zu belasten,
- keine sonstigen Sicherheiten zugunsten Dritter zu bestellen,
- neben der Nichtbelastungsverpflichtung gewisse Bilanzrelationen einzuhalten oder
- keine Kredite bei anderen Personen aufzunehmen.[567]

Hat der Kreditnehmer eine Negativerklärung abgegeben, so sind die vorstehend genannten Veränderungen des Vermögens des Kreditnehmers nur noch mit der Zustimmung des Kreditgebers möglich. Der Kreditnehmer wird daher durch die Abgabe einer Negativerklärung in seiner unternehmerischen Entscheidungsfreiheit u. U. stark eingeschränkt. Während der Gläubiger durch die Negativerklärung des Schuldners zwar erreichen kann, dass das Schuldnervermögen nicht zusätzlich durch Dritte belastet wird oder dass dritte Personen keine bevorzugte Stellung durch die Gewährung von Sicherheiten erhalten können, ist der **Wert einer Negativerklärung als Sicherheit** als **eher gering** zu beurteilen. Im Falle der Insolvenz des Kreditnehmers gewährt die Negativerklärung dem Kreditgeber nämlich keine bevorrechtigte Stellung gegenüber anderen Gläubigern. Der Kreditgeber „kann lediglich – notfalls im Wege der einstweiligen Verfügung – vor der Eröffnung eines Insolvenzverfahrens verhindern, daß andere Gläubiger Sicherheiten und damit eine bevorzugte Befriedigung erlangen und die Quote der Bank [allgemeiner: des Kreditgebers; Anm. d. Verf.] schmälern"[568].

---

[566] Vgl. *Obermüller, Manfred*: Ersatzsicherheiten im Kreditgeschäft. Wiesbaden 1987, S. 128.
[567] Vgl. zu den einzelnen Negativklauseln *Obermüller, Manfred*: Ersatzsicherheiten im Kreditgeschäft. Wiesbaden 1987, S. 128–136.
[568] *Obermüller, Manfred*: Ersatzsicherheiten im Kreditgeschäft. Wiesbaden 1987, S. 139.

c) Sachenrechtliche Kreditsicherheiten

ca) Eigentumsvorbehalt

Der Eigentumsvorbehalt als Kreditsicherheit findet hauptsächlich bei Lieferantenkrediten[569] Anwendung. Der Eigentumsvorbehalt stellt eine Vereinbarung zwischen dem Verkäufer und Käufer einer beweglichen Sache dar, wonach das Eigentum an der gelieferten Sache erst dann vom Verkäufer auf den Käufer übergeht, wenn Letzterer die Sache vollständig bezahlt hat.

Diese Konstruktion hat für beide beteiligten Parteien Vorteile. Einerseits wird der Käufer Besitzer der Sache, d. h., er kann sie bereits vor der vollständigen Bezahlung nutzen; andererseits ist die Kaufpreisforderung des Verkäufers dadurch gesichert, dass dieser das Eigentum an der Sache bis zu ihrer vollständigen Bezahlung durch den Käufer behält. Kommt der Käufer der Sache mit seinen Zahlungen in Verzug, so bewirkt der Eigentumsvorbehalt, dass der Verkäufer zum Rücktritt vom Kaufvertrag berechtigt ist.[570] Er kann dann vom Besitzer die Herausgabe der Sache verlangen.[571] Mit der vollständigen Bezahlung der Sache durch den Käufer erlischt der Eigentumsvorbehalt des Verkäufers. Das Eigentum geht dann automatisch auf den Käufer über.

Mit dem Eigentumsvorbehalt sind allerdings auch gewisse **Risiken für den Verkäufer** verbunden. Veräußert nämlich der Käufer die Sache ohne die Zustimmung des Verkäufers und erwirbt der neue Käufer die Sache in gutem Glauben, weiß also der neue Käufer nicht, dass die Sache nicht dem Veräußerer gehörte, so geht das Eigentum an der erworbenen Sache auf den neuen Käufer über und der (ursprüngliche) Verkäufer verliert seinen Eigentumsvorbehalt an der Sache.[572] Ein weiteres Risiko für den Verkäufer stellt die Verarbeitung der Sache zu einer neuen Sache dar. Auch in diesem Falle verliert der Verkäufer in der Regel seinen Eigentumsvorbehalt und das Eigentum geht auf den Hersteller der neuen Sache über.[573]

Wenn eine Sache von einem Unternehmen nur gekauft wird, um sie weiterzuverkaufen oder weiterzuverarbeiten, stellt der (einfache) Eigentumsvorbehalt für den Verkäufer der Sache keine ausreichende Sicherheit dar. Deshalb wurde in der Praxis der **verlängerte Eigentumsvorbehalt** als eine Sonderform des Eigentumsvorbehalts entwickelt.

Der verlängerte Eigentumsvorbehalt tritt dabei in zwei Formen auf:

- Zum einen kann der Verkäufer den Käufer zur **Weiterveräußerung** der unter Eigentumsvorbehalt gelieferten Sache ermächtigen, wobei gleichzeitig eine Vorausabtretung der aus dem Weiterverkauf der Sache entstandenen Kundenforderung vereinbart wird.
- Zum anderen kann der Verkäufer den Käufer dazu ermächtigen, die unter Eigentumsvorbehalt gelieferte Sache **weiterzuverarbeiten**. Hierbei wird gleichzeitig vereinbart,

---

[569] Vgl. dazu den **Sechsten Abschnitt, Kapitel D.II.1.**
[570] Vgl. hierzu § 449 BGB.
[571] Vgl. § 985 BGB.
[572] Vgl. § 932 Abs. 1 BGB.
[573] Vgl. § 950 BGB.

dass – abweichend von § 950 BGB – das Eigentum an der neuen Sache nicht dem Käufer als Hersteller der neuen Sache, sondern dem Verkäufer zusteht.

cb) Sicherungsübereignung

Beim Eigentumsvorbehalt liegt die Sicherheit für den Kreditgeber darin, dass er bis zur vollständigen Bezahlung Eigentümer der gelieferten Sache bleibt, der Kreditnehmer also zwar den Besitz, jedoch (vorerst) nicht das Eigentum erlangt. Bei der Sicherungsübereignung wird dagegen dem Kreditgeber das Eigentum (sowie der mittelbare Besitz) an einer Sache zu Sicherungszwecken verschafft, während der Kreditnehmer den unmittelbaren Besitz der Sache hält. Der **Kreditgeber** wird also – analog zum Eigentumsvorbehalt – zwar **Eigentümer, jedoch nicht Besitzer des Sicherungsgutes**. Somit erlaubt es die Sicherungsübereignung, auch laufend benötigte Gegenstände als Sicherheiten anzubieten, da diese auch nach der Bestellung der Sicherheit beim Sicherungsgeber verbleiben und von ihm genutzt werden können. Zu beachten ist, dass **lediglich bewegliche Sachen** sicherungsübereignet werden können.

Wie bei der Sicherungszession handelt es sich bei der Sicherungsübereignung um ein **fiduziarisches Rechtsgeschäft**. Dem Gläubiger wird zwar nach außen hin die Stellung eines voll und selbstständig Berechtigten eingeräumt, der Kreditgeber erhält also uneingeschränktes Eigentum an dem Sicherungsgegenstand. Er ist aber im Innenverhältnis dem Besteller der Sicherheit gegenüber verpflichtet, von der ihm übertragenen Rechtsposition keinen Gebrauch zu machen, die über den Sicherungszweck hinausgeht. Er kann also die übereignete Sache nur bei einer Nichterfüllung der gesicherten Hauptforderung verwerten. Der Kreditgeber wird ein sog. **„Treuhandeigentümer"**.

Für die Sicherungsübereignung, die im Gesetz keine Erwähnung findet, gelten die allgemeinen Regelungen über die Übertragung des Eigentums an einer beweglichen Sache (§§ 929–936 BGB). Während die Übertragung des Eigentums an einer Sache im Allgemeinen durch die Einigung über den Eigentumsübergang zwischen den beiden beteiligten Parteien und durch die Übergabe der Sache vom bisherigen Eigentümer an den zukünftigen Eigentümer erfolgt,[574] weicht die Sicherungsübereignung von dieser Regelung ab. Zwar müssen sich auch bei der Sicherungsübereignung Kreditgeber und Eigentümer der Sache, die sicherungsübereignet werden soll, darüber einigen, dass das Eigentum an der Sache auf den Kreditgeber übergehen soll. Die Sicherungsübereignung zeichnet sich jedoch gerade dadurch aus, dass eine Übergabe des Sicherungsgutes an den Kreditgeber nicht stattfindet. Die Übergabe der Sache wird durch die Vereinbarung eines sog. **„Besitzkonstituts"** ersetzt,[575] d. h., zwischen den Vertragsparteien wird ein Rechtsverhältnis vereinbart, aufgrund dessen der (bisherige) Eigentümer im unmittelbaren Besitz der Sache bleibt und der Kreditgeber den mittelbaren Besitz an der Sache erlangt. Ein solches Rechtsverhältnis wird als ein **Besitzmittlungsverhältnis** bezeichnet.

---

[574] Vgl. § 929 Satz 1 BGB.
[575] Vgl. § 930 BGB.

Die Sicherungsübereignung ist außerdem nur wirksam, wenn der Sicherungsgeber Berechtigter ist. Ein Eigentumserwerb von Nichtberechtigten ist bei der Sicherungsübereignung praktisch ausgeschlossen. Er wäre nur möglich, wenn der Eigentumserwerber bezüglich des Eigentums gutgläubig wäre, die Sache niemandem gestohlen wurde[576] und die Sache dem Erwerber vom Veräußerer übergeben wird.[577] Letzteres soll aber bei der Sicherungsübereignung gerade vermieden werden.

Abbildung 55[578] fasst den Vorgang der Sicherungsübereignung und deren Rechtsfolgen zusammen.

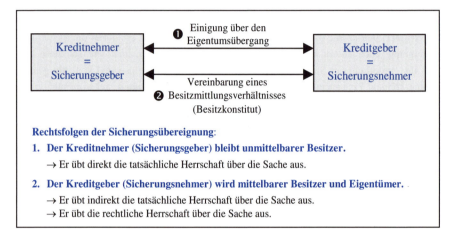

Abbildung 55: Sicherungsübereignung

cc) Pfandrechte

(1) Charakterisierung und Formen von Pfandrechten

Während bei den beiden zunächst behandelten sachenrechtlichen Kreditsicherheiten (Eigentumsvorbehalt und Sicherungsübereignung) die Sicherung des Kreditgebers darin besteht, dass er sich das Eigentum an einer Sache zurückbehält oder ihm das Eigentum der Sache vom Kreditnehmer übertragen wird, zeichnet sich ein **Pfandrecht** dadurch aus, dass der **Kreditgeber** nicht das Eigentum an der Sache erlangt, sondern **grundsätzlich in den Besitz der Sache kommt**. Da es bei Immobilien – im Gegensatz zu Mobilien – nicht praktikabel ist, dem Kreditgeber den unmittelbaren Besitz an der zu verpfändenden Immobilie zu verschaffen, unterscheidet man zwischen den Pfandrechten an beweglichen Sachen und Rechten[579] und den Pfandrechten an Grundstücken (Grundpfandrechte).[580]

---

[576] Vgl. §§ 932, 935 BGB.
[577] Vgl. § 933 BGB.
[578] Modifiziert entnommen aus *Bieg, Hartmut*: Die Kreditfinanzierung. In: Der Steuerberater 1997, S. 273.
[579] Vgl. §§ 1204–1259 BGB für das Pfandrecht an Sachen und §§ 1273–1296 BGB für das Pfandrecht an Rechten.

(2) Bewegliche Pfandrechte

(a) Pfandrecht an beweglichen Sachen

Das Pfandrecht an beweglichen Sachen stellt ein **dingliches Verwertungsrecht** an einer Sache dar. Der Gläubiger einer Forderung wird durch ein solches Pfandrecht dadurch gesichert, dass er – sollte der Schuldner seinen Zahlungsverpflichtungen nicht nachkommen – das Pfand veräußern und sich aus dem daraus erzielten Erlös befriedigen kann. Bei einem Pfandrecht an beweglichen Sachen erfolgt die **Bestellung** durch

- die Einigung zwischen dem Eigentümer und dem Pfandgläubiger über die Entstehung des Pfandrechts und
- die Übergabe der beweglichen Sache vom Verpfänder an den Pfandgläubiger[581] bzw. die Vereinbarung eines Übergabesurrogates.[582]

Wird eine **bewegliche Sache** verpfändet, so

- wird sie dem Pfandgläubiger entweder übergeben[583] (dem Gläubiger wird also der **unmittelbare Besitz** an der Sache eingeräumt)[584] oder
- dem Gläubiger wird vom Eigentümer der **mittelbare Besitz**[585] an der Sache übertragen, falls zum Zeitpunkt der Verpfändung ein Dritter unmittelbarer Besitzer der Sache ist,[586] oder
- dem Gläubiger wird der **Mitbesitz**[587] an der Sache eingeräumt; dies gilt für den Fall, dass sich die Sache im Mitverschluss des Gläubigers befindet oder – falls sie im Besitz eines Dritten ist – die Herausgabe nur an den Eigentümer und den Gläubiger gemeinschaftlich erfolgen kann.[588]

Allen drei Varianten ist gemeinsam, dass der Eigentümer der zu verpfändenden beweglichen Sache in jedem Fall den unmittelbaren Besitz an dieser Sache aufgeben muss. Wurde die bewegliche Sache dem Kreditgeber übergeben, so ist dieser zur Verwahrung verpflichtet.[589]

(b) Pfandrecht an Rechten

Neben den Pfandrechten an Sachen kennt das Gesetz auch Pfandrechte an Rechten, vor allem an (Geld-)Forderungen, aber auch etwa an Handelsgesellschaftsanteilen, Aktienrech-

---

[580] Vgl. § 1113–1203 BGB.
[581] Vgl. § 1205 Abs. 1 Satz 1 BGB.
[582] Vgl. §§ 1205 Abs. 2, 1206 BGB.
[583] Vgl. § 1205 Abs. 1 BGB.
[584] Vgl. § 854 Abs. 1 BGB.
[585] Vgl. § 868 BGB.
[586] Vgl. § 1205 Abs. 2 BGB. Dies ist etwa dann der Fall, wenn die zu verpfändende Sache im Lagerhaus eines Dritten liegt. Zu beachten ist hierbei, dass der Dritte gemäß § 1205 Abs. 2 BGB von der Übertragung des mittelbaren Besitzes in Kenntnis gesetzt werden muss, da ansonsten das Pfandrecht nicht entsteht.
[587] Vgl. § 866 BGB.
[588] Vgl. § 1206 BGB.
[589] Vgl. § 1215 BGB.

ten, Patent- und Urheberrechten. Weitere gängige verpfändbare Rechte sind z. B. Wertpapiere (Effektenlombard) und Rechte aus einem Lebensversicherungsvertrag.[590] Die **Bestellung** des Pfandrechts an einem Recht erfolgt nach den für die Übertragung eines Rechts geltenden Vorschriften.[591] Von der Verpfändung sind die unübertragbaren Rechte ausgeschlossen.[592] Zu diesen zählen beispielsweise das unpfändbare Arbeitseinkommen[593] oder der Nießbrauch[594]. Wird eine Forderung verpfändet, so ist die Verpfändung nur wirksam, wenn dem Schuldner vom Gläubiger die Verpfändung angezeigt wird.[595]

(3) Grundpfandrechte

(a) Grundsätzliches

Neben den Pfandrechten an beweglichen Sachen und Rechten kennt das BGB auch **Pfandrechte an unbeweglichen Sachen**, also an Grundstücken. Diese (im Gesetz selbst nicht so benannten) „Grundpfandrechte" sind die **im Kreditgeschäft der Banken bedeutsamsten Realsicherheiten**. Sie dienen in erster Linie der Sicherung langfristiger Darlehen, werden aber auch zur Sicherung kurz- und mittelfristiger Kredite herangezogen.

Im BGB werden die folgenden drei **Arten von Grundpfandrechten** unterschieden, von denen allerdings nur die beiden ersten in der Praxis als Kreditsicherheit von Bedeutung sind:

- Hypothek[596],
- Grundschuld[597] und
- Rentenschuld[598].

Sowohl die **Hypothek** als auch die **Grundschuld** stellen **dingliche Verwertungsrechte** dar, deren jeweiliger Inhaber berechtigt ist, das belastete Grundstück wegen einer bestimmten Geldsumme im Wege der Zwangsvollstreckung zu verwerten.[599] Die Hypothek und die Grundschuld unterscheiden sich jedoch in folgender Hinsicht.

Nach der gesetzlichen Regelung **dient die Hypothek ausschließlich der Sicherung einer (Geld-)Forderung**.[600] Die Hypothek ist somit von der gesicherten Forderung grundsätzlich abhängig **(Akzessorietät)**. Daraus folgt, dass der Gläubiger sich mit Hilfe seiner Hypothek

---

[590] Zur Verpfändung von Sachen und Rechten vgl. auch die Ausführungen zum Lombardkredit im **Sechsten Abschnitt, Kapitel D.III.3.**
[591] Vgl. § 1274 Abs. 1 Satz 1 BGB.
[592] Vgl. § 1274 Abs. 2 BGB.
[593] Vgl. § 400 BGB sowie §§ 850–850 I ZPO.
[594] Vgl. § 1059 Satz 1 BGB.
[595] Vgl. § 1280 BGB.
[596] Vgl. §§ 1113–1190 BGB.
[597] Vgl. §§ 1191–1198 BGB.
[598] Vgl. §§ 1199–1203 BGB.
[599] Vgl. §§ 1113 Abs. 1, 1147 und 1191 Abs. 1 BGB.
[600] Vgl. § 1113 Abs. 1 BGB.

aus dem Grundstück nur insoweit befriedigen kann, als ihm die gesicherte Forderung zusteht. Ohne Rücksicht darauf, was sich aus der Grundbucheintragung über die Hypothek ergibt, steht dieses Recht dem Gläubiger folglich nur zu, wenn und soweit er Gläubiger der zu sichernden Forderung ist. Aus diesem Grunde **müssen der Gläubiger der Hypothek und der Gläubiger der gesicherten Forderung** auch **stets dieselbe Person sein**. Dagegen können haftender Grundstückseigentümer und Schuldner der gesicherten Forderung verschiedene Personen sein.

Wegen der Akzessorietät von Hypothek und gesicherter Forderung kann die Hypothek grundsätzlich nicht ohne die gesicherte Forderung auf andere Personen übertragen werden.[601] Umgekehrt geht mit der Übertragung einer Forderung die zu ihrer Sicherung bestellte Hypothek automatisch auf den neuen Forderungsgläubiger mit über.[602]

Im Gegensatz hierzu ist die **Grundschuld** grundsätzlich **nicht akzessorisch**,[603] so dass eine Grundschuld grundsätzlich ohne jegliche (zu sichernde) Forderung existieren kann. Es existieren jedoch Ausgestaltungen dieser beiden Grundpfandrechte, bei denen die Akzessorietät gelockert (Verkehrshypothek) bzw. verschärft (Sicherungsgrundschuld) wird.

(b) Hypothek

Die **Verkehrshypothek** ist die gewöhnliche, in der Praxis am häufigsten anzutreffende Form der Hypothek zur Sicherung von Forderungen. Ist bei einer Hypothek im Grundbuch nichts anderes vermerkt, so handelt es sich immer um eine Verkehrshypothek. Sie kann als Brief- oder Buchhypothek bestellt werden, je nachdem, ob zur Verbriefung des Rechts ein Hypothekenbrief ausgestellt oder die Erteilung des Briefs ausgeschlossen wird.[604]

Der Vorteil der **Briefhypothek** ist, dass ihre Übertragung auf andere Personen keine Eintragung im Grundbuch verlangt, was ihre Verkehrsfähigkeit erheblich verbessert, da der Wegfall der Grundbucheintragung bei der Übertragung des Pfandrechts Zeit und Geld spart.

Der Vorteil der **Buchhypothek** ist dagegen, dass keine Kosten der Brieferstellung anfallen und der Erwerber des Rechts dieses bereits automatisch mit der Eintragung in das Grundbuch erlangt, während der Erwerber des Briefrechts erst noch auf die Übergabe des Briefs warten muss.

Bei der Verkehrshypothek ist der Grundsatz der Akzessorietät insofern gelockert, als ein gutgläubiger Erwerber sie von einem Nichtberechtigten auch dann erwerben kann, wenn die zu sichernde Forderung nicht besteht.[605]

Von der Verkehrshypothek unterscheidet sich die **Sicherungshypothek**[606] u. a. durch die folgenden Besonderheiten. Wird von den Vertragsparteien eine Sicherungshypothek ge-

---

[601] Vgl. § 1153 Abs. 2 BGB.
[602] Vgl. § 1153 Abs. 1 BGB.
[603] Vgl. § 1192 Abs. 1 BGB.
[604] Vgl. § 1116 BGB.
[605] Vgl. §§ 1138, 892 BGB.

wünscht, so ist dies im Grundbuch gesondert zu vermerken.[607] Die Sicherungshypothek kann ausschließlich als Buchrecht bestellt werden.[608] Sie ist streng akzessorisch und kann daher nicht von einem Nichtberechtigten erworben werden.

Durch eine Sicherungshypothek in der Sonderform der **Höchstbetragshypothek**[609] können verschiedene Forderungen gesichert werden, deren genaue Höhe bei der Bestellung des Pfandrechts noch nicht feststeht. Hiermit können also auch der Höhe nach wechselnde Forderungen aus laufenden Geschäftsverbindungen (z. B. Kontokorrentforderungen) abgesichert werden. Lediglich der Höchstbetrag, für den das Grundstück haften soll, ist im Grundbuch einzutragen.

Eine weitere Sonderform der Sicherungshypothek ist die **Zwangshypothek**.[610] Der Gläubiger einer Forderung, der einen Titel erwirkt hat, kann zur Durchsetzung der Forderung diese Forderung durch eine Zwangshypothek sichern lassen. Die Zwangshypothek wird auf Antrag des Gläubigers in das Grundbuch eingetragen, wenn die Voraussetzungen der Zwangsvollstreckung vorliegen und der Schuldner im Grundbuch eingetragen ist.

(c) Grundschuld

Im Gegensatz zur Hypothek braucht eine Grundschuld grundsätzlich nicht der Sicherung einer Forderung zu dienen. Nach dem Inhalt der dinglichen Einigung ist es sogar möglich, dass überhaupt keine Forderung gesichert wird, da die **dingliche Verknüpfung von Forderung und Sicherheit** bei der Grundschuld gerade **ausgeschlossen** wird.[611] Die Grundschuld kann – ebenso wie die Hypothek – als Brief- oder Buchrecht bestellt werden.[612] Wie bei der Hypothek brauchen Kreditschuldner und Grundstückseigentümer nicht ein und dieselbe Person zu sein.

Eine Grundschuld in Form der **isolierten Grundschuld** wird regelmäßig dann bestellt, wenn der Grundschuldgläubiger das Geld nicht sofort, sondern erst zu einem späteren Zeitpunkt, dem Zeitpunkt der Fälligkeit der Grundschuld, erhalten soll.

Bei der **Sicherungsgrundschuld** handelt es sich um eine weitere Form der Grundschuld. Hierbei vereinbaren die Vertragsparteien bei einer Kreditvergabe in einer sog. „Sicherungsabrede", dass ein Grundstück zur Sicherung von Forderungen dienen soll und der Gläubiger nur dann aus der Grundschuld vorgehen darf, wenn die gesicherte, fällige und durchsetzbare Forderung nicht befriedigt wird.

---

[606] Vgl. §§ 1184–1187 BGB.
[607] Vgl. § 1184 Abs. 2 BGB.
[608] Vgl. § 1185 Abs. 1 BGB.
[609] Vgl. § 1190 BGB.
[610] Vgl. §§ 866, 867 ZPO.
[611] Vgl. § 1192 Abs. 1 BGB.
[612] Vgl. §§ 1192 Abs. 1, 1116 BGB.

(d) Rentenschuld

Eine Grundschuld kann gemäß § 1199 Abs. 1 BGB auch „in der Weise bestellt werden, dass in regelmäßig wiederkehrenden Terminen eine bestimmte Geldsumme aus dem Grundstücke zu zahlen ist". Es handelt sich dann um eine Rentenschuld.[613] Der Grundstückseigentümer hat u. U. ein Interesse daran, diese Verpflichtung durch eine einmalige Zahlung abzulösen. Deshalb muss bei der Bestellung der Rentenschuld gemäß § 1199 Abs. 2 Satz 1 BGB „der Betrag bestimmt werden, durch dessen Zahlung die Rentenschuld abgelöst werden kann. Die Ablösungssumme muss im Grundbuch eingetragen werden."

VII. Kreditwürdigkeitsprüfung

1. Vorbemerkungen

Das Eingehen und die Abwicklung von Kreditgeschäften sind für den Erfolg eines Kreditinstituts von essentieller Bedeutung. **Kreditgeschäfte** – insbesondere auch im Unternehmensbereich – sind jedoch zugleich auch **zentraler Ursprung bankbetrieblicher Kreditrisiken**.[614] Im Rahmen des Kreditvergabeprozesses hat deshalb eine **umfangreiche Prüfung der Kreditwürdigkeit**[615] des kreditsuchenden Unternehmens zu erfolgen.[616] Grundlegend hierfür ist eine aussagekräftige Datenbasis.[617] Die Gewinnung und Auswertung aktueller quantitativer und qualitativer Informationen[618] über einen (potenziellen) Kreditnehmer stellt im Rahmen einer Bonitätsprüfung eine **Selbstverständlichkeit** dar.

Von besonderem Interesse im Rahmen der Bonitätsprüfung eines kreditsuchenden Unternehmens sind **relevante Informationen** zur Vermögens-, Finanz- und Ertragslage, zur Kapitaldienstfähigkeit und zum Branchenumfeld des Unternehmens sowie zur fachlichen

---

[613] Vgl. §§ 1199–1203 BGB.
[614] Vgl. *Deutsche Bundesbank*: Überwachung des Kreditgeschäfts hinsichtlich Groß- und Millionenkredite. Http://www.bundesbank.de/bankenaufsicht/bankenaufsicht_kredit.php, S. 1; *Reichling, Peter/Bietke, Daniela/Henne, Antje*: Praxishandbuch Risikomanagement und Rating – Ein Leitfaden. 2. Aufl., Wiesbaden 2007, S. 44. Die Kreditrisiken – auch als Gläubigerrisiken bezeichnet – sind Teil der Adressenrisiken eines Kreditinstituts. Unter einem Adressenrisiko ist die Gefahr zu verstehen, dass ein Kreditinstitut eine Gewinnminderung bzw. eine Verluststeigerung aufgrund der verschlechterten Bonität, d. h. der verminderten Leistungsfähigkeit eines Geschäftspartners erfährt. Hierbei ist zwischen Ausfall- und Erfüllungsrisiken zu unterscheiden. Das Gläubigerrisiko zählt zur Gruppe der Ausfallrisiken und beinhaltet u. a. die Gefahr, dass vertraglich vereinbarte Zins- und Tilgungszahlungen aus einem Kreditgeschäft ganz oder teilweise ausfallen. Somit unterliegen die gesamten Gegenleistungen, soweit sie vom Kontrahenten noch nicht erbracht wurden, dem potenziellen Ausfall. Zu den Adressenrisiken eines Kreditinstituts vgl. ausführlich *Bieg, Hartmut/Krämer, Gregor/Waschbusch, Gerd*: Bankenaufsicht in Theorie und Praxis. 4. Aufl., Frankfurt am Main 2011, S. 27–32.
[615] Die **Begriffe „Kreditwürdigkeit" und „Bonität"** werden im Folgenden synonym verwendet. Beide Begriffe beschreiben die Fähigkeit eines Schuldners, seine zukünftigen Zahlungsverpflichtungen in Form von Tilgungen und Zinsen vollständig und fristgerecht erfüllen zu können (Fähigkeit zur Erbringung des Kapitaldienstes).
[616] Vgl. *Bundesverband deutscher Banken*: Bankinternes Rating mittelständischer Kreditnehmer im Zuge von Basel II – Daten, Fakten, Argumente. 2. Aufl., Berlin 2009, S. 18.
[617] Vgl. *Bundesverband deutscher Banken*: Bankinternes Rating mittelständischer Kreditnehmer im Zuge von Basel II – Daten, Fakten, Argumente. 2. Aufl., Berlin 2009, S. 18.
[618] Vgl. hierzu den **Siebten Abschnitt, Kapitel B.VII.3.b)**.

Qualifikation der Geschäftsleitung und zu möglichen Sicherheiten. Aber vor allem auch in die Zukunft gerichtete Planungsrechnungen sind in diesem Zusammenhang von besonderer Bedeutung. Auf Grundlage derartiger Informationen ist eine **gründliche Analyse** der wirtschaftlichen und rechtlichen Verhältnisse des kreditnachfragenden Unternehmens, aber auch der persönlichen Verhältnisse des Unternehmers (sofern relevant) und der Werthaltigkeit der Sicherheiten vorzunehmen. Hierbei finden insbesondere bankinterne Ratingverfahren[619] zunehmend Verwendung, ermöglichen sie doch eine weitgehend objektive und standardisierte Auswertung der Kreditunterlagen durch die Verdichtung einer Vielzahl relevanter Kriterien zu einer Ausfallwahrscheinlichkeit des Kreditnehmers. Unter Berücksichtigung der im Detail gewonnenen Erkenntnisse fällt sodann die Entscheidung für oder gegen den Abschluss des Kreditgeschäfts, für das – im Falle einer positiven Entscheidung – anschließend in Abhängigkeit von der Bonität des Unternehmens eine Festlegung der Höhe der zu stellenden Sicherheiten sowie der Kreditkonditionen erfolgt.[620]

Die vorstehend skizzierte Vorgehensweise im Rahmen einer Kreditvergabe hat von einem Kreditinstitut unter **Beachtung anerkannter banküblicher Sorgfaltsmaßstäbe** zu erfolgen. Darüber hinaus sind von einer Bank externe und interne Vorgaben zu berücksichtigen. **Externe Vorgaben** ergeben sich im Kreditgeschäft im Wesentlichen aus bankenaufsichtsrechtlichen Bestimmungen. Von besonderer Bedeutung sind hierbei die §§ 13–22 KWG. Sie formulieren – ergänzt u. a. durch Rechtsverordnungen und Schreiben der Bankenaufsichtsbehörde – besondere Anforderungen an das Kreditgeschäft der Banken. Bei den **internen Vorgaben** hingegen handelt es sich um von der Bank selbst festgelegte Rahmenbedingungen. Sie dienen zunächst dazu, die organisatorischen Abläufe der Vergabe eines Kredits und der anschließenden Betreuung des Kreditverhältnisses innerhalb der Bank mit entsprechenden Kompetenzzuordnungen zu definieren. Sie beinhalten üblicherweise aber auch Festlegungen bezüglich der von der Bank im Kreditgeschäft verfolgten Risikostrategie. Die konkrete Ausgestaltung interner Vorgaben vollzieht sich hierbei innerhalb der durch die externen Vorgaben gesetzten Grenzen. Im Kern dienen die externen und internen Vorgaben dazu, banktübliche Sorgfaltspflichten eines ordentlichen und gewissenhaften Bankkaufmanns aufzugreifen und zu konkretisieren. Durch externe und interne formale Festlegungen soll deren Durchsetzung sichergestellt werden.

---

[619] Je nach Ausgestaltung eines internen Ratingverfahrens schätzt die Bank neben der Ausfallwahrscheinlichkeit eines Kreditnehmers insbesondere die erwartete Verlustquote im Falle des Ausfalls des Kredits, die erwartete Höhe der ausstehenden Forderung im Zeitpunkt des Ausfalls sowie die Restlaufzeit des Kredits. Solche von den Kreditinstituten selbst erstellten Ratingverfahren werden nicht veröffentlicht, sondern finden lediglich bankintern Verwendung. Sie sind somit von den externen Ratings abzugrenzen, die von privaten Ratingagenturen bzw. von staatlichen Exportkreditversicherungseinrichtungen erstellt und üblicherweise der interessierten Öffentlichkeit zur Verfügung gestellt werden. Neben den wenigen weltweit agierenden Ratingagenturen wie Standard & Poor's, Moody's Corp. und Fitch Ratings Ltd., die zusammen 95 % des gesamten externen Ratingmarktes kontrollieren, haben sich auch deutsche „Mittelstandsagenturen" etabliert wie die Creditreform Rating AG, die URA AG sowie die Rating Services AG; vgl. *Waschbusch, Gerd/Druckenmüller, Jens/Staub, Nadine*: Mittelstandsfinanzierung: Externe und interne Ratings – Auswirkungen auf die Finanzierungssituation mittelständischer Unternehmen (Teil I). In: Der Steuerberater 2009, S. 277.

[620] Vgl. zu den Ausführungen dieses Absatzes insbesondere *Bundesverband deutscher Banken*: Bankinternes Rating mittelständischer Kreditnehmer im Zuge von Basel II – Daten, Fakten, Argumente. 2. Aufl., Berlin 2009, S. 19–20.

2. Beachtung banküblicher Sorgfaltsmaßstäbe

Bei einer Kreditvergabe „handelt es sich um den klassischen Fall eines Risikogeschäfts"[621]. Deshalb sind unabhängig vom Vorliegen konkreter bankexterner oder -interner Vorgaben an die Vergabe eines Kredits **banktübliche Sorgfaltsmaßstäbe** anzulegen. Die Pflicht, sich insbesondere über die persönlichen und wirtschaftlichen Verhältnisse eines Kreditnehmers sowohl vor als auch nach der Kreditvergabe detailliert zu informieren, zählt zu den **ureigenen Aufgaben einer Bank**; sie ergibt sich grundlegend aus den sog. **„Usancen der Banken"**.[622] Diese sind Ausfluss des „allgemeinen Grundsatzes der ordnungsgemäßen Geschäftsführung, wie er für alle kaufmännischen Bereiche gilt"[623]. Nicht von den Usancen der Banken gedeckt ist somit die Vergabe eines Kredits allein aufgrund eines generell gewonnenen guten Eindrucks. Auch das im Umgang mit einem Kreditnehmer entstandene Vertrauen entbindet eine Bank nicht von einer genauen Wertung ihres Rückzahlungsanspruches aufgrund wirtschaftlich objektiver Fakten.[624] Unabdingbare Voraussetzung einer jeden Kreditvergabe ist eine fundierte Kreditwürdigkeitsprüfung. Die dabei getroffene Aussage zur Kreditwürdigkeit eines Kreditnehmers ist mit diesem grundsätzlich nicht verhandelbar. Mangelnde Kreditwürdigkeit stellt vielmehr im Hinblick auf die Möglichkeit einer Kreditgewährung ein K.o.-Kriterium dar.[625]

Zu den **generellen Sorgfaltspflichten eines ordentlichen Bankkaufmanns** gehört die Pflicht, keine für die Bank nachteiligen Geschäfte abzuschließen.[626] Alle geschäftspolitischen Entscheidungen sind vielmehr zum Wohle des Bankhauses zu treffen. Dies betrifft auch die Entscheidung über die Vergabe eines Kredits.[627] Bei einer Kreditausreichung sind die damit verbundenen Kreditrisiken eingehend zu analysieren und zu hohe Kreditrisiken zu vermeiden. Dies bedeutet nicht, keine Kreditrisiken eingehen zu dürfen. Es gehört geradezu zum Wesen einer Bank, Risiken – auch Kreditrisiken – zu übernehmen. Banken leben vom Risiko. Die insgesamt übernommenen Risiken müssen allerdings beherrscht werden; sie müssen eingebettet sein in eine Risikostrategie und professionell gemangt werden. Dazu gehört auch die Festlegung des als zulässig angesehenen Risikogehalts des Bankgeschäfts allgemein und des Kreditgeschäfts im Besonderen. Betriebswirtschaftlich besteht für eine

---

[621] *Laskos, Thomas*: Die Strafbarkeit wegen Untreue bei der Kreditvergabe. Baden-Baden 2001, S. 19.
[622] Vgl. *Richter, Hans Ernst*: Strafrechtliche Risiken der Rechtsberater und Mitarbeiter von Banken bei Unternehmenskrise und Sanierung. In: Problematische Firmenkundenkredite – Krise – Sanierung – Insolvenz, 4. Aufl., Heidelberg 2012, S. 359, Rn. 1387.
[623] *Richter, Hans Ernst*: Strafrechtliche Risiken der Rechtsberater und Mitarbeiter von Banken bei Unternehmenskrise und Sanierung. In: Problematische Firmenkundenkredite – Krise – Sanierung – Insolvenz, 4. Aufl., Heidelberg 2012, S. 359, Rn. 1387.
[624] Vgl. *Richter, Hans Ernst*: Strafrechtliche Risiken der Rechtsberater und Mitarbeiter von Banken bei Unternehmenskrise und Sanierung. In: Problematische Firmenkundenkredite – Krise – Sanierung – Insolvenz, 4. Aufl., Heidelberg 2012, S. 359, Rn. 1388.
[625] Vgl. *Falter, Manuel u. a.*: Die Praxis des Kreditgeschäfts. 21. Aufl., Stuttgart 2014, S. 28.
[626] So auch *Laskos, Thomas*: Die Strafbarkeit wegen Untreue bei der Kreditvergabe. Baden-Baden 2001, S. 72.
[627] Die Pflicht, die Interessen der Bank zu wahren, besteht bei *jeder* Kreditausreichung, „da es ein anerkannter bankkaufmännischer Grundsatz ist, Kredite nur nach umfassender und sorgfältiger Bonitätsprüfung zu gewähren". *Struwe, Hans (Hrsg.)*: Schlanke § 18 KWG-Prozesse – Die neuen Freiheiten und Pflichten im Fokus von Bankenaufsicht, Interner Revision und Staatsanwaltschaft. 3. Aufl., Heidelberg 2011, S. 242.

Bank die Notwendigkeit, Maßnahmen zum Schutz gegen überhöhte Risiken im Kreditgeschäft zu ergreifen. Die im Kreditgeschäft im Einzelnen und in ihrer Gesamtheit eingegangenen Risiken müssen tragbar sein.

Vor diesem Hintergrund gehört es zu den betriebswirtschaftlichen Sorgfaltspflichten einer Bank, für das Kreditgeschäft ein **Risikomanagementsystem** einzurichten, „das die Kreditrisiken abbildet und auf dessen Basis Leitungsentscheidungen getroffen werden können"[628].

Die **Kreditwürdigkeitsprüfung** (Bonitätsprüfung) ist als eine einzelgeschäftsbezogene Maßnahme Teil der ursachenbezogenen Kreditrisikopolitik einer Bank. Sie dient der **Risikovorbeugung**, indem sie den Zweck verfolgt, vor einer Kreditvergabe einzuschätzen, ob der potenzielle Kreditnehmer zukünftig „in der Lage sein wird, die Zins- und Tilgungsauszahlungen für den gewünschten Kredit zu den vorgesehenen Terminen in vollständiger Höhe zu erbringen"[629]. Ein Kredit verfehlt somit „sein Ziel, wenn der Schuldner die vereinbarten Zahlungen nicht rechtzeitig oder gar nicht leistet"[630]. Ein Kreditgeber wird daher letztlich einen Kredit nur gewähren, „wenn das Risiko des Ausfalls der vereinbarten Zahlungen kleiner als eine von ihm akzeptierte Wahrscheinlichkeit ist"[631]. Vor diesem Hintergrund zählt die Analyse der Verlustgefahren, die sich aus der Vergabe eines Kredits ergeben, zu einer der wichtigsten Tätigkeiten in einer Bank.[632] „Die Beantwortung der Frage, ob die Zahlungsfähigkeit der kreditnehmenden Unternehmung ... gesichert oder gefährdet erscheint, ist Gegenstand der Kreditwürdigkeitsprüfung"[633],[634].

---

[628] *Lejsek, Alfred*: Was erwartet die Aufsichtsbehörde vom Kredit-Risikomanagement in Kreditinstituten? In: Kreditrisiken erfolgreich managen – Risikokontrolle und Risikosteuerung im Firmenkundengeschäft, hrsg. von *Anton Schmoll*, Wiesbaden 1999, S. 21.

[629] *Eilenberger, Guido*: Bankbetriebswirtschaftslehre – Grundlagen – Internationale Bankleistungen – Bank-Management. 8. Aufl., München 2012, S. 197.

[630] *Schierenbeck, Henner/Hölscher, Reinhold*: BankAssurance – Institutionelle Grundlagen der Bank- und Versicherungsbetriebslehre. 4. Aufl., Stuttgart 1998, S. 431.

[631] *Schierenbeck, Henner/Hölscher, Reinhold*: BankAssurance – Institutionelle Grundlagen der Bank- und Versicherungsbetriebslehre. 4. Aufl., Stuttgart 1998, S. 431. Grundlage hierfür ist die sog. **„Risikonormierungshypothese"**. Diese besagt, dass Banken zwar Einzelrisiken im Kreditgeschäft übernehmen, aber nur insoweit, als die Ausfallgefahr ein bestimmtes von ihnen festgelegtes Risikoniveau nicht überschreitet. Vgl. dazu *Büschgen, Hans E.*: Bankbetriebslehre – Bankgeschäfte und Bankmanagement. 5. Aufl., Wiesbaden 1998, S. 961–962; *Fischer, Otfrid*: Neuere Entwicklungen auf dem Gebiet der Kapitaltheorie. In: Zeitschrift für betriebswirtschaftliche Forschung 1969, S. 33.

[632] Vgl. *Schierenbeck, Henner/Hölscher, Reinhold*: BankAssurance – Institutionelle Grundlagen der Bank- und Versicherungsbetriebslehre. 4. Aufl., Stuttgart 1998, S. 431.

[633] *Schierenbeck, Henner/Hölscher, Reinhold*: BankAssurance – Institutionelle Grundlagen der Bank- und Versicherungsbetriebslehre. 4. Aufl., Stuttgart 1998, S. 431.

[634] Da eine besonders starke Beeinträchtigung des Kreditverhältnisses vor allem dann zu erwarten ist, wenn der Kreditnehmer innerhalb der Kreditlaufzeit insolvent wird, gehören **Aussagen über eine mögliche zukünftige Insolvenz des Kreditnehmers** zu den herausragenden Aufgaben der Kreditwürdigkeitsprüfung. Die Kreditwürdigkeitsprüfung soll sicherstellen, dass insolvenzgefährdete Kreditengagements erst gar nicht eingegangen werden. Vgl. dazu *Steiner, Manfred*: Kreditwürdigkeitsprüfung. In: Bank- und Versicherungslexikon, hrsg. von *Henner Schierenbeck*, 2. Aufl., München/Wien 1994, S. 425.

3. Informationsbeschaffung und -verarbeitung

a) Prozess der Informationsbeschaffung und -verarbeitung

Die Kreditwürdigkeitsprüfung ist – wie in **Abbildung 56** dargestellt – eingebettet in einen **Prozess der Informationsbeschaffung und -verarbeitung**. Ausgangspunkt dieses Prozesses ist der bestehende Konflikt zwischen den im Grunde unbegrenzten Informationsbedürfnissen des Kreditgebers auf der einen Seite sowie den grundsätzlich knappen Informationsgütern auf der anderen Seite. Die Beschaffung von Informationsgütern kann hierbei über unterschiedliche Informationswege erfolgen. Diese können danach unterschieden werden, ob eine Mitwirkung des Kreditnehmers vorliegt oder nicht. Unabhängig davon sind seitens des Kreditgebers konkrete Informationsbedürfnisse zu artikulieren. Diese richten sich auf die Gewinnung von

- **Konstellationsinformationen** (d. h. Informationen über die Marktlage bzw. das Umfeld des kreditsuchenden Unternehmens),
- **Konstitutionsinformationen** (d. h. Informationen, die im Zusammenhang mit der wirtschaftlichen Verfassung des Unternehmens stehen) und
- **Besicherungsinformationen** (d. h. Informationen über Vermögensteile, auf die die Bank bevorrechtigte Ansprüche erhalten könnte, bzw. Informationen über die Lage bei einer möglichen Liquidation des ganzen Unternehmens).

Infolgedessen werden in die von einer Bank durchgeführte Unternehmensanalyse sowohl Informationen aus dem Unternehmensumfeld als auch unternehmensinterne Informationen einbezogen, welche im **Siebten Abschnitt, Kapitel B.VII.3.b)** einer genaueren Betrachtung unterzogen werden.

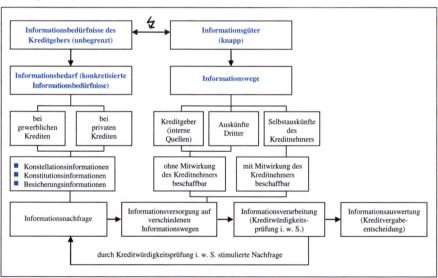

Abbildung 56: Prozess der Informationsbeschaffung und -verarbeitung

Wie **Abbildung 56** auf S. 185 verdeutlicht, sind die Informationsnachfrage sowie die Informationsversorgung auf verschiedenen Informationswegen zwingende Voraussetzungen einer Informationsverarbeitung (Kreditwürdigkeitsprüfung i. w. S.). Diese wiederum ist Basis der Informationsauswertung, d. h. der Kreditvergabeentscheidung. Die **Kreditwürdigkeitsprüfung i. w. S.** umfasst die Prüfung der rechtlichen, persönlichen und wirtschaftlichen Verhältnisse des (potenziellen) Kreditnehmers sowie der von ihm angebotenen Sicherheiten. Die **Kreditwürdigkeitsprüfung i. e. S.** konzentriert sich dagegen auf die eigentlichen Kernbereiche der Kreditwürdigkeitsprüfung; sie beinhaltet die Prüfung der persönlichen und wirtschaftlichen Verhältnisse des (potenziellen) Kreditnehmers (siehe auch **Abbildung 57**).

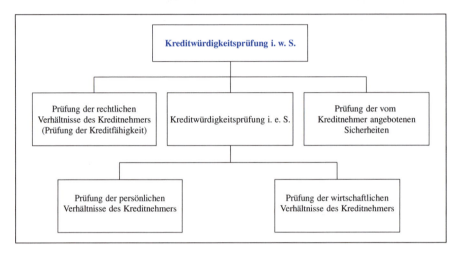

Abbildung 57: Teilgebiete der Kreditwürdigkeitsprüfung

Bei der Aufnahme von Fremdkapital führen Kreditinstitute eine Kreditwürdigkeitsprüfung bzw. ein Rating der kapitalsuchenden Unternehmen durch, anhand dessen die Kreditvergabe entschieden wird. Da ein gutes Rating zu einer Reduzierung der Kapitalkosten eines Unternehmens beitragen kann, ist es für das betroffene Unternehmen ratsam, sich bereits vor der Durchführung einer Kreditwürdigkeitsprüfung mit den einzelnen Kriterien auseinanderzusetzen und die eigenen Kennzahlen zu optimieren.[635]

Die **Prüfung der rechtlichen Verhältnisse des Kreditnehmers** ist darauf ausgerichtet, festzustellen, ob der Kreditnehmer fähig ist, rechtswirksame Kredit- und Sicherungsverträge abschließen zu können. Bei der **Prüfung der persönlichen Verhältnisse des Kreditnehmers** geht es darum, zu beurteilen, wie weit ihm vertraut werden kann. Ein solches Vertrauen gründet sich bei einem Unternehmer bzw. den obersten Führungskräften eines Unternehmens (z. B. einer Aktiengesellschaft) auf Eigenschaften wie fachliche Qualifikation,

---

[635] Zu Handlungsempfehlungen für kleinere und mittlere Unternehmen zur Verbesserung ihrer Bonität vgl. *Waschbusch, Gerd*: Kernbereiche der Unternehmensführung – Teil B: Besondere Fragen der Finanzierung des Mittelstands. In: Saarbrücker Handbuch der Betriebswirtschaftlichen Beratung, hrsg. von *Karlheinz Küting*, 4. Aufl., Herne/Berlin 2008, S. 175–176; *Waschbusch, Gerd/Staub, Nadine/Luck, Pascal*: Basel III – Gefährdung der Mittelstandsfinanzierung?!. In: Corporate Finance law 2012, S. 198–200.

unternehmerische Fähigkeiten, unternehmerischer Weitblick, Zuverlässigkeit, Ehrlichkeit, Glaubwürdigkeit, Urteilskraft, Entschlussfreude, Durchsetzungsvermögen, Zielstrebigkeit, Verantwortungsbewusstsein, physische und psychische Konstitution, Führungsfähigkeit etc. Derartige Eigenschaften eines Kreditnehmers sollten von einem Kreditinstitut hinreichend systematisch analysiert werden. Bedenken, die sich bei der Prüfung der persönlichen Verhältnisse eines Kreditnehmers ergeben, sollten stets Anlass dafür sein, die wirtschaftlichen Verhältnisse des Kreditnehmers sowie die von ihm angebotenen Sicherheiten besonders aufmerksam zu begutachten.

Die **Prüfung der wirtschaftlichen Verhältnisse des Kreditnehmers** – auch als wirtschaftliche bzw. materielle Kreditwürdigkeitsprüfung bezeichnet – bezieht sich auf die Untersuchung seiner wirtschaftlichen Lage. Diesbezüglich stehen den Kreditinstituten unterschiedliche Verfahren der Kreditwürdigkeitsprüfung zur Verfügung. Diese lassen sich wie in **Abbildung 58** dargestellt systematisieren.[636]

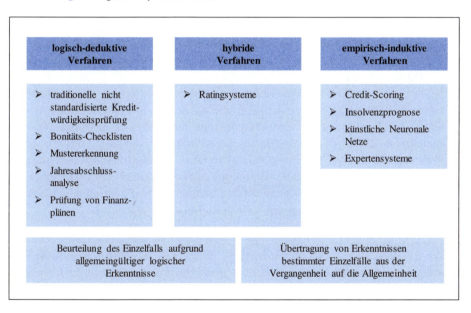

Abbildung 58: Verfahren der Kreditwürdigkeitsprüfung

Von den in **Abbildung 58** aufgeführten Verfahren ist in der Bankpraxis im Hinblick auf die Vergabe eines Kredits an ein Unternehmen der **Einsatz eines (bank-)internen Ratingverfahrens** Standard. Ein internes Rating – auch als „Credit Rating" bezeichnet – beschreibt zum einen den Prozess der Durchführung einer Bonitätsbeurteilung. Zum anderen stellt es das Ergebnis eines solchen Prozesses dar. Mit Hilfe eines internen Ratings erfolgt also eine Einschätzung der wirtschaftlichen Lage eines Unternehmens. Anhand **quantitativer und**

---

[636] Zu ähnlichen Systematisierungen vgl. u. a. *Schierenbeck, Henner/Hölscher, Reinhold*: Bank-Assurance – Institutionelle Grundlagen der Bank- und Versicherungsbetriebslehre. 4. Aufl., Stuttgart 1998, S. 438; *Schierenbeck, Henner*: Ertragsorientiertes Bankmanagement. Band 2, 6. Aufl., Wiesbaden 1999, S. 253.

qualitativer Bonitätsfaktoren (sog. „Hard bzw. Soft Facts") wird beurteilt, ob ein Unternehmen seinen finanziellen Verpflichtungen fristgerecht und vollständig nachkommen kann. In Abhängigkeit von der Ratingbeurteilung erfolgt sodann die **Einstufung des Unternehmens in eine Ratingklasse**.[637] Je besser ein Ratingurteil über ein Unternehmen ausfällt, desto höher ist seine Ratingklasse innerhalb einer Ratingskala und dementsprechend gut die Beurteilung der Fähigkeit des Unternehmens, die eingegangenen Kreditverpflichtungen erfüllen zu können. Neben den angesprochenen quantitativen und qualitativen Bonitätsfaktoren sollten in einem internen Rating zudem **Warnindikatoren** (z. B. Kontoführungsverhalten, Verstöße gegen kreditvertragliche Vereinbarungen) Berücksichtigung finden und das Vorliegen von **Haftungsverbünden** geprüft werden.[638]

b) Informationsgruppen

ba) Informationen aus dem Unternehmensumfeld

Zu Beginn einer Unternehmensanalyse verschaffen sich die Analysten üblicherweise einen **Überblick über das Umfeld des zu bewertenden Unternehmens**. Dabei gehen sie zunächst von den allgemeinen Rahmenbedingungen aus, um sich dann immer mehr dem engeren Unternehmensumfeld anzunähern. Im Rahmen der Analyse der allgemeinen Rahmenbedingungen erfolgt eine **Untersuchung des Länderrisikos**, das bei Unternehmen, die international tätig sind, von besonderer Bedeutung ist. Die Analysten beurteilen hierbei neben der politischen und wirtschaftlichen Situation insbesondere die rechtlichen Rahmenbedingungen, die das Unternehmen in den relevanten Staaten vorfindet. Außerdem sollten **Währungsrisiken** in die Beurteilung des Länderrisikos einfließen, da sich Währungsrisiken negativ auf den Erfolg des Unternehmens auswirken können. Hierbei ist allerdings zu beachten, dass sich ein Unternehmen mit den entsprechenden Finanzinstrumenten (z. B. Swaps, Futures oder Optionen) gegen Währungsrisiken absichern kann.

Da die wirtschaftliche Lage und damit die Bonität eines Unternehmens stark von der Situation der Branche, in der es tätig ist, abhängt, erfolgt in einem nächsten Schritt eine **Einschätzung des Branchenrisikos**. Die Branchenanalyse berücksichtigt auf der einen Seite beispielsweise Angaben über die allgemeine Struktur der Branche, die Wettbewerbssituation (Anzahl und Größe der Konkurrenzunternehmen) und die Wachstumsaussichten, die Konjunkturabhängigkeit sowie den Einfluss des technologischen Fortschritts. Auf der anderen Seite wird die relative Stellung des Unternehmens innerhalb der Branche beurteilt. Zu den dabei relevanten Faktoren zählen z. B. der Marktanteil des Unternehmens, sein technologisches Know-how und seine Kostenstrukturen.

---

[637] Die an das Unternehmen vergebene **Ratingnote** steht für eine Ausfallwahrscheinlichkeit bzw. ein Intervall von Ausfallwahrscheinlichkeiten. Eine Ratingnote drückt damit die Wahrscheinlichkeit aus, mit der ein Kreditnehmer – in der Regel innerhalb des nächsten Jahres – ausfallen wird.

[638] Zu den Auswirkungen interner Ratings auf die Finanzierungssituation mittelständischer Unternehmen vgl. *Waschbusch, Gerd/Druckenmüller, Jens/Staub, Nadine*: Mittelstandsfinanzierung: Externe und interne Ratings – Auswirkungen auf die Finanzierungssituation mittelständischer Unternehmen (Teil I). In: Der Steuerberater 2009, S. 274–280; *Waschbusch, Gerd/Druckenmüller, Jens/Staub, Nadine*: Mittelstandsfinanzierung: Externe und interne Ratings – Auswirkungen auf die Finanzierungssituation mittelständischer Unternehmen (Teil II). In: Der Steuerberater 2009, S. 306–312.

Bei der Untersuchung des engsten Unternehmensumfelds werden dann u. a. die **spezifischen Kunden- und Lieferantenstrukturen** des Unternehmens in die Analyse einbezogen. Da auch die mögliche Insolvenz von Geschäftspartnern für die zukünftige Zahlungsfähigkeit des Unternehmens von hoher Bedeutung sein kann, findet im Rahmen der Kreditwürdigkeitsprüfung oftmals auch eine Bonitätsanalyse der wichtigsten Abnehmer des Unternehmens statt.

bb) Unternehmensinterne Informationen

(1) Überblick

Bei den **unternehmensinternen Informationen** lassen sich zwei verschiedene Arten von Informationen unterscheiden: quantitative Informationen und qualitative Informationen. Da sich diese Informationen von ihrem Wesen her (zahlenmäßige Größenangaben bzw. subjektive Werturteile) sowie in Bezug auf ihre Herkunft (Jahresabschluss bzw. Gespräche mit dem Unternehmensmanagement) völlig voneinander unterscheiden, ist eine separate Betrachtung dieser beiden Informationsarten erforderlich.

(2) Quantitative Informationen

Im Rahmen der **Analyse der quantitativen unternehmensinternen Informationen** stützen sich die Kreditinstitute vor allem auf den Jahresabschluss (Bilanz, Gewinn- und Verlustrechnung sowie – sofern vorhanden – Anhang) des Unternehmens, wobei zumindest die Vorlage der letzten drei, häufig sogar der letzten fünf Jahresabschlüsse gefordert wird.[639] Üblicherweise werden nur testierte Jahresabschlüsse inklusive der dazugehörigen Prüfungsberichte, in denen wichtige Zusatzinformationen enthalten sein können, akzeptiert. Ist bei mittelständischen Unternehmen eine Jahresabschlussprüfung nicht erforderlich, so wird stattdessen häufig auf die Steuerbilanz zurückgegriffen, die zwar ebenfalls nicht durch einen Wirtschaftsprüfer geprüft ist, die jedoch insofern eine größere Zuverlässigkeit bietet, als bei ihr davon auszugehen ist, dass darin eventuell enthaltene Unregelmäßigkeiten durch die Finanzbehörden im Rahmen einer Betriebsprüfung entdeckt werden.

Durch die im Rahmen einer **Jahresabschlussanalyse** erfolgende **Auswertung der zur Verfügung stehenden Unterlagen** können grundlegende Informationen zur Vermögens-, Finanz- und Ertragslage des Unternehmens in Form von quantitativen Bilanz- und Erfolgskennziffern (z. B. Cashflow, Eigenkapitalquote, Verschuldungsgrad, Liquidität 1., 2. und 3. Grades, Lieferanten- und Kundenziele, Eigenkapital-, Gesamtkapital-, Umsatzrentabilität) gewonnen werden (sog. „**Hard Facts**").

Da die einzelnen Kennzahlen für sich betrachtet mitunter nur eine geringe Aussagefähigkeit besitzen, werden sie – sofern möglich – zu **Kennzahlensystemen** verknüpft, um eine genauere Analyse der relevanten Faktoren (bspw. die Entstehung und Zusammensetzung der Gesamtkapitalrentabilität) zu ermöglichen.

---

[639] Vgl. *Munsch, Michael/Weiß, Bernd*: Rating, hrsg. vom Deutschen Industrie- und Handelskammertag. 4. Aufl., Bonn 2004, S. 67.

Darüber hinaus werden im Rahmen der Jahresabschlussanalyse regelmäßig **Kennzahlenanalysen in Form von Vergleichen** durchgeführt. Bei **Zeitvergleichen** werden die Kennzahlen des aktuellen Jahresabschlusses mit Kennzahlen vorhergehender Perioden verglichen, um auf diese Weise Veränderungen der Kennzahlen sowie die Ursachen für diese Veränderungen herauszufinden und um auf die zukünftige Entwicklung der betrachteten Kennzahlen zu schließen. Bei **Betriebsvergleichen** werden die Kennzahlen des Unternehmens mit den Kennzahlen anderer Unternehmen derselben Branche sowie mit Durchschnittszahlen verglichen, um die relativen Stärken und Schwächen der untersuchten Unternehmen zu bestimmen. Im Rahmen von **Soll-Ist-Vergleichen** werden die ermittelten Kennzahlen des aktuellen Jahresabschlusses (Ist-Kennzahlen) mit Soll-Kennzahlen verglichen. Die Soll-Kennzahlen können dabei u. a. aus Liquiditäts- und Finanzplänen, die von der Unternehmensleitung zu früheren Zeitpunkten aufgestellt worden sind, abgeleitet werden. Auf diese Weise kann überprüft werden, inwieweit die von der Unternehmensleitung vorgegebenen Zielgrößen erreicht worden sind, woraus wiederum Rückschlüsse auf die planerischen Fähigkeiten der Unternehmensleitung gezogen werden können.

Zu sämtlichen **starren Kapitalstrukturregeln**, die eine bestimmte Mindestrelation zwischen Eigen- und Fremdkapital festzuschreiben versuchen, muss jedoch kritisch angemerkt werden, dass sie allenfalls einen Beitrag zur Sicherung des Fremdkapitals und zur Liquiditätserhaltung leisten können, aber keine Rücksicht auf die konkrete Unternehmenssituation, den Betriebstyp, die Branche, die Rechtsform und die konjunkturelle Lage nehmen und deshalb nicht geeignet sind, die optimale Kapitalstruktur festzulegen.[640] Bei einer Diskussion bezüglich der besten Finanzierungsalternative und der optimalen Kapitalstruktur eines Unternehmens ist deshalb auch auf andere rentabilitätsorientierte Kriterien einzugehen.

Solange es dem Unternehmen gelingt, entsprechende Sicherheiten für den Kapitaldienst (insbesondere die Kapitaltilgung) zu stellen, und das Vertrauen in seine Kreditwürdigkeit unerschüttert ist, steht einer zusätzlichen Fremdkapitalaufnahme grundsätzlich nichts im Wege.[641] Wenn die genannten Bedingungen jedoch nicht erfüllt werden können und das Unternehmen deshalb an die Grenzen seiner Finanzierungsmöglichkeiten stößt, können vor allem Kapitalgesellschaften versuchen, diejenigen Anteilseigner (im Rahmen von deren persönlicher Finanzkraft) als Fremdkapitalgeber zu gewinnen, denen die Förderung der unternehmerischen Tätigkeit wichtiger erscheint als eine möglichst hohe Sicherheit der Kapitalanlage.[642]

---

[640] Vgl. *Vormbaum, Herbert*: Finanzierung der Betriebe. 9. Aufl., Wiesbaden 1995, S. 86; ferner *Bieg, Hartmut*: Kapitalstruktur- und Kapital-Vermögensstrukturregeln. In: Wirtschaftswissenschaftliches Studium 1993, S. 598–604; *Bieg, Hartmut/Kußmaul, Heinz/Waschbusch, Gerd*: Externes Rechnungswesen. 6. Aufl., München 2012, S. 357–358.

[641] So schon *Witte, Eberhard*: Die Liquiditätspolitik der Unternehmung. Tübingen 1963, S. 32. Vgl. auch *Groh, Manfred*: Das betriebswirtschaftlich gebotene Eigenkapital. In: Betriebs-Berater 1971, Beilage 4/1971, S. 4.

[642] Vgl. *Baumgärtel, Martina*: Fremdfinanzierung von Kapitalgesellschaften durch ausländische Anteilseigner. Neuried 1986, S. 13.

B. Inhalte von Kreditvereinbarungen 191

Insbesondere die Grenzen der Kapitalbeschaffung sowie die Möglichkeiten zur Überwindung der Misstrauensbarriere zwischen Kapitalgeber und -nehmer sind aus **Abbildung 59**[643] ersichtlich. In **Abbildung 60**[644] auf S. 192 sind darüber hinaus die Unterstützungsmöglichkeiten durch den steuerlichen Berater skizziert.

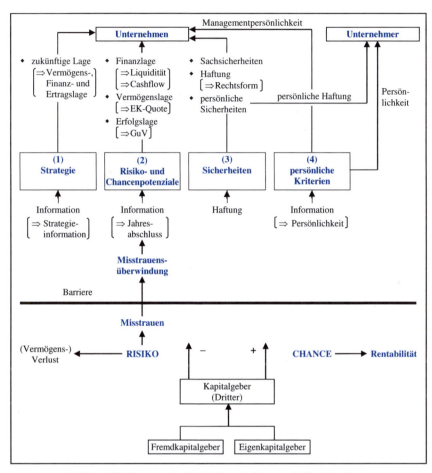

Abbildung 59: Grenzen der Kapitalbeschaffung und Möglichkeiten zur Überwindung der Misstrauensbarriere

---

[643] Modifiziert entnommen aus *Kußmaul, Heinz*: Betriebswirtschaftliche Aspekte bei der Zuführung von Eigen- oder Fremdkapital. In: Der Steuerberater 1996, S. 441.

[644] Modifiziert entnommen aus *Kußmaul, Heinz*: Betriebswirtschaftliche Aspekte bei der Zuführung von Eigen- oder Fremdkapital. In: Der Steuerberater 1996, S. 442.

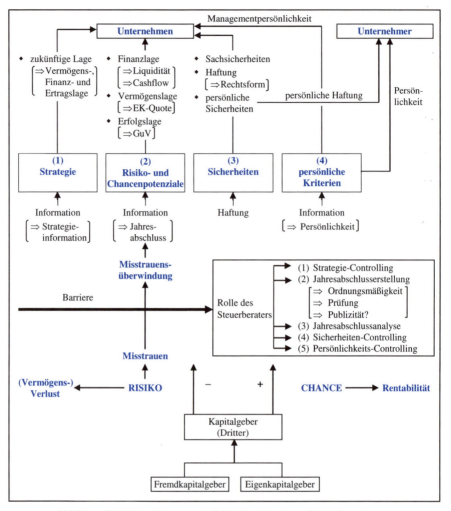

Abbildung 60: Unterstützungsmöglichkeiten des steuerlichen Beraters zur Überwindung der Misstrauensbarriere

(3) Qualitative Informationen

Für die Einschätzung der zukünftigen Entwicklung eines Unternehmens sind nicht nur die historischen quantitativen Unternehmensdaten relevant. Vielmehr kann nur dann eine fundierte Aussage über die Bonität eines Unternehmens abgegeben werden, wenn auch qualitative Informationen Berücksichtigung finden (sog. **„Soft Facts"**). Aus diesem Grund stellt die **Einbeziehung qualitativer Aspekte in die Kreditwürdigkeitsprüfung des Unternehmens** ein wichtiges Kriterium dar.

Die Erhebung qualitativer Unternehmensinformationen dient vor allem dazu, das Management und die Organisation eines Unternehmens bewerten zu können. Von den Kreditinstituten werden deshalb umfangreiche Fragenkataloge erstellt, welche die unterschiedlichsten Unternehmensbereiche auf mögliche Schwachstellen, aber auch auf Stärken des Unternehmens hin überprüfen, um ein unternehmensspezifisches Chancen-/Risikoprofil erarbeiten zu können. Die gestellten Fragen beziehen sich u. a. auf die folgenden Bereiche: Einkauf, Absatz, Produkte, Marktstellung, Geschäftsführung, Risikomanagement, Finanzmanagement, Planung, Kontoverbindung und Zahlungsverhalten.

Zu den **typischen Fragestellungen** im Rahmen der Erhebung qualitativer Unternehmensinformationen zählen die folgenden (der angeführte Fragenkatalog ist nicht vollständig):

- **Einkauf**
    - Wie viele Lieferanten hat das Unternehmen?
    - Bei wie vielen Lieferanten machen die Materialkosten mindestens 10 % der gesamten Materialkosten des Unternehmens aus?
    - Wie hoch ist der Anteil des Hauptlieferanten an den gesamten Materialkosten?
- **Absatz**
    - Wie viele Kunden (Abnehmer) hat das Unternehmen?
    - Wie viele Kunden haben einen Umsatz von mindestens 10 %?
    - Wie hoch ist der Anteil des Hauptkunden am Gesamtumsatz?
- **Produkte**
    - Wie viele Produktgruppen gibt es?
    - Wird eine aktive Produktneu- und Produktweiterentwicklung betrieben?
- **Marktstellung**
    - Befand sich das Unternehmen in Bezug auf den Umsatz unter den größten zehn Unternehmen des Marktes?
    - Wie viele direkte Konkurrenten hat das Unternehmen?
- **Geschäftsführung**
    - Existiert eine Nachfolgeregelung?
    - Gibt es in der Geschäftsleitung eine Person mit betriebswirtschaftlicher Ausbildung?
    - Gibt es in der Geschäftsleitung eine Person mit technischer Ausbildung?
    - Wie viele Mitarbeiter hat das Unternehmen?
    - Seit wie vielen Jahren führt der Unternehmer bzw. der Geschäftsführer das Unternehmen?
    - Seit wie vielen Jahren arbeitet der Unternehmer bzw. der Geschäftsführer in der Branche?
- **Risikomanagement**
    - Wurden mehr als 25 % der Lieferungen und Leistungen bzw. der Umsätze in Fremdwährung abgewickelt?
    - Sind diese Fremdwährungsrisiken abgesichert?
    - Wie groß ist der ungesicherte Anteil der Forderungen und Verbindlichkeiten in Fremdwährung?
    - Ist das Unternehmen ausreichend gegen Betriebsunterbrechungen versichert?

- Ist das Unternehmen ausreichend gegen Forderungsausfälle abgesichert?

- **Finanzmanagement**
  - Besteht eine Kostenarten-, Kostenstellen- und Kostenträgerrechnung?
  - Besteht eine Vor- und Nachkalkulation?
  - In welchem Zeitraum nach der Leistungserstellung erfolgt die Rechnungserstellung?
  - Existiert ein Leiter Finanzen?
  - Existiert ein Controlling oder eine interne Revision?

- **Planung**
  - Werden regelmäßig Planungsrechnungen durchgeführt?
  - Welche Planungsrechnungen werden durchgeführt (Ergebnisplanung, Finanz- und Liquiditätsplanung, Soll-Ist-Vergleich für die Ergebnisplanung, Soll-Ist-Vergleich für die Finanz- und Liquiditätsplanung)?
  - Werden alternative Szenarien in der Planung berücksichtigt?
  - Sind die beantragten Kreditmittel und die damit beabsichtigten Investitionen in der Planung berücksichtigt?

- **Kontoverbindung**
  - Wie alt ist das Unternehmen?
  - Wie lange besitzt der Kunde schon die Kontoverbindung mit der Bank?
  - Wie intensiv wird diese Kontoverbindung genutzt?

- **Zahlungsverhalten**

Besondere Aufmerksamkeit wird dem bisherigen Zahlungsverhalten des Unternehmens gewidmet. Dabei wird nicht nur auf die zur Verfügung gestellten Angaben des Unternehmens, sondern neben bereits vorhandenen internen Daten auch auf Informationen externer Datenanbieter zurückgegriffen. Von hohem Interesse sind in diesem Zusammenhang auch Angaben von Kreditinstituten, Lieferanten, Sozialversicherungsträgern usw. bezüglich des Zahlungsverhaltens des Unternehmens. Allerdings sind diese Informationen nicht immer beschaffbar. Sofern diese Angaben vorliegen, achten die Analysten aber darauf, ob sie auf bestimmte schwerwiegende Negativmerkmale im bisherigen Zahlungsverhalten des Unternehmens stoßen. Zu solchen Auffälligkeiten zählen beispielsweise Insolvenzanträge, Abgaben eidesstattlicher Versicherungen, Scheck- oder Wechselproteste, Mahnbescheide und Kontenpfändungen. Der negative Eindruck, den solche Negativmerkmale bei den Analysten hinterlassen, kann in der Regel nur schwer durch Positivmerkmale aus anderen Unternehmensbereichen ausgeglichen werden.

4. Kreditkosten und Risikokategorien

Ein **internes Rating** ist nicht nur entscheidend für die Beantwortung der Frage, ob ein Kredit an ein Unternehmen vergeben werden soll, sondern ist – im Falle einer positiven Entscheidung – auch ein **wesentlicher Faktor bei der Festlegung der Höhe der von diesem**

B. Inhalte von Kreditvereinbarungen

Unternehmen zu tragenden Kreditkosten.[645] Diese setzen sich – wie **Abbildung 61** verdeutlicht – aus verschiedenen Komponenten zusammen und zwar aus

- den Refinanzierungskosten,[646]
- den Betriebskosten (administrativen Kosten),[647]
- den Risikokosten und
- den Eigenkapitalkosten

der Bank aus der Vergabe eines Kredits. Vom Ergebnis eines internen Ratings in einem besonderen Maße beeinflusst sind hierbei die Höhe der Risikokosten und der Eigenkapitalkosten eines Kredits.

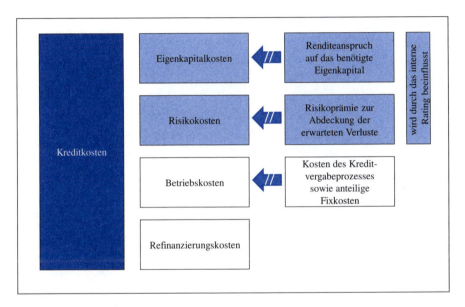

Abbildung 61: Zusammensetzung der Kreditkosten

Der Preis für einen Kredit ist der Zins.[648] Die Höhe dieses Zinses, der an ein Kreditinstitut zu entrichten ist, hängt – wie **Abbildung 61** zeigt – u. a. von der Bonitätsbeurteilung des Unternehmens im Rahmen eines internen Ratings ab. Für eine **risikogerechte Gestaltung der Kreditzinsen** bedeutet dies, dass bei einer zunehmenden Ausfallwahrscheinlichkeit des

---

[645] Vgl. *Waschbusch, Gerd/Druckenmüller, Jens/Staub, Nadine*: Mittelstandsfinanzierung: Externe und interne Ratings – Auswirkungen auf die Finanzierungssituation mittelständischer Unternehmen (Teil II). In: Der Steuerberater 2009, S. 307.

[646] Die Refinanzierungskosten einer Bank ergeben sich aus dem Zinssatz, den die Bank für die Geldbeschaffung auf dem Geld- bzw. Kapitalmarkt zu zahlen hat.

[647] Die Betriebskosten einer Bank ergeben sich aus den Kosten für die Führung und Verwaltung einer Bank (z. B. Personalkosten, Mietkosten).

[648] Vgl. hierzu sowie zu den folgenden Ausführungen dieses Absatzes *Waschbusch, Gerd/Druckenmüller, Jens/Staub, Nadine*: Mittelstandsfinanzierung: Externe und interne Ratings – Auswirkungen auf die Finanzierungssituation mittelständischer Unternehmen (Teil II). In: Der Steuerberater 2009, S. 307.

Unternehmens und der damit einhergehenden schlechteren Ratingeinstufung die Kreditzinsen ansteigen. Während ein Unternehmen mit einer relativ guten Ratingnote einen relativ geringen Zinssatz von einem Kreditinstitut erwarten kann, sieht sich ein Unternehmen mit einer eher schlechten Ratingbeurteilung mit einem vergleichsweise hohen Zinssatz konfrontiert. Je schlechter also die Ratingnote ist, desto höher fällt üblicherweise unter der Annahme ansonsten gleicher Bedingungen (gleiche Refinanzierungskosten, gleiche administrative Kosten) der von der Bank festgesetzte Kreditzinssatz aus. Der Grund hierfür ist, dass eine Bank stets bestrebt sein wird, höhere Risikokosten durch höhere Kreditzinsen zu kompensieren.

Die zuvor angesprochenen **Risikokosten** einer Bank spiegeln den von ihr **erwarteten Verlust aus einem Kreditengagement** wider. Dieser ist primär abhängig von der Bonität des Schuldners, den zur Verfügung gestellten Sicherheiten und der Laufzeit des Kredits und errechnet sich wie folgt:

$$EL = PD \cdot LGD \cdot EAD$$

EL = erwarteter Verlust in EUR (Expected Loss),

PD = prognostizierte Ausfallwahrscheinlichkeit der Ratingkategorie des Schuldners in % (Probability of Default),

LGD = Verlustquote bei Ausfall der Forderung in % (Loss Given Default),

EAD = Höhe der ausstehenden Forderung bei Ausfall in EUR (Exposure at Default).

Neben den Risikokosten eines Kredits sind auch seine Eigenkapitalkosten ratingabhängig. Die Höhe der **Eigenkapitalkosten eines Kredits** ergibt sich aus dem Renditeanspruch der Eigentümer einer Bank auf das von ihnen der Bank zur Verfügung gestellte Eigenkapital. Je risikoreicher ein Kredit ist, umso höher ist – aus wirtschaftlichen und aufsichtsrechtlichen Gründen – die Eigenkapitalbindung der Bank für diesen Kredit und dementsprechend der in den Kreditkosten zu berücksichtigende Renditeanspruch der Eigenkapitalgeber. Die Eigenkapitalbindung der Bank für einen bestimmten Kredit dient dazu, die **unerwarteten Verluste** aus diesem Kredit abzufedern.

Abbildung 62[649] auf S. 197 verdeutlicht noch einmal zusammenfassend den grundsätzlichen Zusammenhang zwischen der Risikoeinstufung eines Kreditnehmers als Folge der Durchführung eines internen Ratings und den von dem Kreditnehmer entsprechend zu tragenden Kreditkosten.

Die **Prüfung der vom Kreditnehmer angebotenen Sicherheiten** schließt sich an das von der Bank getroffene Ratingurteil an. Da sich – auch im Falle der Vornahme einer fundierten Kreditwürdigkeitsprüfung – das aus der Vergabe eines Kredits resultierende Kreditrisiko nicht vollständig beseitigen lässt, verlangen die Banken üblicherweise die **Stellung von**

---

[649] Modifiziert entnommen aus *Bundesverband deutscher Banken*: Rating. Berlin 2010, S. 20.

Sicherheiten, durch die eine Abwälzung oder Umverteilung des Kreditrisikos auf den Kreditnehmer selbst (z. B. durch die Einräumung einer Grundschuld) oder einen Dritten (z. B. durch die Übernahme einer Bürgschaft) erreicht wird.[650] Unabdingbar ist die Bereitstellung von Sicherheiten insbesondere dann, „wenn sich nach Abschluss der Kreditwürdigkeitsprüfung gewisse Zweifel an der Bonität des Kreditnehmers ergeben haben, die Bank aber dennoch nicht auf das Kreditgeschäft verzichten will"[651]. Die im Einzelnen zur Verfügung gestellten Sicherheiten besitzen allerdings lediglich den **Charakter einer zweiten Verteidigungslinie**, auf die dann zurückgegriffen wird, wenn seitens des Kreditnehmers eine normale Vertragserfüllung durch die von ihm erwirtschafteten Cashflows nicht mehr möglich ist.[652] Sicherheiten sind von daher nicht ein integraler Bestandteil der Kreditwürdigkeit des Kreditnehmers, sondern lediglich eine Alternative bzw. ein Ersatz für eine nicht in jedem Fall ausreichende Kreditwürdigkeit des Kreditnehmers.[653] Die erforderliche Prüfung der angebotenen Sicherheiten richtet sich vor allem auf die Überprüfung ihres tatsächlichen Bestands, ihrer gegenwärtigen und zukünftigen Werthaltigkeit, der Einhaltung von Beleihungsgrenzen und der Existenz bevorrechtigter Gläubiger. In diesem Kontext ist aus Sicht der Bank zudem die Möglichkeit des Abschlusses einer Kreditversicherung zu prüfen.

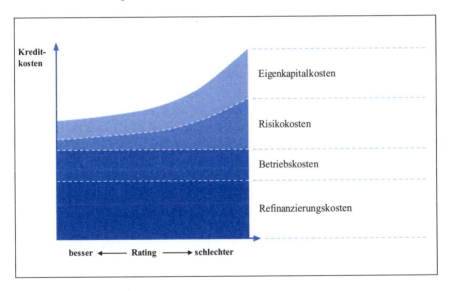

Abbildung 62: Zusammenhang zwischen internem Rating und Kreditkosten

---

[650] Vgl. *Schierenbeck, Henner/Hölscher, Reinhold*: BankAssurance – Institutionelle Grundlagen der Bank- und Versicherungsbetriebslehre. 4. Aufl., Stuttgart 1998, S. 434.

[651] *Büschgen, Hans E.*: Bankbetriebslehre – Bankgeschäfte und Bankmanagement. 5. Aufl., Wiesbaden 1998, S. 951.

[652] Vgl. *Büschgen, Hans E.*: Bankbetriebslehre – Bankgeschäfte und Bankmanagement. 5. Aufl., Wiesbaden 1998, S. 951; *Schierenbeck, Henner/Hölscher, Reinhold*: BankAssurance – Institutionelle Grundlagen der Bank- und Versicherungsbetriebslehre. 4. Aufl., Stuttgart 1998, S. 434.

[653] Vgl. *Steiner, Manfred*: Kreditwürdigkeitsprüfung. In: Bank- und Versicherungslexikon, hrsg. von *Henner Schierenbeck*, 2. Aufl., München/Wien 1994, S. 429.

Auf Basis der von einer Bank vorgenommenen Prüfung der Kreditwürdigkeit des Kreditnehmers sowie der von ihm angebotenen Sicherheiten werden die einzelnen Kreditnehmer verschiedenen **Risikokategorien** zugeordnet. Dies erlaubt einem Kreditinstitut einen Überblick über die Struktur der Risiken im Kreditgeschäft. Bei der Zuordnung der einzelnen Kreditnehmer zu den verschiedenen Risikokategorien ist seitens der Bank darauf zu achten, dass die in einer bestimmten Risikokategorie erfassten Kreditnehmer keine allzu großen Bonitätsunterschiede aufweisen, da nur bei relativ homogenen Kategorien eine wirksame risikobezogene Steuerung des Kreditgeschäfts möglich ist.[654]

In der bankbetrieblichen Praxis haben sich für die Zuordnung der einzelnen Kreditnehmer in Risikogruppen beispielsweise die folgenden **vier Risikokategorien** herausgebildet:[655]

- **Risikokategorie 1: Kredite ohne erkennbare Ausfallrisiken**

  Hierunter fallen zum einen Kredite mit einwandfreien wirtschaftlichen Verhältnissen der Kreditnehmer (solide Vermögens-, Finanz- und Ertragslage bzw. nachhaltige Kapitaldienstfähigkeit) und zwar unabhängig von der Art und dem Wert der gestellten Sicherheiten sowie zum anderen Kredite mit nicht einwandfreien oder nicht abschließend beurteilbaren wirtschaftlichen Verhältnissen der Kreditnehmer, bei denen jedoch die gestellten Sicherheiten nach Art und Wert die Rückführung der Kredite zweifelsfrei gewährleisten.

- **Risikokategorie 2: anmerkungsbedürftige Kredite**

  Dies sind Kredite, bei denen zwar noch keine unmittelbare Gefahr von Ausfällen gegeben ist, die allerdings wegen erhöhter oder nicht abschließend beurteilbarer Risiken einer besonders intensiven Beobachtung bedürfen; bei derartigen Krediten ist für eine Bank noch kein Einzelwertberichtigungsbedarf erkennbar.

- **Risikokategorie 3: notleidende Kredite**

  Hier handelt es sich um Kredite, deren Rückzahlung und/oder Verzinsung ganz oder teilweise gefährdet erscheinen.[656] Eine Forderung kann aber nur dann als notleidend qua-

---

[654] Vgl. *Büschgen, Hans E.*: Bankbetriebslehre – Bankgeschäfte und Bankmanagement. 5. Aufl., Wiesbaden 1998, S. 963.

[655] Vgl. *BFA des IDW*: Stellungnahme BFA 1/1978: Zur Abschlussprüfung bei Kreditinstituten – Einzelfragen zur Prüfung des Kreditgeschäftes und Darstellung der Prüfungsergebnisse im Prüfungsbericht. In: Die Wirtschaftsprüfung 1978, S. 490; *Schmoll, Anton*: Bonitäts- und Risikoklassen – Instrumente für ein effizientes Risikomanagement. In: BankArchiv 1992, S. 998; *Steiner, Manfred*: Kreditwürdigkeitsprüfung. In: Bank- und Versicherungslexikon, hrsg. von *Henner Schierenbeck*, 2. Aufl., München/Wien 1994, S. 437; *Schierenbeck, Henner*: Ertragsorientiertes Bankmanagement. Band 2, 6. Aufl., Wiesbaden 1999, S. 266; *Lejsek, Alfred*: Was erwartet die Aufsichtsbehörde vom Kredit-Risikomanagement in Kreditinstituten? In: Kreditrisiken erfolgreich managen – Risikokontrolle und Risikosteuerung im Firmenkundengeschäft, hrsg. von *Anton Schmoll*, Wiesbaden 1999, S. 24–27; *Laskos, Thomas*: Die Strafbarkeit wegen Untreue bei der Kreditvergabe. Baden-Baden 2001, S. 64; *Bieg, Hartmut*: Bankbilanzierung nach HGB und IFRS. 2. Aufl., München 2010, S. 407–412.

[656] Vgl. *Birck, Heinrich/Meyer, Heinrich*: Die Bankbilanz. 3. Aufl., 5. Teillieferung, Wiesbaden 1989, S. V/157; *BFA des IDW*: Stellungnahme BFA 1/1978: Zur Abschlussprüfung bei Kreditinstituten – Einzelfragen zur Prüfung des Kreditgeschäftes und Darstellung der Prüfungsergebnisse im Prüfungsbericht. In: Die Wirtschaftsprüfung 1978, S. 490. Zum Handel notleidender Kredite vgl. *Waschbusch, Gerd u. a.*: Kredithandel in Deutschland – Rechtliche und marketingpolitische Aspekte des Kreditverkaufs. In: Finanz Betrieb 2009, S. 15–25.

lifiziert werden, wenn eine **hinreichende Ausfallwahrscheinlichkeit** besteht.[657] Diese ist beispielsweise gegeben, wenn die zur Rückführung einer Forderung benötigten „Mittel voraussichtlich weder aus dem laufenden Betrieb noch aus einem eventuellen Liquidationserlös aufgebracht werden können. Eine nachhaltige Verlustsituation mit der Aufzehrung erheblicher Teile des Eigenkapitals wird in aller Regel Zweifel an der Einbringlichkeit der Forderungen begründen, sofern nicht überzeugende Anzeichen für eine Verbesserung der wirtschaftlichen Lage nachgewiesen werden können"[658].

- **Risikokategorie 4: uneinbringliche Kredite**

    Dies sind Kredite, bei denen aller Wahrscheinlichkeit nach von der Schuldnerseite keine Zahlungen mehr zu erwarten und werthaltige Sicherheiten nicht vorhanden sind.[659] Ein Kredit ist demzufolge als uneinbringlich zu bezeichnen, „soweit nach vernünftiger kaufmännischer Beurteilung weder vom Schuldner selbst noch von dritter Seite (z. B. von einem Bürgen oder sonstigen Sicherungsgeber) noch aus der Verwertung von Sicherheiten ein Zahlungseingang zu erwarten ist."[660] Man kann davon ausgehen, dass mit den Formulierungen „aller Wahrscheinlichkeit nach" und „nach vernünftiger kaufmännischer Beurteilung" zum Ausdruck gebracht werden soll, dass der Eingang der Kreditforderung, sei es durch Zahlung des Schuldners, sei es durch schuldrechtliche Sicherung (Personalsicherheiten) oder durch sachenrechtliche Sicherung (Realsicherheiten), mit einer äußerst geringen Wahrscheinlichkeit erfolgen wird.

Als wesentliche **Indikatoren für die Einstufung eines gewerblichen Kreditnehmers** in die Risikokategorien 2 bis 4 können von einer Bank insbesondere folgende Sachverhalte herangezogen werden:[661]

- **Risikokategorie 2 „anmerkungsbedürftige Kredite"**
    - mangelnde Offenlegung der wirtschaftlichen Lage des Kreditnehmers bei einer gleichzeitig unzureichenden oder nur teilweisen Besicherung,
    - erkennbare negative wirtschaftliche Entwicklung des Kreditnehmers,
    - schlechte Eigenkapitalausstattung des Kreditnehmers,
    - wesentliche Verschlechterung der Ertragssituation des Kreditnehmers,
    - wesentliche Umsatzrückgänge bei dem Kreditnehmer,

---

[657] Vgl. *Bieg, Hartmut*: Bankbilanzierung nach HGB und IFRS. 2. Aufl., München 2010, S. 408 (Hervorhebung im Original).

[658] *BFA des IDW*: Stellungnahme BFA 1/1978: Zur Abschlussprüfung bei Kreditinstituten – Einzelfragen zur Prüfung des Kreditgeschäftes und Darstellung der Prüfungsergebnisse im Prüfungsbericht. In: Die Wirtschaftsprüfung 1978, S. 488.

[659] Vgl. *Birck, Heinrich/Meyer, Heinrich*: Die Bankbilanz. 3. Aufl., 5. Teillieferung, Wiesbaden 1989, S. V/158–V/159.

[660] *Krumnow, Jürgen u. a.*: Rechnungslegung der Kreditinstitute – Kommentar zum deutschen Bilanzrecht unter Berücksichtigung der IAS/IFRS. 2. Aufl., Stuttgart 2004, S. 436.

[661] Vgl. *Schmoll, Anton*: Bonitäts- und Risikoklassen – Instrumente für ein effizientes Risikomanagement. In: BankArchiv 1992, S. 999–1001; *Lejsek, Alfred*: Was erwartet die Aufsichtsbehörde vom Kredit-Risikomanagement in Kreditinstituten? In: Kreditrisiken erfolgreich managen – Risikokontrolle und Risikosteuerung im Firmenkundengeschäft, hrsg. von *Anton Schmoll*, Wiesbaden 1999, S. 25; *Laskos, Thomas*: Die Strafbarkeit wegen Untreue bei der Kreditvergabe. Baden-Baden 2001, S. 217–219.

- schleppende Zahlungsweise des Kreditnehmers,
- deutliche Verschlechterung der allgemeinen wirtschaftlichen Lage des Wirtschaftszweigs, in dem der Kreditnehmer tätig ist;

- **Risikokategorie 3 „notleidende Kredite":**
  - Kreditrückzahlung und Zahlung der Kreditzinsen sind aus dem operativen Cashflow[662] des Kreditnehmers (d. h. aus eigener Kraft) nachhaltig nicht mehr gewährleistet,
  - anhaltend negativer operativer Cashflow des Kreditnehmers,
  - Vorliegen einer nachhaltigen Verlustsituation mit der Aufzehrung erheblicher Teile des Eigenkapitals des Kreditnehmers, d. h., die wirtschaftliche Überschuldung des Kreditnehmers ist absehbar oder bereits gegeben,
  - Jahresabschlüsse der Vorjahre fehlen,
  - Insolvenzantrag wurde gestellt bzw. Insolvenzverfahren wurde eingeleitet,
  - Vorliegen eines Moratoriums bzgl. Tilgungs- und Zinszahlungen,
  - Reduzierung von Kreditzinsen und/oder teilweiser Forderungsverzicht zu Sanierungszwecken,
  - wesentliche Sachverhalte der Risikokategorie 2 „anmerkungsbedürftige Kredite" können nicht kurzfristig aufgeklärt bzw. bereinigt werden;

- **Risikokategorie 4 „uneinbringliche Kredite":**
  - Insolvenzverfahren des Kreditnehmers,
  - Insolvenz wurde mangels Masse abgelehnt,
  - bisherige Eintreibungs-/Vollstreckungsmaßnahmen waren erfolglos,
  - betrügerische Handlungen,
  - kreditgebende Bank besitzt keine Sicherheiten bzw. die vorhandenen Sicherheiten sind nicht verwertbar.

Abbildung 63[663] auf S. 201 fasst die vorstehenden Überlegungen zusammen. Sie zeigt in Abhängigkeit von der Bonität des Kreditnehmers und der von ihm zur Verfügung gestellten Sicherheiten seine mögliche Zuordnung zu den verschiedenen Risikokategorien.

---

[662] Der **operative Cashflow** ist eine stromgrößenorientierte Liquiditätskennzahl. Er gibt an, welcher Betrag an liquiden Mitteln einem Unternehmen in der betrachteten Periode ohne die externe Zuführung von Eigen- und/oder Fremdkapital, somit allein aus der operativen Unternehmenstätigkeit erwirtschaftet wurde und zur Durchführung von Investitionen, zur Tilgung von Verbindlichkeiten, für Gewinnausschüttungen und zur Erhöhung des Bestandes an liquiden Mitteln zur Verfügung gestanden hat. Dieser Betrag entspricht im Wesentlichen, d. h. mit Ausnahme der Finanzierung aus Vermögensumschichtung, dem im Rahmen der Innenfinanzierung erwirtschafteten Betrag. Von daher stellt der operative Cashflow auch einen Indikator für die Höhe der finanzwirtschaftlichen Unabhängigkeit eines Unternehmens dar.

[663] Modifiziert entnommen aus *Schierenbeck, Henner*: Ertragsorientiertes Bankmanagement. Band 2, 6. Aufl., Wiesbaden 1999, S. 265.

C. Langfristige Kreditfinanzierung

Bonität des Kreditnehmers / Bereitstellung von Sicherheiten	erste Kreditadresse	einwandfreie Bonität	nicht ganz bedenkenfreie Bonität	unzureichende Bonität
volle Deckung mit erstrangigen Sicherheiten	Risikokategorie 1	Risikokategorie 1	Risikokategorie 2	Risikokategorie 2
volle Deckung mit zweitrangigen Sicherheiten	Risikokategorie 1	Risikokategorie 2	Risikokategorie 2	Risikokategorie 3
ohne Sicherheiten (Blankokredite)	Risikokategorie 1	Risikokategorie 2	Risikokategorie 3	Risikokategorie 4

Abbildung 63: Bildung von Risikokategorien durch die Verknüpfung von Bonitäts- und Besicherungskriterien

C. Langfristige Kreditfinanzierung

I. Überblick

Die Kreditfinanzierung als eine Form der Außenfinanzierung lässt sich nach der Dauer der Überlassung der Kapitalmittel gliedern. Danach kann zwischen der langfristigen und der kurzfristigen Kreditfinanzierung unterschieden werden. Eine der wichtigsten Quellen der langfristigen externen Fremdfinanzierung eines Unternehmens stellt hierbei die Kreditaufnahme bei Kreditinstituten bzw. anderen Kapitalsammelstellen (z. B. Versicherungen) dar. Bei derartigen Kreditaufnahmen handelt es sich im Allgemeinen um individuell ausgehandelte, d. h. genau auf die speziellen Bedürfnisse des kapitalsuchenden Unternehmens zugeschnittene **nicht verbriefte Kredite**. Eine **Weiterveräußerung dieser Kredite** durch den Kapitalgeber wird allerdings durch zwei Umstände **erschwert**. Zum einen sind die **Konditionen des Kreditvertrages** aufgrund der fehlenden Standardisierung für potenzielle Käufer ohne aufwendige Recherchen **nicht transparent**; nicht nur aus diesem Grund, sondern auch weil keine Forderung sich in genau der gleichen Weise wiederholt, sind die einzelnen Forderungen nicht fungibel. Zum anderen ist die **Übertragung der Forderung** aufgrund der fehlenden Verbriefung **nur durch Einigung und Abtretung der Forderung (Zession)** möglich.

Die Kapitalgeber sind aber – sollten sie in eine angespannte Liquiditätslage kommen – grundsätzlich daran interessiert, sich durch die Weiterveräußerung der Forderung aus dem Kreditengagement lösen zu können. Die Kapitalnehmer sind dagegen an möglichst kostengünstigen Finanzierungsmöglichkeiten interessiert; diese bieten sich auf den internationalen Finanzmärkten insbesondere aufgrund einer **Verbriefung der Forderungen bzw. Verpflichtungen**, wodurch eine **schnelle und einfache Übertragbarkeit der Finanzierungstitel** erreicht wird. Konsequenterweise wurde mit der zunehmenden Verbriefung von Forderungen (Securitization) ein Prozess in Gang gesetzt, der eine einfache Weiterveräußerung von Krediten gewährleisten soll.

Der Begriff **Securitization** bezeichnet in seiner engen Bedeutung die Ablösung von „traditionellen" Krediten in der Form von Buchkrediten durch Forderungen in der Form von handelbaren Wertpapieren, die von Kapitalsammelstellen oder Nichtbanken erworben werden können.[664] Im weiteren Sinne wird unter Securitization auch die Entwicklung von Märkten für handelbare Kreditsubstitute (z. B. Note Issuance Facilities) verstanden, welche die Finanzierung von Unternehmen insbesondere über Bankkredite zurückdrängen, indem durch direkte Kreditbeziehungen zwischen Investoren und Kapitalnachfragern die Kreditinstitute und ihre Transformationsfunktionen umgangen werden (**Disintermediation**).[665]

Im Vergleich zu anderen Ländern spielt die Verbriefung von Forderungen in Deutschland bislang immer noch eine eher untergeordnete Bedeutung.[666] Lediglich bei Banken ist bereits seit längerem eine intensivere Nutzung von Bankschuldverschreibungen zur Refinanzierung der von ihnen ausgereichten Buchkredite zu beobachten. Aufgrund rapide sinkender Transaktionskosten und einer tendenziell wachsenden Nachfrage nach verbrieften Kapitalmarktprodukten ist jedoch auch bei Nichtbankunternehmen zu erwarten, dass die Mittelbeschaffung über den Anleihemarkt gegenüber der Aufnahme von „traditionellen" Krediten in der Zukunft weiter an Bedeutung gewinnen wird.[667]

Im Folgenden wird zunächst die langfristige Kreditfinanzierung in der Erscheinungsform des unverbrieften Darlehens behandelt. Daran anschließend wird die langfristige Kreditfinanzierung in der Ausprägungsform des verbrieften Darlehens (Schuldverschreibung) untersucht.

II. Unverbriefte Darlehen

1. Darlehen von Kreditinstituten und anderen Kapitalsammelstellen

Rechtliche Grundlage der **Darlehen** sind die §§ 488–505 BGB sowie für den Sonderfall der Sachdarlehen die §§ 607–609 BGB. Nach § 488 Abs. 1 BGB ist der Darlehensgeber aufgrund des Darlehensvertrags verpflichtet, „dem Darlehensnehmer einen Geldbetrag in der vereinbarten Höhe zur Verfügung zu stellen". Umgekehrt verpflichtet sich der Darlehensnehmer zur Zahlung der geschuldeten Zinsen und zur Rückerstattung des zur Verfügung gestellten Kapitalbetrags bei Fälligkeit.

Fehlt für die Darlehensrückerstattung eine zeitliche Bestimmung, so hängt die Fälligkeit von der Kündigung des Gläubigers oder des Schuldners ab. In diesem Fall beträgt die Kündigungsfrist drei Monate. Bei unverzinslichen Darlehen kann der Schuldner das Darlehen auch

---

[664] Hiervon zu unterscheiden ist die nachträgliche „Verbriefung" von Buchforderungen durch sog. „Asset Backed Securities". Vgl. dazu den **Elften Abschnitt, Kapitel D.II.3.c)**.

[665] Vgl. hierzu *Bank für Internationalen Zahlungsausgleich*: Recent Innovations in International Banking. Basel 1986, S. 266–267.

[666] So betrug der Marktumlauf von Unternehmensanleihen in Deutschland Ende 2014 lediglich ca. 8 % des Bruttoinlandsprodukts. Vgl. *Deutsche Bundesbank*: Statistischer Teil. In: Monatsberichte der Deutschen Bundesbank, Juli 2015, S. 52*.

[667] So ist die Anzahl der von Unternehmen emittierten Anleihen pro Jahr in Deutschland seit dem Jahr 2009 stetig angestiegen, wobei die Emissionstätigkeit vor allem seit dem Jahr 2012 erkennbar an Dynamik gewonnen hat. Vgl. *Creditreform*: http://www.creditreform-rating.de/fileadmin/user_upload/creditreform-rating.de/Dokumente/ presse/14-09-25_Corporate_Bonds_in_Deutschland_ 2013_14.pdf (Stand: 07.04.2015), S. 10.

C. Langfristige Kreditfinanzierung

ohne eine Kündigung zurückerstatten.[668] Falls nichts anderes vereinbart wurde, sind die Zinsen bei einem verzinslichen Darlehen nach dem Ablauf je eines Jahres und – wenn das Darlehen vor dem Ablauf eines Jahres zu tilgen ist – bei der Rückerstattung zu entrichten.[669]

Für **Verbraucherdarlehen**, d. h. für Darlehensverträge zwischen einem Unternehmer als Darlehensgeber und einem Verbraucher als Darlehensnehmer, sieht das BGB zusätzliche Anforderungen vor. Der Darlehensvertrag bedarf – sofern keine strengere Form vorgeschrieben ist – zwingend der Schriftform.[670] Ferner muss der Darlehensvertrag u. a. die folgenden Angaben[671] enthalten:

- den Namen und die Anschrift des Darlehensgebers,
- die Art des Darlehens,
- den effektiven Jahreszins,
- den Nettodarlehensbetrag,
- den Sollzinssatz sowie die Art und Weise seiner Anpassung,
- die Vertragslaufzeit,
- den Betrag, die Zahl und die Fälligkeit der einzelnen Teilzahlungen,
- den Gesamtbetrag,
- die Auszahlungsbedingungen sowie die sonstigen Kosten, welche insbesondere im Zusammenhang mit der Auszahlung stehen,
- den Verzugszinssatz sowie die Art und Weise seiner Anpassung,
- etwaige Verzugskosten,
- einen Warnhinweis zu den Folgen ausbleibender Zahlungen,
- das Bestehen oder Nichtbestehen eines Widerrufsrechts,
- das Recht des Darlehensnehmers auf eine vorzeitige Rückzahlung des Darlehens,
- etwaige vom Darlehensnehmer zu tragende Notarkosten,
- die Berechnungsmethode des Anspruchs auf eine Vorfälligkeitsentschädigung,
- den Zeitraum, für den sich der Darlehensgeber an die übermittelten Informationen bindet,
- Informationen zu einem etwaigen Darlehensvermittler,
- vom Darlehensnehmer verlangte Versicherungen und Sicherheiten.

Der letztgenannte Punkt nimmt Bezug auf die Tatsache, dass langfristige Darlehen in der Regel gesichert werden.[672] Bei einer Sicherung durch die Eintragung eines Grundpfandrechtes (Hypothek oder Grundschuld) spricht man von **Realkrediten**.

---

[668] Vgl. zu diesen Bestimmungen § 488 Abs. 3 BGB.
[669] Vgl. § 488 Abs. 2 BGB.
[670] Vgl. § 492 Abs. 1 Satz 1 BGB.
[671] Vgl. hierzu ausführlich Art. 247 §§ 6–13 EGBGB.
[672] Zu Fragen der Besicherung vgl. den **Sechsten Abschnitt, Kapitel B.VI.**

Das langfristige Kreditgeschäft wird insbesondere von Kreditinstituten betrieben. Vor allem Sparkassen und Realkreditinstitute (Pfandbriefbanken, öffentlich-rechtliche Grundkreditanstalten) nehmen hierbei eine überragende Stellung ein, während Kreditbanken und Genossenschaftsbanken überwiegend kurz- und mittelfristige Kredite vergeben. Eine besondere Bedeutung haben die **Kreditinstitute mit Sonderaufgaben**, die der öffentlichen Hand als ein Instrument zur Durchführung wirtschaftspolitischer Maßnahmen dienen, soweit sie direkte Finanzierungshilfen vorsehen (Kreditanstalt für Wiederaufbau, Landwirtschaftliche Rentenbank, Ausfuhrkredit-Gesellschaft mbH). Langfristige Darlehen werden aber auch von Kapitalsammelstellen (z. B. Versicherungen, Pensionskassen), von der öffentlichen Hand (i. d. R. unter Einschaltung von Kreditinstituten) und von Privatpersonen (z. B. Gesellschafterdarlehen) vergeben.

Je nach **Verwendungszweck** unterscheidet man folgende **Arten langfristiger Bankkredite**:

- Investitionskredite,
- langfristige Darlehen zur Finanzierung des privaten und gewerblichen Wohnungsbaus,
- langfristige Darlehen zur Finanzierung des Schiffbaus,
- Kommunaldarlehen an öffentlich-rechtliche Körperschaften.

2. Schuldscheindarlehen

a) Begriff und Funktion

Schuldscheindarlehen stellen eine besondere Form des langfristigen Darlehens dar. Ihnen kommt vor allem bei der **Deckung des langfristigen Finanzierungsbedarfs** von Industrie- und Handelsunternehmen, der öffentlichen Hand sowie von Kreditinstituten mit Sonderaufgaben eine wachsende Bedeutung zu.[673] Man kann sie definieren als „anleiheähnliche, langfristige Großkredite, die von bestimmten Unternehmen bei bestimmten Kapitalsammelstellen, die nicht Banken sind, aufgenommen werden"[674]. Als bilaterale Kreditvereinbarungen werden Schuldscheindarlehen weder in den Kapitalmarktstatistiken der Deutschen Bundesbank erfasst noch separat in deren Kreditstatistiken.[675]

Kapitalsammelstellen, die Schuldscheindarlehen vergeben, sind unterschiedliche private und öffentlich-rechtliche Unternehmen, insbesondere aber Versicherungsgesellschaften (Lebensversicherungen) und Pensionskassen. Sie bieten den Kapitalnehmern Schuldscheindarlehen im Rahmen ihrer Vermögensanlage unter Ausstellung eines Schuldscheins bzw. eines Schuldscheindarlehensvertrags als langfristigen Kredit an. **Schuldscheindarlehen** sind somit **langfristige individuelle Kreditgewährungen**, bei denen allerdings die Ausstellung eines Schuldscheins nicht konstitutiv ist. Langfristige bei Kapitalsammelstellen aufgenom-

---

[673] So wurde erst kürzlich die bislang größte Platzierung eines Schuldscheindarlehens mit einem Volumen von 2,2 Mrd. EUR von der ZF Friedrichshafen zur partiellen Finanzierung der Akquisition des Autozulieferers TRW durchgeführt; vgl. *o. V.*: Schuldscheindarlehen blühen wieder auf. In: Börsen-Zeitung vom 31.01.2015, Nr. 21, S. 9.

[674] *Drukarczyk, Jochen/Lobe, Sebastian*: Finanzierung. 11. Aufl., Konstanz/München 2015, S. 245.

[675] Vgl. *o. V.*: Schuldscheindarlehen blühen wieder auf. In: Börsen-Zeitung vom 31.01.2015, Nr. 21, S. 9.

mene Großkredite werden demzufolge auch dann als Schuldscheindarlehen bezeichnet, wenn keine Schuldscheine ausgestellt, sondern lediglich Darlehensverträge abgeschlossen wurden.[676] Mit einem Volumenanteil von ca. 70 % zählen die Landesbanken zu den größten Arrangeuren von Schuldscheindarlehen.[677]

Der im Gesetz nicht definierte **Schuldschein** stellt **kein Wertpapier** i. S. d. § 1 Abs. 1 DepotG dar. Während beim Wertpapier das verbriefte Recht nicht ohne das Papier geltend gemacht werden kann, ist der Besitz des Schuldscheins zur Geltendmachung der Forderung nicht erforderlich. Der Schuldschein ist **lediglich ein beweiserleichterndes Dokument**; die ansonsten dem Gläubiger zufallende Beweislast wird so auf den Schuldner verlagert.

Während Schuldverschreibungen als Inhaberpapiere durch Einigung und Übergabe übertragen werden, erfolgt die Übertragung eines Schuldscheindarlehens durch Zession. Zur leichteren Unterbringung bei den Erwerbern wird der Gesamtschuldschein in Teilbeträgen abgetreten, wobei in der Regel keine kleineren Teilbeträge als 100.000 EUR gewählt werden. Über die Teilbeträge können **Teilschuldscheine** ausgestellt werden.

Der Nachteil fehlender Fungibilität schlägt sich in der an der Kapitalmarktlage orientierten Verzinsung der Schuldscheindarlehen nieder, die in der Regel ca. ¼ bis ½ %-Punkt höher liegt als die Verzinsung von Schuldverschreibungen.[678] Bei einer Laufzeit von fünf Jahren sind in Abhängigkeit von der Bonität des Emittenten aktuell zwischen 1,4 % und 2,4 % zu zahlen.[679] Im Vergleich zur Begebung einer Anleihe sind jedoch die mit der Ausgabe eines Schuldscheindarlehens verbundenen einmaligen und laufenden Nebenkosten geringer. Die zuweilen durch erstrangige Grundpfandrechte gesicherten Schuldscheindarlehen haben gewöhnlich eine Laufzeit von bis zu 15 Jahren. Unter der Voraussetzung einer guten Bonität des Schuldners ist es aber nicht selten, dass Schuldscheindarlehen auch ohne eine spezifische Besicherung ausgestattet sind.[680] Die gebräuchlichste Tilgungsform eines Schuldscheindarlehens ist die Ratentilgung unter Berücksichtigung von Freijahren. Ein vorzeitiges Kündigungsrecht wird dem Darlehensnehmer in aller Regel nicht zugebilligt.

b) Deckungsstockfähigkeit

Versicherungsunternehmen unterliegen bei der Anlage ihrer Mittel den Anlagevorschriften der §§ 54–54d Versicherungsaufsichtsgesetz (VAG) i. V. m. der nach § 54 Abs. 3 VAG von der Bundesregierung erlassenen Verordnung über die Anlage des gebundenen Vermögens

---

[676] Vgl. *Süchting, Joachim*: Finanzmanagement – Theorie und Politik der Unternehmensfinanzierung. 6. Aufl., Wiesbaden 1995, S. 166.
[677] Vgl. *o. V.*: Schuldscheindarlehen blühen wieder auf. In: Börsen-Zeitung vom 31.01.2015, Nr. 21, S. 9.
[678] Vgl. *Wöhe, Günter u. a.*: Grundzüge der Unternehmensfinanzierung. 11. Aufl., München 2013, S. 293.
[679] Vgl. *o. V.*: Schuldscheindarlehen blühen wieder auf. In: Börsen-Zeitung vom 31.01.2015, Nr. 21, S. 9.
[680] Vgl. *o. V.*: Schuldscheindarlehen blühen wieder auf. In: Börsen-Zeitung vom 31.01.2015, Nr. 21, S. 9.

von Versicherungsunternehmen (Anlageverordnung – AnlV) vom 20. Dezember 2001[681], welche die Anforderungen an die **Deckungsstockfähigkeit**[682] von Anlagetiteln der Versicherungsunternehmen formulieren. Als **Deckungsstock** wird das Sondervermögen bezeichnet, aus dem ein Versicherungsunternehmen seine künftigen Verpflichtungen gegenüber den Versicherungsnehmern zu leisten hat. Die Deckungsstockfähigkeit als ein eingrenzendes Kriterium der Vermögensanlage von Versicherungsunternehmen dient somit dem Schutz des Versicherungsguthabens der Versicherten.

Schuldscheindarlehen sind deckungsstockfähig, sofern durch die bisherige und künftig zu erwartende Entwicklung des Darlehensnehmers die durch Vertrag vereinbarte Verzinsung und Tilgung des Darlehens gewährleistet erscheint und das Darlehen ausreichend gesichert ist.[683] Als Sicherheiten akzeptiert § 2 Abs. 1 Satz 1 Nr. 4 AnlV erstrangige Grundpfandrechte, verpfändete oder zur Sicherung übertragene Forderungen oder zum Handel an einer Börse zugelassene oder an einem anderen organisierten Markt nach § 2 Abs. 5 WpHG zugelassene oder in diesen einbezogene Wertpapiere sowie vergleichbare Sicherheiten. Fehlt eine der genannten Voraussetzungen, so kann von einem Versicherungsunternehmen ein Schuldscheindarlehen nur gewährt werden, wenn die BaFin eine Ausnahmegenehmigung für diese Vermögensanlage erteilt.[684] Der Kreis der Unternehmen, die von Versicherungsunternehmen langfristiges Fremdkapital mittels Schuldscheindarlehen beschaffen können, ist aufgrund der zuvor genannten Voraussetzungen zumeist auf Unternehmen mit einer hohen bis sehr hohen Bonität beschränkt.[685] Dennoch existieren auch Emissionen von Unternehmen am Markt, die über kein Investment Grad-Rating verfügen.[686]

Je nach Versicherungsart ist der Deckungsstock eines Versicherungsunternehmens unterschiedlich hoch; bei Lebensversicherungsunternehmen beträgt er durchschnittlich etwa 70 % der Bilanzsumme. Hierbei ist zu berücksichtigen, dass das Kapital eines Versicherungsunternehmens, das nicht zum Deckungsstock gehört, nicht an die speziellen aufsichtsrechtlichen Anlagevorschriften gebunden ist.

c) Vergabe von Schuldscheindarlehen

Obwohl Schuldscheindarlehen direkt bei den Kreditgebern aufgenommen werden können, ist die indirekte Aufnahme unter Einschaltung von Vermittlern (Banken, Bankenkonsortien, Finanzmakler) der häufiger gewählte Weg. Eine Zwischenschaltung der Börse findet jedoch nicht statt. Die indirekte Vorgehensweise hat den Vorteil, dass hier die Vermittler die Kreditwürdigkeitsprüfung übernehmen, erforderliche Unterlagen beibringen (Bestellung von

---

[681] Vgl. BGBl. I 2001, S. 3913.

[682] Vgl. hierzu *Drukarczyk, Jochen/Lobe, Sebastian*: Finanzierung. 11. Aufl., Konstanz/München 2015, S. 245.

[683] Vgl. § 2 Abs. 1 Satz 1 Nr. 4 AnlV.

[684] Vgl. § 2 Abs. 3 AnlV.

[685] Vgl. *o. V.*: Schuldscheindarlehen blühen wieder auf. In: Börsen-Zeitung vom 31.01.2015, Nr. 21, S. 9; *Wöhe, Günter u. a.*: Grundzüge der Unternehmensfinanzierung. 11. Aufl., München 2013, S. 293.

[686] Vgl. *o. V.*: Schuldscheindarlehen blühen wieder auf. In: Börsen-Zeitung vom 31.01.2015, Nr. 21, S. 9.

Kreditsicherheiten) und sich um die Beschaffung der Deckungsstockfähigkeit bemühen. Versicherungsunternehmen, die das Industrieversicherungsgeschäft betreiben, werden dagegen durch ihre Kunden häufig zu Direktkrediten veranlasst.[687] Darüber hinaus besteht die Möglichkeit einer portfoliogestützten Platzierung von Schuldscheindarlehen.[688]

III. Verbriefte Darlehen

1. Begriff und Funktion

Obwohl sich letztlich die Bedeutung der Begriffe Anleihe, Schuldverschreibung und Obligation nicht unterscheidet, werden die Begriffe in der Praxis in einem unterschiedlichen Zusammenhang verwendet. Unter einer **Anleihe** kann man die langfristige Kapitalaufnahme am Kapitalmarkt zur Deckung eines außerordentlich hohen Kapitalbedarfs verstehen. Diese Kreditaufnahme erfolgt in der Regel durch die Ausgabe von **Schuldverschreibungen** (auch Teilschuldverschreibungen genannt), die eine wertpapiermäßige Verbriefung der Gläubigerforderung darstellen. Als **Obligationen** werden üblicherweise Schuldverschreibungen der Industrie oder von Banken bezeichnet.

Rechtsgrundlage für die **Inhaberschuldverschreibungen** bilden die §§ 793–808 BGB. Der Schuldner einer Inhaberschuldverschreibung verspricht hierbei dem Inhaber der Urkunde die termingerechte Tilgung des aufgenommenen Kapitals und die Zahlung der vereinbarten Zinsen. Die Schuldverschreibung kann aber auch eine Zahlungsverpflichtung an eine bestimmte in der Urkunde genannte Person **(Namensschuldverschreibung)** oder an die im Ordervermerk aufgeführte Person **(Orderschuldverschreibung)** verbriefen.

Inhaberpapiere und die mit ihnen verbrieften Rechte werden durch Einigung und Übergabe übertragen, Orderpapiere durch Einigung, Indossament und Übergabe.

Die **Emission von Teilschuldverschreibungen** kann die Probleme des Emittenten lösen helfen, die sich daraus ergeben, dass Fremdkapital in einem derart großen Umfang von einem einzelnen Kreditgeber nicht beschafft werden kann und dass die Vorstellungen der Kreditgeber hinsichtlich der Überlassungsdauer häufig nicht mit den Vorstellungen des Emittenten hinsichtlich der Verwendungsdauer übereinstimmen. Um die Unterbringung der auf erhebliche Beträge lautenden Schuldverschreibung bei einer Vielzahl von Kreditgebern mit unterschiedlichen Vorstellungen hinsichtlich der Überlassungsdauer zu erreichen und um diesen die Möglichkeit des späteren Verkaufs ihrer Forderungen einzuräumen, werden Schuldverschreibungen in einzelne Stücke (Teilschuldverschreibungen) zerlegt. Diese Papiere sind in der Regel mit einem festen auf den Nennwert zu leistenden Nominalzinssatz, einer fixierten maximalen Laufzeit und einem Rückzahlungsbetrag in Höhe des Nominalwerts oder – als Ausnahme – in Höhe des um ein Agio erhöhten Nominalbetrags ausgestat-

---

[687] Vgl. *Perridon, Louis/Steiner, Manfred/Rathgeber, Andreas*: Finanzwirtschaft der Unternehmung. 16. Aufl., München 2012, S. 443–444.

[688] Vgl. dazu *Waschbusch, Gerd*: Kernbereiche der Unternehmensführung – Teil B: Besondere Fragen der Finanzierung des Mittelstands. In: Saarbrücker Handbuch der Betriebswirtschaftlichen Beratung, hrsg. von *Karlheinz Küting*, 4. Aufl., Herne/Berlin 2008, S. 231–232.

tet.[689] Alle Arten von Teilschuldverschreibungen sind **vertretbare Wertpapiere** und können – müssen aber nicht – zum Handel an der Börse zugelassen werden.

2. Emission

Emittenten von Schuldverschreibungen sind:[690]

- Unternehmen einwandfreier Bonität wie Industrieunternehmen, Handelsunternehmen und Verkehrsunternehmen (Industrieobligationen),
- Kreditinstitute (Bankschuldverschreibungen, aber auch Pfandbriefe),
- Spezialinstitute (z. B. Landwirtschaftliche Rentenbank),
- Bund, Länder, Gemeinden und Gemeindeverbände (öffentliche Schuldverschreibungen, Bundesschuldverschreibungen, Kommunalschuldverschreibungen),
- Sondervermögen und Körperschaften (z. B. Schuldverschreibungen der Kreditanstalt für Wiederaufbau).

Die Ausgabe von Schuldverschreibungen durch Unternehmen ist in der Praxis auf große Unternehmen beschränkt, da

- die **Ausgabekosten** von Anleihen hoch sind und sich somit häufig erst bei Emissionsbeträgen von mehreren Millionen EUR rentieren,
- für die Unterbringung der Anleihe in der Regel eine **Börseneinführung** notwendig ist, wofür ein bestimmter **Mindestbetrag** vorausgesetzt wird,
- der Emittent Bonitätsanforderungen erfüllen muss, die von staatlichen Stellen, den Börsen und – aufgrund gesetzlicher Regelungen – von institutionellen Kapitalanlegern (Versicherungsunternehmen, Investmentgesellschaften, Pensionsfonds) an die Schuldner gestellt werden.[691]

Die **Emission** von Schuldverschreibungen kann erfolgen durch

- eine Selbstemission oder
- eine Fremdemission (Zwischenschaltung eines Kreditinstituts bzw. eines Bankenkonsortiums zur besseren Platzierung).[692] Letzteres ist der Regelfall.

Die **Börsenfähigkeit der Teilschuldverschreibungen** verleiht ihnen eine **hohe Fungibilität**. Sowohl der Anleihezeichner als auch der spätere Inhaber können sie jederzeit an der Börse verwerten. Das **Kursrisiko liegt beim Anleihezeichner** (bzw. beim späteren Erwerber), da Kursabschläge auftreten, wenn der Kapitalmarktzins über den Nominalzins der Anleihe steigt.

---

[689] Vgl. *Drukarczyk, Jochen/Lobe, Sebastian*: Finanzierung. 11. Aufl., Konstanz/München 2015, S. 246–247.
[690] Vgl. *Jahrmann, Fritz-Ulrich*: Finanzierung. 6. Aufl., Herne 2009, S. 118.
[691] Vgl. *Wöhe, Günter u. a.*: Grundzüge der Unternehmensfinanzierung. 11. Aufl., München 2013, S. 295–296.
[692] Vgl. dazu den **Fünften Abschnitt, Kapitel D.III.2.bb)**.

3. Wesentliche Ausstattungsmerkmale

a) Überblick

Als Ausstattungsmerkmale einer Anleihe bezeichnet man die in den Emissionsbedingungen festgelegten **Konditionen der Fremdkapitalaufnahme**. Von Bedeutung sind dabei in erster Linie Betrag und Stückelung der Anleihe, ihre Verzinsung, bestehende Kündigungsrechte, Ausgabe- und Rückzahlungsmodalitäten sowie die Besicherung.[693]

b) Betrag und die Stückelung der Anleihe

Die **Gesamthöhe einer Anleihe** wird vor allem vom Bedarf des Schuldnerunternehmens an langfristigem Fremdkapital bestimmt. Darüber hinaus kann sie aber auch von der aktuellen Kapitalmarktlage mitbeeinflusst werden. So kann es bei einer angespannten Kapitalmarktsituation u. U. Probleme bereiten, größere Anleihen zu platzieren; allerdings fordern die Börsenbestimmungen in der Regel einen Mindestbetrag bezüglich der Anleihegesamthöhe. Obligationen werden zudem nur dann zum Börsenhandel zugelassen, wenn der Emittent ausreichend vertrauens- und kreditwürdig ist und wenn die Anleihe sowie die Zahl der daraus resultierenden Teilschuldverschreibungen hinreichend groß ist, so dass ein nennenswerter Handel in diesen Papieren erwartet werden kann. Bei kleineren Anleihebeträgen würde es dagegen nur sporadisch zu Umsätzen kommen. An deutschen Wertpapierbörsen werden gegenwärtig keine Anleihen zum regulierten Markt zugelassen, die einen Gesamtbetrag von weniger als 250.000 EUR ausmachen.[694] In der Praxis hat diese Mindestgrenze jedoch kaum noch Bedeutung, weil die **Kosten einer Anleiheemission** derart hoch sind, dass sich die Ausgabe üblicherweise erst ab Mindestbeträgen von mehreren Millionen EUR rentiert. Zu diesen Kosten zählen u. a.:

- Druckkosten für Mantel und Bogen der Urkunden,
- Kosten des Zulassungsverfahrens,
- Erstellung und Veröffentlichung des Börsenprospektes,
- Besicherungskosten für Grundbucheintragung, Schätzgutachten, Notare,
- Übernahmeprovision für das Emissionskonsortium.

Die Gesamtkosten einer Industrieobligation belaufen sich aufgrund einer Vielzahl solcher einmalig und auch periodisch anfallenden Beträge (z. B. Kuponeinlösungsprovisionen, Bogenerneuerungsgebühren, Gebühren und Provisionen im Zusammenhang mit Ratentilgungen, interne Bearbeitungskosten) auf eine Höhe von ungefähr 4–6 % ihres Nennwertes.[695]

Es ist üblich, eine Anleihe in Teilschuldverschreibungen über runde, auf volle hundert oder tausend EUR lautende Beträge von 100, 500, 1.000, 5.000 und 10.000 EUR zu zerlegen.

---

[693] Vgl. hierzu *Wöhe, Günter u. a.*: Grundzüge der Unternehmensfinanzierung. 11. Aufl., München 2013, S. 302–314.
[694] Vgl. § 2 Abs. 2 BörsZulV.
[695] Vgl. *Jahrmann, Fritz-Ulrich*: Finanzierung. 6. Aufl., Herne 2009, S. 127.

Durch eine solche **Stückelung** können auch weniger kapitalkräftige Anleger erreicht werden. Der Kreis potenzieller Anleger erweitert sich grundsätzlich umso mehr, je kleiner die Stücke sind. Dabei müssen nicht alle aus einer Anleihe stammenden Teilschuldverschreibungen den gleichen Nennwert haben.

c) Verzinsung

ca) Grundsätzliches

Ein weiteres Ausstattungsmerkmal einer Anleihe ist ihre **Verzinsung**. In den meisten Fällen sind Obligationen über die Gesamtlaufzeit festverzinslich. Durch den fixierten Zins entsteht jedoch für den Erwerber der Schuldverschreibung wegen sich später ändernder Kapitalmarktzinsen ein nicht unbeachtliches Kursrisiko, korrespondierend dazu aber auch eine Kurschance. Der vom Inhaber einer (Teil-)Schuldverschreibung bei ihrem Wiederverkauf an der Börse erzielbare Preis sinkt, wenn die Kapitalmarktzinsen steigen, da dieses Wertpapier dann im Vergleich zu jetzt möglichen alternativen Anlageformen weniger lukrativ wird; umgekehrt steigt der Kurs, wenn die Kapitalmarktzinsen fallen. Für den Emittenten hingegen sind Chancen und Risiken genau umgekehrt gelagert; aus seiner Sicht steigt die Attraktivität der zinsfixierten Anleihe mit zunehmenden Marktzinsen. Der Rückgang der Börsenkurse kann ihn schließlich u. U. sogar dazu veranlassen, die eigenen Schuldverschreibungen zu einem geringeren Betrag – als ihm ursprünglich (bei Ausgabe) zugeflossen ist bzw. als er bei späterer vertragsgemäßer Tilgung zahlen müsste – über den Kapitalmarkt wieder zurückzukaufen.

cb) „Klassische" festverzinsliche Schuldverschreibung

Für gewöhnlich sind die Anleihen mit einem **festen Nominalzinssatz** p. a. (= pro anno) versehen; die Zinsen auf den Nominalbetrag der Teilschuldverschreibung werden meist nachschüssig berechnet und periodisch gegen Einreichen der Zinsscheine durch die Inhaber an diese ausbezahlt. Dabei ist der Unterschied zwischen Nominal- und Effektivverzinsung zu beachten.[696] Die Berechnung des Effektivzinssatzes von Schuldverschreibungen erfolgt nach der ISMA-Methode.[697] Den effektiven Zinssatz ermittelt man demnach, indem man den Auszahlungsbetrag der Schuldverschreibung im Zahlungszeitpunkt 0 der Summe der diskontierten künftigen Zahlungen aus dem Wertpapiervertrag gleichsetzt.

cc) Null-Kupon-Anleihe (Zero-Bond)

Neben den „klassischen" festverzinslichen Schuldverschreibungen gibt es auch Schuldverschreibungen, die zwar festverzinslich sind, aber gänzlich ohne eine Nominalverzinsung auskommen. Das bekannteste Beispiel sind die **Zero-Bonds (Null-Kupon-Anleihen)**. Während der Laufzeit werden bei ihnen – wie bei den Bundesschatzbriefen vom Typ B – keine Zinsen ausbezahlt. Ein Zinsscheinbogen ist somit bei den Urkunden solcher Papiere nicht erforderlich. Dies bedeutet allerdings nicht, dass der Schuldner auch einen effektiv zinslosen

---

[696] Vgl. hierzu den **Sechsten Abschnitt, Kapitel B.III.** und **Kapitel B.IV.**
[697] Vgl. den **Sechsten Abschnitt, Kapitel B.IV.**

Kredit erhält. Die Effektivrendite resultiert vielmehr aus der Differenz zwischen dem Emissionspreis (Ausgabebetrag) und dem höheren Rückzahlungskurs sowie aus der Laufzeit.[698] So ergibt ein zu 62.741,24 EUR verkauftes Papier, das nach einer Laufzeit von 8 Jahren mit 100.000 EUR getilgt wird, eine Effektivverzinsung von 6 % p. a.[699] [700]

Der **kreditgebende Investor** (Käufer eines Zero-Bonds) trägt hierbei **kein Reinvestitionsrisiko** (er hat aber auch keine Reinvestitionschance), da ihm keine Zinsen zufließen, die er zu dem dann herrschenden Kapitalmarktzins wieder anlegen kann. Er hat üblicherweise auch **kein Kündigungsrisiko**. Da aber Zinsen und Tilgungsbetrag erst nach Ablauf der in der Regel sehr langen Laufzeit in einem Betrag vom Emittenten zu zahlen sind, trägt der Erwerber der Zero-Bonds in dieser Zeit ein vergleichsweise **hohes Kursrisiko** (Hebeleffekt), denn Null-Kupon-Anleihen reagieren, bedingt durch die im Vergleich zu Normal-Kupon-Anleihen längere Kapitalbindungsdauer und durch die für die gesamte Laufzeit implizit festgeschriebene Höhe auch der Zinseszinsen, sehr sensibel auf Zinsniveauänderungen.

Für den **privaten Käufer** von Zero-Bonds ergibt sich ein **Steuerstundungseffekt**, falls die Zinsen (und Zinseszinsen) erst beim Zufluss der Einkommensteuer unterliegen; es muss aber auch auf den sich dann ergebenden **Progressionseffekt** hingewiesen werden, der allerdings seit 2009 durch die Abgeltungssteuer stark relativiert wird. Beim **gewerblichen Käufer** der Zero-Bonds sind dagegen die Zinsen den einzelnen Jahren der Gesamtlaufzeit pro rata temporis als Ertrag zuzurechnen; dies gilt entsprechend für den Zinsaufwand beim Emittenten der Papiere.

Für den Emittenten ist die Begebung von Zero-Bonds – verglichen mit dem Nennwert der Anleihe – zwar mit einem geringeren Zahlungsmittelzufluss zum Begebungszeitpunkt verbunden, doch ergeben sich für ihn zum Teil beachtliche Liquiditätsvorteile während der Laufzeit, da zwischenzeitlich – trotz der erfolgsmindernd zu verrechnenden Zinsaufwendungen – keine liquiden Mittel zur Bedienung der Anleihe aufgewendet werden müssen. Bei Null-Kupon-Anleihen kann zudem gerade wegen des Fehlens laufender Zinszahlungen aus Sicht des Emittenten im Vergleich zu einer Normal-Kupon-Anleihe von einer „**Inflationschance**" gesprochen werden, da bei einer steigenden Inflation der reale Rückzahlungswert

---

[698] Zur Berechnung der Effektivverzinsung einer Null-Kupon-Anleihe vgl. *Bieg, Hartmut/Kußmaul, Heinz/Waschbusch, Gerd*: Finanzierung in Übungen. 3. Aufl., München 2013, S. 68–70.

[699] Vgl. speziell zu Zero-Bonds *Kußmaul, Heinz*: Betriebswirtschaftliche Überlegungen bei der Ausgabe von Null-Kupon-Anleihen. In: Betriebs-Berater 1987, S. 1562–1572; *Kußmaul, Heinz*: Finanzierung über Zero-Bonds und Stripped-Bonds. In: Betriebs-Berater 1998, S. 1868–1871; *Kußmaul, Heinz*: Investition eines gewerblichen Anlegers in Zero-Bonds und Stripped-Bonds. In: Betriebs-Berater 1998, S. 1925–1929; *Kußmaul, Heinz*: Investition eines Privatanlegers in Zero-Bonds und Stripped-Bonds. In: Betriebs-Berater 1998, S. 2083–2087; *Kußmaul, Heinz*: Gestaltungsmöglichkeiten im Zusammenhang mit Zero-Bonds und Stripped-Bonds. In: Betriebs-Berater 1998, S. 2236–2240; *Kußmaul, Heinz*: Betriebswirtschaftliche und steuerliche Analysen von Zero-Bonds und Stripped Bonds. In: Rechnungswesen als Instrument für Führungsentscheidungen. Festschrift für *Adolf G. Coenenberg* zum 60. Geburtstag, hrsg. von *Hans P. Möller* und *Franz Schmidt*. Stuttgart 1998, S. 287–304; *Kußmaul, Heinz*: Zero-Bonds und Stripped Bonds. Begriff, Merkmale, Gemeinsamkeiten. In: Wirtschaftswissenschaftliches Studium 1999, S. 62–68.

[700] Zur Verbuchung von Null-Kupon-Anleihen vgl. *Eisele, Wolfgang/Knobloch, Alois Paul*: Technik des betrieblichen Rechnungswesens. 8. Aufl., München 2011, S. 233–236.

des Zero-Bonds überproportional sinkt. Schließlich dürften Null-Kupon-Anleihen von kapitalsuchenden Unternehmen gerade dann verstärkt emittiert werden, wenn das Zinsniveau offensichtlich ein relatives Tief erreicht hat. Die langfristige Sicherung eines als akzeptabel angesehenen Zinsniveaus birgt bei einem sich abzeichnenden Zinsanstieg für den Emittenten den Vorteil eines größeren Zinsnutzens, da – bedingt durch die fehlenden Zinszahlungen – auch die rechnerischen Zinseszinsen auf dem ursprünglich vereinbarten niedrigen Niveau basieren.

cd) Variable Verzinsung bei Floating Rate Notes

Die bei den Zero-Bonds aufgezeigten Kursrisiken und -chancen existieren nicht oder nur in einem geringeren Umfang, wenn die Anleihebedingungen eine periodische Anpassung der Zinsen an das aktuelle Marktzinsniveau vorsehen. Man spricht hier von einer **variablen Verzinsung** der Anleihe. Ein Beispiel hierfür sind die sog. „Floating Rate Notes" („Floater"). Sie werden häufig, aber keineswegs ausschließlich, auf den EUR-Märkten ausgegeben und lauten nicht selten – auch bei Emissionen deutscher Unternehmen – auf USD.

Die Verzinsung von Floating Rate Notes ist in der Regel an die Marktzinsen für kurzfristige Gelder im Interbankenhandel gebunden, so etwa an den EURIBOR (Euro Interbank Offered Rate). Der EURIBOR wird täglich als Benchmark für die aktuellen Marktzinsen für Kredite bestimmter Arten im Handel zwischen Kreditinstituten veröffentlicht. Ein Panel von Banken mit einer erstklassigen Kreditwürdigkeit (Rating)[701] meldet täglich die Quotierungen in 8 Laufzeiten (von einer Woche bis zu zwölf Monaten) für Interbank-Termingelder in EUR, woraus sich dann ein entsprechender Durchschnittswert ergibt. Hierbei werden jedoch nur die mittleren 70 % der gemeldeten Werte berücksichtigt (Ausscheiden der 15 % der höchsten und der 15 % der niedrigsten gesammelten Quotierungen). Je nach Kreditvariante – vor allem nach Kreditlaufzeiten differenziert – werden demnach stets mehrere Arten von EURIBOR-Zinssätzen notiert, so dass eine nähere Bestimmung des Referenzzinssatzes in den Anleihebedingungen notwendig ist.

Ist beispielsweise als variabler Zinssatz der 3-Monats-EURIBOR-Zinssatz + 1/8 Prozentpunkt Aufschlag und eine vierteljährliche Zinsanpassung vereinbart, so sind die Zinsen vierteljährlich nach dem jeweils zwei Tage vor Beginn der betrachteten Zinszahlungsperiode festgestellten aktuellen 3-Monats-EURIBOR-Zinssatz + 1/8 Prozentpunkt Aufschlag zu berechnen und am Ende der betreffenden Zinszahlungsperiode auszuzahlen. Bei Floating Rate Notes wird dem Anleger häufig zudem noch ein bestimmter Mindestzinssatz garantiert.

Der Emittent eines solchen Anleihetyps hat die Chance, von einem zurückgehenden Zinsniveau zu profitieren. Er wird daher eine Floating-Anleihe vornehmlich in Hochzinsphasen bei Erwartung mittelfristig sinkender Zinssätze auflegen, um für ihn günstige Marktzinsänderungen relativ schnell an den Anleihegläubiger weitergeben zu können.

---

[701] Dies sind derzeit 24 Banken aus Belgien, Deutschland, Finnland, Frankreich, Griechenland, Italien, Luxemburg, den Niederlanden, Portugal und Spanien sowie andere EU-Banken und internationale Banken. Sie werden von einem Beratungsausschuss der Europäischen Bankenvereinigung (EBF) ausgewählt. Aus Deutschland sind die Deutsche Bank sowie die DZ Bank Deutsche Genossenschaftsbank in diesem Panel von Banken vertreten.

ce) Zinsbegrenzungsvereinbarungen

Bei einer **variabel verzinslichen Anleihe**[702] besteht ein **Zinsänderungsrisiko** sowohl für den Emittenten als auch für den Inhaber der Anleihe. Steigt der für die Zinszahlungen der Anleihe relevante Referenzzinssatz und damit auch der in den Anleihebedingungen mit Hilfe eines Zu- oder Abschlags an den Referenzzinssatz gebundene Zins (Anleihezins), so bedeutet dies für den Inhaber der Anleihe einen höheren Zinsertrag, für den Schuldner der Anleihe einen gestiegenen Zinsaufwand. Umgekehrt stellt ein gesunkenes Zinsniveau einerseits geringere Zinserträge für den Anleiheinhaber, andererseits aber auch eine geringere Zinsbelastung für den Emittenten der Anleihe dar.

Um diese sich aus der Änderung des Referenzzinssatzes ergebende Unsicherheit zu reduzieren, können variabel verzinsliche Anleihen mit einer **Zinsbegrenzungsvereinbarung** ausgestattet sein.[703] So bewirkt ein sog. „**cap**" eine Begrenzung der Zinshöhe der Anleihe nach oben. Steigt der sich aus Referenzzinssatz sowie Zu- bzw. Abschlag ergebende Anleihezinssatz über die Zinsobergrenze (cap), so braucht der Anleiheschuldner nur den als Zinsobergrenze vereinbarten Zinssatz an den Inhaber der Anleihe zu zahlen. Diese Zinsbegrenzung nach oben sichert den Anleiheschuldner in einem gewissen Umfang gegen Zinssteigerungen ab, ohne ihm die Möglichkeit zu nehmen, von sinkenden Zinsen zu profitieren.

Eine ähnliche Wirkung besitzt ein sog. „**floor**". Bei einer solchen Zinsuntergrenze muss ein bestimmter Mindestzinssatz (floor) auch dann an den Inhaber der Anleihe gezahlt werden, wenn der Anleihezinssatz unter die Zinsuntergrenze gesunken ist. Der Vorteil liegt hier auf der Seite des Investors, dem ein bestimmter Mindestzinssatz garantiert wird, ohne ihm jedoch die Chance auf steigende Zinsen zu nehmen.

Da derartige Zinsbegrenzungsvereinbarungen eine einseitige Abwälzung des Zinsänderungsrisikos auf den Emittenten oder den Inhaber der Anleihe zur Folge haben, wirken sie sich auf den Preis der Anleihe aus. So wird eine Anleihe mit einem cap aufgrund der begrenzten Zinschance billiger sein als eine identische Anleihe ohne eine cap-Vereinbarung. Analog führt ein floor dazu, dass – wegen der Garantie eines Mindestzinssatzes – die Anleihe teurer wird als ein Floater ohne Zinsuntergrenze.

Eine Kombination von cap und floor wird **collar** genannt. Bei dieser Art von Zinsbegrenzung ist der Zinssatz sowohl nach oben als auch nach unten begrenzt und stellt daher sowohl für den Emittenten als auch für den Inhaber der Anleihe ein Instrument dar, bei dem der Zinssatz lediglich innerhalb bestimmter Grenzen variabel ist.

d) Duration

Das finanzmathematische Konzept der Duration ermöglicht einem Investor die **Beurteilung des Zinsänderungsrisikos von festverzinslichen Schuldverschreibungen**.

---

[702] Vgl. den **Sechsten Abschnitt, Kapitel C.III.3.cd)**.
[703] Zur Verbuchung von Zinsbegrenzungsvereinbarungen vgl. *Eisele, Wolfgang/Knobloch, Alois Paul*: Technik des betrieblichen Rechnungswesens. 8. Aufl., München 2011, S. 253–262.

Die **Kennziffer Duration**, die 1938 von *Macaulay* hergeleitet wurde, gibt die **durchschnittliche Kapitalbindungsdauer einer Schuldverschreibung** an, d. h., aus der Sicht eines Investors ist die Duration die mittlere Zeitdauer, während der der Anleger sein investiertes Kapital in der Schuldverschreibung gebunden hat. Dabei wird unterstellt, dass sich das Wertpapier bis zu seiner Endfälligkeit im Bestand des Investors befindet. Folglich gibt die Duration den gewichteten Durchschnitt aller Zeitpunkte an, zu denen der Investor Zins- und Tilgungszahlungen (Cashflows) aus seiner Anlage erhält. Die Berechnung der Duration erfolgt, indem diese Zeitpunkte mittels der Barwerte der Cashflows im jeweiligen Zeitpunkt gewichtet und zum Barwert des Gesamt-Cashflows – wie in **Abbildung 64** gezeigt – in Relation gesetzt werden.

$$D = \frac{\sum_{t=1}^{T} Z_t \cdot (1+i)^{-t} \cdot t}{\sum_{t=1}^{T} Z_t \cdot (1+i)^{-t}} = \frac{\sum_{t=1}^{T} Z_t \cdot (1+i)^{-t} \cdot t}{C_0}$$

Hierbei ist:

C_0 : Barwert der Zahlungsreihe des Finanzinstruments zum Zeitpunkt 0

D : Duration des Finanzinstruments

Z_t : Zins- und Tilgungszahlungen am Ende der Periode t (t = 1, ..., T)

i : Diskontierungszinssatz

t : Zahlungszeitpunkt (t = 1, ..., T)

Abbildung 64: Berechnungsformel der Macaulay Duration

Das folgende Beispiel soll das Konzept der Duration verdeutlichen:

Beispiel:

Gegeben sei eine 4 %-ige festverzinsliche Schuldverschreibung über 100.000 EUR mit einer Laufzeit von drei Jahren, die zu 98 % emittiert und zu 100 % zurückgezahlt wird. Der Diskontierungsfaktor entspricht dem aktuellen Marktzinsniveau von 6 % für diesen Zeitraum. Die Duration bestimmt man dann wie folgt:

Jahr t	t = 0	t = 1	t = 2	t = 3
Cashflows der Anleihe in EUR	– 98.000	+ 4.000	+ 4.000	+ 104.000

Barwert der Zins- und Tilgungszahlungen der Anleihe:

C_0 = 4.000 EUR · $1{,}06^{-1}$ + 4.000 EUR · $1{,}06^{-2}$ + 104.000 EUR · $1{,}06^{-3}$

= 3.773,58 EUR + 3.559,99 EUR + 87.320,41 EUR

= 94.653,98 EUR

C. Langfristige Kreditfinanzierung

Jahr t	Barwert Z in EUR	Gewichtungsfaktor $\frac{Z_t}{C_0}$	gewichtete Zeit
(1)		(2)	(1) · (2)
1	3.773,58	0,03987	0,03987
2	3.559,99	0,03761	0,07522
3	87.320,41	0,92252	2,76756
Summe	94.653,98		2,88265 Duration in Jahren

Folglich ergibt sich für die Schuldverschreibung eine durchschnittliche Kapitalbindungsdauer in Form der Duration von 2,88265 Jahren bzw. von 2 Jahren 10 Monaten und 18 Tagen (bei 360 Tagen pro Jahr).

Die Durationskennzahl nach *Macaulay* kann von einem Investor zur **Absicherung** seiner Finanzanlage **gegen das Zinsänderungsrisiko** eingesetzt werden.

Grundsätzlich ist die Investition in eine Finanzanlage unter der Annahme eines Planungshorizonts des Investors zwei entgegengesetzten Risiken ausgesetzt, die jeweils von der Änderung der Marktzinsen abhängig sind. Einerseits besteht das **Wiederanlagerisiko der Rückflüsse aus der Finanzanlage** (Zins- und Tilgungszahlungen) vor dem Ende des Planungshorizonts, falls z. B. die erfolgten Zinszahlungen nur zu geringeren Zinsen am Markt wieder angelegt werden können. Andererseits ist der Investor einem **Kurswertänderungsrisiko** ausgesetzt, da sich der Kurswert seiner Finanzanlage während der Laufzeit gegenläufig zu Marktzinsänderungen entwickelt. Übersteigt der Fälligkeitstermin der Finanzanlage den Planungshorizont des Investors, so ist der Investor diesem Kurwertänderungsrisiko ausgesetzt.

Beide Risiken hängen demnach von der Entwicklung der Zinsen am Markt ab und verhalten sich dabei gegenläufig. So verursachen sinkende Marktzinsen zum einen ein erhöhtes Wiederanlagerisiko, da frei werdende Gelder nur noch zu geringeren Marktzinsen wieder angelegt werden können, und zum anderen ein geringeres Kurswertänderungsrisiko, da sinkende Marktzinsen steigende Kurse implizieren.

Im Zeitpunkt der Duration einer Finanzanlage kompensieren sich die beiden entgegengesetzt wirkenden Risiken gerade, so dass der Investor das durch eine Finanzanlage entstehende **Zinsänderungsrisiko** genau dann **immunisieren** kann, wenn er diejenige Finanzanlage wählt, deren Duration mit seinem Planungshorizont übereinstimmt. Stimmt sein Planungshorizont mit der Duration einer Finanzanlage überein, so erreicht der Investor genau diejenige Rendite und damit das Endvermögen, das er im Zeitpunkt der Anlage plant, unabhängig von der Entwicklung der Zinsen am Markt.

Ist die vom Investor geplante Finanzanlage ein abgezinstes Wertpapier (z. B. in Form eines Zero-Bonds[704]), so stimmt der Zeitpunkt der Duration genau mit der jeweiligen Restlaufzeit

---

[704] Vgl. den **Sechsten Abschnitt, Kapitel C.III.3.cc)**.

des abgezinsten Wertpapiers überein, da während dieser Laufzeit keine Rückflüsse aus der Finanzanlage zu erwarten sind, sondern die Zins- und Tilgungszahlungen am Ende der Laufzeit erfolgen und demnach kein Wiederanlagerisiko existiert.

Ferner ist die Duration umso geringer, je früher und je häufiger die Rückflüsse aus der Anlage anfallen und je höher der Nominalzins ist. Je geringer wiederum die Duration ist, desto kleiner ist das Zinsänderungsrisiko, da die Rückflüsse relativ früh anfallen und deren Barwert damit relativ schwach durch Marktzinsänderungen beeinflusst wird.

Weiterhin lässt sich das Konzept der Duration als Sensitivitätsmaß in Form der **Modified Duration** näherungsweise dazu verwenden, eine Veränderung des Anleihekurses in Abhängigkeit von Marktzinsveränderungen zu erklären, d. h., die Modified Duration **gibt die erwartete Kurswertänderung der Anleihe in % an, wenn sich der Marktzinssatz um 1 % verändert**. In diesem Zusammenhang wird davon ausgegangen, dass sich die absolute Kurswertänderung durch die Ableitung der Kapitalwertfunktion

$$C_0 = \sum_{t=1}^{T} Z_t \cdot (1+i)^{-t}$$

nach dem Marktzinssatz i wie folgt ermitteln lässt:

$$\frac{\partial C_0}{\partial i} = \sum_{t=1}^{T} Z_t \cdot (-t) \cdot (1+i)^{-t-1} = \sum_{t=1}^{T} Z_t \cdot (-t) \cdot (1+i)^{-t} \cdot (1+i)^{-1}$$

$$= -\left(\frac{1}{1+i}\right) \cdot \sum_{t=1}^{T} Z_t \cdot (1+i)^{-t} \cdot t$$

Gemäß der Berechnungsformel der Duration in **Abbildung 64** auf S. 214 ist

$$\sum_{t=1}^{T} Z_t \cdot (1+i)^{-t} \cdot t = D \cdot C_0$$

so dass die absolute Kurswertänderung damit geschrieben werden kann als:

$$\frac{\partial C_0}{\partial i} = -\left(\frac{1}{1+i}\right) \cdot D \cdot C_0$$

Wird nun die Modified Duration (MD) definiert als

$$MD = \frac{D}{1+i},$$

so kann die absolute Kurswertänderung wie folgt ausgedrückt werden:

$$\frac{\partial C_0}{\partial i} = -MD \cdot C_0$$

bzw.

$$\partial C_0 = -MD \cdot C_0 \cdot \partial i$$

Beispiel:

Für die im vorhergehenden Beispiel auf S. 214–215 genannte 4 %-ige Schuldverschreibung über 100.000 EUR ermittelt man die Modified Duration (MD) wie folgt:

$$MD = \frac{2,88265}{1,06} = 2,71948,$$

d. h., ändert sich der Marktzinssatz um 1 %, dann verändert sich der Kurswert der Schuldverschreibung um 2,72 %. Die absolute Kurswertänderung der Schuldverschreibung berechnet man bei einer einprozentigen Marktzinserhöhung dann mit:

$$\partial C_0 = -MD \cdot C_0 \cdot \partial i = -2,71948 \cdot 94.653,98 \cdot 0,01 = -2.574,10 \text{ EUR}.$$

Der neue Kurswert der Schuldverschreibung lautet dann:

94.653,98 − 2.574,10 = 92.079,88 EUR.

Während also die Macaulay Duration die mittlere Kapitalbindungsdauer einer festverzinslichen Finanzanlage in Zeiteinheiten angibt, ermittelt die Modified Duration die Kurswertänderung der Finanzanlage unter der Annahme einer Marktzinsänderung in Prozent.

e) Kündigungsrecht

Ein weiteres Ausstattungsmerkmal von Obligationen ist das **Kündigungsrecht**. Der Gläubiger hat in der Regel keine Möglichkeit zu einer vorzeitigen Kündigung, so dass er die von ihm gehaltenen Teilschuldverschreibungen nur liquidisieren kann, indem er sie anderen Interessenten weiterverkauft. Dabei besteht für ihn die Gefahr von Kursverlusten. Ob und vor allem wann der Schuldner kündigen kann, hängt in erster Linie von den in den Anleihebedingungen festgelegten Modalitäten ab. Je nach Vereinbarung kann es sein, dass eine vorzeitige Kündigung durch den Emittenten

- ausgeschlossen ist,
- jederzeit oder
- nur nach einer vorgegebenen Zahl von Kündigungsfreijahren und/oder
- unter Einhaltung einer bestimmten Kündigungsfrist möglich ist. So kann beispielsweise eine zehn Jahre laufende Anleihe, die Anfang 2017 emittiert wird und bei der vier Kündigungsfreijahre vereinbart wurden, frühestens Anfang 2021 gekündigt werden. Sind zudem zwei Jahre Kündigungsfrist vereinbart, so erfolgt die Kapitalrückzahlung nicht vor Anfang 2023.

f) Tilgungsmodalitäten

Ferner liegt ein wesentliches Merkmal einer Anleihe in der Art und Weise ihrer Tilgung. Der Schuldner kann das aufgenommene Kapital in unterschiedlicher Weise zurückzahlen:[705]

- die Tilgung in einem Betrag am Ende der Laufzeit (**endfällige Tilgung**),
- eine **Ratentilgung**, wobei die erste der in der Regel gleich hohen Raten oft erst nach mehreren Tilgungsfreijahren gezahlt wird,
- den **Rückkauf über die Börse**. Der Schuldner baut bei dieser Tilgungsart zunächst einen Bestand an finanziellen Mitteln – den sog. **Tilgungsfonds** – auf, der ausschließlich zum vorzeitigen Erwerb der eigenen Teilschuldverschreibungen dient. Interessant ist diese Möglichkeit vor allem bei zwischenzeitlich gestiegenen Kapitalmarktzinsen, wenn der Kurs niedrig ist und die Anleihe unter pari notiert wird, da nicht nur die vom Emittenten beim Rückkauf zu leistenden Auszahlungen niedriger sind als die bei planmäßiger Tilgung, sondern weil in Höhe der als Ertrag wirkenden Differenz zwischen dem Rückzahlungsbetrag (i. d. R. der Nennwert) und dem Erwerbspreis im Rückkaufsjahr auch eine Erfolgssteigerung eintritt. Zudem fallen aufgrund des Rückkaufs die ansonsten bis zur planmäßigen Tilgung anfallenden Zinszahlungen (= Zinsaufwendungen) weg.

Im Allgemeinen erfolgt sowohl die Kapitalaufnahme durch die Emission einer Anleihe als auch die Kapitalrückzahlung durch die Tilgung der Anleihe in derselben Währung. Bei sog. **„Doppelwährungsanleihen"** (Dual Currency Bonds) unterscheidet sich dagegen die Valuta der Kapitalaufnahme von der Rückzahlungsvaluta. Erfolgt die Ausgabe einer Doppelwährungsanleihe in einer Fremdwährung, ihre Tilgung jedoch in der Landeswährung des Emittenten, so kann er sich durch die Emission der Anleihe einen bestimmten Fremdwährungsbetrag beschaffen und gleichzeitig ein ansonsten bestehendes Wechselkursrisiko für den Rückzahlungsbetrag ausschließen. Die Zinszahlungen einer Doppelwährungsanleihe erfolgen entweder in derselben Währung wie die Kapitalaufnahme oder in derselben Währung wie die Kapitalrückzahlung.[706]

Während der Rückzahlungsbetrag von Schuldverschreibungen sich im Allgemeinen am Nennwert der Anleihen orientiert, ist mit sog. **„Indexanleihen"** ein Instrument geschaffen worden, das eine Kapitalrückzahlung ermöglicht, die von der Höhe eines bestimmten Indexes abhängt. Hierbei kann es sich um Aktienindizes (z. B. den DAX), Devisenindizes oder Preisindizes für Waren, Lebenshaltungskosten etc. handeln. Da der Rückzahlungsbetrag von der Höhe des Indexes abhängt, kann sich sowohl für den Emittenten als auch für den Inhaber der Anleihe ein vergleichsweise höherer oder niedrigerer Rückzahlungsbetrag ergeben. Insofern kann die Rendite einer Indexanleihe erst dann bestimmt werden, wenn der relevante Indexstand und damit der Rückzahlungsbetrag bekannt ist.

---

[705] Vgl. *Wöhe, Günter u. a.*: Grundzüge der Unternehmensfinanzierung. 11. Aufl., München 2013, S. 311–312.

[706] Zur Verbuchung von Doppelwährungsanleihen vgl. *Eisele, Wolfgang/Knobloch, Alois Paul*: Technik des betrieblichen Rechnungswesens. 8. Aufl., München 2011, S. 237–238.

g) Besicherung

Wie bei jedem größeren Kredit werden auch die Gläubiger einer Anleihe ein **Mindestmaß an Sicherheiten** verlangen, um ihren Schaden für den Fall eines Zusammenbruchs des Schuldnerunternehmens zu begrenzen. Dieser Wunsch auf eine Absicherung des Zahlungsanspruchs gegen den Emittenten hängt auch damit zusammen, dass sich die Bonität eines im Emissionszeitpunkt einwandfreien Schuldnerunternehmens im Verlauf der meist langen Laufzeit der Anleihen verschlechtern kann, so dass die Zahlungsverpflichtungen aus der Anleihe nicht mehr – wie ursprünglich erwartet – erfüllt werden können. Klassische als langfristig werthaltig eingeschätzte Sicherungsformen für Anleihen sind:[707]

- Grundpfandrechte (meist Grundschulden),[708]
- Bürgschaften (insbesondere solche der öffentlichen Hand)[709] sowie die
- sog. „Negativklausel".[710]

Am gebräuchlichsten sind erstrangige **Grundschulden** auf betriebseigene Immobilien und Anlagen, obwohl die Werthaltigkeit der als Sicherheit dienenden Grundstücke aufgrund der zum Teil erheblichen Umweltschäden fragwürdig ist. Dagegen kommen **Bürgschaften** und **Sicherungsklauseln** seltener zur Anwendung. Bei der **Negativklausel** verspricht der Emittent den Anleihegläubigern in den Ausgabebedingungen verbindlich, sie in Bezug auf die Sicherheiten nicht schlechter zu stellen als die Gläubiger zukünftig auszugebender Obligationen. Im Grunde bietet diese Klausel allenfalls eine indirekte Sicherungswirkung. Die eigentlichen Anleihesicherheiten sind die Vermögensgegenstände des Schuldners, die nicht zuvor bereits an andere Gläubiger verpfändet oder übereignet wurden. Eine Negativklausel garantiert lediglich, dass diese gegenwärtig noch „freien" Vermögensgegenstände nicht später einmal dadurch dem Zugriff der Anleihegläubiger entzogen werden, dass man sie den Gläubigern einer neuen Anleihe als gesonderte dingliche Sicherheit reserviert. Eine Negativklausel kann weder die Wertbeständigkeit noch den Nichtverkauf der Vermögensgegenstände garantieren und sie belässt dem Schuldner die Möglichkeit, die Vermögensgegenstände als Sicherheit für andere nicht als Anleihe verbriefte spätere Kredite einzusetzen.

Besondere gesetzlich geregelte Sicherungsvorschriften existieren u. a. für **Pfandbriefe**.[711] Das Pfandbriefgeschäft umfasst die Ausgabe gedeckter Schuldverschreibungen zur Refinanzierung von Krediten, die durch Hypotheken oder Grundschulden gesichert sind **(Hypothekenpfandbriefe)**, die Ausgabe gedeckter Schuldverschreibungen aufgrund erworbener Forderungen gegen staatliche Stellen **(Kommunalschuldverschreibungen, Kommunalobligationen oder Öffentliche Pfandbriefe)**, die Ausgabe gedeckter Schuldverschreibungen aufgrund erworbener Schiffshypotheken **(Schiffspfandbriefe)** sowie die Ausgabe gedeckter Schuldverschreibungen aufgrund erworbener Registerpfandrechte nach § 1 des

---

[707] Vgl. *Wöhe, Günter u. a.*: Grundzüge der Unternehmensfinanzierung. 11. Aufl., München 2013, S. 313.
[708] Vgl. genauer den **Sechsten Abschnitt, Kapitel B.VI.3.cc)(3)(c)**.
[709] Vgl. genauer den **Sechsten Abschnitt, Kapitel B.VI.3.ba)**.
[710] Vgl. genauer den **Sechsten Abschnitt, Kapitel B.VI.3.bg)**.
[711] Die Vorschriften finden sich im Pfandbriefgesetz (PfandBG).

Gesetzes über Rechte an Luftfahrzeugen oder ausländischer Flugzeughypotheken (**Flugzeugpfandbriefe**).[712]

Das Pfandbriefgesetz sieht verschiedene Maßnahmen vor, um für Pfandbriefe einen **hohen Gläubigerschutz** zu gewährleisten. So müssen Pfandbriefbanken bei ihrer Gründung ein Kernkapital in Höhe von mindestens 25 Mio. EUR aufweisen.[713] Neben dieser Mindestkernkapitalanforderung ist eine jederzeitige **Deckung des jeweiligen Gesamtnennbetrags** der im Umlauf befindlichen Pfandbriefe einer Gattung durch Werte von mindestens gleicher Höhe vorgeschrieben.[714] Durch dieses Deckungserfordernis soll gewährleistet werden, dass stets eine **Mindestdeckungsmasse bestimmter Sicherheiten** vorhanden ist und dass die aus den Pfandbriefen resultierenden Zinsaufwendungen nicht die Zinserträge der zugrunde liegenden Sicherheiten übersteigen. Darüber hinaus sind folgende Maßgaben relevant:

- der Barwert der eingetragenen Deckungswerte muss den Barwert der zu deckenden Verbindlichkeiten um 2 % übersteigen (**sichernde Überdeckung**);[715]
- werden **Derivate zur Deckung** genutzt und begründen diese Derivate Verbindlichkeiten der Pfandbriefbank, so müssen auch die hieraus entstehenden Ansprüche der Vertragspartner der Pfandbriefbank gedeckt sein;[716]
- die jederzeitige vorschriftsmäßige Deckung ist fortlaufend durch **geeignete Rechenwerke** sicherzustellen und nachvollziehbar zu dokumentieren;[717]
- die Ausgabe von Pfandbriefen, deren Betrag nicht durch die im Deckungsregister eingetragenen Werte vorschriftsmäßig gedeckt ist, ist verboten;[718]
- die zur Deckung der Pfandbriefe sowie der Ansprüche aus Derivategeschäften verwendeten Deckungswerte sind einzeln ins Deckungsregister einzutragen;[719]
- den **Pfandbriefgläubigern** darf **kein Kündigungsrecht** eingeräumt werden.[720]

Ein von der BaFin bestellter **Treuhänder**[721] überwacht, dass die vorschriftsmäßige Deckung für die Pfandbriefe sowie Ansprüche aus Derivategeschäften jederzeit vorhanden ist[722] und dass die zur Deckung der Pfandbriefe und der Ansprüche aus Derivategeschäften dienenden Werte in das Deckungsregister eingetragen werden.[723]

---

[712] Vgl. § 1 Abs. 1 PfandBG.
[713] Vgl. § 2 Abs. 1 Satz 2 Nr. 1 PfandBG.
[714] Vgl. § 4 Abs. 2 Satz 1 PfandBG.
[715] Vgl. § 4 Abs. 1 Satz 1 Halbsatz 2 PfandBG.
[716] Vgl. § 4 Abs. 3 Satz 1 PfandBG.
[717] Vgl. § 4 Abs. 4 PfandBG.
[718] Vgl. § 4 Abs. 7 Satz 1 PfandBG.
[719] Vgl. § 5 Abs. 1 Satz 1 PfandBG.
[720] Vgl. § 6 Abs. 2 PfandBG.
[721] Vgl. § 7 Abs. 3 Satz 1 Halbsatz 1 PfandBG.
[722] Vgl. § 8 Abs. 1 Satz 1 Halbsatz 1 PfandBG.
[723] Vgl. § 8 Abs. 2 Satz 1 PfandBG.

Neben diesen allgemeinen Vorgaben für alle Pfandbriefe dienen auch spezielle Maßnahmen im **Hypothekenpfandbriefgeschäft** der Sicherstellung des Gläubigerschutzes. Insbesondere folgende Anforderungen sind zu erfüllen:

- die Grundstücke und grundstücksgleichen Rechten, auf denen die Hypotheken und Grundschulden lasten, müssen in einem Mitgliedstaat der Europäischen Union oder in einem anderen Vertragsstaat des Abkommens über den Europäischen Wirtschaftsraum, in der Schweiz, den USA, Kanada, Japan, Australien, Neuseeland oder Singapur belegen sein;[724]
- die Beleihung der Grundstücke ist auf 60 % des Grundstückswerts, der den durch sorgfältige Ermittlung festgestellten Verkaufswert nicht übersteigen darf, begrenzt;[725]
- das auf dem Grundstück belegene Gebäude ist während der Dauer der Beleihung gegen erhebliche Risiken in Höhe seines Wiederherstellungswerts zu versichern.[726]

Wenn in der Finanzmarktkrise ab 2008 auch Hypothekenbanken in existenzbedrohende Schwierigkeiten kamen (z. B. Hypo Real Estate), so hing dies – neben einem Absinken der Immobilienwerte unter 60 % des im Zeitpunkt der Beleihung sorgfältig ermittelten Verkaufswerts – auch damit zusammen, dass den Verantwortlichen die im traditionellen Hypothekengeschäft (aufgrund ständig sinkender Zinsmargen) zu erzielenden Gewinne nicht ausreichten und sie deswegen insbesondere über Tochtergesellschaften in Off-shore-Gebieten mit niedrigerer Steuerbelastung und weniger aufmerksamer Bankenaufsicht riskante Geschäfte betrieben, für die aber die Muttergesellschaften Garantien in großem Umfang übernahmen. Die aus diesen Garantiezusagen drohenden Gefahren wurden – möglicherweise aufgrund unzureichender Informationen im Jahresabschluss bzw. in Quartalsberichten – von den Aufsichts- bzw. Verwaltungsräten, von den für die Jahresabschlussprüfungen zuständigen Wirtschaftsprüfern und von der BaFin toleriert.

4. Besonderheiten von Mittelstandsanleihen

a) Vorbemerkungen

Gerade für Mittelständler existierte lange Zeit kein funktionsfähiger öffentlicher Zugang zum Kapitalmarkt, um über diesen Fremdkapital aufzunehmen. Erst die im Jahr 2010 an der Stuttgarter Börse ins Leben gerufene Emissionsplattform für Mittelstandsanleihen, „Bondm"[727], ermöglichte es auch Mittelständlern, durch die Emission von relativ kleinvolumigen Anleihen Fremdkapital unmittelbar am Kapitalmarkt zu beziehen. Mit diesem Schritt wurde sichtlich der Nerv der Zeit getroffen, denn vier weitere Börsen folgten mit ähnlichen

---

[724] Vgl. § 13 Abs. 1 Satz 2 Halbsatz 1 PfandBG.
[725] Vgl. §§ 14, 16 PfandBG.
[726] Vgl. § 15 Satz 3 Nr. 1 PfandBG.
[727] Vgl. hierzu *Waschbusch, Gerd/Staub, Nadine/Karmann, Oliver*: Das aktuelle Stichwort: „Bondm" – Neues Anleihen-Handelssegment an der Börse Stuttgart. In: Finanzierung im Mittelstand 2010, S. 24.

Angeboten: Frankfurt a. M. („Entry Standard"[728]), München („m:access"), Düsseldorf („Der Mittelstandsmarkt") und Hamburg/Hannover („Mittelstandsbörse Deutschland").[729]

b) Begebung der Anleihe

Die neuen Handelssegmente für Mittelstandsanleihen[730] sind dem Freiverkehr[731] der jeweiligen Börse zuzurechnen und unterliegen daher nicht den EU-Regelungen für regulierte Märkte, sondern primär den jeweiligen Börsenvorschriften. **Adressaten der einzelnen Mittelstandssegmente** sind vornehmlich Emittenten des größeren Mittelstandes, die relativ kleinvolumige Emissionsbeträge zwischen 10 Mio. EUR und 150 Mio. EUR anvisieren. Da mit Mittelstandsanleihen außerdem explizit auch private Anleger angesprochen werden, schreiben die Mittelstandssegmente – i. S. e. adäquaten Anlegerschutzes – den Emittenten bestimmte Zulassungsvoraussetzungen und Folgepflichten vor, die sich jedoch stark an den Bedürfnissen mittelständischer Unternehmen orientieren. Die primäre Aufgabe dieser Zulassungsvoraussetzungen und Folgepflichten ist es, die Emittentenqualität sicherzustellen, um damit das Vertrauen der Investoren in die Mittelstandssegmente zu stärken.

Eine wichtige Voraussetzung der Kapitalmarktnutzung betrifft die **Höhe des Emissionsvolumens**. Neben den üblichen börsenspezifischen Vorgaben[732] müssen an dieser Stelle auch die Anforderungen der Kapitalgeber berücksichtigt werden. In diesem Zusammenhang gilt, dass mit der Höhe des Anleihevolumens auch die Handelbarkeit der Wertpapiere zunimmt und diese deshalb für die Investoren an Attraktivität gewinnen. Hinzu kommt, dass die Kosten einer Anleiheemission zu großen Teilen aus fixen Blöcken bestehen, die bei

---

[728] Vgl. hierzu *Waschbusch, Gerd/Staub, Nadine/Horváth, Thomas*: Mittelstandsfinanzierung: Der Entry Standard – Das Börseneinstiegssegment für mittelständische Unternehmen. In: Der Steuerberater 2009, S. 226–233.

[729] Vgl. zu diesem Absatz *Achleitner, Ann-Kristin u. a.*: Die Kapitalmarktfähigkeit von Familienunternehmen – Unternehmensfinanzierung über Schuldschein, Anleihe und Börsengang. München 2011, S. 54; *Schmitt, Christoph*: Die Begebung von Mittelstandsanleihen als Alternative zum Bankkredit – Voraussetzungen und praktische Hinweise. In: Betriebs-Berater 2012, S. 1079; *Bösl, Konrad/Hasler, Peter Thilo*: Mittelstandsanleihen: Überblick und Weiterentwicklungspotenziale. In: Mittelstandsanleihen – Ein Leitfaden für die Praxis, hrsg. von *Konrad Bösl* und *Peter Thilo Hasler*, Wiesbaden 2012, S. 13; *Waschbusch, Gerd/Staub, Nadine/Karmann, Oliver*: Die Zukunftsfähigkeit der kapitalmarktorientierten Mittelstandsfinanzierung über die Börse. In: Finanz Betrieb 2009, S. 689–697.

[730] Die Ausführungen dieses Kapitels beruhen auf *Waschbusch, Gerd/Kakuk, Christian/Breier, Carina*: Mittelstandsanleihen – eine echte Finanzierungsalternative für den gesamten Mittelstand oder nur ein Instrument für Branchengrößen?! In: Der Steuerberater 2014, S. 22–23 sowie auf der dort angegebenen Literatur.

[731] Gemäß § 2 Abs. 5 WpHG ist der Freiverkehr kein durch staatliche Stellen genehmigter geregelter Markt, sondern börsenreguliert. Die Zulassungsvoraussetzungen sind daher im Vergleich zu EU-regulierten Märkten niedriger. Vgl. *Bösl, Konrad/Hasler, Peter Thilo*: Mittelstandsanleihen: Überblick und Weiterentwicklungspotenziale. In: Mittelstandsanleihen – Ein Leitfaden für die Praxis, hrsg. von *Konrad Bösl* und *Peter Thilo Hasler*, Wiesbaden 2012, S. 19.

[732] Die Börsen stellen spezifische Anforderungen an das Mindestvolumen. Für den Börsenplatz Stuttgart waren bisher 25 Mio. EUR Mindestvolumen vorgeschrieben, wobei aber in Zukunft unter bestimmten Voraussetzungen Emissionen bereits ab 15 Mio. EUR zugelassen werden sollen. In Düsseldorf und München können Anleihen hingegen bereits schon jetzt ab einem Volumen von 10 Mio. EUR gelistet werden. Die Börsen Hamburg/Hannover und Frankfurt a. M. sehen indessen keine Mindestvolumina vor.

kleinvolumigen Anleihen umso stärker ins Gewicht fallen. Aus diesem Grund erscheint eine Emission aus Rentabilitätsgründen meist erst ab einem Mindestvolumen von etwa 20 Mio. EUR sinnvoll, da unterhalb dieser Grenze die Kosten und der Nutzen oftmals in keinem rentablen Verhältnis zueinander stehen.[733]

Um eine Anleihe an einem der Mittelstandssegmente listen zu können, muss zudem ein **schriftlicher Antrag** an den jeweiligen Börsenbetreiber gerichtet werden. Auch hier treffen die Börsenplätze individuelle Regelungen bezüglich der erforderlichen Dokumente. Meist muss dem Antrag eine Satzung oder ein Gesellschaftsvertrag sowie ein Handelsregisterauszug beigefügt werden. Ergänzend ist vielfach ein sog. „Factsheet" auszuarbeiten, welches bestimmte Informationen über den Emittenten und die Anleihe enthält.

An allen Börsensegmenten ist außerdem die **Erstellung und Veröffentlichung eines von der BaFin gebilligten Wertpapierprospekts**, der den Anforderungen des Wertpapierprospektgesetzes (WpPG) genügen muss, zwingend erforderlich. Die zentrale Aufgabe des Wertpapierprospekts ist es, den Anlegern sämtliche für die anstehende Investitionsentscheidung relevanten Informationen über den Emittenten und die Anleihe zur Verfügung zu stellen. Im Rahmen der Prospekterstellung sollte unbedingt auf die Vollständigkeit und Richtigkeit der Informationen geachtet werden, da den Anlegern bei fehlerhaften und unvollständigen Angaben unter bestimmten Voraussetzungen Schadensersatzansprüche zustehen. Wie zügig die Prospekterstellung letzten Endes vorangeht und wie aufwendig sie ist, hängt maßgeblich davon ab, ob und in welchem Umfang die benötigten Informationen bereits vorliegen. Je nach Status quo müssen daher für die Erstellung des Wertpapierprospekts mindestens drei Monate eingeplant und u. U. sogar eine personelle Stärkung der hiermit betrauten Rechtsabteilung des Unternehmens in Erwägung gezogen werden. Die Kosten des Wertpapierprospekts machen den Großteil des Fixkostenblocks aus und belaufen sich je nach Renommee der eingeschalteten Anwaltskanzlei auf ca. 30.000 bis 100.000 EUR.

Vor der Veröffentlichung muss der **Wertpapierprospekt durch die BaFin gebilligt werden**. Diese prüft die eingereichten Unterlagen jedoch lediglich auf Vollständigkeit, Kohärenz und Verständlichkeit und nicht auf inhaltliche Richtigkeit. Daher lässt die Billigung des Wertpapierprospekts durch die BaFin keinerlei Rückschlüsse auf die Bonität des Emittenten zu. Im Rahmen dieses Billigungsprozesses wird das Dokument solange durch den Ersteller überarbeitet, bis es den Anforderungen der BaFin vollumfänglich genügt, was sich zumeist über einen Zeitraum von etwa sechs Wochen erstreckt. Da sich auch die BaFin ihre Prüfungsleistung entsprechend vergüten lässt, ist die Prospekterstellung insgesamt ein zeit- und ressourcenverschlingender Prozess, der seitens des Emittenten nicht unterschätzt werden sollte.

Von besonderer Bedeutung ist darüber hinaus die **Bewertung der Bonität des Emittenten durch eine unabhängige und in der EU registrierte Ratingagentur**. Ein solches Rating bewertet die Fähigkeit und Bereitschaft des Emittenten, seinen künftigen Zahlungsverpflichtungen termingerecht und vollständig nachkommen zu können bzw. zu wollen, was gerade

---

[733] Kleineren Mittelständlern bleibt vor diesem Hintergrund der Zugang zum Kapitalmarkt nach wie vor verwehrt, da ihr Kapitalbedarf relativ gering ist und daher entweder das von den Börsen geforderte oder das betriebswirtschaftlich sinnvolle Mindestvolumen nicht erreicht wird.

von privaten Anlegern aufgrund der komplexen wirtschaftlichen Zusammenhänge oftmals nur schwer selbst beurteilt werden kann. Um seitens der Ratingagentur eine realistische Bewertung des emittierenden Unternehmens gewährleisten zu können, sollte sich der Emittent möglichst an den Informationsbedürfnissen der Ratingagentur orientieren und diese mit den relevanten Finanzkennzahlen versorgen. Meist müssen die gesamte Binnenstruktur des Unternehmens und dessen Geschäftsmodell offengelegt und die bereitgestellten Informationen aufbereitet werden, was oftmals nur mit einem enormen personellen Aufwand bewältigt werden kann. Außerdem sind die Emittenten dazu aufgefordert, die zur Datengenerierung und -aufbereitung erforderlichen Informations-, Controlling- und Planungssysteme zu implementieren. Insgesamt kann ein Ratingprozess teilweise mehrere Monate dauern und erhebliche Kosten (ca. 30.000 bis 85.000 EUR) verursachen.

Ergänzend zu den üblichen börsenspezifischen Anforderungen an die Bonität des Emittenten muss auch den **Anforderungen der Anleger** Rechnung getragen werden. So kann ein Non-Investmentgrade-Rating vor allem den Zugang zu institutionellen Investoren erschweren und die Platzierung einer Anleihe erheblich gefährden. Von enormer Bedeutung ist der Ratingprozess außerdem für die **Konditionengestaltung**, denn besonders risikoträchtige Emittenten müssen aufgrund ihrer schlechten Ratingeinstufung in der Regel hohe Risikoaufschläge zahlen, um überhaupt Abnehmer für ihre Schuldverschreibungen finden zu können. Ein bonitätsmäßig gutes Rating hingegen senkt die Finanzierungskosten, fungiert als eine Art „Gütesiegel" und stärkt auf diese Weise die Marktakzeptanz der Emission. Unter Berücksichtigung dessen scheint die Kapitalmarktfinanzierung also gerade für mittelständische Unternehmen mit einer guten Bonität und stabilen Geschäftsaussichten attraktiv zu sein.

Viele der Mittelständler sind Debütanten auf dem Kapitalmarkt und folglich mit den dort anzutreffenden Prozessen und Strukturen wenig vertraut. Die Emission einer Mittelstandsanleihe erfordert vor diesem Hintergrund standardmäßig die Beauftragung eines begleitenden Partners, dessen Mandatierung sowohl zur Zulassung der Anleihe als auch zur Einhaltung sämtlicher Folgepflichten zwingend vorgeschrieben ist. Das **Beraterunternehmen** ist dabei in der Regel eine unabhängige Instanz, welche allein dem Emittenten verpflichtet ist und in dessen Auftrag die Platzierung optimiert. In einem ersten Schritt stellt der Beratungspartner die Anleihefähigkeit des Emittenten fest. Nach der Platzierung kontrolliert er die Einhaltung der Folgepflichten und macht das Unternehmen gegebenenfalls auf Verstöße aufmerksam.[734]

Bei den nach der Emission und Platzierung einzuhaltenden Folgepflichten handelt es sich in erster Linie um **Informationspflichten** gegenüber den Anlegern, um diese weiterhin über die Entwicklung des Unternehmens auf dem Laufenden zu halten (z. B. regelmäßige Bewertung der Bonität des Emittenten). Von herausragender Bedeutung ist außerdem die sog. **„Quasi Ad-hoc-Publizität"**, die den Emittenten dazu anhält, unverzüglich sämtliche für die Kursentwicklung relevanten Informationen der breiten Öffentlichkeit zugänglich zu machen.

---

[734] Hier gibt es jedoch börsenspezifische Besonderheiten; vgl. *Schmitt, Christoph*: Die Begebung von Mittelstandsanleihen als Alternative zum Bankkredit – Voraussetzungen und praktische Hinweise. In: Betriebs-Berater 2012, S. 1081; *Bösl, Konrad/Hasler, Peter Thilo*: Mittelstandsanleihen: Überblick und Weiterentwicklungspotenziale. In: Mittelstandsanleihen – Ein Leitfaden für die Praxis, hrsg. von *Konrad Bösl* und *Peter Thilo Hasler*, Wiesbaden 2012, S. 17–18.

Üblicherweise ist zudem die Veröffentlichung testierter Jahresabschlüsse, bestimmter Halbjahreszahlen oder eines Unternehmenskalenders vorgeschrieben, gegebenenfalls müssen auch Nachträge zum Wertpapierprospekt vorgenommen werden. Aufgrund der Fülle an Informationspflichten kommt das Unternehmen daher oftmals nicht umhin, bestimmte Unternehmensstrukturen auf- bzw. auszubauen.

c) Spezifische Ausstattungsmerkmale

Grundsätzlich sind sämtliche Formen und Ausprägungen von Anleihen, wie sie von Großkonzernen begeben werden, auch für mittelständische Unternehmen denkbar.[735] In der Praxis haben sich an den Mittelstandsbörsen jedoch über die Jahre bestimmte Normen etabliert. Die Stückelung einer Mittelstandsanleihe übersteigt in der Regel die 1.000 EUR-Marke nicht, so dass in erster Linie Privatanleger, aber auch Vermögensverwalter, kleinere Kapitalsammelstellen und Family Offices zu den Zielinvestoren zählen. Gerade Privatanleger haben sich in den letzten Jahren in beträchtlichem Maße in den Mittelstandssegmenten engagiert, wobei vor allem die üblicherweise vergleichsweise hohe Verzinsung einer Mittelstandsanleihe im derzeitigen Niedrigzinsumfeld von Spareinlagen und Tagesgeldkonten zu dieser Dynamik beigetragen hat. Die meisten der begebenen Mittelstandsanleihen weisen eine Laufzeit von fünf Jahren auf und die Rückzahlung erfolgt zumeist in einer Summe am Laufzeitende. Bei der Mehrzahl der in den Mittelstandssegmenten begebenen Anleihen handelt es sich zudem um festverzinsliche Anleihen. Die geringen Emissionsvolumina ermöglichen es außerdem den Emittenten, die Anleihen auch selbst im Rahmen einer Eigenemission zu platzieren. Dies birgt einerseits den Vorteil, dass die Gebühren für die Emissionsbanken entfallen und somit die Emissionskosten wesentlich geringer sind. Andererseits ist mit diesem Emissionsweg aber in der Regel ein höheres Platzierungsrisiko verbunden, da das Unternehmen nicht auf die bestehenden Netzwerke einer Emissionsbank zurückgreifen kann. Daher sind für den Erfolg einer solchen Selbstemission insbesondere der Bekanntheitsgrad des emittierenden Unternehmens und die in der Vergangenheit gewonnenen Investorenkontakte maßgebend.

d) Schwierigkeiten mittelständischer Unternehmen

Obwohl die Bedürfnisse mittelständischer Unternehmen im Rahmen der neuen Handelssegmente an den Börsen durchaus Berücksichtigung finden und sich die Zulassungs- und Folgepflichten an deren Anforderungen und Interessen orientieren, konnten dennoch einige Schwierigkeiten[736] – im Sinne bestimmter „Eintrittsbarrieren" – nicht vollends ausgeräumt werden. Die vom Markt geforderten Mindestemissionsvolumina sind für viele Mittelständler häufig zu hoch oder stehen in keinem rentablen Verhältnis zu den anfallenden Kosten. Gerade kleineren Mittelständlern bleibt deshalb auch heute noch der Zugang zum

---

[735] Die Ausführungen zu den spezifischen Ausgestaltungsmerkmalen von Mittelstandsanleihen basieren auf *Waschbusch, Gerd/Kakuk, Christian/Breier, Carina*: Mittelstandsanleihen – eine echte Finanzierungsalternative für den gesamten Mittelstand oder nur ein Instrument für Branchengrößen?! In: Der Steuerberater 2014, S. 23–24 sowie auf der dort angegebenen Literatur.

[736] Vgl. hierzu *Waschbusch, Gerd/Kakuk, Christian/Breier, Carina*: Mittelstandsanleihen – eine echte Finanzierungsalternative für den gesamten Mittelstand oder nur ein Instrument für Branchengrößen?! In: Der Steuerberater 2014, S. 24 sowie die dort angegebene Literatur.

Kapitalmarkt verwehrt. Außerdem bewerten die Kapitalmarktteilnehmer im Rahmen des Ratings die Kreditwürdigkeit des Unternehmens und bestimmen dadurch die Konditionen der Anleihen. Daher ist eine solche Transaktion nach wie vor nur für Mittelständler mit einer guten Bonität und stabilen Geschäftsaussichten eine attraktive Finanzierungsalternative. Nicht zuletzt fehlt es den mittelständischen Unternehmen häufig an Personal und dem entsprechenden Know-how, um solche komplexen Finanzierungsvorgänge in Angriff zu nehmen. Nicht zu vernachlässigen sind zudem die anfallenden Werbeausgaben. Insgesamt ist also festzustellen, dass eine Anleiheemission in jedem Fall ein komplexes und aufwendiges Verfahren darstellt, das gut vorbereitet sein will.[737] In Anbetracht dieser Anforderungen und der erforderlichen Mindestsumme an Kapital, das aufgenommen werden muss, scheint die wirtschaftliche Durchführbarkeit einer Anleiheemission – trotz mittelstandsfreundlicher Regelungen – hauptsächlich nur für größere Mittelständler geeignet zu sein. Deshalb verwundert es nicht, dass lediglich ein sehr geringer Anteil der mittelständischen Unternehmen eine Finanzierung über die Begebung einer Anleihe plant.

Darüber hinaus existiert eine weitere Eintrittsbarriere, denn die Bekanntheit einer Marke ist für die geplante Platzierung einer Anleihe ein wesentlicher Erfolgsfaktor. So repräsentiert die Liste der bisherigen Unternehmen, die Mittelstandsanleihen aufgelegt haben, keinesfalls einen Querschnitt des deutschen Mittelstandes. Vielmehr wird dieser Markt von sog. „Consumer Brand Names" mit starken und erfolgreichen Marken beherrscht, so dass der Kapitalmarktzugang bisher in erster Linie namhaften Unternehmen vorbehalten blieb.

D. Kurzfristige Kreditfinanzierung

I. Überblick

Kurzfristiges Fremdkapital kann grundsätzlich von Nichtbanken (Lieferanten und Kunden) – es handelt sich dann um Warenkredite[738] – oder von Kreditinstituten zur Verfügung gestellt werden. Kurzfristiges Fremdkapital, das von Kreditinstituten bereitgestellt wird, lässt sich wiederum in Geldkredite[739] und die „Kreditleihe"[740] unterteilen. Einen Überblick über die Einordnung von Waren- und Geldkrediten und der „Kreditleihe" in eine Systematik der verschiedenen Beschaffungsmöglichkeiten kurzfristigen Fremdkapitals gibt **Abbildung 65**[741] auf S. 227. Eine Besonderheit der kurzfristigen Kreditfinanzierung stellen zudem die kurzfristigen Kredite im Auslandsgeschäft dar.[742]

---

[737] Die Gesamtkosten liegen volumengewichtet zwischen 4,2 % und 4,6 % des Emissionsvolumens (bei einer Bandbreite von 1,2 % und 7,6 %) und erreichen somit bei Emissionsvolumina in Millionenhöhe nicht unerhebliche Ausmaße; vgl. *Bösl, Konrad*: Kosten einer Emission – Verhandlungsspielräume. In: Unternehmermagazin 2012, S. 31.

[738] Siehe hierzu den **Sechsten Abschnitt, Kapitel D.II.**

[739] Siehe hierzu den **Sechsten Abschnitt, Kapitel D.III.**

[740] Siehe hierzu den **Sechsten Abschnitt, Kapitel D.IV.**

[741] Modifiziert entnommen aus *Drukarczyk, Jochen/Lobe, Sebastian*: Finanzierung. 11. Aufl., Konstanz/München 2015, S. 259.

[742] Zur Außenhandelsfinanzierung vgl. ausführlich *Matschke, Manfred Jürgen/Olbrich, Michael*: Internationale und Außenhandelsfinanzierung. München/Wien 2000.

D. Kurzfristige Kreditfinanzierung

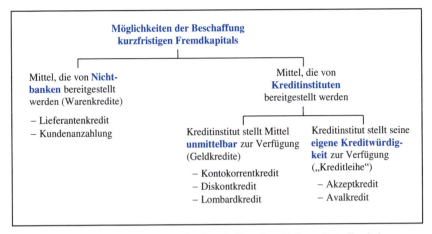

Abbildung 65: Möglichkeiten der Beschaffung kurzfristigen Fremdkapitals

II. Warenkredite

1. Lieferantenkredit

Räumt der Verkäufer (Hersteller, Händler) dem Käufer im Zusammenhang mit dem Absatz seiner Betriebsleistungen ein Zahlungsziel ein, so kann der Käufer die Bezahlung u. U. bereits aus seinen Verkaufserlösen leisten. Der **Lieferantenkredit** ergibt sich also nicht aus der Vergabe liquider Mittel; er entsteht vielmehr durch die **Gewährung von Zahlungszielen**, d. h. durch die im Kaufvertrag vereinbarte Verzögerung der Zahlung an den Lieferanten. Eine Absicherung des Zahlungsanspruchs des Verkäufers kann hierbei durch einen einfachen bzw. einen verlängerten Eigentumsvorbehalt erfolgen.[743] Diese in der Regel formlos (ohne eine systematische Kreditwürdigkeitsprüfung) gewährten Kredite sind häufig **mit hohen Kosten** verbunden. Da der Verkäufer bei seiner Preisgestaltung die mit einem Lieferantenkredit üblicherweise verbundene Skontoabzugsmöglichkeit einkalkulieren wird, entstehen beim Käufer bei einer Überschreitung der vereinbarten Skontoabzugsfrist Kosten in Höhe des nun nicht mehr möglichen Skontoabzugs.

Der Jahreszinssatz i eines Lieferantenkredits lässt sich näherungsweise mit Hilfe der in **Abbildung 66**[744] auf S. 228 aufgeführten Formel berechnen. Danach steigt der Jahreszinssatz i eines Lieferantenkredits mit einem zunehmenden Skontosatz S und einer abnehmenden Differenz zwischen dem Zahlungsziel z und der Skontoabzugsfrist f (Skontobezugszeitraum).

---

[743] Vgl. dazu den **Sechsten Abschnitt, Kapitel B.VI.3.ca)**.
[744] Entnommen aus *Bieg, Hartmut*: Die Kreditfinanzierung. In: Der Steuerberater 1997, S. 350.

$$i = \frac{S}{z-f} \cdot 360$$

i: Zinssatz p. a.
S: Skontosatz
z: Zahlungsziel (-frist)
f: Skontoabzugsfrist
z – f : Skontobezugszeitraum (Kreditlaufzeit)

Beispiel: S = 3 %
z = 30 Tage
f = 10 Tage
z – f = 20 Tage

$$i = \frac{0{,}03}{30-10} \cdot 360 = 54\ \%\ \text{p.a.}$$

Abbildung 66: Kosten eines Lieferantenkredits bei Überschreitung der Skontoabzugsfrist

Vorteile des Lieferantenkredits:

- schnelle und formlose Kreditgewährung im Rahmen des Kaufvertragsabschlusses;
- Kreditgewährung in Höhe des durch den vereinbarten Kaufpreis bestimmten Kapitalbedarfs (dies leistet jedoch auch ein Kontokorrentkredit);
- Unabhängigkeit von Kreditinstituten;
- geringere Kreditsicherheiten als bei Banken (allerdings wird in der Regel ein Eigentumsvorbehalt zugunsten des Verkäufers vereinbart).

Neben der Höhe der Kosten ist auch die **wirtschaftliche Abhängigkeit** im Falle einer hohen Verschuldung bei einem Lieferanten als Nachteil des Lieferantenkredits hervorzuheben. Aus Rentabilitätserwägungen ist es in der Regel günstiger, einen kurzfristigen Bankkredit in Anspruch zu nehmen und innerhalb der Skontoabzugsfrist zu zahlen.

2. Kundenanzahlung

Zahlt der Käufer einer Sach- oder Dienstleistung vor deren Lieferung, so verbessert der damit verbundene Kredit an den Lieferanten dessen Liquiditätslage, bietet ihm aber auch die Gewähr der Abnahme der Sach- oder Dienstleistung. Derartige auch von den Marktgepflogenheiten, der Marktstellung des Abnehmers und der Auftragslage des Lieferanten abhängigen **Kundenanzahlungen** erfolgen insbesondere für individuell erstellte Anlagen, die einen hohen Kapitalbedarf und/oder eine lange Kapitalbindungsfrist bis zur Fertigstellung verursachen (Auftragsproduktion im Schiffs- und Flugzeugbau, Hoch- und Tiefbau, Bau von Groß- oder Spezialmaschinen im Maschinenbau). Aus dem **Vorauszahlungskredit** schuldet der Kreditnehmer (Lieferant) nicht die Erfüllung einer Zahlungsverpflichtung, sondern eine bestimmte Sach- oder Dienstleistung. Die in der Regel zinslos zur Verfügung gestellten Anzahlungen verursachen für den Kreditnehmer allerdings nur dann Kreditkosten, wenn ein unter dem normalen Barpreis liegender Rechnungsbetrag vereinbart wird. Zur Ausschaltung des Lieferrisikos wird seitens des Kreditgebers (Käufers) häufig die Bereitstellung von

Bankgarantien gefordert, durch die die Zahlung von Konventionalstrafen für den Fall der Nichtleistung durch den Lieferanten versprochen wird.[745]

III. Geldkredite

1. Kontokorrentkredit

Der Kontokorrentkredit, gesetzlich in den §§ 355–357 HGB geregelt, ist ein **Kredit in laufender Rechnung** (Kontokorrent), der dem Kreditnehmer in einer bestimmten Höhe (Kontokorrentlimit) von seiner Bank eingeräumt wird und über den je nach Bedarf bis zum vertraglich vereinbarten Limit verfügt werden kann. Der im Zeitablauf sehr unterschiedlich in Anspruch genommene **Kontokorrentkredit** (flexible Anpassung des Kredits an den jeweiligen Kapitalbedarf) bildet die **Grundlage des bankmäßigen Zahlungsverkehrs von Unternehmen** und ist in hervorragender Weise geeignet, die **täglich schwankenden Liquiditätsanspannungen** des Unternehmens **auszugleichen**. Eine nicht oder nur teilweise in Anspruch genommene Kreditlinie stellt eine entsprechende **Liquiditätsreserve** dar, die es dem Unternehmen erlaubt, einen minimalen Kassenbestand zu halten. Für die Bank erleichtert das Kontokorrentkonto die Beurteilung der Kreditwürdigkeit und die Überwachung des Kredits durch einen ständigen Einblick in das Finanzgebaren und die wirtschaftlichen Verhältnisse des Kreditnehmers.

Häufig kann der Kontokorrentkreditnehmer allerdings nicht einen einheitlichen Preis in Form eines jeweils für Guthaben bzw. Kreditinanspruchnahmen festgelegten Gesamtzinssatzes durchsetzen, sondern er muss verschiedene Teilpreise akzeptieren:[746]

- Zinsen auf die jeweils in Anspruch genommene Kredithöhe (sog. „Nettozinssatz"),
- Überziehungsprovision, d. h. ein erhöhter Zins bei einer Überschreitung des vereinbarten Kontokorrentlimits,
- Kreditprovision,
- Bereitstellungsprovision,
- Umsatzprovision oder Kontoführungsgebühren,
- Ersatz der Spesen und Auslagen.

In **Abbildung 67**[747] auf S. 230 werden die Merkmale des Kontokorrentkredits aufgeführt.

---

[745] Vgl. *Drukarczyk, Jochen/Lobe, Sebastian*: Finanzierung. 11. Aufl., Konstanz/München 2015, S. 261.

[746] Vgl. hierzu mit Zahlenbeispielen *Wöhe, Günter u. a.*: Grundzüge der Unternehmensfinanzierung. 11. Aufl., München 2013, S. 371–375.

[747] Modifiziert entnommen aus Bieg, Hartmut: Die Kreditfinanzierung. In: Der Steuerberater 1997, S. 351.

> 1. Mindestens eine der Vertragsparteien muss **Kaufmann im Sinne des HGB** sein (die Bank ist Kaufmann nach § 1 HGB).
> 2. Nur der jeweilige **Soll- oder Habensaldo**, in dem eine gegenseitige Verrechnung beiderseitiger Ansprüche erfolgt, ist von rechtlicher Bedeutung.
> 3. Die **Zinsen** werden auf Basis des Saldos berechnet.
> 4. **Feststellung und Anerkennung des Saldos** in regelmäßigen Zeitabständen; Abrechnung mindestens einmal jährlich, i.d.R. jedoch vierteljährlich.
> 5. Der formal kurzfristige Kredit nimmt durch eine **ständige Prolongation** einen mittel- oder langfristigen Charakter an.
> 6. **Verwendung des Kreditbetrages** zur Finanzierung des Umlaufvermögens, aber auch als Zwischenkredit, Überbrückungskredit, Saisonkredit oder Kredit zur Vorfinanzierung von Bauvorhaben.
> 7. **Inanspruchnahme** durch Barabhebung, Scheckziehung, Überweisung, Belastung aufgrund einer Einzugsermächtigung, Einlösung von Wechseln etc.
> 8. Relativ **hohe Kosten**.

Abbildung 67: Merkmale des Kontokorrentkredits

2. Wechselkredit

a) Rechtsgrundlagen

Jedem Wechselkredit liegt das **Finanzinstrument „Wechsel"** zugrunde. Es handelt sich dabei um eine Urkunde, die den strengen gesetzlichen Vorschriften des Wechselgesetzes unterliegt. Die in der **Abbildung 68**[748] auf S. 231 aufgeführten gesetzlichen Bestandteile einer Wechselurkunde[749] verdeutlichen zugleich den Charakter eines Wechsels. Dabei sind **zwei Grundformen** zu unterscheiden. Die erste Grundform, der sog. **„gezogene Wechsel"**, verkörpert eine **unbedingte Anweisung** des Ausstellers (Gläubiger/Trassant) an den Bezogenen (Schuldner/Trassat), eine bestimmte Geldsumme an einem bestimmten Tag an ihn oder einen Dritten (Wechselnehmer/Remittent) zu zahlen. Diese Zahlungsverpflichtung erlangt erst durch die Unterschrift des Bezogenen Rechtswirksamkeit. Diese Annahmeerklärung wird auch als **Akzept** bezeichnet.

Bei der zweiten Grundform, dem **eigenen Wechsel** (auch **Solawechsel**), sind dagegen Aussteller und Bezogener identisch. Damit handelt es sich um ein **unbedingtes Zahlungsversprechen** des Ausstellers, eine bestimmte Geldsumme an einem bestimmten Tag an den Wechselnehmer zu zahlen.

---

[748] Entnommen aus *Bieg, Hartmut*: Die Kreditfinanzierung. In: Der Steuerberater 1997, S. 352.
[749] Vgl. Art. 1, 2, 75 und 76 WG.

Nr.	Gesetzliche Bestandteile des	
	gezogenen Wechsels	eigenen Wechsels
1.	die Bezeichnung „Wechsel" im Text der Urkunde	
2.	die unbedingte Anweisung, eine bestimmte Geldsumme zu bezahlen	das unbedingte Versprechen, eine bestimmte Geldsumme zu bezahlen
3.	die Angabe dessen, der bezahlen soll (Bezogener/Trassat)	–
4.	die Angabe der Verfallzeit (bei Fehlen der Angabe ist der Wechsel bei Vorlage zahlbar: Sichtwechsel)	
5.	die Angabe des Zahlungsortes	
	(bei Fehlen gilt der beim Namen des Bezogenen angegebene Ort als Zahlungsort)	(bei Fehlen gilt der Ausstellungsort als Zahlungsort)
6.	den Namen dessen, an den oder an dessen Order gezahlt werden soll (Wechselnehmer/Remittent)	
7.	die Angabe des Tages und des Ortes der Ausstellung (bei Fehlen des Ausstellungsortes gilt der beim Namen des Ausstellers angegebene Ort als Ausstellungsort)	
8.	die Unterschrift des Ausstellers	

Abbildung 68: Gesetzliche Bestandteile der Wechselurkunde

Für die Verbriefung einer Forderung mittels Wechselurkunde sprechen zwei Funktionen, die der Wechsel erfüllt. Als **erste Funktion des Wechsels** ist die **Kreditfunktion** zu nennen, die zunächst darin begründet ist, dass der Bezogene die Wechselsumme erst bei Fälligkeit leisten muss. Erster Wechselberechtigter ist der Wechselnehmer, also derjenige, der auf der Urkunde als Zahlungsempfänger angegeben wurde. Dies kann bei einem gezogenen Wechsel sowohl der Aussteller als auch ein Gläubiger des Ausstellers sein, dessen Forderung vereinbarungsgemäß durch den Wechsel erfüllt werden soll.

Sowohl bei einem gezogenen als auch bei einem Solawechsel hat der Bezogene den Wechsel nach Akzeptierung dem Wechselnehmer auszuhändigen. Nun hat der Wechselnehmer zwei Möglichkeiten. Entweder behält er den Wechsel bis zur Fälligkeit, um ihn dann dem Bezogenen zur Zahlung vorzulegen. Dies geschieht in der Regel über die Banken der Beteiligten. Der Wechselnehmer reicht den Wechsel in diesem Falle bei seiner Bank zum **Inkasso** ein, die ihm den Betrag abzgl. Spesen nach Eingang bzw. Eingang vorbehalten (E. v.) gutschreibt. Die zweite Möglichkeit des Wechselnehmers besteht darin, den Wechsel seinerseits an einen Dritten wegen einer bestehenden Verbindlichkeit oder gegen Zahlung einer bestimmten Geldsumme zu übertragen. Hierin liegt die **erweiterte Kreditfunktion** des Wechsels, da nun der neue Eigentümer bis zur Fälligkeit des Wechsels Kredit gewährt.

Als **geborenes Orderpapier** kann der Wechsel und damit die Wechselforderung nur durch Einigung, schriftlichen Übertragungsvermerk auf der Rückseite der Urkunde **(Indossament)** und Übergabe übertragen werden. Mit der Übertragung wird der Wechselnehmer zum **Indossanten** und der neue Eigentümer zum **Indossatar** und damit zum neuen Wechselgläubiger, der wiederum die beiden genannten Möglichkeiten der Wechselverwendung (Behalten des Wechsels bis zur Fälligkeit; Verkauf des Wechsels an einen neuen Wechselgläubiger) hat.

Der Bezogene hat am Fälligkeitstag an denjenigen zu zahlen, der den Wechsel in Händen hat und durch eine lückenlose Indossamentenkette als berechtigter Eigentümer ausgewiesen ist. Die durch die Wechselziehung und -einlösung entstehenden Beziehungen zwischen den Wechselbeteiligten verdeutlicht **Abbildung 69**[750] auf S. 233.

Eng mit der beschriebenen Kreditfunktion verbunden und für diese gleichermaßen Voraussetzung ist die **zweite Funktion des Wechsels**, die **Sicherungsfunktion**. Sie äußert sich in den bereits aufgezeigten strengen Formvorschriften, der Abstraktheit der Wechselforderung, d. h. ihrer Loslösung vom Grundgeschäft, den ebenfalls bereits aufgezeigten Übertragungsmodalitäten, den Rückgriffsmöglichkeiten des Wechselberechtigten und der Möglichkeit des Wechselprozesses.

Die in der strengen Formvorschriften genügenden Wechselurkunde verbriefte **Wechselforderung** stellt eine **abstrakte Zahlungsverpflichtung** des Wechselschuldners (des Bezogenen beim gezogenen Wechsel bzw. des Ausstellers beim eigenen Wechsel) dar. Sie ist von einem eventuell zugrunde liegenden Rechtsgeschäft (z. B. einer Warenlieferung auf Ziel) losgelöst. Diese Abstraktheit der Wechselforderung hat zur Folge, dass der Bezogene keine Einreden aus diesem Grundgeschäft (wie z. B. Mängelrügen) in Bezug auf die Wechselforderung geltend machen kann. Bei Fälligkeit hat er in jedem Falle die Wechselsumme zu bezahlen. Dies ist Voraussetzung für eine problemlose Übertragung und Akzeptierung eines Wechsels als (Ersatz-)Zahlungsmittel.

Eine weitere Sicherung der Wechselforderung besteht in den **Rückgriffsmöglichkeiten (Regress) des Wechselberechtigten** auf alle Vorindossanten und den Aussteller, die gesamtschuldnerisch in Höhe des Rückgriffsbetrages haften. Dieser ist gesetzlich festgeschrieben und umfasst neben dem nicht eingelösten Teil der Wechselsumme Zinsen in Höhe von 2 % über dem jeweiligen Basiszinssatz nach § 247 BGB, mindestens aber 6 % seit dem Verfalltag, die Kosten und sonstigen Auslagen des Protests sowie eine Provision in Höhe von 1/3 % der Wechselsumme.[751] Für den Regress muss der Wechselberechtigte spätestens am zweiten auf den Fälligkeitstag folgenden Werktag die Zahlungsverweigerung des Bezogenen von einem Notar oder Gerichtsbeamten in einer öffentlichen Urkunde festhalten lassen **(Wechselprotest)**.[752] Er kann nun die Wechselsumme und die entstandenen Kosten von einem beliebigen Vorindossanten oder vom Aussteller einfordern; sie alle haften ge-

---

[750] Modifiziert entnommen aus *Bieg, Hartmut*: Die Kreditfinanzierung. In: Der Steuerberater 1997, S. 352.

[751] Vgl. Art. 48 Abs. 1 WG. Die Zinsansprüche sind auch vom Ausstellungsort und vom Zahlungsort abhängig; vgl. dazu Art. 48 Abs. 1 Nr. 2 WG.

[752] Vgl. Art. 79 Abs. 1 und 38 Abs. 1 WG.

samtschuldnerisch.[753] Auch die Vorindossanten können dann ihrerseits auf die Vorbesitzer und den Aussteller zurückgreifen.[754]

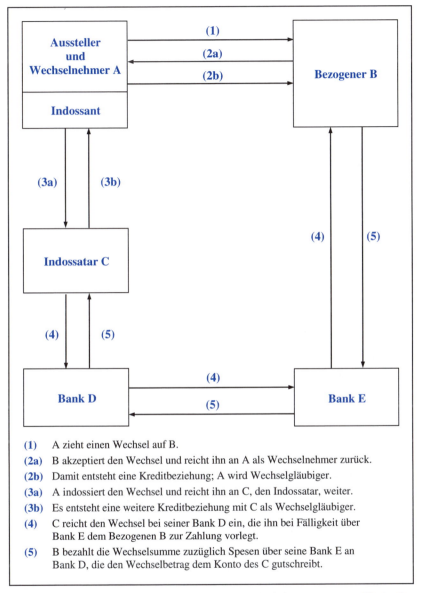

Abbildung 69: Beziehungen der Wechselbeteiligten bei einem gezogenen Wechsel

Schließlich besteht – als letzte Ausprägung der Sicherungsfunktion – für den jeweiligen Wechselgläubiger die **Möglichkeit eines Wechselprozesses**[755] zur Durchsetzung der Forde-

---

[753] Vgl. Art. 47 Abs. 1 WG.
[754] Vgl. Art. 43 Abs. 1 WG.

rungen aus einem zu Protest gegangenen Wechsel. Der Wechselprozess zeichnet sich gegenüber gewöhnlichen Prozessen durch eine beschleunigte Abwicklung und eine vereinfachte Beweisführung aus. Somit kann der Wechselgläubiger vergleichsweise schnell einen vollstreckbaren Titel gegen den Beklagten erwirken.

Die im Rahmen der Sicherungsfunktion genannten Regelungen und Möglichkeiten – auch als „**Wechselstrenge**" bezeichnet – machen den Wechsel zu einer im Vergleich zu sonstigen kurzfristigen Kreditierungsmöglichkeiten sicheren und durch die Weitergabemöglichkeiten liquiditätsschonenden Kreditart. Sein hauptsächliches Einsatzgebiet ist heute der Außenhandel.[756]

b) Zugrunde liegende Rechtsgeschäfte

Nach dem zugrunde liegenden Rechtsgeschäft unterscheidet man drei **Arten des Wechsels**:

- Wechsel, denen ein Waren- oder Dienstleistungsgeschäft zugrunde liegt, werden als **Handelswechsel** bezeichnet. Sie entstehen aus einem Kauf auf Ziel. Der Lieferant zieht hierbei einen Wechsel auf den Abnehmer der Ware.

- **Finanzwechsel** beruhen dagegen nicht auf Handelsgeschäften, sondern werden ausschließlich zum Zwecke der Kreditbeschaffung ausgestellt. So kann beispielsweise ein Konzerntochterunternehmen einen Wechsel auf die Muttergesellschaft ziehen, den diese akzeptiert und der dann von einem der beiden Unternehmen an eine Bank verkauft wird. Finanzwechsel werden genutzt, weil dieser Weg der Kreditbeschaffung oft kostengünstiger ist als andere kurzfristige Kreditformen.

- Ein **Depotwechsel** dient ausschließlich Sicherungszwecken. Ein Wechsel – häufig ein Solawechsel des Kreditnehmers – wird hierbei zur Sicherung eines Kreditverhältnisses beim Gläubiger hinterlegt. Kommt der Schuldner seinen Zahlungsverpflichtungen ordnungsgemäß nach, so erhält er den Wechsel nach der Tilgung des Kredits wieder zurück. Anderenfalls kann der Gläubiger den Wechsel zu Protest geben und dadurch die Vorteile der Wechselstrenge zur beschleunigten Beitreibung seiner Forderung ausnutzen.

c) Diskontkredit

Die im Rahmen der Kreditfunktion des Wechsels bereits angesprochene Weitergabe eines Wechsels gegen Zahlung einer bestimmten Geldsumme bezeichnet man als **Diskontierung**. Die Diskontierung stellt zwar streng genommen einen Verkauf bzw. eine Abtretung der Wechselforderung dar. Da der Verkäufer dem Käufer allerdings solange verpflichtet bleibt, bis der Bezogene die Wechselsumme bezahlt hat, handelt es sich wirtschaftlich gesehen um eine **Kreditgewährung**. Sie erfolgt auf der Grundlage eines dem Verkäufer des Wechsels zuvor eingeräumten Diskontkredits. Die vom Käufer zu leistende Geldsumme errechnet sich aus der mit einem festzulegenden Zinssatz vom Verfalltag auf den Ankaufstag abgezinsten Wechselsumme abzgl. sonstiger Spesen. Die so berechneten Zinsen bezeichnet man als Diskont.

---

[755] Vgl. diesbezüglich §§ 602–605 ZPO.
[756] Vgl. dazu insbesondere den **Sechsten Abschnitt, Kapitel D.V.2.**

In der Hauptsache betreiben Banken diesen Ankauf von Wechseln und bieten damit den Wechselberechtigten eine Möglichkeit, ihre Liquiditätslage zu verbessern. Aufgrund der Haftung des Wechseleinreichers legen sie allerdings unter Berücksichtigung seiner Bonität **Diskontkontingente** fest, welche die Gesamtsumme der diskontierten Wechsel (Wechselobligo) eines Einreichers nach oben beschränkt.

Die den Wechsel ankaufende Bank kann nun ihrerseits den Wechsel bis zu seiner Fälligkeit aufbewahren und ihn dann der im Wechsel als Zahlstelle genannten Bank zur Zahlung vorlegen (vgl. **Abbildung 70**[757]). Die Bank hat aber auch die Möglichkeit, den Wechsel bei einem Dritten – ebenfalls unter Abzug eines Diskonts – zu diskontieren, um hierdurch Verbindlichkeiten bei dem Dritten zu begleichen oder sich liquide Mittel zu beschaffen.

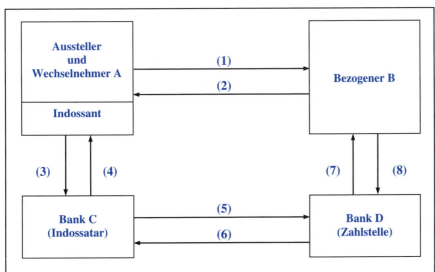

(1) A zieht einen Wechsel auf B.
(2) B akzeptiert den Wechsel und reicht ihn an A zurück.
(3) A reicht den Wechsel bei seiner Bank C zum Diskont ein.
(4) Bank C schreibt den Diskonterlös (Wechselsumme – Diskont – Diskontspesen) dem Konto des A gut.
(5) Bank C legt den Wechsel bei Fälligkeit der im Wechsel als Zahlstelle genannten Bank D zur Zahlung vor.
(6) Bank C erhält den Wechselgegenwert von Bank D.
(7) Bank D legt den Wechsel dem Bezogenen B zur Zahlung vor.
(8) Sie belastet gleichzeitig das Konto des B mit der Wechselsumme und einer Einlösungsprovision.

Abbildung 70: Refinanzierung durch Diskontierung von Wechseln

---

[757] Modifiziert entnommen aus *Bieg, Hartmut*: Die Kreditfinanzierung. In: Der Steuerberater 1997, S. 354.

Der Wechsel (und damit auch der Wechselkredit) hat in den letzten Jahren im Inland, nicht dagegen im Außenhandel[758], seine Bedeutung weitgehend verloren, so dass schon die Deutsche Bundesbank ihre Geldmengenpolitik nicht mehr mit Hilfe des Diskontkredits und des Lombardkredits betrieb, sondern – wie heute die Europäische Zentralbank – mit Hilfe von Offenmarktgeschäften (echten Pensionsgeschäften).[759]

Beim **Scheck-Wechsel-Verfahren** (auch Umkehrwechsel oder umgedrehter Wechsel genannt) gibt es grundsätzlich zwei Varianten.

Bei der **ersten Variante** erhält der Lieferant einer Warensendung vom Käufer einen Scheck, der auf den Rechnungsbetrag abzgl. Skonto lautet. Gleichzeitig akzeptiert der Käufer einen vom Lieferanten ausgestellten Wechsel. Dieser Wechsel wird vom Bezogenen bei seiner Hausbank zum Diskont eingereicht. Durch die daraus resultierende Gutschrift wird die sich aus der Scheckeinlösung ergebende Belastung des Kontokorrentkontos ausgeglichen. Dieses Verfahren, das eine entsprechende **Bonität des Käufers**, nicht jedoch des Verkäufers voraussetzt, hat für den Käufer den Vorteil, dass er einen Skontoabzug vornehmen kann, wobei er sich die erforderlichen finanziellen Mittel aus einem – verglichen mit dem üblichen Kontokorrentkredit – billigeren Diskontkredit beschafft. Dem Verkäufer steht der Rechnungsbetrag (unter Abzug von Skonto) mit der Scheckgutschrift zur Verfügung, obwohl der Gesamtbetrag vom Käufer erst am Verfalltag des von ihm akzeptierten Wechsels aufgebracht werden muss.

Auch bei der **zweiten Variante** erhält der Verkäufer einen vom Käufer ausgestellten Scheck, der auf den um den Skontobetrag verminderten Rechnungsbetrag lautet. Allerdings wird hier der Wechsel, meist ein Solawechsel, vom Verkäufer akzeptiert. Nach der Aushändigung des Wechsels an den Käufer wird er von diesem bei seiner Hausbank zum Diskont eingereicht, so dass auch hier die Scheckeinlösung aufgrund der Gutschrift aus der Wechseldiskontierung erfolgen kann. Dieses Verfahren wird angewendet, wenn der Käufer zwar beim Verkäufer, nicht jedoch bei seiner Hausbank, über den erforderlichen „Kredit" verfügt. Hier gelingt die Beschaffung der finanziellen Mittel aufgrund der **Bonität des Verkäufers**. Vereinbart ist allerdings, dass der Käufer den Wechselbetrag am Verfalltag anschaffen wird, so dass der Wechselschuldner, also der Verkäufer, nur in Anspruch genommen wird, wenn der Käufer seiner Zahlungsverpflichtung am Verfalltag nicht nachkommt.

3. Lombardkredit

Bei einem **Lombardkredit** wird ein kurzfristiger Kredit durch die **Verpfändung beweglicher marktgängiger Vermögensgegenstände** (z. B. Wertpapiere, Edelmetalle, Waren, Wechsel und Forderungen) gesichert. Kreditgeber können gewerbliche Pfandhäuser oder Kreditinstitute sein. Dabei bleibt der Kreditnehmer als Pfandgeber stets Eigentümer des Pfandgegenstandes, während der Kreditgeber als Pfandnehmer Besitzer des Pfandgegenstandes wird. Im Konfliktfall kann er aus der Versteigerung des bei ihm befindlichen Pfandgegenstandes Befriedigung suchen.

---

[758] Vgl. hierzu den **Sechsten Abschnitt, Kapitel D.V.**
[759] Vgl. hierzu den **Sechsten Abschnitt, Kapitel D.III.3.** und **D.III.4.**

D. Kurzfristige Kreditfinanzierung

Die von den Kreditinstituten festgelegten **Beleihungsgrenzen der als Pfänder akzeptierten Vermögensgegenstände** schwanken entsprechend der Einschätzung des bei der Liquidisierung zu erwartenden Wertabschlags zwischen ca. 50 % für Waren und 90 % für Wechsel; für Aktien liegen diese Beleihungssätze bei 60 %, für Schuldverschreibungen bei 80 %.

Die Merkmale des Lombardkredits werden in **Abbildung 71**[760] aufgeführt.

1. Kurzfristiger Buchkredit für eine **feste Kreditlaufzeit** ohne Prolongation.
2. **Festkredit**, der am Ende der Laufzeit in einer Summe getilgt wird.
3. **Sicherung** des Kredits **durch einen Pfandgegenstand**, dessen Beleihungswert die Kredithöhe bestimmt.
4. Ermöglicht die **Beschaffung kurzfristiger finanzieller Mittel**, ohne dass Vermögensgegenstände verwertet werden müssten; während der Kreditlaufzeit muss allerdings auf den Besitz der Sicherungsgüter verzichtet werden können, so dass sich als Pfandgegenstände vor allem nicht betriebsnotwendige Vermögensgegenstände eignen.
5. **Finanzierung** von
   - in sich abgeschlossenen Handelsgeschäften, die in einem klar erkennbaren Zeitpunkt die Kreditrückzahlung erlauben,
   - Liquiditätsengpässen.

Abbildung 71: Merkmale des Lombardkredits

In Abhängigkeit von den verpfändeten Vermögensgegenständen unterscheidet man folgende **Formen des Lombardkredits**:[761]

- **Effektenlombard**
  Bei einem Effektenlombard erfolgt die Kreditgewährung gegen die Verpfändung von Effekten, also fungiblen Wertpapieren (Aktien, Industrieobligationen, Pfandbriefe, Anleihen der öffentlichen Hand), im Falle eines kurzfristigen Kapitalbedarfs des Kreditnehmers, wenn dieser zur Deckung seines Kapitalbedarfs den Verkauf der Effekten vermeiden will, entweder weil die Kurse derzeit ungünstig für einen Verkauf sind oder weil der Kreditnehmer die Effekten weiter halten möchte.

- **Wechsellombard**
  Da er teurer als der Diskontkredit ist, beschränkt sich der Wechsellombard auf die Deckung eines Kapitalbedarfs von nur wenigen Tagen. In der Vergangenheit hatte der Wechsellombard für Kreditinstitute Bedeutung, wenn diese lediglich einen auf wenige Tage beschränkten Liquiditätsbedarf (z. B. im Zusammenhang mit der Einhaltung der Mindestreserveverpflichtung) hatten, da die Diskontierung länger laufender Wechsel höhere Kosten verursachte als die kurzfristige Inanspruchnahme des Wechsellombards. Auch diese Geldbeschaffung erfolgt heute im Rahmen der Offenmarktgeschäfte der Europäischen Zentralbank; das Lombardgeschäft wurde schon von der Deutschen Bundesbank eingestellt.

---

[760] Vgl. hierzu insbesondere *Jahrmann, Fritz-Ulrich*: Finanzierung. 6. Aufl., Herne 2009, S. 77.
[761] Vgl. *Jahrmann, Fritz-Ulrich*: Finanzierung. 6. Aufl., Herne 2009, S. 77–79.

- **Warenlombardgeschäft**
  Diese Form des Lombardkredits erfordert die **Einlagerung der Pfandobjekte** bei einem Lagerhalter unter Mitverschluss der Bank. Eine größere Bedeutung hat allerdings die **Verpfändung von handelsrechtlichen Order- oder Dispositionspapieren**, die das Recht an der Ware verbriefen (Orderlagerscheine, Frachtbriefduplikate, Konnossemente).

- **Lombardierung von Rechten**
  Bei der Lombardierung von Rechten kommen insbesondere Forderungen in Frage, wobei die Verpfändung nur wirksam ist, wenn der Gläubiger sie dem Schuldner anzeigt.[762] Vor allem **Lebensversicherungspolicen** werden in Höhe des Rückkaufswertes als Pfand verwendet.

- **Lombardierung von Edelmetallen, Schmucksteinen und Schmuckstücken**
  Diese Form des Lombardkredits hat nur eine Bedeutung in der Gold- und Schmuckindustrie (Idar-Oberstein, Pforzheim, Schwäbisch Gmünd).

4. Wertpapierpensionsgeschäft

Bei einem Wertpapierpensionsgeschäft überträgt der **Pensionsgeber** ihm gehörende Vermögensgegenstände (z. B. Wertpapiere) gegen die Zahlung eines vereinbarten Betrags an den **Pensionsnehmer** mit der Maßgabe, dass dieser ihm die übertragenen Vermögensgegenstände später gegen die Zahlung des ursprünglichen oder eines anderen festgelegten Betrags zurückübertragen muss oder darf. Wertpapierpensionsgeschäfte werden in **echte und unechte Wertpapierpensionsgeschäfte** unterteilt, je nachdem, ob vereinbart wurde, dass der Pensionsnehmer eine Rückübertragungspflicht (echtes Wertpapierpensionsgeschäft) oder ein Rückübertragungswahlrecht (unechtes Wertpapierpensionsgeschäft) besitzt. Während der Pensionsnehmer also eine Rückgabeverpflichtung oder eine Rückgabeoption hat, ist der Pensionsgeber stets zur Rücknahme der übertragenen Vermögensgegenstände verpflichtet.

Abbildung 72[763] auf S. 239 enthält die in § 340b Abs. 1–3 HGB genannten Merkmale der echten und unechten Pensionsgeschäfte.[764]

Für den **Pensionsgeber** bietet ein Wertpapierpensionsgeschäft den Vorteil, dass er sich auf diese Weise **liquide Mittel verschaffen** kann, wobei er bei einem **echten Wertpapierpensionsgeschäft** das Eigentum an den übertragenen Wertpapieren nur für eine bestimmte Zeit aufgeben muss; da der Rücknahmepreis bereits bei Vertragsabschluss festgelegt ist, kennt der Pensionsgeber den Mittelbedarf, den er bei der Rückübertragung der Wertpapiere aufwenden muss, bereits beim Zufluss der liquiden Mittel. Bei **unechten Wertpapierpensionsgeschäften** besteht für den Pensionsgeber allerdings die Gefahr, dass der Wert der über-

---

[762] Vgl. § 1280 BGB.

[763] Modifiziert entnommen aus *Waschbusch, Gerd*: Die Rechnungslegung der Kreditinstitute bei Pensionsgeschäften. In: Betriebs-Berater 1993, S. 173; vgl. auch *Bieg, Hartmut*: Bankbilanzierung nach HGB und IFRS. 2. Aufl., München 2010, S. 131.

[764] Vgl. zum Gesamtkomplex *Bieg, Hartmut*: Bankbilanzierung nach HGB und IFRS. 2. Aufl., München 2010, S. 126–160; *Bieg, Hartmut/Waschbusch, Gerd/Käufer, Anke*: Die Bilanzierung von Pensionsgeschäften im Jahresabschluss der Kreditinstitute nach HGB und IFRS. In: Zeitschrift für Bankrecht und Bankwirtschaft 2008, S. 63–76.

tragenen Wertpapiere bis zum vereinbarten Rückübertragungszeitpunkt über den vereinbarten Rücknahmepreis gestiegen ist, so dass der Pensionsnehmer sein ihm zustehendes Wahlrecht dahingehend ausübt, die Wertpapiere zu behalten. Der Pensionsgeber erhält dann die (im Wert gestiegenen) Wertpapiere nicht vom Pensionsnehmer zurück; damit unterbleibt in diesem Fall auch ein Abfluss liquider Mittel vom Pensionsgeber an den Pensionsnehmer.

	echtes Pensionsgeschäft	unechtes Pensionsgeschäft
Pflicht oder Recht des Pensionsnehmers zur Rückgabe der Vermögensgegenstände	unbedingte Rückgabepflicht	selbstbestimmtes Rückgaberecht
Pflicht des Pensionsgebers zur Rücknahme der Vermögensgegenstände	unbedingte Rücknahmepflicht	bedingte Rücknahmepflicht (fremdbestimmt)
Zeitpunkt der Rückübertragung der Vermögensgegenstände	entweder bereits bei Vertragsabschluss vereinbart oder …	
	… vom Pensionsgeber noch zu bestimmen	… vom Pensionsnehmer noch zu bestimmen
Art der Gegenleistung	Zahlungsmittel (kein Tausch)	
Höhe der Gegenleistung	bei Vertragsabschluss vereinbart	
Art der Vermögensgegenstände bei der Rückübertragung	entweder dieselben oder gleichartige Vermögensgegenstände	
Vertragspartner		
– Pensionsgeber	entweder Institute oder Nichtinstitute	
– Pensionsnehmer	entweder Institute oder Nichtinstitute	

Abbildung 72: Merkmale der Pensionsgeschäftsarten gemäß § 340b Abs. 1 bis Abs. 3 HGB

Aber auch ein **Preisverfall** der in Pension gegebenen Vermögensgegenstände ist bei einem **unechten Wertpapierpensionsgeschäft** für den Pensionsgeber mit einem Risiko verbunden. Wegen der bedingten Rückgabe des Pensionsgegenstandes entscheidet der Pensionsnehmer darüber, wer die Risiken und Chancen aus der Wertentwicklung des Pensionsgegenstandes übernimmt. Der Pensionsnehmer wird, sollte der Wert der übertragenen Wertpapiere geringer als der vereinbarte Rücknahmepreis sein, die Wertpapiere an den Pensionsgeber zurückübertragen. Dieser muss dann einen überhöhten Preis für die (im Wert gefallenen) Wertpapiere bezahlen. Somit trägt bei unechten Wertpapierpensionsgeschäften der Pensionsgeber letztlich das gesamte Preisrisiko.

Bei **echten Wertpapierpensionsgeschäften** besitzt hingegen keiner der beiden Vertragspartner ein Wahlrecht zur Rückgabe bzw. Rücknahme der übertragenen Vermögensgegenstände. Wegen der unbedingten Rückgabe des Pensionsgegenstandes sind echte Wertpapierpensionsgeschäfte folglich nur für den **Pensionsgeber** mit einem **Preisrisiko** verbunden.

Für den Pensionsnehmer bieten Wertpapierpensionsgeschäfte die Möglichkeit, dass er flüssige Mittel für eine genau auf seine Liquiditätsverhältnisse abgestellte Dauer unabhängig von der Selbstliquidationsperiode der in Pension genommenen Wertpapiere anlegen kann.

Neben den Wertpapierpensionsgeschäften, die Unternehmen untereinander abschließen können, nehmen die Wertpapierpensionsgeschäfte zwischen dem Europäischen System der Zentralbanken (ESZB) und den Kreditinstituten eine besondere Stellung ein. Sie stellen – neben den Pfandkrediten – das wichtigste Instrument dar, mit dem das ESZB den Kreditinstituten Zentralbankgeld zur Verfügung stellt.[765] Zu diesem Zweck schließt das ESZB mit den Kreditinstituten ausschließlich echte Wertpapierpensionsgeschäfte ab, bei denen das ESZB als Pensionsnehmer auftritt. Es erhält also von den Kreditinstituten bestimmte lombardfähige Wertpapiere übertragen und stellt ihnen im Gegenzug Zentralbankgeld für die Dauer des Pensionsgeschäfts zur Verfügung, womit eine Geldschöpfung verbunden ist. Da die Kreditinstitute am Ende der Laufzeit der Wertpapierpensionsgeschäfte die Wertpapiere gegen Zahlung des Rücknahmepreises zurücknehmen müssen, wird zu diesem Zeitpunkt das früher geschaffene Zentralbankgeld wieder vernichtet.

5. Euronotes

Mit dem Begriff **Euronotes** werden **kurz- bis mittelfristige Schuldtitel** bezeichnet, die u. a. von Banken und Industrieunternehmen mit erstklassiger Bonität am Euromarkt begeben werden. Die Laufzeiten von Euronotes bewegen sich in der Regel zwischen einem und sechs Monaten. Euronotes zeichnen sich dadurch aus, dass der Absatz dieser Papiere, die im Allgemeinen nicht an einer Börse notiert werden, durch Kreditinstitute abgesichert wird. Dies geschieht durch eine Vereinbarung zwischen dem Emittenten der Euronotes und einem Kreditinstitut (bzw. einem Bankenkonsortium, also einer Gruppe von Kreditinstituten), das sich dazu verpflichtet, die Euronotes, die nicht am Markt platziert werden können, selber zu übernehmen oder dem Emittenten einen entsprechenden Kredit einzuräumen. Für diese **Übernahmegarantie** erhält das Kreditinstitut eine Risikoprämie.

Dem Emittenten bieten Euronotes den Vorteil, dass er die Laufzeiten der Schuldtitel genau seinem Kapitalbedarf anpassen kann. Außerdem kann er auf diese Weise Kapital zu einem Zinssatz aufnehmen, der sich am Geldmarktsatz EURIBOR orientiert, wobei die Höhe eines eventuellen Aufschlags u. a. von der Bonität des Emittenten abhängt. Durch die Übernahmegarantie eines Kreditinstituts kann der Emittent sicher sein, dass er sich zum vereinbarten Zeitpunkt Fremdkapital in der gewünschten Höhe beschaffen kann.

Werden Euronotes als **revolvierende Titel** ausgegeben, so soll ihre Tilgung am Ende der kurzen Laufzeit aus liquiden Mitteln erfolgen, die durch die zu diesem Zeitpunkt erfolgende Ausgabe neuer, wiederum kurz laufender Schuldtitel beschafft werden. Die in diesem Fall auch für die revolvierenden Emissionen von den Kreditinstituten übernommenen Übernahmeverpflichtungen bergen besondere Risiken in sich, weil Banken diese Verpflichtungen nicht nur für den Fall (vorübergehend) nicht aufnahmebereiter Finanzmärkte übernehmen,

---

[765] Vgl. *Europäische Zentralbank*: Die einheitliche Geldpolitik im Eurowährungsgebiet. Frankfurt a. M. 2002, S. 4–5.

sondern auch für den Fall einer verschlechterten Bonität des Emittenten. Über sog. „escape-Klauseln" versuchen sie sich deswegen den Ausstieg aus solchen Übernahmeverpflichtungen offenzuhalten.

6. Commercial Papers

Bei **Commercial Papers** handelt es sich um **Geldmarktpapiere**, die mit den Euronotes vergleichbar sind. Da **keine Besicherung** dieser Schuldtitel stattfindet, können sie nur von Unternehmen mit einer erstklassigen Bonität begeben werden. Im Allgemeinen haben sie eine Laufzeit von wenigen Tagen bis zu einem Jahr; allerdings sind auch Laufzeiten bis zu zwei Jahren möglich. Ebenso wie bei den Euronotes ist eine Börsennotierung von Commercial Papers nicht üblich.

Der Unterschied zu Euronotes liegt in der **fehlenden Übernahmegarantie** durch ein Kreditinstitut. Der Emittent hat das **Platzierungsrisiko** somit selbst zu tragen. Da die beteiligten Kreditinstitute keine Garantiefunktion übernehmen und daher auch nicht zu (potenziellen) Kreditgebern werden, erhalten sie keine Risikoprämie, was zu einer vergleichsweise günstigeren Finanzierungsmöglichkeit für den Emittenten von Commercial Papers führt. Die an der Emission beteiligten Kreditinstitute erhalten für die Vorbereitung und Durchführung der Emission lediglich eine Provision.

Der Mindestumfang einer Tranche von Commercial Papers liegt bei 2,5 Mio. EUR. Da die gesamte Tranche in der Regel in Mindeststückelungen von 250.000 EUR begeben wird, kommen diese Papiere für Kleinanleger nicht in Frage.[766] Der Anlegerkreis setzt sich daher hauptsächlich aus Investmentfonds, Versicherungen und großen Industrieunternehmen zusammen.

Da Commercial Papers **nicht standardisiert** sind, kann der Emittent die Konditionen (vor allem hinsichtlich Volumen und Laufzeit) seinen Finanzierungsbedürfnissen anpassen. Hinzu kommt, dass die Kapitalbeschaffung mittels Commercial Papers günstiger als die Finanzierung über ein vergleichbares Bankdarlehen ist. Außerdem entfällt die Stellung von Sicherheiten, so dass diese von dem emittierenden Unternehmen anderweitig (z. B. zur Besicherung anderer Kredite) verwendet werden können. Die Tatsache, dass der Emittent von Commercial Papers das Platzierungsrisiko selbst zu tragen hat, kann dazu führen, dass die Emission nicht die benötigten Mittel erbringt, so dass für den Restbetrag eine weitere (teurere) Geldaufnahme durchgeführt werden muss.

7. Certificates of Deposit

Termineinlagen bei Kreditinstituten stellen üblicherweise Buchforderungen dar, die auf den Namen des Anlegers lauten und sich daher nicht als Handelsobjekte eignen. Der Anleger kann erst zum vereinbarten Zeitpunkt (Festgeld) oder nach Ablauf einer bestimmten Kündigungsfrist (Kündigungsgeld) über die Termineinlage verfügen. Um dem Anleger im Falle

---

[766] Vgl. *Perridon, Louis/Steiner, Manfred/Rathgeber, Andreas*: Finanzwirtschaft der Unternehmung. 16. Aufl., München 2012, S. 462–464; *Wöhe, Günter u. a.*: Grundzüge der Unternehmensfinanzierung. 11. Aufl., München 2013, S. 389–391.

eines unvorhergesehenen Kapitalbedarfs dennoch eine vorzeitige Verfügung über die in der Termineinlage gebundenen Mittel zu ermöglichen, ohne die vertraglich vereinbarte Termineinlage bei dem Kreditinstitut auflösen zu müssen, wurden sog. **„Certificates of Deposit"** entwickelt. Bei ihnen handelt es sich um **auf den Inhaber lautende Einlagenzertifikate, die Termineinlagen bei Kreditinstituten verbriefen.**

Die **Verbriefung der Termineinlagen in Inhaberpapieren** war zusammen mit der **Standardisierung der Laufzeiten** Voraussetzung für die Möglichkeit, einen Sekundärmarkt einzurichten; auf ihm werden mittlerweile Certificates of Deposit mit standardisierten Laufzeiten zwischen 30 und 180 Tagen gehandelt. So können ansonsten illiquide Termineinlagen bereits vor ihrer Fälligkeit vom Inhaber veräußert werden, so dass ein eventueller Kapitalbedarf der Erwerber der Certificates of Deposit schnell gedeckt werden kann, ohne dass die Emittenten der Papiere davon berührt werden.

Als **Käufer von Certificates of Deposit** treten vor allem Geldmarktfonds, Kreditinstitute und Versicherungen sowie große Industrieunternehmen auf, die über eine kurzfristig anzulegende Liquidität verfügen.

IV. „Kreditleihe"

1. Vorbemerkungen

Bei der **„Kreditleihe"** erhält das **Unternehmen** im Gegensatz zum Geldkredit keine finanziellen Mittel von der Bank, sondern es **„leiht" sich die Kreditwürdigkeit einer Bank**, d. h., die Bank steht mit ihrem Namen für das Unternehmen ein. An die „Kreditleihe" kann sich jedoch eine Geldleihe anschließen. Dies ist z. B. dann der Fall, wenn der Kreditnehmer einen Wechsel, den er im Rahmen eines Akzeptkredits auf seine Bank gezogen hat („Kreditleihe"), diskontieren lässt (Geldleihe).

2. Akzeptkredit

Bei einem Akzeptkredit zieht ein Unternehmen als Aussteller einen **Wechsel auf seine Bank**, der von dieser als Bezogener akzeptiert wird **(Bankakzept)**. Im Rahmen des Akzeptkredits wird sodann vereinbart, dass das Unternehmen seiner Bank die Wechselsumme vor der Fälligkeit des Wechsels zur Verfügung zu stellen hat. Die Bank ist damit zwar wechselrechtlich Hauptschuldner, hat jedoch nur dann für den Wechsel einzustehen, wenn das Unternehmen den Betrag nicht rechtzeitig anschafft. Für diese **Eventualhaftung** wird eine Akzeptprovision erhoben.

Wie jeden Wechsel kann das Unternehmen ein Bankakzept an einen Gläubiger weitergeben oder bei einem Kreditinstitut zum Diskont einreichen. Die Diskontierung erfolgt hierbei wegen der Bonität des Bezogenen, also der Bank, zu einem unter dem normalen Zinssatz liegenden Satz. Erfolgt die Diskontierung bei der Akzept erteilenden Bank, so spricht man von einer **Selbstdiskontierung**. Die größte Bedeutung erlangt der Akzeptkredit im Rahmen der **kurzfristigen Außenhandelsfinanzierung**. Hier tritt der Name und die Kreditwürdigkeit der Bank an die Stelle des dem Gläubiger oft nicht hinreichend bekannten Schuldners.[767]

3. Avalkredit

Beim (kurz- oder mittelfristigen) **Avalkredit** übernimmt ein Kreditinstitut im Auftrag eines Kunden (Avalkreditnehmer) gegenüber einem Dritten (Avalbegünstigter) eine **Bürgschaft** oder **Garantie**. Der Avalkreditnehmer bleibt Hauptschuldner seines Gläubigers, die Bank wird nur in Anspruch genommen, wenn die Verbindlichkeit vom Avalkreditnehmer nicht beglichen wird **(Eventualverbindlichkeit der Bank)**.

Der Avalbegünstigte (Dritte) kann ohne eine Überprüfung der Kreditwürdigkeit des Avalkreditnehmers an diesen Kredite vergeben oder Aufträge erteilen. Da die Bürgschaftserteilung für die Bank ein Handelsgeschäft darstellt, sind die von Banken übernommenen Bürgschaften selbstschuldnerisch, d. h., den Banken steht die Einrede der Vorausklage nicht zu.[768] Ohne eine vorherige Klageerhebung kann sich also der Avalbegünstigte bei einem Zahlungsverzug des Avalkreditnehmers sofort an die bürgende Bank wenden.

Für die Einräumung eines Avalkredits ist im Voraus eine **Avalprovision** zu entrichten; ihre Höhe ist von Laufzeit, Bürgschaftsbetrag und etwaiger Sicherstellung des Avals abhängig und beträgt ca. 0,5 bis 2,5 % p. a.

Die wichtigsten **Anwendungsformen des Avalkredits** durch Kreditinstitute sind:[769]

- **Zollbürgschaften**, auf deren Grundlage die Zollverwaltung Importeuren oder Spediteuren einen Zahlungsaufschub für zu zahlende Zölle einräumt, so dass der Warenumschlag bzw. die Einziehung der Frachten vor der Bezahlung der Zölle erfolgen kann;
- **Frachtstundungsavale** zur Absicherung von Stundungen der Gebühren im Frachtgeschäft;
- **Bietungsgarantien** zur Absicherung von Konventionalstrafen für den Fall, dass das Unternehmen, das im Falle einer Ausschreibung den Zuschlag erhält, den Vertrag nicht abschließt;
- **Anzahlungsgarantien** zur Sicherstellung der Rückzahlung von Anzahlungen, falls die Leistung nicht oder nicht fristgerecht erfolgt;
- **Lieferungs- und Leistungsgarantien** zur Absicherung von Konventionalstrafen für den Fall der nicht ordnungsgemäßen Vertragserfüllung;
- **Gewährleistungsgarantien** zur Absicherung der Gewährleistungsansprüche gegenüber dem Hersteller bzw. Lieferanten (z. B. ein Bauunternehmen).

---

[767] Vgl. auch die Ausführungen zum Rembourskredit im **Sechsten Abschnitt, Kapitel D.V.2.**
[768] Vgl. § 349 HGB; ferner den **Sechsten Abschnitt, Kapitel B.VI.3.ba)**.
[769] Vgl. *Wöhe, Günter u. a.*: Grundzüge der Unternehmensfinanzierung. 11. Aufl., München 2013, S. 388–389.

V. Kurzfristige Kredite im Auslandsgeschäft

1. Dokumentenakkreditiv

Grundsätzlich ist ein Akkreditiv ein Auftrag des Akkreditivstellers an eine Bank, einem Dritten, dem Akkreditierten, unter genau festgelegten Bedingungen innerhalb einer bestimmten Frist einen bestimmten Geldbetrag in der Regel über eine ausländische Bank auszuzahlen. Bei einem früher im Reiseverkehr zur Bargeldbeschaffung im Ausland verwendeten und heute – wegen der weiten Verbreitung von Kreditkarten und Reiseschecks – nicht mehr gebräuchlichen **Barakkreditiv** erstreckten sich diese Bedingungen auf die Vorlage von Ausweispapieren und die Leistung einer Unterschrift.

Das auch heute noch im außereuropäischen Handel[770] bedeutsame **Dokumentenakkreditiv** dient im Rahmen der kurzfristigen Außenhandelsfinanzierung der Absicherung der Zahlungsverpflichtung des Importeurs sowie der Lieferungsverpflichtung des Exporteurs. Die von einem Importeur im Rahmen eines Dokumentenakkreditivs beauftragte Bank (Akkreditivbank) wickelt den ihr erteilten Auftrag in der Regel unter Einschaltung einer Korrespondenzbank (Akkreditivstelle) ab, die ihrem Kunden (Exporteur) die Akkreditivsumme bei einer Erfüllung der akkreditivmäßigen Bedingungen auszahlt. Diese beinhalten die Vorlage der im Akkreditiv spezifizierten Dokumente durch den Exporteur. Dabei handelt es sich um Ursprungszeugnisse und in der Hauptsache um Transportdokumente (Fracht- und Lagerscheine, Konnossemente[771]), die den Versand der Ware beweisen und einen Herausgabeanspruch des berechtigten Inhabers verbriefen. Da die Dokumente von den beteiligten Kreditinstituten geprüft werden und bereits kleinste Abweichungen vom Akkreditiv zu einer Zahlungsverweigerung führen, wird so ein relativ sicherer Zug-um-Zug-Kauf (Geld gegen Ware) auch über große räumliche Distanzen ermöglicht.[772]

Abbildung 73[773] auf S. 245 fasst den Ablauf einer Zahlung unter Heranziehung eines Dokumentenakkreditivs zusammen.

Die Absicherung der Zahlungsverpflichtungen des Importeurs wird durch zwei **Formen des Akkreditivs** verstärkt. Zum einen fordert der Exporteur meist die Eröffnung eines **unwiderruflichen Akkreditivs**. Dieses kann im Gegensatz zum widerruflichen Akkreditiv nicht auf

---

[770] *Süchting* weist darauf hin, dass die Integration im Wirtschaftsraum der Europäischen Union zu einem „binnenwirtschaftlichen Verhältnissen vergleichbaren Informationsstand der Handelspartner geführt hat", so dass das Dokumentenakkreditiv nur noch außerhalb des Wirtschaftsraums der Europäischen Union Bedeutung hat; *Süchting, Joachim*: Finanzmanagement – Theorie und Politik der Unternehmensfinanzierung. 6. Aufl., Wiesbaden 1995, S. 195 und die dort angegebene Literatur.

[771] Das **Konnossement** ist ein Dokument mit Wertpapiercharakter, das zum einen den Empfang der Güter durch einen Spediteur oder Reeder verbrieft und zum anderen den Spediteur oder Reeder zur Herausgabe der Güter an den sich ausweisenden Inhaber des Konnossements verpflichtet; vgl. *Wöhe, Günter u. a.*: Grundzüge der Unternehmensfinanzierung. 11. Aufl., München 2013, S. 384.

[772] Zum Dokumentenakkreditiv vgl. auch *Waschbusch, Gerd*: Kurzfristige Außenhandelsfinanzierung. In: Fallstudien zum Internationalen Management – Grundlagen – Praxiserfahrungen – Perspektiven, hrsg. von *Joachim Zentes, Bernhard Swoboda* und *Dirk Morschett*, 4. Aufl., Wiesbaden 2011, S. 62–63.

[773] Entnommen aus *Bieg, Hartmut*: Die Kreditfinanzierung. In: Der Steuerberater 1997, S. 399.

Veranlassung des Akkreditivstellers von der Akkreditivbank annulliert werden. Die Akkreditivbank geht vielmehr mit der Akkreditiveröffnung eine rechtliche Verpflichtung gegenüber dem Exporteur ein, gegen die Vorlage ordnungsgemäßer Dokumente die Akkreditivsumme zu leisten. Damit tritt neben den Importeur als Hauptschuldner die **Akkreditivbank als Nebenschuldner der Akkreditivsumme**.

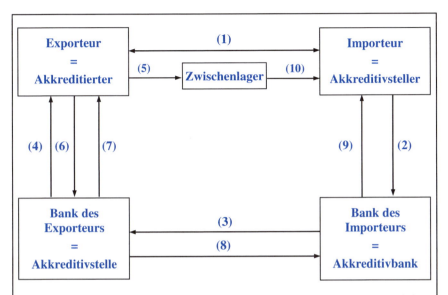

(1) Exporteur und Importeur schließen einen Kaufvertrag mit einer Akkreditivklausel ab.
(2) Der Importeur beauftragt seine Bank, ein der Akkreditivklausel entsprechendes Akkreditiv zu eröffnen.
(3) Die Bank des Importeurs sendet ein Akkreditiveröffnungsschreiben an die Bank des Exporteurs.
(4) Die Bank des Exporteurs avisiert diesem die Akkreditiveröffnung.
(5) Der Exporteur versendet die Ware. Vom Spediteur bzw. Reeder erhält er die Transportdokumente.
(6) Der Exporteur reicht die Transportdokumente seiner Bank ein.
(7) Nach einer Prüfung der rechtzeitigen Einreichung und Akkreditivmäßigkeit der Transportdokumente zahlt die Bank des Exporteurs die Akkreditivsumme an den Exporteur.
(8) Die Bank des Exporteurs sendet die Transportdokumente an die Bank des Importeurs und belastet diese mit der Akkreditivsumme.
(9) Die Bank des Importeurs belastet nach einer Prüfung der Transportdokumente den Importeur mit der Akkreditivsumme zuzüglich Spesen und reicht die Transportdokumente an ihn weiter.
(10) Der Importeur kann nun mit diesen Transportdokumenten die vom Exporteur versandten Waren in Empfang nehmen.

Abbildung 73: Dokumentenakkreditiv

Zum anderen besteht die Möglichkeit eines **unwiderruflichen bestätigten Akkreditivs**. In diesem Fall **übernimmt die Akkreditivstelle zusätzlich** zur Akkreditivbank **die Haftung für die Zahlung der Akkreditivsumme** bei der Vorlage ordnungsgemäßer Dokumente.

Aufgrund der dadurch zusätzlich entstehenden Kosten (Bestätigungsgebühren der Akkreditivstelle) ist allerdings das unwiderrufliche unbestätigte Akkreditiv gebräuchlicher.

Die **wirtschaftliche Bedeutung des Dokumentenakkreditivs** ist einerseits in seiner **Sicherungsfunktion** begründet. Dabei werden zunächst die **Ansprüche des Exporteurs gegen den Importeur gesichert**, da Letzterer erst dann über die Ware verfügen kann, wenn er bzw. die Akkreditivbank die Akkreditivsumme geleistet hat. Neben dieser jedem Dokumentenakkreditiv immanenten Eigenschaft bestehen für den Exporteur die bereits aufgezeigten zusätzlichen Sicherungsmöglichkeiten der Unwiderruflichkeit und der Bestätigung. Darüber hinaus werden aber auch die **Ansprüche des Importeurs gegen den Exporteur** durch ein Dokumentenakkreditiv **abgesichert**, da der Exporteur erst dann die Kaufpreiszahlung verlangen kann, wenn er die akkreditivmäßigen Dokumente beschafft und der Akkreditivstelle eingereicht hat. Zur Erlangung dieser Dokumente muss er die Ware einer Spedition oder einem Reeder verbunden mit dem Auftrag der Versendung übergeben. Damit ist weitgehend sichergestellt, dass die Ware den Importeur erreicht. Auch die Qualität der Ware kann – zumindest in einem gewissen Umfang – akkreditivmäßig abgesichert werden, indem der Importeur die Kaufpreiszahlung von der Vorlage bestimmter zusätzlicher Dokumente abhängig macht, mit denen beispielsweise unabhängige Sachverständige oder Behörden die geforderten Qualitätseigenschaften der Ware bestätigen.

Beide Vertragspartner werden aber auch dadurch geschützt, dass die Abwicklung des Dokumentenakkreditivs nach den Einheitlichen Richtlinien und Gebräuchen für Dokumenten-Akkreditive der Internationalen Handelskammer Paris (ERA) erfolgt, zu deren Einhaltung sich die Banken und sonstigen Akkreditivbeteiligten verpflichtet haben.

Andererseits erstreckt sich die **wirtschaftliche Bedeutung des Dokumentenakkreditivs** auf die **Kredit- oder Finanzierungsfunktion**, die sowohl auf der Seite des Importeurs als auch auf der Seite des Exporteurs vorliegen kann. Da die Akkreditivsumme dem Importeur in der Regel erst bei Eingang der Dokumente belastet wird (ungedecktes Dokumentenakkreditiv), **genießt der Importeur den „Kredit" seiner Bank**, der sich bei einem unwiderruflichen Akkreditiv in der rechtlich bindenden Einlösungsverpflichtung der Akkreditivbank äußert.

Über diese „Kreditleihe" hinaus kann mit dem Dokumentenakkreditiv auch ein Geldkredit verbunden sein. Im Falle der **Zahlungsvereinbarung „Dokumente gegen Kasse"** erhält der Exporteur nach Übergabe der Dokumente an seine Hausbank den monetären Gegenwert sofort ausbezahlt, obwohl die Ware den Importeur noch nicht erreicht hat. Nimmt die gleichzeitig belastete Akkreditivbank die Sollbuchung bei ihrem Kunden erst nach dem postalischen Eingang der Dokumente vor, so wird dem Importeur für die Dauer des Postlaufs ein Geldkredit gewährt.

Ein **Wechselkredit** liegt dagegen vor, wenn die beiden Vertragspartner die **Zahlungsvereinbarung „Dokumente gegen Akzept"** wählen. Bei Vorlage akkreditivmäßiger Dokumente akzeptiert der Importeur dabei einen vom Exporteur auf ihn gezogenen Wechsel. Der

Exporteur kann seinerseits diesen Wechsel zu seiner Refinanzierung einsetzen.[774] Reicht er ihn beispielsweise bei seiner Bank (Akkreditivstelle) zum Diskont ein, kann er sich liquide Mittel in Form von Bankguthaben verschaffen.

Die **Kosten des Dokumentenakkreditivs** setzen sich aus Akkreditiveröffnungsgebühren, Dokumentenaufnahmegebühren sowie gegebenenfalls Unwiderruflichkeits- und Bestätigungsgebühren, die von der Dauer der Zusage des Akkreditivs abhängen, zusammen.

2. Rembourskredit

Diese **Variante des Akzeptkredits** wurde zur **Absicherung von Zielverkäufen im Außenhandel** entwickelt. Bei einem **Rembourskredit** akzeptiert die Bank des Importeurs in dessen Auftrag und für dessen Rechnung einen Wechsel des Exporteurs gegen die Aushändigung akkreditivmäßiger Dokumente. Der Exporteur erhält gegen die Übergabe der Dokumente (Versandurkunde, Ursprungszeugnisse) an die Remboursbank den Ausfuhrerlös in Form eines Bankakzepts. Diesen bonitätsmäßig erstklassigen Abschnitt kann er jederzeit diskontieren lassen, so dass er über den monetären Gegenwert der gelieferten Waren verfügt. Dem Importeur wird für die Dauer der Laufzeit des Wechsels ein Zahlungsziel eingeräumt; er ist im Rahmen des Akzeptkredits verpflichtet, den Akzeptbetrag rechtzeitig bereitzustellen.

Beim **direkten Rembourskredit** akzeptiert die Bank des Importeurs den vom Exporteur ausgestellten Wechsel. Vermittelt dagegen die Bank des Importeurs den Rembourskredit, so dass eine andere Bank mit Sitz im Exportland, im Importland oder in einem dritten Land Akzeptbank wird, so spricht man von einem **indirekten Rembourskredit**. **Abbildung 74**[775] auf S. 248 zeigt den Fall eines direkten Rembourskredits.

Die einzelnen **Schritte des Prozessverlaufs im Rahmen eines Rembourskredits** werden im Folgenden erläutert:[776]

- Exporteur und Importeur schließen einen Kaufvertrag (1) ab mit der Zahlungsbedingung: Bankakzept gegen Transportdokumente im Rahmen eines Akkreditivs.[777]
- Der Importeur beauftragt seine Bank (2), zugunsten des Exporteurs ein entsprechendes Akkreditiv zu eröffnen und gegen Vorlage der Transportdokumente einen vom Exporteur ausgestellten Wechsel zu akzeptieren.[778]
- Die Bank des Importeurs eröffnet bei einer entsprechenden Bonität des Importeurs das Remboursakkreditiv (3) mit einer Akzeptzusage und sendet ein Akkreditiveröffnungsschreiben an die Bank des Exporteurs.
- Die Bank des Exporteurs avisiert diesem die Akkreditiveröffnung (4).

---

[774] Vgl. dazu den **Sechsten Abschnitt, Kapitel D.III.2.**
[775] Modifiziert entnommen aus *Wöhe, Günter u. a.*: Grundzüge der Unternehmensfinanzierung. 11. Aufl., München 2013, S. 385.
[776] Vgl. *Bieg, Hartmut*: Die Kreditfinanzierung. In: Der Steuerberater 1997, S. 401.
[777] Die Kopplung mit einem Akkreditiv ist nicht zwingend, in der Praxis jedoch der häufigere Fall; vgl. *Wöhe, Günter u. a.*: Grundzüge der Unternehmensfinanzierung. 11. Aufl., München 2013, S. 384.

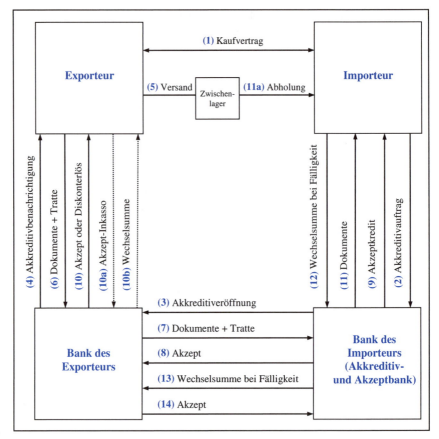

Abbildung 74: Rembourskredit

- Der Exporteur versendet die Ware (5). Vom Spediteur bzw. Reeder erhält er die Transportdokumente.
- Der Exporteur reicht die Transportdokumente sowie eine auf die Bank des Importeurs gezogene Tratte seiner Bank zur Weiterleitung und Akzepteinholung bei der Bank des Importeurs ein (6).[778] Er kann grundsätzlich bereits jetzt die Tratte bei seiner Bank diskontieren und bevorschussen lassen, um nicht die Postlaufzeiten der Transportdokumente abwarten zu müssen (vgl. den **Sechsten Abschnitt, Kapitel D.III.2.c)**).
- Die Bank des Exporteurs versendet die Transportdokumente und die Tratte an die Bank des Importeurs (7).
- Diese versieht die Tratte nach einer Prüfung der rechtzeitigen Einreichung und Akkreditivmäßigkeit der Transportdokumente mit ihrem Akzept (8) und sendet den Wechsel an die Bank des Exporteurs zurück.

---

[778] Grundsätzlich gibt es allerdings drei Möglichkeiten: Der Wechsel kann von der Bank des Importeurs, von der Bank des Exporteurs (in beiden Fällen: direkter Rembourskredit) oder von einer besonderen Remboursbank (indirekter Rembourskredit) akzeptiert werden.

- Durch diesen Vorgang gewährt sie dem Importeur einen Akzeptkredit (9).
- Die Bank des Exporteurs reicht den Wechsel an den Exporteur weiter, der diesen nun – in der Regel bei seiner Bank – diskontieren lässt, falls dies nicht schon bei der Dokumentenaufnahme (vgl. Punkt (6) sowie den **Sechsten Abschnitt, Kapitel D.III.2.c**)) geschehen ist. Die Bank schreibt ihm den Diskonterlös gut (10).[779] Denkbar ist aber auch die Aufbewahrung des Wechsels durch den Exporteur und die spätere Einreichung bei seiner Bank zum Inkasso; vgl. die Punkte (10a) und (10b).
- Der Importeur erhält die Transportdokumente von seiner Bank (11) und kann die Ware in Empfang nehmen; vgl. auch Punkt (11a).
- Der Importeur hat rechtzeitig vor Fälligkeit des Wechsels den entsprechenden Gegenwert bei seiner Bank anzuschaffen (12).
- Die Bank des Importeurs (Bezogene) bezahlt den Wechsel (13) und belastet gleichzeitig den Importeur mit dem Gegenwert, wenn
- ihr der Wechsel bei Fälligkeit vom Wechselinhaber (bspw. der Bank des Exporteurs) vorgelegt wird (14).

3. Negoziationskredit

Beim Negoziationskredit, einer **besonderen Form des Diskontkredits**, wird die Hausbank des Exporteurs von der Bank des Importeurs auf Veranlassung des Importeurs ermächtigt, zulasten der Importeurbank einen vom Exporteur auf den Importeur oder eine Bank gezogenen Wechsel gegen Vorlage der Dokumente noch vor der Akzeptierung durch den Importeur oder die Bank anzukaufen oder zu bevorschussen (zu negoziieren). In diesem Fall wird die Tratte zusammen mit den Versanddokumenten der Importeurbank übersandt, die gleichzeitig von der Exporteurbank belastet wird. Der Exporteur kann also bei Vorlage der Versanddokumente bereits über deren Gegenwert verfügen, während er beim Rembourskredit die Postlaufzeit der Dokumente und des Wechsels bzw. des Akzepts abwarten müsste.[780] Dem Importeur, der die Dokumente gegen Akzeptierung der Tratte von seiner Hausbank ausgehändigt bekommt, wird ein Zahlungsziel bis zum Verfalltag des Wechsels eingeräumt.

---

[779] Der Rembourskredit ist also ein durch Dokumente gesicherter Akzeptkredit (Importeur), der mit einem Diskontkredit (Exporteur) gekoppelt ist.

[780] Vgl. *Wöhe, Günter u. a.*: Grundzüge der Unternehmensfinanzierung. 11. Aufl., München 2013, S. 385.

Siebter Abschnitt

Außenfinanzierung durch mezzanines Kapital

A. Charakteristika und Formen mezzaninen Kapitals

I. Begriff mezzanines Kapital

Mezzanines Kapital (auch Mezzanine-Kapital bzw. hybrides Kapital) bezeichnet eine Form der Außenfinanzierung, die inhaltlich zwischen der Eigenfinanzierung und der Fremdfinanzierung anzusiedeln ist. Mezzanine Finanzierungsformen vereinen bestimmte idealtypische Merkmale des Eigenkapitals mit idealtypischen Fremdkapitalmerkmalen. Der **Mischcharakter mezzaniner Finanzierungsformen** leitet sich bereits aus dem Begriff „Mezzanine" ab, der in der Architektur ein Zwischengeschoss – ein niedriges Geschoss zwischen zwei Hauptetagen – bezeichnet.

Mezzanine Finanzierungsformen dienen der Schließung einer möglicherweise auftretenden Finanzierungslücke zwischen klassischer Eigenkapital- und typischer Fremdkapitalfinanzierung. Hierbei strebt der Kapitalnehmer regelmäßig eine Gestaltung der Vertragsbedingungen über das mezzanine Kapital derart an, dass handelsrechtlich eine Zurechnung zum Eigenkapital erreicht wird, damit das Kapital in einem Ratingverfahren als wirtschaftliches Eigenkapital anerkannt wird. Zugleich soll aber steuerrechtlich eine Einstufung als Fremdkapital erfolgen, um beim Kapitalnehmer die Abzugsfähigkeit des an den Kapitalgeber fließenden Entgeltbetrags als Betriebsausgabe sicherzustellen.[781]

Im Bereich mezzaniner Finanzierungsformen selbst gibt es wiederum Finanzierungsformen mit völlig unterschiedlichen Ausgestaltungsmerkmalen. Durch ihre flexible Ausgestaltungsmöglichkeit lassen sich mezzanine Finanzinstrumente auf die unterschiedlichsten Finanzierungsbedürfnisse eines Unternehmens zuschneiden.

Aufgrund ihrer enormen Gestaltungsvielfalt ist eine Systematisierung mezzaniner Finanzierungsformen problematisch. Dennoch lassen sich einige **typische übereinstimmende Merkmale von mezzaninem Kapital** festhalten:[782]

- die Schließung der Finanzierungslücke zwischen Eigen- und Fremdkapital und die Stärkung des bilanziellen Eigenkapitalausweises des zu finanzierenden Unternehmens mittels einer entsprechenden Gestaltung der mezzaninen Finanzinstrumente;
- die Nachrangigkeit der Ansprüche des Inhabers gegenüber typischen Fremdkapitalgebern im Falle der Insolvenz oder der Liquidation des Unternehmens sowie der Vorrang gegenüber den Ansprüchen der typischen Eigenkapitalgeber;

---

[781] Vgl. hierzu *Waschbusch, Gerd*: Mezzanines Kapital. In: Handbuch der Bilanzierung, hrsg. von *Rudolf Federmann, Heinz Kußmaul* und *Stefan Müller*, Freiburg i. Br. 1977 ff., Loseblatt, Stand: Dezember 2015, Rz. 2.

[782] Vgl. zum Folgenden auch *Werner, Horst S.*: Mezzanine-Kapital – mit Mezzanine-Finanzierung die Eigenkapitalquote erhöhen. 2. Aufl., Köln 2007, S. 261.

- eine im Vergleich zur klassischen Fremdfinanzierung höhere Entgeltung;
- der Verzicht auf die Stellung von Sicherheiten;
- die steuerrechtliche Abzugsfähigkeit des Entgelts für die Kapitalbereitstellung als Betriebsausgabe;
- eine zumeist längerfristige, im Regelfall aber zeitlich befristete Kapitalbereitstellung;
- keine Verwässerung der Gesellschafterstruktur und damit der Machtverhältnisse in dem Unternehmen.

II. Formen mezzaninen Kapitals

Entsprechend der jeweiligen Charakteristik des mezzaninen Finanzinstruments wird **eigenkapitalnahes mezzanines Kapital (Equity Mezzanine)** von mezzaninen Finanzierungsinstrumenten unterschieden, die eher **fremdkapitalähnliche Merkmale** aufweisen **(Debt Mezzanine)**.

Die in Deutschland vertretenen Formen mezzaniner Finanzinstrumente sind insbesondere stille Gesellschaften, Genussrechte, Wandel- und Optionsschuldverschreibungen, Gewinnschuldverschreibungen, partiarische Darlehen, nachrangige Darlehen sowie Gesellschafterdarlehen. Dem Equity Mezzanine lassen sich hierbei regelmäßig **atypische stille Gesellschaften** zuordnen. Zum Debt Mezzanine gehören im Regelfall **typische stille Gesellschaften**, **Nachrangdarlehen**, **partiarische Darlehen** sowie **Gewinnschuldverschreibungen**. **Genussrechte** können dagegen aufgrund ihrer vielfältigen Ausgestaltungsmöglichkeiten nicht immer zweifelsfrei dem Equity Mezzanine oder dem Debt Mezzanine zugeordnet werden. Die Einordnung muss hier in jedem Einzelfall entsprechend der vertraglichen Ausgestaltung des Genussrechts geprüft werden. Gleiches gilt für **Gesellschafterdarlehen** sowie für **Wandel- und Optionsschuldverschreibungen**.

Im Folgenden werden die einzelnen Formen der mezzaninen Außenfinanzierung beschrieben. Die zuweilen auch dem mezzaninen Kapital zugerechneten Vorzugsaktien wurden bereits im **Fünften Abschnitt, Kapitel D.II.2.bb)** dargestellt und bedürfen deshalb im Folgenden keiner weiteren Erläuterung.

III. Handels- und steuerrechtliche Einflüsse

1. Handelsrechtliche Einflüsse

Regelmäßiges Gestaltungsziel des Emittenten von mezzaninen Finanzierungsformen ist die handelsrechtliche Klassifizierung als Eigenkapital. Das HGB selbst gibt jedoch keine Kriterien zur Abgrenzung von Eigen- und Fremdkapital vor. Für **Personenhandelsgesellschaften** können allerdings hierzu die vom Hauptfachausschuss des IDW in seiner Stellungnahme RS HFA 7 vom 6. Februar 2012[783] entwickelten Kriterien als Auslegungshilfe herangezogen werden. Danach erfüllen bereitgestellte Mittel die Charakteristika von Eigenkapital, wenn sie bis zur vollen Höhe mit künftigen Verlusten verrechnet werden können **(Verlustaus-**

---

[783] Vgl. *HFA des IDW*: RS HFA 7: Handelsrechtliche Rechnungslegung bei Personenhandelsgesellschaften. In: WPg Supplement 1/2012, S. 73–83.

gleichsfunktion) und im Falle der Insolvenz der Gesellschaft keine Insolvenzforderung begründen bzw. dem Kapitalgeber in der Liquidation einen nur nachrangigen Anspruch auf Beteiligung am Liquidationserlös zugestehen (**Haftungsfunktion**).

Ob diese für Personenhandelsgesellschaften relevanten Abgrenzungskriterien auch auf **Kapitalgesellschaften** anzuwenden sind, darf bezweifelt werden. Bereits 1994 hat sich der Hauptfachausschuss des IDW in seiner Stellungnahme HFA 1/1994 zur Behandlung von Genussrechten im Jahresabschluss von Kapitalgesellschaften geäußert.[784] Diese speziellen Ausführungen zu Genussrechten können grundsätzlich auch als Leitlinien für die Zuordnung anderer mezzaniner Finanzierungsformen als Eigen- oder Fremdkapital verwendet werden.[785] Bereitgestellte Mittel erfüllen demnach die **Anforderungen an handelsbilanzielles Eigenkapital**, wenn

- die Ansprüche der Kapitalgeber im Falle der Insolvenz oder Liquidation des Unternehmens den Ansprüchen aller anderen Gläubiger gegenüber nachrangig sind,
- eine erfolgsabhängige Vergütung vereinbart wurde,
- die Kapitalgeber bis zur vollen Höhe der bereitgestellten Mittel am laufenden Verlust teilnehmen und
- die Mittel längerfristig zur Verfügung gestellt sind.

Das Kriterium der längerfristigen Kapitalbereitstellung wird vom Hauptfachausschuss nicht näher konkretisiert und auch im Schrifttum herrscht hierüber kein Konsens. Die Interpretationen reichen von einer Mindestursprungslaufzeit von fünf Jahren bis zur Forderung nach einer unbefristeten Kapitalüberlassung bei gleichzeitiger kapitalgeberseitiger Unkündbarkeit.[786]

In jedem Fall müssen die vier genannten Kriterien unstrittig erfüllt sein, damit ein Ausweis mezzaniner Finanzierungsformen als handelsrechtliches Eigenkapital in Frage kommt.[787]

2. Steuerrechtliche Einflüsse

Die Einordnung von mezzaninem Kapital als steuerliches Eigenkapital oder Fremdkapital ist bedeutsam, da aus der steuerrechtlichen Qualifizierung als Fremdkapital bedeutende steuerliche Vorteile für den Emittenten erwachsen. In erster Linie handelt es sich dabei um die **Möglichkeit, die Entgeltzahlung auf das mezzanine Kapital bei der Ermittlung der**

---

[784] Vgl. *HFA des IDW*: Stellungnahme HFA 1/1994: Zur Behandlung von Genußrechten im Jahresabschluß von Kapitalgesellschaften. In: Die Wirtschaftsprüfung 1994, S. 419–423.

[785] Vgl. *Küting, Karlheinz/Dürr, Ulrike*: Mezzanine-Kapital – Finanzierungsentscheidung im Sog der Rechnungslegung. In: Der Betrieb 2005, S. 1532.

[786] Vgl. mit einem Überblick über die in der Literatur vertretenen Ansichten *Waschbusch, Gerd*: Mezzanines Kapital. In: Handbuch der Bilanzierung, hrsg. von *Rudolf Federmann, Heinz Kußmaul* und *Stefan Müller*, Freiburg i. Br. 1977 ff., Loseblatt, Stand: Dezember 2015, Rz. 39–40.

[787] Vgl. auch *Waschbusch, Gerd*: Mezzanines Kapital. In: Handbuch der Bilanzierung, hrsg. von *Rudolf Federmann, Heinz Kußmaul* und *Stefan Müller*, Freiburg i. Br. 1977 ff., Loseblatt, Stand: Dezember 2015, Rz. 42; *Waschbusch, Gerd u. a.*: Kapitel 4: Finanzierungseffekte einer Mitarbeiterkapitalbeteiligung. In: Mitarbeiterkapitalbeteiligung unter Verwendung einer Beteiligungsgesellschaft – Gestaltung und Finanzierungsansätze, hrsg. von *Jens Lowitzsch* und *Stefan Hanisch*, Düsseldorf 2014, S. 164.

steuerlichen Bemessungsgrundlage – je nach Rechtsform für die Körperschaftsteuer oder für die Einkommensteuer – in voller Höhe als abzugsfähige Betriebsausgaben zu berücksichtigen. Auch bei der Gewerbesteuer ergeben sich gewerbeertragsmindernde Vorteile, allerdings ist dann auch die 25 %ige Hinzurechnung der Entgelte auf Schulden gemäß § 8 GewStG zu berücksichtigen.

Zielsetzung des Emittenten mezzaniner Finanzierungsformen ist deshalb üblicherweise die steuerliche Zuordnung zum Fremdkapital. Ähnlich dem Handelsrecht bietet aber auch das Steuerrecht keine generelle Vorgabe zur Abgrenzung von Eigen- und Fremdkapital. Stellvertretend für schuldrechtliche Vertragsverhältnisse kann jedoch die konkret für Genussrechtskapital in § 8 Abs. 3 Satz 2 KStG gezogene Trennlinie für eine Abgrenzung von Eigen- und Fremdkapital genutzt werden.

§ 8 Abs. 3 Satz 1 und Satz 2 KStG bestimmen: „Für die Ermittlung des Einkommens ist es ohne Bedeutung, ob das Einkommen verteilt wird. Auch verdeckte Gewinnausschüttungen sowie Ausschüttungen jeder Art auf Genussrechte, mit denen das Recht auf Beteiligung am Gewinn und am Liquidationserlös der Kapitalgesellschaft verbunden ist, mindern das Einkommen nicht." Nach h. M. wird diese Vorschrift so interpretiert, dass das kumulative Vorliegen des Rechts auf Beteiligung am Gewinn und des Rechts auf Beteiligung am Liquidationserlös die steuerliche Abzugsfähigkeit der Ausschüttungen auf Genussrechte ausschließt. Positiv formuliert bedeutet dies, dass lediglich eines der beiden Rechte eingeräumt werden darf, um die Abzugsfähigkeit und damit die steuerrechtliche Qualifizierung von Genussrechten als Fremdkapital nicht zu gefährden. Aus später noch auszuführenden Gründen[788] wird sich der Emittent regelmäßig für den Ausschluss des Rechts auf eine Beteiligung am Liquidationserlös entscheiden.

Es ist allerdings strittig, wann dieser Ausschluss vorliegt. Die Finanzverwaltung führt an, der steuerliche Fremdkapitalcharakter müsse eindeutig aus den Genussrechtsbedingungen geschlossen werden können. Eine beschränkte Laufzeit oder beiderseitige Kündigungsmöglichkeiten seien Indikatoren für die Qualifizierung von Genussrechten als steuerrechtliches Fremdkapital. Dagegen sieht die Finanzverwaltung unbefristete Laufzeiten und fehlende Kündigungsmöglichkeiten eher als Indizien für eine Beteiligung am Liquidationserlös an.[789]

Für den Referenzfall stiller Beteiligungen als kooperative Schuldverhältnisse ergibt sich die Trennlinie zwischen Eigen- und Fremdkapital aus den Vorgaben des § 15 Abs. 1 Satz 1 Nr. 2 EStG. Demnach stellen „die Gewinnanteile der Gesellschafter einer Offenen Handelsgesellschaft, einer Kommanditgesellschaft und einer anderen Gesellschaft, bei der der Gesellschafter als Unternehmer (Mitunternehmer) des Betriebs anzusehen ist, und die Vergütungen, die der Gesellschafter von der Gesellschaft für seine Tätigkeit im Dienst der Gesellschaft oder für die Hingabe von Darlehen oder für die Überlassung von Wirtschaftsgütern bezogen hat", Einkünfte aus Gewerbebetrieb dar. Maßgeblich für die Einstufung stiller Beteiligungseinlagen als steuerrechtliches Eigenkapital ist somit die Mitunternehmerstellung des stillen Gesellschafters.

---

[788] Vgl. den Siebten Abschnitt, Kapitel B.II.5.c).
[789] Vgl. Drukarczyk, Jochen/Lobe, Sebastian: Finanzierung. 11. Aufl., Konstanz/München 2015, S. 366.

Die **Mitunternehmerstellung eines stillen Gesellschafters** zeichnet sich durch die Übernahme des Mitunternehmerrisikos und der Mitunternehmerinitiative aus.[790] Das **Mitunternehmerrisiko** trägt, wer am Gewinn und den stillen Reserven sowie dem Geschäftswert eines Unternehmens beteiligt ist und mindestens bis zur Höhe seiner Einlage haftet. **Mitunternehmerinitiative** charakterisiert dagegen die Teilhabe an unternehmerischen Entscheidungen, wobei bereits gesellschaftsrechtliche Kontrollrechte i. S. d. § 716 Abs. 1 BGB dieser Anforderung genügen. Mitunternehmerrisiko und Mitunternehmerinitiative müssen unstreitig kumulativ erfüllt sein, um die Mitunternehmerstellung des stillen Gesellschafters und damit die steuerrechtliche Einstufung des stillen Beteiligungskapitals als Eigenkapital zu begründen; nicht schädlich ist jedoch eine unterschiedlich starke Ausprägung dieser beiden Eigenschaften.[791]

B. Ausgewählte mezzanine Finanzinstrumente

I. Stille Gesellschaften

Stiller Gesellschafter ist, wer sich an dem Handelsgewerbe eines anderen mit einer Vermögenseinlage beteiligt, wobei diese Einlage in das Vermögen des Inhabers des Handelsgeschäftes übergeht.[792] Eine **stille Gesellschaft** im Sinne der §§ 230 bis 236 HGB liegt vor, wenn die folgenden **Begriffsmerkmale** kumulativ gegeben sind:

- Der Vertragspartner des stillen Gesellschafters, der natürliche oder juristische Person sein kann, muss grundsätzlich Kaufmann im Sinne der §§ 1 ff. HGB sein.

- Die gegenseitige Verpflichtung der Partner des Gesellschaftsvertrags muss der Förderung eines gemeinsamen Zwecks dienen.

- Der stille Gesellschafter muss am Gewinn des Kaufmanns beteiligt sein.

- Die Einlage des stillen Gesellschafters führt zur Beteiligung am Handelsgeschäft des Kaufmanns, nicht zur Bildung von Gesellschaftsvermögen.

In der durch einen Vertrag gebildeten Innengesellschaft erhält der stille Gesellschafter als Gegenleistung für seine Kapitaleinzahlung einen **angemessenen Anteil am Gewinn des Geschäftsinhabers**, wobei die maßgebliche Gewinngröße wie die Gewinnverteilung im Gesellschaftsvertrag festgeschrieben werden müssen.[793]

---

[790] Vgl. hierzu und zum Folgenden bspw. *Kußmaul, Heinz*: Betriebswirtschaftliche Steuerlehre. 7. Aufl., München 2014, S. 477.

[791] Vgl. BFH-Beschluss vom 25.06.1984, BStBl. II 1984, S. 769.

[792] Vgl. § 230 Abs. 1 HGB. Vgl. zum Gesamtkomplex vor allem *Waschbusch, Gerd*: Stille Gesellschaft. In: Handbuch der Bilanzierung, hrsg. von *Rudolf Federmann, Heinz Kußmaul* und *Stefan Müller*, Freiburg i. Br. 1977 ff., Loseblatt, Stand: Dezember 2015; aber auch *Blaurock, Uwe*: Handbuch der Stillen Gesellschaft. 7. Aufl., Köln 2010 sowie speziell zu steuerlichen Fragestellungen *Glessner, Miriam*: Die grenzüberschreitende stille Gesellschaft im Internationalen Steuerrecht. Einkommen- und körperschaftsteuerliche Wirkungen aus deutscher Sicht. Frankfurt a. M. u. a. 2000.

[793] Weitere zwingende gesetzliche Regelungen sind – neben den noch anzusprechenden Einsichts- und Kontrollrechten des stillen Gesellschafters – das Kündigungsrecht des pfändenden Gläubigers (§ 135 HGB i. V. m. § 234 Abs. 1 Satz 1 HGB), die Verlustdeckungspflicht in der Insolvenz (§ 236 Abs. 2 HGB) sowie die Anfechtbarkeit von Rückzahlungen in der Krise (§ 136 InsO).

Eine **Beteiligung am Verlust** kann vertraglich ausgeschlossen werden.[794] Ohne einen ausdrücklichen Ausschluss der Verlustbeteiligung ist der stille Gesellschafter im Zweifel auch am Verlust des Geschäftsinhabers beteiligt. Im Falle einer Verlustbeteiligung kann die Haftung des stillen Gesellschafters auf die Höhe seiner stillen Einlage beschränkt werden. Eine Verpflichtung, das entstandene negative Kapitalkonto über die Höhe seiner Vermögenseinlage hinaus durch eine Nachzahlung auszugleichen, besteht nicht. Ist seine Einlage bereits durch Verluste vermindert, so werden künftige Gewinnanteile allerdings nicht ausgeschüttet, sondern zunächst zur Wiederauffüllung der Einlage benutzt.[795]

Der stille Gesellschafter hat **keine Leitungsbefugnisse**; er ist von der Geschäftsführung und der Vertretung des Unternehmens ausgeschlossen. Als Ausgleich steht ihm allerdings ein **Kontrollrecht** zu. Er kann die Abschrift des Jahresabschlusses verlangen und dessen Richtigkeit unter Einsicht der Bücher und Papiere prüfen.[796] Das macht diese Eigenkapitalbeschaffung gerade in den Fällen attraktiv, in denen die bisherigen Gesellschafter keine Machteinbußen erleiden wollen.

Da abgesehen von den dargestellten zwingenden gesetzlichen Regelungen Vertragsfreiheit im Recht der stillen Gesellschaft besteht, kommt es zu einer Vielfalt unterschiedlicher **Ausgestaltungsformen der stillen Gesellschaft**. Dabei wird grundsätzlich die typische stille Gesellschaft von der atypischen stillen Gesellschaft unterschieden. Nach herrschender Meinung liegt eine **typische stille Gesellschaft** vor, wenn die gesellschaftsvertraglichen Regelungen den zwingenden und dispositiven Regelungen der §§ 230 bis 236 HGB entsprechen. Eine **atypische stille Gesellschaft** liegt handelsrechtlich[797] vor, wenn von dem handelsrechtlichen Regelungsmodell auch nur in einem Punkt abgewichen wird.

Wird über das Vermögen des Betreibers des Handelsgewerbes das Insolvenzverfahren eröffnet, so kann der stille Gesellschafter seine **Einlage**, soweit sie nicht durch festgestellte Verluste aufgezehrt ist, als **Insolvenzforderung gegenüber dem Inhaber des Handelsgewerbes** geltend machen. Sie wird also nicht als Eigenkapital behandelt; somit verliert der stille Gesellschafter bei einer positiven Insolvenzquote nicht seine gesamte Einlage. Der stillen Einlage fehlt damit die Haftungsfunktion im Insolvenzfall.

Ähnlichkeiten mit der stillen Gesellschaft weist die sog. **Unterbeteiligung** auf. Dabei handelt es sich um eine Beteiligung, die nicht unmittelbar an einer Gesellschaft, sondern an einem Gesellschaftsanteil besteht **(„Beteiligung an einer Beteiligung")**. Sie kann beispielsweise seitens eines Gesellschafters eingesetzt werden, um seine Gesellschaftsanteile aufzustocken, obwohl er selbst nicht über die erforderlichen Mittel verfügt. Die Aufnahme neuer Gesellschafter mit den dazugehörigen Machteinbußen wird hierdurch verhindert. Die Unterbeteiligung ist lediglich eine Vertragsbeziehung zwischen dem Haupt- und dem Unter-

---

[794] Vgl. § 231 Abs. 2 HGB.
[795] Vgl. § 232 Abs. 2 HGB.
[796] Vgl. § 233 Abs. 1 und Abs. 3 HGB.
[797] Steuerrechtlich ist die Rechtsstellung des stillen Gesellschafters entscheidend. Ist er Gläubiger, so spricht man von einer typischen stillen Gesellschaft, ist er Mitunternehmer, so liegt eine atypische stille Gesellschaft vor. Im zweiten Fall muss der stille Gesellschafter auch an den stillen Rücklagen und dem Geschäftswert des Unternehmens beteiligt sein und mindestens bis zur Höhe seiner Einlage haften.

beteiligten. Häufig wissen die übrigen (Haupt-)Beteiligten nichts von der Unterbeteiligung.[798]

II. Genussrechtskapital

1. Begriff

Genussrechte[799] stellen zwar grundsätzlich **Gläubigerrechte, also schuldrechtliche Ansprüche** gegenüber dem einräumenden Unternehmen dar; diese sind aber um Komponenten der üblichen **Vermögensrechte** von Aktionären[800] oder von Gesellschaftern anderer Unternehmen erweitert. Praktisch relevant sind dabei vor allem der Anspruch auf eine Beteiligung am Gewinn und/oder am Liquidationserlös sowie das Bezugsrecht. Zur Qualifizierung als Genussrecht genügt es, „... wenn ein Genußrecht **auch nur ein** aktionärstypisches Vermögensrecht beinhaltet; eine Kumulation ist möglich, aber nicht begriffsnotwendig"[801]. Genussrechte können dagegen grundsätzlich **keine Verwaltungsrechte**, wie bspw. Stimm- oder Kontrollrechte, einschließen. Die Inhaber von Genussrechten sind also nicht – wie etwa Aktionäre oder Gesellschafter – befugt, auf Entscheidungen der Unternehmensleitung Einfluss auszuüben. Ihnen steht aber sehr wohl ein allgemeiner Auskunftsanspruch zu, der sich allerdings auf die Vermögens- und Ertragslage des Unternehmens beschränkt und mit der Übersendung des Jahresabschlusses als erfüllt gilt. Darüber hinaus können jedoch weitere Informationsrechte sowie Teilnahme- und Fragerechte in der Haupt- oder Gesellschafterversammlung vertraglich vereinbart werden.[802] Die Einräumung von aktionärstypischen Verwaltungsrechten findet indessen dort ihre Grenzen, wo das Recht der Aktionäre oder Gesellschafter auf eine Mitwirkung an der Willensbildung des Unternehmens berührt wird. Dieses Recht steht ausschließlich Aktionären oder Gesellschaftern zu.[803]

Weiteres Wesensmerkmal ist nach *Karollus* die massenweise Begebung von Genussrechten, d. h., es muss sich um größere Emissionen gleichartiger Rechte handeln. Individuelle Vereinbarungen über eine Gewinnbeteiligung beispielsweise eines leitenden Angestellten fallen demnach nicht unter den Begriff des Genussrechts.[804]

---

[798] Vgl. *Wöhe, Günter u. a.*: Grundzüge der Unternehmensfinanzierung. 11. Aufl., München 2013, S. 79.

[799] Vgl. zum Gesamtkomplex *Waschbusch, Gerd*: Genussrechte. In: Handbuch der Bilanzierung, hrsg. von *Rudolf Federmann, Heinz Kußmaul* und *Stefan Müller*, Freiburg i. Br. 1977 ff., Loseblatt, Stand: Dezember 2015; *Waschbusch, Gerd*: Kernbereiche der Unternehmensführung – Teil B: Besondere Fragen der Finanzierung des Mittelstands. In: Saarbrücker Handbuch der Betriebswirtschaftlichen Beratung, hrsg. von *Karlheinz Küting*, 4. Aufl., Herne/Berlin 2008, S. 211–217.

[800] Vgl. zu den Vermögens- und Verwaltungsrechten von Aktionären den **Fünften Abschnitt, Kapitel D.II.2.ba)**.

[801] *Karollus, Martin*: § 221 AktG. In: Aktiengesetz – Kommentar von *Ernst Geßler u. a.*, München 1994, Rn. 240 (Hervorhebung auch im Original).

[802] Vgl. *Lutter, Marcus*: Rechtliche Ausgestaltung von Genußscheinen. In: Bankinformation und Genossenschaftsforum 1993, Heft 2, S. 14 und S. 18.

[803] Vgl. *Karollus, Martin*: § 221 AktG. In: Aktiengesetz – Kommentar von *Ernst Geßler u. a.*, München 1994, Rn. 322.

[804] Vgl. *Karollus, Martin*: § 221 AktG. In: Aktiengesetz – Kommentar von *Ernst Geßler u. a.*, München 1994, Rn. 241.

Die Bezeichnungen „Genussrecht" und „Genussschein" werden im allgemeinen Sprachgebrauch meist synonym verwendet. **Genussscheine** sind allerdings streng genommen nur Genussrechte, die in einer Urkunde (Wertpapier) verbrieft sind. Im Fall der Verbriefung, die nicht zwingend, aber die Regel ist, spricht man von einem verkörperten Genussrecht oder vereinfachend von Genussscheinen.[805] Davon abgesehen kommt es nicht auf die Bezeichnung des Finanzinstruments im zugrunde liegenden Vertrag an, ob ein Genussrecht vorliegt oder nicht. So kann es sich einerseits um Genussrechte handeln, auch wenn die Bezeichnungen „Genussrecht" oder „Genussschein" vertraglich nicht erwähnt werden. Andererseits können als „Genussrechte" oder „Genussscheine" bezeichnete Finanzinstrumente je nach Ausstattung auch andere Finanzinstrumente darstellen. Die Qualifikation als Genussrecht ergibt sich ausschließlich bei Zutreffen der oben genannten Definitionskriterien. Stimmen die vertraglichen Vereinbarungen nicht mit den Definitionskriterien für Genussrechte überein, so liegen andere Finanzinstrumente vor, für die in der Regel auch andere rechtliche Bestimmungen gelten. Aus diesem Grund soll nach einer kurzen Darstellung der Anwendungsbereiche von Genussrechten zunächst eine Abgrenzung der Genussrechte von ähnlich ausgestalteten Finanzinstrumenten vorgenommen werden.

2. Anwendungsbereiche von Genussrechten

Folgende **Anwendungsbereiche** von Genussrechten lassen sich unterscheiden:[806]

- **Besondere (Dienst-)Leistungen bzw. die Einlage schwer bewertbarer materieller oder immaterieller Vermögensgüter** bei Neugründungen, Erweiterungen, Umwandlungen oder Fusionen **können durch die Einräumung von Genussrechten entschädigt werden**. Bringt ein Beteiligter beispielsweise ein Patent ein, dessen wirtschaftliche Bedeutung für das Unternehmen gegenwärtig noch nicht abzusehen ist, so besteht die Möglichkeit, ihm zum Ausgleich hierfür Genussrechte einzuräumen, die ihn an den entsprechenden Lizenzerlösen und/oder am Unternehmensgewinn beteiligen.

- Genussrechte können der **Beteiligung von Mitarbeitern am Erfolg des Unternehmens** dienen.

- Den bei **Zuzahlungssanierungen** grundsätzlich nicht nachschussverpflichteten Aktionären können Genussrechte einen Anreiz zur Einbringung zusätzlicher Mittel bieten. Als finanziellen Ausgleich für die Zuzahlung werden ihnen mit einem prioritätischen Gewinnanspruch versehene Genussscheine eingeräumt.

- Genussrechte werden auch eingesetzt, um Gläubiger im Rahmen eines Sanierungsverfahrens anstelle eines **Forderungsverzichts** zu einer Umwandlung ihrer Ansprüche in Genussrechtskapital zu bewegen.

- Die **Ablösung von Sonderrechten der Vorzugsaktionäre** kann durch die Einräumung entsprechender Genussrechte erreicht werden (z.B. bei der Außerkraftsetzung von Mehrstimmrechtsaktien).

- Schließlich sind Genussscheine ein **eigenständiges Instrument zur Kapitalbeschaffung**.

---

[805] Vgl. *Lutter, Marcus*: Kommentierung § 221 AktG. In: Kölner Kommentar zum AktG, hrsg. von *Wolfgang Zöllner*, Band 5/1, 2. Aufl., Köln u. a. 1995, Rn. 21.

[806] Vgl. auch *Vormbaum, Herbert*: Finanzierung der Betriebe. 9. Aufl., Wiesbaden 1995, S. 187–189.

3. Abgrenzung der Genussrechte von ähnlich ausgestalteten Finanzinstrumenten

Da Genussrechte mit aktionärsähnlichen Rechten, aber nicht mit Stimmrechten ausgestattet sind, liegt es zunächst nahe, sie mit den **stimmrechtslosen Vorzugsaktien**[807] zu vergleichen, zumal auch die „Verzinsung" von Genussrechten – bei einer entsprechenden vertraglichen Gestaltung – der Mindestverzinsung von stimmrechtslosen Vorzugsaktien entsprechen kann. Nach § 139 Abs. 1 Satz 1 AktG müssen stimmrechtslose Aktien mit einem Vorzug bei der Verteilung des Gewinns ausgestattet sein. Handelt es sich hierbei um die Vereinbarung einer Vorabdividende und erlaubt der Bilanzgewinn deren Bezahlung nicht, so sind die unterbliebenen Dividendenzahlungen in einem späteren Geschäftsjahr, in dem der Bilanzgewinn dies zulässt, nachzuholen, sofern die Satzung nichts anderes bestimmt.[808] Unterschiede zu entsprechend ausgestalteten Genussrechten treten dann erst auf, wenn die Dividende auf die Vorzugsaktien in einem Geschäftsjahr nicht oder nicht vollständig gezahlt und auch im Folgejahr nicht vollständig nachgeholt werden kann. In diesem Fall lebt nach § 140 Abs. 2 Satz 1 AktG das vertraglich ausgeschlossene Stimmrecht wieder auf und bleibt bis zur vollständigen Nachholung aller Rückstände bestehen. Vergleichbares gilt, wenn bei einer Vorzugsaktie ohne Stimmrecht eine Mehrdividende vereinbart wurde.[809] Im Gegensatz dazu können Genussrechte auch für derartige Fälle keine Stimmrechte einräumen.

Der zweite wesentliche Unterschied ist bedingt durch die Regelung des § 139 Abs. 2 AktG, wonach der Gesamtnennbetrag der stimmrechtslosen Vorzugsaktien nicht mehr als die Hälfte des Grundkapitals betragen darf.[810] Eine derartige quantitative Beschränkung lässt sich für Genussrechte nicht finden.

Auch zur **stillen Gesellschaft**[811] nach den §§ 230–236 HGB ergeben sich Abgrenzungsprobleme. Nach h. M. fehlt den Genussrechten die Grundvoraussetzung für die Einordnung als gesellschaftsrechtlicher Vertrag: der Zusammenschluss mehrerer Personen zur Verfolgung eines gemeinsamen Zwecks. Darüber hinaus sieht *Busse* den Unterschied in den bei Genussrechten fehlenden Zustimmungs- und Mitwirkungsrechten, auf die der stille Gesellschafter im Einzelfall einen einklagbaren Anspruch hat.[812] Genussrechte können aber so ausgestattet sein – insbesondere wenn eine Teilnahme am laufenden Verlust vorgesehen ist –, dass sie wirtschaftlich betrachtet einem Anteil an einer stillen Gesellschaft entsprechen. *Karollus* geht sogar so weit, Genussrechte mit Verlustteilnahme als stille Gesellschaft zu qualifizieren. In der Konsequenz befürwortet er – mit wenigen Einschränkungen – die Anwendung der §§ 230–236 HGB auf derartige Genussrechte.[813]

---

[807] Vgl. dazu den **Fünften Abschnitt, Kapitel D.II.2.bb)**.
[808] Vgl. § 139 Abs. 1 Satz 2 und Satz 3 AktG.
[809] Vgl. § 139 Abs. 1 Satz 2 AktG i. V. m. § 140 Abs. 2 Satz 2 AktG
[810] Daraus folgt, dass der Gesamtnennbetrag der Vorzugsaktien ohne Stimmrecht auf die Höhe des Gesamtnennbetrages der anderen Aktien **beschränkt** ist.
[811] Vgl. dazu den **Siebten Abschnitt, Kapitel B.I.**
[812] Vgl. *Busse, Franz-Joseph*: Grundlagen der betrieblichen Finanzwirtschaft. 5. Aufl., München/Wien 2003, S. 84.
[813] Vgl. *Karollus, Martin*: § 221 AktG. In: Aktiengesetz – Kommentar von *Ernst Geßler u. a.*, München 1994, Rn. 278–285.

Die Abgrenzung zu **Gewinnschuldverschreibungen**[814] ist in der Literatur ebenfalls umstritten. Während *Karollus* Genussrechte, die neben einer erfolgsabhängigen „Verzinsung" einen betraglich und zeitlich fixierten Rückzahlungsanspruch gewähren, als Gewinnschuldverschreibungen qualifiziert,[815] betont *Lutter*, dass Gewinnschuldverschreibungen im Gegensatz zu Genussrechten keinen Anteil am Erfolg eines Unternehmens, sondern lediglich Ansprüche verbriefen, die sich an diesem Erfolg orientieren. Er sieht demnach einen generellen Unterschied zwischen beiden Finanzinstrumenten. Dagegen unterscheiden sich **Wandel- und Optionsschuldverschreibungen**[816] seiner Ansicht nach lediglich durch ihre Verbindung mit Schuldverschreibungen von den reinen Genussrechten, da das mit ihnen verbundene Wandlungs- bzw. Bezugsrecht ein typisches vermögensrechtliches Aktionärsrecht ist. Diese Vermögensrechte sind aber gerade charakteristisch für Genussrechte.[817]

Alle hier genannten im Vergleich zu Genussrechten ähnlich ausgestalteten Finanzinstrumente haben eines gemeinsam: Ihre Definition ist im Gegensatz zu der von Genussrechten gesetzlich festgelegt. Der Gesetzgeber hat die Ausgestaltung von Genussrechten dagegen bewusst weitgehend offengelassen, um dem ausgebenden Unternehmen eine flexible auf die individuellen Anlässe und Finanzierungssituationen abgestimmte Handhabung dieses Instruments zu ermöglichen. Den anderen genannten Finanzinstrumenten gegenüber gibt es nur wenige rechtliche Bestimmungen für die Ausgabe und Ausgestaltung von Genussrechten. Da Genussrechte fast ausnahmslos verbrieft werden, wird bei den folgenden Ausführungen der Fall der Verbriefung zugrunde gelegt.

4. Rechtliche Rahmenbedingungen für die Ausgestaltung und Ausgabe von Genussscheinen

Die fehlende gesetzliche Festlegung der Ausstattungskomponenten von Genussrechten macht es vor allem bei einer massenweisen Begebung von Genussscheinen erforderlich, die vertragliche Gestaltung der Genussrechte einheitlich in den sog. **Genussscheinbedingungen** festzulegen. Da diese vom Emittenten vorformuliert und in vielen Fällen gleichförmig benutzt werden, stellen Genussscheinbedingungen allgemeine Geschäftsbedingungen dar. Somit sind die Vorschriften der §§ 305 ff. BGB zur Einbeziehung Allgemeiner Geschäftsbedingungen in einen Vertrag zu beachten.

Genussscheine können grundsätzlich **von Unternehmen aller Rechtsformen emittiert werden**. Lediglich für die Rechtsform der Aktiengesellschaft gibt es in § 221 AktG explizite Vorschriften zur Ausgabe von Genussrechten. So verweist § 221 Abs. 3 AktG auf die Regelungen für Wandel- und Gewinnschuldverschreibungen in § 221 Abs. 1 AktG. Danach bedarf es auch für die Ausgabe von Genussscheinen eines Hauptversammlungsbeschlusses mit mindestens Dreiviertelmehrheit des bei der Hauptversammlung vertretenen Grundkapi-

---

[814] Vgl. dazu den **Siebten Abschnitt, Kapitel B.V.**

[815] Vgl. *Karollus, Martin*: § 221 AktG. In: Aktiengesetz – Kommentar von *Ernst Geßler u.a.*, München 1994, Rn. 248.

[816] Vgl. dazu den **Siebten Abschnitt, Kapitel B.III.** und **Kapitel B.IV.**

[817] Vgl. *Lutter, Marcus*: Kommentierung § 221 AktG. In: Kölner Kommentar zum AktG, hrsg. von *Wolfgang Zöllner*, Band 5/1, 2. Aufl., Köln u. a. 1995, Rn. 21.

tals. Bei mehreren Aktiengattungen muss jede Gattung mit entsprechender Mehrheit die Ausgabe beschließen.[818]

Gemäß § 221 Abs. 4 AktG haben die Aktionäre auch auf Genussscheine ein Bezugsrecht, das sie nur selbst durch einen Hauptversammlungsbeschluss vollständig oder teilweise ausschließen können. Schließlich schreibt § 160 Abs. 1 Nr. 6 AktG vor, dass im Anhang über die Art und die Zahl von begebenen Genussrechten sowie über die im betreffenden Geschäftsjahr neu entstandenen Rechte zu berichten ist.

Diese aktienrechtlichen Regelungen stellen, obwohl sie im Grundsatz sinngemäß auch für Unternehmen anderer Rechtsformen anzuwenden sind,[819] keine wesentliche Einschränkung der Gestaltungsspielräume bei der Ausstattung von Genussscheinen dar, wie die folgenden Ausführungen über die möglichen Ausprägungen verschiedener Ausstattungsmerkmale zeigen werden. Weitere gesetzliche Regelungen betreffen die Qualifizierung von Genussrechtskapital als Eigen- oder Fremdkapital oder betreffen besondere Anwendungsbereiche von Genussscheinen und werden in den entsprechenden Abschnitten aufgezeigt.

5. Ausstattungsmerkmale von Genussscheinen

a) Beteiligung am Gewinn

Wie bereits bei der Begriffsbestimmung erwähnt, ist für Genussscheine eine Beteiligung am Gewinn charakteristisch. Ausgestaltungsmöglichkeiten ergeben sich hinsichtlich der Bemessungsgrundlage bzw. der Bezugsgröße, der in Bezug genommenen Wirtschaftseinheit, des Maßstabs für die Aufteilung des Gewinns zwischen Aktionären bzw. Gesellschaftern einerseits und Genussscheininhabern andererseits, der Beschränkung der Ausschüttungshöhe sowie des Ranges der Ausschüttungsansprüche.[820]

Als **Bemessungsgrundlage bzw. Bezugsgröße** kommen die Höhe des Jahresüberschusses, des Bilanzgewinns und der Dividende, aber auch die Höhe von Rentabilitätskennzahlen oder von Erträgen aus einzelnen Vermögensgegenständen in Betracht. Denkbar sind auch Kombinationen verschiedener Bemessungsgrundlagen bzw. Bezugsgrößen. Beispielsweise kann vereinbart werden, dass eine nach der Gesamtkapitalrentabilität berechnete Ausschüttung nur aus dem jeweiligen Bilanzgewinn erfolgen kann. Für den Fall, dass aufgrund einer derartigen Vereinbarung keine Ausschüttung möglich ist, kann eine (kumulative) Nachholung in den Folgejahren vorgesehen werden.

Die Bemessungsgrundlage muss nicht auf das emittierende Unternehmen bezogen sein. Als **in Bezug genommene Wirtschaftseinheiten** können auch der Konzern, einzelne Betriebe, einzelne Ertragsquellen oder gar konzernfremde Unternehmen gewählt werden. Beispielsweise wird so der Konzernjahresüberschuss als Bezugsgröße für die Höhe der Ausschüttungen auf das Genussrechtskapital einer Aktiengesellschaft herangezogen.

---

[818] Vgl. § 221 Abs. 1 Satz 4 AktG i. V. m. § 182 Abs. 2 AktG.
[819] Vgl. *Lutter, Marcus*: Rechtliche Ausgestaltung von Genußscheinen. In: Bankinformation und Genossenschaftsforum 1993, Heft 2, S. 15.
[820] Vgl. hierzu auch *Karollus, Martin*: § 221 AktG. In: Aktiengesetz – Kommentar von *Ernst Geßler u. a.*, München 1994, Rn. 288–296.

Zur **Aufteilung ausschüttungsfähiger Gewinne zwischen Aktionären bzw. Gesellschaftern einerseits und Genussscheininhabern andererseits** kann das Verhältnis des Genussrechtskapitals zum Gezeichneten Kapital als Maßstab festgelegt werden. Die Festlegung eines derartigen Maßstabes hat zur Folge, dass sich Veränderungen des Gezeichneten Kapitals auf die relative Zuweisungshöhe auswirken. Dies wird vermieden, wenn man eine bestimmte Quote festlegt, mit der der Genussrechtsinhaber am Jahresüberschuss partizipiert (z. B. pro Genussschein ein Millionstel des Jahresüberschusses).

Die **Ausschüttungshöhe** kann zum einen allein oder neben einer Mindestverzinsung von der Höhe der Bezugsgröße abhängen; in diesem Fall ist eine Beschränkung der Ausschüttungshöhe nicht vorgesehen. Zum anderen ist eine fest vereinbarte, also nach oben beschränkte „Verzinsung" (bspw. 7 % auf den Nennbetrag) denkbar, die allerdings nur auszuzahlen ist, falls die Bezugsgröße eine entsprechende Höhe aufweist (z. B. ausreichender Bilanzgewinn). In diesem Fall ist meist eine Nachholung nicht ausgezahlter Beträge in späteren Gewinnjahren vorgesehen.

Schließlich kann der **Rang der Ausschüttungsansprüche** im Verhältnis zu den Aktionären bzw. Gesellschaftern einerseits und den Genussscheininhabern anderer Emissionen andererseits festgelegt werden. In der Regel wird gegenüber den Ansprüchen der Aktionäre bzw. Gesellschafter ein Vorrang, gegenüber den Ansprüchen aus anderen Genussscheinemissionen kein Vorrang, sondern ein Gleichrang eingeräumt.

b) Beteiligung am laufenden Verlust

Die **Teilnahme am laufenden Verlust des Unternehmens** stellt kein Definitionskriterium von Genussrechten dar. Sie wird in der Praxis aber dennoch häufig vereinbart, da sie eine von mehreren Voraussetzungen dafür ist, dass zum einen emittierende Kredit- und Finanzdienstleistungsinstitute gemäß Art. 28 CRR das Genussrechtskapital als hartes Kernkapital im Rahmen der Bankenaufsichtsnormen anrechnen können und dass zum anderen Arbeitnehmer, die Genussscheine ihres Arbeitgebers zu besonderen Konditionen erwerben, die Vergünstigungen gemäß § 2 Abs. 4 und Abs. 5 VermBG i. V. m. § 3 Nr. 39 EStG in Anspruch nehmen können.

Auch die Verlustbeteiligung kann in unterschiedlicher Weise vollzogen werden.[821] Zunächst kann sie durch eine Herabsetzung der Rückzahlungsansprüche im gleichen Verhältnis wie bei der Herabsetzung des übrigen Eigenkapitals erfolgen, wobei meist der Jahresfehlbetrag oder der Bilanzverlust auf diese Weise anteilig gegen das Genussrechtskapital aufgerechnet wird. Die Verlustbeteiligung kann sich analog zur Beteiligung am Gewinn, aber auch an negativen Rentabilitätskennzahlen orientieren. Der Herabsetzungsbetrag des Genussrechtskapitals ergibt sich dann durch die Multiplikation der entsprechenden Kennzahl mit dem Genussrechtskapital des betroffenen Geschäftsjahres. Bei den beiden bisher genannten Verfahren kann gleichzeitig ein Höchstsatz der Herabsetzung (z. B. 30 % des Nennwerts der Genussscheine) vereinbart werden. Schließlich ist aber auch eine betragsmäßig unein-

---

[821] Vgl. z. B. *Singer, Uwe*: Genußscheine als Finanzierungsinstrument – Eine kritische Analyse aus betriebswirtschaftlicher Sicht unter besonderer Berücksichtigung eines Finanzmarketing für Genußscheine. Pfaffenweiler 1991, S. 32–34.

geschränkte Verlustverrechnung mit dem Genussrechtskapital bis auf null – ohne eine gleichzeitige Herabsetzung des übrigen Eigenkapitals – denkbar, wenn zuvor alle Kapital- und Gewinnrücklagen zur Verlustverrechnung herangezogen wurden.

Häufig ist mit diesen Regelungen eine entsprechend anteilige oder gar – im Vergleich zu den Ansprüchen der Aktionäre bzw. Gesellschafter – prioritätische Wiederauffüllung des herabgesetzten Genussrechtskapitals in nachfolgenden Gewinnjahren bis zum ursprünglichen Nennbetrag verbunden, bevor die Ausschüttungen wieder aufgenommen werden.

Wird im Fall anhaltender laufender Verluste eine Kapitalherabsetzung des Gezeichneten Kapitals[822] durchgeführt, um die Verluste buchmäßig zu beseitigen, so kann in den Genussscheinbedingungen eine Herabsetzung des Genussrechtskapitals im gleichen Verhältnis vorgesehen sein.[823]

c) Beteiligung am Liquidationserlös

Die Beteiligung am Liquidationserlös, genauer: am Liquidationsüberschuss, kommt aus steuerlichen Gründen kaum vor, legt doch § 8 Abs. 3 Satz 2 KStG fest, dass Ausschüttungen auf Genussrechte, die sowohl eine Gewinnbeteiligung als auch eine Beteiligung am Liquidationserlös vorsehen, bei dem emittierenden Unternehmen nicht als Betriebsausgaben anerkannt werden und das Genussrechtskapital mit allen damit verbundenen Nachteilen steuerrechtlich als Eigenkapital qualifiziert wird. Da ein Verzicht auf eine Gewinnbeteiligung meist nicht in Frage kommt, weil man mit der Emission von Genussscheinen gerade Kapitalgeber mit erfolgsabhängigen Ansprüchen gewinnen will, bleibt demnach nur der Ausschluss von der Beteiligung am Liquidationserlös, will man eine steuerrechtliche Zuordnung des Genussrechtskapitals zum Fremdkapital erreichen.

Dennoch kann ein Recht auf eine Beteiligung am Liquidationsüberschuss – dann allerdings steuerschädlich – eingeräumt werden. Der Anspruch der Genussscheininhaber bei einer Liquidation des Unternehmens kann dabei bis zu einem festgelegten Anteil am Liquidationsüberschuss den Ansprüchen der Aktionäre bzw. Gesellschafter vorgehen. Es kann aber auch ein Gleichrang oder ein Nachrang vereinbart werden. Die Rangfolge der Beteiligung am Liquidationsüberschuss muss zudem nicht mit der Rangfolge der Gewinnbeteiligung übereinstimmen. Im Verhältnis zu den Ansprüchen aller anderen Gläubiger des Unternehmens besteht Nachrangigkeit. Dies ergibt sich bereits implizit aus der Definition des Liquidationsüberschusses, der aus dem verbleibenden Vermögen des Unternehmens nach Abzug

---

[822] Vgl. z. B. zur vereinfachten Kapitalherabsetzung den **Fünften Abschnitt, Kapitel D.IV.2.c)**.

[823] Eine derartige Regelung traf bspw. die Inhaber der im Oktober 1986 von der Klöckner & Co. KGaA begebenen Genussscheine, als die außerordentliche Hauptversammlung im November 1988 nach schweren Verlusten eine Kapitalherabsetzung mit anschließender Kapitalerhöhung zur Sanierung des Unternehmens beschloss. Da eine Kapitalherabsetzung im Verhältnis 2.703.000 : 1 durchgeführt wurde, wurde entsprechend auch das Genussrechtskapital von 100 Mio. DM auf 37 DM herabgesetzt. Die Genussscheine waren damit praktisch wertlos und wurden eingezogen. Lediglich ein freiwilliges Zahlungsangebot der Deutschen Bank AG, die hinter der Sanierung stand und die neuen Aktien aus der Kapitalerhöhung übernahm, entschädigte die Genussscheininhaber, nachdem einige von ihnen Klage erhoben hatten. Vgl. *Drukarczyk, Jochen/Lobe, Sebastian*: Finanzierung. 11. Aufl., Konstanz/München 2015, S. 365.

aller Verbindlichkeiten besteht. Nachrang nach allen anderen Gläubigern wird in der Regel auch im Falle eines Insolvenzverfahrens vereinbart.

Auch ein völliger Verzicht auf das Recht auf eine Beteiligung am Liquidationsüberschuss dürfte dem Genussrechtsinhaber in den meisten Fällen keine Nachteile bringen. Solange das Unternehmen seine Geschäfte betreibt, gibt es mangels Auflösung des Unternehmens keinen Liquidationserlös. Wird das Unternehmen dagegen zwangsweise durch ein Insolvenzverfahren aufgelöst, dürfte der Liquidationsüberschuss bei null EUR liegen. Anders könnte es im Falle einer freiwillig eingeleiteten Liquidation des Unternehmens sein.

d) Laufzeit und Kündigungsrechte

Die **Laufzeit** kann unbefristet sein. Dies ist immer dann der Fall, wenn das Genussrechtskapital – wie im vorigen Abschnitt beschrieben – aus dem Liquidationsüberschuss zurückgezahlt werden soll. Wird eine befristete Laufzeit vereinbart, soll die Rückzahlung also vor der Liquidation des Unternehmens erfolgen, so liegt diese in der Regel nicht unter fünf Jahren.

Kündigungsrechte können für den Emittenten und/oder die Inhaber – auch in unterschiedlicher Ausgestaltung – vereinbart werden, wobei einseitige Kündigungsrechte des Emittenten überwiegen. Zum einen kann es sich hierbei um eine Kündigung des Emittenten ab einem bestimmten Zeitpunkt ohne einen wichtigen Grund handeln, um etwa die Finanzierung an eventuell geänderte Umweltbedingungen anpassen zu können. Zum anderen lassen sich Emittenten häufig ein Kündigungsrecht aus einem wichtigen Grund einräumen, der z. B. darin liegen kann, dass Änderungen in der Rechtsprechung oder der Steuergesetzgebung zu einer veränderten steuerlichen Behandlung des Genussrechtskapitals und vor allem der Ausschüttungen auf das Genussrechtskapital führen.

In der Regel greifen bei Kündigungsrechten der Inhaber – wie auch bei Kündigungsrechten der Emittenten ohne wichtigen Grund – ein- oder mehrjährige **Kündigungsfristen**, eventuell auch erst nach Ablauf von ein- oder mehrjährigen Kündigungssperrfristen. Darüber hinaus können auch Kündigungsrechte zu bestimmten Zeitpunkten in jeweils mehrjährigen Abständen vorgesehen sein.

e) Rückzahlung

Bei zeitlich befristetem Genussrechtskapital gibt es unterschiedliche **Formen der Rückzahlung**. Sie kann entweder zum Nennwert erfolgen oder – bei börsennotierten Genussscheinen – auch zum entsprechenden Börsenkurs bei Fälligkeit. Eine weitere Möglichkeit stellt die Rückzahlung zum Durchschnitt der Ausgabekurse dar. In allen Fällen sind bei einer entsprechenden Vereinbarung selbstverständlich auch die nicht wiederaufgefüllten Herabsetzungen des Genussrechtskapitals aus Beteiligungen am laufenden Verlust zu berücksichtigen.

Anstelle oder zusätzlich zur Rückzahlung sind auch Wandlungsrechte des Emittenten und/oder der Inhaber in bestimmte Aktien möglich **(Wandelgenussscheine)**. Hierfür muss die Hauptversammlung mit Dreiviertelmehrheit einem bedingten Kapital in Höhe des Nennbetrags der daraus maximal zu erwartenden Ansprüche auf junge Aktien zustimmen.[824] Nimmt der Berechtigte das Umtauschrecht wahr, so erlischt das Genussrechtsverhältnis schuldrechtlicher Art. An dessen Stelle treten die Mitgliedschaftsrechte eines Aktionärs. Das Wandlungsverhältnis, die Zuzahlung und der Wandlungspreis werden dabei in den Genussscheinbedingungen festgelegt oder hängen von der Höhe bestimmter Bezugsgrößen (z. B. Börsenkurs) zum Zeitpunkt der Wandlung ab.

f) Einräumung von Bezugs- oder Optionsrechten

Den Inhabern früher ausgegebener Genussscheine steht ein Bezugsrecht auf neu emittierte Aktien, Wandelschuldverschreibungen, Gewinnschuldverschreibungen oder Genussscheine grundsätzlich nicht zu. Es kann ihnen auch nicht für spätere Situationen vertraglich zugesichert werden, da dies einen bedeutsamen Eingriff in die Rechte und Entscheidungsbefugnisse der Hauptversammlung bedeuten würde. Um die bisherigen Genussscheininhaber vor Vermögensnachteilen[825] zu schützen, enthalten die Genussscheinbedingungen häufig eine Klausel, wonach sich die Gesellschaft zu Ausgleichszahlungen für den Fall verpflichtet, dass die Hauptversammlung nicht zugunsten der bisherigen Genussscheininhaber auf ihr gesetzliches Bezugsrecht auf neue Genussscheine (teilweise) verzichtet (**Verwässerungsschutz**).[826]

Zur Attraktivitätssteigerung von Genussscheinen dienen gegebenenfalls mit ihnen verbundene **Optionsrechte**, die zum Bezug einer bestimmten Anzahl von Aktien des Emittenten innerhalb einer bestimmten Frist zu einem bestimmten Optionspreis berechtigen, aber nicht verpflichten (**Optionsgenussscheine**).[827] Wie bei den Wandelgenussscheinen muss die Hauptversammlung auch hier ein entsprechendes bedingtes Kapital schaffen. Bei einer Inanspruchnahme des Optionsrechts bleibt das Genussrechtsverhältnis bestehen; der Genussscheininhaber wird zusätzlich Aktionär. Der Bezugspreis kann in den Genussscheinbedingungen fixiert oder von der Höhe bestimmter Bezugsgrößen bei Ausübung der Option abhängig sein.

g) Verbriefung und Börsennotierung

Ein Genussrecht muss – wie bereits erwähnt – nicht verbrieft sein. Ist es verbrieft, so können Genussscheine wie Aktien als Inhaber-, Namens- oder auch als vinkulierte Namenspapiere ausgegeben sein; in der Praxis ist dabei aufgrund der höheren Fungibilität die auf den Inhaber lautende Form am weitesten verbreitet. Da keine gesetzlichen Vorschriften über die Nennwerte von Genussscheinen existieren, können sie theoretisch auch auf gebrochene oder

---

[824] Vgl. zu den weiteren rechtlichen Anforderungen an die bedingte Kapitalerhöhung den **Fünften Abschnitt, Kapitel D.II.2.c)**.

[825] Vgl. zum Ausgleich der Vermögensnachteile durch Bezugsrechte den **Fünften Abschnitt, Kapitel D.III.2.ba)**.

[826] Vgl. *Wöhe, Günter u. a.*: Grundzüge der Unternehmensfinanzierung. 11. Aufl., München 2013, S. 338.

[827] Zu Optionsgenussscheinen vgl. u. a. *Christian, Claus-Jörg/Regnery, Peter/Waschbusch, Gerd*: Optionsgenussscheine von Banken – Beurteilung der Vorteilhaftigkeit eines innovativen Anlagepakets, in: Wirtschaftswissenschaftliches Studium 1991, S. 201–204.

kleinere Beträge als den Mindestnennwert bei Aktien in Höhe von 1 EUR[828] oder aber als Stück-Genussschein ausgestellt sein.

Genussscheine sind grundsätzlich **börsenfähige Wertpapiere**. Sie können im Freiverkehr oder am Regulierten Markt notiert werden, sofern die entsprechenden Zulassungsvoraussetzungen erfüllt sind. Dabei kommt es nicht auf die Rechtsform des emittierenden Unternehmens an. Auf diesem Wege wird es somit auch ansonsten nicht emissionsfähigen Unternehmen möglich, finanzielle Mittel – je nach Ausgestaltung der begebenen Papiere auch in Gestalt von Risiko-/Haftungskapital – über den organisierten Kapitalmarkt zu beschaffen. Durch den Genussschein wird – zumindest theoretisch – die Grenze zwischen emissionsfähigen und nicht emissionsfähigen Rechtsformen aufgelockert. Tatsächlich nutzten in den zurückliegenden Jahren auch immer mehr kleinere und mittlere Unternehmen das Instrument des Genussrechtskapitals, jedoch blieb ihnen in der Regel – mehr aufgrund faktischer (vor allem wegen des zu geringen Emissionsumfangs) denn juristischer Schranken – nach wie vor der Zugang zur Börse versperrt. So wurde die überwiegende Mehrzahl der heute börsennotierten Genussscheine auch weiterhin von den ohnehin emissionsfähigen (größeren) Aktiengesellschaften emittiert.

Einen Überblick über die Ausstattungsmerkmale von Genussrechten enthält **Abbildung 75** auf S. 267.

III. Wandelschuldverschreibungen (Wandelanleihen)

Eine Wandelschuldverschreibung gibt den Gläubigern neben ihrem Anspruch auf feste Verzinsung und Rückzahlung auch ein Wandlungsrecht (Umtauschrecht) in Stammaktien der emittierenden Gesellschaft, d. h., diese von Aktiengesellschaften ausgegebenen **Obligationen können** innerhalb einer bestimmten Frist (Wandlungsfrist) in einem festgelegten Umtauschverhältnis (Wandlungsverhältnis) und eventuell unter Zuzahlung **in Aktien der emittierenden Gesellschaft umgetauscht werden**. In dem Umfang, in dem die Inhaber der Wandelschuldverschreibungen von ihrem Umtauschrecht Gebrauch machen und Aktien beziehen, geht die Wandelschuldverschreibung unter; aus dem Forderungstitel (Fremdkapital) wird ein Beteiligungstitel (Eigenkapital). Die für die Befriedigung der Umtauschansprüche erforderlichen Aktien werden gleichzeitig mit der Beschlussfassung über die Ausgabe der Wandelschuldverschreibungen durch einen Beschluss der Hauptversammlung über eine bedingte Kapitalerhöhung[829] geschaffen. Über die Ausgestaltung der Wandlungsbedingungen versucht das kapitalaufnehmende Unternehmen, Zeitpunkt und Umfang der Wandlungsentscheidungen der Anleger ihren jeweiligen Finanzierungsbedürfnissen entsprechend zu beeinflussen. Ein derartiges Wandlungsrecht kann seit der Aktienrechtsnovelle 2016 nicht nur den Gläubigern einer Wandelschuldverschreibung, sondern auch der emittierenden Gesellschaft eingeräumt werden.[830]

---

[828] Vgl. § 8 Abs. 2 Satz 1 AktG.
[829] Vgl. §§ 192–201 AktG.
[830] Vgl. § 221 Abs. 1 Satz 1 AktG.

B. Ausgewählte mezzanine Finanzinstrumente

mögliche Ausstattungsmerkmale	Ausprägungsbeispiele
Laufzeit	– keine Befristung; – wenn befristet, in der Regel nicht unter fünf Jahren.
Verzinsung/Ausschüttung (Gewinnbeteiligung)	– ergebnisabhängige „Verzinsung" (gekoppelt an Jahresüberschuss, Bilanzgewinn, Dividendenhöhe, Rentabilitätskennzahlen etc.); – mit oder ohne Mindestverzinsung in Prozent vom Nennwert; – mit oder ohne Nachholung in Verlustjahren.
Rang des Ausschüttungsanspruchs	– Vorrang vor den Ansprüchen der Aktionäre bzw. Gesellschafter; – kein Vorrang vor den Ansprüchen zukünftiger Genussrechtsinhaber.
Verlustbeteiligung	– keine; – Teilnahme am laufenden Verlust durch die Verminderung des Rückzahlungsanspruches (gekoppelt an negative Rentabilitätskennzahlen, an Verhältnis Rückzahlungsanspruch zu Eigenkapital oder uneingeschränkt nach Verrechnung von Kapital- und Gewinnrücklagen) mit anschließender prioritätischer oder anteilsmäßiger Wiederauffüllung im Fall zukünftiger Gewinne; – im Fall von Kapitalherabsetzungen durch die Herabsetzung des Genussrechtskapitals im gleichen Verhältnis.
Beteiligung am Liquidationsüberschuss	– bei gleichzeitiger Gewinnbeteiligung steuerschädlich; – bei Vereinbarung: in jedem Fall Nachrangigkeit im Verhältnis zu allen anderen Gläubigern; gegenüber Gesellschaftern Vorrang, Gleichrang oder Nachrang denkbar.
Kündigungsrechte	– keine; – für Emittent und/oder Inhaber, auch unterschiedlich ausgestaltete Kündigungsrechte möglich; – in der Regel mit ein- oder mehrjährigen Kündigungsfristen mit oder ohne mehrjährige(n) Kündigungssperrfristen; – in mehrjährigen regelmäßigen Abständen; – für Emittenten bei Wegfall der steuerlichen Qualifizierung als Fremdkapital.
Rückzahlung	– zum Nennwert; – bei börsennotierten Genussscheinen zum Börsenwert; – zum Durchschnitt der Ausgabekurse; – nach Abzug eventueller Verlustbeteiligungen.
Wandlungs- bzw. anhängende Optionsrechte	– keine; – Wandlungsrechte des Emittenten und/oder des Inhabers in Aktien anstelle oder zusätzlich zur Rückzahlung unter vorheriger Festlegung des Wandlungsverhältnisses, der Zuzahlung und des Wandlungspreises; – je Genussrecht eine bestimmte Anzahl von Optionsrechten, die zum Bezug einer bestimmten Anzahl von Aktien des Emittenten zu einem bestimmten Optionspreis berechtigen.
Bezugsrechte auf neue Genussrechte (Verwässerungsschutz)	– gesetzlich nur für die Aktionäre, nicht jedoch für bisherige Genussrechtsinhaber vorgeschrieben; – für bisherige Genussrechtsinhaber vorbehaltlich eines entsprechenden Beschlusses der Hauptversammlung mit oder ohne Ausgleichszahlung, falls die Hauptversammlung anders entscheidet.
Verbriefung	– möglich.
Börsennotierung	– keine Börsennotierung; – Börsennotierung im Freiverkehr oder am Regulierten Markt.

Abbildung 75: Mögliche Ausstattungsmerkmale von Genussscheinen

Zur Ausgabe von Wandelanleihen ist die Zustimmung von mindestens drei Vierteln des bei der Entscheidung in der Hauptversammlung vertretenen Grundkapitals erforderlich.[831] Die Satzung kann jedoch eine andere Kapitalmehrheit, also auch eine kleinere, und weitere Erfordernisse bestimmen.[832] Den Altaktionären ist zudem ein Bezugsrecht für die Wandelobligation einzuräumen.[833]

Wandelschuldverschreibungen weisen sowohl für die emittierende Aktiengesellschaft als auch für die Erwerber der Papiere **Vorteile** gegenüber der Ausgabe bzw. dem Erwerb von Aktien bzw. Schuldverschreibungen auf. So kann das **emittierende Unternehmen** seinen Kapitalbedarf grundsätzlich auch in schwierigen Zeiten decken. Es wird beispielsweise in einer ungünstigen Kapitalmarktsituation, wie etwa bei einem hohen Zinsniveau für Schuldverschreibungen bei einem gleichzeitig niedrigen Kursniveau für Aktien, die derzeit hohen Fremdkapitalzinsen akzeptieren, um den heute niedrigen Ausgabebetrag für junge Aktien und damit den aufgrund des niedrigen Agios niedrigen Zufluss von Eigenkapital zu vermeiden.[834] Das Unternehmen wird in einer solchen Situation den Weg über die Ausgabe von Wandelschuldverschreibungen allerdings nur dann gehen, wenn es eine Steigerung des Kursniveaus für Aktien erwartet, so dass die Inhaber der Wandelschuldverschreibungen bei für sie günstigen Umwandlungsbedingungen von ihrem Wandlungsrecht Gebrauch machen werden, wodurch der Aktiengesellschaft aufgrund der von den Obligationären üblicherweise akzeptierten Zuzahlungsverpflichtung letztlich mehr Eigenkapital zur Verfügung gestellt wird, als wenn ursprünglich sofort Aktien ausgegeben worden wären. Auch wenn sich eine Aktiengesellschaft in einer nur vorübergehend schlechten Ertragssituation befindet, kann die Unternehmensleitung bei einer späteren Verbesserung der Ertragssituation über die Ausgabe später in Aktien gewandelter Wandelschuldverschreibungen letztlich mehr Eigenkapital beschaffen als durch die unmittelbare Ausgabe von Aktien. Darüber hinaus liegt die Verzinsung des über die Ausgabe von Wandelschuldverschreibungen beschafften Fremdkapitals unter der für „normale" Schuldverschreibungen; auch die auf Wandelschuldverschreibungen zu zahlenden Zinsen können vom Emittenten als Betriebsausgaben steuerlich geltend gemacht werden. Nach der Wandlung fallen die seither für die Wandelschuldverschreibungen zu zahlenden Zinsen weg; an ihre Stelle treten die Dividendenansprüche aus den durch die Umwandlung neu geschaffenen Aktien.

Für den **Gläubiger** ist es von Vorteil, dass er für die gesamte Laufzeit der Wandelschuldverschreibung einen in seiner Höhe festliegenden Zins garantiert bekommt und dass er wie bei jeder Schuldverschreibung an aus Kapitalmarktzinssenkungen resultierenden Kurssteigerungen der Wandelschuldverschreibungen teilnehmen kann. Kurssteigerungen treten aber auch ein, wenn aufgrund einer günstigen Entwicklung der Kapitalmarkt- und Unternehmenssituation sowie wegen günstiger Umwandlungsbedingungen eine verstärkte Nachfrage nach den Wandelschuldverschreibungen besteht. Zudem übernimmt der Gläubiger am Anfang kein Eigenkapitalrisiko; im Umwandlungszeitpunkt bzw. -zeitraum kann er entscheiden, ob er dieses Risiko übernehmen möchte. Ob er eine Wandlung der Gläubigerposition in

---

[831] Vgl. § 221 Abs. 1 Satz 2 AktG.
[832] Vgl. § 221 Abs. 1 Satz 3 AktG.
[833] Vgl. § 221 Abs. 4 AktG.
[834] Vgl. dazu den **Fünften Abschnitt, Kapitel D.III.**

eine Eigentümerposition vornehmen und damit auch eine Substanzerhaltung durch die Beteiligung an einem Unternehmen sicherstellen will, kann er im Zeitpunkt bzw. im Zeitraum der Umwandlungsmöglichkeit unter Berücksichtigung der erwarteten Erträge aus Dividenden und Kursveränderungen der Aktien im Vergleich zu den erwarteten Erfolgsbeiträgen aus Zinszahlungen und Kursveränderungen des zur normalen Schuldverschreibung werdenden Papiers entscheiden, wobei selbstverständlich das Umtauschverhältnis und die Zuzahlungsverpflichtungen zu berücksichtigen sind. Insoweit kann der Emittent die Bereitschaft der Inhaber der Wandelschuldverschreibung zur Umwandlung oder aber zum unveränderten Halten der Gläubigerpapiere bis zur Tilgung durch die entsprechende Gestaltung der Wandlungsbedingungen der Erwerber beeinflussen.

Die wesentlichen Ausstattungsmerkmale von Wandelschuldverschreibungen zeigt **Abbildung 76**[835].

Ausstattungsmerkmale von Wandelschuldverschreibungen	
Charakter	Teilschuldverschreibungen (Forderungspapiere) mit Recht auf Umtausch in Aktien (Anteilspapiere)
Verzinsung	feste Verzinsung, die i. d. R. etwas unter dem Kapitalmarktzins liegt
Bezugsrecht und Bezugsverhältnis	Die Aktionäre haben ein Bezugsrecht und können entweder entsprechend ihrem Beteiligungsverhältnis Wandelschuldverschreibungen beziehen oder ihr Bezugsrecht verkaufen.
Wandlungsverhältnis	Verhältnis zwischen dem Nennwert der Anleihe und dem Nennwert des bedingten Kapitals
Wandlungspreis	Nennwert der eingetauschten Wandelschuldverschreibungen je Aktie, gegebenenfalls erhöht um Zuzahlungen oder vermindert um Rückzahlungen
Zuzahlungen/ Rückzahlungen	Einflussfaktor des Wandlungspreises und je nach Gestaltungsform auch des Wandlungstermins
Verwässerungsschutzklauseln	Sicherung der Rechte von Wandelobligationären bei Kapitalerhöhungen und bei der Begebung weiterer Wandelanleihen durch Änderung a) des Wandlungsverhältnisses b) der Zuzahlungen

Abbildung 76: Ausstattungsmerkmale von Wandelschuldverschreibungen

IV. Optionsschuldverschreibungen

Die Optionsanleihe ist eine **Schuldverschreibung mit einem abtrennbaren Anwartschaftsrecht (Optionsrecht)**, dessen Inhaber innerhalb einer bestimmten Frist (Optionsfrist) zu einem bereits im Ausgabezeitpunkt festgelegten Bezugskurs (Optionskurs) in einem vorher festgelegten Verhältnis (Optionsverhältnis) Stammaktien der emittierenden Gesellschaft beziehen kann. Der Optionskurs (Optionspreis), zu dem die Stammaktien der Gesellschaft während der Optionsfrist im festgelegten Optionsverhältnis bezogen werden können,

---

[835] Modifiziert entnommen aus *Wöhe, Günter u. a.*: Grundzüge der Unternehmensfinanzierung. 11. Aufl., München 2013, S. 327.

wird also bereits in den Ausgabebedingungen festgelegt. Das Optionsverhältnis gibt dabei die Zahl der Aktien an, die pro Optionsrecht bezogen werden können. Bei einer längeren Laufzeit sind zudem Zuzahlungen möglich.

Bei einer **Ausübung des Optionsrechts** geht die Schuldverschreibung nicht unter, sondern bleibt bis zu ihrer Tilgung bestehen. **Obligationäre**, die das Bezugsrecht ausgeübt und der Gesellschaft zusätzliches Eigenkapital zugeführt haben, sind somit **Gläubiger und Gesellschafter** des Unternehmens.

Für die Emission von Optionsschuldverschreibungen gelten dieselben aktienrechtlichen Vorschriften wie für die Begebung von Wandelschuldverschreibungen.[836]

Der Nominalzins für Optionsanleihen liegt in der Regel wesentlich unter dem Zinsniveau für Industrieobligationen; als Ausgleich für die **nicht marktgerechte Verzinsung** der Anleihe wird das Optionsrecht eingeräumt. Da die Optionsschuldverschreibung aus zwei Teilen besteht (der Schuldverschreibung selbst und dem **Optionsschein** oder **Warrant**), kann das Sonderrecht auf Aktienbezug nach Ablauf einer üblichen Sperrfrist von der Obligation losgelöst und getrennt veräußert werden. Optionsscheine und Schuldverschreibungen werden während der Laufzeit an der Börse gehandelt; dafür gibt es drei **Notierungen**:

- Notierung nur für die Schuldverschreibung (ex),
- Notierung nur für den Optionsschein,
- Notierung für die Optionsschuldverschreibung insgesamt (cum).[837]

Zur Ausgabe von Optionsanleihen ist die Zustimmung von mindestens drei Vierteln des bei der Beschlussfassung in der Hauptversammlung vertretenen Grundkapitals erforderlich.[838] In der Satzung können allerdings eine andere Kapitalmehrheit sowie weitere Erfordernisse festgelegt werden.[839] Den Altaktionären ist zudem ein Bezugsrecht für die Optionsanleihe einzuräumen.[840]

V. Gewinnschuldverschreibungen

Gewinnschuldverschreibungen räumen den Gläubigern Sonderrechte ein, die mit Gewinnanteilen von Aktionären in Verbindung gebracht werden.[841] Die Gläubiger erhalten entweder neben einer festen Mindestverzinsung aus der Schuldverschreibung einen Anspruch auf einen **Zusatzzins** in Höhe eines bestimmten Prozentsatzes der Dividende **oder** lediglich eine **gewinnabhängige Verzinsung** (in der Regel mit einem nach oben begrenzten Gewinnanspruch). Da in Verlustjahren entweder keine Verzinsung oder nur eine Mindestverzinsung

---

[836] Vgl. den **Siebten Abschnitt, Kapitel B.III.**
[837] Vgl. hierzu *Jahrmann, Fritz-Ulrich*: Finanzierung. 6. Aufl., Herne 2009, S. 132.
[838] Vgl. § 221 Abs. 1 Satz 2 AktG.
[839] Vgl. § 221 Abs. 1 Satz 3 AktG.
[840] Vgl. §§ 221 Abs. 4, 186 AktG.
[841] Vgl. § 221 Abs. 1 AktG.

erfolgt, sind Gewinnobligationen risikobehaftet. In Jahren mit hohen Gewinnen bieten sie allerdings eine über dem normalen Zins liegende Verzinsung.[842]

Zur Ausgabe von Gewinnschuldverschreibungen ist die Zustimmung von mindestens drei Vierteln des bei der Entscheidung in der Hauptversammlung vertretenen Grundkapitals erforderlich.[843] Die Satzung kann jedoch eine andere Kapitalmehrheit und weitere Erfordernisse bestimmen.[844] Den Altaktionären muss ein Bezugsrecht für die Gewinnschuldverschreibungen eingeräumt werden.[845]

Gewinnschuldverschreibungen werden in der Regel emittiert, um Kapitalgebern in schwierigen Unternehmenssituationen einen besonderen Anreiz zur Kapitalbereitstellung zu bieten.

VI. Partiarische Darlehen

Ein partiarisches Darlehen ist ein **Darlehen mit Gewinnbeteiligung**. Der Gläubiger erhält anstelle oder zusätzlich zu einer festen Verzinsung einen Anteil am Gewinn oder einer anderen Größe (z. B. Umsatz). Wie bei gewöhnlichen Krediten übernimmt das partiarische Darlehen **keine Verlustausgleichsfunktion** im laufenden Geschäftsbetrieb und auch **keine Haftungsfunktion im Insolvenzfall** (es sei denn, die zur Verfügung stehende Masse genügt nicht zur Befriedigung aller Gläubiger). Es erfüllt jedoch insbesondere aufgrund der erfolgsabhängigen Verzinsung im Falle einer endfälligen Tilgung verbunden mit einer langen Laufzeit die **Finanzierungsfunktion des Eigenkapitals**. Partiarische Darlehen entsprechen im Grunde stillen Einlagen, bei denen eine Verlustbeteiligung ausgeschlossen wurde. Ein Vorteil der partiarischen Darlehen im Unterschied zu stillen Einlagen ist darin zu sehen, dass sie ohne die Billigung des Darlehensnehmers an einen Dritten abgetreten werden können.[846] Sie weisen damit eine höhere Fungibilität als stille Einlagen auf. Partiarische Darlehensgeber sind deshalb leichter zu finden als stille Einleger.

VII. Nachrangige Darlehen

Nachrangige Darlehen bezeichnen im Regelfall **unbesicherte Darlehen**, die dem Gläubiger im Falle der Insolvenz oder der Liquidation des Unternehmens **lediglich nachrangige Ansprüche am Zerschlagungserlös** zugestehen. Die Ansprüche der Nachrangkapitalgeber treten somit hinter die Ansprüche der gewöhnlichen Fremdkapitalgeber zurück. Nachrangkapital stellt aus Sicht der vorrangigen Gläubiger eine zusätzliche Sicherheit im Falle der Insolvenz oder der Liquidation des Unternehmens dar.

Abgesehen von der **Vereinbarung eines Rangrücktritts** für den Fall der Insolvenz oder der Liquidation des Unternehmens weisen nachrangige Darlehen regelmäßig die für Fremdkapi-

---

[842] Vgl. *Wöhe, Günter u. a.*: Grundzüge der Unternehmensfinanzierung. 11. Aufl., München 2013, S. 334–335.
[843] Vgl. § 221 Abs. 1 Satz 2 AktG.
[844] Vgl. § 221 Abs. 1 Satz 3 AktG.
[845] Vgl. §§ 221 Abs. 4, 186 AktG.
[846] Vgl. *Büschgen, Hans E.*: Grundlagen betrieblicher Finanzwirtschaft – Unternehmensfinanzierung. 3. Aufl., Frankfurt a. M. 1991, S. 140; *Süchting, Joachim*: Finanzmanagement – Theorie und Politik der Unternehmensfinanzierung. 6. Aufl., Wiesbaden 1995, S. 37.

tal typischen Merkmale auf. So erfolgt eine fixe Vergütung für die Kapitalüberlassung, die gegebenenfalls um einen am Gewinn des Unternehmens orientierten variablen Anteil aufgestockt wird. Sofern eine gewinnabhängige Vergütung vorgesehen ist, liegt ein **partiarisches Nachrangdarlehen** vor.[847] Aufgrund des insolvenzrechtlichen Nachrangs und der fehlenden Besicherung sind nachrangige Darlehen im Regelfall höher verzinslich als gewöhnliche Darlehen.

Nachrangdarlehen sind im Regelfall befristet, weisen aber **häufig eine lange Laufzeit** auf. In Form von **Nachranganleihen** finden sich allerdings auch nachrangige Finanzierungsformen mit dem Merkmal der unbefristeten Laufzeit (sog. **ewige Anleihen**). Diese ewigen Anleihen sind als Finanzierungsform zunehmend gefragt, da sie nach der Eigenkapitalabgrenzung der IFRS bilanzrechtlich als Eigenkapital klassifiziert werden. Dies setzt allerdings den Verzicht auf Kündigungsrechte des Inhabers voraus.

Um eine vorzeitige Rückzahlung an den Inhaber der Nachranganleihe zu erreichen und dabei nicht die Eigenkapitalanforderungen der IFRS zu verletzen, sehen die Vertragsbedingungen von Nachranganleihen regelmäßig ein Emittentenkündigungsrecht vor. Gekoppelt mit einer ratierlichen Erhöhung des Kapitalüberlassungsentgelts (Zins-Step-Up) entsteht so eine faktische wirtschaftlich begründete Verpflichtung des Emittenten zur Rückzahlung der Anleihe. Der Emittent sieht sich nach Ablauf eines bestimmten Zeitraums zur Umgehung der hohen Zinslast regelmäßig zur vorzeitigen Rückzahlung der Anleihe veranlasst.

VIII. Gesellschafterdarlehen

Gesellschafterdarlehen bezeichnen **Darlehensgewährungen der Gesellschafter** eines Unternehmens an ihr eigenes Unternehmen. Die Besonderheit von Gesellschafterdarlehen gegenüber Kapitalüberlassungen anderer Fremdkapitalgeber besteht in der **insolvenzrechtlichen Nachrangigkeit** der Zahlungsansprüche der Gesellschafter als Darlehensgeber gegenüber anderen Fremdkapitalgebern. Der Nachrang dieser Ansprüche im Insolvenzfall folgt aus § 39 Abs. 1 Nr. 5 i. V. m. Abs. 4 InsO. Forderungen auf Rückgewähr eines Gesellschafterdarlehens oder Forderungen aus Rechtshandlungen, die einem solchen Darlehen wirtschaftlich entsprechen, treten demnach im Rang hinter die Ansprüche der übrigen Gläubiger zurück. Dieser insolvenzrechtliche Nachrang begründet den mezzaninen Charakter von Gesellschafterdarlehen.

Die Regelung des § 39 Abs. 1 Nr. 5 InsO betrifft Gesellschaften, die weder eine natürliche Person noch eine Gesellschaft, bei der ein persönlich haftender Gesellschafter eine natürliche Person ist, als persönlich haftenden Gesellschafter haben.[848] Ausnahmen sind außerdem vorgesehen für Gläubiger, die zum Zwecke der Sanierung Anteilsrechte erwerben, sowie für Gesellschafterdarlehen, wenn der Gesellschafter nicht geschäftsführend tätig (§ 39 Abs. 4 Satz 2 InsO) und nur bis zu maximal 10 % am Haftkapital der Gesellschaft beteiligt ist (§ 39 Abs. 5 InsO).

---

[847] Vgl. hierzu den **Siebten Abschnitt, Kapitel B.VI.**
[848] Vgl. § 39 Abs. 4 Satz 1 InsO.

Die Zuführung von Kapital durch einen Gesellschafter im Wege eines Darlehens hat bilanzrechtlich „weder die Umwandlung des Darlehens in haftendes Kapital noch dessen interne Gleichstellung mit Eigenkapital"[849] zur Folge. Das Darlehen bleibt für das Innenrecht der Gesellschaft vielmehr Fremdkapital[850] und wird auch steuerrechtlich (unter Anwendung des Grundsatzes der Maßgeblichkeit der handelsbilanziellen Behandlung gemäß § 5 Abs. 1 EStG) als solches behandelt.[851]

Der BFH bekräftigt den Grundsatz der Finanzierungsfreiheit zwar ausdrücklich, sieht es aber dennoch als „vom Ergebnis her unbefriedigend" an, dass Gesellschafter, die ihrem Unternehmen Eigenkapital zuführen, steuerlich möglicherweise schlechter gestellt sind als diejenigen, die Fremdkapital gewähren. Da die Entscheidung eines Gesellschafters, nur Fremdkapital zur Verfügung zu stellen, aber nicht als Gestaltungsmissbrauch i. S. d. § 42 AO anzusehen sei, kann eine Gleichbehandlung nach Ansicht des BFH nur über eine ausdrückliche gesetzliche Regelung und nicht über § 42 AO erreicht werden.[852]

In den steuerlichen Spezialgesetzen lassen sich vereinzelt Ansatzpunkte für eine Grenzziehung finden, inwieweit die Fremdfinanzierung durch Gesellschafter vom Steuerrecht hingenommen bzw. ab wann sie nicht mehr akzeptiert werden soll. Die Regelung zur sog. **Zinsschranke** des § 4h EStG enthält eine grundsätzliche Beschränkung der steuerlichen Abzugsfähigkeit von Zinsaufwendungen, sobald diese eine bestimmte gewinnabhängige Größenordnung überschreiten.[853] Erweitert wird diese Regelung für Kapitalgesellschaften um § 8a KStG, welcher spezifische Regelungen zur Angemessenheit von Fremdfinanzierungen durch Gesellschafter enthält; § 8a KStG sieht ein „Greifen" der Zinsschranke – also eine Nichtabziehbarkeit aller Zinsaufwendungen im oben beschriebenen Maße – für alle diejenigen Fälle vor, in denen eine Fremdfinanzierung durch die Gesellschafter mehr als 10 % aller angefallenen Nettozinsaufwendungen ausmacht.[854]

Neben dieser grundsätzlichen Beschränkung der steuerlichen Abzugsfähigkeit von Zinsaufwendungen existieren weitere einzelfallbezogene steuerliche Beschränkungen zur Gesellschafter-Fremdfinanzierung, wie beispielsweise die Regelung in § 8 Abs. 3 Satz 2 KStG zur Behandlung von Genussrechten.

---

[849] BFH-Urteil vom 05.02.1992, I R 127/90, BStBl. II 1992, S. 534.
[850] Vgl. BGH-Urteil vom 11.05.1987, II ZR 226/86. In: Der Betrieb 1987, S. 1782.
[851] Vgl. BFH-Urteil vom 05.02.1992, I R 127/90, BStBl. II 1992, S. 535.
[852] Vgl. BFH-Urteil vom 05.02.1992, I R 127/90, BStBl. II 1992, S. 536.
[853] Vgl. zur Zinsschranke *Kußmaul, Heinz u. a.*: Ausgewählte Anwendungsprobleme der Zinsschranke. In: Betriebs-Berater 2008, S. 135–141; *Kußmaul, Heinz/Ruiner, Christoph/Schappe, Christian*: Die Einführung einer Zinsschranke im Rahmen der Unternehmenssteuerreform 2008. In: Arbeitspapiere zur Existenzgründung, hrsg. von *Heinz Kußmaul*, Band 25, Saarbrücken 2008.
[854] Der Gesellschafter muss zu mindestens 25 % am Grund- oder Stammkapital beteiligt sein. Neben den Gesellschaftern werden auch diesen nahe stehende Personen i. S. d. § 1 Abs. 2 AStG sowie auf vorgenannten Personenkreis rückgriffsberechtigte Dritte erfasst; vgl. dazu ausführlich *Kußmaul, Heinz/Ruiner, Christoph/Schappe, Christian*: Die Einführung einer Zinsschranke im Rahmen der Unternehmenssteuerreform 2008. In: Arbeitspapiere zur Existenzgründung, hrsg. von *Heinz Kußmaul*, Band 25, Saarbrücken 2008.

Achter Abschnitt

Leasing als Sonderform der Außenfinanzierung

A. Begriff und Einteilungskriterien

Wenn ein Wirtschaftssubjekt A von einem anderen Wirtschaftssubjekt B einen Vermögensgegenstand least, so könnte man die dann stattfindenden Aktionen wie folgt vereinfachend und exemplarisch beschreiben: der Leasing-Nehmer (= A) zahlt dem Leasing-Geber (= B) bei Vertragsabschluss einen Grundbetrag in gewisser Höhe, der einen Bruchteil des üblichen Kaufpreises des Vermögensgegenstandes beträgt.[855] Der Leasing-Geber stellt dem Leasing-Nehmer den Vermögensgegenstand zur Nutzung zur Verfügung; während der Nutzungszeit (= Laufzeit des Leasing-Vertrags) zahlt der Leasing-Nehmer dem Leasing-Geber periodische (z. B. monatliche) Leasing-Raten. Am Ende der vertraglich vereinbarten Nutzungszeit gibt der Leasing-Nehmer dem Leasing-Geber den Vermögensgegenstand zurück; alternativ kann auch vereinbart werden, dass der Leasing-Nehmer den Vermögensgegenstand am Ende der Vertragslaufzeit erwerben muss oder kann bzw. den Leasing-Vertrag zu vergünstigten Konditionen verlängern kann. Zu den begehrtesten Leasing-Vermögensgegenständen zählen Kraftfahrzeuge, Industrie-, EDV- und Telekommunikationsanlagen sowie Produktions- und Geschäftsgebäude.

Für **Leasing-Verträge** bestehen derart **vielfältige Gestaltungsmöglichkeiten**, dass es sowohl in betriebswirtschaftlicher als auch in juristischer Hinsicht kaum möglich ist, eine tiefergehende und dennoch alle unterschiedlichen Leasing-Formen umschließende Definition dieses Finanzierungsinstruments zu formulieren. *Jahrmann* interpretiert Leasing als „Überlassung von Realkapital" (Vermögensgegenstände; Anm. d. Verf.) und insoweit als „eine besondere Kreditart ..., bei der der Kapitaldienst durch Zahlung von regelmäßigen Leasingraten und durch die für einen späteren Zeitpunkt vertraglich vereinbarte Rückgabe des Leasingobjektes geleistet wird"[856]. Leasing-Geschäfte werden teils in erster Linie als **Mietverhältnisse mit zum Teil eigenem Charakter** angesehen,[857] teils sieht man in ihnen eine **„kapitalsubstitutive Finanzierungsform"**, die sich in wirtschaftlicher Hinsicht zwischen Sachkredit und normaler Miete bewegt.[858] Sehr ausführlich und fundiert äußert sich *Martinek* zur Rechtsnatur des Leasing-Vertrags. Er kommt zu dem Ergebnis, der Leasing-Vertrag sei „ein im BGB nicht geregelter Vertragstyp eigener Art mit gleichgewichtiger Finanzierungsfunktion und Gebrauchsüberlassungsfunktion, zu denen bisweilen noch eine Dienstleistungsfunktion hinzutritt"[859]. Den Leasing-Geber trifft die Hauptpflicht zur Finan-

---

[855] Auch ein Verzicht auf die Zahlung dieses Betrags ist möglich.
[856] *Jahrmann, Fritz-Ulrich*: Finanzierung. 6. Aufl., Herne 2009, S. 164.
[857] Vgl. *Perridon, Louis/Steiner, Manfred/Rathgeber, Andreas*: Finanzwirtschaft der Unternehmung. 16. Aufl., München 2012, S. 485–486.
[858] Vgl. *Eilenberger, Guido*: Betriebliche Finanzwirtschaft. 8. Aufl., München 2013, S. 338–341.
[859] *Martinek, Michael*: Moderne Vertragstypen. Band I: Leasing und Factoring. München 1991, S. 90.

zierung des Leasing-Gegenstands und zur Verschaffung (Lieferung), Gebrauchsüberlassung und -belassung des Leasing-Gegenstands für die vereinbarte Leasing-Zeit. Zusätzlich kann der Leasing-Geber zu Dienstleistungen für den Leasing-Nehmer verpflichtet sein. Der Leasing-Nehmer ist im Gegenzug zur Zahlung der vereinbarten Leasing-Raten verpflichtet. Geschäftsgrundlage des Leasing-Vertrags ist die Gebrauchstauglichkeit des Leasing-Objekts im Zeitpunkt der Lieferung.

Ungeachtet der Problematik einer betriebswirtschaftlichen oder juristischen Definition lassen sich Leasing-Verträge nach verschiedenen Kriterien systematisieren.[860] **Abbildung 77**[861] enthält verschiedene Systematisierungen.

Systematisierung der Leasing-Verträge nach
1. dem Verpflichtungscharakter des Leasing-Vertrags
   - Operate-/Finance-Leasing
   - Teilamortisations-/Vollamortisations-Leasing
   - Verträge mit und ohne Option des Leasing-Nehmers auf Mietverlängerung oder Erwerb des Leasing-Objekts
2. der Art des Leasing-Gegenstands
   - Konsumgüter-/Investitionsgüter-Leasing
   - Mobilien-/Immobilien-Leasing
   - Equipment-Leasing/Plant-Leasing
3. der Stellung des Leasing-Gebers
   - direktes Leasing
   - indirektes Leasing

Abbildung 77: Systematisierungskriterien für Leasing-Verträge

Equipment-Leasing-Verträge lauten stets nur über einen einzelnen Vermögensgegenstand, während das **Plant-Leasing** ganze Aggregatgruppen, zumindest aber eine größere Zahl zusammengehörender Objekte mit einschließt.

Beim **direkten Leasing** wird der Vertrag unmittelbar zwischen dem Hersteller des zu verleasenden Gegenstandes – in diesem Falle identisch mit dem Leasing-Geber – und dem Leasing-Nehmer abgeschlossen. Für den Hersteller stehen dabei nicht so sehr die Leasing-Geschäfte als solche, sondern vielmehr absatzpolitische Erwägungen im Vordergrund. Demgegenüber zeichnet sich **indirektes Leasing** dadurch aus, dass sich zwischen Hersteller und Leasing-Nehmer eine dritte Partei einschaltet, die solche Geschäfte gewerbsmäßig und häufig ausschließlich betreibt (Leasing-Gesellschaft, die auch eine Tochtergesellschaft des Herstellerunternehmens sein kann). Die Beziehungen zwischen den Beteiligten können dann beispielsweise wie in **Abbildung 78**[862] auf S. 277 dargestellt aussehen.

---

[860] Vgl. *Jahrmann, Fritz-Ulrich*: Finanzierung. 6. Aufl., Herne 2009, S. 165–169; *Kußmaul, Heinz*: Betriebswirtschaftliche Steuerlehre. 7. Aufl., München 2014, S. 45; *Wöhe, Günter u. a.*: Grundzüge der Unternehmensfinanzierung. 11. Aufl., München 2013, S. 344–346.

[861] Entnommen aus *Bieg, Hartmut*: Leasing als Sonderform der Außenfinanzierung. In: Der Steuerberater 1997, S. 425.

[862] Geringfügig modifiziert entnommen aus *Wöhe, Günter/Bilstein, Jürgen*: Grundzüge der Unternehmensfinanzierung. 9. Aufl., München 2002, S. 280.

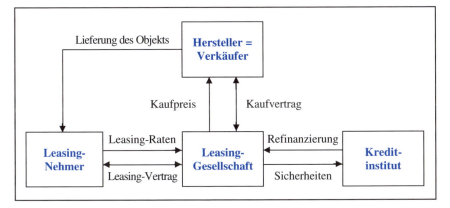

Abbildung 78: Indirektes Leasing

Beim **indirekten Leasing** schließt die Leasing-Gesellschaft zunächst mit dem Leasing-Nehmer den Leasing-Vertrag ab und daraufhin auch den Kaufvertrag mit dem Hersteller des Objekts. Sie begleicht den Kaufpreis und weist den Hersteller an, das Objekt an den Leasing-Nehmer zu übergeben. Der Leasing-Nehmer zahlt periodisch (vorschüssig) die vertraglich vereinbarten Leasing-Raten an die Leasing-Gesellschaft. Jene wiederum hat sich zumeist bei einer Bank einen Kredit zur Refinanzierung des Kaufpreises verschafft, den sie nunmehr mit Zins- und Tilgungsleistungen bedienen muss und zu dessen Absicherung sie beispielsweise das Eigentumsrecht an dem verleasten Gegenstand an das Kreditinstitut abgetreten hat.

Der **Verpflichtungscharakter des Leasing-Vertrags** ist in erster Linie ein juristisches Einteilungskriterium. Je nach den konkreten Ausgestaltungsmerkmalen des einzelnen Leasing-Vertrags kann dieser als

- normaler Mietvertrag,
- verdeckter Teilzahlungsvertrag,
- Geschäftsbesorgungsvertrag,
- Treuhandverhältnis oder auch als
- Vertrag eigener Art

interpretiert werden. Aus diesen juristischen Differenzierungen leitet die Finanzverwaltung und -gerichtsbarkeit Unterscheidungen in der steuerlichen Behandlung der Leasing-Verträge ab; hierdurch gewinnt das zunächst rein rechtliche Einteilungskriterium eine betriebs- und insbesondere auch eine finanzwirtschaftliche Bedeutung, denn die Vorteilhaftigkeit eines Leasing-Geschäfts hängt häufig ganz entscheidend von der damit verbundenen Steuerwirkung ab.

Nach dem Verpflichtungscharakter des Leasing-Vertrags unterscheidet das Steuerrecht die in **Abbildung 79**[863] auf S. 278 dargestellten Formen und Unterformen des Leasings.

---

[863] Entnommen aus *Bieg, Hartmut*: Leasing als Sonderform der Außenfinanzierung. In: Der Steuerberater 1997, S. 426.

278 Achter Abschnitt: Leasing als Sonderform der Außenfinanzierung

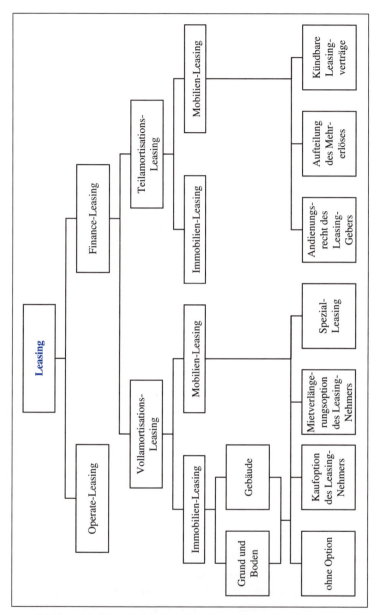

Abbildung 79: Systematisierung der Leasing-Verträge im Steuerrecht

B. Operate- und Finance-Leasing-Verträge

Die wesentlichen gemeinsamen Kennzeichen der äußerst heterogenen Gruppe der **Finance-Leasing-Verträge** und die Unterschiede zum **Operate-Leasing** sind in **Abbildung 80**[864] dargestellt.

	Operate-Leasing	Finance-Leasing
Vertragscharakter	normaler Mietvertrag (§§ 535–580a BGB)	unterschiedlich
Kündbarkeit	jederzeit von beiden Vertragsparteien (evtl. unter Einhaltung einer relativ kurzen Kündigungsfrist)	nicht während der Grundmietzeit (Zeitraum, während dessen der Leasing-Vertrag unkündbar ist)
Investitionsrisiko	beim **Leasing-Geber**, da der Leasing-Nehmer jederzeit (evtl. unter Einhaltung einer relativ kurzen Kündigungsfrist) kündigen kann	beim **Leasing-Nehmer**, da er während der Grundmietzeit grundsätzlich alle Kosten des Leasing-Gebers einschließlich des Gewinnzuschlags deckt
Leasing-Gegenstände	allgemein verwendbare („marktgängige") Güter (z. B. PKW), die grundsätzlich erneut vermietet werden können	alle Güter, z. B. auch Spezialmaschinen, eigens erstellte Gebäude
(steuerbilanzielle) Aktivierung des Leasing-Gegenstands	i. d. R. beim **Leasing-Geber**	abhängig von der Vertragsgestaltung und deren wirtschaftlichen Folgen (i. d. R. beim **Leasing-Geber**)

Abbildung 80: Unterschiede zwischen Operate- und Finance-Leasing

Operate-Leasing-Verträge, die auch als **Operating-** bzw. **Gebrauchs-Leasing-Verträge** bezeichnet werden, sind grundsätzlich **normale Mietverträge im Sinne des BGB**. Für sie gelten somit auch die dort in den §§ 535–580a BGB festgelegten Regelungen. Sie können von beiden Vertragspartnern für gewöhnlich kurzfristig und ohne Fälligwerden von Vertragsstrafen gekündigt werden. Der wirtschaftliche Sinn eines Operate-Leasing-Vertrags liegt darin, dass der Leasing-Nehmer einen Gegenstand nutzen kann, den er nur für relativ kurze Zeit und nicht für die Gesamtlebensdauer des Objektes benötigt. Dadurch hat der Leasing-Nehmer den Vorteil, nicht die mit dem geleasten Gegenstand verbundenen Risiken tragen zu müssen, wie z. B. das Risiko

- der Fehlinvestition,
- der technisch-wirtschaftlichen Entwertung oder
- des zufälligen Untergangs des Objekts.

---

[864] Modifiziert entnommen aus *Bieg, Hartmut*: Leasing als Sonderform der Außenfinanzierung. In: Der Steuerberater 1997, S. 427.

Das „Risiko" des Leasing-Nehmers – sofern man hier überhaupt von einem solchen reden kann – beschränkt sich auf die Entrichtung der Mietzahlungen bis zur nächstmöglichen Kündigung des Leasing-Vertrags. **Alle anderen Risiken liegen** dagegen **beim Leasing-Geber.** Letzterem obliegen auch die Instandhaltungspflichten, wie bspw. Wartung, Versicherung oder Reparaturen. Da der Leasing-Geber ständig mit einer Kündigung des Leasing-Nehmers rechnen muss, kommen für das Operate-Leasing nur solche Gegenstände in Betracht, die – da vielseitig verwendbar – von einer größeren Anzahl potenzieller Mieter nachgefragt werden (z. B. kleine und mittelgroße EDV-Anlagen, PKW, LKW).

Das gemeinsame Kennzeichen aller **Finance-Leasing-Verträge**, auch **Financial-** bzw. **Finanzierungs-Leasing-Verträge** genannt, ist primär, dass sie zum einen für einen bestimmten Zeitraum – die sog. **„Grundmietzeit"** – unkündbar sind und zum anderen – allerdings mit Besonderheiten bei der Teilamortisationsvariante – die in dieser Frist zu zahlenden Raten alle Kosten des Leasing-Gebers einschließlich des Gewinnzuschlags decken sollen. *Wöhe u. a.*[865] sehen den wesentlichen **wirtschaftlichen Unterschied zwischen Operate- und Finance-Leasing** darin, dass **bei Letzterem alle Risiken** – insbesondere auch das Investitionsrisiko – **beim Leasing-Nehmer** liegen: Er kann den Vertrag nur lösen, nachdem er alle Kosten des Objekts übernommen und (einschließlich des Gewinnanteils) in Form der Leasing-Raten und/oder als Sonderzahlung dem Leasing-Geber vergütet hat. Darüber hinaus trägt der Mieter hier auch alle anderen Kosten, wie bspw. für Versicherung, Wartung und Reparaturen. Dies sind für einen „normalen" Mietvertrag ganz ungewöhnliche Bedingungen. Aus diesem Grunde können die Rechtsvorschriften für Operate-Leasing (Miete, Pacht i. S. des BGB) auch nicht einfach auf das Finance-Leasing übertragen werden.

Beim **Spezial-Leasing**, einer Sonderform des Finanzierungs-Leasings, plant in der Regel der Leasing-Nehmer die technische Ausgestaltung des Leasing-Gegenstands, z. B. eine Werkshalle oder ein Bürogebäude. Der Leasing-Geber übernimmt anschließend die Herstellung des Objekts, um es an den Leasing-Nehmer zu vermieten. Mit dem Ablauf der Grundmietzeit muss sich das Leasing-Objekt amortisiert haben, da es völlig auf die Bedürfnisse des Leasing-Nehmers zugeschnitten ist, so dass es nur von ihm sinnvoll weiterverwendet werden kann (z. B. weil das geleaste Gebäude inmitten des Fabrikgeländes des Leasing-Nehmers steht). Weiterverkauf oder Weitervermietung an Dritte ist üblicherweise vertraglich ausgeschlossen. Leasing-Geber und Leasing-Nehmer vereinbaren daher meist schon vorab für die Zeit nach dem Ende der Grundmietperiode eine Anschlussmiete, die meist nur einen geringen Bruchteil der bisherigen Raten ausmacht.

Häufig werden Leasing-Verträge im Rahmen des **„Sale-and-lease-back-Verfahrens"** zu jahresabschlusspolitischen, aber auch finanzpolitischen Zwecken eingesetzt. Hierbei verkauft der bisherige Eigentümer eines Gebäudes oder beispielsweise auch eines Verkehrsflugzeugs das Objekt an eine Leasing-Gesellschaft und least es gleichzeitig wieder langfristig von ihr zurück. Er erhält dadurch einen bestimmten Geldbetrag (den Verkaufspreis) und kann den Gegenstand trotzdem wie bisher weiter nutzen, muss dafür allerdings die vereinbarten Leasing-Raten bezahlen.

---

[865] Vgl. *Wöhe, Günter u. a.*: Grundzüge der Unternehmensfinanzierung. 11. Aufl., München 2013, S. 346.

C. Steuerbilanzielle Zurechnung des Leasing-Gegenstands

I. Vorbemerkungen

Die vertraglichen Besonderheiten insbesondere der Finance-Leasing-Verträge brachten zwangsläufig **steuerrechtliche Probleme** mit sich. Da anfangs keinerlei diesbezüglichen Vorschriften existierten, war es häufig unklar und zwischen den Beteiligten umstritten, wer – Leasing-Geber oder Leasing-Nehmer – den Leasing-Gegenstand in seiner Steuerbilanz zu aktivieren und planmäßig abzuschreiben hat. Davon hängt es aber ab, in welchem Umfang die jeweils gezahlten Leasing-Raten steuerlich Betriebsausgaben (beim Leasing-Nehmer) bzw. Betriebseinnahmen (beim Leasing-Geber) darstellen oder ertragsteuerneutral als Tilgungsleistungen anzusehen sind.

II. Zurechnung im Falle des Operate-Leasing

Die Zurechnung des Leasing-Gegenstands ist beim **Operate-Leasing** vergleichsweise einfach, da es sich hier um normale Miet- oder Pachtverhältnisse handelt, bei denen der Mieter weder das Investitionsrisiko am Leasing-Gegenstand trägt noch irgendwelche Sonderrechte hieraus für die Zeit nach Vertragsende geltend machen kann. Der Leasing-Nehmer hat somit keine Möglichkeit, den Leasing-Geber dauerhaft vom Zugriff auf den Leasing-Gegenstand auszuschließen. Der **Leasing-Geber** ist **stets wirtschaftlicher Eigentümer**. Er aktiviert das Leasing-Objekt in seiner (Steuer-) Bilanz und schreibt es auch über die betriebsgewöhnliche Nutzungsdauer ab. Die zufließenden Leasing-Raten sind für ihn Betriebseinnahmen. Für den Leasing-Nehmer sind die Leasing-Raten in voller Höhe Aufwand und steuerlich als Betriebsausgaben abzugsfähig.

III. Zurechnung im Falle des Finance-Leasing

1. Vorbemerkungen

Schwieriger war die Zurechnungsfrage hinsichtlich der **Finance-Leasing-Verträge** zu beantworten. In seinem Grundsatzurteil vom 26.01.1970 formulierte der BFH sechs Leitsätze, die prinzipiell auf alle Arten von Finance-Leasing beweglicher Wirtschaftsgüter anzuwenden sind.[866] Der BFH betont dabei die Bedeutung der **wirtschaftlichen Betrachtungsweise** für die steuerliche Zurechnung des Leasing-Gegenstands. Damit muss der wirtschaftliche Eigentümer im Sinne des § 39 Abs. 2 AO das Leasing-Objekt in seiner Steuerbilanz aktivieren und über die betriebsgewöhnliche Nutzungsdauer abschreiben. Grundsätzlich liegt das wirtschaftliche Eigentum beim zivilrechtlichen Eigentümer des Leasing-Gegenstands, also beim Leasing-Geber. Dagegen gilt der Leasing-Nehmer dann als wirtschaftlicher Eigentümer, wenn er den Leasing-Geber „auf Dauer von der Einwirkung auf das Wirtschaftsgut rechtlich und wirtschaftlich ausschließen kann"[867], wenn ihm das Leasing-Objekt somit uneingeschränkt und dauerhaft zur Verfügung steht. Wer wirtschaftlicher

---

[866] Vgl. im Einzelnen *Wöhe, Günter*: Betriebswirtschaftliche Steuerlehre I/2: Der Einfluß der Besteuerung auf das Rechnungswesen des Betriebes. 7. Aufl., München 1992, S. 307–308.

[867] *Wöhe, Günter*: Betriebswirtschaftliche Steuerlehre I/2: Der Einfluß der Besteuerung auf das Rechnungswesen des Betriebes. 7. Aufl., München 1992, S. 307.

Eigentümer ist, kann laut BFH-Urteil nur „nach den Umständen des Einzelfalls" beurteilt werden. Das Urteil führt die hierzu relevanten Entscheidungskriterien zwar an, konkretisiert und vor allem quantifiziert sie allerdings nicht in hinreichendem Maße. Dies holte das Bundesfinanzministerium in den folgenden Jahren mit vier verschiedenen Leasing-Erlassen nach:

- BMF-Schreiben zu Finanzierungs-Leasing-Verträgen mit Vollamortisation über bewegliche Wirtschaftsgüter vom 19.04.1971,
- BMF-Schreiben zu Finanzierungs-Leasing-Verträgen mit Vollamortisation über Immobilien vom 21.03.1972,
- BMF-Schreiben zu Finanzierungs-Leasing-Verträgen mit Teilamortisation vom 22.12.1975 und 23.12.1991.

Auf die in diesen Leasing-Erlassen festgelegten Zuordnungsregeln und die sich daraus ergebenden Bilanzierungstechniken wird im Folgenden etwas näher eingegangen. Allerdings besitzen diese Zurechnungsvorschriften für den Leasing-Gegenstand nur hinsichtlich der Steuerbilanz Rechtskraft. Die handelsrechtlichen Rechnungslegungsvorschriften bleiben davon grundsätzlich unberührt. Die Behandlung von Leasing-Geschäften in der Handelsbilanz ist in der fachwissenschaftlichen Theorie heftig umstritten;[868] spezielle GoB haben sich diesbezüglich noch nicht herausgebildet. In der Praxis werden jedoch die steuerlichen Zurechnungskriterien wegen fehlender handelsrechtlicher Regelungen für Leasing-Verträge häufig einfach auf die Handelsbilanz übertragen.[869]

2. Vollamortisations-Leasing über bewegliche Wirtschaftsgüter

Die Vollamortisation ist die älteste und bislang immer noch die Grundvariante des Finance-Leasing. Laut BMF-Schreiben vom 19.04.1971[870] über bewegliche Wirtschaftsgüter ist zwischen den folgenden Vertragsformen zu unterscheiden:

- Leasing-Verträge ohne irgendwelche Optionsrechte,
- Leasing-Verträge mit Kaufoptionsrecht des Leasing-Nehmers,
- Leasing-Verträge mit Mietverlängerungsoptionsrecht des Leasing-Nehmers,
- Spezial-Leasing.

Der **Leasing-Nehmer** gilt nach diesem BMF-Schreiben stets dann als **wirtschaftlicher Eigentümer des Leasing-Gegenstands**, wenn die in **Abbildung 81**[871] auf S. 283 für den jeweiligen Vertragstyp dargestellte Bedingung – bei den Fällen mit Optionsrecht wenigstens eine von mehreren – erfüllt ist. In allen anderen Fällen wird der Leasing-Gegenstand steuerlich dem Leasing-Geber zugerechnet.

---

[868] Vgl. *Wöhe, Günter*: Betriebswirtschaftliche Steuerlehre I/2: Der Einfluß der Besteuerung auf das Rechnungswesen des Betriebes. 7. Aufl., München 1992, S. 304–306.

[869] Vgl. *Wöhe, Günter*: Betriebswirtschaftliche Steuerlehre I/2: Der Einfluß der Besteuerung auf das Rechnungswesen des Betriebes. 7. Aufl., München 1992, S. 306.

[870] Vgl. BMF-Schreiben vom 19.04.1971, IV B/2-S 2170-31/71, BStBl. I 1971, S. 264–266.

[871] Geringfügig modifiziert entnommen aus *Bieg, Hartmut*: Leasing als Sonderform der Außenfinanzierung. In: Der Steuerberater 1997, S. 429.

Vertragstyp	Zurechnung des Leasing-Gegenstands zum Leasing-Nehmer, wenn
Leasing-Vertrag ohne Optionsrecht	Grundmietzeit < 40 % oder > 90 % der betriebsgewöhnlichen Nutzungsdauer
Leasing-Vertrag mit Kaufoptionsrecht des Leasing-Nehmers	Grundmietzeit < 40 % oder > 90 % der betriebsgewöhnlichen Nutzungsdauer oder Kaufpreis bei Optionsausübung kleiner als der Restbuchwert bei linearer Abschreibung oder als der gemeine Wert (§ 9 BewG)
Leasing-Vertrag mit Mietverlängerungs-optionsrecht des Leasing-Nehmers	Grundmietzeit < 40 % oder > 90 % der betriebsgewöhnlichen Nutzungsdauer oder Anschlussmiete kleiner als der Wertverzehr des Leasing-Objekts, ermittelt aus dem Restbuchwert bei linearer Abschreibung (bzw. aus dem niedrigeren gemeinen Wert) und der Restnutzungsdauer
Spezial-Leasing	Zurechnung immer beim Leasing-Nehmer

Abbildung 81: Zurechnungskriterien beim Vollamortisations-Leasing über bewegliche Wirtschaftsgüter

Beim **Leasing-Vertrag ohne Option** hat der Leasing-Nehmer nach Ablauf der Grundmietzeit weder besondere Rechte noch weitergehende Pflichten in Bezug auf das Leasing-Objekt. Er gilt als wirtschaftlicher Eigentümer des Leasing-Gegenstands, wenn die Grundmietzeit mehr als 90 % der betriebsgewöhnlichen Nutzungsdauer des Objektes beträgt, da er den Gegenstand nahezu über den gesamten Nutzungszeitraum nutzt und den Leasing-Geber dauerhaft vom Zugriff ausschließt. Der Leasing-Nehmer gilt aber auch bei einer Grundmietzeit von weniger als 40 % der betriebsgewöhnlichen Nutzungsdauer als wirtschaftlicher Eigentümer, da die Finanzbehörde annimmt, dass es sich bei solchen kurzlaufenden Vollamortisationsverträgen um einen verdeckten Kaufvertrag mit einem entsprechenden Teilzahlungsabkommen handelt.[872] Diese Annahme ist nicht unbegründet, denn für gewöhnlich lässt sich kein rational handelnder Leasing-Nehmer auf ein Geschäft ein, bei dem er über die Leasing-Raten zwar die vollen Kosten (plus Gewinnzuschlag) tragen muss, aber den Gegenstand nur für weniger als 40 % der möglichen Nutzungsdauer verwenden kann. Wie bei allen derartigen Entscheidungen war allerdings die Festlegung der unteren wie der oberen Grenze bei 40 % bzw. 90 % eine rein politische wissenschaftlich nicht überprüfbare Entscheidung.

Bei **Leasing-Verträgen mit Kaufoption** hat der Mieter von vornherein das Recht, den Leasing-Gegenstand nach dem Ende der Grundmietzeit zu erwerben. Der spätere Kaufpreis wird gewöhnlich bereits bei Abschluss des Leasing-Vertrags festgesetzt. Hier gilt der Leasing-Nehmer als wirtschaftlicher Eigentümer, wenn entweder eines der Kriterien des Leasing-Vertrags ohne Optionsrecht (Grundmietzeit kleiner als 40 % oder größer als 90 % der

---

[872] Vgl. *Wöhe, Günter*: Betriebswirtschaftliche Steuerlehre I/2: Der Einfluß der Besteuerung auf das Rechnungswesen des Betriebes. 7. Aufl., München 1992, S. 309.

betriebsgewöhnlichen Nutzungsdauer) erfüllt ist oder wenn der spätere Kaufpreis des Leasing-Gegenstands geringer ist

- als der Restbuchwert des Leasing-Gegenstands im Verkaufszeitpunkt (Ende der Grundmietzeit), berechnet nach der linearen Abschreibungsmethode, bzw.
- als der gemeine Wert des Leasing-Gegenstands im Zeitpunkt der Optionsausübung, sofern dieser niedriger ist als der Restbuchwert.

Ist keine dieser Bedingungen erfüllt, so wird der Gegenstand steuerlich dem Vermögen des Leasing-Gebers zugerechnet.

Wenn der Leasing-Nehmer ein Recht auf die Verlängerung des Leasing-Vertrags über die Grundmietzeit hinaus besitzt (**Leasing-Vertrag mit Mietverlängerungsoption**), gilt er als wirtschaftlicher Eigentümer, wenn wenigstens eine der folgenden Bedingungen erfüllt ist:

- die Grundmietzeit ist kleiner als 40 % oder größer als 90 % der betriebsgewöhnlichen Nutzungsdauer oder
- die (vorab vereinbarte) Anschlussmiete ist kleiner als der Wertverzehr des Leasing-Gegenstands. Der Wertverzehr wird hierbei berechnet aus dem Restbuchwert des Leasing-Gegenstands bei linearer Abschreibung dividiert durch die Restnutzungsdauer oder
  – falls dieser Betrag niedriger ist – aus dem gemeinen Wert dividiert durch die Restnutzungsdauer.

Spezial-Leasing-Gegenstände werden in jedem Fall dem Vermögen des Leasing-Nehmers zugerechnet, da nur er eine sinnvolle Verwendung für das Objekt hat und allein schon aus diesem Grund Dritte faktisch von der Nutzung ausgeschlossen sind.

3. Vollamortisations-Leasing über unbewegliche Wirtschaftsgüter

Die ertragsteuerliche Behandlung von Finance-Leasing-Verträgen über Immobilien wurde durch das BMF-Schreiben vom 21.03.1972[873] explizit geregelt. Danach ist für Gebäude sowie für Grund und Boden jeweils gesondert zu prüfen, wem das Objekt steuerlich zuzurechnen ist. Für Gebäude wurden dabei die bereits für bewegliche Wirtschaftsgüter dargestellten Beurteilungsgrundsätze analog übernommen, wobei im Detail jedoch einige weitere Kriterien hinzutraten. Dagegen steht der Grund und Boden grundsätzlich im wirtschaftlichen Eigentum des Leasing-Gebers; wenn allerdings der Leasing-Vertrag eine Kaufoption beinhaltet und das Gebäude ohnehin dem Leasing-Nehmer zugeordnet wird, so ist der Leasing-Nehmer dann auch wirtschaftlicher Eigentümer des Grund und Bodens.[874]

Abbildung 82[875] (S. 285 bis S. 286) zeigt die Zuordnungskriterien für die verschiedenen Fälle des Vollamortisations-Leasings über Immobilien.

---

[873] Vgl. BMF-Schreiben vom 21.03.1972, F/IV B2-S 2170-11/72, BStBl. I 1972, S. 188–189.
[874] Vgl. *Wöhe, Günter*: Betriebswirtschaftliche Steuerlehre I/2: Der Einfluß der Besteuerung auf das Rechnungswesen des Betriebes. 7. Aufl., München 1992, S. 312.
[875] Modifiziert entnommen aus *Wöhe, Günter*: Betriebswirtschaftliche Steuerlehre I/2: Der Einfluß der Besteuerung auf das Rechnungswesen des Betriebes. 7. Aufl., München 1992, S. 313–315.

C. Steuerbilanzielle Zurechnung des Leasing-Gegenstands

Leasing-Vertragstyp	Zurechnungskriterien		Behandlung beim Leasing-Geber	Behandlung beim Leasing-Nehmer
Leasing-Vertrag ohne Optionen	Grund und Boden		Bilanzierung	keine Bilanzierung
	Gebäude	Grundmietzeit weniger als 40 % der betriebsgewöhnlichen Nutzungsdauer	keine Bilanzierung	Bilanzierung
		Grundmietzeit zwischen 40 % und 90 % der betriebsgewöhnlichen Nutzungsdauer	Bilanzierung	keine Bilanzierung
		Grundmietzeit mehr als 90 % der betriebsgewöhnlichen Nutzungsdauer	keine Bilanzierung	Bilanzierung
Leasing-Vertrag mit Kaufoption	Grund und Boden sowie Gebäude	Grundmietzeit weniger als 40 % der betriebsgewöhnlichen Nutzungsdauer	keine Bilanzierung	Bilanzierung
		Grundmietzeit zwischen 40 % und 90 % der betriebsgewöhnlichen Nutzungsdauer **und** der für den Fall der Optionsausübung vorgesehene Gesamtkaufpreis (für Grund und Boden und Gebäude) **unterschreitet** den Restbuchwert des Gebäudes plus Buchwert (oder den niedrigeren gemeinen Wert) des Grund und Bodens	keine Bilanzierung	Bilanzierung
		Grundmietzeit zwischen 40 % und 90 % der betriebsgewöhnlichen Nutzungsdauer **und** der für den Fall der Optionsausübung vorgesehene Gesamtkaufpreis **unterschreitet nicht** den Restbuchwert des Gebäudes plus Buchwert (oder den niedrigeren gemeinen Wert) des Grund und Bodens	Bilanzierung	keine Bilanzierung
		Grundmietzeit mehr als 90 % der betriebsgewöhnlichen Nutzungsdauer	keine Bilanzierung	Bilanzierung
Leasing-Vertrag mit Mietverlängerungsoption	Grund und Boden		Bilanzierung	keine Bilanzierung
	Gebäude	Grundmietzeit weniger als 40 % der betriebsgewöhnlichen Nutzungsdauer	keine Bilanzierung	Bilanzierung
		Grundmietzeit zwischen 40 % und 90 % der betriebsgewöhnlichen Nutzungsdauer **und** die für den Fall der Optionsausübung vereinbarte Anschlussmiete **überschreitet nicht** 75 % der üblichen Miete für ein vergleichbares Grundstück	keine Bilanzierung	Bilanzierung
Fortsetzung auf der nächsten Seite				

Leasing-Vertragstyp	Zurechnungskriterien		Behandlung beim Leasing-Geber	Behandlung beim Leasing-Nehmer
Leasing-Vertrag mit Mietverlängerungsoption	Gebäude	Grundmietzeit zwischen 40 % und 90 % der betriebsgewöhnlichen Nutzungsdauer **und** die für den Fall der Optionsausübung vereinbarte Anschlussmiete **überschreitet** 75 % der üblichen Miete für ein vergleichbares Grundstück	Bilanzierung	keine Bilanzierung
		Grundmietzeit mehr als 90 % der betriebsgewöhnlichen Nutzungsdauer	keine Bilanzierung	Bilanzierung
Spezial-Leasing-Vertrag ohne Optionsrechte oder mit Mietverlängerungsoption	Grund und Boden		Bilanzierung	keine Bilanzierung
	Gebäude wegen des speziellen Zuschnitts auf den Leasing-Nehmer anderweitig nicht zu verwenden		keine Bilanzierung	Bilanzierung
Spezial-Leasing-Vertrag mit Kaufoption	Grund und Boden*	Grundmietzeit weniger als 40 % der betriebsgewöhnlichen Nutzungsdauer	keine Bilanzierung	Bilanzierung
		Grundmietzeit zwischen 40 % und 90 % der betriebsgewöhnlichen Nutzungsdauer **und** der für den Fall der Optionsausübung vorgesehene Gesamtkaufpreis **unterschreitet** den Restbuchwert des Gebäudes plus Buchwert (oder den niedrigeren gemeinen Wert) des Grund und Bodens	keine Bilanzierung	Bilanzierung
		Grundmietzeit zwischen 40 % und 90 % der betriebsgewöhnlichen Nutzungsdauer **und** der für den Fall der Optionsausübung vorgesehene Gesamtkaufpreis **unterschreitet nicht** den Restbuchwert des Gebäudes plus Buchwert (oder den niedrigeren gemeinen Wert) des Grund und Bodens	Bilanzierung	keine Bilanzierung
		Grundmietzeit mehr als 90 % der betriebsgewöhnlichen Nutzungsdauer	keine Bilanzierung	Bilanzierung
	Gebäude wegen des speziellen Zuschnitts auf den Leasing-Nehmer anderweitig nicht zu verwenden		keine Bilanzierung	Bilanzierung

* Der Wortlaut des Immobilien-Erlasses ist so uneindeutig, dass auch eine generelle Zuordnung des Grund und Bodens beim Leasing-Nehmer herausgelesen werden kann.

Abbildung 82: Zurechnungskriterien beim Vollamortisations-Leasing über Immobilien

4. Teilamortisations-Leasing über bewegliche Wirtschaftsgüter

a) Vorbemerkungen

Als Teilamortisations-Leasing bezeichnet man diejenigen Vertragstypen des Finance-Leasing, bei denen die während der Grundmietzeit zu leistenden Leasing-Raten allein nicht ausreichen, um alle Kosten des Vermieters einschließlich des Gewinnaufschlags zu decken. Aber auch hier amortisiert sich das Leasing-Objekt in jedem Fall für den Leasing-Geber, erforderlichenfalls über Sonderzahlungen des Leasing-Nehmers. **Gemeinsames Merkmal ist eine unkündbare Grundmietzeit von mehr als 40 % und höchstens 90 % der betriebsgewöhnlichen Nutzungsdauer.**

Hinsichtlich der steuerlichen Zuordnung des Leasing-Gegenstands unterscheidet das zur Teilamortisation beweglicher Wirtschaftsgüter verfasste BMF-Schreiben vom 22.12.1975[876] drei verschiedene Vertragsformen.[877]

b) Leasing-Verträge mit Andienungsrecht des Leasing-Gebers

Andienungsrecht bedeutet in diesem Zusammenhang, dass der Leasing-Nehmer am Ende der Grundmietzeit – falls kein Mietverlängerungsvertrag zustande kommt – **auf Verlangen des Leasing-Gebers** das Leasing-Objekt erwerben muss; der Leasing-Nehmer hat allerdings kein Recht, den Abschluss eines Kaufvertrages zu verlangen. Der dabei zu zahlende Kaufpreis ist bereits in den Vertragsbedingungen des zugrunde liegenden Leasing-Geschäfts fixiert und deckt den noch ausstehenden Amortisationsbetrag zuzüglich Gewinn des Leasing-Gebers.

Wirtschaftlicher Eigentümer des Leasing-Gegenstands ist bei solch einer Vertragskonstruktion stets der **Leasing-Geber**, denn nur er entscheidet darüber, was mit dem Leasing-Objekt zukünftig geschieht (Inhaber einer Verkaufsoption). Er kann – und wird – den Leasing-Nehmer von der weiteren Nutzung des Leasing-Gegenstands ausschließen, wenn der Wert des Leasing-Objekts über den vereinbarten Kaufpreis hinaus gestiegen ist. Ist der Wert des Leasing-Objekts dagegen niedriger als der vereinbarte Kaufpreis, so wird er von seinem Andienungsrecht Gebrauch machen und auf diese Weise die Wertminderung des Leasing-Objekts auf den Leasing-Nehmer abwälzen.

c) Leasing-Verträge mit Aufteilung des Mehrerlöses

Bei diesen Verträgen wird vereinbart, dass der Leasing-Geber das Leasing-Objekt zum Ende der Grundmietzeit am Markt verkauft. Wenn der dabei erzielte Verkaufserlös niedriger ist als die noch ausstehende durch die Leasing-Raten nicht gedeckte Restamortisation, muss der Leasing-Nehmer den fehlenden Betrag nachzahlen. Ist der erzielte Verkaufserlös dagegen größer, so wird die positive Differenz – der Mehrerlös – zwischen dem Leasing-Geber und dem Leasing-Nehmer aufgeteilt.

---

[876] Vgl. BMF-Schreiben vom 22.12.1975, IV B-2-S 2170-161/75. In: Deutsches Steuerrecht 1976, S. 134.
[877] Vgl. zum Folgenden *Wöhe, Günter*: Betriebswirtschaftliche Steuerlehre I/2: Der Einfluß der Besteuerung auf das Rechnungswesen des Betriebes. 7. Aufl., München 1992, S. 316.

Das **wirtschaftliche Eigentum** am Leasing-Gegenstand wird dem **Leasing-Geber** zugerechnet, wenn ihm laut Vertrag **mindestens 25 % des Mehrerlöses** zustehen. Das Bundesfinanzministerium begründet dies damit, dass in solchen Fällen „der Leasing-Geber noch in einem wirtschaftlich ins Gewicht fallenden Umfang an etwaigen Wertsteigerungen des Leasing-Gegenstandes beteiligt ist"[878]. Hat der Leasing-Geber dagegen nur einen vertraglichen Anspruch auf weniger als ein Viertel des Mehrerlöses, so gilt der Leasing-Nehmer als wirtschaftlicher Eigentümer.

d) Kündbare Leasing-Verträge

Die unkündbare Grundmietzeit muss bei diesem Vertragsmodell mindestens 40 % der betriebsgewöhnlichen Nutzungsdauer betragen. Nach Ablauf dieser Zeit kann der Leasing-Nehmer kündigen. Der Leasing-Geber verkauft dann den Leasing-Gegenstand zum aktuellen Marktpreis. Der erzielte Verkaufserlös wird zu 90 % auf die noch ausstehende Amortisationssumme angerechnet. Für eine danach noch verbleibende negative Differenz muss der Leasing-Nehmer eine Abschlusszahlung leisten. Wenn der angerechnete Verkaufserlös dagegen den Restamortisationsbetrag übersteigt, steht der Mehrerlös in voller Höhe dem Leasing-Geber zu. Da somit allein der **Leasing-Geber** von Wertsteigerungen des Leasing-Objekts profitiert, gilt er als **wirtschaftlicher Eigentümer**.

5. Teilamortisations-Leasing über unbewegliche Wirtschaftsgüter

Das BMF-Schreiben vom 23.12.1991[879] bezüglich des Teilamortisations-Leasings über unbewegliche Wirtschaftsgüter unterscheidet bei der Zurechnung des Leasing-Objekts zwischen Gebäuden einerseits und Grund und Boden andererseits; allerdings wird der Grund und Boden grundsätzlich dem Vertragspartner zugerechnet, dem auch das Gebäude zugerechnet wird.

Das **Gebäude** wird in den folgenden Fällen dem **Leasing-Nehmer** zugerechnet:
- bei Spezial-Leasing-Verträgen ohne Rücksicht auf das Verhältnis von Grundmietzeit und Nutzungsdauer und auf eventuell vereinbarte Optionsklauseln;
- bei Verträgen mit Kaufoption, wenn die Grundmietzeit mehr als 90 % der betriebsgewöhnlichen Nutzungsdauer beträgt oder der vorgesehene Kaufpreis unter dem Restbuchwert des Leasing-Objekts nach Ablauf der Grundmietzeit (bei linearer Abschreibung) liegt;
- bei Verträgen mit Mietverlängerungsoption, wenn die Grundmietzeit mehr als 90 % der betriebsgewöhnlichen Nutzungsdauer beträgt oder die Anschlussmiete nicht mindestens 75 % des Mietentgelts beträgt, das üblicherweise für ein nach Art, Lage und Ausstattung vergleichbares Grundstück gezahlt wird.

---

[878] BMF-Schreiben vom 22.12.1975, IV B-2-S 2170-161/75. In: Deutsches Steuerrecht 1976, S. 134.
[879] Vgl. BMF-Schreiben vom 23.12.1991, IV B2-S 2170-115/91, BStBl. I 1992, S. 13–15.

IV. Bilanzielle Auswirkungen der Zurechnung des Leasing-Gegenstands

Wird das Leasing-Objekt dem **Leasing-Geber** zugeordnet, so aktiviert er es in seiner Steuerbilanz (bzw. Handelsbilanz) zu seinen Anschaffungs- bzw. Herstellungskosten und schreibt diese, soweit es sich um abnutzbare Wirtschaftsgüter bzw. Vermögensgegenstände handelt, nach einem zulässigen Verfahren planmäßig über die betriebsgewöhnliche Nutzungsdauer ab; die Abschreibungsbeträge stellen in voller Höhe Betriebsausgaben (Aufwendungen) dar. Die eingehenden Leasing-Raten sind für ihn Betriebseinnahmen (Erträge), für den zahlenden Leasing-Nehmer sind sie in vollem Umfang Betriebsausgaben (Aufwendungen).

Etwas komplizierter wird es, wenn der **Leasing-Nehmer** als wirtschaftlicher Eigentümer identifiziert wird. Er aktiviert in diesem Fall den Leasing-Gegenstand in seiner Steuerbilanz (bzw. Handelsbilanz) zu seinen Anschaffungskosten und schreibt ihn auch erfolgswirksam ab. Gleichzeitig passiviert er eine Verbindlichkeit gegenüber dem Leasing-Geber in Höhe der Anschaffungskosten, die der Berechnung der Leasing-Raten zugrunde liegen, praktisch also in Höhe der Anschaffungs- oder Herstellungskosten des Leasing-Gebers. Aktivierte und passivierte Anschaffungskosten können hierbei im Betrag voneinander abweichen, wenn bestimmte Anschaffungsnebenkosten nur beim Leasing-Nehmer angefallen sind, z. B. für Transport und Montage. Der Leasing-Geber aktiviert nicht den Leasing-Gegenstand, sondern eine Forderung an den Leasing-Nehmer in Höhe seiner Anschaffungs- oder Herstellungskosten und damit in Höhe der vom Leasing-Nehmer passivierten Verbindlichkeit.[880]

Jede **Leasing-Rate** muss nun in zwei Anteile aufgespalten werden,

- in einen Zins- und Kostenanteil (inkl. Gewinnzuschlag) und
- in einen Tilgungsanteil.

Der **Tilgungsanteil** der Leasing-Rate wird beim Leasing-Nehmer erfolgsneutral mit der Verbindlichkeit verrechnet und mindert – ebenfalls erfolgsneutral – beim Leasing-Geber die äquivalente Forderung. Der **Zins- und Kostenanteil** ist dagegen beiderseits erfolgswirksam zu verrechnen und zwar als Betriebseinnahmen (Erträge) beim Leasing-Geber und als Betriebsausgaben (Aufwendungen) beim Leasing-Nehmer. Bei Letzterem mindert sich der Periodenerfolg zusätzlich durch die planmäßige Abschreibung des Leasing-Objekts.[881]

Das nachfolgende **Beispiel**[882] verdeutlicht die jeweilige Auswirkung einer bestimmten Zurechnung.

---

[880] Vgl. zu den bilanziellen Auswirkungen der Zurechnung des Leasing-Gegenstands *Bieg, Hartmut/Hossfeld, Christopher*: Finanzierungsentscheidungen. In: Saarbrücker Handbuch der Betriebswirtschaftlichen Beratung, hrsg. von *Karlheinz Küting*, 4. Aufl., Herne/Berlin 2008, S. 140–141.

[881] Vgl. auch *Kußmaul, Heinz*: Betriebswirtschaftliche Steuerlehre. 7. Aufl., München 2014, S. 231–232; ferner *Eisele, Wolfgang/Knobloch, Alois Paul*: Technik des betrieblichen Rechnungswesens. 8. Aufl., München 2011, S. 374–383.

[882] Modifiziert entnommen aus *Bieg, Hartmut*: Leasing als Sonderform der Außenfinanzierung. In: Der Steuerberater 1997, S. 433–434.

Beispiel:

- Anschaffungskosten des Leasing-Gegenstands beim Leasing-Geber: 30 Mio. EUR
- Aufwendungen des Leasing-Nehmers, die damit im Zusammenhang stehen, dass der Leasing-Gegenstand in einen betriebsbereiten Zustand zu versetzen ist: 2 Mio. EUR[883]
- betriebsgewöhnliche Nutzungsdauer: 20 Jahre
- Grundmietzeit: 15 Jahre
- Kalkulationszinssatz: 10 %
- Leasing-Rate (= 30 Mio. EUR · Kapitalwiedergewinnungsfaktor für 10 % und 15 Jahre): 30 Mio. EUR · 0,131474 = 3.944.220 EUR/Jahr

a) Zurechnung beim Leasing-Geber

Bilanz des Leasing-Gebers:

Aktivierung des Leasing-Gegenstands zu 30 Mio. EUR;

planmäßige Abschreibung (z. B. linear), d. h. pro Jahr

$$\left(\frac{30\,\text{Mio.EUR}}{20\,\text{Jahre}}=\right) 1,5\,\text{Mio.EUR}$$

Erfolgsrechnung des Leasing-Gebers:

- jährliche Betriebsausgaben (Aufwendungen) von 1,5 Mio. EUR Abschreibungen;
- jährliche Betriebseinnahmen (Erträge) von 3.944.220 EUR Leasing-Raten.

Unberücksichtigt ist hierbei eine eventuelle Finanzierung des Kaufpreises des Leasing-Gegenstands durch den Leasing-Geber; damit bleiben auch die sich hieraus ergebenden bilanziellen und erfolgsrechnerischen Auswirkungen unberücksichtigt.

Bilanz des Leasing-Nehmers:

keine Auswirkungen

Erfolgsrechnung des Leasing-Nehmers:

- jährliche Betriebsausgaben (Aufwendungen) in Höhe von 3.944.220 EUR Leasing-Raten;
- einmalige Betriebsausgaben (Aufwendungen) in Höhe von 2 Mio. EUR Anschaffungsnebenkosten.

b) Zurechnung beim Leasing-Nehmer

Bilanz des Leasing-Gebers:

Aktivierung einer Forderung an den Leasing-Nehmer in Höhe der Anschaffungskosten (= 30 Mio. EUR); diese Forderung verringert sich (erfolgsneutral) jährlich um den Tilgungsanteil der Leasing-Rate (vgl. Spalte (4) in **Abbildung 83**[884] auf S. 291), d. h. im ersten Jahr um 944.220 EUR, im zweiten Jahr um 1.038.642 EUR usw.

---

[883] Z. B. Transport- oder Montageaufwendungen. Es wird davon ausgegangen, dass die anfallenden Aufwendungen nicht zu einem eigenständigen Vermögensgegenstand führen. Dies wäre beispielsweise der Fall, wenn ein neues Gebäude für den Leasing-Gegenstand errichtet würde. Dann müssten die entsprechenden Aufwendungen aktiviert werden, da ein vom Leasing-Gegenstand unabhängiger Vermögensgegenstand vorläge.

[884] Entnommen aus *Bieg, Hartmut*: Leasing als Sonderform der Außenfinanzierung. In: Der Steuerberater 1997, S. 433.

Erfolgsrechnung des Leasing-Gebers:

Jährliche Betriebseinnahmen (Erträge) in Höhe des jeweiligen Zins- und Kostenanteils der Leasing-Rate (vgl. Spalte (3) in **Abbildung 83**, d. h. im ersten Jahr 3 Mio. EUR, im zweiten Jahr 2.905.578 EUR usw.

Bilanz des Leasing-Nehmers:

- Aktivierung des Leasing-Gegenstands zu 32 Mio. EUR; planmäßige Abschreibung (z. B. linear), d. h. pro Jahr

$$\left(\frac{32\,\text{Mio. EUR}}{20\,\text{Jahre}} = \right) 1{,}6\,\text{Mio. EUR};$$

- Passivierung einer Verbindlichkeit gegenüber dem Leasing-Geber in Höhe der Anschaffungskosten des Leasing-Gebers (= 30 Mio. EUR); diese Verbindlichkeit verringert sich (erfolgsneutral) jährlich um den Tilgungsanteil der Leasing-Rate (vgl. Spalte (4) in **Abbildung 83**, d. h. im ersten Jahr um 944.220 EUR, im zweiten Jahr um 1.038.642 EUR usw.

Erfolgsrechnung des Leasing-Nehmers:

Jährliche Betriebsausgaben (Aufwendungen) von 1,6 Mio. EUR Abschreibungen und in Höhe des jeweiligen Zins- und Kostenanteils der Leasing-Rate (vgl. Spalte (3) in **Abbildung 83**, d. h. im ersten Jahr 3 Mio. EUR, im zweiten Jahr 2.905.578 EUR usw.

Jahr	Leasing-Rate	Zins- und Kostenanteil (inkl. Gewinnzuschlag) z. B. 10 % der Restschuld des Leasing-Nehmers	Tilgungsanteil	Restschuld
(1)	(2)	(3)	(4) = (2) − (3)	(5)
0	−	−	−	30.000.000
1	3.944.220	0,1 · 30 Mio. = 3.000.000	944.220	29.055.780
2	3.944.220	0,1 · 29.055.780 = 2.905.578	1.038.642	28.017.138
3	3.944.220	0,1 · 28.017.138 = 2.801.713,80	1.142.506,20	26.874.631,80
•	•	•	•	•
•	•	•	•	•
20	3.944.220	•	•	•
Σ	59.163.300	29.163.300	30.000.000	−

Abbildung 83: Aufspaltung der Leasing-Rate in einen Zins- und Kostenanteil sowie einen Tilgungsanteil

D. Entscheidungskriterien für Kauf oder Leasing

Obwohl die Werbebotschaften der Leasing-Gesellschaften (keinesfalls überraschend) etwas anderes vermuten lassen, kann eine Leasing-Finanzierung nicht generell als „besser", etwa im Sinne von kostengünstiger, bezeichnet werden als der z. B. durch einen Bankkredit fremdfinanzierte Kauf des entsprechenden Gegenstands. Vielmehr muss in jedem Einzelfall ein genauer **Vorteilhaftigkeitsvergleich** vorgenommen werden.

Im Folgenden sollen verschiedene **Entscheidungskriterien** aufgezeigt werden, die für diesen Vergleich heranzuziehen sind.[885]

Insbesondere **Vorteile im steuerlichen Bereich** werden von den Verfechtern des Leasings als Finanzierungsalternative hervorgehoben. Hierbei wird stets der Fall betrachtet, dass der **Leasing-Gegenstand steuerlich dem Leasing-Geber zugerechnet** wird (andernfalls ergeben sich praktisch keine Unterschiede in der steuerlichen Behandlung zum kreditfinanzierten Kauf). Beim Leasing-Nehmer stellen die Leasing-Raten einkommen- bzw. körperschaftsteuerlich Betriebsausgaben dar und mindern damit auch den Gewerbeertrag. Im Falle eines kreditfinanzierten Kaufs eines Vermögensgegenstands wird die Einkommen- bzw. Körperschaftsteuerbemessungsgrundlage durch die vorzunehmenden Abschreibungen und die zu zahlenden Fremdkapitalzinsen verringert.

Auf den ersten Blick erscheint Leasing damit steuerlich günstiger als ein kreditfinanzierter Kauf. Allerdings entsteht zunächst lediglich ein **Steuerstundungseffekt**: Beim Leasing (vor allem dem Vollamortisations-Leasing) ist die **Grundmietzeit**, während der sich die obigen steuerlichen Auswirkungen ergeben, **kürzer als die betriebsgewöhnliche Nutzungsdauer**, während der die steuerlichen Wirkungen des kreditfinanzierten Kaufs entstehen. Ob der Barwert der Steuerzahlungen bei Leasing größer oder kleiner ist als der entsprechende Barwert der Steuerzahlungen beim kreditfinanzierten Kauf, hängt von der Höhe der (sich eventuell im Zeitablauf ändernden) **Steuersätze** und des zur Barwertberechnung herangezogenen **Kalkulationszinsfußes** ab.

Auch das verwendete **Abschreibungsverfahren** spielt hierbei eine Rolle: Wird beim kreditfinanzierten Kauf degressiv abgeschrieben, so ist er in steuerlicher Hinsicht der Leasing-Variante gleichwertig. Ein tatsächlicher Steuervorteil ergibt sich für das Leasing nur, wenn der Zins- und Kostenanteil der Leasing-Raten insgesamt höher ist als der des kreditfinanzierten Kaufs. Das bedeutet aber gleichzeitig, dass die Gesamtkosten des Leasings höher sind. Ob dann die höheren Gesamtkosten abzüglich des Steuervorteils des Leasings zusammengenommen günstiger sind als niedrigere Gesamtkosten zuzüglich eines Steuernachteils beim kreditfinanzierten Kauf, kann nur mittels einer Berechnung anhand spezifischer einzelfallbezogener Daten entschieden werden.

Dass die **Kosten** des Leasings im Grunde stets höher sind als die eines kreditfinanzierten Kaufs, ergibt sich bereits aus den Kostenbestandteilen, die Eingang in die Kalkulation der Leasing-Raten beim Leasing-Geber finden (vgl. **Abbildung 84**[886] auf S. 293).[887]

---

[885] Vgl. *Bieg, Hartmut/Hossfeld, Christopher*: Finanzierungsentscheidungen. In: Saarbrücker Handbuch der Betriebswirtschaftlichen Beratung, hrsg. von *Karlheinz Küting*, 4. Aufl., Herne/Berlin 2008, S. 141–144; ferner *Däumler, Klaus-Dieter/Grabe, Jürgen*: Betriebliche Finanzwirtschaft. 10. Aufl., Herne 2013, S. 283–297; *Perridon, Louis/Steiner, Manfred/Rathgeber, Andreas*: Finanzwirtschaft der Unternehmung. 16. Aufl., München 2012, S. 494–495; *Süchting, Joachim*: Finanzmanagement – Theorie und Politik der Unternehmensfinanzierung. 6. Aufl., Wiesbaden 1995, S. 173–176; *Vormbaum, Herbert*: Finanzierung der Betriebe. 9. Aufl., Wiesbaden 1995, S. 397–407; *Wöhe, Günter u. a*: Grundzüge der Unternehmensfinanzierung. 11. Aufl., München 2013, S. 342–350.

[886] Modifiziert entnommen aus *Bieg, Hartmut*: Leasing als Sonderform der Außenfinanzierung. In: Der Steuerberater 1997, S. 435.

D. Entscheidungskriterien für Kauf oder Leasing

Hersteller-Anteil	+	Selbstkosten des Vermögensgegenstands Gewinnzuschlag
	=	Verkaufspreis des Herstellers
+ Bank-Anteil	+ + +	Zinskosten Verwaltungskosten Risikokosten Gewinnzuschlag
	=	„Verkaufspreis" eines Bankkredits, den der Leasing-Geber zur Finanzierung des Kaufpreises des Vermögensgegenstands benötigt
+ Leasing-Geber-Anteil	+ +	Verwaltungskosten Risikokosten Gewinnzuschlag
	=	in den Leasing-Raten zusätzlich zu verrechnende Elemente
= Kalkulationsbasis für die Leasing-Raten		

Abbildung 84: Kalkulationsbasis für die Leasing-Raten des Leasing-Gebers

Der Leasing-Geber kann eventuell niedrigere Zinskosten mit der Bank aushandeln als ein anderes kreditsuchendes Unternehmen und verursacht der Bank u. U. auch niedrigere Verwaltungs- und Risikokosten. Diese Kostenvorteile des Leasing-Gebers werden allerdings durch den Leasing-Geber-Anteil überkompensiert, so dass Leasing teurer ist als ein kreditfinanzierter Kauf.

Ein Argument, das häufig zugunsten des Leasings angeführt wird, ist die mit ihm verbundene **Erhaltung oder Erweiterung des Kreditspielraums**. Begründet wird dies damit, dass beim Leasing-Nehmer im Falle der Zurechnung des Leasing-Gegenstands zum Leasing-Geber die nachteiligen bilanziellen Wirkungen eines kreditfinanzierten Kaufs vermieden werden. Beim kreditfinanzierten Kauf erhöht sich nämlich durch die Passivierung einer Verbindlichkeit gegenüber dem Kreditgeber die Fremdkapitalquote des kreditnehmenden Unternehmens. Dies ist gleichbedeutend mit einer sich negativ auf die Kreditwürdigkeit des Unternehmens auswirkenden **Verringerung der Eigenkapitalquote**.

Hierzu ist Folgendes zu sagen: Zwar hat Leasing keinen Einfluss auf die Bilanz des Leasing-Nehmers, **im Anhang** müssen aber mittlere und große Kapitalgesellschaften und bestimmte andere Unternehmen nach § 285 Satz 1 Nr. 3 HGB **Angaben über Leasing-Verpflichtungen** machen. Unabhängig davon werden sich (potenzielle) Kreditgeber aller Unternehmen im Rahmen ihrer Kreditwürdigkeitsprüfung stets nach sämtlichen Verpflichtungen erkundigen. Leasing kann dann nur durch eine Nicht-Auskunft, im Grunde also einen Betrug, verheimlicht werden. Aufgrund der höheren Gesamtkosten könnte Leasing sogar als nachteilig für die Liquiditäts- und Rentabilitätslage eines Unternehmens eingeschätzt werden.

Einen **Vorteil** weist das Leasing im Zusammenhang mit dem Kreditspielraum allerdings auf. Leasing-Gesellschaften besichern ihre Leasing-Forderungen mit einem Wert von 100 % des

---

[887] Vgl. *Süchting, Joachim*: Finanzmanagement – Theorie und Politik der Unternehmensfinanzierung. 6. Aufl., Wiesbaden 1995, S. 173.

Vermögensgegenstands, indem sie das juristische Eigentum an ihm behalten. Banken rechnen demgegenüber als Kreditsicherheiten nur unter 100 % eines zu finanzierenden Objekts an, der Restbetrag ist durch andere Sicherheiten zu besichern bzw. durch Eigenkapital zu finanzieren. Wird ein Vermögensgegenstand geleast und nicht kreditfinanziert, so können die sonst benötigten Zusatzsicherheiten anderweitig eingesetzt werden.

Unter **Liquiditätsaspekten** wurde bereits auf die höhere Belastung durch Leasing aufgrund der größeren auszahlungswirksamen Kosten als beim kreditfinanzierten Kauf hingewiesen. Außerdem ergibt sich beim Leasing das folgende Liquiditätsproblem: Die Grundmietzeit der Leasing-Verträge ist in der Regel kürzer als die betriebsgewöhnliche Nutzungsdauer des Vermögensgegenstands. Damit können bei einer unterstellten gleichmäßigen Kapitalfreisetzung während der Nutzungsdauer mit den im Umsatzprozess verdienten Mitteln die Leasing-Raten nicht in vollem Umfang aufgebracht werden. Es ergibt sich eine periodisch wiederkehrende **Finanzierungslücke**, die mittels anderer Finanzierungsinstrumente zu füllen ist. Beim kreditfinanzierten Kauf eines Vermögensgegenstandes wird demgegenüber meist die Kreditlaufzeit mit der betriebsgewöhnlichen Nutzungsdauer des Vermögensgegenstands abgestimmt, so dass (theoretisch) keine Finanzierungslücke entsteht.

Neunter Abschnitt

Derivative Finanzinstrumente

A. Systematisierung derivativer Finanzinstrumente

Die **Finanzierung eines Unternehmens** ist im Allgemeinen **nicht frei von Risiken**. So kann eine Kreditaufnahme in fremder Währung für ein Unternehmen mit hohen Verlusten verbunden sein, wenn sich die Wechselkursrelationen bis zum Zeitpunkt der Rückzahlung des Kredits zuungunsten des Unternehmens verändert haben. Auch eine Finanzierung zu einem variablen Zinssatz kann risikoreich sein, da sich bei steigendem Zinssatz erhöhte Zinskosten ergeben. Aber auch die Investition liquider Mittel in Aktien oder Schuldverschreibungen ist nicht ohne Risiko. Wer derartige Vermögensbestände hält, trägt das Risiko fallender Kurse, das bei Schuldverschreibungen nicht nur aus dem Verfall der Bonität des Schuldners, sondern vor allem aus einem Anstieg der Kapitalmarktzinsen resultiert. Wer solche Bestände zu erwerben beabsichtigt, trägt das Risiko, bei einem späteren Erwerb höhere Kurse als bei einem jetzt vorgenommenen Erwerb bezahlen zu müssen.

Derivative Instrumente können eingesetzt werden, um derartige Risiken zu vermindern oder zu eliminieren oder die Finanzierungskosten zu senken. Mit ihrer Hilfe können aber auch Risikopositionen aufgebaut werden. **Kennzeichen derivativer Finanzinstrumente** ist die zeitliche Diskrepanz zwischen dem Zeitpunkt der Konditionenfestlegung und dem Zeitpunkt der Kapitalbereitstellung. Deshalb werden derivative Finanzinstrumente auch als Termingeschäfte bezeichnet, wobei sich **unbedingte und bedingte Termingeschäfte** unterscheiden lassen.[888] Während bei den unbedingten Termingeschäften beide Geschäftspartner dazu verpflichtet sind, die zum Zeitpunkt des Vertragsabschlusses vereinbarten Leistungen zum festgelegten Zeitpunkt zu erbringen, sind bedingte Termingeschäfte gerade dadurch charakterisiert, dass einer der beiden Vertragsparteien das Recht eingeräumt wird, zwischen der Erfüllung und der Aufgabe des vereinbarten Geschäfts zu wählen. Weiterhin ist zwischen **börslich und außerbörslich** („over the counter"; OTC) **gehandelten Termingeschäften** zu differenzieren. Erstgenannte zeichnen sich durch eine Standardisierung in sachlicher, zeitlicher, räumlicher sowie persönlicher Hinsicht aus, während es bei den OTC-Derivaten an einer solchen Standardisierung fehlt.[889]

Zu den wichtigsten derivativen Finanzinstrumenten zählen Optionen, Swaps, Futures und Forward Rate Agreements. Die nachfolgende **Abbildung 85** auf S. 296 fasst die bisherigen Ausführungen zusammen und gibt einen Überblick über die Einordnung der genannten Instrumente, die im Folgenden dargestellt und deren Einsatzmöglichkeiten erläutert werden.

---

[888] Vgl. hierzu auch den **Zehnten Abschnitt, Kapitel C.III.1.**
[889] Vgl. hierzu auch den **Zehnten Abschnitt, Kapitel C.III.3.**

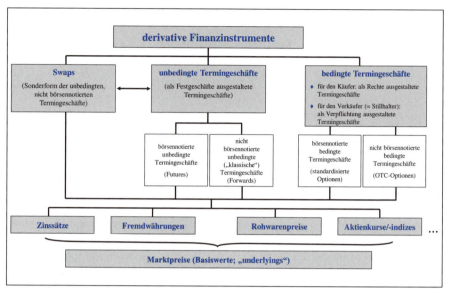

Abbildung 85: Systematisierung derivativer Finanzinstrumente

B. Finanzmanagement mit Optionen

I. Grundbegriffe

1. Begriff der Option

Der Käufer einer Option (**Optionsinhaber**) erwirbt gegen die Zahlung des Optionspreises (**Optionsprämie**) gegenüber seinem Kontraktpartner, dem Verkäufer (**Stillhalter, Schreiber**), das Recht, an oder bis zu einem bestimmten Fälligkeitstermin (**Verfalltermin**) zu einem im Voraus vereinbarten Preis (**Basispreis**) eine bestimmte Menge (**Kontraktgröße**) eines Handelsobjekts (**Basiswert, Underlying**) zu kaufen (**Kaufoption, Call**) oder zu verkaufen (**Verkaufsoption, Put**). Alternativ kann statt der tatsächlichen physischen Lieferung des Basiswertes auch vereinbart werden, dass der Stillhalter dem Käufer der Option bei Ausübung derselben die Differenz zwischen dem in dem Options-Kontrakt vereinbarten Basispreis und dem aktuellen Marktpreis des Basiswertes zahlen muss. Als Handelsobjekt kommen bei Optionen sowohl Waren als auch originäre und derivative Finanzinstrumente in Frage.[890]

Ist die Ausübung der Option nur zu einem bestimmten Zeitpunkt möglich, so spricht man von einer **europäischen Option** (european style option), während eine Option, die jederzeit während der Laufzeit der Option ausgeübt werden kann, **amerikanische Option** (american style option) genannt wird. In Deutschland sind beide Optionstypen anzutreffen.

Der **Verkäufer einer Option** übernimmt die Verpflichtung, dem Optionsinhaber bei Ausübung der Option den Basiswert zum Basispreis zu verkaufen (verkaufte Kaufoption) oder

---

[890] Zur Verbuchung von Optionen vgl. *Eisele, Wolfgang/Knobloch, Alois Paul*: Technik des betrieblichen Rechnungswesens. 8. Aufl., München 2011, S. 244–253.

B. Finanzmanagement mit Optionen

abzunehmen (verkaufte Verkaufsoption) bzw. eine Differenzzahlung zu leisten. Als Gegenleistung für diese Verpflichtung erhält er vom Käufer der Option die **Optionsprämie**.[891]

Der **Optionsinhaber** hat die Möglichkeit, die Option bis zu ihrer Fälligkeit zu behalten und dann entweder von seinem Optionsrecht Gebrauch zu machen[892] oder dieses verfallen zu lassen. Er kann jedoch auch die Option an einen Dritten weiterveräußern. In diesem Falle muss ihm der Dritte einen Optionspreis (Optionsprämie) bezahlen, wofür diesem wiederum das Optionsrecht gegenüber dem Stillhalter zusteht.

2. Optionspreis (Optionsprämie)

a) Grundsätzliche Vorbemerkungen

Der Preis, der beim Kauf einer Option zu entrichten ist **(Optionspreis, Optionsprämie)**, lässt sich in **zwei Komponenten** zerlegen: den inneren Wert und den Zeitwert. Es gilt:

> Optionspreis (Optionsprämie) = innerer Wert + Zeitwert

b) Innerer Wert

Der **innere Wert** (intrinsic value) einer Option stellt den Gewinn (unter Vernachlässigung der Transaktionskosten) dar, den der Optionsinhaber bei einer sofortigen Ausübung der Option und einem gleichzeitigen Abschluss des entsprechenden Kompensationsgeschäfts (bei Kaufoptionen: Verkauf des Basiswertes; bei Verkaufsoptionen: Kauf des Basiswertes) erzielen würde. Somit bezeichnet der innere Wert einer Option **die Differenz zwischen dem aktuellen Marktpreis des Basiswertes und dem vereinbarten Basispreis der Option**.

Zu beachten ist, dass der **innere Wert** einer Option **nicht negativ** werden kann, da der Optionsinhaber von seinem Ausübungsrecht keinen Gebrauch machen wird, wenn die Preiskonstellation für ihn ungünstig sein sollte. Je nachdem, ob der Optionsinhaber eine Kauf- oder Verkaufsoption besitzt, stellt sich eine für ihn ungünstige Preiskonstellation anders dar.

Der **Inhaber einer Kaufoption** hat das Recht, den Basiswert zum vereinbarten Basispreis vom Stillhalter zu erwerben. Liegt der aktuelle Marktpreis des Basiswertes unterhalb des Basispreises, so würde er den Basiswert durch die Ausübung der Option teurer erwerben als bei einem Kauf des Basiswertes zum Marktpreis. Bei einer derartigen Preiskonstellation wäre eine Ausübung der Option mit einem gleichzeitigen Abschluss des entsprechenden

---

[891] Vgl. auch *Pochmann, Günter*: Controlling-Information im Derivativbereich, dargestellt am Beispiel von zinsbezogenen Optionen. Frankfurt a. M. u. a. 1996, S. 7–9; *Schmidt, Martin*: Derivative Finanzinstrumente – Eine anwendungsorientierte Einführung. 4. Aufl., Stuttgart 2014, S. 194–196. Zur bilanziellen Behandlung von Optionsgeschäften vgl. *Institut der Wirtschaftsprüfer in Deutschland e. V.*: IDW Stellungnahme zur Rechnungslegung: Handelsrechtliche Bilanzierung von Optionsgeschäften bei Instituten (IDW RS BFA 6) (Stand: 18.08.2011). In: IDW Prüfungsstandards – IDW Stellungnahmen zur Rechnungslegung, hrsg. vom *Institut der Wirtschaftsprüfer in Deutschland e. V.*, Bd. II, Düsseldorf 1999 ff., S. 1–6; ferner *Bieg, Hartmut*: Bankbilanzierung nach HGB und IFRS. 2. Aufl., München 2010, S. 576–607.

[892] Bei amerikanischen Optionen kann der Optionsinhaber das Optionsrecht während eines bestimmten Zeitraums ausüben.

Kompensationsgeschäfts für den Inhaber einer Kaufoption mit einem Verlust verbunden. Ein rational handelnder **Optionsinhaber wird die Kaufoption** daher **nicht ausüben**, wenn gilt:

> aktueller Marktpreis des Basiswertes < Basispreis

Bei einer derartigen Preiskonstellation wird davon gesprochen, dass die Kaufoption **„aus dem Geld"** ist. Der innere Wert der Kaufoption ist dann null.

Liegt hingegen der aktuelle Marktpreis des Basiswertes über dem vereinbarten Basispreis, gilt also:

> aktueller Marktpreis des Basiswertes > Basispreis

so ist die Kaufoption **„im Geld"**. Diese Preiskonstellation ist für den **Inhaber der Kaufoption** vorteilhaft, da er den Basiswert durch die **Ausübung der Option** zum vereinbarten Basispreis vom Stillhalter beziehen und sofort zum (höheren) aktuellen Marktpreis veräußern kann. In diesem Fall würde sein Gewinn (unter Vernachlässigung der Transaktionskosten) der Differenz aus dem aktuellen Marktpreis des Basiswertes und dem vereinbarten Basispreis entsprechen. Die Kaufoption besitzt demnach einen inneren Wert in Höhe eben dieser Differenz. Gilt hingegen:

> aktueller Marktpreis des Basiswertes = Basispreis

so wird gesagt, die Kaufoption ist **„am Geld"**. Der Inhaber der Kaufoption ist in diesem Fall hinsichtlich des Erwerbs des Basiswertes durch die Ausübung der Option oder durch den Kauf am Markt **indifferent**, da ihn der Erwerb des Basiswertes in beiden Fällen gleich viel kostet.

Handelt es sich bei der Kaufoption jedoch um eine **amerikanische Option**, so ist zu beachten, dass die Option während der Laufzeit einen bestimmten Wert besitzt. Übt der Optionsinhaber die Option während der Laufzeit der Option aus, so erwirbt er zwar den Basiswert zum vereinbarten Basispreis und in diesem Fall nicht teurer als bei einem direkten Kauf über den Markt; durch die Ausübung der Option geht aber sein Optionsrecht unter. Da dieses bei amerikanischen Optionen während der Laufzeit der Option einen positiven Wert besitzt, würde der Optionsinhaber (verglichen mit dem Erwerb des Basiswertes über den Markt) bei einer Ausübung der Option somit einen Vermögensverlust erleiden. Es ist für ihn daher sinnvoller, die am Geld stehende amerikanische Kaufoption nicht vorzeitig auszuüben, sondern diese weiterzuveräußern und den Basiswert am Markt zu erwerben.

Für **europäische Optionen** gelten diese Überlegungen nicht, da Optionen dieses Typs lediglich am Ende der Laufzeit ausgeübt werden können, die Wahl zwischen einer Weiterveräußerung der Option und einer Ausübung der Option also zu keinem Zeitpunkt besteht. Hier hat der Optionsinhaber während der Laufzeit der Option die Wahl zwischen Halten oder Verkaufen der Option, am Ende der Laufzeit der Option kann er nur noch zwischen Ausüben und Verfallenlassen der Option wählen.

Für **Kaufoptionen** gilt somit, dass ihr innerer Wert der Differenz zwischen dem aktuellen Marktpreis des Basiswertes und dem vereinbarten Basispreis entspricht, mindestens jedoch null beträgt. Es gilt also:

$$\text{innerer Wert einer Kaufoption} = \max\{S - E, 0\}$$

mit S: aktueller Marktpreis des Basiswertes;
    E: vereinbarter Basispreis.

Für **Verkaufsoptionen** gelten analoge Überlegungen. Zu beachten ist bei diesen Kontrakten, dass sich für den **Optionsinhaber**, der das Recht hat, den Basiswert zum vereinbarten Basispreis an den Stillhalter zu verkaufen, eine vorteilhafte Preiskonstellation dann ergibt, wenn der Marktpreis unter dem Basispreis liegt, die Option also „**im Geld**" ist. Der Optionsinhaber könnte dann den dem Kontrakt zugrunde liegenden Basiswert zum (niedrigeren) Marktpreis erwerben und sofort an den Stillhalter zum (höheren) Basispreis weiterverkaufen. Er würde in diesem Fall durch die **Ausübung der Option** also einen Gewinn in Höhe von

$$\text{Basispreis} - \text{aktueller Marktpreis des Basiswertes}$$

erzielen.

Der **Optionsinhaber** wird die **Verkaufsoption nicht ausüben**, wenn der Basispreis unter dem aktuellen Marktpreis des Basiswertes liegt, die Option also „**aus dem Geld**" ist; er müsste in diesem Fall den Basiswert am Markt zu einem Preis erwerben, der über dem bei einer Ausübung seines Optionsrechts vom Stillhalter zugesagten Basispreis läge.

Bei Verkaufsoptionen, die „**am Geld**" stehen, bei denen also der Marktpreis des Basiswertes dem Basispreis der Option entspricht, ist der **Optionsinhaber** bezüglich des Verkaufs über den Markt oder des Verkaufs durch die Ausübung seines Optionsrechtes **indifferent**. Es gilt jedoch das über die „**am Geld**" stehenden Kaufoptionen Gesagte.

Für **Verkaufsoptionen** lässt sich somit festhalten, dass ihr innerer Wert der Differenz zwischen dem vereinbarten Basispreis und dem aktuellen Marktpreis des Basiswertes entspricht, mindestens jedoch null beträgt. Es gilt also:

$$\text{innerer Wert einer Verkaufsoption} = \max\{E - S, 0\}$$

Darüber hinaus gilt hinsichtlich amerikanischer und europäischer Verkaufsoptionen das über die Kaufoptionen Gesagte.

Abbildung 86[893] auf S. 300 fasst die vorstehenden Ausführungen zusammen.

---

[893] Modifiziert entnommen aus *Bieg, Hartmut*: Finanzmanagement mit Optionen. In: Der Steuerberater 1998, S. 21.

	Kaufoption	Verkaufsoption
aus dem Geld (out-of-the-money)	aktueller Marktpreis des Basiswertes < Basispreis innerer Wert = 0	aktueller Marktpreis des Basiswertes > Basispreis innerer Wert = 0
am Geld (at-the-money)	aktueller Marktpreis des Basiswertes = Basispreis innerer Wert = 0	aktueller Marktpreis des Basiswertes = Basispreis innerer Wert = 0
im Geld (in-the-money)	aktueller Marktpreis des Basiswertes > Basispreis innerer Wert = S – E	aktueller Marktpreis des Basiswertes < Basispreis innerer Wert = E – S

Abbildung 86: Zusammenhang zwischen innerem Wert und aus dem Geld, am Geld und im Geld stehenden Kauf- und Verkaufsoptionen

c) Zeitwert

Der Zeitwert (time value) ist die zweite Bestimmungsgröße des Optionspreises. Er stellt den Wert dar, den ein Käufer einer Option für die Möglichkeit zu zahlen bereit ist, dass sich der Preis des Basiswertes während der Restlaufzeit der Option zu seinen Gunsten verändert. Der **Zeitwert einer Option** ist **abhängig von der Restlaufzeit der Option**, also dem Zeitraum bis zum Verfall der Option. Er fällt mit abnehmender Restlaufzeit der Option, da die Chance, dass sich der Preis des Basiswertes während der Restlaufzeit in einer für den Optionsinhaber vorteilhaften Art und Weise verändert, umso kleiner ist, je kürzer die verbleibende Restlaufzeit der Option ist. Am Verfalltag der Option, wenn die Restlaufzeit der Option also null beträgt, besitzt auch der Zeitwert einen Wert von null, da sich die Vermögenssituation des Optionsinhabers nicht mehr durch ein Steigen des Wertes der Option im Zeitablauf verbessern kann. Der Wert der Option entspricht am Verfalltag der Option somit dem inneren Wert der Option.

Neben der Restlaufzeit der Option sind noch **andere Faktoren** für die Höhe des Zeitwertes relevant. Hierzu zählen vor allem „die erwarteten Preisschwankungen des zugrundeliegenden Basiswertes, der aktuelle Zinssatz sowie die Höhe der Dividende"[894]. Je mehr eine Option „aus dem Geld" oder „im Geld" ist, umso mehr geht der Zeitwert gegen null; liegt der Marktpreis des Basiswertes in der Nähe des Basispreises, ist die Option also „am Geld", so ist der Zeitwert ceteris paribus am höchsten.[895]

---

[894] *DTB Deutsche Terminbörse*: Aktienoptionen. 2. Aufl., Frankfurt a. M. 1993, S. 11.
[895] Vgl. *Binkowski, Peter/Beeck, Helmut*: Finanzinnovationen. 3. Aufl., Bonn 1995, S. 131; *Schmidt, Martin*: Derivative Finanzinstrumente – Eine anwendungsorientierte Einführung. 4. Aufl., Stuttgart 2014, S. 194.

II. Gewinn- und Verlustprofile

1. Grundsätzliches

Die Gewinn- und Verlustmöglichkeiten für Käufer und Verkäufer von Optionen werden häufig in Gewinn- und Verlustprofilen dargestellt, bei denen die gezahlte bzw. erhaltene Optionsprämie mit der Differenz aus dem Preis des Basiswertes zum Ausübungszeitpunkt und dem Basispreis verrechnet wird. Zu beachten ist, dass es sich dabei um eine finanzmathematisch unkorrekte Darstellung handelt, da die zu unterschiedlichen Zeitpunkten anfallenden Zahlungen ohne die Berücksichtigung der Zinswirkung addiert werden.

2. Kaufoptionen

Die **Gewinn- und Verlustprofile des Käufers und Verkäufers einer Kaufoption** können den beiden folgenden Abbildungen (**Abbildung 87**[896] und **Abbildung 88**[897]; beide auf S. 302) entnommen werden. Transaktionskosten und Zinsen auf die Optionsprämie werden nicht berücksichtigt.

Der **Käufer einer Kaufoption** rechnet mit steigenden Preisen des Basiswertes; er will sich also einen niedrigeren Einkaufspreis für den Basiswert sichern. Wie in **Abbildung 87** auf S. 302 zu erkennen ist, erzielt der Käufer einer Kaufoption bei einer Ausübung der Option einen Gewinn von ± 0, wenn der bei einer Ausübung der Option zu zahlende Basispreis zzgl. der beim Kauf der Option gezahlten Optionsprämie dem aktuellen Preis des Basiswertes entspricht; der Käufer der Kaufoption könnte zu diesem aktuellen Preis den Basiswert bei einer Ausübung der Option am Markt verkaufen bzw. bei einer Nichtausübung der Option kaufen.

Liegt der aktuelle Preis des Basiswertes unter der Summe aus Basispreis und Optionsprämie, aber über dem Basispreis, so wird der Käufer der Kaufoption die Option ausüben und einen Verlust in Höhe der Differenz zwischen dem Basispreis und der bereits bezahlten Optionsprämie einerseits und dem aktuellen Preis des Basiswertes andererseits erzielen.

Liegt der aktuelle Preis des Basiswertes dagegen unter dem Basispreis, so wird der Käufer der Kaufoption die Option nicht ausüben und so seinen Verlust auf die geleistete Optionsprämie beschränken.

Der Käufer der Kaufoption wird dagegen die Option ausüben, wenn der aktuelle Preis des Basiswertes über der Summe aus Basispreis und bereits bezahlter Optionsprämie liegt, kann er doch in Höhe der Differenz einen Gewinn erzielen; dabei ist – unter der Annahme unbegrenzt hoher aktueller Kurse des Basiswertes – sein Gewinnpotenzial unbegrenzt.

---

[896] Entnommen aus *Bieg, Hartmut*: Finanzmanagement mit Optionen. In: Der Steuerberater 1998, S. 22.

[897] Entnommen aus *Bieg, Hartmut*: Finanzmanagement mit Optionen. In: Der Steuerberater 1998, S. 22.

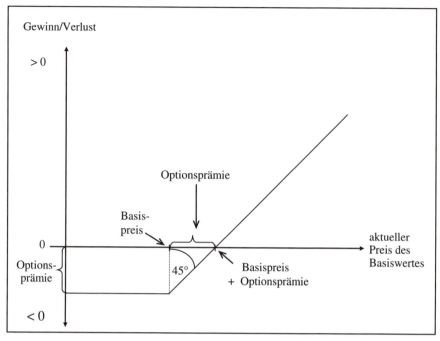

Abbildung 87: Gewinn- und Verlustsituation für den Käufer einer Kaufoption

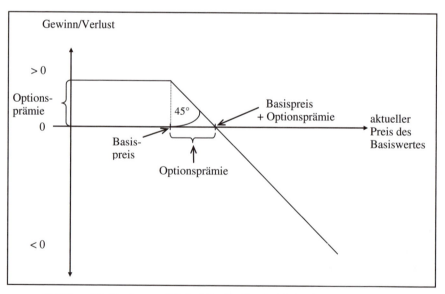

Abbildung 88: Gewinn- und Verlustsituation für den Verkäufer einer Kaufoption

Die spiegelbildliche Position ergibt sich für den **Verkäufer einer Kaufoption**. Er erwartet sinkende Preise des Basiswertes. Sein Erfolg aus dem Optionsverkauf wird durch das soeben beschriebene Verhalten des Optionskäufers bestimmt. Erfüllen sich die Erwartungen des Stillhalters, so wird der Käufer seine Kaufoption nicht ausüben, da er den Basiswert billiger zum Marktpreis kaufen kann. Der Gewinn des Verkäufers der Kaufoption ist somit

3. Verkaufsoptionen

Der **Käufer einer Verkaufsoption** rechnet mit sinkenden Preisen des Basiswertes; er will sich also einen höheren Verkaufspreis für den Basiswert sichern. Wie **Abbildung 89**[898] auf S. 304 zeigt, erzielt er bei einer Ausübung der Option einen Gewinn von ± 0, wenn der aktuelle Preis des Basiswertes exakt der Differenz zwischen dem bei einer Ausübung der Option zu erhaltenden höheren Basispreis und der bereits gezahlten Optionsprämie entspricht.

Liegt der aktuelle Preis unter dieser Differenz, so wird der Optionsinhaber die Option ausüben und dabei einen Gewinn in Höhe der Differenz zwischen dem Basispreis abzgl. der gezahlten Optionsprämie und dem aktuellen Preis des Basiswertes erzielen. Da Marktpreise im Allgemeinen keine negativen Werte annehmen, erzielt der Inhaber der Verkaufsoption den höchsten Gewinn, wenn der Preis des Basiswertes möglichst niedrig ist, d. h. wenn er null bzw. beinahe null beträgt.

Liegt der aktuelle Preis des Basiswertes über der Differenz aus dem Basispreis und der bereits gezahlten Optionsprämie, aber unterhalb des Basispreises, so wird der Käufer der Verkaufsoption die Option ausüben und einen Verlust in Höhe der Differenz zwischen dem Basispreis und der bereits bezahlten Optionsprämie einerseits und dem aktuellen Preis des Basiswertes andererseits erzielen.

Liegt der aktuelle Preis des Basiswertes dagegen über dem Basispreis, so wird der Käufer der Verkaufsoption die Option nicht ausüben und so einen Verlust in Höhe der bereits geleisteten Optionsprämie erzielen. Auf diesen Betrag ist also sein Verlustrisiko beschränkt.

Der **Verkäufer einer Verkaufsoption** hingegen erwartet steigende Preise des Basiswertes. Erfüllen sich seine Erwartungen, so wird der Käufer seine Verkaufsoption nicht ausüben, kann er doch den Basiswert zu einem höheren Preis am Markt verkaufen. Dem Stillhalter verbleibt dann die vereinnahmte Optionsprämie als maximaler Gewinn, während sein Verlust aus diesem Geschäft die Differenz zwischen dem Basispreis und der erhaltenen Optionsprämie nicht überschreiten kann (vgl. **Abbildung 90**[899] auf S. 304).

Diese vier Grundüberlegungen gelten für alle Handelsobjekte, die als Basiswerte dienen können, wobei der erwartete Preiseffekt sich auf den dem Optionskontrakt jeweils zugrunde liegenden Basiswert bezieht. So rechnet beispielsweise der Käufer einer Kaufoption über Zinskontrakte (z. B. Bundesanleihen oder Bund-Futures) mit einer Kurssteigerung der betreffenden Kontrakte. Da die Kurse der Zinskontrakte von dem herrschenden Zinsniveau abhängen, ist das Erwarten einer Kurssteigerung von Zinskontrakten gleichbedeutend mit

---

[898] Entnommen aus *Bieg, Hartmut*: Finanzmanagement mit Optionen. In: Der Steuerberater 1998, S. 22.
[899] Entnommen aus *Bieg, Hartmut*: Finanzmanagement mit Optionen. In: Der Steuerberater 1998, S. 23.

dem Erwarten eines Sinkens des Zinsniveaus. Der Käufer einer Verkaufsoption über Zinskontrakte erwartet hingegen steigende Zinsen und sinkende Kurse.

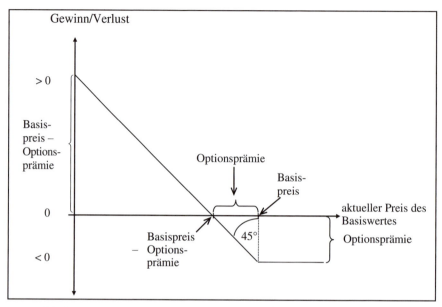

Abbildung 89: Gewinn- und Verlustsituation für den Käufer einer Verkaufsoption

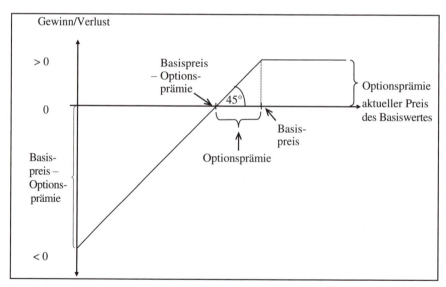

Abbildung 90: Gewinn- und Verlustsituation für den Verkäufer einer Verkaufsoption

III. Motive der Kontraktpartner

Die **Motive der am Abschluss von Optionskontrakten beteiligten Personen** spiegeln sich in ihrer Stellung (Käufer oder Verkäufer) und dem Optionstyp (Kaufoption oder Verkaufsoption) wider. Sie lassen sich grundsätzlich in die folgenden Kategorien einteilen:[900]

- Absicherung und
- Spekulation.

Optionen können zur **Absicherung eines Bestands an Finanzinstrumenten oder einer zukünftigen Anlage** eingesetzt werden. Hält der Entscheidungsträger einen **Bestand eines Finanzinstruments** (z. B. Aktie, Anleihe) und will er sich gegen einen Preisverfall dieses Bestandes absichern, so kann er eine **Verkaufsoption** mit diesem Finanzinstrument als Basiswert **erwerben**. Er erhält somit das Recht, dieses Finanzinstrument zum vereinbarten Preis gemäß den Optionsbedingungen an den Stillhalter der Option zu verkaufen.

Sinkt der Marktpreis des von ihm gehaltenen Finanzinstruments, so kann er dieses Finanzinstrument als Optionsinhaber zum vereinbarten Optionspreis an den Stillhalter veräußern; er hat also seinen Bestand gegen einen Preisverfall abgesichert. Zu beachten ist jedoch, dass er für diese Absicherung die Optionsprämie an den Verkäufer der Verkaufsoption zu zahlen hat.

Steigt dagegen der Preis des vom Käufer einer Verkaufsoption gehaltenen Finanzinstruments, so erweist sich nachträglich die Absicherung des Bestandes gegen einen Preisverfall als überflüssig. Die beim Erwerb der Verkaufsoption gezahlte Optionsprämie ist verloren; sie ist der Preis für die aus Risikoüberlegungen vorgenommene Absicherung des Bestandes.

In ähnlicher Weise kann auch eine **zukünftige Anlage** abgesichert werden. Hier besteht für den Investor die Gefahr, dass die Preise des zu kaufenden Finanzinstruments steigen und ein für die Zukunft geplanter Kauf dementsprechend teurer wird. Eine Absicherung gegen dieses Risiko ist durch den **Kauf einer Kaufoption** möglich. Hierdurch kann sich der Optionsinhaber einen bestimmten Kaufpreis des Finanzinstruments, das er zu einem zukünftigen Zeitpunkt zu kaufen beabsichtigt, sichern. Unabhängig von der Höhe des gestiegenen Marktpreises kostet das zu beschaffende Finanzinstrument höchstens die Summe aus Basispreis und Optionsprämie.

Sinken die Marktpreise für dieses Finanzinstrument bis zum geplanten Kaufzeitpunkt, so kann der Optionsinhaber die Option verfallen lassen und das Finanzinstrument zum (billigeren) Marktpreis erwerben. Auch hier ist die Optionsprämie zu berücksichtigen, die für die aus Risikoüberlegungen erworbene Kaufoption, die sich nachträglich als überflüssig erwies, zu bezahlen war.

Mit Hilfe von Optionen kann sich **lediglich der Optionsinhaber gegen Preisänderungen absichern**, da nur er ein Wahlrecht bezüglich der Ausübung der Option besitzt. Da dieses

---

[900] Auf das **Ausnutzen von Arbitragemöglichkeiten** und die **Gewinnerzielung aus der Differenz von Geld- und Briefkursen** als Gründe für den Abschluss von Optionskontrakten soll hier nicht eingegangen werden, da diese Motive nicht optionsspezifisch sind, sondern bei allen Geschäften denkbare Handlungsmotive darstellen.

Recht dem Stillhalter nicht zusteht und er keinen Einfluss auf die Entscheidung des Optionsinhabers nehmen kann, ist durch den Verkauf einer Option eine Absicherung nicht möglich.

Anders sieht es aus, wenn **Optionen zur Spekulation** eingesetzt werden. Mit Optionen können sowohl der Optionsinhaber als auch der Stillhalter spekulieren. Die Spekulation bezieht sich in beiden Fällen auf eine Veränderung bzw. ein Gleichbleiben des Preises des Basiswertes der Option. Eine Spekulation ist allerdings nur dann möglich, wenn keine tatsächliche Kauf- bzw. Verkaufsabsicht bezüglich des Basiswertes besteht. Beabsichtigt nämlich der Käufer der Option, seine bestehende Position des Basiswertes zu veräußern oder in der Zukunft den Basiswert zu kaufen, so kann eine Option – unterstellt man einen rational handelnden Investor – nur zur Absicherung dienen.

Der **Käufer einer Option** rechnet mit sich ändernden Preisen des Basiswertes. Rechnet er mit steigenden Preisen, so wird er eine Kaufoption erwerben, da er dann durch die Wertsteigerung der Option an dem gestiegenen Preis des Basiswertes partizipieren kann. Der Kauf der Kaufoption bietet ihm ein relativ größeres Gewinnpotenzial als der Kauf des Basiswertes, da die relative Preissteigerung der Option größer als die entsprechende relative Preissteigerung des Basiswertes ist. Diese **stärkere relative Preisreagibilität** wirkt allerdings auch in die andere Richtung, so dass mit dem Kauf einer Kaufoption auch ein höheres relatives Verlustpotenzial verbunden ist.

Für den **Käufer einer Verkaufsoption** gelten analoge Überlegungen; er erwartet sinkende Preise und will über den Verfall des Preises des Basiswertes einen Gewinn aufgrund des überproportionalen Anstiegs des Wertes der Verkaufsoption erzielen.

Der **Stillhalter einer Option** hofft darauf, dass die Option nicht ausgeübt wird, er in seiner Position als Stillhalter in Geld oder in Wertpapieren vom Optionsinhaber also nicht in Anspruch genommen wird. Ist dies der Fall, so vereinnahmt der Stillhalter die Optionsprämie, ohne dass er eine Gegenleistung (Abnahme oder Lieferung des Basiswertes) erbringen muss. Der Optionsinhaber wird die Option nicht ausüben, wenn sich der Preis des Basiswertes derart geändert hat, dass für ihn ein Kauf bzw. Verkauf des Basiswertes über den Markt günstiger wäre als durch die Ausübung des ihm aus der erworbenen Option zustehenden Optionsrechts. Daher rechnet der Stillhalter einer am Geld stehenden Kaufoption mit unveränderten oder fallenden Preisen des Basiswertes, während der Verkäufer einer am Geld stehenden Verkaufsoption mit unveränderten oder steigenden Preisen des Basiswertes rechnet.

Abbildung 91[901] auf S. 307 fasst die vorstehenden Überlegungen tabellarisch zusammen.

---

[901] Modifiziert entnommen aus *Bieg, Hartmut*: Finanzmanagement mit Optionen. In: Der Steuerberater 1998, S. 24.

B. Finanzmanagement mit Optionen

Vertrags- partner Einsatzmöglichkeit	Käufer	Stillhalter
Absicherung	– eines Bestandes (Käufer einer Verkaufsoption) – einer zukünftigen Anlage (Käufer einer Kaufoption)	–
Spekulation (d. h., es besteht keine tatsächliche Kauf- bzw. Verkaufsabsicht bezüglich des Basiswertes)	auf veränderte Preise (steigende Preise bei einer Kaufoption, sinkende Preise bei einer Verkaufsoption)	auf unveränderte Preise oder auf veränderte Preise (sinkende Preise bei einer Kaufoption, steigende Preise bei einer Verkaufsoption) (Ziel: Vereinnahmung der Optionsprämie)

Abbildung 91: Einsatzmöglichkeiten von Optionsgeschäften

IV. Optionsstrategien

Durch die **Kombination der vier Grundpositionen** (Kauf einer Kaufoption, Verkauf einer Kaufoption, Kauf einer Verkaufsoption, Verkauf einer Verkaufsoption) und gegebenenfalls der Variation des Ausübungskurses oder der Laufzeit können **komplexe Strategien** kreiert werden. So werden z. B. bei einem

- **Straddle** gleichzeitig Kaufoptionen und Verkaufsoptionen mit identischen Basispreisen und Verfallterminen desselben Basiswertes gekauft **(Long Straddle)** oder verkauft **(Short Straddle)**; diese Strategie bietet sich dann an, wenn der Käufer (Verkäufer) der Optionen sich über die Richtung der zukünftigen Preisentwicklung des Basiswertes nicht im Klaren ist, er aber zunehmende (stark abnehmende) Preisveränderungen erwartet;
- **Strangle** gleichzeitig Kaufoptionen und Verkaufsoptionen mit identischen Verfallterminen, aber unterschiedlichen Basispreisen desselben Basiswertes gekauft **(Long Strangle)** oder verkauft **(Short Strangle)**; ebenso wie beim Straddle hat der Optionskäufer (Optionsverkäufer) keine klaren Vorstellungen über die zukünftige preisliche Entwicklung des Basiswertes; er erwartet jedoch stark zunehmende (abnehmende) Preisveränderungen des Basiswertes;
- **Spread** gleichzeitig eine Kaufoption gekauft und eine Verkaufsoption verkauft (oder umgekehrt), wobei sich beide Optionen auf denselben Basiswert beziehen; besitzen die beiden Optionen die gleichen Verfalltermine, aber unterschiedliche Basispreise, so wird von einem **Price Spread** (auch **Vertical Spread** genannt) gesprochen, während die zu kombinierenden Optionen bei einem **Time Spread** (auch **Horizontal Spread** genannt) unterschiedliche Verfalltermine und identische Basispreise besitzen; der Käufer (Verkäufer) eines Price Spreads erwartet leicht steigende (leicht sinkende) Preise des Basiswertes, während der Käufer (Verkäufer) eines Time Spreads bis zur Fälligkeit der kürzer laufenden Option mit kurzfristig abnehmenden (kurzfristig zunehmenden) Preisveränderungen des Basiswertes rechnet.

Darüber hinaus existieren wesentlich komplexere Optionen wie z. B.

- **Asiatische Optionen (Average Rate Option)**, bei denen der Basispreis durch Mittelung der Preise des Basiswertes innerhalb eines bestimmten Zeitraums bestimmt wird;
- **Lookback Optionen**, die das Recht beinhalten, eine Kaufoption zum niedrigsten bzw. eine Verkaufsoption zum höchsten Kurs, den der Basiswert innerhalb eines bestimmten Zeitraums erreicht hat, auszuüben;
- **Barrier Optionen**, bei denen das Recht zur Ausübung aktiviert wird **(Knock-In Option)** oder verfällt **(Knock-Out Option)**, sobald der Basiswert ein gewisses Niveau erreicht hat.

C. Finanzmanagement mit Swaps

I. Vorbemerkungen

Mit Hilfe von Swaps wird versucht, den Umstand, dass bestimmte Marktteilnehmer sich an den Finanzmärkten günstiger als andere refinanzieren können, zum Vorteil von beiden Parteien auszunutzen. Hierbei wird das von *David Ricardo* (1772–1823) für den internationalen Güteraustausch entwickelte Theorem der **Ausnutzung komparativer Kostenvorteile** auf den Finanzsektor übertragen.

Mit Hilfe seiner Theorie zeigte *Ricardo*, dass sich internationaler Handel zwischen zwei Ländern im Vergleich zum Autarkiezustand nicht nur dann lohnt, wenn jedes Land nur dasjenige Gut produziert, bei dessen Herstellung es einen absoluten Kostenvorteil gegenüber dem anderen Land besitzt. Er wies vielmehr nach, dass beide Länder Kostenvorteile durch einen Güteraustausch auch dann realisieren können, wenn ein Land jedes Gut billiger herstellen kann. Dazu muss im Zwei-Güter-Fall das Land, das jedes Gut billiger herstellen kann, dasjenige Gut produzieren, bei dem sein Kostenvorteil am größten ist, während das Land, bei dem jedes Gut höhere Produktionskosten verursacht, dasjenige Gut herstellen sollte, bei dem sein Kostennachteil am geringsten ist. Diese Überlegungen gelten auch für Finanzmärkte.

II. Begriff des Swaps

Der Begriff „Swap" kann mit **Tausch oder Tauschgeschäft** übersetzt werden. Bis Ende der 1970er Jahre wurde mit einem Swap-Geschäft eine Sonderform des Devisentermingeschäftes bezeichnet. Bei dieser Sonderform werden Devisen per Kasse gekauft und gleichzeitig per Termin verkauft. Es handelt sich somit um einen simultanen Abschluss von Devisenkassa- und Devisentermingeschäften. Mit dem Begriff des Swaps wurde aber auch ein Tausch von Termindevisen unterschiedlicher Fälligkeiten bezeichnet.[902]

Diese beiden **Arten des klassischen Devisen-Swaps** können dazu verwendet werden, Wechselkursrisiken zu eliminieren. Der in diesem Zusammenhang verwendete Begriff „Swapsatz" bezeichnet die Differenz zwischen dem Devisenkassa- und Devisenterminkurs. Liegt der Devisenkassakurs über dem Devisenterminkurs, so wird von einem **Deport** gesprochen; im umgekehrten Fall liegt ein **Report** vor.

---

[902] Vgl. *Nabben, Stefan*: Financial Swaps. Wiesbaden 1990, S. 10.

Von dem soeben beschriebenen Begriff der Devisen-Swaps unterscheidet sich der Begriff der **„Financial Swaps"** oder kurz Swaps. Bei diesen in der Vergangenheit stark expandierenden Finanzinstrumenten lassen sich zwei **Grundformen** unterscheiden:

- Zinsswaps und
- Währungsswaps bzw. kombinierte Zins-/Währungsswaps.[903]

Neben diesen beiden Grundformen existiert eine Vielzahl von Varianten.

Im Gegensatz zu den klassischen Devisen-Swaps werden bei diesen Tauschgeschäften während der gesamten Laufzeit des Kontraktes periodische Zahlungen ausgetauscht. Allerdings werden dabei die dem Swap zugrunde liegenden Kapitalbeträge im Allgemeinen nicht ausgetauscht; sie dienen nur der Ermittlung der periodischen Zahlungen.

Im Zusammenhang mit internationalen Verschuldungskrisen wird der Begriff „Swap" auch für den Austausch von Forderungen gegen Beteiligungen an Unternehmen mit Sitz im Schuldnerland verwendet. Auf diese sog. **„Debt-Equity-Swaps"** soll hier jedoch nicht eingegangen werden. Im Folgenden wird der Begriff „Swap" synonym für „Financial Swaps" gebraucht.

III. Swaparten

1. Zinsswap

Beim **reinen Zinsswap** (Plain Vanilla Swap) tauschen zwei Partner Zinszahlungen in derselben Währung. In der Regel erfolgt ein Austausch von Festzinszahlungen gegen variable Zinszahlungen, wobei die der Zinsberechnung zugrunde liegenden Kapitalbeträge nicht getauscht werden. Ein Beispiel soll die Vorgehensweise verdeutlichen.

Beispiel:[904]

Zwei Unternehmen A und B haben einen Kreditbedarf von jeweils 10 Mio. EUR für einen Zeitraum von zwei Jahren, wobei Unternehmen A an einem variabel verzinslichen Kredit und Unternehmen B an einem festverzinslichen Kredit interessiert ist. Bedingt durch unterschiedliche Bonitäten der beiden Unternehmen ergeben sich folgende Finanzierungskonditionen (vgl. **Abbildung 92**):

	Festzinskredite (p. a.)	variabel verzinsliche Kredite (p. a.)
Unternehmen A	5,8 %	EURIBOR + 0,5 %-Punkte
Unternehmen B	8,0 %	EURIBOR + 1,5 %-Punkte
Differenz in den Konditionen	2,2 %-Punkte	1,0 %-Punkt

Abbildung 92: Finanzierungskonditionen der Unternehmen A und B

---

[903] Zur Verbuchung von Swaps vgl. *Eisele, Wolfgang/Knobloch, Alois Paul*: Technik des betrieblichen Rechnungswesens. 8. Aufl., München 2011, S. 238–243.

[904] Modifiziert entnommen aus *Bieg, Hartmut*: Finanzmanagement mit Swaps. In: Der Steuerberater 1998, S. 66–67.

Refinanzieren sich die beiden Unternehmen am Finanzmarkt, ohne einen Zinsswap abzuschließen, so muss das Unternehmen A Zinsen in Höhe von EURIBOR + 0,5 %-Punkte p. a. bezahlen, während dem Unternehmen B Zinskosten in Höhe von 8,0 % p. a. entstehen (vgl. **Abbildung 93**).

Zinszahlungsverpflichtungen ohne Swap (p. a.)	
Unternehmen A	EURIBOR + 0,5 %-Punkte
Unternehmen B	8,0 %

Abbildung 93: Zinszahlungsverpflichtungen der Unternehmen A und B ohne Swap

Da das Unternehmen A aufgrund seiner höheren Bonität sowohl günstigere Festzinsen als auch günstigere variable Zinsen vereinbaren kann, können sich beide Unternehmen durch den Abschluss eines Zinsswaps günstiger refinanzieren: Zunächst nimmt das Unternehmen A einen Festzinskredit zu 5,8 % p. a. auf, während das Unternehmen B sich zu EURIBOR + 1,5 %-Punkte p. a. verschuldet.

Neben diesen am Finanzmarkt abgeschlossenen Kreditverträgen schließen beide Unternehmen miteinander einen **Zinsswapvertrag** ab, in dem das Unternehmen A sich beispielsweise verpflichtet, an das Unternehmen B variable Zinszahlungen in Höhe von EURIBOR + 0,5 %-Punkte p. a. zu leisten. Im gleichen Zinsswapvertrag verpflichtet sich das Unternehmen B zu fixen Zinszahlungen an das Unternehmen A in Höhe von z. B. 6,6 % p. a.

Abbildung 94 zeigt, wie sich die Finanzierungssituation der beiden Unternehmen bei dem Abschluss eines solchen Zinsswaps darstellt:

Zinszahlungsverpflichtungen mit Swap (p. a.)		
Unternehmen A		5,8 % für den am Finanzmarkt aufgenommenen Kredit
	–	6,6 % von Unternehmen B aufgrund des Zinsswapvertrages
	+	(EURIBOR + 0,5 %-Punkte) an Unternehmen B aufgrund des Zinsswapvertrages
	=	**EURIBOR – 0,3 %-Punkte**
Unternehmen B		EURIBOR + 1,5 %-Punkte für den am Finanzmarkt aufgenommenen Kredit
	–	(EURIBOR + 0,5 %-Punkte) von Unternehmen A aufgrund des Zinsswapvertrages
	+	6,6 % an Unternehmen A aufgrund des Zinsswapvertrages
	=	**7,6 %**

Abbildung 94: Zinszahlungsverpflichtungen der Unternehmen A und B mit Swap

Im Vergleich zur Refinanzierungssituation ohne den Abschluss eines Zinsswaps ergeben sich die in **Abbildung 95** auf S. 311 gezeigten Finanzierungsvorteile:

C. Finanzmanagement mit Swaps

	Differenz beider Finanzierungs-situationen (p. a.)	Finanzierungsvorteil (p. a.)
Unternehmen A	(EURIBOR + 0,5 %-Punkte) − (EURIBOR − 0,3 %-Punkte)	0,8 %-Punkte
Unternehmen B	8,0 % − 7,6 %	0,4 %-Punkte
Summe		1,2 %-Punkte

Abbildung 95: Finanzierungsvorteile der Unternehmen A und B mit Swap

Insgesamt ergibt sich ein Finanzierungsvorteil in Höhe von 1,2 %-Punkten p. a. Dieser stellt die bei beiden Unternehmen aufgrund der Swapvereinbarung zu erzielenden Konditionenvorteile (vgl. **Abbildung 95**) dar, also die Summe aus

(1) der Differenz der von Unternehmen A realisierbaren Finanzierungskonditionen ohne Abschluss eines Zinsswaps einerseits und bei Abschluss eines Zinsswaps andererseits (0,8 %-Punkte) und

(2) der Differenz der von Unternehmen B realisierbaren Finanzierungskonditionen ohne Abschluss eines Zinsswaps einerseits und bei Abschluss eines Zinsswaps andererseits (0,4 %-Punkte).

Diese Summe entspricht der Differenz der Konditionenunterschiede der beiden Unternehmen bei einer Festzinsvereinbarung einerseits (2,2 %-Punkte) und einer variablen Zinsvereinbarung andererseits (1,0 %-Punkte) (vgl. **Abbildung 92** auf S. 309).

Wie dieser gesamte **Finanzierungsvorteil** auf die beiden am Swap beteiligten Parteien **verteilt** wird, hängt von der jeweiligen Verhandlungsmacht der Unternehmen ab. In diesem Beispiel hat das Unternehmen A offensichtlich eine größere Verhandlungsmacht besessen, da es einen Finanzierungsvorteil in Höhe von 0,8 %-Punkten p. a. heraushandeln konnte, während der Finanzierungsvorteil bei dem Unternehmen B lediglich 0,4 %-Punkte p. a. beträgt.

Die einzelnen Zinszahlungsströme sind nochmals in **Abbildung 96** auf S. 312 dargestellt. Das Unternehmen A kann die von dem Unternehmen B erhaltenen Festzinszahlungen zur Begleichung der Festzinszahlungsverpflichtung aus dem am Finanzmarkt aufgenommenen Kredit verwenden. Da das Unternehmen A an das Unternehmen B variable Zinszahlungen zu leisten hat, wird aus seiner ursprünglich festverzinslichen Position eine variabel verzinsliche Position. In gleicher Weise wird die ursprünglich variable Finanzierung von Unternehmen B durch den Zinsswap in eine faktisch festverzinsliche Finanzierung transformiert.

Obwohl durch den Abschluss eines Swaps die **Zinsfixierung faktisch geändert** werden kann, hat der Swap keinen Einfluss auf die sich aus den Grundgeschäften (hier: Fremdmittelaufnahme) ergebenden Zahlungsverpflichtungen, die die beiden Swap-Partner gegenüber Dritten eingegangen sind. Jeder der beiden Swap-Partner bleibt seinen Gläubigern für die termingerechte Begleichung seiner fälligen Verbindlichkeiten voll verantwortlich. Somit kann das Risiko, dass der Swap-Partner seinen Zahlungsverpflichtungen nicht termingerecht nachkommt, nicht auf die Kreditgeber abgewälzt werden; es ist in voller Höhe von der jeweiligen Swap-Partei zu tragen.

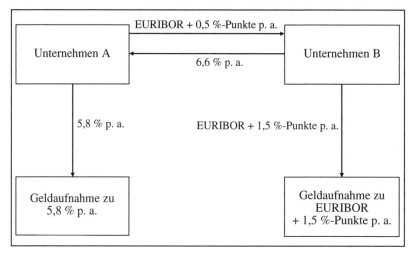

Abbildung 96: Zinszahlungsströme eines Zinsswaps

Da es für ein Unternehmen im Allgemeinen recht schwierig ist, einen Kontraktpartner zu finden, dessen Interessen hinsichtlich Betrag, Währung, Laufzeit, Zinsbindung etc. genau den Spezifikationen des benötigten Swaps entsprechen, bedienen sich die Unternehmen in der Regel **Finanzinstituten als Vermittler**. Diese Finanzinstitute führen swapwillige Parteien gegen eine Provision zusammen oder treten selbst als Kontraktpartner in einen Swap ein. Der Finanzierungsvorteil ist dann auf insgesamt drei Parteien zu verteilen.

2. Währungsswap

Im Gegensatz zu einem Zinsswap werden bei einem Währungsswap **neben den Zinszahlungsverpflichtungen auch die Kapitalbeträge getauscht**. Die jeweils getauschten Beträge lauten dabei auf unterschiedliche Währungen.

Beim **Währungsswap** lassen sich **drei Phasen** identifizieren:

Phase 1: Zu **Beginn der Laufzeit des Swaps** tauschen die Swap-Partner die vereinbarten auf eine unterschiedliche Währung lautenden Kapitalbeträge, die zuvor am Kapitalmarkt aufgenommen werden. Die Umrechnung zwischen den Partnern des Währungsswapvertrages erfolgt üblicherweise zum aktuellen Kassakurs. Auf den anfänglichen Tausch der Währungsbeträge kann allerdings auch verzichtet werden. Stattdessen können sich die Swappartner die Devisenbeträge auch am Devisenmarkt zum gültigen Devisenkassakurs besorgen.

Phase 2: **Während der Laufzeit des Swaps** tauschen die Swap-Partner die Zinszahlungen auf die in der Phase 1 getauschten Kapitalbeträge. Die Zinszahlungen lauten auf die Währung der der Zinsberechnung zugrunde liegenden Kapitalbeträge.

Phase 3: Am **Ende der Laufzeit des Swaps** werden die Kapitalbeträge aus der Phase 1 zu den ursprünglichen Wechselkursen zurückgetauscht. Aufgrund dieser Vereinbarung sind die Swap-Partner vor dem Risiko potenzieller Wechselkursveränderungen geschützt.

Diese drei Phasen werden in **Abbildung 97** anhand eines Beispiels grafisch dargestellt.

Beispiel:[905]

Es wird angenommen, dass Unternehmen A festverzinsliche USD-Mittel und Unternehmen B festverzinsliche EUR-Mittel benötigt. Der Devisenkassakurs betrage 1,25 USD/EUR bei Abschluss des Swapvertrags. Der zu tauschende Kapitalbetrag betrage 160 Mio. EUR bzw. 200 Mio. USD.

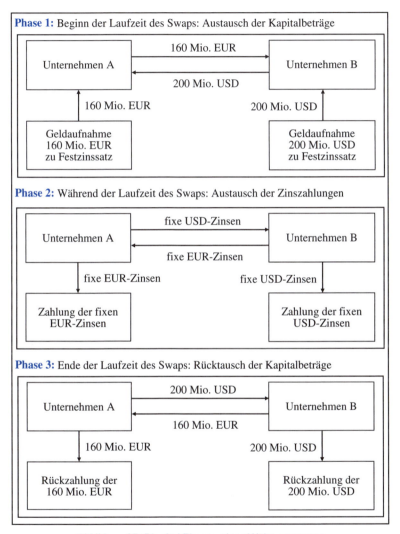

Abbildung 97: Die drei Phasen eines Währungsswaps

In diesem Beispiel wurden Festzinssatzpositionen getauscht. Aus diesem Grund wird diese Art eines Währungsswaps **„Festsatz-Währungsswap"** genannt. Sind die Kapitalbeträge jeweils variabel verzinslich, so wird von einem **„Variabel/Variabel-Währungsswap"**

---

[905] Modifiziert entnommen aus *Bieg, Hartmut*: Finanzmanagement mit Swaps. In: Der Steuerberater 1998, S. 67–68.

gesprochen. Daneben existiert noch der **„kombinierte Zins- und Währungsswap"**, bei dem fest verzinsliche und variabel verzinsliche Währungspositionen getauscht werden. Ebenso wie beim Zinsswap werden die Rechtsverhältnisse aus Verträgen mit Dritten – also die Kapitalaufnahme, Zinszahlung und Rückzahlung – durch den Abschluss eines Währungsswaps nicht berührt.

IV. Risiken von Swaps

1. Vorbemerkungen

Wie bereits im **Neunten Abschnitt, Kapitel C.III.** dargestellt, lassen sich Swaps zur Verbesserung der Finanzierungskosten und zur Absicherung gegen bestimmte Risiken (z. B. Zinsänderungsrisiken, Währungsrisiken) einsetzen. Mit dem Einsatz von Swaps können aber nicht nur bestehende Risiken eliminiert werden, sondern auch gleichzeitig neue Risiken verbunden sein. Zu den wichtigsten mit dem Abschluss von Swaps verbundenen Risiken zählen das Preisrisiko und das Adressenrisiko, die im Folgenden erläutert werden sollen.[906]

2. Preisrisiko

Neben den bisher dargestellten Einsatzmöglichkeiten können Swaps auch zu Spekulationszwecken genutzt werden. Von einer **Spekulation** ist immer dann auszugehen, wenn keine geschlossene Swap-Position, sondern eine offene Swap-Position besteht.

Eine **geschlossene Swap-Position** liegt dann vor, wenn einem Swap ein entsprechender gegenläufiger Swap gegenübersteht. Dies soll an einem Beispiel gezeigt werden, das auf dem Beispiel von S. 309 bis S. 312 (vgl. insbesondere **Abbildung 96** auf S. 312) aufbaut.

Beispiel:[907]

Das Unternehmen A hat nicht nur mit dem Unternehmen B einen Swapvertrag mit der Maßgabe geschlossen, dass Unternehmen A an Unternehmen B EURIBOR + 0,5 %-Punkte p. a. zu zahlen hat und von Unternehmen B 6,6 % p. a. erhält. Vielmehr wurde von Unternehmen A zusätzlich ein weiterer Swap mit Unternehmen C abgeschlossen, wobei die Konditionen dieses Swaps wie folgt vereinbart wurden: Unternehmen A zahlt an Unternehmen C 6,6 % p. a. und erhält von Unternehmen C EURIBOR + 0,6 %-Punkte p. a. (vgl. **Abbildung 98**).

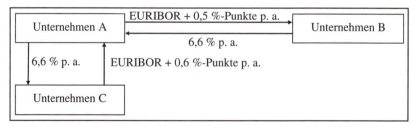

Abbildung 98: Darstellung von geschlossenen und offenen Swap-Positionen

---

[906] Zu weiteren Risiken vgl. *Beike, Rolf*: Devisenmanagement. Hamburg 1995, S. 222.

[907] Modifiziert entnommen aus *Bieg, Hartmut*: Finanzmanagement mit Swaps. In: Der Steuerberater 1998, S. 67–68.

Das **Unternehmen A** hat nun eine **geschlossene Swap-Position**, da – gleiche Vertragskonditionen (wie z. B. Laufzeit und Betrag) vorausgesetzt – Unternehmen A keinem aus den abgeschlossenen Swaps resultierenden Zinsänderungsrisiko[908] ausgesetzt ist. Der festverzinslichen Zahlungsverpflichtung gegenüber Unternehmen C steht eine festverzinsliche Zahlungsforderung in gleichem Umfang gegenüber Unternehmen B entgegen. Genauso kompensieren sich die variabel verzinsliche Zahlungsforderung gegenüber Unternehmen C und die variabel verzinsliche Zahlungsverbindlichkeit gegenüber Unternehmen B; allerdings resultiert aus diesen variabel verzinslichen Zahlungsströmen ein Nettogewinn für Unternehmen A in Höhe von 0,1 % p. a. Unabhängig von der Höhe des Zinsniveaus sind die sich aus den beiden Swaps ergebenden Zahlungsströme für Unternehmen A fixiert. Mit der Entwicklung des Zinsniveaus sind für Unternehmen A somit weder Chancen noch Risiken verbunden.

Bei den **Unternehmen B und C** besteht jedoch jeweils eine **offene Swap-Position**. Da bei diesen beiden Unternehmen keine gegenläufigen Geschäfte abgeschlossen wurden, sind sie der Gefahr von Zinsänderungen ausgesetzt. Das Unternehmen C ist dem Risiko ausgesetzt, dass ein gestiegenes Zinsniveau über ein Ansteigen des EURIBOR-Satzes zu einer erhöhten Zahlungsverpflichtung gegenüber Unternehmen A bei einer unveränderten Zahlungsforderung führt. Für das Unternehmen B besteht hingegen das Risiko, dass es aufgrund eines gesunkenen EURIBOR-Satzes eine geringere Zahlung von Unternehmen A erhält, gleichzeitig aber einen festen Betrag an Unternehmen A zu entrichten hat. Mit der Entwicklung des Zinsniveaus sind somit Risiken, aber auch Chancen für die Unternehmen B und C verbunden.

Dieses Eingehen einer offenen Swap-Position durch die Unternehmen B und C kann als **Spekulation** bezeichnet werden. Da die beiden Unternehmen keine den abgeschlossenen Swaps entgegengerichteten Positionen eingegangen sind, spekulieren sie darauf, dass sich das Zinsniveau in einer für sie günstigen Weise verändert (oder zumindest unverändert bleibt). So ist für Unternehmen B ein Ansteigen des Zinsniveaus, für Unternehmen C ein Sinken des Zinsniveaus mit einer Erhöhung seines Erfolges verbunden.

Mit einer offenen Swap-Position ist also ein **Preisrisiko** verbunden. Dieses Preisrisiko ist bei Zins-Swaps durch die Gefahr einer Änderung des Zinsniveaus (**Zinsänderungsrisiko**; vgl. obiges Beispiel) und bei Währungsswaps durch die Gefahr einer Änderung des Wechselkurses **(Währungsrisiko)** bzw. bei kombinierten Zins- und Währungsswaps durch eine Kombination von Zinsänderungs- und Währungsrisiko gegeben. Bei geschlossenen Swap-Positionen existiert kein Preisrisiko, da dieses gerade durch den Einsatz von Swaps ausgeschaltet wird.

3. Adressenrisiko

a) Grundsätzliches

Beim Adressenrisiko handelt es sich um die Gefahr einer Beeinflussung des Unternehmenserfolgs durch eine **Bonitätsverschlechterung eines Kontraktpartners**. In Abhängigkeit

---

[908] Für Währungs-Swaps: Währungsrisiko.

davon, ob das Unternehmen bereits eine Vorleistung gegenüber dem Kontraktpartner erbracht hat oder nicht, wird das Adressenrisiko in das Ausfallrisiko und das Erfüllungsrisiko unterteilt.[909] Das **Ausfallrisiko** ist dadurch gekennzeichnet, dass das **Unternehmen** dem Kontraktpartner gegenüber **bereits in Vorleistung getreten** ist, z. B. durch die Auszahlung eines Kredits. Fällt der Kontraktpartner aus, ist also der Kreditnehmer nicht mehr in der Lage, den gewährten Kredit zu bedienen, so hat dies eine Erfolgsminderung für das den Kredit vergebende Unternehmen zur Folge. Durch den Ausfall des Kontraktpartners ist beim Ausfallrisiko eine Vermögensposition des Unternehmens direkt betroffen.

Anders ist die Sachlage beim **Erfüllungsrisiko**. Sofern das **Unternehmen noch nicht in Vorleistung getreten** ist, besitzt es auch keine Vermögensposition, die durch eine Nichterfüllung durch den Kontraktpartner ausfallbedroht ist. Allerdings kann sich eine Erfolgsbeeinflussung ergeben, „wenn ein Kontrakt nicht mehr zu den ursprünglich mit dem Kontrahenten vereinbarten Konditionen abgewickelt werden kann"[910]. Die Gefahr besteht beim Erfüllungsrisiko somit in „Verlustrisiken in der Art von Differenzbeträgen aufgrund veränderter Marktbedingungen"[911]. Diese Verlustrisiken werden dann schlagend, wenn bei Ausfall des Kontraktpartners die gleiche Position wieder aufgebaut werden soll, die Marktbedingungen sich jedoch seit dem Abschluss des ursprünglichen Kontraktes zuungunsten des Unternehmens verändert haben, der Aufbau der gleichen Position also mit Aufwendungen für das Unternehmen verbunden ist. Eine Nichterfüllung durch den Kontraktpartner hat somit keine direkte, sondern eine indirekte Wirkung auf den Erfolg des Unternehmens.

b) Ausfallrisiko

Swap-Verträge sind dadurch charakterisiert, dass beide Kontraktpartner dem anderen Kontraktpartner bestimmte in der Zukunft liegende Leistungen versprechen. Somit tritt bei Swap-Verträgen im Allgemeinen keiner der Kontraktpartner in Vorleistung.[912] Aus diesem Grunde ist auch bei den am Swap beteiligten Parteien kein Vermögensgegenstand vom Ausfall bedroht; daher existiert bei **Swaps kein Ausfallrisiko, sondern ein Erfüllungsrisiko**.

c) Erfüllungsrisiko

Das Erfüllungsrisiko bezieht sich bei Swaps auf die Gefahr, dass bei dem Ausfall eines Kontraktpartners bei veränderten Marktbedingungen die gleiche Position nur noch zu ungünstigeren Konditionen aufgebaut werden kann.

---

[909] Vgl. *Bieg, Hartmut*: Bankbetriebslehre in Übungen. München 1992, S. 62; *Bieg, Hartmut/Krämer, Gregor/Waschbusch, Gerd*: Bankenaufsicht in Theorie und Praxis. 4. Aufl., Frankfurt a. M. 2011, S. 27–32.

[910] *Bieg, Hartmut*: Bankbetriebslehre in Übungen. München 1992, S. 62; *Bieg, Hartmut/Krämer, Gregor/Waschbusch, Gerd*: Bankenaufsicht in Theorie und Praxis. 4. Aufl., Frankfurt a. M. 2011, S. 31.

[911] *Christian, Claus-Jörg*: Finanzinnovationen und bankaufsichtsrechtliche Information. Stuttgart 1992, S. 113.

[912] Auf die Möglichkeit einer sich aus der Divergenz von vereinbarten Zahlungszeitpunkten ergebenden Vorleistung soll hier nicht eingegangen werden.

C. Finanzmanagement mit Swaps

Dies soll anhand des Beispiels aus **Abbildung 98** auf S. 314 verdeutlicht werden. Angenommen, das Unternehmen C fällt während der Laufzeit des mit dem Unternehmen A abgeschlossenen Swaps aus. Das Unternehmen A sieht sich jetzt einer offenen Position, die aus dem Swap mit dem Unternehmen B resultiert, gegenüber. Da mit der nun offenen Position ein Preisrisiko verbunden ist (vgl. dazu den **Neunten Abschnitt, Kapitel C.IV.2.**), das von Unternehmen A nicht gewünscht wird, soll diese jetzt offene Position durch einen neuen Swap (Substitutions-Swap) mit dem Unternehmen D geschlossen werden. Allerdings hat sich das Zinsniveau seit dem Abschluss des ursprünglichen Swaps mit Unternehmen C in der Zwischenzeit derart geändert, dass das Unternehmen A den benötigten Swap mit Unternehmen D nur noch zu den folgenden Konditionen abschließen kann: Unternehmen A zahlt einen Festzinssatz in Höhe von 7,2 % p. a. an Unternehmen D und erhält von Unternehmen D variabel verzinsliche Mittel in Höhe von EURIBOR + 0,6 %-Punkte p. a.

Die neue Vertragssituation ist in **Abbildung 99**[913] dargestellt. Das Unternehmen A, das vor dem Ausfall von Unternehmen C noch einen Ertrag aus den Swaps mit den Unternehmen B und C in Höhe von 0,1 % p. a. erzielt hatte, erleidet nach dem Ausfall von Unternehmen C und dem Abschluss des Substitutions-Swaps mit Unternehmen D einen Verlust aus den gesamten Swap-Positionen in Höhe von 0,5 % p. a. Somit bestehen bei Swaps, bei denen keine Vorleistungen erbracht werden, bestimmte Risiken, die von den Vertragsparteien nicht ignoriert werden sollten. Auf die Möglichkeit, dass sich der Substitutions-Swap zu günstigeren Konditionen als der ursprüngliche Swap abschließen lässt, sei hingewiesen.

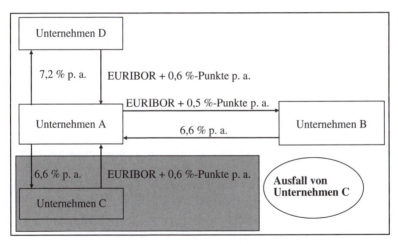

Abbildung 99: Abschluss eines Substitutions-Swaps

---

[913] Entnommen aus *Bieg, Hartmut*: Finanzmanagement mit Swaps. In: Der Steuerberater 1998, S. 70.

D. Finanzmanagement mit Futures

I. Vorbemerkungen

Bei einem **Future-Kontrakt** handelt es sich um ein **unbedingtes Termingeschäft**, bei dem für zwei anonyme Kontraktpartner eine unbedingte Verpflichtung zur Leistung und Gegenleistung des Geschäftsgegenstandes besteht. Der **Käufer eines Futures** verpflichtet sich, zu einem vereinbarten Zeitpunkt (Liefertag) eine festgelegte Menge des zugrunde liegenden Handelsobjekts (Basiswert) zu dem beim Vertragsabschluss vereinbarten Terminkurs (Future-Preis) abzunehmen. Der **Verkäufer eines Futures** verpflichtet sich entsprechend, dem Käufer den Basiswert zu liefern. Die Zahlung erfolgt erst bei der Lieferung des Handelsobjekts und nicht bei Vertragsabschluss.

In Abgrenzung zu den Forwards[914], die als unbedingte Termingeschäfte außerhalb organisierter Märkte zwischen zwei Vertragspartnern (OTC) individuell vereinbart werden, zeichnen sich **Futures** durch ihren **standardisierten Börsenhandel** aus. Durch diese Standardisierung wird eine erhöhte Handelbarkeit der Kontrakte ermöglicht.[915]

II. Future-Arten

1. Commodity Futures und Financial Futures

Futures lassen sich nach ihrem Basiswert in **zwei Hauptgruppen** unterteilen, die Commodity Futures und die Financial Futures.

Die klassischen **Commodity Futures** basieren auf einer **physischen Ware**, den sog. lagerfähigen „Commodity Underlyings" (z. B. Rohstoffe, Agrarprodukte oder Edelmetalle). Um die Qualität dieser Ware beurteilen zu können, wurden auf den Rohwarenmärkten **Qualitätsstandards** festgelegt. Der Investor hat mittels dieser Standards die Möglichkeit, beispielsweise die Reife von Getreide oder die Reinheit von Edelmetallen zu beurteilen.

Im Laufe der Zeit entwickelten sich an den Commodity Börsen die **Financial Futures**, deren Funktionsprinzip auf dem Konzept der Waren-Futures beruht. Die **Grundlage** von Financial Futures bilden **originäre Finanzinstrumente**, sog. „Financial Underlyings" wie Aktien, festverzinsliche Wertpapiere (Zinsen), Devisen, aber auch fiktive Handelsobjekte wie Aktienindizes. Aus diesem Grund werden Financial Futures auch als derivative Finanzinstrumente oder Derivate bezeichnet. Qualitätsstandards wie bei den Commodity Futures sind nicht notwendig, da Finanzinstrumente eindeutig definiert sind, z. B. durch Kurs, Kupon, Wertpapierkennungen, Laufzeit oder Indexbezeichnung. Im Folgenden werden einige dieser Financial Futures (Devisen-, Zins- und Index-Futures) genauer betrachtet.

---

[914] Zum Forward Rate Agreement als eine spezielle Ausprägung der Forwards vgl. den **Neunten Abschnitt, Kapitel E.**

[915] Zur Verbuchung von Forwards und Futures vgl. *Eisele, Wolfgang/Knobloch, Alois Paul*: Technik des betrieblichen Rechnungswesens. 8. Aufl., München 2011, S. 262–269.

2. Devisen-Future

Ein **Devisen-Future** ist ein **Termingeschäft auf Währungen**, d. h. ein Kontrakt, der den Tausch eines bestimmten Geldbetrages einer Währung in eine andere Währung zu einem festgelegten Wechselkurs an einem vereinbarten Abwicklungsdatum regelt.

Die ursprüngliche **Intention des Käufers eines Devisen-Futures** ist die Absicherung eines in Zukunft benötigten Währungsbetrages gegen eine Aufwertung dieser Währung gegenüber der ihm zur Verfügung stehenden Währung.

Auf der Gegenseite des Kontraktes will sich der **Verkäufer eines Devisen-Futures** gegen eine Abwertung dieser Währung gegenüber der ihm zur Verfügung stehenden Währung absichern

Beispiel:[916]

Als Beispiel sei ein **USD-Future** in Höhe von 100.000,00 USD zu einem Kurs von 1,25 USD/EUR, fällig am 01.06.01, vereinbart worden. Der **Käufer** dieses Futures rechnet mit dem Fallen der Wechselkursrelation USD/EUR bis zum 01.06.01, d. h. einer Aufwertung des US-Dollars gegenüber dem EUR. Der **Verkäufer** hingegen kalkuliert mit einer steigenden Wechselkursrelation. Fällt der Kassakurs USD/EUR bis zum 01.06.01 auf 1,05 USD/EUR, so hat der Future-Käufer einen Gewinn von 1,25 USD/EUR – 1,05 USD/EUR = 0,20 USD/EUR. Dieser Gewinn wird realisiert, wenn der Future-Käufer die bei der Erfüllung des Futures zu 1,25 USD/EUR vom Future-Verkäufer gekauften 100.000,00 USD (100.000,00 USD $\hat{=}$ 80.000,00 EUR) im Juni 01 unmittelbar nach dem Erwerb wieder am Kassamarkt zu 1,05 USD/EUR (100.000,00 USD $\hat{=}$ 95.238,10 EUR) veräußert. Der Gewinn aus dieser **Spekulation** ist dann 15.238,10 EUR (vgl. den **Neunten Abschnitt, Kapitel D.V.1.**).

Wenn der Käufer des Futures den Kontrakt jedoch abgeschlossen hat, um eine bereits bestehende (offene) Lieferverpflichtung in Höhe von 100.000,00 USD zu schließen (**Hedging**; vgl. den **Neunten Abschnitt, Kapitel D.V.3.**), so erzielt er aus dem Future keinen Gewinn. Er hat sich aber gegen den beschriebenen Kursverfall abgesichert, da er die im Juni 01 für die Erfüllung der offenen Lieferverpflichtungen notwendigen 100.000,00 USD nicht zu 1,05 USD/EUR am Kassamarkt erwerben muss, sondern durch die Erfüllung des Futures zu 1,25 USD/EUR vom Future-Verkäufer erwirbt.

Muss der **Future-Verkäufer** sich die 100.000,00 USD zum Stichtag am Kassamarkt zur Erfüllung seiner Vertragsverpflichtung beschaffen, so realisiert er einen entsprechenden Verlust von 15.238,10 EUR. Hat aber der Future-Verkäufer den Kontrakt abgeschlossen, um eine bereits bestehende (offene) Devisenforderung in Höhe von 100.000,00 USD gegen einen Kursanstieg abzusichern, so kann er den ohne den Future-Kontrakt entstehenden Gewinn von 15.238,10 EUR nicht vereinnahmen, da er die aus der Devisenforderung zufließenden US-Dollar nicht am Kassamarkt zu 1,05 USD/EUR verkaufen kann, sondern zur Erfüllung des Futures an den Future-Käufer zu 1,25 USD/EUR liefern muss.

Steigt dagegen der Wechselkurs (USD/EUR) über den Future-Preis, so realisiert der Verkäufer des Devisen-Futures entsprechend den Gewinn und der Käufer den Verlust in gleicher Höhe,

---

[916] Modifiziert entnommen aus *Bieg, Hartmut*: Finanzmanagement mit Futures. In: Der Steuerberater 1998, S. 105.

wenn der Future für sie jeweils eine offene Position darstellte und nicht zum Schließen einer ansonsten offenen Devisenposition abgeschlossen wurde.

3. Zins-Future

Ein **Termingeschäft auf Zinsinstrumente** (Geldmarktanlagen oder Anleihen) wird als **Zins-Future** bezeichnet. Der standardisierte Kontrakt beinhaltet den Kauf bzw. Verkauf eines kurz-, mittel- oder langfristig zinstragenden Wertpapiers zu einem börsennotierten, im Voraus festgelegten Preis (Kurs) an einem späteren Abwicklungsdatum. Die zugrunde liegenden Basiswerte sind verzinsliche Wertpapiere, wobei deren Besonderheit darin liegt, dass die Verzinsung während der gesamten Laufzeit des Wertpapiers vertraglich fixiert ist. Damit können Zins-Futures als Kontrakte angesehen werden, die den Kauf oder Verkauf eines speziellen Zinssatzes vorsehen. Beispielhaft ist der Euro-Bund-Future an der Eurex zu nennen, der zu den liquidesten Zins-Future-Kontrakten weltweit gehört.

Der **Preis für ein festverzinsliches Wertpapier** hängt – sieht man von der Bonität des Schuldners ab – von dem **aktuellen Marktzins** und der **Laufzeit des Wertpapiers** ab. Er ergibt sich durch die Abzinsung der zukünftig aus dem festverzinslichen Wertpapier vertragsgemäß resultierenden Zins- und Tilgungszahlungen, die mit dem aktuellen Kapitalmarktzins diskontiert werden. Liegt der Marktzins über dem Festzins des Wertpapiers, so ist der Preis (in Prozent des Nennwerts eines Wertpapiers) unter pari, d. h. unter 100 %. Entsprechend ist der Preis über pari bzw. über 100 %, falls der Marktzins unter dem vereinbarten Festzins des Wertpapiers liegt. Das Marktzinsniveau wiederum hängt von der Laufzeit des Wertpapiers ab. Geht man von einer **normalen Zinsstruktur** aus, werden für längerfristige Anlagen höhere Zinsen gezahlt als für kürzerfristige Anlagen. Dagegen werden bei einer **inversen Zinsstruktur** für längerfristige Anlagen geringere Zinsen als für kürzerfristige Anlagen bezahlt. Schließlich weisen Wertpapiere verschiedener Laufzeiten bei gleicher Zinsniveauänderung unterschiedliche Kursbewegungen auf. Ein einjähriges Wertpapier reagiert auf eine Marktzinsschwankung nicht so stark mit einer Kursveränderung wie ein zweijähriges Wertpapier, wirkt sich doch der veränderte Marktzins beim zweijährigen Wertpapier längerfristig aus.

Der **Käufer eines Zins-Futures** rechnet damit, dass der entsprechende Marktzinssatz des zugrunde liegenden Wertpapiers in naher Zukunft fallen und als Konsequenz hieraus der Kurs des Wertpapiers steigen wird. Der **Verkäufer eines Zins-Futures** kalkuliert hingegen mit steigenden Marktzinsen und aus diesem Grund fallenden Preisen bzw. Kursen.

4. Index-Future

Ein Kontrakt über einen **Index-Future** basiert auf einem hypothetischen Portefeuille von Wertpapieren, welches durch einen Index (z. B. Aktienindex) repräsentiert wird. Die Kursbewegung des gesamten Portefeuilles wird anhand einer errechneten Größe – dem Index – abgebildet. Die gegenseitige Vereinbarung eines Index-Futures lautet, dieses Portefeuille zu einem bestimmten Index an einem zukünftigen Datum zu kaufen bzw. zu verkaufen. Im Gegensatz zu den Devisen- und Zins-Futures beruhen Index-Futures nicht auf einem konkreten Basiswert, der zum Fälligkeitsdatum physisch geliefert werden kann, sondern auf einem **fiktiven Basiswert**, zu dem bei Fälligkeit ein **Barausgleich (cash settlement)** in Höhe der Differenz des vereinbarten Indexes zum aktuellen Indexstand am Fälligkeitsdatum

D. Finanzmanagement mit Futures 321

stattfindet. Dieser fiktive Basiswert ist demnach ein spezieller Preis eines bestimmten Portefeuilles, dessen Wertpapiere in ihren Anteilen genau definiert sind.

Der Indexhandel ist ein Handel, bei dem der Investor z. B. anstatt Aktien eines bestimmten Unternehmens einen Marktdurchschnitt von Aktien erwirbt oder veräußert. Dabei zeigt eine Indexbewegung die durchschnittliche Entwicklung aller Titel eines Marktes auf. Index-Futures können sowohl auf Aktienindizes (z. B. Dax, Dow Jones, Nikkei) als auch auf Obligationen-, Währungs- oder Warenindizes basieren. Sie sind ebenfalls geeignete Absicherungsinstrumente gegen den Wertverfall des zugrunde liegenden Portefeuilles.

Nachfolgend soll ein Index-Future am Beispiel des **DAX-Futures** dargestellt werden. Dem DAX liegen die Kursentwicklungen der 30 wichtigsten deutschen Standardwerte zugrunde; die DAX-Aktien entsprechen etwa 70 % der Marktkapitalisierung aller an der Frankfurter Wertpapierbörse gehandelten Aktien.

Beispiel:[917]

Es seien 10 DAX-Future-Kontrakte mit einem Future-Preis von 7.500 Punkten, fällig in sechs Monaten, vereinbart worden. Der Wert eines Future-Kontraktes beträgt 25,00 EUR pro Indexpunkt. Der Stand des DAX am Abschlussdatum Januar des Jahres 01 sei 7.100 Punkte. Würde der Investor dieses hypothetische DAX-Portefeuille heute erwerben, müsste er 10 · 25,00 EUR pro Indexpunkt · 7.100 Indexpunkte = 1.775.000,00 EUR bezahlen. Dies ist jedoch wegen des hohen Liquiditätsbedarfs nicht in seinem Interesse. Er spekuliert auf einen Anstieg des DAX während der sechs Monate auf über 7.500 Punkte, womit er sich in der Gewinnzone befinden würde. Notiert der DAX z. B. am 1. Juli des Jahres 01 bei 7.700 Punkten, so kann sich der Käufer seinen Gewinn in Höhe von (7.700 – 7.500) · 10 · 25,00 EUR = 50.000,00 EUR in bar auszahlen lassen. Liegt der Schlussabrechnungspreis jedoch um z. B. 150 Punkte unter dem vereinbarten Preis von 7.500 Indexpunkten, so hat der Käufer 37.500,00 EUR zu zahlen.

Die folgenden Ausführungen beschränken sich auf die wichtigsten Financial Futures (Devisen-, Zins- und Aktienindex-Future). Gleichwohl gelten sie im Grundsatz für alle denkbaren Future-Arten.

III. Erfüllung eines Future-Kontraktes

Sowohl die Standardisierung als auch die besondere Organisationsform der Terminbörse gewährleisten die Effizienz der Future-Märkte und damit die hohe Fungibilität der Futures. Letztere kommt auch dadurch zum Ausdruck, dass Futures nur zu einem geringen Teil tatsächlich erfüllt, sondern vielmehr vor ihrer Fälligkeit durch ein entsprechendes Gegengeschäft mit identischen Vertragsbedingungen zu dem dann gültigen Terminkurs glattgestellt werden. Der **Käufer** eines Future-Kontraktes **(Long Position)** kann durch eine äquivalente **Verkaufsposition (Short Position)** sein Termingeschäft glattstellen, bzw. eine Short Position wird durch eine entsprechende Long Position glattgestellt. Die Glattstellung eines offenen Kontraktes ist möglich, weil sich die Ansprüche des Marktteilnehmers und der Clearing-Stelle, die als Vertragspartner in den Vertrag eingetreten ist, nach Abschluss des Ge-

---

[917] Modifiziert entnommen aus *Bieg, Hartmut*: Finanzmanagement mit Futures. In: Der Steuerberater 1998, S. 106.

gengeschäftes gegenseitig aufheben. Der Gewinn bzw. Verlust ergibt sich aus der Differenz des Terminkurses bei Abschluss und des Terminkurses bei Glattstellung.

> **Beispiel:**[918]
>
> Ein Investor geht im Januar des Jahres 01 eine Long Position ein, indem er einen Devisen-Future zum Preis von 1,25 USD/EUR, Kontraktgröße 100.000,00 USD und fällig am 01.07.01, kauft. Er hätte nun die Möglichkeit, am 01.07.01 die vereinbarte Menge Dollar zum Preis von 1,25 USD/EUR (100.000,00 USD $\stackrel{\wedge}{=}$ 80.000,00 EUR) effektiv zu kaufen. Will er jedoch seine Long Position durch ein Gegengeschäft vorzeitig glattstellen, so geht er während der Kontrakt-Laufzeit eine Short Position ein, d. h., er verkauft z. B. im März 01 einen 100.000,00 USD Future mit Fälligkeit im Juli 01 zu einem bestimmten Preis. Der Gewinn bzw. Verlust aus den zwei Future-Kontrakten ist die Differenz zwischen Verkaufs- und Kaufpreis. Geht der Investor z. B. am 01.03.01 die Short Position über den Juli Dollar-Future zum Preis von 1,20 USD/EUR (100.000,00 USD $\stackrel{\wedge}{=}$ 83.333,33 EUR) ein, so hat er einen Gewinn von (83.333,33 EUR − 80.000,00 EUR) = 3.333,33 EUR realisiert.
>
> Wird im Gegensatz zur vorzeitigen Glattstellung der Kontrakt am Liefertag tatsächlich erfüllt, so unterscheidet man je nach Future-Art und Kontraktspezifikation zwischen der physischen Lieferung des Basiswertes **(physical settlement)** und dem monetären Ausgleich **(cash settlement)**. Bei Letzterem ergibt sich die Höhe des Ausgleichsbetrags aus der Differenz zwischen dem vereinbarten Terminkurs und dem Kassakurs des Basiswertes am Liefertag.

IV. Preisbildung von Financial Futures

Die **Theorie der Preisbildung von Financial Futures** ist grundlegend zum Verständnis der Motivation der Marktteilnehmer. Sie wird im Folgenden beispielhaft anhand des Terminkurses einer Aktie dargestellt.

Der Future-Preis (Terminkurs) hängt zunächst vom Preis des zugrunde liegenden Basiswertes (Kassakurs) ab. Bestünde zwischen dem Halten des Basiswertes und dem Terminkauf (also dem zukünftigen Halten des Basiswertes) kein Unterschied, so würden sich Kassa- und Terminkurs entsprechen. Dies ist in der Realität nur im Zeitpunkt der Fälligkeit des Kontrakts der Fall. Ansonsten beruht der **Unterschied zwischen Kassa- und Terminkurs**, der als Basis bezeichnet wird, auf **zwei Gruppen von Einflussfaktoren**. Die sog. **Value Basis** ergibt sich aufgrund nicht messbarer Faktoren wie Erwartungen der Marktteilnehmer, Tagesereignisse, Angebots- und Nachfragestrukturen und Marktliquidität. Die zweite Gruppe beinhaltet die (messbaren) Faktoren, die durch das Halten des entsprechenden Basiswertes verursacht werden (z. B. Finanzierungs- und Lagerkosten). Die Kosten, die durch das Halten des Basiswertes entstehen, ergeben abzgl. der Erträge aus dem Basiswert (z. B. Zinserträge) die **Carry Basis** (Nettofinanzierungskosten), den zweiten Bestandteil der Basis:

> Basis = Terminkurs − Kassakurs
> Basis = Value Basis + Carry Basis

---

[918] Modifiziert entnommen aus *Bieg, Hartmut*: Finanzmanagement mit Futures. In: Der Steuerberater 1998, S. 108–109.

Lässt man die nicht messbaren Einflussfaktoren (also die Value Basis) außer Betracht, so ergibt sich der sog. **Fair Value** als theoretischer Terminkurs aus dem Kassakurs und der Carry Basis:

$$\boxed{\text{Fair Value} = \text{Kassakurs} + \text{Carry Basis}}$$

Diese Zusammenhänge sollen durch folgende Ausführungen verdeutlich werden, die vereinfachend von einem unterjährigen Betrachtungszeitraum ausgehen und keine Transaktionskosten oder sonstige Kosten (wie z. B. Depotgebühren) berücksichtigen. Ein Investor kauft zum Zeitpunkt t_0 eine Aktie zum Kassakurs S_0. Er nimmt dazu ein Darlehen in der gleichen Höhe zum Zinssatz f auf, das zum Zeitpunkt t_1 fällig ist. Gleichzeitig verkauft der Investor auf Termin t_1 die Aktie zum gesuchten Terminkurs (Future-Preis) F_0.

Das Portefeuille des Investors hat damit zum Zeitpunkt t_0 den Wert von Null, da in diesem Zeitpunkt t_0 die Höhe der Darlehenssumme genau dem Wert der Aktie entspricht. Im Zeitpunkt t_1 erhält er eine Dividende, die sich aus dem Dividendensatz d, angewendet auf den Kassakurs S_0 für die entsprechende Laufzeit ($t_1 - t_0$), ergibt. Eine Dividende wird im Normalfall für ein Jahr bezahlt, weshalb hier der Dividendensatz d als zeitabhängig verstanden wird. Der Investor erhält gleichzeitig nach Lieferung der Aktie in den Terminkontrakt den vereinbarten Terminkurs F_0 und zahlt das Darlehen mit den aufgelaufenen Zinsen zurück. **Abbildung 100**[919] auf S. 324 enthält eine Übersicht der Zahlungen (Einzahlungen positiv; Auszahlungen negativ) und Vermögenswerte.

Geht man von einem vollkommenen Kapitalmarkt aus, ergibt sich also aufgrund von Arbitrageprozessen ein Gleichgewicht zwischen Kassa- und Terminmarkt, so muss der Wert des Portefeuilles auch im Zeitpunkt t_1 null betragen. Es gilt demnach folgende Gleichung:

$$\boxed{F_0 - S_0 \cdot \left[1 + (f - d) \cdot \frac{(t_1 - t_0)}{360}\right] = 0}$$

Löst man die Gleichung nach dem gesuchten Terminkurs F_0 auf und berücksichtigt, dass c = f − d gilt, so erhält man:

$$\boxed{F_0 = S_0 \cdot \left[1 + c \cdot \frac{(t_1 - t_0)}{360}\right]}$$

Dabei bezeichnet die Variable c den sog. **Cost of Carry-Satz**, der sich aus den Kosten (hier: f, die Zinsen für das aufgenommene Darlehen) abzgl. der Erträge aus dem Basiswert (hier: d, die Dividende) ergibt. Der Term

$$S_0 \cdot c \cdot \frac{(t_1 - t_0)}{360}$$

---

[919] Entnommen aus *Bieg, Hartmut*: Finanzmanagement mit Futures. In: Der Steuerberater 1998, S. 109.

bildet demnach die **Carry Basis**, die zusammen mit dem Kassakurs S_0 den fairen (theoretischen) Terminkurs F_0 ergibt; dieser wird jedoch in aller Regel vom tatsächlichen Terminkurs abweichen, da in der Realität kein vollkommener Kapitalmarkt existiert, so dass die hier unterstellten Arbitrageprozesse nicht stattfinden, und außerdem nicht messbare Faktoren (Value Basis) den Terminkurs beeinflussen:

$$\text{Fair Value} = \text{Kassakurs} + \text{Carry Basis}$$

$$\Leftrightarrow F_0 = S_0 + S_0 \cdot c \cdot \frac{(t_1 - t_0)}{360}$$

Das Beispiel lässt sich leicht auf andere Future-Arten übertragen, indem man den Cost of Carry-Satz entsprechend anpasst. So ergibt sich der Cost of Carry-Satz unter den obigen vereinfachenden Annahmen bei Zins-Futures aus der Differenz zwischen dem Kredit- und Anlagenzinssatz und bei Devisen-Futures aus der Differenz zwischen dem inländischen und ausländischen Zinssatz.

Transaktionen \ Zahlungen	Zahlungen zum Zeitpunkt t_0	Zahlungen zum Zeitpunkt t_1
Aktienkauf Dividendenzahlung	$- S_0$	$+ S_0 \cdot d \cdot \frac{(t_1 - t_0)}{360}$
Darlehensaufnahme Darlehensrückzahlung	$+ S_0$	$- S_0 \cdot \left[1 + f \cdot \frac{(t_1 - t_0)}{360} \right]$
Verkauf der Aktie auf Termin		$+ F_0$
Summe (Wert des Portefeuilles)	0	$F_0 - S_0 \cdot \left[1 + (f - d) \cdot \frac{(t_1 - t_0)}{360} \right]$

Abbildung 100: Darstellung eines Portefeuilles zur Erklärung der Preisbildung von Financial Futures

V. Motive der Kontraktpartner

1. Spekulationsmotiv

Die Motive der Kontraktpartner lassen sich nach ihrer jeweiligen Risikoneigung einteilen. Sie reichen von der risikofreudigen Spekulation über die weniger risikoreiche Arbitrage bis zum risikoaversen Sicherungsgeschäft, dem sog. Hedging.

Der **Spekulant** ist bereit, durch Kauf oder Verkauf von Futures risikoreiche, offene Positionen aufzubauen, um intertemporale Preisunterschiede auszunutzen. Das hohe Risiko – und damit auch die hohen Gewinnchancen – von Future-Kontrakten beruhen auf der sog. **Hebelwirkung**. Jede Erhöhung des Kassakurses schlägt ceteris paribus in Höhe des gleichen absoluten Betrages auf den Terminkurs durch. Der im Vergleich zu Kassageschäften geringe Kapitaleinsatz (in Form von Gebühren und Sicherheitsleistungen) führt demnach zu relativ hohen positiven wie negativen Renditen. Diese Hebelwirkung von Future-Kontrakten auf die Rendite des eingesetzten Kapitalbetrags soll anhand eines Beispiels[920] erläutert werden.

Beispiel:[921]

Ein Investor verfügt im ersten Quartal des Jahres 01 über 120.000,00 EUR, die er gewinnbringend anlegen will. Er erwartet, dass der XY-Konzern in diesem Jahr steigende Umsatzdaten veröffentlichen und sich deshalb der Kurs der XY-Aktie erhöhen wird. Für ihn kommen zwei Möglichkeiten in Frage, wie er an der eventuellen Kurssteigerung partizipieren kann, zum einen ein Kassageschäft, zum anderen ein Termingeschäft.

Beim **Kassageschäft** investiert er am 01.04.01 120.000,00 EUR in 1.000 XY-Aktien, die er an der Börse zu 120,00 EUR pro Stück kauft. Drei Monate später sei der Kassakurs auf 140,00 EUR/Aktie gestiegen. Der Investor erhält aus dem Kassageschäft bei Verkauf der 1.000 XY-Aktien am 01.07.01 an der Börse einen Erlös von 140.000,00 EUR. Sein Gewinn beträgt demnach (140,00 EUR – 120,00 EUR) · 1.000 = 20.000,00 EUR und seine Rendite aus dem Kassageschäft beläuft sich auf ca. 16,67 % für drei Monate (20.000,00 EUR ÷ 120.000,00 EUR = 0,1667).

Als Alternative zum Kassageschäft könnte er ein **Termingeschäft** abschließen, das am 01.04.01 wie folgt gestaltet wird. Er kauft XY-Aktien-Futures mit einer Fälligkeit in sechs Monaten. Jeder Kontrakt beinhaltet die Verpflichtung, 1.000 Aktien zum Terminkurs von 125,00 EUR/Stück am 01.10.01 zu kaufen (Carry Basis = 5,00 EUR/Stück; vgl. den **Neunten Abschnitt, Kapitel D.IV.**). Die Initial Margin beträgt pro Future 8 % des Kontraktwertes, d. h., der Investor muss für jeden Kontrakt am 01.04.01 0,08 · 1.000 · 125,00 EUR = 10.000,00 EUR Sicherheitsleistung erbringen. Bei einem Kapitalstock von 120.000,00 EUR kann er somit am 01.04.01 12 solcher Aktien-Future-Kontrakte eingehen (12 · 10.000,00 = 120.000,00 EUR).

Das Termingeschäft kann der Investor zum 01.07.01 glattstellen, um den Gewinn aus der Kurssteigerung zu realisieren. Die gekauften 12 Future-Kontrakte (Long Position), fällig am 01.10.01, werden mit dem Verkauf von 12 Future-Kontrakten (Short Position) zum 01.10.01 am 01.07.01 glattgestellt. Der Terminkurs am 01.07.01 für die Short Position (Verkauf der 12 Kontrakte je 1.000 XY-Aktien auf Termin) beträgt 142,50 EUR/Stück. Die Kassakurssteigerung um 20,00 EUR (von 120,00 EUR auf 140,00 EUR) erhöht um denselben Betrag den Terminkurs. Die Carry-Basis hat sich dabei um 2,50 EUR gesenkt (von 5,00 EUR auf 2,50 EUR). Diesen Preis erhält der Investor bei Verkauf der Future-Kontrakte am 01.07.01 auf Termin. Da die Clearingstelle beide Geschäfte bei Glattstellung übernimmt, erhält der Investor am 01.07.01 12 · 1.000 · 142,50 EUR = 1,71 Mio. EUR als Erlös aus der Short Position und muss gleichzeitig 12 · 1.000 · 125,00 EUR = 1,5 Mio. EUR aus der Long Position bezahlen (die geleisteten Sicherheitsleistungen von 120.000,00 EUR werden verrechnet). Effektiv erhält er demnach von der Clearingstelle 1,71 Mio. EUR – 1,5 Mio. EUR = 210.000,00 EUR als Gewinn aus dem Future-Geschäft ausbezahlt. Die Rendite des Termingeschäfts bezogen auf das eingesetzte Kapital beträgt 210.000,00 EUR ÷ 120.000,00 EUR = 1,75 und somit 175 % für drei Monate.

---

[920] Aus Gründen der Vereinfachung wird in diesem Beispiel von Transaktionskosten (z. B. Gebühren) beim Kassa- und Termingeschäft abgesehen. Der Terminkurs entspricht dem theoretischen „Fair Value" und eine Nachschusspflicht bei der Margin besteht nicht.

[921] Modifiziert entnommen aus *Bieg, Hartmut*: Finanzmanagement mit Futures. In: Der Steuerberater 1998, S. 110.

An dieser Stelle wird der **Hebeleffekt** erkennbar, da die Rendite des Termingeschäfts bei gleichem Kapitaleinsatz um das 10,5-fache höher ist als die Rendite aus dem Kassageschäft. Hat sich der Investor jedoch geirrt und liegt am 01.07.01 ein 10 %iger Kursverfall der XY-Aktie vor (die XY-Aktie notiert zu 108,00 EUR/Stück), so hätte er aus dem Kassageschäft eine negative Rendite für drei Monate von −10 % realisiert; absolut ist dies ein Verlust von 12.000,00 EUR. Der Terminkurs des Aktien-Futures Oktober 01 notiert dann am 01.07.01 zu 110,50 EUR/Aktie, woraus sich aus dem Termingeschäft eine negative Rendite von −145 % ergeben würde und absolut ein Verlust in Höhe von 174.000,00 EUR. Hier errechnet sich ein Hebel von 14,5 von der Kassa-Rendite auf die Termin-Rendite, wodurch das hohe Verlustpotenzial aus dem Future-Geschäft ersichtlich wird, da der Investor 162.000,00 EUR mehr durch das Termingeschäft verlieren würde.

Der beispielhaft berechnete Hebel auf die Rendite entsteht, indem durch die zeitliche Verschiebung der Kapitalbereitstellung für die Aktien und der relativ geringen Sicherheitsleistung bei Termingeschäften am Geschäftsabschlusstag effektiv mehr Aktien auf Termin als Kassa gekauft werden können. Eine Kursveränderung wirkt sich demnach um ein Vielfaches (den Hebel) auf das Termingeschäft aus, wodurch das hohe Gewinn- bzw. Verlustpotenzial entsteht. Einflussfaktoren auf die Höhe des Hebels sind die Höhe der Terminkurse bei Geschäftsabschluss und bei Glattstellung, die Höhe der Margins und Gebühren sowie die Höhe der Rendite aus dem gleichwertigen Kassageschäft.

Voraussetzung für eine Gewinnerzielung ist also, dass der Spekulant mit seiner Prognose der Marktentwicklung (seinen Markterwartungen) besser liegt als die in der Value Basis ausgedrückte Preiserwartung des Marktes.[922] Der Spekulant als Käufer eines Futures kann, wie oben gezeigt, dann einen Gewinn realisieren, wenn sich der Terminkurs nach oben entwickelt.

Die Höhe des Gewinns ergibt sich

- bei einer vorzeitigen Glattstellung aus der Differenz des dann geltenden (höheren) Terminkurses und des ursprünglich vereinbarten (niedrigeren) Terminkurses;
- bei der Erfüllung des Kontraktes aus der Differenz des dann geltenden (höheren) Kassakurses des Basiswertes und des ursprünglich vereinbarten (niedrigeren) Terminkurses.

Analog realisiert der spekulative Verkäufer eines Futures den Gewinn, falls der Terminkurs sinkt.

2. Arbitragemotiv

Arbitrage zeichnet sich durch die Ausnutzung ökonomisch nicht gerechtfertigter Preisunterschiede sowohl zwischen verschiedenen Future-Märkten als auch zwischen Kassa- und Future-Märkten aus. Der Arbitrageur erzielt auf Future-Märkten risikolose Gewinne, indem er Kontrakte an der billigeren Börse kauft und sie (gleichzeitig) an der teureren Börse verkauft. Befinden sich Kassa- und Future-Markt bezüglich eines Basiswertes nicht im Gleichgewicht, weicht also der Terminkurs vom Fair Value ab, sind Arbitragegewinne durch eine

---

[922] Diese wurde zwar im obigen Beispiel vernachlässigt, sie ist aber normalerweise Bestandteil des Terminkurses (vgl. den **Neunten Abschnitt, Kapitel D.IV.**).

Kombination von Kassa- und Future-Geschäften (wie sie z. B. im **Neunten Abschnitt, Kapitel D.IV.** zur Erklärung der Preisbildung dargestellt wurde) möglich. Arbitrageure tragen somit wesentlich zur fairen Preisbildung an Future-Märkten bei.

3. Preissicherungsmotiv (Hedging)

Die **zentrale wirtschaftliche Funktion der Financial Futures** liegt in ihrem **Einsatz als Preissicherungsinstrumente (Hedging)**. Der Hedger möchte vorhandene oder zukünftige Finanzpositionen mittels Futures gegen Preisänderungen absichern, indem er eine jeweils entgegengesetzte Future Position aufbaut und dadurch die ursprüngliche Position neutralisiert. Fällt dann der Wert der ursprünglichen Position, so steigt der Wert der Future Position und umgekehrt; Gewinne aus der einen und Verluste aus der anderen Position heben sich somit gegenseitig auf. Das Absichern zukünftiger Finanzpositionen wird als **antizipatorisches Hedging** bezeichnet.

Man unterscheidet zwischen der **Absicherung einzelner Positionen (Micro Hedge)** und der **Absicherung einer Gesamtrisikoposition (Macro Hedge)**. Stimmt das abzusichernde Finanzinstrument mit dem Basiswert des Futures überein, spricht man von einem **Pure Hedge**. In diesem Fall ist die Wahrscheinlichkeit, dass Kassa- und Terminkurs sich parallel entwickeln und Gewinne beim einen und Verluste beim anderen sich genau ausgleichen **(Perfect Hedge)**, größer als bei den sog. **Cross Hedges,** bei denen die zugrunde liegenden Finanzinstrumente nicht übereinstimmen. Voraussetzung für einen Absicherungserfolg ist demnach immer eine stabile Korrelation zwischen den Kursen der abzusichernden Finanzpositionen und des Basiswertes.

Eine Absicherung gegen den Wertverfall einer Finanzposition wird als **Short Hedge** (Sicherungsverkauf) bezeichnet. Allgemein sichert ein Short Hedge eine bestehende Long Position oder eine zukünftige Short Position gegen fallende Kurse ab.

Beispielsweise hält ein Investor zu Jahresbeginn unter anderem XY-Aktien in seinem Portefeuille (bestehende Long Position) und beabsichtigt, diese zum Jahresende zu verkaufen. Gegen das Risiko, dass die Kurse dieser Aktien im Verlauf des Jahres fallen, sichert er sich mit einem Short Hedge ab, d. h., er verkauft die Aktien auf Termin. Damit ist ihm der Verkaufserlös in Höhe des vereinbarten Terminkurses sicher. Bei diesem Geschäft stimmt das abzusichernde Finanzinstrument mit dem Basiswert des Futures überein; demnach handelt es sich um einen Pure Hedge.

Eine andere Möglichkeit für den Einsatz eines Short Hedges ist der zukünftig beabsichtigte Verkauf von Schuldverschreibungen eines Unternehmens zu einem fixierten Zinssatz (zukünftige Short Position). Will das Unternehmen einen garantierten Verkaufserlös in Zukunft erhalten, so muss es sich heute mit einem entsprechenden Future-Kontrakt (Verkauf der Schuldverschreibung auf Termin) absichern, damit es gegen Zinssteigerungen und eine damit verbundene Kurssenkung geschützt ist.

In jedem der geschilderten Fälle führt aber der Abschluss des Futures (Short Hedge) nicht nur zur Absicherung des Kurssenkungsrisikos. Da der Verkaufspreis mit dem Terminkurs bereits verbindlich vereinbart wurde, profitiert der Investor auch nicht vom Ansteigen der Kurse (bei Schuldverschreibungen aufgrund von Zinssenkungen). Da Kurssteigerungen und

Kurssenkungen nicht sicher vorausgesagt werden können, müssen risikoaverse Investoren das Kurssenkungsrisiko durch den Einsatz von Futures absichern, also notwendigerweise auf Kurssteigerungschancen verzichten.

Umgekehrt fixiert ein **Long Hedge** (Sicherungskauf) den zukünftigen Kaufpreis einer Finanzposition, d. h., ein Long Hedge stellt bei einer bestehenden Short Position oder einer zukünftigen Long Position eine Absicherung gegen steigende Kurse dar.

Ein Unternehmen will z. B. einen Future-Kontrakt auf Aktien verkaufen (bestehende Short Position). Hält es die dem Future-Kontrakt zugrunde liegenden Aktien nicht im eigenen Bestand, so kann sich das Unternehmen die benötigten Aktien mittels einer Kaufposition (Long Hedge) zum Liefertermin des Futures beschaffen. Fixiert es bei diesem Aktienterminkauf denselben Preis wie beim Future-Verkauf, so haben sich die Positionen neutralisiert.

Beabsichtigt dasselbe Unternehmen einen zukünftigen Anleihekauf (zukünftige Long Position) und hat es das Ziel, dabei einen bestimmten Zinssatz mindestens zu erwirtschaften, so kann es ebenfalls einen Long Hedge eingehen und einen Zins-Future mit Fälligkeitstermin am Investitionszeitpunkt kaufen. Damit sichert es sich gegen Zinssenkungen bzw. Kurssteigerungen bis zu diesem Zeitpunkt der Investition ab.

Auch bei der Kurssicherung mit Hilfe eines Long Hedge gilt, dass die Absicherung des Risikos von Kurssteigerungen (bei Schuldverschreibungen aufgrund von Zinssenkungen) zwingend zur Folge hat, dass die Chance der Kurssenkung nicht genutzt werden kann; dies ist der Preis, der für die Risikoabsicherung zu zahlen ist.

Abbildung 101[923] auf S. 329 gibt einen Überblick über die beschriebenen Zusammenhänge.

E. Finanzmanagement mit Forward Rate Agreements

I. Vorbemerkungen

Das **Forward Rate Agreement** (FRA), ein **unbedingtes Zinstermingeschäft**, unterliegt einer **individuellen Vertragsausgestaltung** zwischen den Kontraktpartnern. Da keine Börse dem Handel zwischengeschaltet ist, wird die außerbörsliche Vereinbarung „over the counter" (OTC) gehandelt. Insbesondere im internationalen Handel und zwischen Kreditinstituten findet das Forward Rate Agreement bei relativ starken Zinsschwankungen und daraus resultierenden Kursschwankungen am Geld- und Kapitalmarkt großes Interesse. Die Kontraktpartner eines Forward Rate Agreements sind bemüht, ihre sich aus Zins- und damit verbunden auch Kursschwankungen ergebenden Risiken auszuschalten oder zumindest soweit wie möglich einzuschränken.

Das grundsätzliche Problem soll anhand eines Beispiels gezeigt werden, das den Fall der Zinssicherung, also des Hedging (vgl. den **Neunten Abschnitt, Kapitel E.V.**), betrifft.

---

[923] Modifiziert entnommen aus *Bieg, Hartmut*: Finanzmanagement mit Futures. In: Der Steuerberater 1998, S. 112.

E. Finanzmanagement mit Forward Rate Agreements

zukünftige Marktsituation \ Position	bestehende **Long Position** (z. B. Aktienbestand) oder zukünftige **Short Position** (z. B. beabsichtigte Ausgabe von Schuldverschreibungen)	zukünftige **Long Position** (z. B. beabsichtigter Wertpapierkauf) oder bestehende **Short Position** (z. B. ungedeckter Verkauf eines Futures)
Preissteigerung bzw. Kurssteigerung (Zinssenkung)	C H A N C E keine Absicherung erforderlich[924]	R I S I K O Absicherung durch LONG HEDGE (Kauf eines Futures)
Preissenkung bzw. Kurssenkung (Zinssteigerung)	R I S I K O Absicherung durch SHORT HEDGE (Verkauf eines Futures)	C H A N C E keine Absicherung erforderlich[924]

Abbildung 101: Absicherung bestehender und zukünftiger Positionen durch Futures bei unterschiedlichen zukünftigen Marktsituationen

Beispiel:

Ein Unternehmen A beabsichtigt bereits heute, in einem späteren Zeitpunkt, z. B. in drei Monaten, einen Kredit in einem bestimmten Umfang aufzunehmen bzw. einen in drei Monaten in seiner Zinsbindung auslaufenden Kredit zu verlängern. Das Unternehmen möchte sich bereits heute die derzeitigen Zinsen für einen bestimmten kurzfristigen Zeitraum in der Zukunft, z. B. für sechs Monate, allerdings erst beginnend in drei Monaten, sichern. Es soll also das Risiko, dass sich in drei Monaten die Zinssituation für das Unternehmen verschlechtert hat, d. h. dass die Zinsen gestiegen sind, ausgeschaltet werden. Mit der Sicherung der heutigen Zinsen ist allerdings zwingend verbunden, dass auch die Chance einer zukünftigen Zinssenkung nicht genutzt werden kann.

Ein anderes Unternehmen B möchte in drei Monaten bis dahin zugeflossene liquide Mittel für sechs Monate verzinslich anlegen oder aber eine in drei Monaten auslaufende Geldanlage für weitere sechs Monate verlängern. Auch dieses Unternehmen möchte sich die heutigen Zinsen sichern und damit der Gefahr entgegenwirken, dass die Zinsen in sechs Monaten niedriger sind als heute. Dabei muss es allerdings akzeptieren, dass die Chance einer zukünftigen Zinserhöhung nicht genutzt werden kann.

Beide Unternehmen werden zwar voraussichtlich in drei Monaten die eigentliche Kreditaufnahme (Unternehmen A) bzw. Geldanlage (Unternehmen B) für sechs Monate am Finanzmarkt

---

[924] Sehr wohl kann ein risikoaverser Entscheidungsträger auch in diesen Fällen eine entsprechende Absicherung vornehmen, um jegliche Unwägbarkeit auszuschließen.

tatsächlich zu den dann herrschenden Zinsbedingungen vornehmen. Wenn aber beide Unternehmen bereits heute ein entsprechendes Forward Rate Agreement abschließen, so erhalten bzw. leisten sie in drei Monaten eine Ausgleichszahlung, die von der Entwicklung des Referenzzinssatzes abhängig ist. Die **Ausgleichszahlung** erhält derjenige FRA-Partner, für den sich am Finanzmarkt im Hinblick auf sein Grundgeschäft die Situation gegenüber dem Zeitpunkt des Abschlusses des Forward Rate Agreements verschlechtert hat. Er vereinbart nun zwar seine Kreditaufnahme bzw. Geldanlage zu den jetzt herrschenden ungünstigeren Zinsbedingungen. Da er den Zinsnachteil aber in Form der Ausgleichszahlung von dem FRA-Vertragspartner erhält, entsprechen seine effektiven Kredit- bzw. Anlagezinsen dem vertraglich vereinbarten FRA-Zinssatz. Der Partner, für den sich die Finanzmarktsituation gegenüber der Ausgangssituation (Zeitpunkt des FRA-Abschlusses) verbessert hat, wird zwar gerne bei der tatsächlich in drei Monaten durchgeführten Kreditaufnahme bzw. Geldanlage die verbesserte Zinssituation akzeptieren. Er muss jedoch die Ausgleichszahlung in Höhe des eingetretenen Zinsvorteils an den FRA-Partner leisten, so dass seine effektiven Kredit- bzw. Anlagezinsen ebenfalls dem vereinbarten FRA-Zinssatz entsprechen.

II. Begriff des Forward Rate Agreements

Durch die **individuelle Ausgestaltung des Kontraktes** ist das Forward Rate Agreement – auch synonym als Future Rate Agreement bezeichnet – ein maßgeschneidertes Instrument zur Absicherung von Zinssatzänderungen in der Zukunft. Sowohl der Käufer als auch der Verkäufer eines Forward Rate Agreements sind in ihren Abmachungen völlig frei in der Bestimmung der **Vorlaufzeit** (Zeitraum zwischen dem Abschluss des Kontraktes und dem Zeitpunkt, zu dem die Zinssicherungsperiode beginnt), der **Zinsperiode** (Länge der zinsgesicherten FRA-Laufzeit), dem zugrunde liegenden **Kapitalbetrag** und der Wahl des **Referenzzinses**.

Konkret vereinbaren die Vertragspartner (Käufer bzw. Verkäufer) eines Forward Rate Agreements am Abschlusstag zur **Absicherung gegen Zinsänderungsrisiken** in der Zukunft:

- einen festen Zinssatz (FRA-Satz),
- einen bestimmten Kapitalbetrag, der aber in keinem Fall zwischen den Vertragspartnern ausgetauscht werden soll, sondern ausschließlich als Basis zur Berechnung einer Ausgleichszahlung dient,
- einen festgelegten Anfangstermin der Verzinsung in der Zukunft (Settlement Date),
- eine bestimmte mit diesem Termin beginnende Laufzeit (Zinsperiode bzw. FRA-Laufzeit),
- einen Referenzzins, der das Marktzinsniveau der vereinbarten FRA-Laufzeit in der jeweiligen Währung widerspiegelt (bei Kontrakten in EUR i. d. R. einen EURIBOR-Satz).

Der als **Käufer eines Forward Rate Agreements** bezeichnete Vertragspartner (im Beispiel: Unternehmen A) **verpflichtet sich**, den Kapitalbetrag **(die Einlage)** zu den vereinbarten Bedingungen gedanklich **zu übernehmen**; er tritt damit quasi als (zukünftiger) Kreditnehmer auf, wobei er einen festen Zinssatz zu zahlen hat.

| Käufer eines FRA | = | Schuldner des Festzinssatzes (FRA-Satz) |
| | = | „Festzinszahler" |

Umgekehrt tritt der **Verkäufer des Forward Rate Agreements** (im Beispiel: Unternehmen B), der sich **verpflichtet**, den Kapitalbetrag **(die Einlage)** gedanklich zu den vereinbarten Bedingungen **zu leisten**, quasi als (zukünftiger) Kreditgeber bzw. Anleger auf, wobei er Gläubiger eines festen Zinssatzes ist.

Verkäufer eines FRA	=	Gläubiger des Festzinssatzes (FRA-Satz)
	=	„Festzinsempfänger"

Aus den in drei Monaten am Kapitalmarkt geschlossenen Verträgen, d. h. aus der tatsächlichen Kreditaufnahme des Unternehmens A bzw. der tatsächlichen Geldanlage des Unternehmens B einerseits und aus dem zwischen Unternehmen A und Unternehmen B abgeschlossenen Forward Rate Agreement ergeben sich die folgenden Zahlungsströme, wobei der Marktzinssatz, der 6-Monats-EURIBOR, entweder über (Annahme 1) oder unter dem vereinbarten FRA-Satz (Annahme 2) liegt (vgl. dazu **Abbildung 102**).

Annahme 1	**Annahme 2**
in 3 Monaten gelte: EURIBOR > FRA-Satz (Marktzinssatz; (vereinbart) 6 Monate) ⇒ B zahlt an A Differenz (EURIBOR – FRA-Satz)	in 3 Monaten gelte: EURIBOR < FRA-Satz (Marktzinssatz; (vereinbart) 6 Monate) ⇒ A zahlt an B Differenz (FRA-Satz – EURIBOR)
A: Kreditaufnahme am Markt zu EURIBOR – Zahlung von B (EURIBOR – FRA-Satz) = effektive Zinszahlung: FRA-Satz	A: Kreditaufnahme am Markt zu EURIBOR + Zahlung an B (FRA-Satz – EURIBOR) = effektive Zinszahlung: FRA-Satz
B: Geldanlage am Markt zu EURIBOR – Zahlung an A (EURIBOR – FRA-Satz) = effektive Verzinsung der Anlage: FRA-Satz	B: Geldanlage am Markt zu EURIBOR + Zahlung von A (FRA-Satz – EURIBOR) = effektive Verzinsung der Anlage: FRA-Satz

Abbildung 102: Ausgleichszahlungen zwischen den FRA-Partnern

Der zugrunde gelegte Kapitalbetrag kann auch in Form eines festverzinslichen Wertpapiers interpretiert werden. Dann besteht in der grundlegenden Konstruktion kein Unterschied zu den Zins-Futures.[925] Allerdings sei an dieser Stelle darauf hingewiesen, dass die Begriffe „Käufer" und „Verkäufer" bei Forward Rate Agreements und Zins-Futures gegensätzlich gebraucht werden. Der **Käufer eines Forward Rate Agreements** verpflichtet sich – wie oben beschrieben –, eine Einlage zu übernehmen, also gedanklich ein festverzinsliches Wertpapier zu verkaufen. Der **Käufer eines Zins-Futures** verpflichtet sich dagegen, ein

---

[925] Vgl. den **Neunten Abschnitt, Kapitel D.II.3.**

festverzinsliches Wertpapier zu kaufen und damit eine Einlage zu leisten. Umgekehrt tritt der **Verkäufer eines Forward Rate Agreements** als fiktiver Kreditgeber auf, während der **Verkäufer eines Zins-Futures** als Kreditnehmer ein Wertpapier verkauft.

Forward Rate Agreements sind international für eine Vielzahl von Perioden erhältlich bzw. veräußerbar. Die Kontraktkonstellationen bezüglich der FRA-Laufzeit beginnen bei wenigen Tagen Laufzeit bis zu Zeiträumen von mehreren Jahren, wobei in der Praxis aufgrund der hohen Liquidität FRA-Laufzeiten bis zu einem Jahr den höchsten Umsatz finden.

Die Notierung der FRA-Kontrakte in EUR im Handel außerhalb der Börse erfolgt z. B. in Deutschland über Reuters. Die Euro-Forward Rate Agreements werden durch zwei Zahlenpaare am FRA-Markt gekennzeichnet (Quotierung).

Das in der Liste in **Abbildung 103** in der jeweils ersten (grauen) Spalte stehende Zahlenpaar gibt Auskunft über den zeitlichen Ablauf des Forward Rate Agreements; die erste Zahl gibt die **Vorlaufzeit**, die zweite Zahl die **Gesamtlaufzeit** des Kontraktes in Monaten an. Die Differenz zwischen den beiden Zahlen ergibt die **eigentliche FRA-Laufzeit**.

1–4	2.40–42	1–7	2.54–56	1–10	2.64–66	1–13	2.72–74
2–5	2.50–52	2–8	2.61–63	2–11	2.70–72	2–14	2.77–79
3–6	2.58–60	3–9	2.67–69	3–12	2.75–77	3–15	2.82–84
4–7	2.65–67	4–10	2.73–75	4–13	2.80–82	4–16	2.87–89
5–8	2.70–72	5–11	2.78–80	5–14	2.84–86	5–17	2.90–92
6–9	2.75–77	6–12	2.82–84	6–15	2.88–90	6–18	2.93–95
7–10	2.80–82	7–13	2.86–88	7–16	2.91–93	12–24	3.09–11
8–11	2.83–85	8–14	2.89–91	8–17	2.94–96	12–18	3.00–02
9–12	2.86–88	9–15	2.92–94	9–18	2.97–99	18–24	3.12–14

Abbildung 103: Beispiel für die Quotierung eines Euro-Forward Rate Agreements

Dies soll an dem oben vorgestellten Beispiel und mit Hilfe von **Abbildung 103** und **Abbildung 104** auf S. 333 erläutert werden. Ein FRA 3–9 (sprich: Forward Rate Agreement 3 gegen 9 Monate) bedeutet z. B., dass die Vorlaufzeit 3 Monate (1. Zahl) und die Gesamtlaufzeit des Vertrages 9 Monate (2. Zahl) beträgt. Mit dem Ende der Vorlaufzeit (Zeitpunkt t_3) beginnt die eigentliche FRA-Laufzeit, die Zinsperiode, die sich aus der Differenz zwischen der Gesamtlaufzeit (9 Monate) und der Vorlaufzeit (3 Monate) ergibt, somit in diesem Beispiel 6 Monate beträgt. Während dieser 6 Monate findet eine Verzinsung des zugrunde liegenden Kapitalbetrags statt. Die zu leistende Zinsausgleichszahlung ist allerdings nicht nachschüssig am Ende der Gesamtlaufzeit (Zeitpunkt t_4; **Maturity Date**) zu leisten, sondern vorschüssig zu Beginn der Zinslaufzeit (Zeitpunkt t_3; **Settlement Date**).

Wie **Abbildung 103** weiterhin zeigt, werden Forward Rate Agreements im Interbankenhandel mit einem **Geld-** und einem **Briefsatz** quotiert, was aus der zweiten Spalte der Liste ersichtlich wird. Das Forward Rate Agreement im Beispiel FRA 3–9 weist eine Spanne von 2,67 % bis 2,69 % auf. Dies bedeutet, dass der Geldkurs 2,67 % der Preis für den Verkäufer des FRA-Kontraktes ist, der diesen Zins für die geleistete fiktive Einlage erhalten würde.

Der FRA-Preis für den Käufer ist dann der Briefkurs 2,69 %; der Käufer hätte diesen Zins für die fiktiv erhaltene Einlage zu zahlen. Neben den offiziellen Geld- und Briefkursen besteht für die Käufer und Verkäufer eines Forward Rate Agreements auch die Möglichkeit, bei den Anbietern Zinssätze für gebrochene Laufzeiten quotieren zu lassen, wobei meist eine größere Geld-Brief-Spanne besteht.

Bei den Kontraktpartnern eines Forward Rate Agreements handelt es sich in der Regel einerseits um größere Unternehmen, die Kredite bzw. Anlagen gegen das Zinsänderungsrisiko absichern wollen, und andererseits um Kreditinstitute, die dieses Absicherungsinstrument anbieten oder kaufen, um zukünftige Zinsschwankungen zu steuern.

III. Erfüllung eines Forward Rate Agreements

1. Ausgleichszahlung eines Forward Rate Agreements

Kennzeichnend für ein Forward Rate Agreement ist, dass der **zugrunde gelegte Kapitalbetrag nicht ausgetauscht** wird, d. h. keine effektive Erfüllung des Vertrages erfolgt. Es besteht also keine Verpflichtung, den Kapitalbetrag bereitzustellen bzw. abzunehmen. Der vereinbarte Kapitalbetrag dient vielmehr lediglich zur Berechnung einer Ausgleichszahlung, die vergleichbar mit dem cash settlement eines Zins-Futures[926] ist. Es besteht demnach für die Kontraktpartner eines Forward Rate Agreements keine Wahlmöglichkeit zwischen der effektiven Erfüllung des FRA-Kontraktes und der Leistung einer Ausgleichszahlung.

Der zeitliche Ablauf einer FRA-Vereinbarung und deren Erfüllung soll mittels des Beispiels FRA 3–9 anhand von **Abbildung 104**[927] erläutert werden.

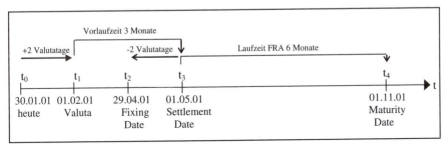

Abbildung 104: Zeitplan eines Euro-Forward Rate Agreements am Beispiel FRA 3–9

Aus diesem Beispiel wird ersichtlich, dass die Vorlaufzeit üblicherweise zwei Valutatage nach dem Vertragsabschluss (Zeitpunkt t_0) beginnt (d. h. im Zeitpunkt t_1). Die Ermittlung der Differenz zwischen dem vereinbarten FRA-Zinssatz und dem Satz des aktuellen Referenzzinses für die zu sichernde Periode (z. B. 6-Monats-EURIBOR) findet am sog. **Fixing**

---

[926] Das cash settlement eines Zins-Futures ist der monetäre Ausgleich des Kontraktes am Liefertag, falls der Future tatsächlich erfüllt und nicht vorzeitig glattgestellt wird. Die Höhe des Ausgleichsbetrages ergibt sich aus der Differenz zwischen dem vereinbarten Terminkurs und dem Kassakurs des Basiswertes am Liefertag; vgl. den **Neunten Abschnitt, Kapitel D.III.**

[927] Modifiziert entnommen aus *Bieg, Hartmut*: Finanzmanagement mit Forward Rate Agreements. In: Der Steuerberater 1998, S. 142.

Date (Zinsfeststellungstag, Zeitpunkt t_2) zwei Valutatage vor Beginn der Zinslaufzeit (FRA-Laufzeit, Zeitpunkt t_3) statt.

Die Ausgleichszahlung, durch die die Erfüllung des Forward Rate Agreements stattfindet, ist zu Beginn der Laufzeit der fiktiven Kreditaufnahme bzw. Geldanlage am **Settlement Date** (Zeitpunkt t_3) fällig. Zu diesem Zeitpunkt werden sämtliche Verpflichtungen aus dem FRA-Kontrakt erfüllt. Zum Ende der FRA-Laufzeit nach Abschluss der Zinssicherungsperiode (**Maturity Date**, Zeitpunkt t_4) finden keine Zahlungen mehr statt. Dieser Zeitpunkt dient lediglich zur Bestimmung der Zinsperiode, d. h., FRA-Laufzeit = Zeitraum zwischen Maturity Date und Settlement Date.

Die **Ausgleichszahlung** ist der einzige Cashflow, der beim Forward Rate Agreement anfällt. Sie gewährleistet, dass sowohl Käufer als auch Verkäufer so gestellt werden, als hätten sie die Einlage zu den vereinbarten Konditionen effektiv übernommen bzw. geleistet. Dies geschieht dadurch, dass eine **auf das Settlement Date abgezinste Kompensationszahlung in Höhe der Zinsdifferenz zwischen vereinbartem FRA-Satz und Referenzzinssatz ermittelt** wird. Die Abzinsung der Ausgleichszahlung auf das Settlement Date erfolgt, weil normalerweise die effektive Zinszahlung für die Einlage erst am Maturity Date, also am Laufzeitende, erfolgt.

Mit dem Forward Rate Agreement sichert man sich vor einer ungünstigen Zinsentwicklung in der Zeit zwischen Vertragsabschluss und Fixing Date ab. Die durch die Zinsausgleichszahlung für beide Kontraktpartner erreichte Zinsabsicherungswirkung verdeutlicht **Abbildung 105**[928] an einem Beispiel. Durch die FRA-Vereinbarung sichert man sich den gewünschten Anlage- bzw. Kreditzinssatz, unabhängig von der Zinsentwicklung bis zum Fixing Date, für eine Zinslaufzeit von 6 Monaten, beginnend mit dem vierten Monat nach Vertragsabschluss.

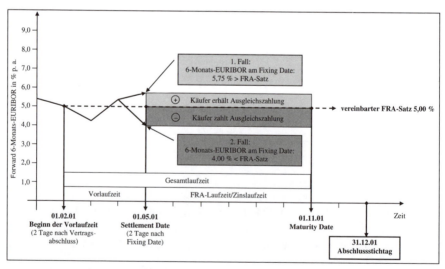

Abbildung 105: Wirkungsweise eines Forward Rate Agreements 3–9 bei unterschiedlicher Entwicklung des Referenzzinssatzes

---

[928] Modifiziert entnommen aus *Binkowski, Peter/Beeck, Helmut*: Finanzinnovationen. 3. Aufl., Bonn 1995, S. 76.

E. Finanzmanagement mit Forward Rate Agreements

Der **Verkäufer zahlt** dann an den Käufer **eine Kompensation** in entsprechender Höhe, wenn der **Referenzzinssatz am Fixing Date über dem FRA-Satz liegt (1. Fall)**. Hier kann der Käufer Mittel lediglich zum höheren Marktzinssatz (6-Monats-EURIBOR) aufnehmen. Für ihn besteht die Absicherung demnach darin, dass er mit dem Verkäufer einen niedrigeren Zinssatz vereinbart hatte und er den Überhang vom FRA-Zins zum Marktzinssatz nun vom Verkäufer vergütet bekommt.

Umgekehrt **leistet der Käufer die Ausgleichszahlung** dann an den Verkäufer, wenn der **Referenzzinssatz am Fixing Date unter dem FRA-Satz liegt (2. Fall)**. Der Verkäufer kann den Kapitalbetrag, der dem Kontrakt zugrunde liegt, in diesem Fall nämlich nur zum niedrigeren Marktzinssatz (6-Monats-EURIBOR) tatsächlich anlegen, hatte aber („glücklicherweise") mit dem Käufer die Verzinsung zum höheren FRA-Satz vertraglich vereinbart, weshalb er jetzt diesen Ausgleichsbetrag zwischen FRA-Zins und Marktzinssatz vom Käufer vergütet bekommt.

Für die **Berechnung der Ausgleichszahlung** sind von der British Bankers Association einheitliche Richtlinien (FRABBA Terms) entwickelt worden. Danach ergibt sich die Höhe der Ausgleichszahlung A durch eine Verzinsung des Kapitalbetrags K mit der Differenz zwischen dem aktuellen Referenzzinssatz (i_R) und dem FRA-Satz (i_{FRA}) für die vereinbarte FRA-Laufzeit in Tagen (T_{FRA}) und der anschließenden linearen Abzinsung auf den Beginn der FRA-Laufzeit (Settlement Date) mit dem Referenzzinssatz (i_R). Der Zinsberechnung liegt die 365/360-Tage Methode zugrunde. Diese Methode beinhaltet die taggenaue kalendermäßige Berechnung der FRA-Laufzeit und bezieht diese auf 360 Zinstage im Jahr.

Die sich ursprünglich ergebende Formel

$$A = \frac{K \cdot (i_R - i_{FRA}) \cdot \frac{T_{FRA}}{360}}{1 + i_R \cdot \frac{T_{FRA}}{360}}$$

lässt sich umformen zu

$$A = \frac{K \cdot (i_R - i_{FRA}) \cdot T_{FRA}}{360 + i_R \cdot T_{FRA}}$$

Für das in **Abbildung 105** auf S. 334 dargestellte Beispiel ergeben sich die folgenden Ausgleichszahlungen:

1. Fall: 6-Monats-EURIBOR im Fixing Date 5,75 % > FRA-Satz

Berechnung der Ausgleichszahlung des FRA-Verkäufers an den FRA-Käufer

$$\frac{50.000.000 \cdot (0,0575 - 0,05) \cdot 183}{360 + 0,0575 \cdot 183} \approx 185.211 \text{ EUR}$$

2. Fall: 6-Monats-EURIBOR am Fixing Date 4,00 % < FRA-Satz

Berechnung der Ausgleichszahlung des FRA-Käufers an den FRA-Verkäufer

$$\frac{50.000.000 \cdot (0{,}04 - 0{,}05) \cdot 183}{360 + 0{,}04 \cdot 183} \approx -249.102 \text{ EUR}$$

Insbesondere große Industriekunden eines Kreditinstituts können Forward Rate Agreements als Zinssicherungsinstrument einsetzen, wie das nachfolgende Beispiel zeigt.

Beispiel:[929]

Ein Unternehmen will an einem Forschungsprojekt der Bundesrepublik Deutschland, das über mehrere Jahre laufen wird, teilnehmen und muss heute ein Angebot über Art und Umfang der Kosten, die durch das Projekt entstehen, abgeben. Da das Unternehmen einer starken Konkurrenz ausgesetzt ist, bedarf es einer möglichst exakten Kalkulation und einer hohen Planungssicherheit der auftretenden Kosten. Zur Vorfinanzierung des Projekts benötigt das Unternehmen ab Projektbeginn in neun Monaten einen Kredit in Höhe von 20 Mio. EUR für ein Jahr. Um sich heute einen Zins für diesen Kredit zu sichern, den es in die Kalkulation eingehen lassen wird, kauft das Unternehmen von seinem Kreditinstitut ein Forward Rate Agreement 9–21 zum Preis von 4,3 %. Damit hat es sich gegen jegliche Zinsschwankungen abgesichert, jedoch auch die Chance, in neun Monaten das Geld zu einem niedrigeren Zinssatz aufnehmen zu können, vergeben. Die Höhe der Ausgleichszahlung, die zwischen dem Unternehmen und dem Kreditinstitut in neun Monaten fließt, hängt von dem vereinbarten Referenzzins (12-Monats-EURIBOR) am Fixing Date in neun Monaten ab. Notiert der 12-Monats-EURIBOR am Fixing Date z. B. bei 4,5 %, so erhält das Unternehmen von seinem Kreditinstitut die Ausgleichszahlung in Höhe von

$$A = \frac{20.000.000 \cdot (0{,}045 - 0{,}043) \cdot 365}{360 + 0{,}045 \cdot 365} = 38.785{,}95 \text{ EUR}.$$

Konkret wird das Unternehmen den Kredit über 20 Mio. EUR zu 4,5 % p. a. aufnehmen und bezahlt nach 12 Monaten 900.000,00 EUR Zinsen. Durch den FRA-Vertrag hat es sich jedoch den Kredit zu 4,3 % gesichert und würde demnach nur 860.000,00 EUR Zinsen bezahlen müssen. Die zu viel gezahlte Zinsdifferenz von 40.000,00 EUR am Maturity Date erhält das Unternehmen von seinem Kreditinstitut am Settlement Date. Dieser Betrag ist mit 4,5 % auf das Settlement Date abgezinst die Höhe der Ausgleichszahlung von 38.785,95 EUR. Durch diesen Betrag werden dem Unternehmen die durch den gestiegenen Referenzzinssatz höheren Zinsaufwendungen, die es aus der teureren Kreditaufnahme am Markt hat, ausgeglichen.

Entwickelt sich jedoch das Zinsniveau nach unten und notiert der 12-Monats-EURIBOR am Fixing Date nur bei 4 %, so hat das Unternehmen an das Kreditinstitut die Ausgleichszahlung zu bezahlen. Die Ausgleichszahlung beträgt in diesem Fall:

$$A = \frac{20.000.000 \cdot (0{,}043 - 0{,}04) \cdot 365}{360 + 0{,}04 \cdot 365} = 58.462{,}36 \text{ EUR}.$$

---

[929] Modifiziert entnommen aus *Bieg, Hartmut*: Finanzmanagement mit Forward Rate Agreements. In: Der Steuerberater 1998, S. 143–144.

Das Unternehmen kann den benötigten Kredit zwar günstiger als erwartet, nämlich zu 4 %, aufnehmen, hat jedoch durch das Absicherungsgeschäft die Differenz zum vereinbarten FRA-Zins als zusätzlichen Zinsaufwand an das Kreditinstitut zu zahlen. Das Unternehmen zahlt für den Kredit über 20 Mio. EUR effektiv zwar nur 800.000,00 EUR, muss aber im gleichen Zuge 60.000,00 EUR – mit 4 % auf das Settlement Date abgezinst – als Ausgleichszahlung in Höhe von 58.462,36 EUR an das Kreditinstitut zahlen.

Unabhängig von der Entwicklung des 12-Monats-EURIBOR hat sich das Unternehmen also gegen das Zinsänderungsrisiko abgesichert und schafft dadurch die heute erforderliche Planungssicherheit für die Angebotsabgabe, um an dem Forschungsprojekt teilnehmen zu können.

2. Glattstellung eines Forward Rate Agreements

In den letzten Jahren haben sich trotz der Möglichkeit der einzeln gestaltbaren Komponenten des Vertrages am FRA-Markt in Deutschland **gängige Kontraktkonstellationen** gebildet, z. B. drei-, sechs-, neun- und zwölfmonatige FRA-Vertrags-Laufzeiten. Durch diese gewachsene Standardisierung besteht die Möglichkeit, jederzeit ein entsprechendes Gegengeschäft relativ unkompliziert einzugehen und damit das ursprüngliche Forward Rate Agreement vorzeitig glattzustellen.

Eine Glattstellung bedeutet für den Käufer eines FRA-Kontraktes, dass er während der Vorlaufzeit den Kontrakt durch den Verkauf eines identisch ausgestalteten FRA-Vertrages, also mit derselben FRA-Laufzeit, demselben Settlement Date, Kapitalbetrag und Referenzzins, kompensiert. Dementsprechend neutralisiert der Verkäufer eines Forward Rate Agreements seinen Kontrakt durch den Kauf eines Forward Rate Agreements mit gleichen Vertragskomponenten. Der Gewinn bzw. Verlust aus der Glattstellung ergibt sich aus der Differenz der FRA-Sätze aus dem Ursprungs- und dem Kompensationsgeschäft.

Beispiel:[930]

Ein Kreditinstitut schließt als Verkäufer ein Forward Rate Agreement 6–18 mit einem Firmenkunden als Käufer ab. Dieser will sich für einen in sechs Monaten benötigten 10 Mio. EUR-Kredit für ein Jahr mit einem festen FRA-Zins gegen steigende Zinsen absichern. Da das Kreditinstitut damit das Marktpreisrisiko aus dem FRA-Kontrakt trägt, kann es die Position sofort wieder durch ein kongruentes Gegengeschäft schließen und damit vorzeitig glattstellen. Die Position zu schließen, bedeutet für das Kreditinstitut, dass es am selben Tag einen FRA-Kontrakt 6–18 z. B. von einem anderen Kreditinstitut zu denselben Konditionen wie das Ursprungsgeschäft kauft und dadurch das Zinsrisiko eliminiert (Hedging, vgl. den **Neunten Abschnitt, Kapitel D.V.**).

Tritt dasselbe Kreditinstitut als **Spekulant** auf (vgl. den **Neunten Abschnitt, Kapitel D.V.**) und schafft sich durch den Verkauf eine offene Position, d. h., spekuliert es auf sinkende Zinsen in den nächsten Monaten, so kann das Kreditinstitut gegebenenfalls einen FRA-Kontrakt 3–15 nach drei Monaten zu einem niedrigeren FRA-Satz und sonst identischen Vertragsbedingungen aus dem Ursprungsgeschäft kaufen. Beide Forward Rate Agreements sind dann am selben Settlement Date fällig. Der Gewinn des Kreditinstituts wird sich auf die

---

[930] Modifiziert entnommen aus *Bieg, Hartmut*: Finanzmanagement mit Forward Rate Agreements. In: Der Steuerberater 1998, S. 144.

Höhe der Differenz der FRA-Sätze aus dem Ursprungs- und dem Glattstellungsgeschäft belaufen, unabhängig davon, in welche Richtung sich der Referenzzins letztlich bewegt. Die Differenz der FRA-Sätze bezieht sich auf den beiden Kontrakten zugrunde liegenden Kapitalbetrag und die FRA-Laufzeit, abgezinst auf das Settlement Date. Demnach hat das mit dem FRA spekulierende Kreditinstitut durch die Glattstellung ab diesem Zeitpunkt sein Zinsrisiko ebenfalls eliminiert, indem es die Position im Zeitpunkt der Glattstellung schließt.

Beispiel:[931]

Ein Kreditinstitut habe ein FRA 6–18 zu 4,06 % über 10 Mio. EUR verkauft. Drei Monate später ist das Zinsniveau etwas gesunken und das Kreditinstitut stellt den verkauften FRA-Kontrakt durch den Kauf eines FRA 3–15 zu 3,81 % über 10 Mio. EUR glatt, um den Gewinn aus der Zinssenkung zu realisieren. Dies bedeutet am Settlement Date, weitere drei Monate später, dass beide Kontrakte gleichzeitig erfüllt werden. Die Entwicklung des Zinsniveaus bis zu diesem Settlement Date spielt dann für das Kreditinstitut keine Rolle mehr, da es den Gewinn in Höhe von 25.347,22 EUR zum Maturity Date realisieren kann. Dieser Gewinn wird schließlich mit dem aktuell gültigen Referenzzins auf das Settlement Date abgezinst.

$$\underbrace{\frac{10.000.000\,(0,0406-i_R)\cdot\frac{365}{360}}{1+i_R\cdot\frac{365}{360}}}_{\text{Ausgleichszahlung aus dem Verkauf eines FRA 6–18}} - \underbrace{\frac{10.000.000\,(0,0381-i_R)\cdot\frac{365}{360}}{1+i_R\cdot\frac{365}{360}}}_{\text{Ausgleichszahlung aus dem Kauf eines FRA 3–15}}$$

$$=\frac{10.000.000\cdot 0,0025\cdot\frac{365}{360}}{1+i_R\cdot\frac{365}{360}}=\frac{25.347,22}{1+i_R\cdot\frac{365}{360}}$$

Beispielhaft ergibt sich unter Annahme eines Referenzzinssatzes von 4,5 % ein Gewinn in Höhe von:

$$\frac{25.347,22}{1+0,045\cdot\frac{365}{360}}=24.241,22\,\text{EUR}.$$

Abbildung 106[932] auf S. 339 zeigt aus der Sicht des Kreditinstituts, mit welchem Gewinn bzw. Verlust die einzelnen FRA-Kontrakte am Settlement Date erfüllt werden und welcher Betrag aus beiden Kontrakten dem Kreditinstitut letztlich zufließt, wenn unterschiedliche Zinsniveauentwicklungen unterstellt werden.

---

[931] Modifiziert entnommen aus *Bieg, Hartmut*: Finanzmanagement mit Forward Rate Agreements. In: Der Steuerberater 1998, S. 144.

[932] Modifiziert entnommen aus *Bieg, Hartmut*: Finanzmanagement mit Forward Rate Agreements. In: Der Steuerberater 1998, S. 144.

Referenzzins i_R	Ausgleichszahlung in EUR		Gewinn in EUR
	Verkauf FRA 6–18	Kauf FRA 3–15	
3,0 %	+ 104.299,77	– 79.700,77	= + 24.599,00
3,5 %	+ 54.832,00	– 30.353,43	= + 24.478,57
3,8 %	+ 25.383,15	– 976,28	= + 24.406,88
3,9 %	+ 15.605,17	+ 8.777,91	= + 24.383,07
4,0 %	+ 5.846,24	+ 18.513,08	= + 24.359,32
4,1 %	– 3.893,70	+ 28.229,30	= + 24.335,60
4,5 %	– 42.665,54	+ 66.905,76	= + 24.241,22
5,0 %	– 90.707,20	+ 114.831,46	= + 24.124,26

Abbildung 106: Gewinnentwicklung aus der Glattstellung eines FRA 6–18 mit einem FRA 3–15 bei unterschiedlicher Zinsniveauentwicklung

IV. Preisbildung von Forward Rate Agreements

Wie in **Abbildung 103** auf S. 332 dargestellt, werden Forward Rate Agreements mit einem Geld- und Briefzins quotiert. Die Spanne zwischen Geld- und Briefzins, die den Vermittlern von Forward Rate Agreements zukommt, entsteht beim Geldzins durch einen Abschlag vom FRA-Zins für den Verkäufer und beim Briefzins durch einen Aufschlag auf den FRA-Zins für den Käufer. Interessant ist jedoch, wie dieser FRA-Zins entsteht, da Käufer und Verkäufer sich auf einen Preis unter Vorgabe der Geld-Brief-Spanne einigen müssen und Marktungleichgewichte auf einem vollkommenen Markt durch Arbitragemöglichkeiten normalerweise direkt ausgeglichen werden.

Die Ermittlung des Marktpreises eines Forward Rate Agreements auf einem vollkommenen Kapitalmarkt basiert auf der **Forward-Formel**. Danach hängt der FRA-Zins i_{FRA} für die FRA-Laufzeit in Tagen T_{FRA} vom Marktzinssatz i_{vor} für den Zeitraum der Vorlaufzeit in Tagen T_{vor} und dem entsprechenden Marktzinssatz i_{ges} für die Gesamtlaufzeit in Tagen T_{ges} des FRA-Kontraktes ab ($T_{ges} = T_{vor} + T_{FRA}$). Der Zusammenhang erschließt sich aus folgender Überlegung.

Ein Kapitalbetrag K, der heute für eine bestimmte Vorlaufzeit T_{vor} aufgenommen bzw. angelegt wird und nach Ablauf dieser Vorlaufzeit im Rahmen eines neuen Vertrages für einen Zeitraum T_{FRA} in der Zukunft aufgenommen bzw. angelegt wird, muss nach Ablauf dieser FRA-Laufzeit T_{FRA} in der Zukunft in Summe denselben Zinsaufwand bzw. Zinsertrag realisieren, wie wenn dieser Kapitalbetrag K schon heute zum entsprechenden Zinssatz für die Gesamtlaufzeit T_{ges} aufgenommen bzw. angelegt würde. Die Berechnung des FRA-Zinssatzes basiert demnach auf folgendem Zusammenhang:

$$K \cdot \left(1 + i_{vor} \cdot \frac{T_{vor}}{360}\right) \cdot \left(1 + i_{FRA} \cdot \frac{T_{FRA}}{360}\right) = K \cdot \left(1 + i_{ges} \cdot \frac{T_{ges}}{360}\right)$$

Den für die Vereinbarung zwischen den Kontraktpartnern notwendigen FRA-Zinssatz erhält man, indem die Gleichung nach dem FRA-Preis i_{FRA} aufgelöst wird:

$$i_{FRA} = \left(\frac{1 + i_{ges} \cdot \frac{T_{ges}}{360}}{1 + i_{vor} \cdot \frac{T_{vor}}{360}} - 1 \right) \cdot \frac{360}{T_{FRA}}$$

Beispiel:[933]

Dem folgenden Beispiel für eine FRA-Preis-Berechnung liegt die aktuelle Zinsstruktur vom 04.02.01 zugrunde. Die Eurogeldmarktsätze lauten für zwei Monate (60 Tage) 3,375 % – 3,45 % und für sechs Monate (180 Tage) 3,55 % – 3,625 %. Es soll nun mittels der oben hergeleiteten Formel eine Preisuntergrenze und eine Preisobergrenze für das Forward Rate Agreement 2–6 berechnet werden.

Der Käufer eines Forward Rate Agreements tritt in zwei Monaten als fiktiver Kreditnehmer auf. Für die Preis-Berechnung kann das folgende risikolose Geschäft abgeschlossen werden. Ein Investor tätigt am 04.02.01 eine Anlage für sechs Monate und erhält dafür am Eurogeldmarkt einen Zinssatz von 3,55 % p. a. Hierfür nimmt er am 04.02.01 einen Kredit über dieselbe Kapitalhöhe für zwei Monate auf und muss dafür einen Zinssatz von 3,45 % p. a. bezahlen. Damit er am 04.04.01 den Kredit prolongieren kann, da sein Kapital bis zum 04.08.01 gebunden ist, will er heute wissen, welchen Zins er in zwei Monaten für eine viermonatige Kreditaufnahme zahlen muss, damit er ohne Verlust, aber auch ohne Gewinn (risikolos) aus dem Geschäft herauskommt. Dieser Zins entspricht dem FRA-Zinssatz; man berechnet ihn wie folgt:

$$i_{FRA} = \left(\frac{1 + 0,0355 \cdot \frac{180}{360}}{1 + 0,0345 \cdot \frac{60}{360}} - 1 \right) \cdot \frac{360}{120} = 0,03579 = 3,58\%$$

Liegt der Preis für die Kreditaufnahme in zwei Monaten für vier Monate unterhalb 3,58 %, dann ist Arbitrage möglich, da der für den Investor aus der Kreditaufnahme resultierende Zinsaufwand unter dem Zinsertrag aus der Anlage liegt; damit liegt die **Preisuntergrenze** für das FRA 2–6 bei 3,58 %.

Um die **Preisobergrenze** zu berechnen, müssen analoge Überlegungen für den Verkäufer eines Forward Rate Agreements 2–6 durchgeführt werden. Der Verkäufer des Forward Rate Agreements tritt in zwei Monaten für vier Monate als fiktiver Kreditgeber auf. Das risikolose Geschäft zur FRA-Preis-Berechnung wird demnach wie folgt konstruiert. Ein Investor nimmt einen Kredit am 04.02.01 für sechs Monate am Eurogeldmarkt auf und bezahlt dafür einen Zins von 3,625 % p. a. Diesen aufgenommenen Kapitalbetrag legt er sofort wieder am Eurogeldmarkt für zwei Monate zu 3,375 % p. a. an. Da er das Kapital am 04.04.01 zurückbekommt, zur Tilgung des Kredits jedoch erst am 04.08.01 benötigt, legt er es am 04.04.01 für weitere vier Monate an. Der Zins, den er aus dieser zukünftigen Anlage erhalten muss, damit sich Zinsaufwand und Zinsertrag entsprechen, beläuft sich auf:

---

[933] Modifiziert entnommen aus *Bieg, Hartmut*: Finanzmanagement mit Forward Rate Agreements. In: Der Steuerberater 1998, S. 145.

$$i_{FRA} = \left(\frac{1 + 0{,}03625 \cdot \frac{180}{360}}{1 + 0{,}03375 \cdot \frac{60}{360}} - 1 \right) \cdot \frac{360}{120} = 0{,}03729 = 3{,}73\,\%$$

Liegt der Preis für die Anlage in zwei Monaten für vier Monate über 3,73 %, so ist ebenfalls Arbitrage möglich, weshalb die Preisobergrenze für das FRA 2–6 bei 3,73 % liegt.

Das Beispiel zeigt, dass die Spanne des gehandelten FRA 2–6 am 04.02.01 zwischen 3,58 % (Geldseite) und 3,73 % (Briefseite) ist. Demnach wird der Käufer bereit sein, einen maximalen Preis von 3,73 % zu akzeptieren, während der Verkäufer einen Mindestpreis von 3,58 % akzeptieren wird.

Beim Abschluss eines FRA-Kontraktes wird grundsätzlich die zum Abschlussdatum aktuelle **Zinsstrukturkurve** des Geld- und Kapitalmarktes zugrunde gelegt. In der Fachsprache wird deshalb ein FRA-Zinssatz als **Implied Forward Rate** bezeichnet.

Auf einem vollkommenen Kapitalmarkt lassen sich damit auch direkte Zusammenhänge zwischen der aktuellen Zinsstrukturkurve und dem FRA-Zinssatz herstellen. Während bei Vorliegen einer **steilen Zinsstrukturkurve** – die langfristigen Zinssätze divergieren stark von den kurzfristigen Zinssätzen – auf **hohe FRA-Zinssätze** geschlossen werden kann, liegen bei einer **flachen Zinsstrukturkurve** – lang- und kurzfristige Zinssätze unterscheiden sich nur geringfügig – **niedrigere FRA-Zinssätze** vor.

Außerdem sind bei einer **normalen Zinsstrukturkurve** – die kurzfristigen Zinssätze sind niedriger als die längerfristigen Zinssätze – die arbitragefreien **FRA-Zinssätze höher** als das aktuelle Zinsniveau. Analog sind dann bei einer **inversen Zinsstruktur** – die kürzerfristigen Zinsen sind höher als die längerfristigen Zinsen – die **FRA-Zinssätze** auf dem vollkommenen Kapitalmarkt **niedriger** als das momentane Zinsniveau.

V. Motive der Kontraktpartner

Wie zuvor bereits dargelegt, dienen Forward Rate Agreements dazu, Zinssätze für bestimmte (kurzfristige) Zeiträume in der Zukunft festzuschreiben. Dabei kann die Zinsterminvereinbarung aufgrund von drei unterschiedlichen Motiven der FRA-Vertragspartner vereinbart werden. Die erste Intention ist, dass die Marktteilnehmer das zukünftige Zinsrisiko schon heute ausschalten wollen, indem der Zinssatz am Abschlusstag des Vertrages fixiert und damit gesichert wird **(Hedging)**. Eine weitere Absicht der Marktteilnehmer ist, dass sie mit ihrer Vorstellung über die zukünftige Zinsentwicklung Geld verdienen möchten und deshalb heute ein Forward Rate Agreement eingehen, um in Zukunft den möglichen Gewinn zu realisieren **(Spekulation)**. Das dritte Motiv von Marktteilnehmern ist, die unterschiedlichen Preise identischer FRA-Kontrakte an verschiedenen Märkten aufgrund unvollkommener Kapitalmärkte gewinnbringend auszunutzen **(Arbitrage)**.

Der **Einsatz eines Forward Rate Agreement als Zinssicherungsinstrument im Rahmen des Hedging**, also zur Absicherung bestehender oder zukünftiger Finanzanlagen bzw. Kreditaufnahmen gegen das Zinsrisiko in Form fallender oder steigender Zinsen, kann in zwei Richtungen wirken. Einerseits sichert der **Kauf eines Forward Rate Agreements** gegen steigende Zinsen ab. Man wird dieses Instrument demnach dann einsetzen, wenn man in der Zukunft einen bestehenden eigenen Kredit bzw. eine Geldeinlage verlängern oder einen neuen Kredit aufnehmen muss und steigende Zinsen erwartet.

Der **Verkauf eines Forward Rate Agreements** wirkt dagegen absichernd gegen **sinkende Zinsen**. Hier wird man einen Kontrakt verkaufen, wenn man in der Zukunft bestehende Finanzanlagen prolongieren oder Liquiditätsüberschüsse neu anlegen will und sinkende Zinsen erwartet. **Abbildung 107**[934] gibt einen Überblick über die Einsatzmöglichkeiten von Forward Rate Agreements.

Finanzlage / zukünftige Marktsituation	zu prolongierende oder zukünftige Kreditaufnahmen	zu prolongierende oder zukünftige Finanzanlagen
Zinssenkung	C H A N C E keine Absicherung erforderlich[935]	R I S I K O Absicherung durch V E R K A U F eines Forward Rate Agreements
Zinssteigerung	R I S I K O Absicherung durch K A U F eines Forward Rate Agreements	C H A N C E keine Absicherung erforderlich[935]

Abbildung 107: Absicherung von Kreditaufnahmen bzw. Finanzanlagen durch Forward Rate Agreements bei unterschiedlichen zukünftigen Marktsituationen

In beiden Absicherungsfällen wäre auch eine Absicherung durch Zins-Futures denkbar.[936] Für den Fall einer geplanten Kreditaufnahme könnte sich das Unternehmen gegen steigende Zinsen (sinkende Kurse) durch den Verkauf, für den Fall einer geplanten Mittelanlage könnte es sich gegen sinkende Zinsen (steigende Kurse) durch den Kauf eines entsprechenden Zins-Futures absichern.

Allerdings sprechen besondere Merkmale für den Einsatz von Forward Rate Agreements. Die **individuelle Vereinbarung** dieser Kontrakte ermöglicht auf den jeweiligen Bedarf zugeschnittene Beträge und Laufzeiten, die bei standardisierten Futures nicht möglich sind; dadurch erweisen sich Forward Rate Agreements als ein sehr **flexibles Finanzinstrument**. Es können z. B. „Broken Dates" gehandelt werden, wie z. B. der 11. oder 29. eines Monats oder nicht standardisierte Laufzeiten von z. B. 2, 4 oder 10 Monaten. Bei Forward Rate

---

[934] Modifiziert entnommen aus *Bieg, Hartmut*: Finanzmanagement mit Forward Rate Agreements. In: Der Steuerberater 1998, S. 146.

[935] Sehr wohl kann ein risikoaverser Entscheidungsträger auch in diesen Fällen eine entsprechende Absicherung vornehmen, um jegliche Unwägbarkeit auszuschließen.

[936] Vgl. den **Neunten Abschnitt, Kapitel D.II.3.**

F. Finanzmanagement mit Kreditderivaten 343

Agreements fallen zudem **keine Margins und Verlustausgleichszahlungen** wie bei Zins-Futures an. Ebenso sind sie frei von Provisionen oder sonstigen Vorabkosten.

Da Forward Rate Agreements direkt zwischen den beteiligten Partnern abgeschlossen werden und nicht wie bei den standardisierten Futures die Eurex[937] dazwischen geschaltet wird, die mit Hilfe des Systems der Margins das Risiko des Ausfalls eines Partners absichert, haben die Partner von Forward Rate Agreements das aus dem Ausfall des jeweils anderen Partners resultierende Risiko zu übernehmen. Dieses **Ausfallrisiko eines FRAs** beschränkt sich allerdings auf die Nichterbringung der Ausgleichszahlung zum Settlement Date, da beim Forward Rate Agreement im Vergleich zum Zins-Future kein Austausch der Kapitalbeträge erfolgt. Bei einem Ausfall einer Vertragspartei kann es somit maximal zum Verlust in Höhe der Zinsdifferenz zwischen dem FRA-Satz und dem Referenzzinssatz am Fixing Date kommen.

Ist das Motiv der Kontraktpartner die **Spekulation**, so spekuliert der **Käufer eines Forward Rate Agreements** auf steigende Zinsen zum Termin, d. h., der spekulative FRA-Käufer erwartet, dass am Fixing Date der zugrunde gelegte Referenzzins höher als der vereinbarte FRA-Zinssatz ist. In diesem Fall erhält er als Gewinn die Ausgleichszahlung vom Verkäufer ausgezahlt. Liegt der Referenzzinssatz unter dem FRA-Zins, so realisiert er einen Verlust in Höhe der an den Verkäufer des Forward Rate Agreements zu leistenden Ausgleichszahlung. Auf der Gegenseite spekuliert ein **Verkäufer eines Forward Rate Agreements** auf sinkende Zinsen zum Termin. Er rechnet entsprechend damit, dass am Fixing Date der Referenzzinssatz unter dem vertraglich fixierten FRA-Satz liegt. Ist dies der Fall, so erhält er vom Käufer des Forward Rate Agreements den Gewinn am Settlement Date in Höhe der Ausgleichszahlung. Wenn sich seine Erwartungen nicht erfüllen, erleidet er den Verlust in Höhe der an den Käufer des Forward Rate Agreements zu leistenden Ausgleichszahlung.

Schließlich geht ein Investor als **Arbitrageur** einen FRA-Kontrakt ein, wenn er das Forward Rate Agreement auf einem Markt zu günstigeren Konditionen kaufen und auf einem anderen Markt zum selben Zeitpunkt teurer verkaufen kann. Sein Gewinn ergibt sich dann aus der Differenz zwischen Verkaufs- und Einkaufspreis. Voraussetzung für diese Art von Geschäft ist jedoch, dass die Märkte unvollkommen sind.

F. Finanzmanagement mit Kreditderivaten

I. Vorbemerkungen

Durch die **Vergabe von Krediten** gehen Unternehmen das **Adressenrisiko in der Ausprägung des Ausfallrisikos** ein, d. h. das Risiko, dass der Kreditnehmer die fälligen Zins- und Tilgungszahlungen aufgrund einer gesunkenen Bonität nicht mehr oder nicht mehr in voller Höhe leisten kann. Mit Hilfe von Kreditderivaten können Unternehmen die mit der Vergabe von Krediten übernommenen Ausfallrisiken auf eine dritte Partei übertragen.

---

[937] Vgl. den **Zehnten Abschnitt, Kapitel C.III.3.**

Ein **Kreditderivat**[938] ist ein bilateraler Vertrag, der spezifische Aspekte des Kreditrisikos von der zugrunde liegenden Position löst und diese von einem Kontraktpartner auf die andere Vertragspartei überträgt. **Kreditderivate ermöglichen** es **dem Risikoverkäufer (Sicherungsnehmer)**, die mit dem Kredit verbundenen **Ausfallrisiken** von dem zugrunde liegenden Risikoaktivum und dessen anderen Risiken zu trennen und **gegen Zahlung einer Prämie auf den Risikokäufer (Sicherungsgeber) zu übertragen**. Dabei werden die ursprünglichen Kreditbeziehungen des Risikoverkäufers weder verändert noch neu begründet; man kann vom Erhalt der originären Gläubiger-Schuldner-Beziehungen sprechen.[939]

Bei der **Konstruktion von Kreditderivaten** werden stets die folgenden **Vertragselemente** zwischen den Vertragspartnern individuell festgelegt:[940]

- das Basis- oder Referenzinstrument,
- das Kreditereignis,
- die Ausgleichszahlung,
- die Prämie und
- die Laufzeit.

Auf diese Vertragselemente wird im Folgenden näher eingegangen.

- **Basisinstrument/Referenzinstrument**

Das **Basisinstrument** ist das **Risikoaktivum, dessen Ausfallrisiko auf eine dritte Partei übertragen wird**. Beispiele hierfür sind Buchkredite, Schuldverschreibungen, aber auch andere Finanzderivate. Lässt sich der Eintritt der Bonitätsänderung bei dem zu besichernden Basisinstrument nur schwer ermitteln, so muss die bei einem Eintritt des vereinbarten Kreditereignisses fällig werdende Zahlung an signifikanten Wertbewegungen eines mit dem abzusichernden Kreditverhältnis vergleichbaren und korrespondierenden **Referenzaktivums**, z. B. einer an der Börse gehandelten Schuldverschreibung des Schuldners der abzusichernden Kreditbeziehung, anknüpfen.

- **Kreditereignis**

Der Eintritt des Kreditereignisses **(Credit Event)** innerhalb der Laufzeit des Kreditderivategeschäfts löst die vereinbarte Ausgleichszahlung durch den Risikokäufer an den Risikoverkäufer aus. Ein Anspruch auf die Ausgleichszahlung entsteht dagegen nicht, wenn das im Vertrag genau bestimmte und eindeutig nachweisbare Kreditereignis innerhalb der Laufzeit des Kreditderivats nicht eintritt.

---

[938] Vgl. zum Gesamtkomplex der Kreditderivate *Hauser, Joachim*: Kreditderivate – Grundlagen – Risiken – Aufsichtsrechtliche Behandlung. Berlin 2013.
[939] Vgl. *Hauser, Joachim*: Kreditderivate – Grundlagen – Risiken – Aufsichtsrechtliche Behandlung. Berlin 2013, S. 43–44.
[940] Vgl. *Hauser, Joachim*: Kreditderivate – Grundlagen – Risiken – Aufsichtsrechtliche Behandlung. Berlin 2013, S. 48–52.

Beispiele für Kreditereignisse sind:

- Überschuldung, Zahlungsunfähigkeit, Zahlungsunwilligkeit bzw. Zahlungsverzug des Schuldners des Basis- bzw. des Referenzinstruments;
- Verschlechterung der Bonität des Schuldners des Basis- bzw. des Referenzinstruments; Anhaltspunkt für eine Bonitätsverschlechterung könnte z. B. die Herabsetzung des Ratings des Schuldnerunternehmens durch eine Ratingagentur sein;
- ein bestimmter Marktwertrückgang bzw. Credit-Spread-Anstieg des Basis- bzw. des Referenzinstruments. Als **Credit Spread** bezeichnet man die Differenz zwischen dem aktuellen individuellen Zinssatz des Basisinstruments bzw. des Referenzaktivums und einem risikolosen Vergleichszinssatz. Der Credit Spread ist damit Ausdruck der Bonitätseinstufung des Schuldners des Basis- bzw. Referenzinstruments.

- **Ausgleichszahlung**

Die durch den Eintritt des Kreditereignisses ausgelöste **Ausgleichszahlung** soll den beim Risikoverkäufer entstandenen **Wertverlust kompensieren**. Die beiden hierfür in Frage kommenden Methoden sind der Barausgleich sowie die physische Lieferung.

Beim **Barausgleich** zahlt der Risikokäufer dem Risikoverkäufer den Unterschiedsbetrag zwischen dem Nennwert und dem Marktpreis des Basisinstruments bzw. des Referenzaktivums nach dem Eintritt des Kreditereignisses. Der Risikoverkäufer erhält somit effektiv den Nominalbetrag des Basisinstruments bzw. des Referenzaktivums. Bei einigen Kreditderivaten wird allerdings nur ein vorher festgelegter Betrag fällig (z. B. ein fester Anteil am Nominalbetrag).

Für den Fall des Eintritts des Kreditereignisses kann auch die **physische Lieferung des notleidenden Titels** (Basis- bzw. Referenzaktivum) durch den Risikoverkäufer vereinbart werden. Im Gegenzug hat der Risikokäufer den Basispreis zu bezahlen. Auch die Bezahlung eines nach einem gewissen Zeitraum geltenden Preises bzw. der Tausch des notleidenden Titels gegen andere vorher benannte Papiere kann vereinbart werden.

Der wesentliche Unterschied zwischen der physischen Lieferung und der baren Ausgleichszahlung besteht darin, dass der Sicherungsgeber (Risikokäufer) nach Erhalt des Basis- bzw. Referenzinstruments (also nach der physischen Lieferung) eine Forderung gegenüber dem Referenzschuldner besitzt. Dies ermöglicht ihm die Mitwirkung am Insolvenzverfahren, so dass er gegebenenfalls einen höheren Restwert erstreiten kann, als man kurz nach dem Kreditereignis erwartet hat.

- **Prämie**

Für die Verlustabsicherung hat der Risikoverkäufer (Sicherungsnehmer) an den Risikokäufer eine **Gebühr** zu leisten. Die Höhe dieser Prämie wird in der Regel in Basispunkten auf den Nennwert des Basis- bzw. Referenzinstruments bemessen. Möglich ist eine periodische Zahlung (viertel-, halb- oder ganzjährig), z. B. als EURIBOR plus Aufschlag, oder eine Pauschalzahlung zu Beginn der Transaktion.

- **Laufzeit**

Auch die **individuell gestalteten Laufzeiten der Kreditderivate** spiegeln ihren maßgeschneiderten Charakter wider. Man kann vereinbaren, dass das Kreditderivat bis zum Ende der Laufzeit des abgesicherten Basis- bzw. Referenzaktivums besteht oder dass es noch vor dem Ablauf der Laufzeit der abgesicherten Aktiva ausläuft. Im zweiten Fall besteht ein Versicherungsschutz nicht für die gesamte Laufzeit der Referenzforderung. Damit trägt der Risikoverkäufer für den Rest der Laufzeit der abgesicherten Position wieder das Kreditrisiko.

Obwohl bei Kreditderivaten aufgrund der Möglichkeit der individuellen Vertragsgestaltung viele unterschiedliche Gestaltungsformen bestehen, sollen hier nur zwei Grundformen dargestellt werden.

II. Ausgewählte Formen von Kreditderivaten

1. Credit Default Swaps (CDS)

Beim Credit Default Swap, dem am häufigsten eingesetzten Kreditderivat, **entrichtet der Sicherungsnehmer eine periodische Gebühr**, typischerweise ausgedrückt in Basispunkten p. a., berechnet auf den Nominalwert des abzusichernden Risikos. Im Gegenzug **erhält er vom Sicherungsgeber eine Zahlung, falls** beim Referenzaktivum **ein Kreditereignis eintritt**. Die Definition des die Zahlung auslösenden Kreditereignisses sowie der Mechanismus, nach dem die Höhe der zu leistenden Zahlung bestimmt wird, sind flexibel und werden von den beiden Kontrahenten individuell vor Abschluss der Transaktion ausgehandelt. Ein Kreditereignis ergibt sich aus der Veränderung der Kreditwürdigkeit des Basisinstruments bzw. des Referenzinstruments und kann z. B. durch die Nichterfüllung, die Insolvenz oder den Zahlungsverzug des Schuldners definiert werden.[941] Die Konstruktion eines Credit Default Swaps zeigt **Abbildung 108**.

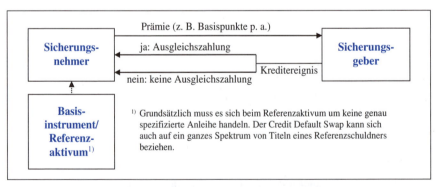

Abbildung 108: Konstruktion eines Credit Default Swap

---

[941] Vgl. zum Credit Default Swap *Hauser, Joachim*: Kreditderivate – Grundlagen – Risiken – Aufsichtsrechtliche Behandlung. Berlin 2013, S. 65–94 sowie allgemein zum Credit Default Swap bspw. auch *Sievers, Maren*: Kreditderivate – Gestaltungsmöglichkeiten, bankenaufsichtsrechtliche Behandlung und der Handel mittelständischer Kreditrisiken. Baden-Baden 2009, S. 45–70.

In seiner Risikostruktur ähnelt der Credit Default Swap einer **Garantie**. Es sollte deswegen darauf geachtet werden, dass ein bonitätsmäßig einwandfreier Vertragspartner gewählt wird.

Seit 1998 steht für den Credit Default Swap eine in späteren Jahren überarbeitete Standarddokumentation der International Swaps and Derivatives Association (ISDA) zur Verfügung, die es den Vertragspartnern erlaubt, die genauen Vertragskonditionen aus vorgegebenen Alternativen auszuwählen. Die Standardisierung der Vertragsdokumentation von Credit Default Swaps hat sicherlich maßgeblich zu dem enormen Wachstum gerade dieses Marktsegments beigetragen.

Kommt es während der Laufzeit des Kreditderivats zu keinem Kreditereignis, so erhält der Sicherungsgeber die periodische Prämienzahlung, ohne dafür eine Gegenleistung erbringen zu müssen. Im Fall eines Kreditereignisses des zugrunde liegenden Referenzrisikos entsteht hingegen ein Zahlungsanspruch seitens des Sicherungsnehmers.

2. Credit Default Linked Notes

Kreditderivate können mit Anleihen zu einem strukturierten Produkt kombiniert werden. Diese Art von Kreditderivaten ist im Gegensatz zu den anderen Formen aktivierungspflichtig.

Die einfachste Form ist die **Verbindung eines Credit Default Swaps mit einer variabel verzinslichen oder festverzinslichen Schuldverschreibung zu einer Credit Default Linked Note**.[942] Bei einer Credit Default Linked Note emittiert der Risikoverkäufer eine Anleihe, deren Rückzahlung an das Ausfallrisiko eines Basis- bzw. Referenzinstruments geknüpft ist. Der Risikokäufer kauft diese Anleihe vom Risikoverkäufer zum Nominalbetrag und lässt sich die Bereitstellung des Kapitals sowie die Übernahme des Ausfallrisikos durch entsprechende Zins- und Prämienzahlungen vergüten. Die vom Sicherungsnehmer emittierte Anleihe wird am Laufzeitende zum Nennwert zurückgezahlt, wenn ein vorher festgelegtes Kreditereignis beim Basis- bzw. Referenzaktivum nicht eintritt. Kommt es dagegen zu einem Kreditereignis, so wird die Credit Default Linked Note innerhalb einer festgesetzten Frist unter Abzug eines Ausgleichsbetrags, z. B. in Höhe der Differenz zwischen Nominal- und Restwert des Referenzaktivums, zurückgezahlt.

Im Gegensatz zum Credit Default Swap leistet der Sicherungsgeber hier im Voraus seine Geldzahlung in Höhe der gezeichneten Schuldverschreibung. Das Vereinnahmen des Emissionserlöses aus der Credit Default Linked Note wirkt beim Sicherungsnehmer wie eine Barunterlegung des Kreditrisikos.

Wirtschaftlich stellt sich die Position des Risikokäufers als eine Kombination aus dem Kauf einer Anleihe des Emittenten der Credit Default Linked Note und dem gleichzeitigen Eingehen der Position des Sicherungsgebers eines Credit Default Swap hinsichtlich des Basis-

---

[942] Vgl. *Hauser, Joachim*: Kreditderivate – Grundlagen – Risiken – Aufsichtsrechtliche Behandlung. Berlin 2013, S. 112–131, wo auch andere Formen der Credit Linked Notes erörtert werden, sowie allgemein zu Credit Linked Notes *Sievers, Maren*: Kreditderivate – Gestaltungsmöglichkeiten, bankenaufsichtsrechtliche Behandlung und der Handel mittelständischer Kreditrisiken. Baden-Baden 2009, S. 91–97.

bzw. Referenzinstruments dar. **Abbildung 109**[943] zeigt die Konstruktion einer Credit Default Linked Note.

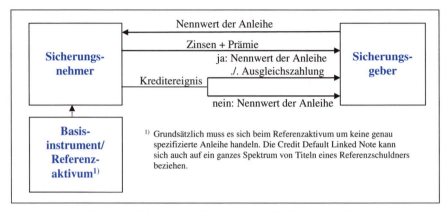

Abbildung 109: Konstruktion einer Credit Default Linked Note

---

[943] Modifiziert entnommen aus *Hölscher, Reinhold*: Stichwort „Credit Linked Notes". In: Gabler Banklexikon: Bank – Börse – Finanzierung, hrsg. von *Ludwig Gramlich u. a.*, S. 331.

Zehnter Abschnitt

Börsenwesen

A. Vorbemerkungen

Unter einer **Börse** versteht man **einen hochgradig organisierten sowie zeitlich und örtlich zentralisierten Markt für fungible (vertretbare) Sachen oder Rechte**. Börsen lassen sich einerseits nach der **Art der gehandelten Gegenstände** (Handelsobjekte) in **Wertpapier- bzw. Effektenbörsen**, in **Devisenbörsen** und in **Warenbörsen** klassifizieren. Andererseits können sie auch nach dem **Zeitpunkt der Erfüllung der abgeschlossenen Geschäfte** unterschieden werden. An **Kassabörsen** stehen der Zeitpunkt der Konditionenfestlegung (Vertragsabschluss) und der Zeitpunkt der Vertragserfüllung (Lieferung und Bezahlung) in einem unmittelbaren zeitlichen Zusammenhang. Dagegen erfolgt die Vertragserfüllung von an **Terminbörsen** abgeschlossenen Termingeschäften erst zu einem bei Vertragsabschluss festgelegten späteren Zeitpunkt; bei diesen Geschäften fallen also Geschäftsabschluss und Erfüllung des Geschäfts zeitlich auseinander.

Sachen oder Rechte sind dann vertretbar (fungibel), wenn sie im Verkehr üblicherweise nach Zahl, Maß oder Gewicht bestimmt werden.[944] Dies setzt eine Gleichartigkeit in dem Sinne voraus, dass jede einzelne Sache (bzw. jedes einzelne Recht) jederzeit gegen jede andere Sache (bzw. jedes andere Recht) austauschbar ist. Je nach dem zugrunde liegenden Handelsobjekt wird die **Fungibilität** auf eine unterschiedliche Weise gewährleistet. Fungibel sind z. B. alle Wertpapiere derselben Art und desselben Ausstellers über denselben Nominalbetrag (also solche mit derselben Wertpapierkennnummer) oder Devisenguthaben in derselben Währung. Börsengehandelte Finanzterminkontrakte (Futures[945]) und Optionen[946] erhalten ihre Fungibilität erst durch die Standardisierung der Kontraktbedingungen durch die Börse. (Welthandels-)Waren (Commodities), die in der Regel nicht durch eine völlige Gleichmäßigkeit gekennzeichnet sind, werden mittels einer Typisierung, bei der die Börse bestimmte Qualitätsmerkmale festlegt, fungibel gemacht. Erst die Fungibilität von Handelsobjekten ermöglicht es, sie an der Börse ohne ihre Anwesenheit und ohne die Notwendigkeit einer Besichtigung zu handeln. An der Börse findet daher lediglich der Vertragsabschluss und die Preisfestsetzung, nicht jedoch ein direkter Austausch der Handelsobjekte statt. Die Erfüllung des Vertrages erfolgt in der dem Börsenhandel nachgelagerten Abwicklung.

Wie jeder Markt dient auch eine **Börse** insbesondere dazu, (potenzielle) Käufer und Verkäufer zusammenzuführen. Um von einer Börse sprechen zu können, muss dieser Markt jedoch

---

[944] Vgl. § 91 BGB. Der Gesetzgeber definiert die Vertretbarkeit zwar nur für bewegliche Sachen, jedoch ist diese Definition problemlos auch auf Rechte, wie sie in Wertpapieren verbrieft werden, übertragbar.
[945] Vgl. den **Neunten Abschnitt, Kapitel D.**
[946] Vgl. den **Neunten Abschnitt, Kapitel B.**

zusätzlich eine Reihe weiterer **Aufgaben** wahrnehmen. Eine Börse definiert und überwacht den Prozess der Preisbildung und sorgt für einen ordnungsgemäßen Handel, einen fairen Wettbewerb zwischen den Marktteilnehmern sowie für eine ökonomisch effiziente Durchführung der Transaktionen. In der Tatsache, dass Börsen einer staatlichen Aufsicht unterworfen sind, liegt der wesentliche Unterschied zu außerbörslichen Märkten, die prinzipiell die gleiche ökonomische Funktion erfüllen können.[947]

Speziell Wertpapierbörsen erfüllen zudem eine Reihe wichtiger volkswirtschaftlicher Funktionen.[948] Investoren stellen über Börsen sowohl Eigen- und Fremdkapital als auch mezzanines Kapital zur Verfügung. Börsen haben daher insbesondere eine **Finanzierungsfunktion für Investitionen**. Das Kapital soll in diejenigen Investitionen gelenkt werden, die – im Verhältnis zum eingegangenen Risiko – am renditestärksten eingeschätzt werden **(Selektionsfunktion)**.

Die Interessenlagen der Erwerber von Wertpapieren hinsichtlich der Dauer der Kapitalüberlassung und die der Emittenten der Wertpapiere hinsichtlich der Verfügungsdauer über das überlassene Kapital können sich sehr stark unterscheiden. Die Emittenten von Wertpapieren sind regelmäßig daran interessiert, dass ihnen das Kapital für einen möglichst langen Zeitraum unkündbar zur Verfügung gestellt wird. Bei Schuldverschreibungen wollen sie während der gesamten Laufzeit über das Kapital verfügen können, bei Aktien bis zu einer ordentlichen Kapitalherabsetzung, wobei im zweiten Fall die Verfügungsdauer nicht zuletzt wegen der erforderlichen qualifizierten Mehrheit der Aktionäre als äußerst langfristig, wenn nicht gar als unbegrenzt eingeschätzt wird. Dagegen wollen die Inhaber von Wertpapieren die Möglichkeit haben, diese je nach ihren persönlichen Bedürfnissen und unabhängig von der ursprünglichen Laufzeit der Wertpapiere wieder zu veräußern. Die unterschiedlichen Interessen beider Gruppen hinsichtlich der Kapitalverfügungsdauer bzw. der Kapitalbereitstellungsdauer lassen sich dann erfüllen, wenn jederzeit ein Verkauf der Wertpapiere über die Börse möglich ist, der zu einem Austausch der Eigentümer der Papiere führt, ohne dass dadurch die Verfügungsdauer des Emittenten berührt wird **(Fristentransformationsfunktion)**.

Schließlich findet an Börsen auch eine **Losgrößentransformation** statt. Hohe Kapitalbeträge, die die Kapital suchenden Unternehmen für ihre Investitionen benötigen, werden über die Ausgabe sehr vieler Wertpapiere zu relativ niedrigen Emissionskursen aufgebracht, so dass sich die Anleger ihren Präferenzen entsprechend an der Finanzierung beteiligen können.

Die nachfolgenden Ausführungen beziehen sich im Wesentlichen auf den Kassa- wie auch auf den Terminhandel mit Wertpapieren bzw. Finanzderivaten.

---

[947] Vgl. zu diesem Abschnitt *Lutz, Stefan*: Börse. In: Knapps Enzyklopädisches Lexikon des Geld-, Bank- und Börsenwesens, hrsg. von der Redaktion der Zeitschrift für das gesamte Kreditwesen u. a., Band 1, Frankfurt a. M. 1999, S. 229.

[948] Vgl. dazu *Rosen, Rüdiger von*: Börsen und Börsenhandel. In: Handwörterbuch des Bank- und Finanzwesens, hrsg. von *Wolfgang Gerke* und *Manfred Steiner*, 3. Aufl., Stuttgart 2001, Sp. 356–357.

B. Organisation von Börsen

I. Börse und Börsenträger

In Deutschland sind Börsen **öffentlich-rechtliche Institutionen**, deren Errichtung einer **Genehmigung der Börsenaufsichtsbehörde des zuständigen Bundeslandes** bedarf.[949] Sie unterliegen den Vorschriften des Börsengesetzes (BörsG). Als Anstalten des öffentlichen Rechts sind sie organisatorisch verselbstständigt (d. h. nicht in die Staatsverwaltung eingegliedert) und können ihre im Börsengesetz festgelegten Rechte und Pflichten im Rahmen ihrer Selbstverwaltung eigenverantwortlich wahrnehmen. Ihnen obliegt als Marktveranstalter die **Organisation und Durchführung des Börsenhandels**.

Der Börsenbetrieb selbst wird durch einen Börsenträger sichergestellt. **Börsenträger** sind Kapitalgesellschaften, privatrechtlich rechtsfähige Trägervereine oder örtliche Industrie- und Handelskammern. Die **Aufgabe des Börsenträgers** liegt in der **Bereitstellung von Mitteln und Ressourcen**, damit der Börsenhandel, also die eigentliche Zusammenführung von Angebot und Nachfrage, stattfinden kann. Der Börsenträger ermöglicht somit die faktische Existenz der Börse, indem er die materiellen Voraussetzungen dafür schafft. Mit der Erteilung der Genehmigung, eine Börse zu errichten, werden dem Träger gleichzeitig auch **Verwaltungs- und Organisationskompetenzen** des Börsensitzlandes in Bezug auf die Schaffung des organisatorischen Rahmens für den Börsenhandel übertragen. Er baut die Börsenverwaltung auf und sorgt für deren personelle und sachliche Ausstattung. Er darf jedoch trotz dieser wirtschaftlichen Abhängigkeit keinen Einfluss auf die inneren Börsenangelegenheiten (z. B. die Rahmenbedingungen für den Börsenhandel) nehmen. Insbesondere ist er auch kein Börsenorgan.[950]

II. Börsenorgane

Für die inneren Angelegenheiten sind die **Börsenorgane** zuständig. Da sie staatliche Aufgaben wahrnehmen, richten sie ihr Handeln nach dem allgemeinen öffentlichen Interesse, das in der **Schaffung eines ordnungsgemäßen und fairen Wertpapierhandels** liegt.[951] Durch die jeweiligen Börsenorgane erhalten die Börsen ihre Handlungsfähigkeit.

Das oberste Organ ist der **Börsenrat**[952], der sich aus Vertretern aller am Börsenhandel Beteiligten (z. B. zum Handel zugelassene Kredit- und Finanzdienstleistungsinstitute, Skontroführer, Emittenten, Anleger) zusammensetzt. In seinen Zuständigkeitsbereich fallen alle Entscheidungen von grundsätzlicher Bedeutung. Beispielsweise **erlässt** er im Rahmen seiner Rechtssetzungsbefugnis **die Börsenordnung**[953] in Form einer Satzung, in der u. a. der Geschäftszweig und die Organisation der Börse sowie die Veröffentlichung der Börsenpreise

---

[949] Vgl. den **Zehnten Abschnitt, Kapitel B.III.**

[950] Vgl. zur Rechtsstellung von Börse und Börsenträger ausführlich und m. w. N. *Kümpel, Siegfried*: Börsenrecht – Eine systematische Darstellung. 2. Aufl., Berlin 2003, S. 108–133.

[951] Vgl. m. w. N. *Kümpel, Siegfried*: Börsenrecht – Eine systematische Darstellung. 2. Aufl., Berlin 2003, S. 108–110.

[952] Vgl. §§ 12, 13 BörsG.

[953] Vgl. § 16 BörsG.

und der jeweiligen Umsätze geregelt werden. Durch die Börsenordnung soll sichergestellt werden, dass die Börse ihre Pflichten erfüllen kann und den Interessen des Publikums und des Handels gerecht wird. Ferner legt der Börsenrat die Handelsbedingungen fest und erlässt die Gebührenordnung, die Zulassungsordnung für Börsenhändler sowie die Geschäftsordnung für die Geschäftsführung. Außerdem bestellt er im Einvernehmen mit der Börsenaufsichtsbehörde die Geschäftsführer und beruft sie gegebenenfalls wieder ab; zudem überwacht er deren Tätigkeit.

Der **Börsengeschäftsführung**[954] obliegt die Leitung der Börse in eigener Verantwortung. Die Geschäftsführer vertreten die Börse – sofern nicht der Börsenträger dafür zuständig ist – gerichtlich sowie außergerichtlich. Sie sind in allen Angelegenheiten, die nicht ausdrücklich anderen Organen zugewiesen sind, zuständig. Zu ihrem Aufgabenbereich gehört u. a. die Überwachung der Einhaltung der Pflichten der Handelsteilnehmer.

In den Zuständigkeitsbereich des **Sanktionsausschusses**[955] fällt die Ahndung von vorsätzlichen oder fahrlässigen Vergehen eines Handelsteilnehmers gegen börsenrechtliche Vorschriften oder Anordnungen zur Sicherstellung einer ordnungsgemäßen Durchführung des Handels und der Börsengeschäftsabwicklung.

Ebenfalls um ein Börsenorgan handelt es sich bei der **Handelsüberwachungsstelle**[956]. Diese ist als ein Teil der dreigliedrigen staatlichen Börsenaufsicht der Börse angegliedert.[957]

III. Börsenaufsicht

Damit Wertpapierbörsen ihre wichtigen volkswirtschaftlichen Funktionen (insbesondere die effiziente Ressourcenallokation) erfüllen können, ist es notwendig, dass die potenziellen Anleger Vertrauen in eine faire Abwicklung ihrer Börsenaufträge haben und nicht wegen unfairer Praktiken vor einem Engagement zurückschrecken. Es muss gewährleistet sein, dass alle Anleger gleich behandelt werden, gegen die Verwendung von Insiderinformationen geschützt sind und dass Manipulationen der Börsenkurse ausgeschlossen sind. Die Schaffung derartiger **staatlicher bzw. institutioneller Rahmenbedingungen** trägt entscheidend zur Reputation und damit zur – vor allem auch internationalen – Wettbewerbsfähigkeit und Attraktivität eines Finanzplatzes bei.[958]

Mit Inkrafttreten des Zweiten Finanzmarktförderungsgesetzes[959] wurde die **Börsenaufsicht** in Deutschland neu geordnet und grundsätzlich **dreigliedrig strukturiert**.[960] Die Aufgaben und Kompetenzen der Aufsichtsorgane wurden erweitert und verteilten sich seitdem auf das

---

[954] Vgl. § 15 BörsG.
[955] Vgl. § 22 BörsG.
[956] Vgl. § 7 BörsG.
[957] Vgl. den **Zehnten Abschnitt, Kapitel B.III.**
[958] Vgl. *Kurth, Matthias*: Börsenaufsicht. In: Knapps Enzyklopädisches Lexikon des Geld-, Bank- und Börsenwesens, hrsg. von der Redaktion der Zeitschrift für das gesamte Kreditwesen u. a., Band 1, Frankfurt a. M. 1999, S. 242.
[959] Vgl. BGBl. I 1994, S. 1749–1785.
[960] Vgl. zum Folgenden auch *Bieg, Hartmut*: Börsenaufsicht. In: Vahlens Großes Auditing Lexikon, hrsg. von *Carl-Christian Freidank*, *Laurenz Lachnit* und *Jörg Tesch*, München 2007, S. 229–231.

B. Organisation von Börsen

Bundesaufsichtsamt für den Wertpapierhandel, die Börsenaufsichtsbehörden der Länder sowie die Handelsüberwachungsstellen der Börsen. Am 1. Mai 2002 trat sodann das als Artikelgesetz konzipierte Gesetz über die integrierte Finanzdienstleistungsaufsicht[961] in Kraft. Nach § 1 des darin enthaltenen Gesetzes über die Bundesanstalt für Finanzdienstleistungsaufsicht (Finanzdienstleistungsaufsichtsgesetz – FinDAG) wurden die bis dahin tätigen Aufsichtsbehörden – das Bundesaufsichtsamt für das Kreditwesen (BAKred), das Bundesaufsichtsamt für das Versicherungswesen (BAV) und das Bundesaufsichtsamt für den Wertpapierhandel (BAWe) – zur Bundesanstalt für Finanzdienstleistungsaufsicht (BaFin) zusammengelegt. Seit diesem Zeitpunkt hat die BaFin die Aufgaben des Bundesaufsichtsamts für den Wertpapierhandel im Rahmen der Börsenaufsicht übernommen. Die Aufsichtsorgane der drei Ebenen arbeiten zusammen.[962]

Die **Bundesanstalt für Finanzdienstleistungsaufsicht** hat einen doppelten Sitz in Frankfurt a. M. und in Bonn. Die Aufgaben und Kompetenzen der BaFin im Rahmen der Börsenaufsicht sind im Wertpapierhandelsgesetz (WpHG) geregelt.[963] Die BaFin übt danach die **Aufsicht über den gesamten Wertpapierhandel** in Deutschland aus. Eine Aufsichtsfunktion über die einzelnen Börsen steht ihr jedoch nicht zu; diese fällt in den Zuständigkeitsbereich desjenigen Bundeslandes, in dem die Börse ihren Sitz hat. Wesentliches Ziel der Tätigkeit der BaFin ist die **Gewährleistung eines ordnungsgemäßen Handels**. Dementsprechend liegt der Schwerpunkt ihrer Arbeit in der Aufdeckung von Insidervergehen.

Die Errichtung einer Börse ist nur mit der Zustimmung der **Börsenaufsichtsbehörde**[964] des Bundeslandes, in dem die Börse ihren Sitz haben soll, zulässig. Die Börsenaufsichtsbehörde übt vor allem die **Rechtsaufsicht über die Börse und ihre Organe** nach den Bestimmungen des Börsengesetzes aus. Darüber hinaus beaufsichtigt sie im Rahmen ihrer Handels- bzw. Marktaufsicht den Börsenhandel, die Handelsteilnehmer sowie die elektronischen Hilfseinrichtungen und Handelssysteme und überwacht so die ordnungsgemäße Durchführung und Abwicklung des Börsenhandels. Bei ihrer Tätigkeit wird sie von den Börsenorganen unterstützt.[965] Die Börsenordnung als Satzung der Börse bedarf der Genehmigung der Börsenaufsichtsbehörde, der auch das Recht zusteht, die Aufnahme weiterer Vorschriften zu verlangen,[966] woraus sich die Möglichkeit zur Einflussnahme auf den Inhalt der Börsenordnung und damit auf die Struktur der Börse ergibt. Zur Erfüllung ihrer Aufgaben stehen der Börsenaufsichtsbehörde weitere umfangreiche Befugnisse zu.

Die **Handelsüberwachungsstelle**[967] **(HÜSt)** ist als ein Börsenorgan eine Einrichtung der Selbstverwaltung der Börsen. Sie soll den Börsenhandel und die Börsengeschäftsabwicklung überwachen. Dazu erfasst und wertet sie systematisch und lückenlos alle relevanten Daten

---

[961] Vgl. BGBl. I 2002, S. 1310–1337.
[962] So ist gemäß § 5 WpHG beispielsweise die Bildung eines Wertpapierrats bei der BaFin vorgesehen. Dieser Rat berät die BaFin und wirkt bei der Aufsicht mit. Er setzt sich aus Vertretern der Länder zusammen.
[963] Vgl. § 4 WpHG.
[964] Vgl. § 3 BörsG.
[965] Vgl. den **Zehnten Abschnitt, Kapitel B.II.**
[966] Vgl. § 16 Abs. 3 BörsG.
[967] Vgl. § 7 BörsG.

C. Börsenhandel

I. Systematisierung von Kassa- und Termingeschäften

Finanzgeschäfte können nach dem **Zeitpunkt der Erfüllung der abgeschlossenen Geschäfte** in Kassageschäfte und Termingeschäfte unterteilt werden. **Kassageschäfte** zeichnen sich dadurch aus, dass der Zeitpunkt der Konditionenfestlegung (Vertragsabschluss) und der Zeitpunkt der Vertragserfüllung (Lieferung und Bezahlung) in einem unmittelbaren zeitlichen Zusammenhang stehen. Dabei können Konditionenfestlegung und Kapitalbereitstellung (Vertragserfüllung) aus technischen Gründen zeitlich geringfügig voneinander abweichen.[968] Dagegen erfolgt die Vertragserfüllung bei **Termingeschäften** erst zu einem bei Vertragsabschluss festgelegten späteren Zeitpunkt; bei diesen Geschäften fallen also Geschäftsabschluss und Erfüllung des Geschäfts zeitlich auseinander.

Der **Kassahandel mit Wertpapieren** findet in Deutschland derzeit an sieben Börsenplätzen (Berlin, Düsseldorf, Frankfurt a. M., Hamburg, Hannover, München und Stuttgart) statt.[969] Der Handel mit **Terminkontrakten und Optionen** ist in Deutschland vollelektronisch an der Terminbörse Eurex möglich. Sitz der Eurex ist Frankfurt a. M. **Warenbörsen**, an denen ein Kassahandel betrieben wird, existieren an mehreren Orten. Der Handel an diesen Börsen ist jedoch nur von einer untergeordneten bzw. regionalen Bedeutung. Energie und energienahe Produkte, wie bspw. Strom- und CO_2-Zertifikate, werden an der European Energy Exchange (EEX) in Leipzig gehandelt; dort wird sowohl der Kassa- als auch der Terminhandel betrieben.

Neben dem Handel auf dem Parkett unter Hinzuziehung von Maklern ist heute vor allem der **elektronische Börsenhandel** üblich.[970] Die Handelsteilnehmer müssen sich hierbei nicht mehr im Börsensaal treffen, sondern geben ihre Börsenaufträge unabhängig von ihrem jeweiligen Standort über Computer in einen Zentralrechner ein; dieser stellt somit den gemeinsamen Ort dar, an dem sich Angebot und Nachfrage treffen. Durch die Konzentration aller Aufträge für ein Wertpapier in einem einzigen elektronischen Orderbuch wird der Handel in diesem Papier liquider. Es gibt auch keine unterschiedlichen Börsenpreise an unterschiedlichen Börsenplätzen mehr. Aufgrund des transparenten Orderbuchs erhalten die Handelsteilnehmer in anonymisierter Form einen Überblick über die Marktlage; Informationsvorsprünge Einzelner werden so reduziert. Von dem aufgrund der nicht mehr erforderlichen Präsenz an der Börse kostengünstigeren Marktzugang profitieren besonders kleine und ausländische Handelsteilnehmer.

---

[968] Vgl. den **Zehnten Abschnitt, Kapitel C.III.3.**

[969] Die mit großem Abstand umsatzstärkste und zugleich einzige deutsche Wertpapierbörse mit auch weltweiter Bedeutung, die Frankfurter Wertpapierbörse (FWB), befindet sich in Frankfurt a. M.

[970] An der Frankfurter Wertpapierbörse findet der Börsenhandel mittels der elektronischen Handelsplattform Xetra (E**x**change **E**lectronic **Tra**ding) statt.

II. Kassahandel

1. Marktsegmente

Das Börsengesetz (BörsG) enthält Regelungen, die sich ausschließlich auf den Wertpapierhandel im Kassamarkt beziehen. Dabei unterscheidet man zwischen dem regulierten Markt sowie dem Freiverkehr.

Der **regulierte Markt** als **öffentlich-rechtlich organisiertes Segment** ist ein organisierter Markt i. S. d. § 2 Abs. 5 WpHG. Vor der Aufnahme des Handels ist vom Emittenten der Wertpapiere nach § 32 BörsG die Zulassung zum regulierten Markt zusammen mit einem Kreditinstitut oder einem Finanzdienstleistungsinstitut zu beantragen.[971] Die rechtlichen Grundlagen für die Zulassung sind im Börsengesetz (BörsG), in der Börsenzulassungsverordnung (BörsZulV), im Wertpapierprospektgesetz (WpPG) sowie in der jeweiligen Börsenordnung geregelt.[972]

Beim **Freiverkehr**[973] handelt es sich nicht um ein öffentlich-rechtlich, sondern um ein **privatrechtlich organisiertes Segment**, für das **keine gesetzlichen Zulassungsbedingungen** vorgeschrieben sind. Der Gesetzgeber verlangt zwar, dass die ordnungsgemäße Durchführung sowohl des Handels als auch der Geschäftsabwicklung durch entsprechende Handelsrichtlinien gewährleistet sein muss; die detaillierte Gestaltung der Bedingungen für eine Einbeziehung überlässt er jedoch der jeweiligen Börse.[974] Die Transparenzpflichten sind im regulierten Markt höher als im Freiverkehr.

2. Börsenteilnehmer

Die Teilnahme der **Handelsteilnehmer** am Börsenhandel setzt die Zulassung[975] durch die Geschäftsführung der Börse voraus. Das den Antrag stellende Unternehmen muss den Börsenhandel für eigene Rechnung, im eigenen Namen für fremde Rechnung oder die Vermitt-

---

[971] Eine Ausnahme stellen staatliche Schuldverschreibungen dar. Schuldverschreibungen des Bundes, seiner Sondervermögen oder eines Bundeslandes sind ebenso wie Schuldverschreibungen eines Mitgliedstaates der EU bzw. eines Vertragsstaates des Europäischen Wirtschaftsraums (EWR) nach § 37 BörsG an jeder inländischen Börse zum Handel im regulierten Markt zugelassen.

[972] Die Deutsche Börse AG als Trägerin der Frankfurter Wertpapierbörse hat ausgehend von dem regulierten Markt die beiden Marktsegmente Prime Standard und General Standard geschaffen. Unternehmen, die für den Handel in den regulierten Markt zugelassen werden, werden automatisch in den General Standard aufgenommen. Unternehmen, die eine internationale Platzierung anstreben oder in einen Index (vgl. den **Zehnten Abschnitt, Kapitel C.V.**) der Deutschen Börse aufgenommen werden möchten, müssen sich dagegen den Vorschriften des Prime Standards unterwerfen. Dieser setzt durch zusätzliche Zulassungsfolgepflichten höhere Transparenzvorschriften als der General Standard, so z. B. durch die Vorlage von Abschlüssen nach internationalen Rechnungslegungsstandards und durch die Veröffentlichung von Quartalsberichten der Emittenten in deutscher und englischer Sprache. Die Aufnahme in den Prime Standard ist eine Voraussetzung zur Aufnahme in einen Auswahlindex der Deutschen Börse.

[973] Vgl. § 48 BörsG.

[974] Der Freiverkehr an der Frankfurter Wertpapierbörse (FWB) trägt den Namen Open Market. Der Entry Standard, als Teilbereich des Open Market der FWB, zeichnet sich hierbei durch erhöhte Transparenzstandards aus; überdies ist für eine Einbeziehung in den Entry Standard das Einverständnis des Emittenten erforderlich.

[975] Vgl. § 19 BörsG.

lung von Abschlüssen gewerbsmäßig in einem Umfang betreiben, der einen kaufmännisch eingerichteten Geschäftsbetrieb erfordert.

Personen, die für zugelassene Unternehmen Börsengeschäfte abschließen, benötigen eine Zulassung als **Börsenhändler**. Sie müssen zuverlässig und aufgrund ihrer Ausbildung und beruflichen Erfahrung zum Börsenhandel geeignet sein; ihre fachliche Eignung kann in einer Prüfung vor der Prüfungskommission der Börse nachgewiesen werden.

Als Handelsteilnehmer an der Parkettbörse ist der **Skontroführer**[976] i. S. d. Börsengesetzes mit der Feststellung von Börsenkursen auf Basis seines Orderbuches (Skontro) an Wertpapierbörsen beauftragt. Die Zulassung zum Skontroführer durch die Geschäftsführung einer Wertpapierbörse erfolgt nach einer Antragstellung. Gegen Zahlung einer Courtage vermittelt der Skontroführer Börsengeschäfte zwischen an der Börse zugelassenen Handelsteilnehmern. Er hat im Rahmen seiner Aufgabe auf einen geordneten Marktverlauf hinzuwirken und die Skontroführung neutral auszuüben. Dabei sind alle zum Zeitpunkt der Preisfeststellung vorliegenden Aufträge bei ihrer Ausführung gleich zu behandeln.

Freimakler sind Handelsmakler, die zum Börsenhandel zugelassen sind. Entweder betreiben sie als Broker in allen Handelssegmenten lediglich die Vermittlung von Börsenhandelsgeschäften oder Eigenhandel an der Börse oder aber sie wurden von der Börsengeschäftsführung als Skontroführer im Freiverkehr mit der Feststellung von Börsenpreisen beauftragt. Dabei haben die Freimakler die gleichen Vorgaben und Beschränkungen zu beachten, die auch für die Skontroführer gelten.

3. Abwicklung der Börsengeschäfte

Auf den Abschluss eines Geschäfts an der Börse folgt seine **Erfüllung**, also die Lieferung der Wertpapiere und ihre Bezahlung. Dies erfolgt in Deutschland **zwei Arbeitstage nach dem Geschäftsabschluss** an der Börse. Das Geschäft wird Zug um Zug abgewickelt, d. h., die Wertpapiere werden aus dem Depotkonto des Verkäufers bzw. seines Kreditinstituts ausgebucht und in das des Käufers bzw. seines Kreditinstituts eingebucht. Gleichzeitig erfolgt eine entsprechende gegenläufige Belastung und Gutschrift auf den Konten der beteiligten Kreditinstitute bei der Deutschen Bundesbank.

III. Terminhandel

1. Termingeschäftsarten

Bezüglich der Verbindlichkeit der eingegangenen Rechtsposition lassen sich die Termingeschäfte in unbedingte (feste) und bedingte Termingeschäfte gliedern (vgl. **Abbildung 110 auf S. 357**). **Unbedingte Termingeschäfte**, zu denen Forwards, Futures und Swaps zählen, sind durch eine **unbedingte Erfüllungspflicht** charakterisiert. Beide Kontraktpartner sind bei diesen Geschäften dazu verpflichtet, die zum Zeitpunkt des Abschlusses des Kontraktes vereinbarten Leistungen zum festgelegten Zeitpunkt zu erbringen. Ein Wahlrecht über die Erfüllung der eingegangenen Verpflichtungen besteht somit für beide am Geschäft beteiligten Parteien nicht.

---

[976] Vgl. §§ 27, 28 BörsG.

Durch gerade dieses Wahlrecht unterscheiden sich die **bedingten Termingeschäfte** von den unbedingten. Bei den **bedingten Termingeschäften** steht einer Vertragsseite das **Recht** zu, **zwischen Erfüllung und Aufgabe des vereinbarten Geschäfts zu wählen**. Da dieses Recht nur einem Vertragspartner zusteht und dieser sein Recht nur in einer für ihn vorteilhaften Art und Weise wahrnehmen wird, ist sein Kontrahent, dem ein vergleichbares Recht nicht zusteht, ihm gegenüber benachteiligt. Aus diesem Grunde wird der durch das der anderen Vertragspartei zustehende Wahlrecht benachteiligte Kontrahent den Vertrag nur dann abzuschließen bereit sein, wenn er für seine Benachteiligung entschädigt wird. Für das mit einem bedingten Termingeschäft verbundene Wahlrecht ist somit ein Preis zu zahlen, der bei den in Deutschland unüblichen sog. **Prämiengeschäften** zum Zeitpunkt des Rücktritts vom Vertrag, bei **Optionsgeschäften** dagegen zum Zeitpunkt des Vertragsabschlusses zu entrichten ist.

2. Handelsobjekte

Termingeschäfte werden über bestimmte Handelsobjekte abgeschlossen, die sich in Waren und Finanzinstrumente unterteilen lassen (vgl. **Abbildung 110**).

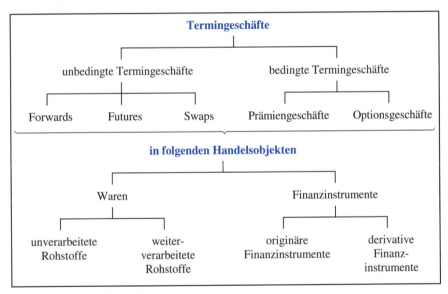

Abbildung 110: Termingeschäftsarten und ihre Handelsobjekte

Unter dem Begriff **Waren** werden **Rohstoffe in ihrer ursprünglichen Form** (z. B. Rohöl, Getreide) **oder in bereits weiterverarbeitetem Zustand** (z. B. Edelmetalle) verstanden. Termingeschäften zugrunde liegende Handelsobjekte können aber auch Finanzinstrumente sein, die sich wiederum in **originäre Finanzinstrumente** (z. B. Aktien, Anleihen, Devisen) und **derivative Finanzinstrumente** (z. B. Indizes, Termingeschäfte) gliedern lassen. Derivative Finanzinstrumente[977] sind dadurch charakterisiert, dass ihr Wert von dem Wert eines anderen (originären oder derivativen) Finanzinstruments abhängt. So basiert bei einem

---

[977] Vgl. den **Neunten Abschnitt**.

Aktien-Termingeschäft der Wert des Kontraktes auf dem Wert der dem Geschäft zugrunde liegenden Aktien (originäres Finanzinstrument), während der Wert eines Termingeschäfts mit einem anderen Termingeschäft als Vertragsgegenstand (z. B. eine Option auf einen Bund-Future) von dem zugrunde liegenden Termingeschäft (derivatives Finanzinstrument) bestimmt wird.

3. Börsenhandel oder außerbörslicher Handel

Eine weitere Differenzierung der Derivate kann schließlich danach erfolgen, ob die entsprechenden Kontrakte an einer Terminbörse oder außerbörslich („*over the counter*"; OTC) gehandelt werden. An den deutschen **Finanzterminbörsen** Eurex in Frankfurt a. M. und European Energy Exchange in Leipzig sind zur Zeit sowohl **Futures** als auch **Optionen** auf eine große Palette von Basiswerten zum Handel zugelassen. Durch die detaillierten Kontraktbedingungen kommt es zu einer Standardisierung der Handelsprodukte. Erst diese Standardisierung ermöglicht die Handelbarkeit der Instrumente an der Börse (Fungibilität). Die **Standardisierung** erfolgt hierbei insbesondere in

- **sachlicher Hinsicht** (Festlegung des Basiswerts und der dem Kontrakt zugrunde liegenden Mengen und Qualitäten des Basiswertes sowie einheitlicher Erfüllungskonditionen),
- **zeitlicher Hinsicht** (Festlegung bestimmter Fälligkeitstermine),
- **räumlicher Hinsicht** (Festlegung des Handelsortes und des Erfüllungsortes) und
- **persönlicher Hinsicht** (Abschlüsse ausschließlich durch Börsenmitglieder).[978]

Bei **OTC-Derivaten** fehlt dagegen eine solche Standardisierung; die **Kontraktdaten** können **frei vereinbart** werden und lassen sich somit individuell („maßgeschneidert") auf die Bedürfnisse der Vertragspartner abstimmen Die nachfolgende **Abbildung 111** bietet einen Überblick über die Ausgestaltungsformen derivativer Finanzinstrumente.

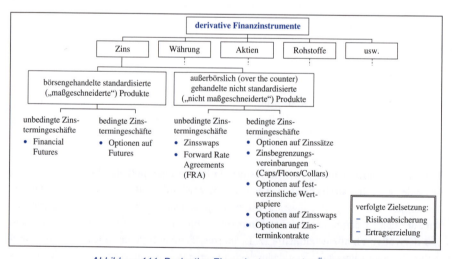

Abbildung 111: Derivative Finanzinstrumente im Überblick

---

[978] Nichtbörsenmitglieder (indirekte Marktteilnehmer) können demnach nur über Börsenmitglieder (direkte Marktteilnehmer) derartige Geschäfte abschließen.

4. Terminhandel an der Eurex

a) Handelsteilnehmer und Handelsprodukte

Zur **Teilnahme am Börsenterminhandel an der Eurex** als Handelsteilnehmer ist eine **Zulassung** entweder allein an der Eurex Deutschland oder an der Eurex Zürich und zugleich an der Eurex Deutschland **notwendig**.[979] Die Entscheidung über die Zulassung trifft die jeweilige Geschäftsleitung der Terminbörse. Eine Zulassung erhalten nur Unternehmen, die gewerbsmäßig Termingeschäfte für eigene Rechnung (Eigengeschäfte) oder im eigenen Namen für fremde Rechnung (Kundengeschäfte) tätigen und deren Gewerbebetrieb nach Art und Umfang einen in kaufmännischer Weise eingerichteten Geschäftsbetrieb erfordert. Der Antragsteller muss eine Person benennen, die als Börsenhändler für ihn Termingeschäfte an der Eurex abschließen darf. Der Börsenhändler ist zuzulassen, wenn er zuverlässig ist und seine berufliche Eignung in einer Händlerprüfung nachgewiesen hat.

Nur zugelassene Handelsprodukte dürfen an der Eurex gehandelt werden. Dabei handelt es sich um **derivative Finanzinstrumente**, denen jeweils als Bezugsobjekt Basiswerte (z. B. Aktien eines Emittenten) zugrunde liegen.[980]

b) Abwicklung der Termingeschäfte

Die Clearing-Stelle spielt als dritte Partei an der Terminbörse eine wichtige Rolle, da bei einem Handelssystem mit Clearing-Haus die Verträge zwischen den Marktpartnern nicht direkt abgeschlossen werden. Vielmehr tritt die **Clearing-Stelle** (im Falle der Eurex ist dies die Eurex Clearing AG) in jeden abgeschlossenen Kontrakt sowohl dem Käufer als auch dem Verkäufer gegenüber als Vertragspartner mit allen Rechten und Pflichten ein; die Kontraktpartner bleiben dabei im Verhältnis zueinander anonym. Die Clearing-Stelle wickelt die Geschäfte ab, sorgt für eine adäquate Besicherung, reguliert gegebenenfalls die Lieferungs- und Ausgleichsverpflichtungen aus den Kontrakten und trägt so zur Senkung der Sach-, Verhandlungs- und Prüfungskosten der Kontraktpartner bei. Ihre wichtigste Funktion besteht jedoch in der **Abgabe einer Erfüllungsgarantie** für alle an der Terminbörse gehandelten Kontrakte, so dass die Marktakteure – anders als im außerbörslichen Terminhandel – praktisch keinerlei Erfüllungsrisiko ausgesetzt sind.

Da die Abwicklung aller Termingeschäfte an der Eurex ausnahmslos über die Eurex Clearing AG in Frankfurt a. M. erfolgt, ist diese insbesondere davon unabhängig, ob die Geschäfte an der Eurex Deutschland oder der Eurex Zürich abgeschlossen wurden. Aus diesem Grund ist für eine **Zulassung als Börsenteilnehmer** eine Clearinglizenz der Eurex Clearing AG oder eine Vereinbarung mit einem Clearingmitglied (Lizenzinhaber, über den die Abwicklung des Clearings erfolgen kann) erforderlich.

Das Clearing-Haus sichert sich durch die **Installation eines Marginsystems** ab, das die Marktteilnehmer dazu verpflichtet, Margineinschüsse zu leisten, die ihrer eingegangenen

---

[979] Vgl. zur Zulassung §§ 24–25 der Börsenordnung für die Eurex Deutschland und die Eurex Zürich, Stand: 16.11.2015.
[980] An der Eurex sind sowohl Future-Kontrakte (vgl. den **Neunten Abschnitt, Kapitel D.II.2.**) als auch Options-Kontrakte (vgl. den **Neunten Abschnitt, Kapitel B.**) zum Handel zugelassen.

Risikoposition entsprechen. Hierzu werden die (unrealisierten) Gewinne oder Verluste aus den täglichen Börsenkursveränderungen der Kontrakte berechnet und auf einem internen Geldverrechnungskonto **(Margin Account)** verbucht. Am Ende eines jeden Handelstages wird der Saldo dieses Verrechnungskontos dem Konto des Clearing-Teilnehmers gutgeschrieben bzw. belastet **(Variation Margin)**. Durch dieses „mark-to-market-Verfahren" werden die potenziellen Glattstellungsgewinne bzw. -verluste vorgezogen, so dass bei einer Glattstellung des Kontrakts lediglich noch der am Glattstellungstag entstandene Gewinn bzw. Verlust über das Geldverrechnungskonto gebucht werden muss. Damit die Erfüllung der Kontrakte aber nicht nur „heute", sondern auch „morgen", d. h. am nächsten Börsentag, gewährleistet ist, müssen die Marktteilnehmer zusätzlich zu dem täglichen Gewinn- und Verlustausgleich in Form der Variation Margin zum Zeitpunkt der Positionseröffnung einen Mindestkapitaleinschuss als Bareinlage oder als Einschuss in Wertpapieren, die **Initial Margin**, in der Terminologie der Eurex als **Additional Margin** bezeichnet, leisten und bis zur Schließung der Position aufrechterhalten.[981] Der Zweck der Additional Margin liegt in der Abdeckung der möglicherweise am nächsten Börsentag unter Annahme der ungünstigsten Kursentwicklung (worst case loss) zusätzlich entstehenden Verluste. Kommt ein Marktteilnehmer seiner Verpflichtung zur Leistung der täglichen Variation Margin nicht nach, so werden seine offenen Positionen automatisch durch die Terminbörse glattgestellt. Verbleiben nach einer zwangsweisen Glattstellung noch negative Salden, so werden diese mit der als Sicherheit hinterlegten Additional Margin verrechnet.[982] Die Eurex Clearing AG berechnet börsentäglich für jedes Clearingmitglied den Betrag, der als Sicherheit für alle bestehenden Kontrakte zu hinterlegen ist. Maßgebend für diese **Risk Based Margin** ist das sich aus allen Positionen ergebende Gesamtrisiko. Um die Belastung aus der Risk Based Margin so gering wie möglich zu halten, werden gegenläufige Positionen miteinander saldiert, so dass nicht für jede einzelne offene Position eine Sicherheit hinterlegt werden muss.

IV. Börsenpreis

1. Arten der Preisbildung

An der Börse können sowohl unlimitierte als auch limitierte Börsenaufträge erteilt werden. Bei einem **unlimitierten Börsenauftrag (Market Order)**, bei dem keine Preisvorstellungen des Auftraggebers zu berücksichtigen sind, versucht der Makler, den Auftrag möglichst

---

[981] Neben der Variation Margin und der Initial Margin existiert häufig noch eine sog. **Maintenance Margin**. Sie stellt einen Mindestkontostand dar, den das Clearing-Mitglied auf seinem Margin Account unterhalten muss, und beträgt in der Regel 75 % der Initial Margin. Erst wenn diese Grenze, z. B. durch die tägliche Verlustverrechnung, unterschritten wird, muss der Investor Nachschüsse im Rahmen der Variation Margins leisten (Margin Call). Die Eurex kennt keine Maintenance Margin. Vgl. *Anstett, Christof Werner*: Financial Futures im Jahresabschluss deutscher Kreditinstitute. Wiesbaden 1997, S. 34.

[982] Stillhalter von Optionen mit einer klassischen Prämienzahlung müssen eine Premium Margin als Sicherheit leisten. Ihre Höhe bemisst sich an den Kosten, die bei einer potenziellen Glattstellung aller Positionen zum jeweiligen Tagesendwert anfallen würden. Sie wird permanent auf Basis der aktuellen Kurse ermittelt. Bei einer ungünstigen Kursentwicklung muss der Stillhalter einen Nachschuss leisten. Derartige Optionen nehmen am täglichen Gewinn- und Verlustausgleich im Rahmen des mark-to-market teil. Käufer von Optionen hingegen haben keine Margins zu hinterlegen, da sie durch die Zahlung zwar ein Recht, aber keine Verpflichtung eingegangen sind. Handelt es sich um eine Option auf einen Future, so wird aufgrund der fehlenden Prämienzahlung keine Premium Margin fällig.

zu erfüllen. Er versucht also, die Wertpapiere für den Auftraggeber bei einem Kaufauftrag „billigst" zu kaufen oder bei einem Verkaufsauftrag „bestens" zu verkaufen. Insbesondere bei wenig liquiden Wertpapieren, deren Kurse je nach Marktlage großen Schwankungen ausgesetzt sein können, aber auch allgemein bei unerwarteten Kursausschlägen besteht jedoch bei einer fehlenden Limitierung die Gefahr, dass das Geschäft zu einem Kurs abgeschlossen wird, der nicht den (nicht genannten) Preisvorstellungen des Auftraggebers entspricht. Um dies zu verhindern, kann ein Auftrag auch mit einem **Preislimit (Limit Order)** erteilt werden, das bei einem Kauf nicht überschritten bzw. bei einem Verkauf nicht unterschritten werden darf. In diesem Fall ist es allerdings möglich, dass kein geeigneter Abschlusspartner gefunden werden kann und die Order nicht ausgeführt wird.

Hinsichtlich der **Art der Preisfeststellung** lassen sich grundsätzlich zwei Methoden voneinander unterscheiden: der auftragsgetriebene Handel und der preisgetriebene Handel.[983] Im **auftragsgetriebenen Handel (Order-Driven-Market)** kommen die Börsenpreise ausschließlich durch Angebot und Nachfrage zustande. Dieser Handel findet sowohl in Auktionen zu festgelegten Zeitpunkten als auch im sog. fortlaufenden Handel statt. In einer **Auktion** stellt ein Makler alle vorliegenden Kauf- und Verkaufsaufträge in seinem Orderbuch, dem Skontro, gegenüber und ermittelt den Preis, zu dem bei der gegebenen Orderlage die größtmögliche Menge gehandelt werden kann (**Meistausführungsprinzip**). Im **fortlaufenden bzw. variablen Handel** dagegen kommt immer dann ein Börsenpreis zustande, sobald sich zwei Aufträge ausführbar gegenüberstehen.[984]

In einem **preisgetriebenen Handel (Quote-Driven-Market)** sind bestimmte Marktakteure, die sog. **Market Maker**, verpflichtet, verbindliche Geld- und Briefkurse **(Quotes)**, d. h. An- und Verkaufskurse, für die von ihnen betreuten Wertpapiere zu stellen. Der Market Maker ist bereit, zu diesen Kursen Geschäfte auszuführen. Er tritt stets zugleich als Anbieter und als Nachfrager auf. Sobald ein Anleger die Konditionen des Market Makers akzeptiert, kommt es zu einem Geschäftsabschluss und somit zu einem Börsenpreis.[985]

Elemente beider Preisfeststellungsarten finden sich in **hybriden Handelssystemen (Quote-and-Order-Driven-Market)**. Zwar werden dort die Kurse grundsätzlich aus Angebot und Nachfrage ermittelt; zusätzlich kann aber die Funktion des Market Makers durch einen Betreuer für weniger liquide Werte wahrgenommen werden. Diese müssen im Falle der Unausgewogenheit von Angebot und Nachfrage auf Anfrage eines Maklers verbindliche Geld- und Briefkurse stellen, zu denen sie bereit sind, Geschäfte abzuschließen. Dadurch erhält der Handel zusätzliche Liquidität.[986]

---

[983] Vgl. dazu *Lutz, Stefan*: Börse. In: Knapps Enzyklopädisches Lexikon des Geld-, Bank- und Börsenwesens, hrsg. von der Redaktion der Zeitschrift für das gesamte Kreditwesen u. a., Band 1, Frankfurt a. M. 1999, S. 229–230 und *Rosen, Rüdiger von*: Börsen und Börsenhandel. In: Handwörterbuch des Bank- und Finanzwesens, hrsg. von *Wolfgang Gerke* und *Manfred Steiner*, 3. Aufl., Stuttgart 2001, Sp. 367–369.

[984] Das Konzept des Order-Driven-Market ist in Deutschland im Parkett- bzw. Präsenzhandel umgesetzt.

[985] Ein allein preisgetriebener Handel findet in Deutschland nicht statt.

[986] Eine solche Marktorganisation wird in Deutschland in der elektronischen Handelsplattform Xetra praktiziert.

2. Handelsformen zur Ermittlung des Börsenpreises

Die Ermittlung des Börsenpreises erfolgt durch Skontroführer oder im elektronischen Handel. Grundsätzlich wird zwischen den beiden Handelsformen fortlaufender Handel und Auktion zur Ermittlung des Börsenpreises unterschieden. Im **fortlaufenden Handel** bzw. **variablen Handel** wird „fortlaufend" gehandelt; dadurch kann es während der Börsenzeit jederzeit zur Feststellung eines Wertpapierpreises, dem variablem Börenspreis, kommen. Jeder Börsenpreis gilt somit nur für das von den jeweiligen Marktteilnehmern abgeschlossene Einzelgeschäft. Bei einer **Auktion** hingegen wird für sämtliche vorliegenden Aufträge einmal oder in zeitlichen Abständen der Preis ermittelt, zu dem der größte mengenmäßige Umsatz bei größtmöglichem Ausgleich der Aufträge stattfindet **(Meistausführungsprinzip)**, d. h., die Anzahl der gehandelten Stücke wird maximiert und der Angebots- bzw. Nachfrageüberhang minimiert. Für nicht im fortlaufenden Handel notierte Wertpapiere wird im Rahmen einer Auktion der sog. **Einheitskurs**[987] festgestellt. Auktionen können aber auch für im fortlaufenden Handel notierte Papiere vorgenommen werden.[988]

Beispiel:[989]

Die Vorgehensweise eines Skontroführers bei der Feststellung des Kassakurses (Auktion im Präsenzhandel nach dem Meistausführungsprinzip) soll mit einem Beispiel verdeutlicht werden.

Zu Beginn der Auktion sind im Orderbuch des Skontroführers folgende Kauf- und Verkaufsaufträge registriert (vgl. **Abbildung 112**).

vorliegende Aufträge		
Käufer (Nachfrage; G) [Stück]	Kurslimit [EUR/Stück]	Verkäufer (Angebot; B) [Stück]
–	bestens	24
29	113	–
33	114	18
46	115	29
37	116	37
28	117	48
–	118	31
35	billigst	–
Summe: 208		Summe: 187

Abbildung 112: Beispiel zur Feststellung des Kassakurses durch einen Skontroführer (vorliegende Aufträge)

---

[987] Der Einheitskurs wird im Präsenzhandel als Kassakurs, im Xetra-Handel als Auktionspreis (One-Auction-only) bezeichnet.

[988] So z. B. die Eröffnungs- und Schlussauktion sowie untertägige Auktionen im Rahmen von Xetra.

[989] Vgl. *Bieg, Hartmut*: Börsenaufsicht, Börsenorganisation und Börsenhandel. In: Der Steuerberater 2000, S. 305.

Der Skontroführer stellt sowohl für die Nachfrage- als auch für die Angebotsseite den zu jedem Kurs insgesamt möglichen Umsatz in Stück Aktien fest. Dieser besteht auf der Nachfrageseite aus den zum jeweiligen Kurs limitierten Kaufaufträgen zzgl. der höher limitierten und unlimitierten Aufträge, da die Auftraggeber dieser Kauforders selbstverständlich auch bereit sind, zu einem niedrigeren Einheitskurs Aktien zu erstehen. Analog besteht der jeweils mögliche Umsatz auf der Angebotsseite aus den zum jeweiligen Kurs limitierten Verkaufsaufträgen sowie den niedriger limitierten und den unlimitierten Börsenorders (vgl. **Abbildung 113**).

Kursermittlung			
Kurs [EUR/Stück]	Nachfrage [Stück]	Angebot [Stück]	mengenmäßiger Umsatz [Stück]
113	208	24	24
114	179	42	42
115	146	71	71
116	100	108	100
117	63	156	63
118	35	187	35

Abbildung 113: Beispiel zur Feststellung des Kassakurses durch einen Skontroführer (Kursermittlung)

Zu keinem Kurs ist ein vollständiger Marktausgleich möglich. Nach der derzeitigen Orderlage erscheint der größte Umsatz bei einem Kurs von 116 EUR/Aktie möglich zu sein, da bei diesem Kurs 100 Stück Aktien nachgefragt und 108 Stück Aktien angeboten werden. Um einen Marktausgleich herbeizuführen, sucht der Makler nun Käufer für das überhängende Angebot von 8 Stück Aktien. Fände er allerdings zum Kurs von 115 EUR/Aktie noch zusätzliches Angebot von 75 Stück Aktien (Nachfrage: 146; Angebot: 71), so wäre der mengenmäßige Umsatz mit 146 Stück Aktien größer als bei einem Kurs von 116 EUR/Aktie. Der Skontroführer ruft daher die Spanne aus, innerhalb derer sich der Kurs bewegen wird: 115 EUR zu 116 EUR. Anschließend dürfen die Händler weitere Aufträge erteilen, wodurch es u. U. zu einem vollständigen Marktausgleich kommen kann. Allerdings ist es auch möglich, dass sich dadurch die Marktlage völlig verändert, so dass die Spanne angepasst werden muss. Verbleibt ein Überhang, weil nicht ausreichend viele oder – was hier angenommen werden soll – keine weiteren Aufträge erteilt werden, so ruft der Skontroführer verbindliche Geschäftsangebote aus, die die Handelsteilnehmer durch Zuruf akzeptieren können. Gelingt es dem Skontroführer nicht, einen Marktausgleich herbeizuführen, so darf er auch selbst in die überhängenden Geschäfte eintreten (Eigengeschäft) oder sich die Benennung der Gegenseite zunächst vorbehalten (Aufgabegeschäft); er ist dazu allerdings nicht verpflichtet. Im Anschluss stellt der Skontroführer den Einheitskurs fest (vgl. **Abbildung 114** auf S. 364) und gibt ihn zusammen mit dem sich zu diesem Preis ergebenden Umsatz bekannt. Durch Zusätze und Hinweise informiert der Skontroführer über die zu diesem Kurs herrschende Marktlage und kursrelevante Besonderheiten. Die Geschäftsführung veröffentlicht dann den Einheitskurs.

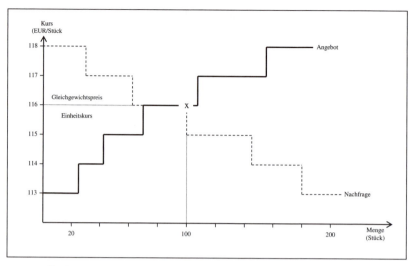

Abbildung 114: Beispiel zur Feststellung des Kassakurses durch einen Skontroführer (Ermittlung des Einheitskurses)

V. Indizes

Die im Wertpapierhandel berechneten und veröffentlichten **Indizes** sollen allen Marktteilnehmern und Investoren einen schnellen Überblick über die Gesamtentwicklung eines Marktes geben. Indizes sind **aggregierte Kenngrößen**, die sowohl einen Vergleich zwischen verschiedenen Märkten (z. B. länderbezogen oder branchenbezogen) ermöglichen als auch als Vergleichsgröße (Benchmark) für die Performance der in den jeweiligen Märkten agierenden Investoren dienen können.[990] Darüber hinaus werden Indizes auch als Basiswert für derivative Finanzinstrumente (Futures, Optionen und Optionsscheine) zugrunde gelegt.[991]

Die Indizes werden sowohl als Performance- als auch als Kursindizes ermittelt. **Kursindizes** messen die eigentliche Kursentwicklung in den betrachteten Papieren, wobei allerdings eine Bereinigung um Erträge aus Bezugsrechten und Sonderzahlungen erfolgt. Bei der Ermittlung der **Performanceindizes** werden darüber hinaus zusätzlich alle Erträge aus Bonus- und Dividendenzahlungen wieder im Indexportfolio angelegt.[992]

---

[990] Die Deutsche Börse AG berechnet eine Vielzahl von Indizes, die auf Kursdaten des Börsenhandels in Aktien und Renten an der Frankfurter Wertpapierbörse basieren. Ein Beispiel hierfür ist der DAX (Deutscher Aktienindex); er umfasst die 30 größten und umsatzstärksten deutschen Aktien im Prime Standard.

[991] Vgl. *Franke, Jörg*: Indexprodukte und Strategien mit Indizes. In: Knapps Enzyklopädisches Lexikon des Geld-, Bank- und Börsenwesens, hrsg. von der Redaktion der Zeitschrift für das gesamte Kreditwesen u. a., Band 1, Frankfurt a. M. 1999, S. 915–916.

[992] Beim DAX handelt es sich um einen Performanceindex.

Elfter Abschnitt

Innenfinanzierung

A. Überblick über die Innenfinanzierung

I. Direkte Finanzierungswirkung von Zahlungsgrößen

Standen bei den Instrumenten der Außenfinanzierung[993] konkrete Kapitalbeschaffungsmaßnahmen im Vordergrund, so gründen sich die Instrumente der Innenfinanzierung in der Hauptsache auf den **betrieblichen Umsatzprozess**.

Folgende **Voraussetzungen** einer positiven **Innenfinanzierungswirkung** lassen sich zunächst festhalten:

(1) Dem Unternehmen fließen in einer Periode **liquide Mittel** aus dem **betrieblichen Umsatzprozess** (Verkauf von Waren oder Dienstleistungen innerhalb der gewöhnlichen Geschäftstätigkeit bzw. davon abgeleitet durch den Eingang oder Verkauf der entsprechenden Forderungen) oder aus **Verkäufen außerhalb der gewöhnlichen Geschäftstätigkeit** (Verkauf nicht betriebsnotwendiger Vermögensgegenstände) zu **(Einzahlungen)**.

(2) Diesen Einzahlungen stehen in der gleichen Periode **geringere Auszahlungen** gegenüber, die entweder durch die betriebliche Leistungserstellung und -verwertung bedingt sind oder ihre Ursache außerhalb der gewöhnlichen Geschäftstätigkeit haben.

Der Umfang einer positiven Innenfinanzierungswirkung hängt demnach zum einen von der Höhe der aus den oben genannten Bereichen zufließenden liquiden Mittel (Einzahlungen) und zum anderen von der Höhe der aus diesen Bereichen abfließenden Mittel (Auszahlungen) ab. Grundsätzlich verbessert sich die Liquiditätslage eines Unternehmens, wenn es der Unternehmensleitung gelingt, die Einzahlungen zu erhöhen und/oder die Auszahlungen zu vermindern **(direkte Finanzierungswirkung von Zahlungsgrößen)**.

II. Indirekte Finanzierungswirkung von Erfolgsgrößen

Die Unternehmensleitung hat bei der Disposition der liquiden Mittel neben der direkten Finanzierungswirkung von Ein- und Auszahlungen auch mögliche **indirekte Finanzierungswirkungen** zu beachten, die von den mit diesen Zahlungsgrößen verbundenen Erfolgsgrößen ausgehen. Dies ist der Fall, wenn Einzahlungen ganz oder teilweise als Erträge bzw. Auszahlungen ganz oder teilweise als Aufwendungen qualifiziert werden. Die folgenden Betrachtungen gehen dabei vereinfachend davon aus, dass handelsrechtliche Erträge und steuerrechtliche Betriebseinnahmen sowie handelsrechtliche Aufwendungen und steuerrechtliche Betriebsausgaben deckungsgleich sind. Dies ist aufgrund zwingender steuerlicher

---

[993] Vgl. den **Fünften Abschnitt** bis **Achten Abschnitt**.

Vorschriften, aber auch aufgrund der Ausnutzung steuerlicher Gestaltungsmöglichkeiten grundsätzlich nicht der Fall.

Die in der Betriebswirtschaftslehre übliche **Unterscheidung verschiedener Strömungsgrößen** (Einzahlungen – Auszahlungen, Einnahmen – Ausgaben, Erträge – Aufwendungen) erhält in diesem Zusammenhang eine herausragende Bedeutung.[994] Um die Wirkungszusammenhänge zwischen Zahlungsgrößen (Einzahlungen – Auszahlungen) und Reinvermögensänderungen, also Erfolgsgrößen (Erträge – Aufwendungen), deutlicher herausstellen zu können, soll im Folgenden die Geldvermögensebene (Einnahmen – Ausgaben) zunächst mit der Zahlungsmittelebene (Einzahlungen – Auszahlungen) zusammengefasst werden. Man unterstellt damit gleichermaßen, dass alle sonstigen Geldforderungen sofort mit ihrem Entstehen einzahlungswirksam werden und umgekehrt alle Geldverbindlichkeiten sofort zu Auszahlungen führen. Letztlich verhalten sich auch in der Realität alle Geldforderungen und -verbindlichkeiten – spätestens bei ihrer Fälligkeit – in dieser Weise.[995] Somit reduzieren sich Strömungs- und Bestandsgrößen auf **zwei Ebenen**: die **Zahlungsmittelebene**, welche die **Liquiditätslage** des Unternehmens widerspiegelt, und die **Reinvermögensebene**, welche die **Erfolgslage** darstellt.

Die **indirekte Finanzierungswirkung von Erfolgsgrößen** ergibt sich aus deren Steuer- bzw. Ausschüttungsfolgen. So unterliegt beispielsweise jede Einzahlung, die zugleich einen Ertrag darstellt (vgl. **Fall 1 der Abbildung 115**[996] auf S. 367), der **Besteuerung** und der **potenziellen Ausschüttung**, droht also zu Auszahlungen zu führen, die den durch die Einzahlung erfolgten Zufluss liquider Mittel zumindest teilweise kompensieren.

Der **handelsrechtliche Jahresüberschuss** stellt die Bemessungsgrundlage für Ausschüttungen an die Eigentümer dar. Er ergibt sich aus der Gegenüberstellung von Erträgen und Aufwendungen. Erhöhen sich bei gleich bleibenden Aufwendungen die Erträge, so erhöht sich der Jahresüberschuss zunächst um den gleichen Betrag. Entsprechend erhöht sich der maximale Ausschüttungsbetrag; es droht ein zusätzlicher Liquiditätsabfluss durch Ausschüttungszahlungen **(indirekte negative Finanzierungswirkung von Erträgen)**.

Sind die zusätzlichen Erträge auch als (steuerrechtliche) Betriebseinnahmen zu qualifizieren, so erhöhen sie den **steuerlichen Gewinn**. Es ergibt sich – abhängig von Steuertarif bzw. Steuersatz – eine entsprechend höhere Ertragsteuerbelastung **(indirekte negative Finanzierungswirkung von Betriebseinnahmen)**.[997] Diese äußert sich aber auch in höheren handelsrechtlichen (Steuer-)Aufwendungen, welche die zuvor entstandenen zusätzlichen Erträ-

---

[994] Vgl. zu den Begriffsabgrenzungen *Bieg, Hartmut/Kußmaul, Heinz/Waschbusch, Gerd*: Investition. 3. Aufl., München 2016, S. 1–5 sowie *Wöhe, Günter*: Bilanzierung und Bilanzpolitik. 9. Aufl., München 1997, S. 9, S. 12–27.

[995] Von der selbstverständlich jederzeit drohenden Gefahr eines teilweisen oder vollständigen endgültigen Forderungsausfalls sei an dieser Stelle abgesehen.

[996] Entnommen aus *Bieg, Hartmut*: Die Selbstfinanzierung – zugleich ein Überblick über die Innenfinanzierung. In: Der Steuerberater 1998, S. 187.

[997] Soweit sich anderweitig ein steuerlicher Verlust ergäbe oder entsprechende steuerliche Verlustvorträge vorlägen, erhöhten die zusätzlichen Betriebseinnahmen die Ertragsteuerbelastung nicht unmittelbar. Die Erhöhung ergäbe sich erst in dem Geschäftsjahr, in dem der steuerliche Gewinn erstmals den Verlustvortrag überstiege.

A. Überblick über die Innenfinanzierung

ge teilweise kompensieren (**indirekte negative Erfolgswirkung von Betriebseinnahmen**). Insgesamt betrachtet erhöht sich der Jahresüberschuss also lediglich um die Differenz zwischen den zusätzlichen Erträgen und der sich aus diesen zusätzlich ergebenden Ertragsteuerbelastung.

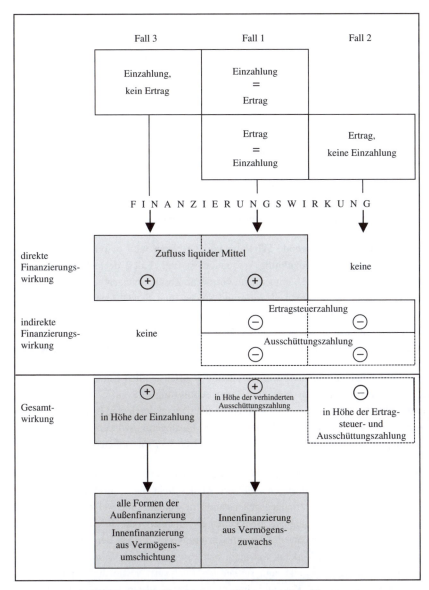

Abbildung 115: Finanzierungswirkung von Einzahlungen

Während die erhöhte Ertragsteuerbelastung zwingend zu höheren Auszahlungen führt, hängt die Liquiditätsbelastung, die aus dem höheren Jahresüberschuss resultiert, von der (teilweise gesetzlich und/oder satzungsmäßig erzwungenen) Höhe der Rücklagenbildung durch die zuständigen Entscheidungsträger des Unternehmens sowie von dem Gewinnverwendungsbeschluss der Eigentümer ab. Nur der tatsächlich ausgeschüttete Teil des Jahresüberschusses wirkt liquiditätsmindernd. Dieser Umstand wird in **Abbildung 115** auf S. 367 durch die gestrichelt gezeichneten Rechtecke hervorgehoben. Eine indirekte negative Finanzierungswirkung von als Betriebseinnahmen bzw. Erträgen qualifizierten Einzahlungen ergibt sich also insgesamt in Höhe der durch sie induzierten zusätzlichen Ertragsteuer- und Ausschüttungsbelastungen.

Eine positive Gesamtfinanzierungswirkung ergibt sich in diesem Fall nur, wenn eine Ausschüttung des zusätzlichen Jahresüberschusses durch eine Rücklagenbildung der zuständigen Entscheidungsträger des Unternehmens oder durch einen entsprechenden Gewinnverwendungsbeschluss der Eigentümer zumindest teilweise verhindert wird **(Thesaurierung)**. Dann spricht man von einer **offenen Selbstfinanzierung**, die der Innenfinanzierung aus Vermögenszuwachs zuzuordnen ist. Der Vermögenszuwachs ergibt sich aus den oben genannten Voraussetzungen einer Innenfinanzierungswirkung. Dem Unternehmen fließen aus dem betrieblichen Umsatzprozess liquide Mittel zu, die in der Regel gleichzeitig Erträge darstellen und damit einen Vermögenszuwachs auf der Aktivseite und gleichzeitig einen Eigenkapitalzuwachs auf der Passivseite bewirken. Durch entsprechende Thesaurierungsbeschlüsse wird gewährleistet, dass dieser Vermögenszuwachs erhalten bleibt und nicht etwa in Form von Ausschüttungszahlungen das Unternehmen wieder verlässt.

Die (drohende) **definanzierende Wirkung von Erträgen** wird besonders deutlich, wenn mit dem **Ertrag keine Einzahlung** verbunden ist (vgl. **Fall 2 der Abbildung 115** auf S. 367). Dieser Fall liegt z. B. immer dann vor, wenn Zuschreibungen bei Vermögensgegenständen vorgenommen werden.[998] Aufgrund steuer- und handelsrechtlicher Vorschriften sind diese Beträge ertragswirksam zu vereinnahmen und führen so zur Besteuerung bzw. zur potenziellen Ausschüttung, obwohl die Gegenleistung des Vertragspartners noch nicht erbracht wurde und damit auch mit Unsicherheiten bezüglich ihrer Erfüllung behaftet ist.

Die **größte Finanzierungswirkung** entfalten aber offensichtlich **Einzahlungen**, die **nicht zugleich Erträge** darstellen (vgl. **Fall 3 der Abbildung 115** auf S. 367). Dem Zufluss liquider Mittel steht kein drohender Abfluss liquider Mittel durch eine Besteuerung und/oder Ausschüttung gegenüber. Die indirekte negative Finanzierungswirkung entfällt. Es ergibt sich eine positive Gesamtfinanzierungswirkung in Höhe der Einzahlungen.

Im **Bereich der Innenfinanzierung** wird dieser Fall in der Hauptsache durch (ertragsneutrale) **Vermögensumschichtungen** realisiert. Man spricht hier von einer Vermögensumschichtung, da illiquide Vermögensgegenstände in liquide „umgeschichtet", d. h. gegen Bargeld oder jederzeit verfügbare Bankguthaben veräußert oder in solche umgewandelt werden. Konkrete Instrumente der Innenfinanzierung aus diesem Bereich sind die Kapitalfreisetzung durch den Verkauf von nicht betriebsnotwendigen Vermögensgegenständen und von Forderungen (jeweils zum seitherigen Buchwert) sowie die Kapitalfreisetzung durch die Verkürzung der Kapitalbindungsdauer (Rationalisierungsmaßnahmen). Die Bilanzsumme verändert sich durch diese Vorgänge alleine nicht. Im Übrigen ist dieser Fall (Einzahlung, aber kein Ertrag) auch charakteristisch für die **Außenfinanzierung**, welche die ertragsneutrale Zuführung von Eigen- oder Fremdkapital durch Dritte verkörpert.

---

[998] Ein anderes Beispiel wäre ein niedrigerer Bewertungsansatz von (Fremdwährungs-)Verbindlichkeiten.

Die **indirekte Finanzierungswirkung von Aufwendungen** verhält sich umgekehrt analog zu der von Erträgen. Es ist im Hinblick auf die Liquiditätslage günstig, möglichst viele Auszahlungen auch als Aufwendungen verrechnen zu können (vgl. **Fall 1 der Abbildung 116**[999] auf S. 370). Erhöhen sich nämlich bei gleich bleibenden Erträgen die Aufwendungen, so vermindert sich der Jahresüberschuss zunächst um den gleichen Betrag. Entsprechend vermindert sich der maximal zur Verfügung stehende Ausschüttungsbetrag **(indirekte positive Finanzierungswirkung von Aufwendungen)**.

Sind die zusätzlichen Aufwendungen auch als (steuerrechtliche) Betriebsausgaben zu qualifizieren, so vermindern sie den steuerlichen Gewinn und damit – wiederum abhängig von Steuertarif bzw. Steuersatz – die Ertragsteuerbelastung **(indirekte positive Finanzierungswirkung von Betriebsausgaben)**.[1000] Letzteres führt aber auch zu einer Verminderung der handelsrechtlichen (Steuer-)Aufwendungen, so dass die zuvor entstandenen zusätzlichen Aufwendungen teilweise kompensiert werden **(indirekte positive Erfolgswirkung von Betriebsausgaben)**. Insgesamt ergibt sich eine Verminderung des Jahresüberschusses also nur in Höhe der Differenz zwischen den zusätzlichen Aufwendungen und der durch sie induzierten Ertragsteuerminderbelastung.

Die Höhe der steuerlichen Finanzierungswirkung steht fest, während das Ausmaß der Finanzierungswirkung hinsichtlich der Ausschüttung wiederum von der Höhe der Rücklagenbildung durch die zuständigen Entscheidungsträger des Unternehmens bzw. von dem Gewinnverwendungsbeschluss der Eigentümer abhängt. Würde der ohne die Aufwandsverrechnung entstandene Jahresüberschuss vollständig ausgeschüttet werden, so ergäbe sich eine indirekte positive Finanzierungswirkung in Höhe der nach der Ertragsteuerminderung verbleibenden zusätzlichen Aufwendungen. Im Fall der Vollausschüttung ergäbe sich somit eine Gesamtfinanzierungswirkung von null. Würde der Jahresüberschuss dagegen vollständig thesauriert werden, so läge keine indirekte positive Finanzierungswirkung hinsichtlich der Ausschüttungsbemessung vor, da der entsprechende Betrag auch ohne die Aufwandsverrechnung in dem Unternehmen verblieben wäre. Insgesamt ergibt sich in diesem Fall eine negative Gesamtfinanzierungswirkung in Höhe des ohne die Aufwandsverrechnung zusätzlich thesaurierten Betrages. Werden Rücklagen durch die zuständigen Entscheidungsträger des Unternehmens bzw. durch die Eigentümer in einer Höhe gebildet, die zwischen diesen beiden Extremfällen liegt, so ergibt sich eine vom Verhältnis Rücklagenbildung/Ausschüttungsbetrag abhängige entsprechende Gesamtfinanzierungswirkung. Diese Abhängigkeit wird durch die gestrichelt gezeichneten Rechtecke in **Abbildung 116** auf S. 370 deutlich gemacht.

---

[999] Entnommen aus *Bieg, Hartmut*: Die Selbstfinanzierung – zugleich ein Überblick über die Innenfinanzierung. In: Der Steuerberater 1998, S. 189.

[1000] Stehen anderweitig keine entsprechenden steuerlichen Gewinne zur Verrechnung zur Verfügung, so ergibt sich eine unmittelbare Ertragsteuerminderung nur, wenn der entstehende steuerliche Verlust auf frühere Jahre zurückgetragen werden kann. Soweit dagegen lediglich ein Verlustvortrag möglich ist, weil in den Vorperioden entsprechende durch Verlustrückträge zu kürzende Gewinne nicht zur Verfügung stehen oder die Verlustrückstragsmöglichkeiten durch die gesetzlichen Beschränkungen erschöpft sind (vgl. § 10d Abs. 1 EStG), kommt es zu einer Ertragsteuerminderung erst in den Geschäftsjahren, in denen eine Verrechnung des Verlustvortrags mit den dann anfallenden Gewinnen möglich ist.

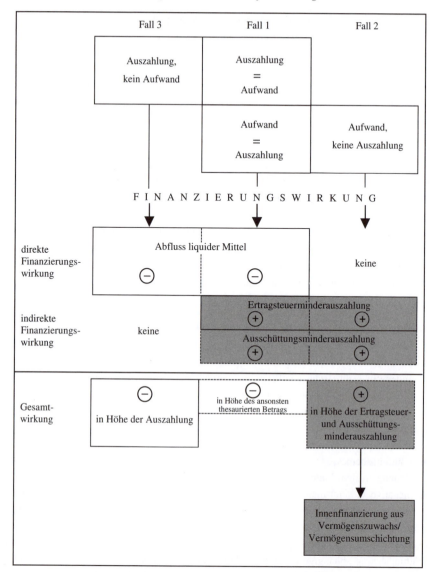

Abbildung 116: Finanzierungswirkung von Auszahlungen

Auszahlungen ohne eine gleichzeitige Aufwandsverrechnung (vgl. **Fall 3 der Abbildung 116**) – wie z. B. bei der periodengerechten Abgrenzung zu früh geleisteter Zahlungen des Unternehmens –, zeigen neben ihrer direkten negativen Finanzierungswirkung keine indirekte positive Finanzierungswirkung. Es ergibt sich eine negative Gesamtfinanzierungswirkung in Höhe der Auszahlungen.

Die **beste Finanzierungswirkung** zeigen demnach aber **Aufwendungen**, denen **keine** entsprechenden **Auszahlungen** zugrunde liegen (**Fall 2 der Abbildung 116**). Durch ihre indirekte positive Finanzierungswirkung binden sie liquide Mittel an das Unternehmen, die ansonsten in Form von Steuer- bzw. Ausschüttungszahlungen aus dem Unternehmen abgeflossen wären. Auch hier gilt, dass die Höhe der Gesamtfinanzierungswirkung von der ohne die Aufwandsverrechnung beschlossenen Ausschüttungshöhe abhängt.

Dieser Fall **(Aufwand, aber keine Auszahlung)** ist sowohl der Innenfinanzierung aus Vermögenszuwachs als auch der Innenfinanzierung aus Vermögensumschichtung zuzuordnen. In beiden Fällen muss zunächst die erste Voraussetzung einer positiven Innenfinanzierungswirkung vorliegen. Dem Unternehmen fließen aus dem betrieblichen Umsatzprozess ausreichende liquide Mittel zu (direkte positive Finanzierungswirkung von Einzahlungen), die in der Regel gleichzeitig Erträge darstellen und damit (zunächst) einen Vermögenszuwachs und einen Eigenkapitalzuwachs – in Form eines erhöhten Jahresüberschusses – bewirken (indirekte negative Finanzierungswirkung von Erträgen).

Bei der **Innenfinanzierung aus Vermögenszuwachs** bleibt dieser liquide Vermögenszuwachs erhalten – und wird nicht etwa durch Steuer- und Ausschüttungszahlungen gefährdet –, indem durch die Verrechnung von Aufwendungen (illiquide) Aktivpositionen mit einem niedrigeren als ihrem tatsächlichen Wert (Vermögensunterbewertung) angesetzt werden und/oder Passivpositionen (insbesondere Rückstellungen) gebildet oder mit einem höheren als ihrem tatsächlichen Wert (Schuldenüberbewertung) angesetzt werden. Bei diesen Vorgängen kommt die **indirekte positive Finanzierungswirkung von Aufwendungen** zum Tragen. Die Vermögensunterbewertung und die Schuldenüberbewertung führen zur Bildung stiller Reserven; man spricht in diesen beiden Fällen deshalb auch von einer **stillen Selbstfinanzierung**.[1001]

Von einer Innenfinanzierung aus Vermögensumschichtung spricht man dagegen, wenn der zunächst vorliegende (liquide) Vermögenszuwachs durch die niedrigere Bewertung anderer (illiquider) Vermögenswerte kompensiert wird. Dies erfolgt bei der Verrechnung von Abschreibungen (Finanzierung durch den Rückfluss von Abschreibungsgegenwerten). Auch hier zeigen die entsprechenden Aufwendungen ihre indirekte positive Finanzierungswirkung. Insgesamt ergibt sich in diesem Fall also kein Vermögenszuwachs; illiquide Vermögenswerte werden lediglich in liquide „getauscht".

III. Einfluss der Jahresabschlusspolitik auf die Innenfinanzierung

Unterstellt man, dass durch den betrieblichen Umsatzprozess nach Abzug der durch die Leistungserstellung und -verwertung bedingten Auszahlungen innerhalb eines Geschäftsjahres ein Überschuss an liquiden Mitteln in Form eines Vermögenszuwachses (Gewinn) erwirtschaftet wurde, so ergeben sich zwei Möglichkeiten der weiteren Verwendung dieser Mittel. Zum einen müssen sie als Steuerzahlungen und können bzw. müssen sie als Ausschüttungszahlungen an die Eigentümer nach außen abfließen. Es erfolgt insoweit eine **Definanzierung durch Kapitalabfluss** nach außen (vgl. **(1)** in **Abbildung 117**[1002] auf S. 373). Zum anderen können sie durch verschiedene Maßnahmen in dem Unternehmen zurückbehalten werden. In Höhe des **verhinderten Kapitalabflusses** entfalten sie eine

---

[1001] Vgl. dazu ausführlich den **Elften Abschnitt, Kapitel B.II.**
[1002] Entnommen aus *Bieg, Hartmut*: Die Selbstfinanzierung – zugleich ein Überblick über die Innenfinanzierung. In: Der Steuerberater 1998, S. 190.

positive **Innenfinanzierungswirkung durch Vermögenszuwachs** bzw. **Vermögensumschichtung** (vgl. **(2)** in **Abbildung 117** auf S. 373).

Beide Möglichkeiten sind eng mit der Erstellung des Jahresabschlusses durch die Unternehmensleitung verknüpft. Im **Elften Abschnitt, Kapitel A.II.** wurde zunächst implizit unterstellt, die Berücksichtigung betrieblicher Sachverhalte in Steuer- und Handelsbilanz – und damit die Verrechnung oder Nichtverrechnung von Erträgen und Aufwendungen – ergäbe sich dem Grunde und der Höhe nach zwingend durch steuer- und handelsrechtliche Vorschriften. Tatsächlich existieren aber für die Unternehmensleitung Bilanzierungs- und Bewertungsspielräume, die der Gesetzgeber zwar einerseits zur Sicherstellung der Gleichmäßigkeit der Besteuerung, zuletzt aber auch verstärkt aus rein fiskalpolitischen Gründen durch die Steuergesetzgebung und andererseits zum Schutz der Adressaten des handelsrechtlichen Jahresabschlusses durch die handelsrechtlichen Rechnungslegungsvorschriften einzuschränken versucht. Dennoch kann der Gesetzgeber zum einen in einer freien Marktwirtschaft grundsätzlich keinen Einfluss auf die **Sachverhaltsgestaltung** einer Unternehmensleitung nehmen, also darauf, welche Geschäfte sie zu welchen Zeitpunkten abschließt. Zum anderen können weder der Gesetzgeber noch die Unternehmensleitung den tatsächlichen Wert von Vermögen und Schulden – und damit die mit ihnen verbundenen Erträge und Aufwendungen –, also die **Sachverhaltsdarstellung**, eindeutig fixieren oder zweifelsfrei feststellen.

Die Unternehmensleitung kann aufgrund der genannten Spielräume also zunächst Einfluss darauf nehmen, in welcher Höhe ein besteuerungs- und ausschüttungsfähiger Gewinn festgestellt wird. Darüber hinaus hat sie aufgrund gesetzlicher und/oder statutarischer Kompetenz die Möglichkeit, in bestimmtem Umfang einmal festgestellte Jahresüberschüsse durch entsprechende Rücklagenbildung in dem Unternehmen zurückzubehalten. Die Steuerung des Abflusses erwirtschafteter Mittel erfolgt demnach in zwei Stufen, der **Erfolgsfeststellung** (vgl. **(3)** in **Abbildung 117** auf S. 373) und der **Erfolgsverwendung** (vgl. **(4)** in **Abbildung 117** auf S. 373). In beiden Stufen wird die Unternehmensleitung im Rahmen ihrer Spielräume und Kompetenzen versuchen, ihre finanzwirtschaftlichen Zielvorstellungen durchzusetzen.[1003]

Bei der **Erfolgsfeststellung** kann der besteuerungs- und ausschüttungsfähige Gewinn durch die Verrechnung von Aufwendungen vermindert werden. Eine positive Gesamtfinanzierungswirkung kann sich – wie im **Elften Abschnitt, Kapitel A.II.** gezeigt – aber nur ergeben, wenn mit den entsprechenden Aufwendungen keine unmittelbaren Auszahlungen verbunden sind. Dies ist beispielsweise bei der Bildung von Rückstellungen, aber auch bei der Vornahme von Abschreibungen der Fall (vgl. **(5)** und **(6)** in **Abbildung 117** auf S. 373). Über die indirekte positive Finanzierungswirkung der entsprechend verrechneten Aufwendungen führen beide Formen der Innenfinanzierung zu einer Verminderung des Kapitalabflusses (vgl. **(2)** in **Abbildung 117** auf S. 373).

[1003] Die folgenden Ausführungen gehen davon aus, dass Eigentum und Management des Unternehmens getrennt sind, wie dies für Kapitalgesellschaften charakteristisch ist. Sie können aber leicht auf den – insbesondere bei Einzelunternehmen und Personenhandelsgesellschaften, aber auch bei Einmann-GmbH vorliegenden – Fall, dass Eigentum und Management in einer Hand vereinigt sind, übertragen werden. Die Entscheidungsbefugnisse von Unternehmensleitung und Eigentümern fallen dann zusammen.

A. Überblick über die Innenfinanzierung

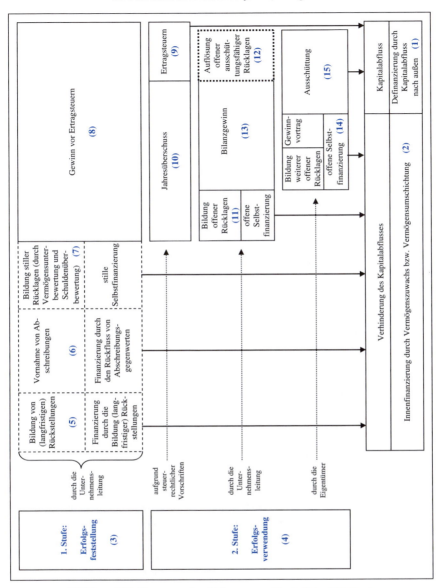

Abbildung 117: Steuerung des Abflusses erwirtschafteter Mittel unter jahresabschlusspolitischen und finanzwirtschaftlichen Gesichtspunkten

Darüber hinaus haben diese beiden Formen der Innenfinanzierung eines gemeinsam. Die den tatsächlichen wirtschaftlichen Verhältnissen entsprechende Höhe der Rückstellungen und Abschreibungen kann weder vom Gesetzgeber eindeutig fixiert – daraus ergeben sich die jahresabschlusspolitischen Möglichkeiten – noch vom Jahresabschlussersteller zweifelsfrei festgestellt werden. Liegen die Zuführungsbeträge zu den Rückstellungen und/oder die Abschreibungsbeträge über dem jeweils wirtschaftlich gerechtfertigten Wert – was vor dem Hintergrund der durch das Vorsichtsprinzip geprägten deutschen Bilanzierungspraxis die Regel sein dürfte –, so werden in Höhe der Differenz **stille Rücklagen** (vgl. **(7)** in **Abbildung 117** auf S. 373) gebildet. Über die erhöhten Rückstellungsbildungen und Abschreibungen hinaus führt zudem jede Vermögensunterbewertung und jede Schuldenüberbewertung zu stillen Rücklagen. Insofern sind überhöhte Rückstellungen und Abschreibungen nur Beispiele zur Bildung stiller Rücklagen. Allerdings haben sie betragsmäßig üblicherweise eine herausragende Bedeutung.

Die stillen Rücklagen sind auf der Aktivseite durch einen im Vergleich zum realisierbaren Wert niedrigeren Ansatz des vorhandenen Vermögens **(stille Rücklagen i. e. S.)** und auf der Passivseite durch einen im Vergleich zur tatsächlichen Verpflichtung höheren Ansatz der vorhandenen Schulden **(versteckte Rücklagen)** gekennzeichnet. Die dabei entstehenden Aufwendungen bzw. nicht entstehenden Erträge vermindern für Außenstehende nicht erkennbar **(stille Selbstfinanzierung)** den Gewinn vor Ertragsteuern (vgl. **(8)** in **Abbildung 117** auf S. 373).

Um eines aber nochmals hervorzuheben: Die wirtschaftlich gerechtfertigte Höhe der Schulden und des Vermögens lässt sich nicht ermitteln. Damit kann aber auch der Betrag der stillen Rücklagen nicht exakt bestimmt werden. Dies soll durch die gestrichelt gezeichneten Abgrenzungen der einzelnen Finanzierungsformen im Rahmen der Erfolgsfeststellung in **Abbildung 117** auf S. 373 gekennzeichnet werden. Lediglich der verbleibende Gewinn vor Ertragsteuern ist bekannt. Er kann dem Jahresabschluss entnommen werden.

Dieser Betrag, welcher der potenziellen Gefahr des Abflusses nach außen, also der Definanzierung, unterliegt, wird auf der **zweiten Stufe** der Innenfinanzierung im Rahmen der **Erfolgsverwendung** weiter reduziert. Zunächst erfolgt aufgrund steuerrechtlicher Vorschriften die Verminderung des Gewinns vor Steuern um die Ertragsteuerbelastung (vgl. **(9)** in **Abbildung 117** auf S. 373) auf den Jahresüberschuss (vgl. **(10)** in **Abbildung 117** auf S. 373). Da als Ertragsteuerbemessungsgrundlage der Gewinn vor Ertragsteuern bereits auf der ersten Stufe fixiert wurde, kann hier kein weiterer Einfluss auf die Höhe der Steuerzahlung genommen werden. Diese führt zu einem Kapitalabfluss und trägt damit zur Definanzierung des Unternehmens bei (vgl. **(1)** in **Abbildung 117** auf S. 373).

Bei der weiteren Verwendung des Jahresüberschusses kann die Unternehmensleitung zur Verfolgung ihrer finanzpolitischen Ziele allerdings weiter steuernd eingreifen. Zunächst muss sie im Rahmen gesetzlicher und/oder statutarischer Vorschriften und kann sie im Rahmen ihrer Gewinnverwendungskompetenz durch die **Bildung von offenen Rücklagen** (**offene Selbstfinanzierung**; (vgl. **(11)** in **Abbildung 117** auf S. 373)) den Jahresüberschuss auf den **Bilanzgewinn** reduzieren bzw. durch die Auflösung offener ausschüttungsfähiger Rücklagen (vgl. **(12)** in **Abbildung 117** auf S. 373) auf den Bilanzgewinn (vgl. **(13)** in **Abbildung 117** auf S. 373) erhöhen. Ziel der Unternehmensleitung bezüglich der Erfolgsverwendung dürfte es häufig sein, im Hinblick auf die Innenfinanzierungswirkung möglichst hohe offene Rücklagen zu bilden, d. h. den den Eigentümern maximal zur Ausschüttung zur Verfügung stehenden Bilanzgewinn zu minimieren.

Auch wenn die Eigentümer des Unternehmens formal über die weitere Verwendung dieses Bilanzgewinns zu entscheiden haben, kann die Unternehmensleitung über die Vorlage eines Gewinnverwendungsvorschlags weiter in ihrem Sinne Einfluss auf die Erfolgsverwendung nehmen. Somit kann sie den Eigentümern – neben einem Gewinnvortrag als Restgröße – die Bildung weiterer offener Rücklagen vorschlagen, um nur einen Teil des Bilanzgewinns zur Ausschüttung gelangen zu lassen.

Es ist allerdings auch zu beobachten, dass der Bilanzgewinn über den durch entsprechend ausgenutzte Bilanzierungs- und Bewertungswahlrechte beeinflussten Jahresüberschuss sowie über die Rücklagenzuweisung durch die Unternehmensleitung genau in der Höhe ausgewiesen wird, die der Dividendenzahlung in der von der Unternehmensleitung beabsichtigten Höhe entspricht. Die offenen Rücklagen und der Gewinnvortrag tragen nämlich – wie auch die offenen Rücklagen, die in einer möglichen Gewinnverwendungskompetenz der Unternehmensleitung liegen – zur **offenen Selbstfinanzierung** bei (vgl. **(14)** in **Abbildung 117** auf S. 373). Hingegen führen die Ausschüttungszahlungen (vgl. **(15)** in **Abbildung 117** auf S. 373) grundsätzlich zu einem endgültigen Kapitalabfluss und damit zu einer Definanzierung des Unternehmens.

Der Umfang der Innenfinanzierung hängt also nicht zuletzt von der Fähigkeit der Unternehmensleitung ab, ihre Jahresabschlusspolitik auf ihre finanzpolitischen Zielvorstellungen abzustimmen. Bevor auf einzelne Instrumente der Innenfinanzierung näher eingegangen wird, gibt der nächste Abschnitt einen zusammenfassenden Überblick über die wichtigsten Instrumente der Innenfinanzierung, deren grundsätzliche Wirkungsweise in den vorangegangenen Ausführungen bereits aufgezeigt wurde.

IV. Überblick über die konkreten Instrumente der Innenfinanzierung

Die **Instrumente der Innenfinanzierung** können **nach ihrer Bilanzwirkung** unterteilt werden in

- Instrumente, die zu einem **Vermögenszuwachs** – und damit gleichzeitig zu einem Kapitalzuwachs – führen und

- Instrumente, deren Wirkung sich in einer **Vermögensumschichtung** – von illiquidem in liquides Vermögen (Kapitalfreisetzung) – zeigt.

Abbildung 118[1004] auf S. 376 gibt einen Überblick über die wichtigsten Instrumente der Innenfinanzierung nach dieser Einteilung.

[1004] Modifiziert entnommen aus *Bieg, Hartmut*: Die Selbstfinanzierung – zugleich ein Überblick über die Innenfinanzierung. In: Der Steuerberater 1998, S. 192.

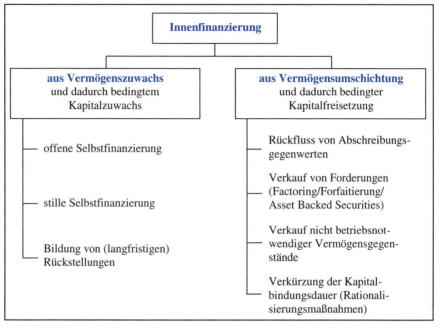

Abbildung 118: Überblick über die wichtigsten Instrumente der Innenfinanzierung

B. Selbstfinanzierung

I. Überblick

Von **Selbstfinanzierung** wird gesprochen, wenn die Unternehmensleitung Teile des im Laufe eines Geschäftsjahres erwirtschafteten Vermögenszuwachses, die sich als steuer- und handelsrechtlicher Gewinn zeigen (würden), in dem Unternehmen zurückbehält, indem sie entweder derartige Gewinnanteile nicht entstehen lässt oder entstandene Gewinnanteile nicht ausschüttet. Sie vermeidet also eine entsprechende indirekte negative Finanzierungswirkung von Teilen des steuer- und handelsrechtlichen Gewinns, die ansonsten zu Steuer- und/oder Ausschüttungszahlungen führen würden.

Im Rahmen der **Erfolgsfeststellung** kann dies dadurch geschehen, dass die Unternehmensleitung Teile des ansonsten festzustellenden Gewinns durch geeignete Bilanzierungs- und Bewertungsmaßnahmen erst gar nicht entstehen lässt und damit auch nicht ausweisen muss. Diese „stillen Gewinne" unterliegen damit auch nicht der Gefahr der Besteuerung oder Ausschüttung.[1005] Man spricht in diesem Zusammenhang von **stiller Selbstfinanzierung**. Es werden **stille Rücklagen** gebildet.

Die **offene Selbstfinanzierung** ist demgegenüber dadurch gekennzeichnet, dass Teile des ausgewiesenen Gewinns im Rahmen der **Erfolgsverwendung** in dem Unternehmen zurückbehalten werden. Es werden **offene Rücklagen** gebildet.

[1005] Dies setzt allerdings voraus, dass keine steuerrechtlichen und/oder handelsrechtlichen Vorschriften den Bilanzierungs- und Bewertungsmaßnahmen entgegenstehen.

II. Stille Selbstfinanzierung

Instrumente der stillen Selbstfinanzierung sind sämtliche Bilanzierungs- und Bewertungsentscheidungen, welche die Bildung stiller Rücklagen begünstigen. Im Einzelnen können folgende Entscheidungen genannt werden:[1006]

- **Nichtaktivierung effektiv vorhandener Vermögenswerte**: (z. B. Verzicht auf die zulässige Aktivierung selbst geschaffener immaterieller Vermögensgegenstände des Anlagevermögens (vgl. § 248 Abs. 2 Satz 1 HGB); Verbot der Aktivierung selbst geschaffener Marken, Drucktitel, Verlagsrechte, Kundenlisten oder vergleichbarer immaterieller Vermögensgegenstände des Anlagevermögens (vgl. § 248 Abs. 2 Satz 2 HGB));

- **Vermögensunterbewertung durch Aufwandsmehrverrechnung** (z. B. Unterbewertung von Vorräten; Verrechnung von Abschreibungsquoten, welche die tatsächlich eingetretenen Wertminderungen erheblich übersteigen; Sofortabschreibung geringwertiger Wirtschaftsgüter) **oder durch Ertragsminderverrechnung** (z. B. Verbot der Zuschreibung von Wertsteigerungen über die historischen Anschaffungs- oder Herstellungskosten hinaus (§ 253 Abs. 1 Satz 1 HGB));

- **Schuldenüberbewertung durch Aufwandsmehrverrechnung** (z. B. überhöhte Zuführungsbeträge zu den Rückstellungen) **oder durch Ertragsminderverrechnung** (z. B. Unterlassung der Auflösung wirtschaftlich nicht mehr gerechtfertigter Teilbeträge von Rückstellungen).

Die vorstehenden Beispiele zeigen, dass neben den Bilanzierungs- und Bewertungswahlrechten auch gesetzlich zwingende Bilanzierungs- und Bewertungsentscheidungen zur stillen Rücklagenbildung führen. Man spricht im letzten Fall von **stillen Zwangsrücklagen**.

Alle vorgenannten Entscheidungen haben aber die gleiche Wirkung. Die dabei entstehenden Aufwendungen bzw. nicht entstehenden Erträge vermindern für Außenstehende nicht erkennbar (deshalb: stille Selbstfinanzierung) den steuerpflichtigen bzw. ausschüttungsfähigen Gewinn und damit auch die entsprechenden Auszahlungen. Die **stille Selbstfinanzierung** ist also dadurch gekennzeichnet, dass **Gewinne aufgrund von Bilanzierungs- und Bewertungsmaßnahmen nicht ausgewiesen werden, obwohl die tatsächlichen Werte effektiv vorhanden sind**. Somit kann sich im Gegensatz zur noch zu besprechenden offenen Selbstfinanzierung auch nicht das bilanzielle, sondern nur das effektive Eigenkapital erhöhen.

Abbildung 119[1007] auf S. 378 verdeutlicht den Einfluss der stillen Rücklagen auf die Höhe des ausgewiesenen Gewinns.

[1006] Vgl. hierzu auch *Wöhe, Günter u. a.*: Grundzüge der Unternehmensfinanzierung. 11. Aufl., München 2013, S. 425–426.

[1007] Entnommen aus *Bieg, Hartmut*: Die Selbstfinanzierung – zugleich ein Überblick über die Innenfinanzierung. In: Der Steuerberater 1998, S. 193.

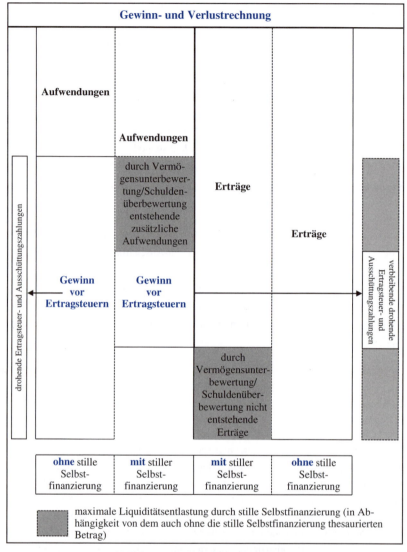

Abbildung 119: Stille Selbstfinanzierung

Erfolgt die **Bildung stiller Rücklagen** – wie hier gezeigt – **auch in der Steuerbilanz**, so bestehen die stillen Rücklagen aus noch unversteuertem Gewinn; die Besteuerung wird bei ihrer Auflösung nachgeholt, es sei denn, die spätere Auflösung der stillen Rücklagen trifft auf einen steuerlichen Verlust oder einen steuerlichen Verlustvortrag. Diese **zinslose Steuerstundung** führt nicht nur zu einer Liquiditätsentlastung des Unternehmens, sondern auch zu einem Zinsgewinn, der die Rentabilität des Unternehmens beeinflusst. Die bei der Auflösung der stillen Rücklagen in späteren Perioden erfolgende Nachversteuerung hat dann allerdings eine entsprechend stärkere liquiditätsmäßige Belastung zur Folge. Sieht man von der Zinswirkung ab, so treten endgültige Steuerersparnisse oder Steuermehrbelastungen nur bei progressiven Steuertarifen (Einkommensteuer) bzw. bei einer Änderung von Ertragsteuersätzen ein.

III. Offene Selbstfinanzierung

Die **Wirkungsweise der offenen Selbstfinanzierung** wurde bereits aufgezeigt.[1008] Das Instrument der offenen Selbstfinanzierung beschränkt sich auf die **Zurückbehaltung ausgewiesener Gewinne** in dem Unternehmen, also auf Thesaurierungsbeschlüsse. Allerdings sind die (gesetzlichen) Vorschriften bezüglich einer Thesaurierung von Gewinnen rechtsformabhängig unterschiedlich.

Bei **Einzelunternehmen und Personenhandelsgesellschaften** wird der zur Finanzierung zur Verfügung stehende Betrag nach Steuern auf den Kapitalkonten gutgeschrieben.

Der **Einzelunternehmer** kann erwirtschaftete Gewinne in dem Unternehmen belassen. Aufgrund der ihm allein zustehenden Gewinnverwendungskompetenz kann er die thesaurierten Gewinne später allerdings jederzeit entnehmen. Theoretisch stellt die Gewinnthesaurierung – unter der Prämisse, dass stets Gewinne erzielt werden – eine unerschöpfliche Finanzierungsquelle dar. Praktisch ist es jedoch in vielen Fällen so, dass der Einzelunternehmer seinen Lebensunterhalt aus Gewinnentnahmen bestreitet. Deshalb ist auch die Thesaurierung von Gewinnen nur begrenzt möglich.[1009]

Der auf einen Gesellschafter einer **Offenen Handelsgesellschaft** (OHG) entfallende Gewinn wird – ebenso wie seine Einlage – seinem Kapitalanteil gutgeschrieben, also grundsätzlich thesauriert; allerdings kürzen Entnahmen diesen Kapitalanteil. Sind gesellschaftsvertragliche Regelungen hinsichtlich der Entnahmen nicht getroffen worden, so ist jeder Gesellschafter gemäß § 122 Abs. 1 HGB berechtigt, 4 % seines Kapitalanteils zu entnehmen. Darüber hinausgehende Gewinnanteile des letzten Geschäftsjahres dürfen nur entnommen werden, soweit dies nicht zum offenbaren Schaden der Gesellschaft gereicht.

Bei den persönlich haftenden Gesellschaftern (Komplementären) einer **Kommanditgesellschaft** (KG) ergeben sich die gleichen Thesaurierungs- und Entnahmemöglichkeiten von Gewinnen wie bei den OHG-Gesellschaftern. Die Gewinn- und Verlustbeteiligung der beschränkt haftenden Gesellschafter (Kommanditisten) wird durch einen Gesellschaftsvertrag bzw. durch § 168 HGB geregelt. Ihre Gewinnanteile werden nicht ihren Kapitalkonten gutgeschrieben, sondern stellen Auszahlungsverpflichtungen der Gesellschaft dar, soweit die übernommenen Kapitalanteile der Kommanditisten bereits voll eingezahlt sind.

Ist die Kapitaleinlage dagegen nicht vollständig geleistet, so erfolgt die Gutschrift der Gewinne als Kapitaleinlage auf dem entsprechenden Kapitalkonto. Verluste werden gegen das Kapitalkonto verrechnet, das sogar negativ werden kann. Spätere Gewinnanteile dürfen daher dem Kommanditisten erst wieder ausgezahlt werden, wenn sein Anteil wieder voll aufgefüllt ist. Per Gesellschaftsvertrag oder Gesellschafterbeschluss können Gewinne auch thesauriert werden, die dann als Gewinnrücklagen zu bilanzieren sind.

[1008] Vgl. den **Elften Abschnitt, Kapitel A.III.** und **Kapitel B.I.**
[1009] Vgl. *Wöhe, Günter u. a.*: Grundzüge der Unternehmensfinanzierung. 11. Aufl., München 2013, S. 75–76.

Bei **Kapitalgesellschaften** werden die einbehaltenen Gewinne (bzw. Gewinnteile) in die offenen Rücklagen, speziell in die **Gewinnrücklagen**, eingestellt oder auf Rechnung des folgenden Jahres übertragen **(Gewinnvortrag)**.

Bei der **Aktiengesellschaft** (AG) wird die offene Selbstfinanzierung durch § 58 AktG einerseits nach oben begrenzt. Er gestattet es Vorstand und Aufsichtsrat, sofern sie den Jahresabschluss feststellen,[1010] höchstens die Hälfte des Jahresüberschusses in die Gewinnrücklagen einzustellen. Die Satzung einer AG kann aber auch vorsehen, dass in diesem Fall mehr als die Hälfte des Jahresüberschusses durch Vorstand und Aufsichtsrat in die Gewinnrücklagen eingestellt werden kann. Letzteres ist allerdings nur möglich, soweit die Gewinnrücklagen die Hälfte des Grundkapitals nach der Thesaurierung nicht übersteigen.[1011]

Unabhängig von diesen Regelungen erlaubt es § 58 Abs. 2a Satz 1 AktG dem Vorstand und Aufsichtsrat, den Eigenkapitalanteil von Wertaufholungen bei Vermögensgegenständen des Anlage- und Umlaufvermögens in die anderen Gewinnrücklagen einzustellen. Andererseits erzwingt z. B. § 150 Abs. 1 AktG die Bildung einer gesetzlichen Rücklage (**„gesetzliche Selbstfinanzierung"**) und § 272 Abs. 2 HGB die einer Kapitalrücklage. Da die Kapitalrücklage jedoch im Wesentlichen das bei der Ausgabe von Aktien sowie Wandel- und Optionsschuldverschreibungen über den Nennwert hinaus erzielte Aufgeld (Agio) aufnimmt, hat sie mit dem hier erörterten Fall der Gewinnthesaurierung nichts zu tun.

Soweit die Gewinnverwendungskompetenz bei den Eigentümern (der Hauptversammlung) liegt, können Vorstand und Aufsichtsrat durch entsprechende Gewinnverwendungsvorschläge die Eigentümer dahingehend beeinflussen, dass weitere Teile des Gewinns in die Gewinnrücklagen eingestellt, also nicht ausgeschüttet werden.

§ 29 Abs. 2 GmbHG sieht für **Gesellschaften mit beschränkter Haftung** (GmbH) vor, dass die Gesellschafter, wenn der Gesellschaftsvertrag nichts anderes bestimmt, Beträge in Gewinnrücklagen einstellen oder als Gewinn vortragen können. Außerdem enthält § 29 Abs. 4 GmbHG eine dem oben beschriebenen § 58 Abs. 2a AktG analoge Regelung. Auch die im HGB für alle Kapitalgesellschaften kodifizierten Vorschriften zur Bildung von Rücklagen (§ 272 Abs. 2 und Abs. 4 HGB) sind von einer GmbH anzuwenden.

Die offene Selbstfinanzierung führt stets zum **Ansteigen des bilanziell ausgewiesenen Eigenkapitals**. Eine Zuordnung zu irgendwelchen Vermögenspositionen ist nicht möglich; allenfalls kann im Zeitpunkt der Rücklagenbildung festgestellt werden, dass entsprechende liquide Mittel das Unternehmen nicht verlassen.

[1010] Dies ist bei deutschen Aktiengesellschaften zwar die Regel; das Gesetz sieht aber auch die Möglichkeit der Feststellung des Jahresabschlusses durch die Hauptversammlung vor; vgl. § 58 Abs. 1 AktG.

[1011] Vgl. § 58 Abs. 2 Satz 3 AktG.

IV. Beurteilung der Selbstfinanzierung

Als **Vorteile der Selbstfinanzierung** werden genannt und gleichzeitig kritisch hinterfragt:[1012]

(1) Die Selbstfinanzierung **belastet die Liquidität** des Unternehmens **weder durch Ausschüttungszahlungen noch durch Tilgungsmaßnahmen**.

Die Verfechter dieser These verkennen einerseits, dass im Rahmen der gesetzlichen Vorschriften auch offene Rücklagen zum Zwecke der Ausschüttung („Rückzahlung") aufgelöst werden können. Andererseits denken sie hinsichtlich der Liquiditätsbelastung durch Ausschüttungszahlungen offensichtlich nur an die auf Dauer gegründeten Kapitalgesellschaften, bei denen die offene Selbstfinanzierung zu einem erhöhten Ausweis von speziellen Eigenkapitalpositionen, den Rücklagen, führt. Tatsächlich ist aber auch dort das Gezeichnete Kapital nur die nominelle Basis der Aufteilung der ausgeschütteten Gewinne an die Anteilseigner, während sich die Gewinnansprüche der Anteilseigner wie bei Personenhandelsgesellschaften am gesamten Eigenkapital orientieren dürften.

Zwar weist die stille Selbstfinanzierung in diesem Zusammenhang den Vorteil auf, dass die Eigentümer dieses stille Eigenkapital nicht erkennen und deshalb keine Gewinnansprüche hieran anknüpfen können (dies gilt nur, wenn Eigentum und Management des Unternehmens getrennt sind). Weil die stille Selbstfinanzierung aber den ausgewiesenen Gewinn schmälert, könnte für die Unternehmensleitung ein Erklärungs- bzw. Rechtfertigungsbedarf gegenüber den Eigentümern entstehen, warum der Gewinn geringer ist als eventuell – u. U. auch im Vergleich zu anderen Unternehmen – erwartet. Können die Eigentümer diesbezüglich nicht überzeugt bzw. beruhigt werden, so könnte mittel- und langfristig die Weiterbeschäftigung der Unternehmensleiter in Frage gestellt sein.

Die stillen Rücklagen haben zudem den entscheidenden Nachteil, dass sie sich durch den laufenden Desinvestitionsprozess wieder auflösen, was oft von der Unternehmensleitung nicht erkannt wird.

(2) Die offene Selbstfinanzierung **erhöht die Eigenkapitalbasis** und damit auch **die Kreditwürdigkeit** des Unternehmens. Die (stille oder offene) Selbstfinanzierung erfordert außerdem nicht die Bereitstellung von Sicherheiten. Diese Argumente gelten allerdings für die Eigenfinanzierung allgemein.

(3) Selbstfinanzierung **verändert die Machtstrukturen** in dem Unternehmen **nicht**.

Stille wie offene Selbstfinanzierung sind aber häufig gerade Ergebnis der Machtstruktur eines Unternehmens.

In diesem Zusammenhang muss auch darauf hingewiesen werden, dass über die stille Selbstfinanzierung ausschließlich die Unternehmensleitung im Rahmen der Aufstellung des Jahresabschlusses entscheidet, ohne dabei – wie im Falle der offenen Selbstfinanzierung – gegenüber den Eigentümern Rechenschaft ablegen zu müssen (vgl. allerdings den oben angesprochenen Rechtfertigungsbedarf bei nicht „ausreichenden" Gewinnen).

[1012] Vgl. auch *Perridon, Louis/Steiner, Manfred/Rathgeber, Andreas*: Finanzwirtschaft der Unternehmung. 16. Aufl., München 2012, S. 508–509 sowie *Vormbaum, Herbert*: Finanzierung der Betriebe. 9. Aufl., Wiesbaden 1995, S. 250–255.

Damit ist nicht nur der hier im Mittelpunkt stehende Finanzierungseffekt verbunden, sondern auch die Möglichkeit der **Glättung der ausgewiesenen** – insbesondere handelsrechtlichen – **Jahresergebnisse**. Die stille Selbstfinanzierung ermöglicht nämlich die zeitliche Verlagerung von Gewinnausschüttungen (Möglichkeit der Dividendenkontinuität). So werden einerseits die Jahresabschlussleser in besonders erfolgreichen Geschäftsjahren nicht über den gesamten Umfang des Gewinns informiert, andererseits können – was aufgrund der dann fehlenden Reaktionsmöglichkeiten der Eigentümer wesentlich problematischer ist – Periodenverluste vor ihnen verheimlicht werden, indem noch vorhandene stille Rücklagen erfolgserhöhend, aber von den Jahresabschlusslesern nicht erkennbar, aufgelöst werden. Den Jahresabschlussadressaten wird damit permanent ein falsches Bild der wirtschaftlichen Lage des Unternehmens vermittelt.

Auch mit der offenen Selbstfinanzierung ist eine Gewinnglättung möglich (Bildung und Auflösung offener Rücklagen). Allerdings sind hierbei gesetzliche Vorschriften zu beachten (z. B. §§ 58, 150 AktG). Zudem ist es möglich, dass die Eigentümer (und nicht die Unternehmensleitung) entscheidungsbefugt sind.

(4) Eine **Zweckbindung für bestimmte Investitionsvorhaben** des Unternehmens ist **nicht erforderlich**.

Es besteht allerdings die Möglichkeit, dass die einbehaltenen Gewinne aufgrund einer fehlenden klaren Zweckbindung und aufgrund des fehlenden Vergleichs der Rentabilitäten verschiedener Anlagealternativen innerhalb und außerhalb des Unternehmens unrentabel investiert werden.

C. Fremdfinanzierung aus Rückstellungen

I. Handels- und steuerrechtliche Vorschriften zur Bildung und Auflösung von Rückstellungen

1. Bildung von Rückstellungen

Rückstellungen werden zum Zwecke der **periodenrichtigen Erfolgsabgrenzung** verrechnet. Sie werden in der Handels- und Steuerbilanz für **ungewisse Verpflichtungen** angesetzt, d. h. für Aufwendungen, deren wirtschaftliche Ursachen zwar in der laufenden Periode liegen, bei denen aber noch nicht feststeht, ob, mit welchem Betrag und in welchem zukünftigen Zeitpunkt sie zu Auszahlungen oder Mindereinzahlungen führen werden.[1013]

Rückstellungen stellen Aufwendungen dar, die im betrachteten Geschäftsjahr noch nicht zu Auszahlungen geführt haben; sie ähneln insoweit den antizipativen passiven Rechnungsabgrenzungen. Der Unterschied besteht jedoch darin, dass bei Letzteren – im Gegensatz zu den Rückstellungen – stets Grund, Betrag und Fälligkeitstermin der späteren Auszahlung genau bekannt sind.

[1013] Vgl. sowohl zu den handels- und steuerrechtlichen Vorschriften zur Bildung als auch zu den handels- und steuerrechtlichen Vorschriften zur Auflösung von Rückstellungen *Bieg, Hartmut*: Buchführung. 8. Aufl., Herne 2015, S. 153–158; *Bieg, Hartmut/Kußmaul, Heinz/Waschbusch, Gerd*: Externes Rechnungswesen. 6. Aufl., München 2012, S. 185–187; *Wöhe, Günter/Kußmaul, Heinz*: Grundzüge der Buchführung und Bilanztechnik. 9. Aufl., München 2015, S. 294–307.

Eine Rückstellungsbildung ist grundsätzlich gerechtfertigt, wenn eine der drei folgenden Situationen vorliegt:[1014]

1. Das Unternehmen erwartet, dass in zukünftigen Perioden **Ansprüche von Seiten Dritter** an es herangetragen werden, deren wirtschaftliche Ursachen im gegenwärtigen Geschäftsjahr liegen. Hierbei sind vier Fälle möglich:

   a) Die **Verpflichtung** des Unternehmens gegenüber einem Dritten ist **bereits rechtswirksam entstanden**, jedoch steht die Höhe der späteren Auszahlungen noch nicht fest.

   Beispiel: Rückstellungen für ein vertragliches Versprechen des Unternehmens zur Leistung von Alters-, Hinterbliebenen- oder Invalidenunterstützung an einzelne Beschäftigte (Pensionsrückstellungen).

   b) Die **Verpflichtung** gegenüber einem Dritten ist **bereits verursacht und erkennbar**, sie ist aber **noch nicht rechtswirksam festgesetzt** worden.

   Beispiel: Rückstellungen für Steuern, Rückstellungen für bereits erkennbare Bergschäden.

   c) Aufgrund bisheriger Erfahrungen ist es **hinreichend wahrscheinlich**, dass in Zukunft eine **Schuld gegenüber einem Dritten** entstehen wird, die in der betrachteten Abrechnungsperiode begründet wurde. Höhe und Fälligkeitstermin sind noch ungewiss.

   Beispiel: Rückstellungen für schwebende Prozesse, Rückstellungen für Eventualverbindlichkeiten (Garantie, Bürgschaft, Wechselobligo), Rückstellungen für Bergschäden, die bereits verursacht, aber noch nicht erkennbar sind.

   d) In der Zukunft werden zwar keine rechtlichen Verpflichtungen entstehen, es ist aber mit **freiwilligen Leistungen gegenüber Dritten** zu rechnen, die **aus Kulanzüberlegungen** erbracht werden; die wirtschaftliche Begründung liegt im abgelaufenen Geschäftsjahr.

   Beispiel: „Kulanzrückstellungen" für freiwillige Garantieleistungen.

2. Am Bilanzstichtag ist bereits erkennbar, dass dem Unternehmen aus einem rechtswirksamen, aber noch von keinem der Vertragspartner erfüllten Vertrag **(schwebendes Geschäft)** ein Verlust droht.

   Beispiel: Der Verkäufer hat wegen über den vereinbarten Verkaufspreis gestiegener zukünftiger Anschaffungs- oder Herstellungskosten eines Vermögensgegenstandes „Rückstellungen für drohende Verluste aus schwebenden Geschäften" zu bilden, wenn der verkaufte Gegenstand noch beschafft oder hergestellt werden muss.

3. Das Unternehmen rechnet zwar **nicht** mit der **Inanspruchnahme durch einen Dritten**, aber:

   a) Es **droht** ihm ein wirtschaftlich in dieser Periode begründeter **Verlust**, der bereits erkennbar ist, jedoch noch nicht exakt quantifiziert werden kann.

   Beispiel: Rückstellungen für Verluste aus Einzelwagnissen, Rückstellungen für Großreparaturen.

[1014] Vgl. *Wöhe, Günter*: Bilanzierung und Bilanzpolitik. 9. Aufl., München 1997, S. 516–517.

b) Es ist eine Wertminderung eingetreten, die den Charakter einer wirtschaftlichen Verpflichtung des Betriebes gegen sich selbst trägt und erst später zu Auszahlungen führen wird.

Beispiel: Rückstellungen für unterlassene Instandhaltung und Abraumbeseitigung.

§ 249 HGB legt abschließend die Zwecke fest, für die in der Handelsbilanz Rückstellungen vorgesehen sind. Für andere als die in § 249 HGB genannten Fälle dürfen keine Rückstellungen in der Handelsbilanz gebildet werden; sie dürfen nur aufgelöst werden, soweit der Grund hierfür entfallen ist (vgl. § 249 Abs. 2 HGB).

Rückstellungen sind demnach zu bilden für

- ungewisse Verbindlichkeiten (§ 249 Abs. 1 Satz 1 HGB);
- drohende Verluste aus schwebenden Geschäften (§ 249 Abs. 1 Satz 1 HGB);
- im Geschäftsjahr unterlassene Aufwendungen für Instandhaltung, die im folgenden Geschäftsjahr innerhalb von drei Monaten nachgeholt werden (§ 249 Abs. 1 Satz 2 Nr. 1 HGB);
- im Geschäftsjahr unterlassene Aufwendungen für Abraumbeseitigung, die im folgenden Geschäftsjahr nachgeholt werden (§ 249 Abs. 1 Satz 2 Nr. 1 HGB);
- Gewährleistungen, die ohne eine rechtliche Verpflichtung erbracht werden (§ 249 Abs. 1 Satz 2 Nr. 2 HGB).

Für Rückstellungen besteht somit i. d. R. eine Passivierungspflicht und nur in Ausnahmefällen ein Passivierungswahlrecht (vgl. z. B. Art. 28 EGHGB).

Für die Steuerbilanz gibt es eigenständige Vorschriften für Rückstellungen in

- § 5 Abs. 3 EStG: Rückstellungen wegen Patent-, Urheber- oder ähnlicher Schutzrechteverletzung;
- § 5 Abs. 4 EStG: Rückstellungen für Jubiläumszuwendungen;
- § 5 Abs. 4a EStG: Verbot der Rückstellungen für drohende Verluste aus schwebenden Geschäften;
- § 5 Abs. 4b EStG: Verbot von Rückstellungen für Aufwendungen, die Anschaffungs- oder Herstellungskosten für ein Wirtschaftsgut sind;
- § 6a EStG: Pensionsrückstellungen.

Ansonsten gilt der Grundsatz der Maßgeblichkeit der Handelsbilanz für die Steuerbilanz.

Rückstellungen sind nach § 253 Abs. 1 Satz 2 HGB „in Höhe des nach vernünftiger kaufmännischer Beurteilung notwendigen Erfüllungsbetrages anzusetzen". Da bei Rückstellungen – im Unterschied zu Verbindlichkeiten – das Bestehen einer Schuld und/oder ihr Umfang unsicher ist, ist die Gesetzesvorschrift notwendigerweise sehr allgemein gehalten. Was nach kaufmännischen Kriterien als „vernünftig" anzusehen ist, hängt in hohem Maße vom jeweiligen Einzelfall ab. Rückstellungsbildungen entziehen sich damit pauschalen Quantifizierungsversuchen durch objektivierende Vorschriften. Allerdings ist für die Abzinsung der Rückstellungen der durch die Deutsche Bundesbank monatlich bekannt gegebene durchschnittliche Marktzinssatz der vergangenen sieben Geschäftsjahre heranzuziehen (vgl. § 253

Abs. 2 Satz 4 i. V. m. Satz 1 HGB), wodurch die Rückstellungsbildung in gewisser Weise eine Objektivierung erfährt. Steuerlich sind durch die Regelungen in § 6 Abs. 1 Nr. 3a EStG die Bewertungsregeln für Rückstellungen strenger und enger normiert (z. B. generelle Abzinsungspflicht zu 5,5 %).

Ein besonderes Bewertungsverfahren ist für **Pensionsrückstellungen** vorgesehen. Handelsrechtlich sind Altersversorgungsverpflichtungen dabei wahlweise anstelle des durchschnittlichen Marktzinssatzes der vergangenen sieben Geschäftsjahre mit dem durchschnittlichen Marktzinssatz abzuzinsen, der sich bei einer angenommenen Restlaufzeit von 15 Jahren ergibt (vgl. § 253 Abs. 2 Satz 2 HGB). Ein spezielles Verfahren zur Bewertung der Altersversorgungsverpflichtungen gibt das Handelsrecht nicht vor. In Anlehnung an die IFRS kann hierbei die sog. „projected unit credit method" Anwendung finden. Steuerrechtlich ist zwingend das Teilwertverfahren heranzuziehen.

Die zahlreichen Vorschriften des durch § 6a EStG geregelten steuerlichen Teilwertverfahrens gehen über die handelsrechtlichen Anforderungen hinaus. So sieht § 6a Abs. 3 Satz 3 EStG einen Rechnungszins von 6 % vor, während sich der Rechnungszins handelsbilanziell aus den Vorgaben der Deutschen Bundesbank ergibt (vgl. § 253 Abs. 2 Satz 4 i. V. m. Satz 2 HGB). Genaueres hierzu enthält der **Elfte Abschnitt, Kapitel C.VI.**

2. Auflösung von Rückstellungen

Wie bei der Bildung der Rückstellungen ist auch bei ihrer Auflösung das Prinzip der Einzelbewertung zu beachten. Dabei gibt es die beiden folgenden **Gründe für eine Auflösung**:

- Die für die Bildung der Rückstellungen entscheidende **Verpflichtung ist tatsächlich eingetreten**, d. h., es kommt zu der in der Rückstellung aufwandsmäßig vorweggenommenen Auszahlung bzw. Mindereinzahlung. Tritt dabei der unwahrscheinliche Fall ein, dass der Rückstellungsbetrag genau dem Betrag der Auszahlung oder Mindereinzahlung entspricht, so wird die Rückstellung buchmäßig völlig aufgelöst; die Gegenbuchung erfolgt in der Regel auf dem die Auszahlung leistenden Finanzkonto. Eine „Rückstellung für drohende Verluste aus schwebenden Geschäften" ist jedoch mit den Anschaffungskosten eines zugehenden Vermögensgegenstandes zu verrechnen. In jedem Fall erfolgt in dieser Konstellation die **Auflösung der Rückstellung erfolgsneutral**.

  Entspricht allerdings der Betrag der Auszahlung bzw. Mindereinzahlung nicht dem aufzulösenden Rückstellungsbetrag, so ist die Rückstellungsauflösung mit der **erfolgswirksamen Berücksichtigung der Differenz** verbunden, wobei die Differenz zwischen dem höheren (niedrigeren) Rückstellungsbetrag und dem Betrag der Auszahlung bzw. Mindereinzahlung in der Auflösungsperiode den Erfolg als Ertrag (Aufwand) beeinflusst.

- Tritt dagegen die befürchtete **Inanspruchnahme nicht ein**, erweist sich also die Bildung der Rückstellung später als nicht erforderlich, so ist die Rückstellung aufzulösen und der **gesamte Rückstellungsbetrag** ist als Ertrag **erfolgswirksam** auszuweisen.

II. Finanzierungswirkung der Rückstellungen

1. Wirkung der Bildung von Rückstellungen auf Erfolgsausweis, Ertragsteuerzahlungen und Gewinnausschüttungen sowie auf den Bilanzausweis

Die Finanzierungswirkung der Bildung von Rückstellungen ergibt sich, weil im Geschäftsjahr der Bildung Aufwendungen verrechnet werden, ohne dass gleichzeitig Auszahlungen (oder Mindereinzahlungen, was in der Folge unerwähnt bleiben soll) eintreten. Aus dieser **zeitlichen Diskrepanz zwischen Aufwandsverrechnung und Auszahlung** ergeben sich im Zeitablauf völlig **unterschiedliche Auswirkungen auf die** durch Ein- und Auszahlungen determinierte **Liquiditätssituation und die** durch Erträge und Aufwendungen bestimmte **Erfolgssituation**. Dies hat nicht nur Folgewirkungen für die Ertragsteuerbelastung, sondern kann auch die Ausschüttungsentscheidungen beeinflussen.

Abbildung 120[1015] auf S. 387 zeigt einerseits eine sich ohne die Bildung einer Rückstellung ergebende Erfolgssituation (als Ausgangslage) und deren mögliche Auswirkungen auf die Liquiditätssituation, andererseits die sich mit einer Rückstellungsbildung einstellenden Veränderungen des Erfolgsausweises und der damit verbundenen Veränderungen der Liquiditätssituation. Dabei wird unterstellt, dass die im handelsrechtlichen Jahresabschluss einer Kapitalgesellschaft verrechneten Aufwendungen als Betriebsausgaben auch ertragsteuerlich wirksam werden.

Ohne die Bildung einer Rückstellung ergäbe sich in der handelsrechtlichen Erfolgsrechnung (Gewinn- und Verlustrechnung) aus der Gegenüberstellung der Erträge und Aufwendungen des Geschäftsjahres ein bestimmter **handelsrechtlicher Gewinn nach Steuern** (Jahresüberschuss; **(1)**), der die Erfolgssituation des Unternehmens beschreibt. Die auf den **steuerpflichtigen Gewinn**, der sich aus der Gegenüberstellung der Betriebseinnahmen und der Betriebsausgaben[1016] des Geschäftsjahres ergibt, anfallende Ertragsteuerbelastung wird dabei als Aufwand in der Gewinn- und Verlustrechnung berücksichtigt. Die Ertragsteuerbelastung ist also in den Aufwendungen **(2)** enthalten und vermindert somit den Jahresüberschuss.

Unterstellt man vereinfachend, dass die Steuerzahlung die unmittelbare Folge der steuerlichen Gewinnermittlung darstellt,[1017] so erfolgt abhängig von der Höhe des steuerlichen Gewinns (der Steuerbemessungsgrundlage) und abhängig vom Steuersatz bzw. Steuertarif eine dem Grunde und der Höhe nach zwingende Auszahlung an den Fiskus (**Ertragsteuer-**

[1015] Entnommen aus *Bieg, Hartmut*: Die Fremdfinanzierung aus Rückstellungen. In: Der Steuerberater 1998, S. 227.

[1016] Betriebseinnahmen bzw. Betriebsausgaben sind entgegen der hier getroffenen Annahme aufgrund zwingender steuerlicher Vorschriften, aber auch aufgrund der Ausnutzung steuerlicher Gestaltungsmöglichkeiten grundsätzlich nicht deckungsgleich mit den handelsrechtlichen Erträgen bzw. Aufwendungen; vgl. zur Begriffsabgrenzung *Wöhe, Günter*: Bilanzierung und Bilanzpolitik. 9. Aufl., München 1997, S. 24–27.

[1017] In der betrieblichen Realität erfolgt die Ertragsteuerzahlung tatsächlich durch die zu unterschiedlichen Zeitpunkten im Geschäftsjahr zu leistenden Steuervorauszahlungen und durch die Abschlusszahlung in einem späteren Geschäftsjahr auf der Grundlage des Steuerbescheids.

C. Fremdfinanzierung aus Rückstellungen

zahlung; **indirekte negative Finanzierungswirkung des steuerlichen Gewinns**).[1018] Diese zwingende Liquiditätsbelastung des Unternehmens soll durch den schwarzen Pfeil in **Abbildung 120** ausgedrückt werden.

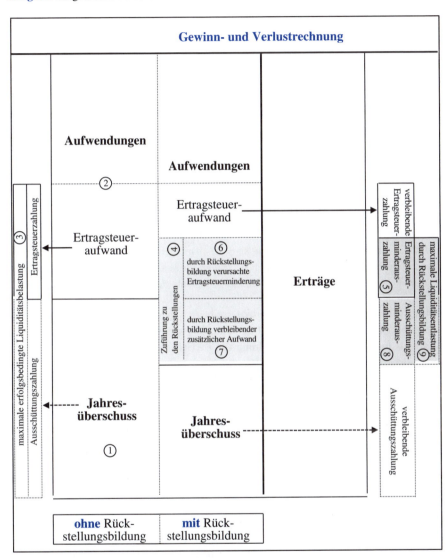

Abbildung 120: Finanzierungswirkung der Bildung von Rückstellungen in der Gewinn- und Verlustrechnung

Soweit durch die Unternehmensleitung keine Rücklagen gebildet werden (müssen)[1019] und bestehende Rücklagen nicht zum Zwecke der Ausschüttung aufgelöst werden sollen, steht den Eigentümern maximal der Jahresüberschuss **(1)** als Ausschüttungsbetrag zur Verfügung.

[1018] Vgl. zur indirekten Finanzierungswirkung von Erfolgsgrößen den **Elften Abschnitt, Kapitel A.II.**
[1019] Vgl. zur offenen Selbstfinanzierung den **Elften Abschnitt, Kapitel B.III.**

Bei einem entsprechenden Beschluss käme es zur vollen Auszahlung des Jahresüberschusses an die Eigentümer. Während der Liquiditätsabfluss aus der Ertragsteuerbelastung nach der Feststellung der Bemessungsgrundlage (des steuerlichen Gewinns) zwingend feststeht, ist der aus einer Gewinnausschüttung entstehende Liquiditätsabfluss also nicht nur von der Höhe des Jahresüberschusses, sondern auch von der Höhe der Rücklagenbildung durch die Unternehmensleitung und vom Gewinnverwendungsbeschluss der Eigentümer abhängig **(indirekte negative Finanzierungswirkung des Jahresüberschusses)**. Dies soll mit dem gestrichelt gezeichneten Pfeil in **Abbildung 120** auf S. 387 ausgedrückt werden.

Zunächst bleibt also festzuhalten, dass in der Ausgangslage ohne Rückstellungsbildung in Abhängigkeit von der Höhe der Rücklagenbildung durch die Unternehmensleitung und vom Gewinnverwendungsbeschluss der Eigentümer insgesamt eine maximale Liquiditätsbelastung **(3)** des Unternehmens in Höhe der Summe aus Ertragsteuerzahlung und Ausschüttungszahlung droht.

Wird im Geschäftsjahr aber im Vergleich zur bisher beschriebenen Ausgangslage eine **Rückstellung gebildet**, so entstehen zunächst in Höhe des Zuführungsbetrages zusätzliche Aufwendungen **(4)**, die den Jahresüberschuss entsprechend mindern. Da die Rückstellungsbildung in der Regel auch steuerlich wirksam ist,[1020] mindert die Verrechnung einer entsprechenden Betriebsausgabe den steuerlichen Gewinn, dessen Veränderung – wie bereits beschrieben – Auswirkungen sowohl auf die Liquiditäts- als auch auf die Erfolgssituation hat.

Abhängig vom Steuersatz bzw. Steuertarif ergibt sich eine bestimmte Verminderung der Ertragsteuerzahlung **(5)**. Die Liquidität des Unternehmens wird um diesen Betrag entlastet **(indirekte positive Finanzierungswirkung von Betriebsausgaben)**.

Gleichzeitig führt die Verrechnung des Zuführungsbetrages als Betriebsausgabe aber auch – wiederum abhängig vom Steuersatz bzw. Steuertarif – zu einer bestimmten Verminderung des Ertragsteueraufwands **(6)**. Die zusätzlichen Aufwendungen durch die Rückstellungsbildung **(4)** werden also teilweise wieder kompensiert **(indirekte positive Erfolgswirkung von Betriebsausgaben)**. Es verbleibt insgesamt nur die Differenz zwischen dem Zuführungsbetrag zu den Rückstellungen **(4)** und der dadurch verursachten Ertragsteuerminderung **(6)** als zusätzlicher durch die Rückstellungsbildung bedingter Aufwand. Nur um diese Differenz **(7)** verringert sich der Jahresüberschuss.

Damit kann sich eine **indirekte positive Finanzierungswirkung eines verminderten Jahresüberschusses** auch nur in maximal dieser Höhe ergeben. Mit der Verminderung des Jahresüberschusses vermindert sich nämlich gleichzeitig der maximal zur Verfügung stehende Ausschüttungsbetrag. Unterstellt man sowohl in der Ausgangslage ohne Rückstellungsbildung als auch in der Vergleichssituation mit Rückstellungsbildung eine Vollausschüttung des Jahresüberschusses, so ergibt sich im Rahmen der Ausschüttungsbelastung eine Liquiditätsentlastung um den oben beschriebenen Differenzbetrag **(8)**.

Insgesamt ergibt sich in der Vergleichssituation mit Rückstellungsbildung in Abhängigkeit von der Höhe der Rücklagenbildung durch die Unternehmensleitung und vom Gewinnver-

---

[1020] Vgl. zu den Ausnahmen den **Elften Abschnitt, Kapitel C.I.1.**

wendungsbeschluss der Eigentümer eine **maximale Liquiditätsentlastung** des Unternehmens in Höhe der Summe aus Ertragsteuerminderauszahlung und Ausschüttungsminderauszahlung **(9)**. Diese Summe entspricht im Falle der Vollausschüttung genau der Höhe des verrechneten Aufwands für die Rückstellungsbildung, also der Höhe des Zuführungsbetrages **(4)**.

Wie sich die maximale Liquiditätsentlastung zusammensetzt, hängt vom Steuersatz bzw. Steuertarif ab, der auf den Betrag der zusätzlichen Betriebsausgabe hätte angewendet werden müssen, falls keine Rückstellung gebildet worden wäre. Für die hier allein interessierende Finanzierungswirkung der Rückstellungsbildung kommt es aber nur auf die Vermeidung von Auszahlungen durch Betriebsausgaben-/Aufwandsverrechnung insgesamt an. Wie sich dieser Betrag auf die Minderung der Ertragsteuerzahlungen an den Fiskus und auf die Minderung der Ausschüttungszahlungen an die Eigentümer aufteilt, ist letztlich ohne Belang.

Allerdings kann **lediglich die Verminderung der Ertragsteuerbelastung ursächlich eindeutig der Rückstellungsbildung zugerechnet** werden; ohne diese Maßnahme hätte sich zwingend ein höherer steuerpflichtiger Gewinn und damit auch eine Auszahlung in Höhe der höheren Ertragsteuerbelastung ergeben. Dagegen hätten die Eigentümer, soweit nicht ohnehin eine – in den meisten Fällen gewinnabhängige – Verpflichtung zur Gewinnthesaurierung (Rücklagenbildung) besteht, auch ohne die Rückstellungsbildung die Möglichkeit gehabt, die Ausschüttungszahlungen zu vermeiden. Ein entsprechender Gewinnverwendungsbeschluss hätte die Ausschüttung des gesamten Jahresüberschusses verhindert.

Da die Eigentümer jederzeit auf Gewinnausschüttungen verzichten und eine entsprechende Rücklagenbildung beschließen können, lässt sich die beschriebene Vermeidung der Ausschüttungsauszahlungen nicht in gleicher Weise ursächlich der Rückstellungsbildung zurechnen wie die Vermeidung der Auszahlungen für Ertragsteuern.[1021]

Die **Rückstellungsbildung** hat aber einen entscheidenden **Vorteil für die Unternehmensleitung**. Sie muss die Eigentümer nicht wie bei der Bildung offener Rücklagen davon überzeugen, dass der Verzicht auf Gewinnausschüttungen erforderlich und aus diesem Grund ein Thesaurierungsbeschluss zu fällen ist. Bei einer Rückstellungsbildung werden die Ausschüttungsauszahlungen allein durch eine entsprechende Bilanzierungsmaßnahme verhindert, die zu einem entsprechend niedrigeren Jahresüberschuss führt. Die **Bilanzierungsmaßnahme** ist **ohne Zustimmung der Eigentümer** möglich.

Abbildung 120 auf S. 387 macht auch deutlich, dass die hier beschriebene Finanzierungswirkung einer Verrechnung von Aufwendungen (bzw. Betriebsausgaben), denen in der Verrechnungsperiode keine Auszahlungen gegenüberstehen, genügend hohe Erträge in derselben Periode voraussetzt. Die **Erträge müssen mindestens der Höhe der gesamten Aufwendungen**, also auch der Aufwendungen zum Zwecke der Rückstellungsbildung, **entsprechen**. Ansonsten ergibt sich ein Verlust, der steuerlich allerdings dann unmittelbar

---

[1021] Vgl. zu diesen Zusammenhängen auch *Bieg, Hartmut*: Möglichkeiten betrieblicher Altersversorgung aus betriebswirtschaftlicher Sicht. In: Steuer und Wirtschaft 1983, S. 41–45; *Bieg, Hartmut*: Die betriebliche Altersversorgung. In: Der Steuerberater 1985, S. 172–178.

eine Auszahlungsminderung bzw. Einzahlungssteigerung zur Folge hat, wenn er auf frühere Geschäftsjahre zurückgetragen werden kann, in denen er sich im Wege des **Verlustrücktrags** in vollem Umfang mit damaligen Gewinnen verrechnen lässt. Soweit im Vergleich dazu lediglich ein **Verlustvortrag** möglich ist, weil in den Vorperioden entsprechende durch Verlustrückträge zu kürzende Gewinne nicht zur Verfügung stehen oder die Verlustrücktragsmöglichkeiten durch die gesetzlichen Beschränkungen erschöpft sind,[1022] kommt es zu Minderauszahlungen für Ertragsteuern erst in den späteren Geschäftsjahren, in denen eine Verrechnung mit den dann anfallenden Gewinnen möglich ist.

Durch den Vergleich der **Abbildung 121** auf S. 391 mit der **Abbildung 122**[1023] auf S. 392 sollen ausschließlich die **Auswirkungen der Rückstellungsbildung auf die Bilanzpositionen** gezeigt werden. Geht man vereinfachend davon aus, dass die Umsatzerlöse des Geschäftsjahres in liquider Form vorliegen, so gilt diese Annahme auch für die in den Umsatzerlösen enthaltenen Gegenwerte für die verrechneten Aufwendungen für Rückstellungen einerseits und den Gewinn andererseits.

Ohne eine Rückstellungsbildung (**Abbildung 121** auf S. 391) würde der in der Periode erzielte handelsrechtliche Gewinn vor Ertragsteuern nicht nur das Eigenkapital, sondern – unter der getroffenen Annahme – auch das Vermögen erhöhen. Allerdings lassen sich die während des gesamten Geschäftsjahres auflaufenden Veränderungen nur bei den Vermögensgegenständen sowie auf den dafür geführten Konten und auf den Erfolgskonten laufend nachvollziehen. Der im Geschäftsjahr aufgelaufene Gewinn wird erst bei der Erstellung des Jahresabschlusses ermittelt.

Unabhängig von den damit angedeuteten Erfassungsproblemen erhöht sich in der Bilanz der Eigenkapitalbetrag ebenso wie der Vermögensbestand um den Gewinn vor Ertragsteuern. Diese Situation ist allerdings eine nur gedankliche „Zwischenstation", da der Gewinn der Ertragsbesteuerung unterworfen ist. Unterstellt man, dass die Liquiditätsabflüsse für die Ertragsteuerzahlung sowie für die Gewinnausschüttung an die Eigentümer noch am Bilanzstichtag erfolgen,[1024] also noch in derselben Bilanz berücksichtigt werden können, so vermindern die beiden Zahlungen im Falle der Vollausschüttung des Gewinns nach Ertragsteuern (des Jahresüberschusses) die liquiden Mittel einerseits und das Eigenkapital andererseits, und zwar jeweils in Höhe des gesamten Gewinns vor Ertragsteuern. Vermögen und Eigenkapital bleiben damit letztlich trotz des Gewinns der Periode völlig unverändert. Im Falle der Vollausschüttung hat der Steuersatz bzw. der Steuertarif keinen Einfluss auf diese Aussage, da der nach Ertragsteuern verbleibende Gewinn (der Jahresüberschuss) in vollem Umfang ausgeschüttet wird. Es ergibt sich eine Reduzierung der liquiden Mittel in Höhe des gesamten Gewinns vor Ertragsteuern und damit eine entsprechende Liquiditätsbelastung des Unternehmens.

[1022] Vgl. § 10d Abs. 1 EStG.

[1023] Beide Abbildungen entnommen aus *Bieg, Hartmut*: Die Fremdfinanzierung aus Rückstellungen. In: Der Steuerberater 1998, S. 229–230.

[1024] Tatsächlich fließen die liquiden Mittel an den Fiskus in Form der zu unterschiedlichen Zeitpunkten des laufenden Geschäftsjahres zu leistenden Ertragsteuervorauszahlungen und der Abschlusszahlung in einem späteren Geschäftsjahr. Der Mittelabfluss in Form von Gewinnausschüttungen an die Eigentümer erfolgt nach dem Gewinnverwendungsbeschluss der Eigentümer.

C. Fremdfinanzierung aus Rückstellungen

Aktiva	**Bilanz**	Passiva
Anlagevermögen		Verbindlichkeiten
Umlaufvermögen		Eigenkapital
(liquide Mittel)		**Gewinn vor Ertragsteuern**

Ein in liquider Form (Aktivseite) vorliegender Gewinn (Passivseite), der als Ertragsteuerzahlung und Vollausschüttung des Gewinns nach Ertragsteuern die liquiden Mittel und das Eigenkapital mindert.

Abbildung 121: Bilanzielle Auswirkungen der Zahlungen für Ertragsteuern und der Vollausschüttung eines in liquider Form vorliegenden Gewinns (ohne Rückstellungsbildung)

Vergleicht man den Fall der Rückstellungsbildung **Abbildung 122** auf S. 392 mit dem eines Verzichts auf die Verrechnung entsprechender Aufwendungen bzw. Betriebsausgaben, so unterscheidet sich die Aktivseite der Bilanz in beiden Fällen nicht, da der Vermögensbestand jeweils um den Gewinn vor Rückstellungsbildung und Ertragsteuern ansteigt. Um diesen Betrag wird nun allerdings nicht eine Erhöhung des ausgewiesenen Eigenkapitals – in Form eines Gewinnausweises – vorgenommen. Vielmehr wird eine Rückstellung – in **Abbildung 122** auf S. 392 in Höhe des gesamten Gewinns vor Ertragsteuern – gebildet.

Da der steuer- und handelsrechtliche Gewinnausweis in diesem Fall eine Minderung der Ertragsteuerzahlungen sowie der möglichen Gewinnausschüttungen zur Folge hat, werden ansonsten abfließende liquide Mittel in Höhe des bei der Rückstellungszuführung verrechneten Aufwands an den Betrieb gebunden. Letztlich ergibt sich auf diese Weise – verglichen mit dem Verzicht auf eine Rückstellungsbildung bei anschließender Vollausschüttung – eine Verlängerung der Bilanz um den Betrag der Rückstellungsbildung.

In aller Deutlichkeit muss jedoch gesagt werden, dass die Rückstellungsbildung nicht zum Zufluss liquider Mittel beiträgt. Nur soweit entsprechende Beträge in liquider Form vorliegen, „schützt" der verrechnete Rückstellungsaufwand wie jeder Aufwand bzw. jede Betriebsausgabe entsprechende Ertragsteile vor ihrer Ausschüttung und Besteuerung. Diese Beträge stehen zur Finanzierung von Investitionsmaßnahmen, aber auch zur Rückzahlung von Fremdkapital zur Verfügung. Die Unternehmensleitung muss sie nicht durch Finanzierungsmaßnahmen von Eigenkapital- bzw. Fremdkapitalgebern beschaffen. Diese Finanzierung aus Rückstellungen verleiht dem Unternehmen eine größere finanzielle Unabhängigkeit.

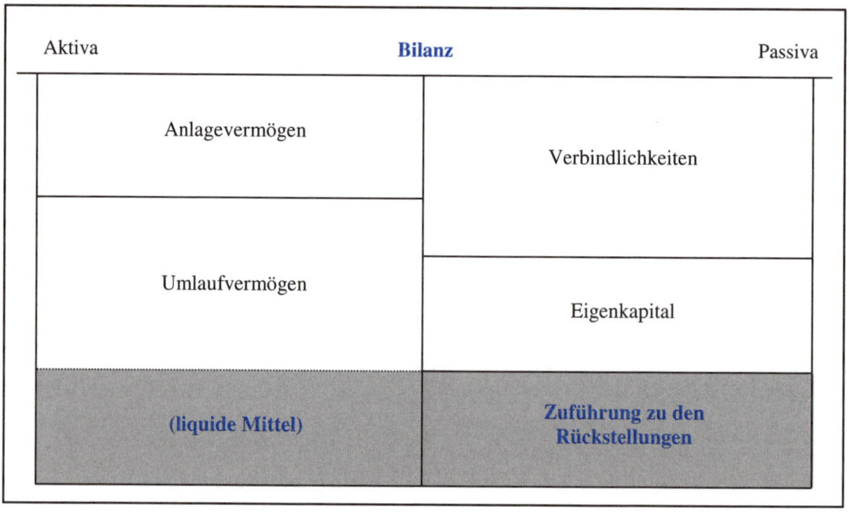

Aktiva	Bilanz	Passiva
Anlagevermögen	Verbindlichkeiten	
Umlaufvermögen	Eigenkapital	
(liquide Mittel)	Zuführung zu den Rückstellungen	

Abbildung 122: Bilanzielle Auswirkungen der Rückstellungsbildung

Liegen allerdings entsprechende Beträge in liquider Form nicht vor, so hat die Bildung von Rückstellungen zur Folge, dass ansonsten zur Ertragsteuerzahlung und Gewinnausschüttung erforderliche liquide Mittel nicht beschafft werden müssen.

Führt man die Finanzierungswirkung einer Rückstellungsbildung ausschließlich auf die Verminderung der Ertragsteuerzahlungen zurück, abstrahiert man also von den Gewinnverwendungsbeschlüssen der Unternehmensleitung bzw. der Eigentümer, so besteht sie lediglich aus der Minderung der Ertragsteuerzahlungen, die sich aufgrund der Verrechnung des Zuführungsbetrags als Betriebsausgaben ergibt.

2. Wirkung der Auflösung von Rückstellungen auf Erfolgsausweis, Ertragsteuerzahlungen und Gewinnausschüttungen sowie auf den Bilanzausweis

Ist eine Rückstellung wegen des Eintritts der früher berücksichtigten Inanspruchnahme aufzulösen und **entsprechen sich** dabei **Rückstellungsbetrag und Inanspruchnahme**, so kommt es zu einer entsprechenden Bilanzverkürzung, da der auszubuchende Rückstellungsbetrag exakt dem abfließenden Betrag liquider Mittel (bzw. dem ausbleibenden Zufluss liquider Mittel) entspricht. Eine Auswirkung auf den Periodengewinn hat dies nicht. Der ansonsten anfallende steuerliche Gewinn unterliegt der Ertragsbesteuerung; über den Gewinn nach Ertragsteuern (Jahresüberschuss) sind Gewinnverwendungsentscheidungen zu fällen.

Damit wird deutlich, dass im Falle der Auflösung von Rückstellungen die Bereitstellung liquider Mittel nicht durch die Verrechnung von Aufwendungen bzw. Betriebsausgaben unterstützt wird, wodurch entsprechende Ertragsteile an den Betrieb gebunden würden. Diese liquiditätsunterstützende Aufwandsverrechnung erfolgte bereits im Geschäftsjahr der Rückstellungsbildung. Da aber die damals nicht zur Ertragsteuerzahlung und zur Gewinnausschüttung benötigten liquiden Mittel in der Regel nicht bis zum Zeitpunkt der Rückstellungsauflösung in liquider Form gehalten wurden, wodurch gerade die Finanzierungswirkung aus der Rückstellungsbildung nicht ausgenutzt worden wäre, müssen die jetzt zur Erfüllung der Verpflichtungen benötigten liquiden Mittel entweder aus den Zahlungsmittelzuflüssen aus Umsatzerlösen oder anderen Verkäufen des Geschäftsjahres genommen werden oder aber es müssen, falls Zuflüsse in ausreichender Höhe nicht vorliegen, entsprechende Eigenkapital- bzw. Fremdkapitalbeträge in liquider Form beschafft werden. Im letzten Fall kommt es nicht zu einer Bilanzverlängerung, sondern zu einem Passivtausch.

Übersteigt die Inanspruchnahme den Rückstellungsbetrag, so gilt für den Rückstellungsbetrag das soeben Gesagte. Der darüber hinausgehende Betrag wird als Betriebsausgabe bzw. Aufwand verrechnet, mindert demnach den steuerpflichtigen bzw. den ausschüttungsfähigen Gewinn. Insoweit wird ein Abfluss liquider Mittel in Höhe der nicht anfallenden Ertragsteuerzahlung einerseits und der nicht aus dem (verminderten) Jahresüberschuss darstellbaren Gewinnausschüttung andererseits verhindert. Da die Summe dieser Beträge dem zusätzlich verrechneten Aufwand entspricht, wird – entsprechend hohe liquide Erträge vorausgesetzt – der über den Rückstellungsbetrag hinausgehende Betrag der tatsächlichen Inanspruchnahme durch eine Betriebsausgaben- bzw. Aufwandsverrechnung für diese Zahlungsinanspruchnahme „reserviert".

Ist die **Rückstellung** jedoch **ganz oder teilweise erfolgswirksam aufzulösen**, weil die befürchtete Inanspruchnahme nicht oder nicht in vollem Umfang eintritt, so steigert der Auflösungsertrag den steuerpflichtigen Gewinn und damit die Ertragsteuerzahlungen sowie den handelsrechtlichen Gewinn und damit – entsprechende Gewinnverwendungsbeschlüsse unterstellt – die Ausschüttungszahlungen. Da auch in diesem Fall die früher nicht ausgeschütteten oder nicht als Ertragsteuerzahlungen abfließenden Zahlungsmittel – sollten sie überhaupt zur Verfügung gestanden haben – nicht in liquider Form gehalten wurden, muss nun zumindest die zu zahlende Ertragsteuer auf den Auflösungsertrag in liquider Form beglichen werden. Sollten die Eigentümer darüber hinaus die Ausschüttung des Gewinns nach Steuern beschließen, so sind auch dafür liquide Mittel zu beschaffen.

Insbesondere bei großen Auflösungsbeträgen lässt sich dieser Zahlungsmittelbedarf nicht aus den üblichen Zahlungsmittelzuflüssen aus Umsatzerlösen und anderen Verkäufen darstellen; dies würde zu einer Bilanzverkürzung führen. Hier wird man in der Regel Zahlungsmittel über eine Kreditaufnahme oder über die Zuführung zusätzlichen Eigenkapitals beschaffen müssen, was einen Passivtausch zur Folge hat.

III. Determinanten des Finanzierungsumfangs

1. Veränderungsbetrag der Rückstellungen

Löst man sich von der isolierten Betrachtung einer Rückstellung und untersucht man die **Finanzierungswirkung aller Rückstellungen**, so ist die in einem Geschäftsjahr eintretende Finanzierungswirkung abhängig von

- der Summe der **Zuführungsbeträge** zu den Rückstellungen (positive Finanzierungskomponente),
- der Summe der in derselben Periode verrechneten **Auflösungsbeträge** (negative Finanzierungskomponente).

Der Saldo der beiden Summen hat Auswirkungen auf den steuer- und den handelsrechtlichen Gewinn sowie auf die Zahlungsströme.

Zunächst zur **positiven Finanzierungskomponente**: Soweit die **Zuführungsbeträge** steuerrechtlich zulässig als Betriebsausgabe verrechnet werden, vermindert sich die Ertragsteuerbemessungsgrundlage und damit die neben Steuersatz bzw. Steuertarif (vgl. den **Elften Abschnitt, Kapitel C.III.2.**) maßgebliche Größe für die Ertragsteuerbelastung.

Wird dieser Betrag auch im handelsrechtlichen Jahresabschluss als Aufwand verrechnet, so ergibt sich dort eine Gewinnminderung um den Zuführungsbetrag abzgl. der Ertragsteuerminderung aufgrund der Rückstellungszuführung.

Ist eine Rückstellungsbildung und damit die Verrechnung des Zuführungsbetrags dagegen ausschließlich im handelsrechtlichen Jahresabschluss zulässig, so vermindert sich ausschließlich der Jahresüberschuss um den gesamten Zuführungsbetrag; der steuerpflichtige Gewinn bleibt unverändert.

Aufgrund der notwendigerweise bestehenden Ermessensspielräume (vgl. den **Elften Abschnitt, Kapitel C.I.1.**) ist der Bilanzierende bei der Festlegung des Zuführungsbetrages innerhalb der Grenzen, die der Quantifizierung durch den Gesichtspunkt der „vernünftigen kaufmännischen Beurteilung" gesetzt werden, entsprechend seiner subjektiven Einschätzung frei.

Dies gilt auch für die Ermittlung des Zuführungsbetrages im Fall der **Pensionsrückstellungen**, der entscheidend vom gewählten Bewertungsverfahren abhängig ist. Die unterschiedlichen handelsrechtlich zulässigen Verfahren führen mitunter zu unterschiedlichen Zuführungsbeträgen. Steuerrechtlich muss dagegen das Teilwertverfahren angewendet werden.[1025] In beiden Fällen aber erfolgt die Berechnung der Zuführungsbeträge unter Berücksichtigung versicherungsmathematischer Grundsätze. Das bedeutet, dass Zinsen und Zinseszinsen sowie biologische Wahrscheinlichkeiten (Sterbe- und Invaliditätswahrscheinlichkeiten) zu berücksichtigen sind. Grundsätzlich soll erreicht werden, dass die in der aktiven Phase des Arbeitnehmers – zwischen dem Zeitpunkt der Pensionszusage und dem Eintritt des Versorgungsfalls (z. B. Ausscheiden aufgrund des Erreichens der Altersgrenze) – jährlich der Pensionsrückstellung zugeführten Beträge (unter Berücksichtigung von Zins und Zinseszins) in dem Jahr, in dem der Versorgungsfall eintritt, dem Kapitalwert der zu erwartenden Pensionsleistungen entsprechen.[1026]

Alle in einem Geschäftsjahr verrechneten **Zuführungsbeträge** entwickeln ausschließlich **indirekte positive Finanzierungswirkungen**. Als indirekt wird diese Finanzierungswirkung bezeichnet, da sich der angesprochene Einfluss auf die Liquiditätssituation des Unternehmens nur über die Verminderung der Ertragsteuerbemessungsgrundlage bzw. über die

---

[1025] Vgl. § 6a Abs. 3 EStG.
[1026] Vgl. hierzu den **Elften Abschnitt, Kapitel C.II.**

Verminderung des Jahresüberschusses ergibt (indirekte Liquiditätswirkung von Erfolgsgrößen).[1027]

Bei der **negativen Finanzierungskomponente** sind dagegen direkte und indirekte Finanzierungswirkungen zu unterscheiden. Eine ausschließlich **direkte negative Finanzierungswirkung** ergibt sich, wenn im Falle der Inanspruchnahme die Auflösung der Rückstellung sowohl handels- als auch steuerrechtlich in vollem Umfang erfolgsunwirksam verrechnet wird und zugleich eine entsprechende Auszahlung zu leisten oder eine entsprechende Mindereinzahlung festzustellen ist. In Höhe des gesamten Auszahlungsbetrags ergibt sich eine direkte negative Auswirkung auf die finanzielle Situation des Unternehmens (direkte Liquiditätswirkung von Zahlungsgrößen). Eine (indirekte) Unterstützung erfolgt mangels Aufwandsverrechnung nicht.

Im Vergleich dazu hat die völlige oder teilweise erfolgswirksame Auflösung der Rückstellung aufgrund fehlender oder nicht vollständiger Inanspruchnahme nur eine **indirekte negative Finanzierungswirkung**; sie erhöht den steuer- und handelsrechtlichen Gewinn.

Erfolgt jedoch eine über dem Rückstellungsbetrag liegende Inanspruchnahme, so ergibt sich wie bei jeder Inanspruchnahme eine **direkte negative Finanzierungswirkung** in Höhe des gesamten Betrags der Inanspruchnahme (Auszahlung bzw. Mindereinzahlung). Dieser Wirkung steht allerdings eine **indirekte positive Finanzierungswirkung** entgegen, da die Differenz zwischen dem Betrag der Inanspruchnahme und dem Rückstellungsauflösungsbetrag als Betriebsausgabe bzw. Aufwand verrechnet wird.

2. Ertragsteuersätze

Während die **direkte negative Finanzierungswirkung** der erfolgsunwirksam aufgelösten Rückstellung, die in vollem Umfang zu einer Auszahlung führt, unabhängig von der steuerlichen Belastung des Periodengewinns ist und somit unmittelbar und in voller Höhe bei der Ermittlung der Finanzierungswirkung berücksichtigt werden muss, sind die **indirekten positiven und negativen Finanzierungswirkungen** nicht nur von der durch sie ausgelösten Veränderung des steuerpflichtigen Gewinns abhängig, sondern auch von dem auf diesen Veränderungsbetrag anzuwendenden Ertragsteuersatz bzw. Ertragsteuertarif.

Soweit es sich um einen Gewerbebetrieb handelt, ist unabhängig von der Rechtsform des Unternehmens und von der Gewinnverwendung die **Gewerbeertragsteuer** zu berücksichtigen. Sie ergibt sich, indem auf den Gewerbeertrag (Steuermessbetrag) die Steuermesszahl von grundsätzlich 3,5 %[1028] und der gemeindespezifische Hebesatz angewendet werden.

Der Gewinn von **Kapitalgesellschaften** unterliegt im Jahr 2016 einem **Körperschaftsteuersatz** von 15 %.

Bei **Einzelunternehmen und Personengesellschaften** ist der Gewinn dem Eigentümer bzw. den Gesellschaftern unabhängig von seiner Verwendung zuzurechnen; er unterliegt bei

---

[1027] Vgl. zur indirekten Finanzierungswirkung von Erfolgsgrößen den **Elften Abschnitt, Kapitel A.II.**
[1028] Vgl. § 11 Abs. 2 GewStG.

ihnen als Einkünfte aus Gewerbebetrieb zusammen mit den Einkünften aus den übrigen Einkunftsarten unter Berücksichtigung persönlicher Verhältnisse der **Einkommensteuer**.

Überwiegen in einem Geschäftsjahr die positiven indirekten Finanzierungswirkungen, übersteigen die Zuführungsbeträge und die Differenzbeträge zwischen dem jeweiligen Betrag der Inanspruchnahme und der niedrigeren Rückstellungsauflösung also die erfolgswirksam verrechneten Auflösungsbeträge, so vermindert sich die Auszahlung für die Ertragsteuern um die vermiedene Gewerbeertragsteuer sowie Körperschaftsteuer bzw. Einkommensteuer auf den Differenzbetrag. Um die gesamte Finanzierungswirkung in diesem Geschäftsjahr zu erhalten, ist von diesem Betrag der gesamten Ertragsteuerminderung die direkte negative Finanzierungswirkung aufgrund der Auszahlungen bei erfolgsunwirksamer Auflösung von Rückstellungen abzuziehen.

Dieser direkten negativen Finanzierungswirkung ist dagegen der Betrag der indirekten negativen Finanzierungswirkung hinzuzufügen, der sich ergibt, wenn die erfolgswirksam verrechneten Auflösungsbeträge die Zuführungsbeträge einschließlich des Differenzbetrags bei über dem aufzulösenden Rückstellungsbetrag liegender Inanspruchnahme eines Geschäftsjahres übersteigen, wobei der entsprechende Steuersatz bzw. Steuertarif anzuwenden ist.

3. Ausschüttungsentscheidung

Die finanzielle Wirkung einer Rückstellung ist vergleichsweise größer, wenn man davon ausgeht, dass der ausgewiesene handelsrechtliche Gewinn (Jahresüberschuss) nicht einbehalten, sondern in vollem Umfang ausgeschüttet wird. Diese Wirkung ließe sich aber auch ohne eine Rückstellungsbildung durch entsprechend höhere Thesaurierungsbeschlüsse erreichen, die allerdings den Eigentümern überzeugend begründet werden müssten, während die Rückstellungsbildung bei der Jahresabschlusserstellung ohne die Mitwirkung der Eigentümer – und damit unproblematischer – erfolgt.

4. Zeitspanne zwischen Bildung und Auflösung der Rückstellungen

Berücksichtigt man neben der betraglichen auf ein Geschäftsjahr bezogenen Dimension auch die **zeitliche Dimension**, so ist der Finanzierungseffekt von Rückstellungen umso größer – genauer: umso langfristiger –, je größer die Zeitspanne zwischen ihrer Bildung und ihrer Auflösung ist, denn umso länger stehen dem Unternehmen die betreffenden Mittel für die geschilderten Zwecke zur Verfügung. Unter diesem Aspekt weisen längerfristige bzw. langfristige Rückstellungen (wie z. B. Pensionsrückstellungen) tendenziell eine größere Finanzierungswirkung auf als kurzfristige Rückstellungen (wie z. B. Rückstellungen für unterlassene Instandhaltung). Allerdings kann mit einem ständig verfügbaren Bodensatz an kurzfristigen Rückstellungen im Zeitablauf die gleiche Finanzierungswirkung erreicht werden wie mit langfristigen Rückstellungen.

IV. Finanzierungswirkung von Pensionsrückstellungen im Zeitablauf

Im Folgenden wird bewusst eine bestimmte Gruppe von Rückstellungen, die Pensionsrückstellungen, auf ihre Finanzierungswirkung hin untersucht. Dabei erstreckt sich die Betrachtung auf die Zeit zwischen der ersten Pensionszusage an einen Mitarbeiter, die eine entsprechende Verrechnung von Betriebsausgaben bzw. Aufwendungen zur Folge hat, bis hin zur Erfüllung der letzten noch bestehenden Pensionsverpflichtung.[1029]

Ein Unternehmen möge allen Beschäftigten, die bestimmte Voraussetzungen erfüllen (z. B. eine bestimmte Dauer der Betriebszugehörigkeit), eine Betriebsrente zusagen. Bei jeder Zusage sollen die Voraussetzungen des § 6a EStG erfüllt sein, so dass die sich entsprechend dem Teilwertverfahren ergebenden Beträge steuerlich wirksam als Betriebsausgabe bzw. Betriebseinnahme verrechnet und entsprechende Veränderungen der Pensionsrückstellungen vorgenommen werden können.

Die Pensionsrückstellungen unterliegen in Abhängigkeit von der Zahl und dem Alter der aktiven Mitarbeiter sowie der Pensionszahlungsempfänger meist einem kontinuierlichen Veränderungsprozess. Einerseits werden neue Zusagen an junge Belegschaftsmitglieder gegeben; für sie und für frühere Zusagen sind Rückstellungen gewinnmindernd zu bilden. Andererseits scheiden auch ständig ältere Mitarbeiter aus dem Unternehmen aus; an diese oder bereits früher ausgeschiedene Versorgungsempfänger sind Pensionszahlungen zu leisten. Von daher lassen sich die folgenden drei Phasen unterscheiden:

- **Phase I:** Das Unternehmen beginnt, **Versorgungszusagen** zu geben, für die zunächst noch **keine oder allenfalls geringe Versorgungszahlungen** zu leisten sind, da einerseits die Versorgungsberechtigten im Moment der Zusage noch relativ jung sind, andererseits die Gruppe der Versorgungsempfänger im Zeitablauf nur langsam anwächst. Der gesamte Pensionsrückstellungsbetrag steigt stetig an, und zwar je mehr Zusagen gemacht werden und je höher diese sind. Die jährliche Finanzierungswirkung ergibt sich im Wesentlichen aufgrund der indirekten positiven Finanzierungswirkung der als Aufwendungen bzw. Betriebsausgaben verrechneten Zuführungsbeträge zu den Rückstellungen, nur wenig beeinträchtigt durch die direkte negative Finanzierungswirkung der Versorgungszahlungen.

Selbst wenn man nur die Ertragsteuerminderung aufgrund der Zuführungen zu den Pensionsrückstellungen als indirekte positive Finanzierungswirkung berücksichtigt, übersteigt in dieser Phase die dadurch erreichte zusätzliche Mittelbindung die Pensionszahlungen. Wird dagegen auch der Verzicht auf Gewinnausschüttungen aufgrund der Verminderung des Jahresüberschusses als indirekte positive Finanzierungswirkung angesehen, so ergibt sich eine entsprechend höhere zusätzliche Mittelbindung.

Allerdings wird die jährliche Finanzierungswirkung gegen Ende dieser Phase immer geringer, da die indirekte positive Finanzierungswirkung der Rückstellungszuführungen immer mehr durch die direkte negative Finanzierungswirkung der Pensionszahlungen aufgewogen wird. Diese Entwicklung lässt sich mit der zunehmenden Zahl der Versorgungsempfänger bei einem gleich bleibenden Bestand aktiver Mitarbeiter mit einer Ver-

---

[1029] Vgl. *Bieg, Hartmut/Hossfeld, Christopher*: Finanzierungsentscheidungen. In: Saarbrücker Handbuch der Betriebswirtschaftlichen Beratung, hrsg. von *Karlheinz Küting*, 4. Aufl., Herne/Berlin 2008, S. 85–86. Zu einer umfassenden Analyse der Vorteilhaftigkeit von Pensionszusagen im Vergleich zu Direktversicherungen vgl. *Kußmaul, Heinz*: Betriebliche Altersversorgung in mittelständischen Unternehmen. In: Steuerberaterkongreß-Report 1993, München 1993, S. 227–376; *Kußmaul, Heinz* (unter Mitarbeit von *Richard Lutz*, *Stephan Ruhl* und *Wolfgang Wegener*): Betriebliche Altersversorgung von Geschäftsführern: Voraussetzungen und finanzwirtschaftliche Auswirkungen. München 1995.

sorgungszusage erklären, wobei anstelle der ausscheidenden Mitarbeiter andere Arbeitnehmer eine Pensionszusage erhalten.

- **Phase II:** Diese häufig längste Phase ist dadurch gekennzeichnet, dass die gesamten **Pensionsrückstellungen im Wesentlichen konstant** bleiben, da sich die Zuführungen für die aktiven Belegschaftsmitglieder mit einer Versorgungszusage (indirekte positive Finanzierungswirkung) und die Auszahlungen an die Versorgungsempfänger, die entsprechend auch zur Auflösung der Pensionsrückstellungen führen (direkte negative Finanzierungswirkung), betragsmäßig in etwa entsprechen.

  Lässt man die in Gewinnsituationen immer bestehende Möglichkeit der Rücklagenbildung zunächst unberücksichtigt, so steht der indirekten positiven Finanzierungswirkung in Höhe der auf den Zuführungsbetrag vermiedenen Ertragsteuerbelastung die direkte negative Finanzierungswirkung in Höhe des etwa dem Zuführungsbetrag entsprechenden Auszahlungsbetrags gegenüber, so dass bei dieser Betrachtung nicht davon gesprochen werden kann, dass sich die Pensionszahlungen vollständig durch die Rückstellungszuführungen finanzieren lassen. Aber auch wenn man die durch Aufwandsverrechnung im handelsrechtlichen Jahresabschluss ohne Rücklagenbildungsbeschluss erreichte Mittelbindung mit in die indirekte positive Finanzierungswirkung einbezieht, kommt es in dieser Phase nicht mehr zu einer jährlichen Steigerung der Finanzierungswirkung. Da die Veränderung der Gesamtfinanzierungswirkung der Pensionsrückstellungen dann (etwa) gleich null ist, bleibt die Mittelbindung in dieser Phase auf konstant hohem Niveau. Diesen Bestand kann man, solange die Phase II andauert, als **Bodensatz** bezeichnen, der längerfristig zur Finanzierung des Unternehmens zur Verfügung steht.[1030]

- **Phase III:** Diese Phase ist gekennzeichnet durch eine immer **geringer werdende Zahl aktiver Arbeitnehmer, denen eine Versorgungszusage gegeben wurde**. Dies kann daran liegen, dass das Unternehmen mit einer geringeren Beschäftigtenzahl betrieben wird, so dass nur noch wenige Versorgungszusagen gegeben werden können, oder aber dass bewusst – bei einer unveränderten Mitarbeiterzahl – weniger Versorgungszusagen gegeben werden. Damit lassen sich aber dauerhaft weniger Zuführungen erfolgswirksam verrechnen; der jährliche Umfang der indirekten positiven Finanzierungswirkung sinkt immer weiter ab. Dagegen vermindern sich die Auszahlungen an die Versorgungsempfänger (direkte negative Finanzierungswirkung) erst mit einer großen zeitlichen Verzögerung. Zunächst steigen sie möglicherweise wegen der immer größer werdenden Zahl der Versorgungsempfänger noch an; erst nach vielen Jahren gehen auch die jährlichen Versorgungszahlungen zurück.

  In der Phase III kommt es Jahr für Jahr zu einer negativen Finanzierungswirkung, da die zusätzliche Mittelbindung durch Rückstellungsbildung kleiner ist als der Abfluss der Mittel für Pensionszahlungen. So vermindert sich der Gesamtbetrag der Pensionsrückstellungen und damit auch die Gesamtfinanzierungswirkung in den einzelnen Jahren immer mehr. Der Bestand längerfristig zur Finanzierung zur Verfügung stehender Mittel geht immer weiter zurück.

[1030] Vgl. *Perridon, Louis/Steiner, Manfred/Rathgeber, Andreas*: Die Finanzwirtschaft der Unternehmung. 16. Aufl., München 2012, S. 516.

Unternehmen, deren Beschäftigtenzahl im Rahmen von Rationalisierungsmaßnahmen gezielt vermindert wird, die aber erfolgreich und mit hohen Liquiditätszuflüssen arbeiten, mögen diese negative Finanzierungswirkung verkraften können. Schrumpft aber die Beschäftigtenzahl aufgrund zurückgehender Marktanteile und ist dies – wie üblich – verbunden mit einer Verminderung der Jahreserfolge und der Liquiditätszuflüsse, so kann die beschriebene negative Finanzierungswirkung das Unternehmen ernsthaft gefährden.

Nicht zuletzt machen die vorstehenden Überlegungen deutlich, dass eine Unternehmensleitung sich für Versorgungszusagen nicht ausschließlich unter dem finanzwirtschaftlich erfreulichen Aspekt insbesondere der Phase I, aber auch der Phase II entscheiden sollte. Vielmehr ist bereits bei der ersten Zusage auch an die – zugegeben möglicherweise sehr ferne – Phase III zu denken. Es kommt hinzu, dass die beschriebenen Zusammenhänge es der Unternehmensleitung erschweren, bewusst die Phase III dadurch einzuleiten, dass bei unveränderter Mitarbeiterzahl die Zusagen von Versorgungszahlungen eingestellt werden, um so eine Verbesserung der Erfolgssituation zu erreichen. Die sich aus der Einstellung der Versorgungszusagen ergebenden gravierenden, möglicherweise sogar existenzgefährdenden Liquiditätsnachteile können dazu führen, dass weiterhin Versorgungszusagen gegeben werden müssen, obwohl sie die Erfolgssituation erheblich beeinträchtigen.

D. Finanzierung durch Vermögensumschichtung und Umfinanzierung

I. Vorbemerkungen

Zu den vier Kernbereichen des Finanzierungsbegriffs[1031] zählen auch die beiden in diesem Abschnitt zu behandelnden betrieblichen Maßnahmen, nämlich

- die Maßnahmen der Vermögensumstrukturierung, die der Erhöhung bzw. der Beschleunigung der Freisetzung des in Vermögenswerten, z. B. Sachgüter oder Finanztitel, gebundenen Kapitals, also der Liquidisierung von Vermögensgegenständen, dienen **(Finanzierung durch Vermögensumschichtung)**;
- die Maßnahmen zur optimalen Strukturierung des Kapitals des Unternehmens **(Kapitalumschichtung, Umfinanzierung)**.[1032]

[1031] Vgl. den **Ersten Abschnitt, Kapitel C.II.**
[1032] Vgl. insgesamt zum **Elften Abschnitt, Kapitel D.** *Bieg, Hartmut/Hossfeld, Christopher*: Finanzierungsentscheidungen. In: Saarbrücker Handbuch der Betriebswirtschaftlichen Beratung, hrsg. von *Karlheinz Küting*, 4. Aufl., Herne/Berlin 2008, S. 67–78 und S. 99–104; *Waschbusch, Gerd*: Finanzierung durch Vermögensumschichtung und Umfinanzierung. In: Der Steuerberater 1998, S. 269–277 und S. 311–318.

II. Vermögensumschichtung

1. Begriffliche Grundlagen sowie Überblick über die Instrumente der Vermögensumschichtung

Unterteilt man die Instrumente der Innenfinanzierung nach ihrer Bilanzwirkung, so ist die zu einem Vermögenszuwachs und damit gleichzeitig zu einer Kapitalneubildung führende Innenfinanzierung (Bilanzverlängerung) von der sich aus einer Vermögensumschichtung und der dadurch hervorgerufenen Kapitalfreisetzung ergebenden Innenfinanzierung (Aktivtausch) zu unterscheiden.[1033] In beiden Fällen der Innenfinanzierung ist das Unternehmen selbst Quelle des Finanzierungsvorgangs, d. h., die Finanzmittel entstehen aus der eigenen Finanzkraft des Unternehmens.[1034]

Im ersten Fall der **Innenfinanzierung aus Vermögenszuwachs und dadurch bedingter Kapitalneubildung** handelt es sich insbesondere um die Zurückbehaltung von erwirtschafteten Gewinnen im Wege der offenen und/oder stillen Selbstfinanzierung sowie um die Finanzierung durch die Bildung von (langfristigen) Rückstellungen (z. B. Pensionsrückstellungen).[1035]

Der zweite hier zu behandelnde Fall der **Innenfinanzierung aus Vermögensumschichtung** bezieht sich dagegen auf die **Freisetzung des in Sachwerten oder Finanzwerten gebundenen Kapitals** im Wege der Veräußerung von Vermögensgegenständen bzw. durch den sich über den Markt vollziehenden betrieblichen Umsatzprozess. Bei diesen Maßnahmen der Vermögensumschichtung handelt es sich demnach um die Liquidisierung bzw. Wiedererwirtschaftung ehemals investierter Mittel und deren Bereitstellung für erneute Finanzierungsvorgänge. Konkrete Instrumente der Innenfinanzierung aus diesem Bereich sind die Kapitalfreisetzung durch den Verkauf (nicht) betriebsnotwendiger Vermögensgegenstände, insbesondere von Forderungen (z. B. im Rahmen des Factorings), die Kapitalfreisetzung durch die Verkürzung der Kapitalbindungsdauer (Rationalisierungsmaßnahmen) sowie die Kapitalfreisetzung durch den Rückfluss von Abschreibungsgegenwerten. **Abbildung 123**[1036] auf S. 401 gibt dazu einen strukturierten Überblick.

2. Kapitalfreisetzung durch den Rückfluss von Abschreibungsgegenwerten

a) Grundlagen

Kapitalfreisetzung durch den Rückfluss von Abschreibungsgegenwerten bedeutet, dass einem Unternehmen aus der Veräußerung betrieblicher Leistungen Umsatzerlöse zufließen, in denen ihm unter anderem Abschreibungen auf abnutzbare Vermögensgegenstände des

---

[1033] Vgl. den **Dritten Abschnitt, Kapitel A.**

[1034] Vgl. *Busse, Franz-Joseph*: Grundlagen der betrieblichen Finanzwirtschaft. 5. Aufl., München/Wien 2003, S. 658.

[1035] Vgl. dazu den **Elften Abschnitt, Kapitel B. und Kapitel C.**

[1036] Modifiziert entnommen aus *Waschbusch, Gerd*: Finanzierung durch Vermögensumschichtung und Umfinanzierung. In: Der Steuerberater 1998, S. 270.

D. *Finanzierung durch Vermögensumschichtung und Umfinanzierung* 401

Anlagevermögens vergütet werden. Ein sich (eventuell) anschließender Liquiditätsabfluss in Höhe der in den Umsatzeinzahlungen enthaltenen Abschreibungsbeträge (Abschreibungsgegenwerte) wird durch die erfolgsmindernde Verrechnung dieser Abschreibungsbeträge verhindert. Das Unternehmen erhält auf diese Weise disponibles Kapital. Dieser Prozess der Finanzierung aus Abschreibungsgegenwerten lässt sich auch folgendermaßen verdeutlichen:

Die Wertminderungen verschleißabhängiger Potenzialfaktoren – z. B. einer Maschine – werden im betrieblichen Rechnungswesen auf zweifache Weise erfasst und verrechnet: zum einen als **kalkulatorische Abschreibungen** in der Kosten- und Leistungsrechnung und zum anderen als **bilanzielle Abschreibungen** in der Finanzbuchhaltung. Da jedoch beiden Rechenwerken unterschiedliche Aufgabengebiete zukommen, können die (in einer Periode) für dieselbe Maschine verrechneten kalkulatorischen und bilanziellen Wertminderungen mitunter erheblich voneinander abweichen.

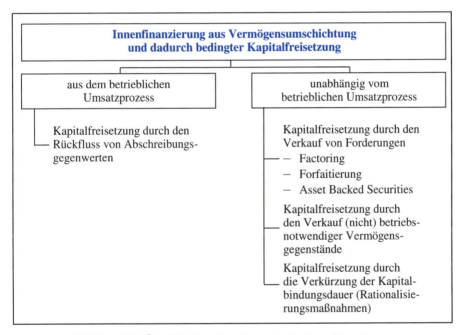

Abbildung 123: Überblick über die Instrumente der Innenfinanzierung aus Vermögensumschichtung

Die **Kosten- und Leistungsrechnung** dient in der Regel ausschließlich den innerbetrieblichen Aufgaben der Information, Dokumentation und – vor allem – Disposition. Hier geht es deshalb darum, die **kalkulatorischen Abschreibungen** auf abnutzbare Vermögensgegenstände des Anlagevermögens möglichst exakt und verursachungsgerecht so zu bestimmen, dass beim Ausscheiden der alten Maschine aus dem Produktionsprozess eine neue, zumindest gleichwertige Maschine zu den dann aktuellen Marktpreisen wieder beschafft und die Produktion somit aufrecht erhalten werden kann. Zu diesem Zweck werden die kalkulatorischen Wertminderungen der Maschine, die üblicherweise auf der Basis der **Wiederbeschaffungskosten** – sofern bekannt – kalkuliert werden, auf die Stückselbstkosten der damit bearbeiteten betrieblichen Erzeugnisse verrechnet. Ist der am Absatzmarkt erzielbare Preis größer als die Stückselbstkosten oder ist er wenigstens gleich den Stückselbstkosten der betreffenden Endprodukte, so wird mit dem Verkauf jeder Erzeugniseinheit vom Kunden auch ein Teil der kalkulatorischen Wertminderung der Maschine vergütet. Diese Teile der Umsatzerlöse bezeichnet man auch als **Abschreibungsgegenwerte**, den Gesamtvorgang der allmählichen Selbstliquidation der Maschine als **Desinvestition**.

Dem Unternehmen fließen demnach liquide Mittel in Form von Umsatzerlösen zu. Diese **Umsatzerlöse** stellen allerdings in der Finanzbuchhaltung, also handels- und steuerrechtlich, **Erträge** dar. Diese Erträge werden, soweit ihnen nicht Aufwendungen gegenüberstehen, zum einen besteuert und können zum anderen an die Unternehmenseigentümer ausgeschüttet werden. Damit verbunden ist grundsätzlich ein entsprechender Abfluss von liquiden Mitteln, der es dem Unternehmen unmöglich machen würde, ohne Zuhilfenahme anderer Finanzierungsquellen die alten Vermögensgegenstände durch neue zu ersetzen. Deshalb ist die Finanzbuchhaltung in die Betrachtung des Finanzierungseffekts aus Abschreibungsgegenwerten mit einzubeziehen.

Auf **abnutzbare Vermögensgegenstände des Anlagevermögens** sind im Interesse einer periodengerechten Erfolgsermittlung sowohl handels- als auch steuerrechtlich planmäßige Abschreibungen zu verrechnen. Die **Anschaffung derartiger Vermögensgegenstände** ist zunächst grundsätzlich **erfolgsneutral**, d. h., es werden lediglich liquide Mittel in illiquide Vermögensgegenstände getauscht (Vermögensumschichtung), ohne dass Aufwendungen oder Erträge anfallen. Die bilanzielle Abbildung des Kaufs erfolgt durch den Ansatz des Vermögensgegenstandes in Höhe der Anschaffungskosten.

Nun **unterliegen** aber **abnutzbare Vermögensgegenstände des Anlagevermögens** im Zeitablauf **Wertminderungen**. Diese Wertminderungen sollen durch **planmäßige jährliche Abschreibungen** bilanziell erfasst werden. Diese jährlich verrechneten Abschreibungsbeträge, die – im Falle des Kaufs – von den **Anschaffungskosten** ausgehen und sich unter der Annahme einer bestimmten **Nutzungsdauer** sowie eines bestimmten Verteilungsverfahrens – des **Abschreibungsverfahrens** – ergeben, verringern den jeweiligen bilanziellen Wertansatz des betreffenden Vermögensgegenstandes. Gleichzeitig vermindern sie als Aufwendungen den Gewinn und verteilen so die Anschaffungskosten des Vermögensgegenstandes auf die einzelnen Perioden der zugrunde gelegten Nutzungsdauer. Da der Gewinn aber gleichzeitig Bestandteil des Eigenkapitals ist, führen die Abschreibungen – für sich allein betrachtet – zunächst zu einer **Bilanzverkürzung** (vgl. dazu **Abbildung 124** auf S. 403 und **Abbildung 125** auf S. 404[1037]).

Da der durch die Vornahme von Abschreibungen bedingten **Aufwandsverrechnung** in **Abbildung 125** auf S. 404 während der Nutzungsdauer des hiervon betroffenen Vermögensgegenstandes **keine entsprechende Auszahlung gegenübersteht**, sondern erst die Ersatzbeschaffung dieses Vermögensgegenstandes zum Ende seiner Nutzungsdauer wieder zu einer Auszahlung führt, kann man hier von einer **positiven Finanzierungswirkung** sprechen. Sie tritt allerdings nur dann und in dem Umfang ein, in dem entsprechende ertragswirksame Einzahlungen zur Verfügung stehen. Dies ist z. B. der Fall, wenn es dem Unter-

---

[1037] Beide Abbildungen entnommen aus *Bieg, Hartmut/Hossfeld, Christopher*: Finanzierungsentscheidungen. In: Saarbrücker Handbuch der Betriebswirtschaftlichen Beratung, hrsg. von *Karlheinz Küting*, 4. Aufl., Herne/Berlin 2008, S. 68–69.

D. *Finanzierung durch Vermögensumschichtung und Umfinanzierung* 403

nehmen gelingt, **aufwandsdeckende Umsatzeinzahlungen** zu erzielen. Sie stellen nicht nur einen Zufluss liquider Mittel dar, sondern auch entsprechende Erträge, die in Höhe der verrechneten Abschreibungsaufwendungen als Vergütungen des Marktes für die Wertminderungen der Produktionsanlagen und damit für die Abschreibungen interpretiert werden können. In Höhe der verrechneten Abschreibungen wird ein Abfluss der aus den Umsatzeinzahlungen resultierenden liquiden Mittel für Steuern und eventuell für Gewinnausschüttungen verhindert. Betrachtet man diese **Finanzierungswirkung aus Abschreibungsgegenwerten in der Bilanz**, so ergibt sich das in **Abbildung 126** auf S. 404 und **Abbildung 127** auf S. 405[1038] dargestellte Bild.

Die Abschreibungen vermindern zunächst den ausgewiesenen Wert des Anlagevermögens. Gleichzeitig fließt dieser Wert durch die Vergütung der Abschreibungsgegenwerte durch den Markt im Rahmen des Umsatzprozesses in Form liquider Mittel (bspw. Bankguthaben) wieder zu. Der Wert des Umlaufvermögens erhöht sich entsprechend. Die Gewinnwirkungen – und damit die Wirkungen auf die Höhe des Eigenkapitals – kompensieren sich, da den Abschreibungsaufwendungen ertragswirksame Umsatzeinzahlungen in gleicher Höhe gegenüberstehen. Insgesamt bleibt die **Bilanzsumme** demnach **gleich**. Es ergibt sich allerdings eine **Vermögensumschichtung**: Illiquides Anlagevermögen wird in liquide Mittel umgeschichtet, die nun bis zur Ersatzbeschaffung des betreffenden Vermögensgegenstandes anderweitig eingesetzt werden können. Und genau hierin liegt die Finanzierungswirkung aus dem Rückfluss von Abschreibungsgegenwerten.

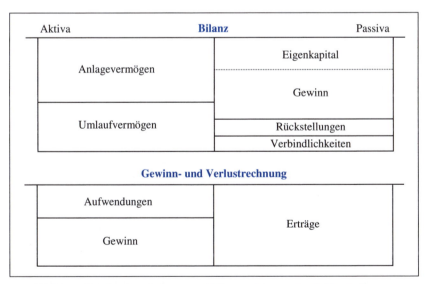

Abbildung 124: Gewinnminderung und Bilanzverkürzung durch Abschreibungen (Ausgangssituation: keine Vornahme planmäßiger Abschreibungen)

[1038] Beide Abbildungen entnommen aus *Bieg, Hartmut/Hossfeld, Christopher*: Finanzierungsentscheidungen. In: Saarbrücker Handbuch der Betriebswirtschaftlichen Beratung, hrsg. von *Karlheinz Küting*, 4. Aufl., Herne/Berlin 2008, S. 69–70.

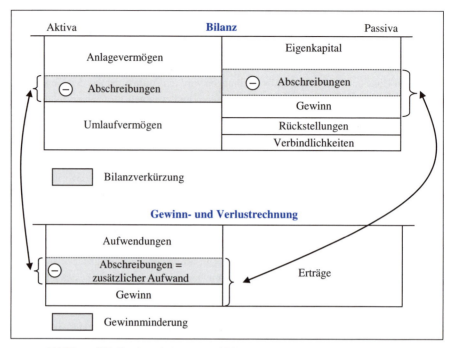

Abbildung 125: Gewinnminderung und Bilanzverkürzung durch Abschreibungen (Vornahme planmäßiger Abschreibungen)

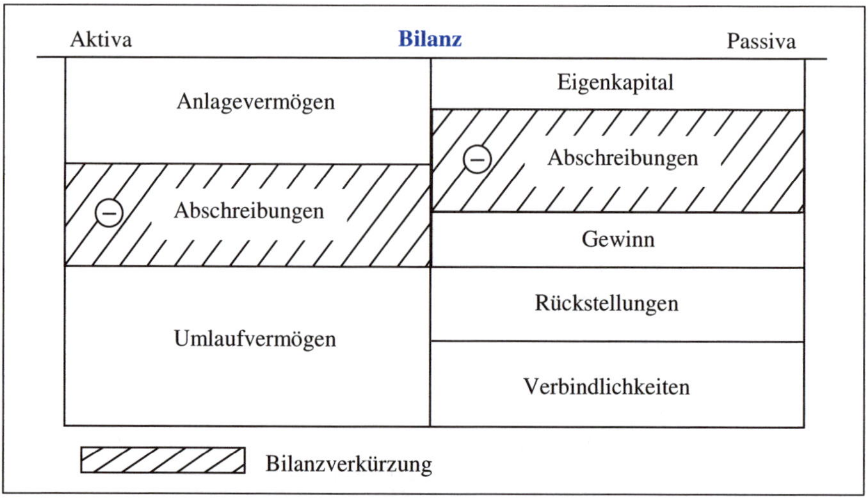

Abbildung 126: Finanzierungswirkung von Abschreibungen in der Bilanz (I)

D. Finanzierung durch Vermögensumschichtung und Umfinanzierung

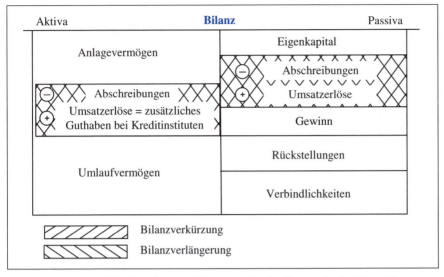

Abbildung 127: Finanzierungswirkung von Abschreibungen in der Bilanz (II)

Ein Blick in die Gewinn- und Verlustrechnung verdeutlicht, dass diese Mittel auch tatsächlich in dem Unternehmen verbleiben können und nicht etwa den Betrieb in Form von Steuer- und eventuell Ausschüttungszahlungen verlassen (vgl. **Abbildung 128**[1039]): Die Abschreibungsaufwendungen schützen einen Teil der Erträge, nämlich gerade die den Abschreibungen entsprechenden Umsatzerlöse, vor der Besteuerung und Ausschüttung.

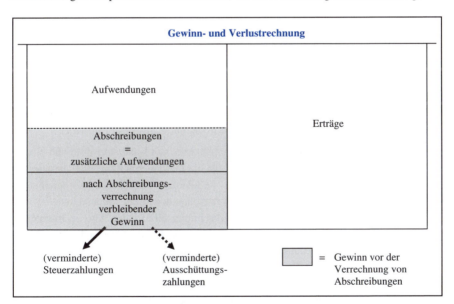

Abbildung 128: Finanzierungswirkung von Abschreibungen in der Gewinn- und Verlustrechnung

---

[1039] Modifiziert entnommen aus *Bieg, Hartmut/Hossfeld, Christopher*: Finanzierungsentscheidungen. In: Saarbrücker Handbuch der Betriebswirtschaftlichen Beratung, hrsg. von *Karlheinz Küting*, 4. Aufl., Herne/Berlin 2008, S. 71.

Damit die Finanzierungswirkung aus dem Rückfluss von Abschreibungsgegenwerten – wie vorstehend beschrieben – eintritt, müssen bestimmte **Voraussetzungen** erfüllt sein:[1040]

- Zunächst einmal müssen die in den Kosten verrechneten **kalkulatorischen Abschreibungen** mindestens der **produktionsbedingten Wertminderung** des betreffenden Vermögensgegenstandes entsprechen. Sind die verrechneten und vom Markt in den Umsatzerlösen vergüteten kalkulatorischen Abschreibungen aber geringer (z. B. kalkulatorische Nutzungsdauer > tatsächliche Nutzungsdauer bei gleichem Abschreibungsverfahren und gleicher Abschreibungsbasis), so wurden am Ende der tatsächlichen Nutzungsdauer nicht genügend Abschreibungsgegenwerte über Umsatzerlöse erzielt, um den Vermögensgegenstand zu ersetzen. Entsprechen dagegen die kalkulatorischen Abschreibungen genau dem produktionsbedingten Werteverzehr, so kann der Vermögensgegenstand am Ende seiner tatsächlichen Nutzungsdauer wiederbeschafft werden. Dieser Fall dürfte jedoch in der Realität am seltensten vorkommen. Sofern allerdings die kalkulatorischen Abschreibungen die tatsächliche Wertminderung übersteigen, lassen sich Maschinenkapazitäten, die noch nutzbar sind, kalkulatorisch, finanzbuchhalterisch und faktisch ersetzen. Die damit verbundene Kapazitätsausweitung geht noch über den im **Elften Abschnitt, Kapitel D.II.2.b)** beschriebenen Kapazitätserweiterungseffekt hinaus.

- Die zweite Voraussetzung für die Finanzierungswirkung ist, dass die am Markt erzielbaren **Verkaufspreise mindestens die Selbstkosten** (inklusive der anteiligen kalkulatorischen Abschreibungen) der mit dem Vermögensgegenstand hergestellten Produkte **decken**. Kurz- bzw. mittelfristig besteht allerdings die Gefahr der Nichterfüllung dieser Bedingung, da der Produktverkaufspreis in der Regel von der Markt- und nicht von der Unternehmenssituation her bestimmt wird.

- Drittens müssen die **Umsatzerlöse in liquider Form** – also als Einzahlungen – zugehen. In dem Maße, in dem Zielverkäufe getätigt werden, und in Abhängigkeit von der Länge der gewählten Zahlungsziele sinkt die besprochene Finanzierungswirkung aus Abschreibungsgegenwerten. Dies gilt auch für den Fall, in dem die aus den Zielverkäufen resultierenden Forderungen im Wege des Factorings (vgl. den **Elften Abschnitt, Kapitel D.II.3.a)**) veräußert werden, da hierbei Kosten (und Zeitverluste) entstehen.

- Schließlich ist Folgendes bezüglich des Verhältnisses von kalkulatorischen und bilanziellen Abschreibungen zu beachten: Weil für die Gewinnermittlung und -besteuerung nicht kalkulatorische Werte, sondern stets die bilanziell verrechneten Abschreibungen von Bedeutung sind, verbleiben die freigesetzten liquiden Mittel nur dann in dem Unternehmen, wenn der Gewinn durch die **Verrechnung bilanzieller Abschreibungen in Höhe der** in den Selbstkosten verrechneten **kalkulatorischen Abschreibungen** gemindert wird. Wenn die verrechneten und zurückgeflossenen kalkulatorischen Abschreibungen größer als die entsprechenden bilanziellen Abschreibungen sind (z. B. weil die kalkulatorischen Abschreibungen von eventuell höheren Wiederbeschaffungskosten, die bilanziellen Abschreibungen von niedrigeren Anschaffungskosten ausgehen), erkennt das Handels- und Steuerrecht diese Differenzen nicht als periodenerfolgsmindernde Beträge an, sondern betrachtet sie als Gewinnbestandteile. Sie sind zunächst zu versteuern; der Rest steht – zumindest teilweise – den Eigenkapitalgebern zu. Gelder, die den Be-

---

[1040] Vgl. *Vormbaum, Herbert*: Finanzierung der Betriebe. 9. Aufl., Wiesbaden 1995, S. 443.

D. Finanzierung durch Vermögensumschichtung und Umfinanzierung   407

trieb verlassen haben, können aber keine Finanzierungswirkung mehr besitzen. Sind dagegen die bilanziellen Abschreibungen höher als die kalkulatorischen, so werden stille Reserven gebildet, die ebenfalls eine Finanzierungswirkung entfalten können. Diese Wirkung ordnet man allerdings im Rahmen der Finanzierungslehre der sog. „stillen Selbstfinanzierung" (Gewinnthesaurierung durch Bewertungsmaßnahmen)[1041] und nicht etwa der Finanzierung durch den Rückfluss von Abschreibungsgegenwerten zu.

b)   Kapazitätserweiterungseffekt

Soll der Betriebsprozess im bisherigen Umfang aufrechterhalten werden, so sind diejenigen Anlagen, deren wirtschaftliche Nutzungsdauer beendet ist, zu ersetzen, d. h., die vom Markt in den Umsatzerlösen vergüteten Abschreibungsgegenwerte sind in neue Anlagen zu investieren. Geht man von dem Regelfall in einem Produktionsbetrieb aus, dass dem Unternehmen bereits während der Nutzungsdauer der Vermögensgegenstände Abschreibungsgegenwerte zugeflossen sind, so erfolgt dieser **Rückfluss früher investierter Mittel** zu einem großen Teil weit **vor dem Ersatzzeitpunkt** der Vermögensgegenstände. Die auf diese Weise zugeflossenen liquiden Mittel können damit entweder zur **Durchführung neuer Sachinvestitionen** verwendet oder bis zur Wiederbeschaffung der abnutzbaren Vermögensgegenstände des Anlagevermögens als **Fonds flüssiger Mittel** gehalten werden; auch die **Vornahme von Finanzinvestitionen** bzw. eine **Tilgung von Verbindlichkeiten** ist möglich. Wird die erste Alternative gewählt, so ergibt sich ohne die Zuführung von neuem Kapital (von außen oder von innen) ein Kapazitätserweiterungseffekt („*Lohmann-Ruchti-Effekt*").

Bei dem vorstehend angesprochenen **Kapazitätserweiterungseffekt** handelt es sich um den einfachen Sachverhalt, dass das Unternehmen die über die Umsatzerlöse zurückgeflossenen Abschreibungsgegenwerte – die früher wieder vorhanden sind als sie zum eigentlichen Ersatz der Altanlagen benötigt werden – ausschließlich dazu verwendet, weitere Anlagen identischer oder ähnlicher Art anzuschaffen. Als Folge dieser **Zusatzinvestitionen** kommt es zu einer Vergrößerung der Periodenbearbeitungskapazität des Unternehmens. Das folgende Beispiel[1042] soll diesen Effekt verdeutlichen.

[1041] Vgl. dazu den **Elften Abschnitt, Kapitel B.II.**

[1042] Modifiziert entnommen aus *Bieg, Hartmut/Hossfeld, Christopher*: Finanzierungsentscheidungen. In: Saarbrücker Handbuch der Betriebswirtschaftlichen Beratung, hrsg. von *Karlheinz Küting*, 4. Aufl., Herne/Berlin 2008, S. 73–77.

> **Beispiel:**

Ein Speditionsunternehmen beschafft sich jeweils zu Beginn von fünf aufeinander folgenden Jahren (Jahr 1 bis Jahr 5) je einen LKW gleichen Typs zu 200.000 EUR pro Stück. Diese „Erstausstattung" ist extern langfristig finanziert; Zins- und Tilgungszahlungen hieraus sind im Weiteren nicht zu berücksichtigen. Bei einer betriebsgewöhnlichen Nutzungsdauer eines LKW von fünf Jahren beträgt die jährlich gleich hohe Fahrleistung (Leistungsabgabe; Periodenkapazität) 150.000 km. Es ergeben sich damit Abschreibungen in Höhe von

$$\frac{200.000\,\text{EUR}}{5\,\text{Jahre}} = 40.000\,\text{EUR}$$

pro Jahr und LKW. Die jährlichen Abschreibungsgegenwerte (lineare Berechnung über die Nutzungsdauer), denen entsprechende Umsatzeinzahlungen gegenüberstehen, werden am Ende eines jeden Jahres – sobald sie ausreichen – in LKW gleicher Technik, gleicher Nutzungsdauer und gleicher Wiederbeschaffungskosten (re-)investiert. Spitzenbeträge werden bis zum nächstmöglichen Investitionszeitpunkt vorgetragen. Damit ergibt sich der Kapazitätserweiterungseffekt gemäß der **Abbildung 129** auf S. 409.

Am Anfang des Jahres 1 erwirbt das Speditionsunternehmen den LKW 1, der ab dem Jahr 1 abgeschrieben wird. Am Anfang des Jahres 2 wird außerdem der LKW 2 angeschafft, der ab dem Jahr 2 abgeschrieben wird. Die Anschaffungsauszahlungen der LKW 1 und 2 (sowie 3 bis 5) bleiben außer Betracht, da sie extern finanziert werden. Unter der Prämisse entsprechender Umsatzeinzahlungen entsprechen den Abschreibungen von 40.000 EUR im Jahr pro LKW auch liquide Mittel in gleicher Höhe; aufgrund der entsprechenden Aufwandsverrechnung für Abschreibungen fallen keine Auszahlungen für Ertragsteuerzahlungen und Gewinnausschüttungen an. Am Ende des Jahres 3 stehen dem Speditionsunternehmen damit (kumulierte) liquide Mittel in Höhe von 240.000 EUR zur Verfügung (vgl. **Zeile 8**: „Σ überschüssige Mittel vor Zusatzinvestitionen"). Hiermit kann Ende des Jahres 3 ein weiterer LKW außerplanmäßig finanziert werden, der ab dem Jahr 4 abgeschrieben wird. Obwohl das Speditionsunternehmen bis zu diesem Zeitpunkt erst 3 LKW erworben hat, wird er als LKW 6 bezeichnet, weil sein Erwerb neben die ursprünglich vorgesehenen Käufe der LKW 1 bis 5 tritt. Am Ende der Periode 4 ergeben sich wiederum überschüssige Mittel in Höhe von 240.000 EUR (vgl. **Zeile 10**: „Σ überschüssige Mittel nach der 1. Zusatzinvestition"), mit denen Ende des Jahres 4 der ab dem Jahr 5 abzuschreibende LKW 7 erworben werden kann. Am Ende der Periode 6 stehen liquide Mittel zur Verfügung, mit denen sogar ein achter LKW gekauft werden kann. Damit setzt das Speditionsunternehmen in der Periode 7 insgesamt 8 LKW ein, also drei mehr als ursprünglich geplant. Bei dieser Vorgehensweise ist – unter der Annahme ihrer externen Erstfinanzierung – stets sichergestellt, dass die LKW 1 bis 5 der Erstausstattung aus Abschreibungsgegenwerten wiederbeschafft werden können (vgl. **Zeile 7**: „Ersatzinvestitionen (Erstausstattung)"); z. B. stehen am Ende des Jahres 5 liquide Mittel zur Ersatzbeschaffung von LKW 1 zur Verfügung, der ab dem Jahr 6 abgeschrieben wird. Am Ende der Periode 8 ist sogar die Ersatzbeschaffung des LKW 6 möglich (vgl. **Zeile 15**: „Ersatzinvestition von LKW 6 ..."); er wird ab dem Jahr 9 abgeschrieben. Die überschüssigen Mittel der Periode 9 in Höhe von 160.000 EUR (vgl. **Zeile 16**: „Σ überschüssige Mittel nach der 4. Zusatzinvestition und der Ersatzinvestition von LKW 3") reichen demgegenüber nicht dazu aus, den LKW 7, dessen Nutzung in der Periode 9 ausläuft, wiederzubeschaffen. In der Periode 10 stehen dem Speditionsunternehmen damit nur 7 LKW zur Verfügung (LKW 1 bis 5, Ersatz von LKW 6 sowie LKW 8).

D. Finanzierung durch Vermögensumschichtung und Umfinanzierung

	Jahresende	1	2	3	4	5	6	7	8	9
1	Abschreibung LKW 1 [1]	40.000	40.000	40.000	40.000	40.000	40.000 [8]	40.000	40.000	40.000
2	Abschreibung LKW 2 [2]		40.000	40.000	40.000	40.000	40.000	40.000 [9]	40.000	40.000
3	Abschreibung LKW 3 [3]			40.000	40.000	40.000	40.000	40.000	40.000 [10]	40.000
4	Abschreibung LKW 4 [4]				40.000	40.000	40.000	40.000	40.000	40.000 [11]
5	Abschreibung LKW 5 [5]					40.000	40.000	40.000	40.000	40.000
6	∑ Abschreibungen pro Jahr = ∑ liquide Abschr.-gegenwerte	40.000	80.000	120.000	160.000	200.000	200.000	200.000	200.000	200.000
7	Ersatzinvestitionen (Erstausstattung)					Ersatz von LKW 1 −200.000	Ersatz von LKW 2 −200.000	Ersatz von LKW 3 −200.000	Ersatz von LKW 4 −200.000	Ersatz von LKW 5 −200.000
8	∑ überschüssige Mittel vor Zusatzinvestitionen	40.000	120.000 [6]	240.000		40.000	40.000	40.000	40.000	40.000
9	Zusatzinvestition LKW 6 und Abschreibung LKW 6			−200.000	40.000	40.000	40.000	40.000	40.000	40.000
10	∑ überschüssige Mittel nach der 1. Zusatzinvestition			40.000	240.000 [7]					
11	Zusatzinvestition LKW 7 und Abschreibung LKW 7				−200.000	40.000	40.000	40.000	40.000	40.000
12	∑ überschüssige Mittel nach der 2. Zusatzinvestition und der Ersatzinvestition von LKW 1				40.000	120.000 [12]	200.000			
13	Zusatzinvestition LKW 8 und Abschreibung LKW 8						−200.000	40.000	40.000	40.000
14	∑ überschüssige Mittel nach der 3. Zusatzinvestition und der Ersatzinvestition von LKW 2						0	120.000	240.000	
15	Ersatzinvestition von LKW 6 und Abschreibung LKW 6								−200.000	40.000
16	∑ überschüssige Mittel nach der 4. Zusatzinvestition und der Ersatzinvestition von LKW 3								40.000	160.000

1) Anschaffung Anfang 1; extern finanziert.
2) Anschaffung Anfang 2; extern finanziert.
3) Anschaffung Anfang 3; extern finanziert.
4) Anschaffung Anfang 4; extern finanziert.
5) Anschaffung Anfang 5; extern finanziert.
6) 40.000 aus dem Jahr 1 + 80.000 aus dem Jahr 2. Keine Berücksichtigung von Zinseffekten, z. B. Anlage der 40.000 aus dem Jahr 1 für ein Jahr usw.
7) 40.000 aus dem Jahr 3 − (160.000 + 40.000) aus dem Jahr 4.
8) 1. Abschreibung der Ersatzinvestition für LKW 1.
9) 1. Abschreibung der Ersatzinvestition für LKW 2.
10) 1. Abschreibung der Ersatzinvestition für LKW 3.
11) 1. Abschreibung der Ersatzinvestition für LKW 4.
12) 40.000 aus dem Jahr 4 + (40.000 + 40.000) aus dem Jahr 5.
∑ Summe

Abbildung 129: Kapazitätserweiterungseffekt bei der Finanzierung aus Abschreibungsgegenwerten (alle Angaben in EUR)

Insgesamt zeigt die **Abbildung 129** auf S. 409, dass die Kapitalfreisetzung aus dem Rückfluss von Abschreibungsgegenwerten eine Kapazitätserweiterung ermöglicht. Statt der ursprünglich geplanten fünf LKW können ab der Periode 4 eine größere Zahl von LKW eingesetzt werden. Allgemein kann man damit den **Kapazitätserweiterungseffekt** wie folgt beschreiben: Während der Nutzungsdauer sinkt zwar die Kapazität, die insgesamt von einer einzelnen Anlage (z. B. einem LKW) abgegeben werden kann **(Gesamtkapazität)**; die Kapazität, die von ihr in den Einzelperioden erbracht werden kann **(Periodenkapazität)**, ist dagegen bis zum Ablauf der Nutzungsdauer unverändert (LKW 1: Periodenkapazität 150.000 km; Gesamtkapazität insgesamt 750.000 km; verbleibende Gesamtkapazität nach einem Jahr: 600.000 km usw.).

Das bedeutet: Der Leistungserstellungsprozess eines Unternehmens kann in dem bisherigen Umfang aufgrund unveränderter Periodenkapazitäten aufrechterhalten werden, sofern Anlagen, deren Gesamtkapazität verbraucht ist (am Ende der Nutzungsdauer), ersetzt werden. Dem Unternehmen fließen Teile der früher investierten Mittel (Abschreibungsgegenwerte) in den Verkaufserlösen aber bereits weit vor dem Ersatzzeitpunkt der Anlagen wieder zu. Bis zu diesem Ersatzzeitpunkt stehen ihm diese liquiden Mittel neben den Anlagen zur Verfügung. Diese Anlagen repräsentieren aber eine bestimmte Periodenkapazität, so dass der Leistungserstellungsprozess bis zum Ersatzzeitpunkt unverändert fortgesetzt werden kann. Die bis zu diesem Zeitpunkt nicht benötigten Beträge (Abschreibungsgegenwerte) können für Zusatzinvestitionen verwendet werden. Ohne eine Kapitalbeschaffung von außen kommt es somit zu einer Erweiterung der Periodenkapazität.

Soweit es sich auch bei den Zusatzinvestitionen um abnutzbare Vermögensgegenstände des Anlagevermögens handelt, kommt es auch hier in der Folgezeit zu einer Kapitalfreisetzung durch den Rückfluss von Abschreibungsgegenwerten. Durch die mehrjährige Nutzungsfähigkeit und die nach der Vornahme von Zusatzinvestitionen unterschiedliche Altersstruktur der Anlagen wird erreicht, dass bis zum nächsten Ersatzzeitpunkt mehr Anlagen als zuvor ihre Periodenleistung abgeben. Soweit Zusatzinvestitionen in gleichartigen homogenen Anlagen erfolgen, bleibt allerdings die (durchschnittlich dem Unternehmen zur Verfügung stehende) Gesamtkapazität konstant, da nur der verbrauchte Teil der Gesamtkapazität durch neue Anlagen ersetzt wird. Dies verdeutlicht die **Abbildung 130** auf S. 411.

In der Praxis ist allerdings zu beachten, dass der – zudem handels- und steuerrechtlich häufig unterschiedliche – **Abschreibungsverlauf mit dem tatsächlichen Wertminderungsverlauf (Nutzungsverlauf) nicht immer übereinstimmt**. Üblicherweise werden aufgrund handels- und steuerrechtlicher Abschreibungsvorschriften die Abschreibungen in den ersten Jahren der Nutzung höher angesetzt als die Wertminderungen. Werden die durch Aufwandsverrechnung an das Unternehmen gebundenen (überhöhten) Abschreibungsgegenwerte zur Finanzierung von Investitionen herangezogen (stille Selbstfinanzierung), so kann in diesen Jahren sowohl die Perioden- als auch die Gesamtkapazität des Unternehmens erweitert werden.

Zu beachten ist außerdem, dass sich der Kapazitätserweiterungseffekt nicht ständig fortsetzt; er kann **maximal** zu einer **Verdoppelung der ursprünglich vorhandenen (extern finanzierten) Vermögensgegenstände** führen. Voraussetzung für die Verdoppelung ist allerdings neben der Anwendung des linearen Abschreibungsverfahrens die beliebige Teilbarkeit der Vermögensgegenstände und die sofortige Reinvestition der zugeflossenen Abschreibungsgegenwerte.

LKW	Ende Periode 7		Ende Periode 8		Ende Periode 9	
	verbleibende Gesamtkapazität in Tausend km	Restnutzungsdauer in Jahren	verbleibende Gesamtkapazität in Tausend km	Restnutzungsdauer in Jahren	verbleibende Gesamtkapazität in Tausend km	Restnutzungsdauer in Jahren
1	450	3	300	2	150	1
2	600	4	450	3	300	2
3	750	5	600	4	450	3
4	150	1	750	5	600	4
5	300	2	150	1	750	5
6	150	1	750	5	600	4
7	300	2	150	1	–	–
8	600	4	450	3	300	2
∑	3.300	22	3.600	24	3.150	21
∅	412,5	2,75	450	3	393,75	2,625
verbleibende ∅ Gesamtkapazität pro LKW in Tausend km pro Jahr ∅ Restnutzungsdauer*	$\frac{412,5}{2,75} = 150$		$\frac{450}{3} = 150$		$\frac{393,75}{2,625} = 150$	

* Dies entspricht der verbleibenden Gesamtkapazität pro LKW in Tausend km pro Jahr Restnutzungsdauer (Ende Periode 7: 3.300 ÷ 22 = 150; Ende Periode 8: 3.600 ÷ 24 = 150; Ende Periode 9: 3.150 ÷ 21 = 150).

Abbildung 130: Entwicklung der Gesamtkapazität beim Kapazitätserweiterungseffekt im Rahmen der Finanzierung aus Abschreibungsgegenwerten

Wenn man aber berücksichtigt, dass in der Realität Vermögensgegenstände in der Regel nicht beliebig teilbar sind und (deshalb) Investitionsentscheidungen in bestimmten Zeitabständen getroffen werden, ergibt sich der folgende sog. **„Kapazitätserweiterungsfaktor" (KEF)**:[1043]

$$KEF = 2 \cdot \frac{n}{n+1}$$ mit n: Nutzungsdauer des Vermögensgegenstandes

Für das obige Beispiel ergibt sich damit ein KEF von $2 \cdot \frac{5}{5+1} = 1{,}67$. Die Kapazität kann demnach rechnerisch auf das 1,67-fache der geplanten Kapazität erweitert werden. Mit anderen Worten: Die Kapazität der Erstausstattung kann maximal um 2/3 = 66,67 % gesteigert werden. Das Speditionsunternehmen kann somit durch die Finanzierung aus Abschreibungsgegenwerten maximal eine Kapazität von 5 · 1,67 = 8,33 LKW, also 8 LKW, aufbauen.

[1043] Vgl. *Süchting, Joachim*: Finanzmanagement – Theorie und Politik der Unternehmensfinanzierung. 6. Aufl., Wiesbaden 1995, S. 259; *Wöhe, Günter u. a.*: Grundzüge der Unternehmensfinanzierung. 11. Aufl., München 2013, S. 435–436.

Die theoretische und praktische Bedeutung des Kapazitätserweiterungseffekts darf indessen nicht überschätzt werden, da den Modellrechnungen mehrere **vereinfachende** und damit **nicht immer realitätsnahe Annahmen** zugrunde liegen:[1044]

- Bei der Darstellung des Kapazitätserweiterungseffekts (vgl. **Abbildung 129** auf S. 409) geht man von konstanten (Wieder-)Beschaffungspreisen für die ersatzweise oder zusätzlich gekauften Vermögensgegenstände aus. Unterstellt man aber realistischerweise **steigende (Wieder-)Beschaffungspreise**, so können mit den im Umsatzprozess erwirtschafteten Abschreibungsgegenwerten weniger neue Anlagen angeschafft werden; die Kapazitätserweiterung ist dann entsprechend geringer.

- Unberücksichtigt bleibt weiterhin, dass eine technische Kapazitätserweiterung in dem Unternehmen zumeist nicht ohne Folgen bleibt. So kann die Ausdehnung des abnutzbaren Anlagevermögens eines Unternehmens beispielsweise zu einer **Vergrößerung des Vorratsvermögens** führen. Eventuell ist auch **zusätzliches Personal** notwendig (z. B. LKW-Fahrer). In diesen Fällen bedingt ein gestiegenes Anlagevermögen einen steigenden Kapitalbedarf für das Umlaufvermögen bzw. für die Erfüllung laufender Zahlungsverpflichtungen. Wenn dieser nicht durch sonstige Mittel gedeckt werden kann, sondern durch Abschreibungsgegenwerte finanziert werden muss, dann ist eine Kapazitätserweiterung in Höhe des Kapazitätserweiterungsfaktors nicht möglich.

- Die technische Kapazitätserweiterung ist zudem in den **Gesamtzusammenhang der Unternehmenstätigkeit** einzubetten. Zum einen ist deshalb in mehrstufigen Produktionsprozessen eine kapazitative Abstimmung vorzunehmen. Der Ausbau einer Produktionsstufe ist danach nur sinnvoll, wenn auch die vor- und nachgelagerten Stufen analog erweitert werden. Ansonsten kommt es zum Aufbau von Leerkapazitäten oder (überhöhten) Lagerbeständen. Zum anderen ist eine Kapazitätserweiterung (einer oder aller Produktionsstufen) selbstverständlich nur dann sinnvoll, wenn **ausreichende Absatzmöglichkeiten** bestehen, also die mit der zusätzlichen Kapazität produzierten Güter und Dienstleistungen auch am Markt verkauft werden können. Schließlich darf der aus einer Kapazitätserweiterung resultierende Absatz nicht zu einem **Verfall der Absatzpreise** führen, weil dann die erzielten Umsatzeinzahlungen u. U. nicht mehr dazu ausreichen, den gezeigten Kapazitätserweiterungseffekt darzustellen.[1045]

c) Reduzierung des externen Kapitalbedarfs

Bei der Darstellung des Kapazitätserweiterungseffektes wurde unterstellt, dass die geplante Grundausstattung (LKW 1 bis LKW 5) extern, z. B. durch eine entsprechende Kreditaufnahme, finanziert wird. In den Perioden 1 bis 5 besteht demgemäß ein Kapitalbedarf in Höhe von jeweils 200.000 EUR. Die im Umsatzprozess erwirtschafteten Abschreibungsgegenwerte könnten allerdings statt zur Kapazitätserweiterung zur Reduzierung dieses externen Kapitalbedarfs eingesetzt werden. **Abbildung 131** auf S. 413 verdeutlicht dies.

[1044] Vgl. zu den folgenden Ausführungen *Däumler, Klaus-Dieter/Grabe, Jürgen*: Betriebliche Finanzwirtschaft. 10. Aufl., Herne 2013, S. 337–338; *Olfert, Klaus*: Finanzierung. 16. Aufl., Herne 2013, S. 454–455; *Perridon, Louis/Steiner, Manfred/Rathgeber, Andreas*: Finanzwirtschaft der Unternehmung. 16. Aufl., München 2012, S. 511–514; *Vormbaum, Herbert*: Finanzierung der Betriebe. 9. Aufl., Wiesbaden 1995, S. 444–448.

[1045] Für die Erläuterung weiterer Annahmen oder Mängel wird auf die in Fußnote 1044 genannte Literatur verwiesen.

D. Finanzierung durch Vermögensumschichtung und Umfinanzierung

Während LKW 1 noch voll extern finanziert werden muss (externer Kapitalbedarf in der Periode 1 in Höhe von 200.000 EUR), kann zum Erwerb des LKW 2 bereits der Gegenwert einer Abschreibung auf LKW 1 (= 40.000 EUR) eingesetzt werden. Der externe Kapitalbedarf sinkt dadurch auf 160.000 EUR. Ebenso können Abschreibungsgegenwerte beim Kauf der LKW 3 bis 5 in den Perioden 3 bis 5 eingesetzt werden; der externe Kapitalbedarf reduziert sich auf diese Weise sukzessive. Der Ersatz von LKW 1 kann – anders als im Beispiel gemäß **Abbildung 129** auf S. 409 – voll aus Abschreibungsgegenwerten finanziert werden, so dass hierfür extern kein Kapital zu beschaffen ist. Dies gilt auch für den Ersatz der übrigen LKW der Erstausstattung.

Jahresende	1	2	3	4	5	6	7	8	9
Kauf und Abschreibung LKW 1	-200.000	40.000	40.000	40.000	40.000	40.000	40.000 [1]	40.000	40.000
Kauf und Abschreibung LKW 2		-200.000	40.000	40.000	40.000	40.000	40.000	40.000 [2]	40.000
Kauf und Abschreibung LKW 3			-200.000	40.000	40.000	40.000	40.000	40.000	40.000 [3]
Kauf und Abschreibung LKW 4				-200.000	40.000	40.000	40.000	40.000	40.000
Kauf und Abschreibung LKW 5					-200.000	40.000	40.000	40.000	40.000
Ersatzinvestitionen (Erstausstattung)						Ersatz von LKW 1 -200.000	Ersatz von LKW 2 -200.000	Ersatz von LKW 3 -200.000	Ersatz von LKW 4 -200.000
externer Kapitalbedarf	200.000	160.000	120.000	80.000	40.000	0	0	0	0

[1] 1. Abschreibung der Ersatzinvestition für LKW 1.
[2] 1. Abschreibung der Ersatzinvestition für LKW 2.
[3] 1. Abschreibung der Ersatzinvestition für LKW 3.

Abbildung 131: Reduzierung des externen Kapitalbedarfs durch die Verwendung von Abschreibungsgegenwerten

Während im Ausgangsfall (vgl. den **Elften Abschnitt, Kapitel D.II.2.b)**) ein über 5 Jahre kumulierter externer Kapitalbedarf in Höhe von 5 · 200.000 EUR = 1.000.000 EUR bestand, ergibt sich nun ein über 5 Jahre kumulierter externer Kapitalbedarf in Höhe von lediglich 600.000 EUR (= 200.000 + 160.000 + 120.000 + 80.000 + 40.000). Allerdings haben in der Ausgangssituation die 1 Mio. EUR eine Gesamtkapazität bis zu 8 LKW finanziert (Kapazitätserweiterungseffekt). Wenn nun aber die Abschreibungsgegenwerte – wie hier unterstellt – zur Reduzierung des externen Kapitalbedarfs eingesetzt werden, ist selbstverständlich eine solche Kapazitätserweiterung nicht mehr möglich. Das Speditionsunternehmen muss dann mit (nur) 5 LKW arbeiten.

3. Kapitalfreisetzung durch den Verkauf von Forderungen

a) Factoring

Ein Großteil der produzierten Güter und Dienstleistungen von Unternehmen wird unter der **Einräumung von Zahlungszielen** verkauft. Die dadurch entstehenden (geplanten) **Verzögerungen beim Zahlungseingang** führen bei dem Unternehmen zu (Finanzierungs-)Kosten.

Darüber hinaus kommt es regelmäßig zu zusätzlichen (ungeplanten) Verspätungen bei der Bezahlung von Rechnungen, weil die eingeräumten **Zahlungsziele überschritten** werden, und zwar häufig ohne einen Zinsausgleich für den Zeitraum der Verspätung. In der Bundesrepublik Deutschland ergaben sich beispielsweise 2012 ein durchschnittliches Zahlungsziel von 14,17 Tagen und ein durchschnittlicher Zahlungsverzug von 12,33 Tagen; im Durchschnitt erhielten damit die Unternehmen erst 26,5 Tage nach der Rechnungserstellung die Zahlungen (= Forderungslaufzeit).[1046] Die Zahlungsmodalitäten sind zudem sehr oft branchenbezogen allgemein üblich, so dass sich ein einzelnes Unternehmen einer Branche nicht ohne negative Auswirkungen auf seine Absatzmöglichkeiten von diesen Usancen lösen kann. Damit stellt sich die Frage nach Alternativen, die zu einer Beschleunigung des Zahlungsmittelzuflusses bei dem liefernden Unternehmen führen. Eine Möglichkeit hierzu ist das Factoring.

Die **Finanzierungswirkung des Factorings** ergibt sich aus dem vertraglich vereinbarten laufenden Verkauf und der Übertragung kurzfristiger Geldforderungen des Unternehmens (meist Forderungen aus Lieferungen und Leistungen) im Wege einer Globalzession an ein Spezialfinanzierungsinstitut (Factor), welches als Gegenleistung liquide Mittel in Form von Bankguthaben zur Verfügung stellt. Neben dieser **Finanzierungsfunktion** (Bevorschussung der angekauften Forderungen bis zum Tag ihrer Fälligkeit) können je nach Vertragsgestaltung weitere Funktionen durch den Factor übernommen werden:

- Die **Delkrederefunktion**: Hier übernimmt der Factor das Ausfallrisiko der angekauften Forderungen in voller Höhe; das veräußernde Unternehmen hat dann dieses Ausfallrisiko nicht mehr zu tragen.

- Die **Dienstleistungs- oder Servicefunktion**: Der Factor betreibt die Debitorenbuchhaltung, das Mahnwesen sowie das Inkasso. Diese Dienstleistungen können ausgedehnt werden auf die Fakturierung für den Factoring-Kunden, die Erstellung und Auswertung von Statistiken sowie auf eine betriebswirtschaftliche Beratung (z. B. Analyse von Absatzmärkten).

Entsprechend dem Umfang der vom Factor übernommenen Funktionen unterscheidet man zwei verschiedene **Ausprägungen des Factorings**. Übernimmt der Factor neben der Finanzierungsfunktion auch die Delkrederefunktion, so liegt **echtes Factoring** vor. Entfällt dagegen die Delkrederefunktion, d. h., der Factor greift bei Ausfall bzw. Teilausfall einer Forderung auf den Factoring-Kunden zurück, so spricht man vom **unechten Factoring**. Wirtschaftlich gesehen handelt es sich in diesem Fall um eine normale Kreditgewährung (gesichert durch eine Globalzession), während das echte Factoring eine endgültige Veräußerung und damit Liquidisierung der Forderung darstellt. In Deutschland wird von den beiden vorstehend angesprochenen Ausprägungen des Factorings fast ausnahmslos das echte Factoring praktiziert. Dafür lassen sich in der Hauptsache zwei Gründe nennen. Zum einen wollen sich die Factoring-Kunden gegen das durch die ständige Zunahme der Insolvenzfälle gestiegene Ausfallrisiko abgesichert wissen. Zum anderen erachtet die höchstrichterliche Rechtsprechung Forderungsabtretungen, die dem verlängerten Eigentumsvorbehalt unterliegen

---

[1046] Vgl. *Creditreform*: Unternehmensinsolvenzen in Europa 2013/14. Neuss 2014, S. 15–16 sowie *Creditreform*: DRD-Index – Zahlungserfahrungen Creditreform – Herbst 2012. Neuss 2012, S. 3.

– und dieser wird häufig praktiziert –, nur im Falle des echten Factorings für rechtlich wirksam.[1047]

Eine weitere Unterscheidung des Factorings wird getroffen nach der Offenlegung der Abtretung gegenüber dem Schuldner des Factoring-Kunden. Beim **offenen (notifizierten) Factoring** enthalten die Rechnungen des Factoring-Kunden einen Hinweis auf die Forderungsabtretung. Mit befreiender Wirkung kann der Schuldner dann nur noch unmittelbar an den Factor zahlen.[1048] Das **stille (nicht notifizierte) Factoring** zeichnet sich dagegen dadurch aus, dass der Schuldner des Factoring-Kunden nicht über die Abtretung informiert wird. Er zahlt weiterhin schuldbefreiend an den Factoring-Kunden, der die Zahlung für Rechnung des Factors treuhänderisch entgegennimmt und an diesen weiterzuleiten hat. Aufgrund des dadurch zusätzlich entstehenden Kontroll- und Sicherungsaufwandes sowie des gestiegenen Verständnisses[1049] der Firmenkunden für diese Art der Finanzierung ihrer Lieferanten hat sich das offene (notifizierte) Verfahren in Deutschland durchgesetzt. In der Praxis findet sich demnach fast ausschließlich das **echte offene Factoring**. Die dabei entstehenden Beziehungen zwischen den Vertragspartnern verdeutlicht **Abbildung 132**[1050].

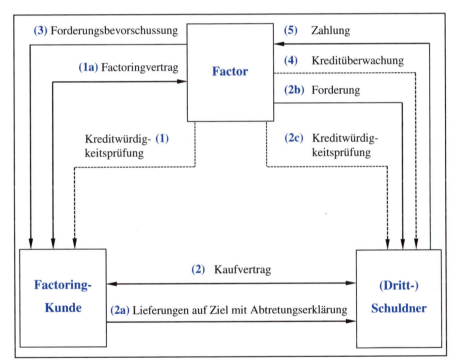

Abbildung 132: Vertragsbeziehungen beim echten offenen Factoring

---

[1047] Vgl. *Perridon, Louis/Steiner, Manfred/Rathgeber, Andreas*: Finanzwirtschaft der Unternehmung. 16. Aufl., München 2012, S. 475.

[1048] Vgl. § 407 BGB.

[1049] So galt früher häufig das Vorurteil: Wer Forderungen abtritt, ist in Schwierigkeiten. Vgl. *Däumler, Klaus-Dieter/Grabe, Jürgen*: Betriebliche Finanzwirtschaft. 10. Aufl., Herne 2013, S. 308.

[1050] Modifiziert entnommen aus *Wöhe, Günter u. a.*: Grundzüge der Unternehmensfinanzierung. 11. Aufl., München 2013, S. 358.

Um beim echten Factoring zu verhindern, dass der Factoring-Kunde ausschließlich risikobehaftete Forderungen abtritt, wird in der Regel nicht der Verkauf von Einzelforderungen, sondern nur der **Verkauf ganz bestimmter Forderungsgruppen** (z. B. die Forderungen gegen Schuldner, deren Name mit den Buchstaben A bis K beginnt) **oder gar aller Forderungen** des Unternehmens vereinbart. Darüber hinaus setzt der Factor nach der Prüfung der Kreditwürdigkeit der einzelnen Schuldner sog. **„Warenkreditlimits"** fest, bis zu deren Höhe er Forderungen des Factoring-Kunden gegenüber dem entsprechenden Schuldner ankaufen wird. Als zusätzliche Schutzmaßnahme bevorschusst er nicht die ganze Forderung, sondern nur etwa 80–95 % der Forderung. Die restlichen 5–20 % erfasst er auf einem Sperrkonto als **Sicherheitsabschlag** für etwaige Gewährleistungsansprüche (z. B. Mängelrügen), Warenretouren oder Inanspruchnahmen von Skonti seitens des (Dritt-)Schuldners. Diese Minderungen des Rechnungsbetrages und damit der entsprechenden Forderungen trägt selbstverständlich – auch beim echten Factoring – nicht der Factor, sondern der Factoring-Kunde, der sie wirtschaftlich zu verantworten hat. Die Übernahme des Delkredererisikos beim echten Factoring durch den Factor beschränkt sich allein auf Zahlungsausfälle, die in der Person des Schuldners begründet liegen.

In der Bilanz des Factoring-Kunden[1051] findet man den Sperrbetrag weiterhin als (illiquide) Forderung, nun allerdings als Forderung gegenüber dem Factor unter den „Sonstigen Vermögensgegenständen" und nicht mehr wie die Ursprungsforderung als Forderung aus Lieferungen und Leistungen. Der Sperrbetrag wird durch den Factor bei Zahlungseingang der ursprünglichen Forderung, spätestens jedoch 90 bis 120 Tage nach dem Rechnungsverfalltag abzüglich der tatsächlich in Anspruch genommenen Skonti und sonstigen Kaufpreisminderungen beglichen.

Abbildung 133 und **Abbildung 134**[1052] (beide auf S. 417) verdeutlichen den Einfluss des Factorings auf die Höhe der liquiden Mittel. Dabei wird von einem Bestand liquider Mittel in Form von Bankguthaben bereits vor der Durchführung des Factorings ausgegangen; dieser Bestand erhöht sich durch die Factoring-Maßnahme. Selbstverständlich ist auch die Verminderung eines zunächst bestehenden Bestandes an (kurzfristigen) Bankverbindlichkeiten durch die Factoring-Maßnahme möglich. Der gezielte Verkauf von Forderungen aus Lieferungen und Leistungen ist Teil des sog. **„Working Capital Management"** eines Unternehmens, innerhalb dessen durch eine effiziente Gestaltung und Steuerung der Zahlungsströme sowie der kurzfristigen Vermögenswerte und der kurzfristigen Verbindlichkeiten nicht nur Liquiditätsverbesserungen erreicht werden sollen, sondern auch Liquiditätsengpässen konsequent und gezielt entgegengewirkt werden soll.[1053]

[1051] Vgl. zu einem Berechnungsbeispiel *Waschbusch, Gerd/Staub, Nadine/Knoll, Jessica*: Mittelstandsfinanzierung: Finanzierung durch den Verkauf von Forderungen – Fremdkapitalersatz für mittelständische Unternehmen? In: Der Steuerberater 2009, S. 394–397.

[1052] Beide Abbildungen entnommen aus *Bieg, Hartmut/Hossfeld, Christopher*: Finanzierungsentscheidungen. In: Saarbrücker Handbuch der Betriebswirtschaftlichen Beratung, hrsg. von *Karlheinz Küting*, 4. Aufl., Herne/Berlin 2008, S. 101–102.

[1053] Vgl. *Bundesverband deutscher Banken*: Working Capital Management. Berlin 2014, S. 3–4. Das Working Capital, sprich das Netto-Umlaufvermögen eines Unternehmens, sollte daher immer größer als null sein; vgl. *Bundesverband deutscher Banken*: Working Capital Management. Berlin 2014, S. 4 und S. 12. Zum Working Capital Management vgl. auch *Staub, Nadine*: Wirtschaftlicher Wandel und Mittelstand – Konjunkturelle und unternehmerische Herausforderungen meistern. Berlin 2012; S. 250–260.

D. *Finanzierung durch Vermögensumschichtung und Umfinanzierung* 417

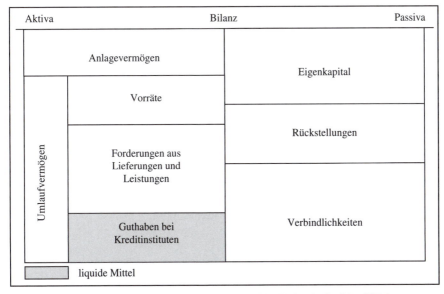

Abbildung 133: Einfluss des Factorings auf die Höhe der liquiden Mittel (Situation vor Factoring)

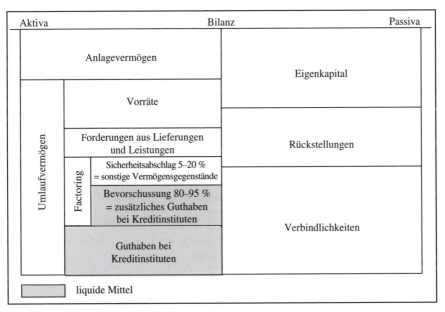

Abbildung 134: Einfluss des Factorings auf die Höhe der liquiden Mittel (Situation nach Factoring)

Vernachlässigt werden in **Abbildung 133** und **Abbildung 134** (beide auf S. 417) allerdings die **Kosten des Factorings**, die sich wie folgt zusammensetzen:[1054]

- **bankübliche Sollzinsen** (Zinssatz für Kontokorrentkredite) für die bevorschussten Forderungen, d. h. für die Differenz zwischen den angekauften Forderungen und dem Sperrbetrag;
- die **Delkredere-Gebühren**, die der Abgeltung des Delkredererisikos dienen und je nach der Bonität der Abnehmer des Factoring-Kunden zwischen 0,2 % und 0,5 % des versicherten monatlichen Saldenbestands betragen;
- sog. „**Prüfgebühren**", die eine Beteiligung des Factoring-Kunden an den Kosten des Factors für Bonitätsprüfungen der Schuldner darstellen;
- **Dienstleistungsgebühren** in Höhe von 0,5–2 % des Umsatzes, abhängig z. B. von der Zahl der Kunden, dem durchschnittlichen Rechnungsbetrag und der Anzahl der Mahnungen.

Beachtenswert beim Factoring ist außerdem, dass sich aus der Übernahme von Dienstleistungen die **Gefahr der Abhängigkeit** des Unternehmens von einer Factoring-Gesellschaft ergeben kann. Kurzfristig ist es dem Unternehmen nämlich nur sehr schwer möglich, die entsprechenden Funktionen (z. B. Debitorenbuchhaltung, Mahn- und Inkassowesen) wieder selbst zu übernehmen.

Die genannten Kosten des Factorings können zwar als Aufwendungen verrechnet werden, vermindern aber als Auszahlungen bzw. Mindereinzahlungen die liquiden Mittel. Demgegenüber stehen aber folgende **Vorteile des Factorings**, die aus dem Haupteffekt, nämlich der Umschichtung illiquider Vermögensteile in liquide Mittel, resultieren und hauptsächlich eine Vermeidung von ansonsten anfallenden Auszahlungen **(positiver Liquiditätseffekt)** und Aufwendungen **(positiver Rentabilitätseffekt)** bewirken:[1055]

- Inanspruchnahme von Skonti bei der Begleichung von Verbindlichkeiten aus Lieferungen und Leistungen mit Hilfe der zusätzlichen liquiden Mittel;
- Begleichung sonstiger hoch verzinslicher Verbindlichkeiten mit Hilfe der zusätzlichen liquiden Mittel, damit verbunden gegebenenfalls Gewerbesteuereinsparungen durch die Reduzierung von Zinsaufwendungen aus Dauerschuldverhältnissen;
- „Schonung" der Kontokorrent-Kreditlinien mit allen damit verbundenen Vorteilen;
- Kosteneinsparungen bei der Debitorenbuchhaltung, der Kreditwürdigkeitsprüfung, dem Mahnwesen sowie der Beitreibung von Forderungen sowie
- Vermeidung von Forderungsverlusten aus Insolvenzen der Abnehmer.

[1054] Vgl. *Rapp, Andreas*: Factoring, Forfaitierung. In: Knapps Enzyklopädisches Lexikon des Geld-, Bank- und Börsenwesens, hrsg. von der Redaktion der Zeitschrift für das gesamte Kreditwesen u. a., 5. Aufl., Frankfurt a. M. 2007, Artikel 4488, S. 9.

[1055] Vgl. *Perridon, Louis/Steiner, Manfred/Rathgeber, Andreas*: Finanzwirtschaft der Unternehmung. 16. Aufl., München 2012, S. 475. Zu einer Kosten-/Nutzen-Analyse des Factorings für den Mittelstand vgl. *Waschbusch, Gerd/Staub, Nadine/Knoll, Jessica*: Mittelstandsfinanzierung: Finanzierung durch den Verkauf von Forderungen – Fremdkapitalersatz für mittelständische Unternehmen? In: Der Steuerberater 2009, S. 393–397.

Angesichts der aufgezeigten Kosten des Factorings sollten grundsätzlich nur Unternehmen mit folgenden Merkmalen Factoring als Finanzierungsinstrument in Erwägung ziehen:[1056]

- die Kunden stammen aus einem breit diversifizierten Kreis gewerblicher Abnehmer;
- der Jahresumsatz beträgt mindestens 500.000 EUR;
- die Zahlungsziele liegen i. d. R. bei 30 bis 90 Tagen, keinesfalls aber über 120 Tagen;
- die durchschnittlichen Rechnungsbeträge belaufen sich auf mindestens 200 EUR.

b) Forfaitierung

Eng verwandt mit dem echten Factoring ist die **Forfaitierung**. Dabei handelt es sich um einen nicht mit Rückgriff belasteten **Verkauf von zumeist mittel- und langfristigen Exportforderungen gegenüber ausländischen Importeuren** an ein in- bzw. ausländisches Finanzierungsinstitut (Forfaiteur) unter Einräumung guter Sicherheiten. Der Erwerber übernimmt bei diesem Finanzierungsinstrument keine Dienstleistungsfunktionen. Zwischen dem Exporteur (Forfaitist) und dem Erwerber wird lediglich ein Kaufvertrag abgeschlossen, der durch die Abtretung der betreffenden Forderungen und die Entrichtung des Kaufpreises erfüllt wird. Es erfolgt ein voller Rechtsübergang auf den Erwerber der Forderungen, ohne dass im Innenverhältnis treuhänderische Beziehungen zwischen den beiden Vertragspartnern bestehen.[1057]

Da beim Verkauf à forfait (in Bausch und Bogen) die **Rückgriffsmöglichkeit stets ausgeschlossen** ist, kommen für die Forfaitierung nur erstklassige Forderungen, die zusätzlich gesichert sind, in Frage. Akzeptiert beispielsweise der Schuldner seine Verbindlichkeit durch eine Wechselannahme, so sind spätere Einreden aus dem Grundgeschäft ausgeschlossen. Bankakzepte, Bankgarantien oder Staatsgarantien bzw. -bürgschaften stellen weitere mögliche Sicherheiten dar.[1058] Die **Kosten der Forfaitierung** ergeben sich als Diskont von der anzukaufenden Forderung zuzüglich Spesen.

Mit der Forfaitierung sind folgende **Vorteile** verbunden:[1059]

- die Bilanz des Exporteurs wird von mittel- und langfristigen Forderungen, vor allem aber von mittel- und langfristigen Verbindlichkeiten zur Refinanzierung dieser Forderungen entlastet; die Kreditwürdigkeit des Exporteurs verbessert sich durch die abnehmende Fremdkapitalquote;

[1056] Vgl. *Betsch, Oskar*: Factoring. In: Handwörterbuch des Bank- und Finanzwesens, hrsg. von *Wolfgang Gerke* und *Manfred Steiner*, 3. Aufl., Stuttgart 2001, Sp. 685; *Olfert, Klaus*: Finanzierung. 16. Aufl., Herne 2013, S. 411; *Rapp, Andreas*: Factoring, Forfaitierung. In: Knapps Enzyklopädisches Lexikon des Geld-, Bank- und Börsenwesens, hrsg. von der Redaktion der Zeitschrift für das gesamte Kreditwesen u. a., 5. Aufl., Frankfurt a. M. 2007, Artikel 4488, S. 3–4.

[1057] Zur Forfaitierung vgl. auch *Waschbusch, Gerd/Staub, Nadine/Knoll, Jessica*: Mittelstandsfinanzierung: Finanzierung durch den Verkauf von Forderungen – Fremdkapitalersatz für mittelständische Unternehmen? In: Der Steuerberater 2009, S. 396–397.

[1058] Vgl. *Perridon, Louis/Steiner, Manfred/Rathgeber, Andreas*: Finanzwirtschaft der Unternehmung. 16. Aufl., München 2012, S. 476.

[1059] Vgl. *Vormbaum, Herbert*: Finanzierung der Betriebe. 9. Aufl., Wiesbaden 1995, S. 373–374.

- der Exporteur erhält eine Exportkreditfinanzierung ohne den sonst üblichen Selbstbehalt in Höhe von 10–30 %;
- dem Exporteur entstehen keine Kosten für eine Exportkreditversicherung;
- bei auf Fremdwährung lautenden Geschäften entstehen dem Exporteur keine Währungsrisiken mehr; der Forfaitierende übernimmt diese Risiken;
- dem Exporteur entstehen keine Kosten für die Aufbewahrung von Wechseln, die Überwachung von Fälligkeiten sowie das Inkasso.

c) Asset Backed Securities

ca) Funktionsweise von Asset Backed Securities

Unter dem **Begriff „Asset Backed Securities"**[1060] (kurz: ABS) sind Wertpapiere oder Schuldscheine zu verstehen, die Zahlungsansprüche gegen eine ausschließlich für die Durchführung der ABS-Transaktion gegründete **Zweckgesellschaft** zum Gegenstand haben.[1061] Die Zahlungsansprüche werden durch einen Bestand zumeist unverbriefter Forderungen („assets") gedeckt („backed"), die von einem Unternehmen, dem **Forderungsverkäufer**, auf die Zweckgesellschaft übertragen werden und im Wesentlichen den Inhabern der Asset Backed Securities, also den **Investoren**, als Haftungsmasse zur Verfügung stehen. Bei Asset Backed Securities handelt es sich demnach um durch Vermögenswerte (insbesondere unverbriefte Forderungen) gedeckte (gesicherte) Wertpapiere oder Schuldscheine.[1062]

Die Bedienung der Asset Backed Securities erfolgt aus den Zahlungsströmen, die sich aus den Zins- und Tilgungszahlungen der Forderungsschuldner „für die an die Zweckgesellschaft veräußerten Forderungen ergeben"[1063]. Die im Rahmen einer ABS-Transaktion neu geschaffenen Finanztitel werden – gegebenenfalls unter Einschaltung eines Bankenkonsortiums – entweder an organisierten Finanzmärkten (**öffentliche Platzierung**) oder an nicht organisierten Finanzmärkten (**private Platzierung**) untergebracht. Ihre Laufzeit bewegt sich

---

[1060] Vgl. insgesamt zum **Elften Abschnitt, Kapitel D.II.3.c)** *Waschbusch, Gerd*: Finanzierung durch Vermögensumschichtung und Umfinanzierung. In: Der Steuerberater 1998, S. 314–316; vertiefend hierzu *Waschbusch, Gerd*: Asset Backed Securities – eine moderne Form der Unternehmungsfinanzierung. In: Zeitschrift für Bankrecht und Bankwirtschaft 1998, S. 408–419; *Waschbusch, Gerd*: Kernbereiche der Unternehmensführung – Teil B: Besondere Fragen der Finanzierung des Mittelstands. In: Saarbrücker Handbuch der Betriebswirtschaftlichen Beratung, hrsg. von *Karlheinz Küting*, 4. Aufl., Herne/Berlin 2008, S. 232–243; ferner *Waschbusch, Gerd/Staub, Nadine/Knoll, Jessica*: Mittelstandsfinanzierung: Finanzierung durch den Verkauf von Forderungen – Fremdkapitalersatz für mittelständische Unternehmen? In: Der Steuerberater 2009, S. 397–399.

[1061] Vgl. *BAKred*: Veräußerung von Kundenforderungen im Rahmen von Asset-Backed Securities-Transaktionen durch deutsche Kreditinstitute – Rundschreiben Nr. 4/97 vom 19. März 1997, Geschäftsnummer I 3–21 – 3/95, Berlin 1997, S. 1.

[1062] Eine Sonderform der Asset Backed Securities – und zugleich ihr Ursprung – sind die **Mortgage Backed Securities (MBS)**, denen grundpfandrechtlich gesicherte Forderungen (Hypothekendarlehen) zugrunde liegen; vgl. *Deutsche Bundesbank*: Asset-Backed Securities in Deutschland: Die Veräußerung und Verbriefung von Kreditforderungen durch deutsche Kreditinstitute. In: Monatsbericht der Deutschen Bundesbank Juli 1997, S. 57.

[1063] *Deutsche Bundesbank*: Asset-Backed Securities in Deutschland: Die Veräußerung und Verbriefung von Kreditforderungen durch deutsche Kreditinstitute. In: Monatsbericht der Deutschen Bundesbank Juli 1997, S. 57–58.

in der Regel zwischen einem Jahr und fünf Jahren.[1064] Typische Erwerber von Asset Backed Securities sind Kreditinstitute, Versicherungen, Pensions- und Investmentfonds sowie Hedge-Fonds.

Bei der Begebung von Asset Backed Securities handelt es sich um eine **Form der Mittelbeschaffung**, die ebenso wie das Factoring sowie die Forfaitierung dem **Bereich der objektgestützten Finanzierung** zugeordnet werden kann.[1065] Bei einer objektgestützten Finanzierung werden Kreditmittel nicht im Hinblick auf die Kreditwürdigkeit des Kreditnehmers, sondern allein gestützt auf die Werthaltigkeit und Ertragskraft einzelner Vermögenswerte überlassen.[1066]

Dabei ist die Idee, die hinter einer Asset-Backed-Finanzierung steht, alles andere als neu. Denn das Prinzip der Besicherung der in einer Schuldverschreibung verbrieften Gläubigeransprüche durch einen reservierten Zugriff der Gläubiger auf bestimmte Vermögensgegenstände des Schuldners hat gerade in Deutschland eine lange Tradition und spiegelt sich im **Pfandbrief** als einem durch Hypothekardarlehen gedeckten Wertpapier wider.

Die Neuartigkeit der Asset Backed Securities liegt indessen in der Abwicklungstechnik begründet, die bei einer Inanspruchnahme dieses Finanzierungsinstruments angewandt wird.[1067] Eine ABS-Transaktion ermöglicht den **Anschluss an die nationalen und internationalen Geld- bzw. Kapitalmärkte**, indem sie ursprünglich nicht handelbare Vermögenspositionen in fungible Wertpapiere oder andere leicht handelbare Schuldtitel wie Schuldscheindarlehen umformt.[1068] Damit verbunden ist die vorzeitige **Freisetzung des** vor allem **in Forderungsbeständen gebundenen Kapitals**.[1069]

Die in der Realität vorzufindenden **ABS-Emissionen** zeichnen sich durch eine vergleichsweise **große Heterogenität** aus. Die Ursache hierfür liegt in der individuellen Ausgestaltungsmöglichkeit dieses Finanzierungsinstruments; es kann flexibel auf die Bedürfnisse des

---

[1064] Vgl. *Benner, Wolfgang*: Asset Backed Securities – eine Finanzinnovation mit Wachstumschancen? In: Betriebswirtschaftliche Forschung und Praxis 1988, S. 403–404. Die Laufzeit der Mortgage Backed Securities ist dagegen eher im langfristigen Bereich zwischen 10 und 30 Jahren anzusiedeln; vgl. *Arbeitskreis „Finanzierung" der Schmalenbach-Gesellschaft – Deutsche Gesellschaft für Betriebswirtschaft e.V.*: Asset Backed Securities – ein neues Finanzierungsinstrument für deutsche Unternehmen? In: Zeitschrift für betriebswirtschaftliche Forschung 1992, S. 508.

[1065] Vgl. *Benner, Wolfgang*: Asset Backed Securities – eine Finanzinnovation mit Wachstumschancen? In: Betriebswirtschaftliche Forschung und Praxis 1988, S. 409.

[1066] Vgl. *Meiswinkel, Christoph*: Asset-Backed Securities. In: Mitteilungen aus dem Bankseminar der Rheinischen Friedrich-Wilhelms-Universität, Nr. 75, Bonn 1989, S. 1.

[1067] Vgl. zu den vorhergehenden Überlegungen *Everling, Oliver*: Asset Securitisation in Europa. In: Die Bank 1993, S. 82; *Früh, Andreas*: Asset Backed Securities/Securitization am Finanzplatz Deutschland. In: Betriebs-Berater 1995, S. 105.

[1068] Vgl. *Paul, Stephan*: Zur Finanzierung über Asset Backed Securities. In: Semesterbericht Nr. 34 des Instituts für Kredit- und Finanzwirtschaft an der Ruhr-Universität Bochum, hrsg. von *Joachim Süchting*, Bochum 1991, S. 23.

[1069] Vgl. *Benner, Wolfgang*: Asset Backed Securities – eine Finanzinnovation mit Wachstumschancen? In: Betriebswirtschaftliche Forschung und Praxis 1988, S. 404; *Paul, Stephan*: Asset Backed Securities (ABS). In: Die Betriebswirtschaft 1993, S. 848. *Süchting* prägt diesbezüglich das Bild des Auftauens von Forderungen vor allem aus dem Massengeschäft; vgl. *Süchting, Joachim*: Finanzmanagement – Theorie und Politik der Unternehmensfinanzierung. 6. Aufl., Wiesbaden 1995, S. 410.

Forderungsverkäufers sowie der Investoren zugeschnitten werden. Dennoch lassen sich die z. T. sehr komplexen ABS-Transaktionen auf eine **gemeinsame Grundstruktur** zurückführen.[1070]

Die Konstruktionselemente und die Beteiligten sowie den Ablauf einer Finanzierung über die Platzierung von Asset Backed Securities zeigt **Abbildung 135**[1071] auf S. 423, wobei die dort dargestellte Konzeption einer ABS-Transaktion für den Verkauf unterschiedlicher Forderungsarten – etwa von Hypothekendarlehen oder von Leasingforderungen – exemplarischen Charakter hat. Sie verdeutlicht zudem die Vielschichtigkeit einer Finanzierung durch Asset Backed Securities.

Im Mittelpunkt steht das bereits angesprochene **Beziehungsgeflecht zwischen Forderungsverkäufer, Zweckgesellschaft und Investoren**. Darüber hinaus wirkt bei einer üblichen ABS-Transaktion noch eine Vielzahl weiterer Beteiligter unter Wahrnehmung ganz unterschiedlicher Aufgaben mit. Es sind dies insbesondere ein Arrangeur, ein Sponsor, ein Serviceagent, eine Zahlstelle (Paying Agent), ein Treuhänder, verschiedene Sicherungsgeber sowie mindestens eine Ratingagentur. Mitunter übernehmen einzelne der genannten Akteure auch mehrere Tätigkeiten zugleich.

Die Bereitschaft von Unternehmen, die Refinanzierung von Forderungen durch die Emission von Asset Backed Securities vorzunehmen, erklärt sich aus mehreren **Vorteilen**. Ein wesentlicher Vorteil aus Sicht des Forderungsverkäufers liegt in der **Erschließung zusätzlicher** bisher unausgeschöpfter **Finanzierungsquellen**. ABS-Transaktionen ermöglichen durch die Monetärisierung von Forderungsbeständen im Wege der wertpapiermäßigen Verbriefung den direkten Zugang zu den Geld- und Kapitalmärkten und damit zu neuen Investorenkreisen. Für dieses Vorgehen ist insbesondere das vom Forderungsverkäufer ansonsten nicht erreichbare, im Vergleich zu herkömmlichen Finanzierungsinstrumenten niedrigere Niveau der unmittelbaren Geldbeschaffungskosten maßgebend.[1072]

Da bei den Asset Backed Securities das **Rating der Emission** weniger an der Bonität des Forderungsverkäufers, sondern vielmehr an der Qualität der übertragenen Forderungen sowie der wirtschaftlichen und juristischen Stimmigkeit der Gesamtkonstruktion ausgerichtet ist, können auch Unternehmen, die nicht über ein erstklassiges Emissionsstanding verfügen, Marktkonditionen in der Nähe von Triple A-Anleihen realisieren.[1073] Damit kommt es entscheidend auf die Zuverlässigkeit der Ratingagenturen an.

[1070] Zur Beschreibung der Grundkonzeption einer Asset-Backed-Finanzierung vgl. insbesondere *Arbeitskreis „Finanzierung" der Schmalenbach-Gesellschaft – Deutsche Gesellschaft für Betriebswirtschaft e.V.*: Asset Backed Securities – ein neues Finanzierungsinstrument für deutsche Unternehmen? In: Zeitschrift für betriebswirtschaftliche Forschung 1992, S. 500–511.

[1071] Modifiziert entnommen aus *Waschbusch, Gerd*: Asset Backed Securities – eine moderne Form der Unternehmungsfinanzierung. In: Zeitschrift für Bankrecht und Bankwirtschaft 1998, S. 410.

[1072] Vgl. *Benner, Wolfgang*: Asset Backed Securities – eine Finanzinnovation mit Wachstumschancen? In: Betriebswirtschaftliche Forschung und Praxis 1988, S. 410.

[1073] Vgl. *Benner, Wolfgang*: Asset Backed Securities – eine Finanzinnovation mit Wachstumschancen? In: Betriebswirtschaftliche Forschung und Praxis 1988, S. 410; vgl. auch den **Vierten Abschnitt, Kapitel B.**

D. Finanzierung durch Vermögensumschichtung und Umfinanzierung

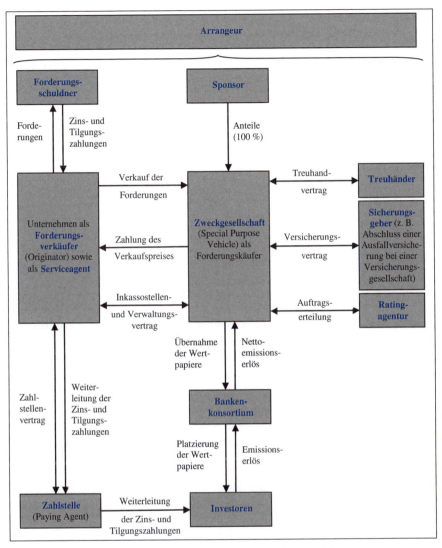

Abbildung 135: Grundstruktur einer ABS-Transaktion

Weitere Vorteile von Asset Backed Securities hängen davon ab, wie die **vorzeitig gewonnene Liquidität** eingesetzt wird.[1074] Dem Forderungsverkäufer eröffnen sich hier grundsätzlich zwei Alternativen. Zum einen kann er die Liquidität dazu nutzen, **Verbindlichkeiten abzubauen.** Hierdurch sinkt die Bilanzsumme und es kommt zu einer Erhöhung der Eigenkapitalquote sowie zu einer Verbesserung weiterer finanzwirtschaftlicher Kennzahlen, wie z. B. des Kapitalumschlags sowie des Verschuldungsgrades. Damit verbunden ist die Hoff-

---

[1074] Vgl. hierzu sowie zum Folgenden *Arbeitskreis „Finanzierung" der Schmalenbach-Gesellschaft – Deutsche Gesellschaft für Betriebswirtschaft e.V.*: Asset Backed Securities – ein neues Finanzierungsinstrument für deutsche Unternehmen? In: Zeitschrift für betriebswirtschaftliche Forschung 1992, S. 519.

nung auf eine **Erhöhung der Verschuldungskapazität** sowie eine **Senkung der unmittelbaren Kapitalaufbringungskosten** des Unternehmens **für zukünftige Kredite**.

Die **zusätzlich erlangte Liquidität** kann zum anderen aber auch **in ertragreichere Aktiva** als bisher **reinvestiert** werden. Insofern steigt die Investitionsfähigkeit des forderungsveräußernden Unternehmens, ohne dass es der Aufnahme weiterer Fremd- oder Eigenkapitals bedarf.

Neben den angeführten Vorteilen sind Asset-Backed-Finanzierungen jedoch auch mit gewissen **Nachteilen** verbunden. An erster Stelle ist dabei auf die nicht unerheblichen **Kosten einer ABS-Transaktion**, insbesondere die einmaligen und laufenden Emissionskosten, zu verweisen. Zur erstgenannten Kategorie sind bei der Begebung von Asset Backed Securities u. a. die Kosten der Vorbereitung und Strukturierung der Transaktion sowie – im Falle einer öffentlichen Platzierung – der Auflegung und Börseneinführung der Wertpapiere zu rechnen. Neben diesen einmaligen Emissionskosten fallen während der gesamten ABS-Transaktionsdauer laufende Drittleistungskosten an. Konkret handelt es sich hierbei um laufende Kosten bspw. für den Treuhänder, den Serviceagenten, die Sicherungsgeber, die Ratingagenturen und das Bankenkonsortium.[1075] Als nachteilig wird zudem von potenziellen Interessenten an einer Asset-Backed-Finanzierung die zumeist **langwierige Vorbereitungsphase** einer solchen Transaktion empfunden.[1076] Vorlaufzeiten von mehreren Monaten bis zu einigen Jahren sind nicht unüblich. Schließlich bestehen Befürchtungen, die Verbriefung von Forderungen könne von Außenstehenden als **letzter finanzieller Rettungsanker** aufgefasst werden.[1077] Dieser möglichen Gefahr für den Forderungsverkäufer kann jedoch entgegengewirkt werden, indem der Forderungsverkauf als stille Zession vereinbart wird und der Forderungsverkäufer selbst Serviceagent bleibt. Aber auch im Falle einer offenen Abtretung dürfte ein Imageschaden nur dann auftreten, wenn es nicht gelingt, im Rahmen einer offensiven Informationspolitik derartige Einschätzungen zu korrigieren.

Insgesamt betrachtet stehen die vorstehend geschilderten Chancen und Risiken aus Sicht des Forderungsverkäufers einer pauschalen Beurteilung der relativen Vorteilhaftigkeit von ABS-Transaktionen entgegen; sie verdeutlichen vielmehr die Notwendigkeit einer einzelfallbezogenen Beurteilung.

cb) Asset Backed Securities und Finanzmarktkrise

Beschäftigt man sich mit der Frage des Zusammenhangs zwischen Asset Backed Securities und der Finanzmarktkrise der Jahre 2007 ff.,[1078] so muss zunächst hervorgehoben werden,

---

[1075] Vgl. *Benner, Wolfgang*: Asset Backed Securities – eine Finanzinnovation mit Wachstumschancen? In: Betriebswirtschaftliche Forschung und Praxis 1988, S. 414.

[1076] Vgl. *Wulfken, Jörg/Weller, Michael*: Securitisation als neue Finanzierungsform. In: Die Bank 1992, S. 646.

[1077] Vgl. zu diesem Gesichtspunkt *Arbeitskreis „Finanzierung" der Schmalenbach-Gesellschaft – Deutsche Gesellschaft für Betriebswirtschaft e. V.*: Asset Backed Securities – ein neues Finanzierungsinstrument für deutsche Unternehmen? In: Zeitschrift für betriebswirtschaftliche Forschung 1992, S. 519 und S. 524.

[1078] Vgl. hierzu ausführlich *Bieg, Hartmut*: Die Finanzmarktkrise – Ursachen, Verlauf, Erkenntnisse und Lösungsversuche. In: Der Steuerberater 2009, S. 66–75.

dass die **Risiken**, die in den an die Zweckgesellschaften verkauften Forderungen liegen, **durch den Verkauf nicht verschwunden, sondern auf die Inhaber der von einer Zweckgesellschaft emittierten Wertpapiere übergegangen** sind. Ausfälle bei den Kreditforderungen, die der ABS-Transaktion zugrunde liegen, schlagen infolgedessen auch auf die Inhaber der durch diese Forderungen abgesicherten Schuldverschreibungen durch. Im Folgenden werden stichwortartig **Gründe** dargestellt, **die in ihrer Gesamtheit die Finanzmarktkrise der Jahre 2007 ff. ausgelöst haben**:

- Bei einem äußerst niedrigen Leitzins von 1 % wurden in den USA von Personen ohne Einkommen, ohne Arbeit und ohne Vermögen Immobilien erworben und von Banken in der Erwartung stark steigender Immobilienpreise zu über 100 % bei einer höchstens zweijährigen Zinsbindung kreditfinanziert, wobei meist nur die Immobilie, nicht dagegen der Kreditnehmer haftete.

- Die kreditgewährenden Banken wollten die Forderungen allerdings nicht bis zur vollständigen Tilgung halten, sondern verkauften sie mit dem gesamten Risiko entweder an eigens zu diesem Zweck gegründete, zunächst halbstaatliche Hypothekenbanken (insbesondere Freddie Mac, Fannie Mae) oder aber an eigens zu diesem Zweck gegründete Zweckgesellschaften. Unter diesen Umständen wurde von den kreditgewährenden Banken **auf eine sorgfältige Prüfung der Kreditwürdigkeit der Kreditnehmer und der Werthaltigkeit der Immobilien verzichtet**.

- Durch den Auslandssitz der Zweckgesellschaften und weitere zielgerichtete Maßnahmen wurde die **Konsolidierung der Zweckgesellschaften** im Konzernabschluss der die Forderungen verkaufenden Banken **verhindert**.

- Zudem wurden Sitzländer für Zweckgesellschaften gewählt, die **steuerliche Vorteile** boten und eine **weniger anspruchsvolle bzw. weniger aufmerksame Bankenaufsicht** betrieben.

- Die von der Zweckgesellschaft in erheblichem Umfang benötigten finanziellen Mittel wurden – unter Einschaltung von Bankenkonsortien – durch Banken, Versicherungen, Pensionsfonds, Hedge-Fonds und andere Zweckgesellschaften durch Erwerb von Asset Backed Commercial Papers mit einer meist nur halbjähriger Laufzeit zur Verfügung gestellt. Die Zweckgesellschaften betreiben somit eine **Fristentransformation in einem erheblichen Umfang**.

- Die Erwerber dieser Titel erwarteten – wie bei Projektfinanzierungen[1079] – Zins- und Tilgungszahlungen aus den zugrunde liegenden Immobilienkrediten bzw. aus der Verwertung der Sicherheiten, vertrauten allerdings – ohne eigenverantwortliche Prüfungen – auf das „**unabhängige**" **Urteil von Ratingagenturen**, die die Zweckgesellschaften zuvor bei der Gestaltung der ABS-Transaktion beraten hatten.

- Aus Sicherheits- und Renditeüberlegungen wurden die Asset Backed Commercial Papers in **Tranchen** eingeteilt. Die gesamten aus den Immobilienkrediten fließenden Gelder sollten zunächst für Zins- und Tilgungszahlungen an die erste Tranche, die verbleibende Liquidität sodann nacheinander für die folgenden Tranchen verwendet werden.

[1079] Vgl. dazu *Olbrich, Michael*: Projektfinanzierung. In: Betriebliche Finanzwirtschaft, hrsg. von *Heiko Burchert* und *Thomas Hering*, München/Wien 1999, S. 188–196.

Mit dem steigenden Risiko wurden höhere Zinsen zugesagt; die **Nachfrage nach den risikoreicheren, aber höherverzinslichen Titeln war erheblich**.

- Die zurückgehende Konjunktur, der Leitzinsanstieg auf nahezu 6 % und die starke Zunahme der Arbeitslosigkeit in den USA ab Mitte 2006 führten zum **Versiegen der Zahlungsströme** aus den Immobilienkrediten und damit zu ausbleibenden Zahlungsströmen für die Asset Backed Commercial Papers. Es kam hinzu, dass auch Zweckgesellschaften Asset Backed Commercial Papers erworben hatten, sich die Mittel ihrerseits aber ebenfalls durch die Ausgabe solcher Titel beschafft hatten. Niemand konnte mehr die ursprünglichen Immobilienkredite irgendeiner Zweckgesellschaft zuordnen. Unter diesen Umständen **gelangen** den Zweckgesellschaften die zwingend notwendigen **Anschlussfinanzierungen nicht mehr**.

- Weil sich die Geschäftsmodelle aller Zweckgesellschaften ähnelten und weil vertrauenswürdige Informationen über die Kreditportfolien nicht zu erhalten waren, wurde das **Misslingen der Anschlussfinanzierung** zum **Massenereignis im Bereich der Zweckgesellschaften**.

- Die Inhaber der wertlos gewordenen, nicht mehr verkäuflichen Asset Backed Commercial Papers erhielten die von ihnen erwarteten Zahlungen nicht mehr. Damit ergab sich auch für sie beim Auslaufen früher aufgenommener Gelder ein **Geldanschlussproblem**.

- Schlagartig fehlte dem ganzen Finanzmarkt die Liquidität. **Aus der Verlustkrise war eine Liquiditätskrise geworden**.

- Den Höhepunkt der Krise bildete der Zusammenbruch von Lehman Brothers. Wegen der **starken internationalen Verflechtung** hatte dies weltweit bei so vielen Geldanlegern Forderungsausfälle in bedrohlichem Ausmaß – und damit den Verlust der eigenen Bonität – zur Folge, dass ein weltweiter Bankenkollaps ohne energisches Eingreifen der Staaten durchaus möglich gewesen wäre.

- Den drohenden Auszahlungsbegehren der Bankeinleger, vor allem der privaten deutschen Haushalte, wurde sowohl mit dem Verweis auf die gesetzliche Einlagensicherung in Höhe von 20.000 EUR, die in der Krise zunächst auf 50.000 EUR und später auf 100.000 EUR erhöht wurde, als auch mit dem Hinweis auf die Einlagensicherungseinrichtungen der drei Bankengruppen (privates Bankgewerbe, genossenschaftlicher Bankenbereich, Sparkassen) und mit der staatlichen Garantie aller Bankeinlagen begegnet.

- Banken, die aufgrund ihrer geschwundenen Bonität keine Kredite mehr erhielten, sich also in Liquiditätsproblemen befanden, wurden vom Staat entsprechende **Garantien** gegenüber den zurückhaltenden Geldgebern angeboten, wodurch den Geldgebern das Ausfallrisiko abgenommen wurde.

- Dagegen wurde **Banken**, die in erheblichem Maße Verluste erlitten haben, also Eigenkapitalminderungen hinnehmen und somit aus aufsichtsrechtlichen Gründen ihre Geschäftstätigkeit einschränken mussten, **neues Eigenkapital vom Staat** angeboten.

- Dieses Angebot galt und gilt allerdings nur für **„systemisch" wichtige Banken**, deren Zusammenbruch zu Schwierigkeiten bei vielen Banken wie Nichtbanken führen würde. Um den daraus resultierenden **ordnungspolitisch bedenklichen Auswirkungen** zu begegnen (könnten doch derartige Banken zukünftig im Vertrauen auf die ihnen erneut zu gewährende Hilfe noch größere Risiken eingehen), wurden die Aufsichtsregeln für das Kreditgewerbe im Zuge der Umsetzung von Basel III verschärft.

D. Finanzierung durch Vermögensumschichtung und Umfinanzierung 427

4. Kapitalfreisetzung durch den Verkauf (nicht) betriebsnotwendiger Vermögensgegenstände

Neben den bereits angesprochenen Maßnahmen der Vermögensumschichtung – Kapitalfreisetzung durch den Rückfluss von Abschreibungsgegenwerten sowie Kapitalfreisetzung durch den Verkauf von Forderungen[1080] – kann sich ein Unternehmen auch durch die **Veräußerung (nicht) betriebsnotwendiger Vermögensgegenstände** finanzielle Mittel beschaffen. Dabei kann entsprechend dem **Grad der Betriebsnotwendigkeit** unterschieden werden zwischen

- der Veräußerung von Vermögensteilen, die nicht dem betrieblichen Hauptzweck dienen und lediglich aus spekulativen oder anlagepolitischen Gründen gehalten werden;
- der Veräußerung von Vermögensteilen, die dem Unternehmen als kapazitätsorientiertes Erweiterungsvermögen dienen, soweit die entsprechenden Erweiterungsabsichten aufgegeben werden;
- der Veräußerung von Vermögensteilen des kapazitätsgebundenen Vermögens im Rahmen von Rationalisierungsmaßnahmen oder aufgrund eines finanzwirtschaftlichen Engpasses.

So können beispielsweise bisher in nicht betrieblich genutzten Grundstücken gebundene Mittel zu einer Ausweitung der Produktionskapazität eingesetzt werden. Als weitgehend frei verfügbare interne Liquiditätsreserven dienen zudem sowohl die Wertpapiere des Finanzanlagevermögens als auch des Umlaufvermögens, wobei allerdings zu beachten ist, dass Anteilseignertitel, die zur Herstellung einer leistungswirtschaftlichen Verbindung zu dem anderen Unternehmen gehalten werden, nicht ohne Weiteres veräußert werden können. Aber auch die Veräußerung anderer Gegenstände des Anlage- und Umlaufvermögens erweist sich häufig als problematisch. So hat der Verkauf von Anlagen, die in einem direkten Zusammenhang mit dem Produktionsprozess stehen, gegebenenfalls eine Gefährdung der Betriebsbereitschaft des Unternehmens zur Folge.[1081] Als mögliche Lösungsalternative bietet sich hier das sog. **„Sale-and-lease-back-Verfahren"** an, bei dem zunächst betriebsnotwendige Vermögensgegenstände des Anlagevermögens an eine Leasing-Gesellschaft verkauft und im unmittelbaren Anschluss hieran von dieser wieder angemietet werden. Die weitere Nutzung dieser Gegenstände für betriebliche Zwecke erfolgt im Rahmen des mit der Leasing-Gesellschaft geschlossenen Vertrages, wobei auf die zukünftige Liquiditätsbelastung aus den Leasing-Raten hinzuweisen ist.[1082]

Bei den beschriebenen Maßnahmen handelt es sich um Finanzierungsvorgänge, die neben der ursächlich angestrebten Vermögensumschichtung mit den Folgen der Liquidisierung[1083] (Aktivtausch) gleichzeitig auch zu einer Bilanzverlängerung oder -verkürzung führen können. Dies ist dann der Fall, wenn beim Verkauf (nicht) betriebsnotwendiger Vermögensgegenstände **stille Rücklagen** (Differenz zwischen einem höheren erzielten Marktwert und

---

[1080] Letztere stellt einen Spezialfall des Verkaufs von Vermögensgegenständen dar.
[1081] Vgl. auch *Olfert, Klaus*: Finanzierung. 16. Aufl., Herne 2013, S. 466.
[1082] Vgl. zum Leasing den **Achten Abschnitt**.
[1083] In der Regel ist dies mit einer Verringerung der Rentabilität durch den Wegfall von Erträgen verbunden.

einem niedrigeren Buchwert) **gewinnerhöhend** aufgedeckt werden **oder** wenn durch eine vorherige Überbewertung der veräußerten Vermögensgegenstände (d. h. Buchwert > Marktwert) ein **außerordentlicher Aufwand** entsteht. Letztlich sind diese Sachverhalte allerdings als Vermögenszuwachs und damit gleichzeitig als Eigenkapitalneubildung bzw. als Verlust früher beschafften Eigenkapitals zu qualifizieren.

5. Kapitalfreisetzung durch Verkürzung der Kapitalbindungsdauer (Rationalisierungsmaßnahmen)

Zur Finanzierung durch Vermögensumschichtung zählt schließlich auch die **Beschleunigung des Kapitalumschlags durch die Verkürzung der Kapitalbindungsdauer**, also durch die Verkürzung der Zeitspanne zwischen den Auszahlungen für die Produktionsfaktoren und den Einzahlungen für die Verkaufserlöse. Ein derartiger Kapitalfreisetzungseffekt kann vor allem auch durch **Rationalisierungsmaßnahmen**, insbesondere im Beschaffungs-, Produktions- und Absatzbereich eines Unternehmens erreicht werden, z. B. durch die Reduzierung der durchschnittlichen Kapitalbindungsdauer in den Rohstoffbeständen wegen einer effizienteren Materialdisposition oder durch die bessere Überwachung und Verkürzung eingeräumter Zahlungsziele. Als Folge derartiger Maßnahmen – sie zählen zum sog. **„Working Capital Management"** eines Unternehmens – können die Betriebsprozesse bei gleichem Produktions- und Umsatzvolumen mit einem geringeren Kapitaleinsatz als bisher durchgeführt werden. Die auf diese Weise freigesetzten finanziellen Mittel stehen damit für andere Verwendungszwecke (z. B. für Investitionen, aber auch zur Tilgung von Verbindlichkeiten) zur Verfügung.

III. Umfinanzierung

Da sich die Umfinanzierung weder der Außen- noch der Innenfinanzierung eindeutig zuordnen lässt, wird sie gesondert behandelt. Bilanziell handelt es sich bei den **Maßnahmen der Umfinanzierung** lediglich um einen **Passivtausch**. Einen Überblick über ausgewählte Möglichkeiten der Umfinanzierung – ausgerichtet an der Eigenkapitalstruktur von Kapitalgesellschaften – gibt **Abbildung 136**[1084] auf S. 429.

Durch eine solche **Kapitalumschichtung**, d. h. durch die Entscheidung, eine andere als die bisher gewählte Finanzierungsalternative einzugehen, kann zum einen die Struktur des Kapitals des Unternehmens hinsichtlich der **Rechtsstellung eines Kapitalgebers** verändert werden, indem die Gläubigerposition des Kapitalgebers in eine Eigentümerposition umgewandelt wird oder umgekehrt. Die Kapitalstruktur kann zum anderen aber auch hinsichtlich der **zeitlichen Verfügbarkeit** des Kapitals verändert werden, indem z. B. eine Umfinanzierung kurzfristiger Kredite in ein langfristiges Darlehen vorgenommen wird. Eine dritte Möglichkeit der Umfinanzierung ist im Austausch von Kapitalgebern zu sehen, bei dem sich die Rechtsstellung der Kapitalgeber jedoch nicht ändert, d. h., ein Gesellschaftsanteil innerhalb eines personenbezogenen Unternehmens (Einzelunternehmen, Personenhandelsgesell-

---

[1084] Modifiziert entnommen aus *Vormbaum, Herbert*: Finanzierung der Betriebe. 9. Aufl., Wiesbaden 1995, S. 461.

D. Finanzierung durch Vermögensumschichtung und Umfinanzierung

schaft)[1085] wird veräußert oder von einem Kreditinstitut eingeräumte Kredite werden von einem anderen Kreditinstitut abgelöst. Auf die **Verfügbarkeit des Kapitals in quantitativer Hinsicht** haben Maßnahmen dieser Art im Gegensatz zur Kapitalerhöhung oder Kapitalherabsetzung keinen Einfluss.

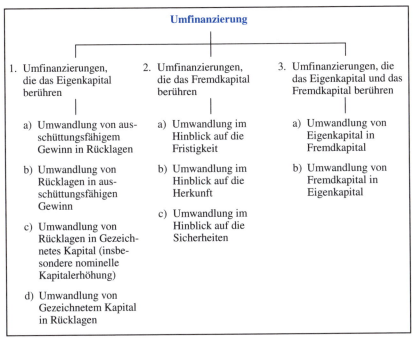

Abbildung 136: Ausgewählte Maßnahmen der Umfinanzierung

[1085] Diese Möglichkeit ist in **Abbildung 136** nicht enthalten, da sie sich auf Kapitalgesellschaften beschränkt, wo sich der Gesellschafterwechsel in der Bilanz nicht niederschlägt.

Zwölfter Abschnitt

Liquidität und Finanzplanung

A. Aufgabe der Finanzplanung

Die **Finanzplanung** hat die Aufgabe, die **zukünftige Entwicklung des finanziellen Sektors eines Unternehmens in Form von Vorschaurechnungen** aufzuzeigen. Sie soll rechtzeitig einen zukünftigen Kapitalbedarf und entstehende Mittelüberschüsse nach Zeitpunkt, Höhe und Dauer erkennen lassen, damit die Unternehmensleitung auf Grundlage dieser Informationen Entscheidungen bzw. Anpassungsmaßnahmen im Hinblick auf die zielorientierte Abstimmung von Einzahlungen und Auszahlungen vornehmen kann.

Unter der **Finanzplanung** eines Unternehmens versteht man alle **Berechnungen und Dispositionen** im Hinblick auf

- die Abstimmung der kurzfristig zu erwartenden Einzahlungs- und Auszahlungsströme mit dem Ziel der Erhaltung der Liquidität und
- die mittel- und langfristige Abstimmung von Kapitalbedarf und Kapitaldeckungsmöglichkeiten (Finanzierungsmöglichkeiten).

Insbesondere der **Abgleich von Kapitalbedarf und Kapitaldeckungsmöglichkeiten** erfolgt mit dem Ziel, eine bezüglich der finanzwirtschaftlichen Entscheidungskriterien[1086]

- Erhaltung der Liquidität,
- Steigerung der Rentabilität,
- ausreichende Sicherheit und
- Gewährleistung der Unabhängigkeit

möglichst effiziente Kapitalstruktur zu erreichen. Unter Kapitalstruktur wird hier das Verhältnis von Fremd- zu Eigenkapital eines Unternehmens verstanden, das auch als **Verschuldungsgrad** bezeichnet wird.

Im Unterschied zu einer Prognose, die sich lediglich auf die deskriptive Darstellung zukünftiger Entwicklungen erstreckt, übernimmt die finanzielle Planung auch eine **Gestaltungsfunktion** im Sinne einer systematischen gedanklichen Vorwegnahme dispositiver Maßnahmen im Bereich der betrieblichen Finanzwirtschaft. Bei der Finanzplanung geht es stets um eine aktive zukunftsgerichtete Gestaltung der finanziellen Sphäre eines Unternehmens.[1087] Der Prognose quantitativer Größen kommt im Rahmen der Finanzplanung lediglich eine Hilfsfunktion zu.

[1086] Vgl. dazu den **Ersten Abschnitt, Kapitel B.II.**
[1087] Vgl. *Perridon, Louis/Steiner, Manfred/Rathgeber, Andreas W.*: Finanzwirtschaft der Unternehmung. 16. Aufl., München 2012, S. 661.

Zentrales Steuerungsinstrument der Finanzplanung ist der **Finanzplan** als eine **tabellarische zeitlich gegliederte Gegenüberstellung von erwarteten Ein- und Auszahlungen**. Der Finanzplan ist vom Finanzbudget zu unterscheiden. Ein Finanzbudget ist ein Vorgabeplan einer übergeordneten Instanz, der dem Verantwortungsbereich in Form von Soll-Größen vorgibt, in welchem Umfang Zahlungsströme innerhalb einer Planperiode zu realisieren sind. Wie diese Zielfestsetzung erreicht werden kann, ist der Abteilung freigestellt. Die Leistungskontrolle erfolgt durch die Ermittlung der Planabweichungen.[1088]

B. Grundsätze der Finanzplanung

Um den Finanzplan sinnvoll als ein Steuerungsinstrument einsetzen zu können, sind bei der Planerstellung folgende **Planungsgrundsätze** zu beachten:[1089]

- **Grundsatz der Vollständigkeit**
  Die im Verlauf des gesamten Planungszeitraums anfallenden bzw. erwarteten Zahlungsströme sind vollständig zu berücksichtigen. Fehlen wesentliche Zahlungsströme, so verfehlt jede Planung das mit ihr beabsichtigte Ziel. Nicht nur die Nichtberücksichtigung eines einzelnen großen Betrages kann schwerwiegende Folgen haben; auch eine Vielzahl kleiner zahlungswirksamer Größen kann in der Summe von erheblicher Bedeutung sein und sollte daher nicht vernachlässigt werden.

- **Grundsatz der Einheit des Budgets**
  Die den einzelnen Verantwortungsbereichen bzw. Profitzentren zugewiesenen eigenen Budgets müssen in einem Gesamtbudget (Master Budget) zusammengefasst werden können. Diese Zusammenführung gibt einen Überblick über innere Zusammenhänge und ermöglicht die globale Unternehmensführung. Man könnte auch sagen, dass im Gesamtbudget die Teilbudgets abgestimmt und konsolidiert werden.

- **Grundsatz der Zentralisation**
  Nach diesem Grundsatz dienen alle Einzahlungen (also auch Kreditaufnahmen) zur Deckung sämtlicher Auszahlungen, wodurch das finanzielle Gleichgewicht des Unternehmens als Ganzes sichergestellt werden soll.

- **Grundsatz der Durchsichtigkeit**
  Dieser Grundsatz fordert eine Aufstellung des Budgets derart, dass jeder Betroffene im Unternehmen die geplanten Aktivitäten sowie seine spezifischen Aufgaben erkennen kann, wodurch die Mitarbeiter motiviert und zur Verwirklichung der gestellten Ziele veranlasst werden sollen.

- **Grundsatz der Genauigkeit des Budgets**
  Die Planungsansätze müssen auf realistischen Annahmen beruhen und möglichst genau beziffert werden, um Fehlentscheidungen nach Möglichkeit zu vermeiden. Daneben dient die Genauigkeit auch der Kontrolle und wirkt somit einer Verschleierung wahrer Gegebenheiten entgegen.

[1088] Vgl. zur Festlegung des Finanzbudgets den **Zwölften Abschnitt, Kapitel F.** sowie ausführlich zum Finanzplan den **Zwölften Abschnitt, Kapitel D.**

[1089] Vgl. *Perridon, Louis/Steiner, Manfred/Rathgeber, Andreas W.*: Finanzwirtschaft der Unternehmung. 16. Aufl., München 2012, S. 665–666.

- **Grundsatz der Spezialisierung des Budgets**
  Um festzustellen, welche Mittel den einzelnen Profitzentren zufließen und wie diese verwendet werden sollen, sind Ein- und Auszahlungen nach ihrer Art und Ursache genau zu bestimmen.

- **Grundsatz der Periodizität**
  Diesem Grundsatz folgend sind Budgets periodisch aufzustellen, wobei die Periodizität von der Natur des Teilbudgets abhängt und verschieden sein kann. Je nach Bedarf können somit bspw. Tages-, Wochen-, Monats- oder Jahresbudgets bis hin zu mehrjährigen Budgets aufgestellt werden.

- **Grundsatz der materiellen Bedeutung und Wirtschaftlichkeit**
  Trotz noch so ausgefeilter Planungs- und Prognoseverfahren kommt es aufgrund der Zukunftsbezogenheit der Planung immer zu einer gewissen Ungenauigkeit der Planansätze. Insofern sind Kosten und Nutzen zusätzlicher Informationen gegeneinander abzuwägen, d. h., eine zusätzliche Informationsbeschaffung ist nur sinnvoll, solange die Grenzkosten der Informationsgewinnung unter dem Grenznutzen der Zusatzinformationen liegen.

C. Stellung der Finanzplanung im betrieblichen Gesamtsystem

Wegen ihrer hohen Bedeutung fällt die **Finanzplanung** grundsätzlich in den **Aufgaben- und Kompetenzbereich der obersten Führungsebene eines Unternehmens**.[1090] Die Aufgabe der Vorstandsebene beschränkt sich hierbei allerdings in erster Linie auf die **Bestimmung des Finanzziels** und nach Fertigstellung des Finanzplans auf die endgültige **Verabschiedung und Genehmigung des Planungswerkes**. Die reinen Planungsarbeiten werden dagegen in den entsprechenden Fachabteilungen (i. d. R. in der Finanzabteilung) bzw. in den Stabsabteilungen durchgeführt. Je nach der Größe des Unternehmens sind die Fachabteilungen eigenverantwortlich und ausschließlich mit Finanzplanungsaufgaben betraut. Die Unternehmensleitung wirkt in diesem Fall nur noch in einem geringen Umfang aktiv bei der Finanzplanerstellung mit und fokussiert sich auf eine sporadische Einschaltung bei außergewöhnlichen Vorgängen.

Die finanzielle Sphäre eines Unternehmens darf nicht isoliert betrachtet werden. Sie ist vielmehr als ein Ausdruck der leistungswirtschaftlichen Tätigkeit des Unternehmens zu sehen, da Interdependenzen zwischen den Realgüterprozessen einerseits und den Finanzmittelbeständen und -bewegungen andererseits bestehen. Die Finanzplanung muss daher die wechselseitigen Beziehungen zu anderen Unternehmensbereichen beachten (vgl. hierzu **Abbildung 137**[1091] auf S. 434). Im Unterschied zur Planung in anderen Unternehmensbereichen handelt es sich bei der Finanzplanung um eine globale, d. h. auf das Gesamtunternehmen bezogene Planung.[1092]

[1090] Vgl. *Eilenberger, Guido/Ernst, Dietmar/Toebe, Marc*: Betriebliche Finanzwirtschaft. 8. Aufl., München 2013, S. 354.

[1091] Entnommen aus *Bieg, Hartmut*: Betriebswirtschaftslehre 2: Finanzierung. Freiburg i. Br. 1991, S. 162.

[1092] Vgl. *Perridon, Louis/Steiner, Manfred/Rathgeber, Andreas W.*: Finanzwirtschaft der Unternehmung. 16. Aufl., München 2012, S. 667.

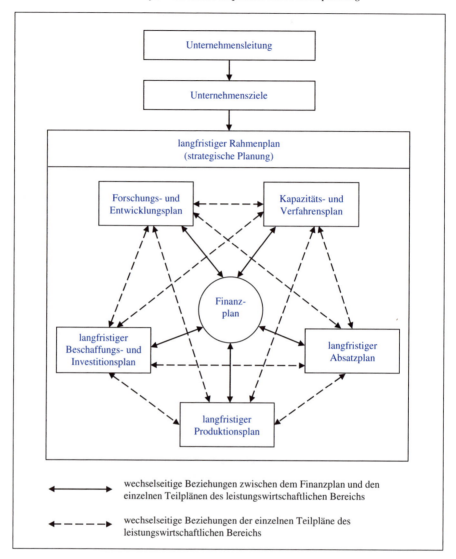

Abbildung 137: Grobschema des Systems langfristiger Teilpläne eines Industrieunternehmens

Alle betrieblichen Teilpläne des leistungswirtschaftlichen Bereichs[1093] sind miteinander verflochten. Beispielsweise wirkt sich die Forschung und Entwicklung sowohl auf die künftige Verfahrenstechnik als auch auf das Angebotssortiment und damit auf die Absatzzahlen der Zukunft aus. Aus den Absatzmöglichkeiten ergeben sich unmittelbar die Produktions- und Lagerhaltungsplanungen. Hieraus wiederum resultiert der zukünftige Bedarf an Perso-

---

[1093] Hierzu zählen der Forschungs- und Entwicklungsplan, der Kapazitäts- und Verfahrensplan, der langfristige Beschaffungs- und Investitionsplan, der langfristige Absatzplan und der langfristige Produktionsplan; vgl. hierzu auch *Bieg, Hartmut/Kußmaul, Heinz/Waschbusch, Gerd*: Investition. 3. Aufl., München 2016, S. 1–6.

nal, Material und Betriebsmitteln jeglicher Art. Zu welchen Zeitpunkten welche Mengen dieser Produktionsfaktoren beschafft werden müssen, hängt wiederum vom Fertigungsverfahren (personal- oder kapitalintensive Produktionstechnik) und von den (Lager-)Kapazitäten ab. Moderne Herstellungstechniken führen u. U. wieder zum Forschungs- und Entwicklungsplan zurück.

Der **Finanzplan** steht im **Zentrum des betrieblichen Gesamtplanungssystems**, denn einerseits werden Planungen in allen übrigen Bereichen gegenstandslos, wenn ihre Finanzierung nicht gesichert ist, andererseits wird die zukünftige Finanzsituation vornehmlich durch Dispositionen in den sonstigen Sektoren geprägt: die Einzahlungen durch den Absatzplan, die Auszahlungen durch Forschung, Beschaffung und Produktion.

Aufgrund dieser gegenseitigen Einflussnahme wäre es ideal, alle Teilplanungen in einem einzigen das ganze Unternehmen umspannenden **Simultanplan** zusammenzufassen. Dies ist allerdings wegen der meist hohen bis sehr hohen Anzahl an Variablen und Nebenbedingungen, die ein Planungsmodell sehr schnell unüberschaubar groß und damit inflexibel werden lassen, nicht unproblematisch.[1094]

Ein integriertes Software-Produkt sollte zu einer Simultanplanung zwar heutzutage weitgehend in der Lage sein, dennoch wird darauf in der Regel nach wie vor verzichtet. Bei der stattdessen angewendeten **Sukzessivplanung** wird mit demjenigen Teilplan begonnen, dem man die größte Bedeutung zumisst.[1095] Aus diesem Teilplan werden sodann die anderen Teilpläne abgeleitet, zunächst ohne in diesem ersten Schritt die wechselseitigen Beziehungen zu beachten. Erst in einem zweiten Schritt werden die vorliegenden Einzelpläne ausgetauscht und durch die Revision der Teilpläne so lange aufeinander abgestimmt, bis eine möglichst effiziente Abstimmung der Einzelpläne erreicht ist. Besteht in einem Teilbereich des Unternehmens ein Engpass, so stellt dieser Teilbereich den Ausgangspunkt der betrieblichen Planung dar.

D. Ablauf der Finanzplanung

I. Grundschema der Finanzplanung

Der **Finanzplanungsprozess vollzieht sich in mehreren Stufen**. Die (zeitaufwendigste) **erste Stufe** ist die **Planerstellungsphase**. Die aus den Teilplänen der einzelnen Unternehmensbereiche vorliegenden Informationen werden gesammelt, in Finanzinformationen transformiert und im (Grund-)Finanzplan festgehalten. Aus dem Anfangsbestand an liquiden Mitteln sowie den voraussichtlichen Ein- und Auszahlungen des Planungszeitraumes wird ein Finanzmittelüberschuss oder -fehlbetrag, die sog. Über- bzw. Unterdeckung, errechnet.

In der **zweiten Stufe** der Finanzplanung ist es Aufgabe des Finanzmanagements, in Abhängigkeit von Betrag, Termin und Dauer der Unter- bzw. Überdeckung geeignete **Maßnahmen zur Deckung des Finanzmitteldefizits bzw. zur Verwendung des Finanzmittel-**

[1094] Vgl. *Wöhe, Günter u. a.*: Grundzüge der Unternehmensfinanzierung. 11. Aufl., München 2013, S. 399.

[1095] Für Industrieunternehmen dient in den meisten Fällen der Absatzplan als Ausgangspunkt der betrieblichen Planung.

überschusses einzuplanen und vorzubereiten. Um die Flexibilität der Finanzplanung zu gewährleisten, werden Alternativpläne vorbereitet.

In der **dritten Stufe** wird die **Entscheidung für eine Alternative** unter Berücksichtigung von kritischen Werten aufgrund der Unsicherheit der Erwartungen getroffen (Planfeststellung).

Als **vierte Stufe** der Finanzplanung schließt sich die **Plankontrolle** an, d. h. der **Soll-Ist-Vergleich** zwischen den ursprünglich geplanten und den tatsächlich eingetretenen Zahlungsströmen. Die Ursachen der Abweichungen zwischen Plan- und Ist-Daten werden analysiert, um Schwachstellen in der Planung und auch finanzwirtschaftliche Mängel in sonstigen Unternehmensbereichen aufzudecken und so weit wie möglich zu beheben. Diese Erkenntnisse gehen als verbesserte Ausgangsdaten und Planungstechniken in zukünftige Finanzpläne ein.

Die **fünfte Stufe** stellt die **Planrevision** dar. Aufgrund der durch den Soll-Ist-Vergleich gewonnenen Erkenntnisse erfolgt eine Anpassung der Planung an die neue Situation.

II. Zeitdimension der Finanzplanung

Um die Zahlungsfähigkeit eines Unternehmens zu jedem Zeitpunkt zu gewährleisten, müsste der Finanzplan **alle zukünftigen Ein- und Auszahlungen tagesgenau** enthalten. Mit einem zunehmenden Abstand des Planungshorizonts vom Planungszeitpunkt wird jedoch die Bestimmung der Zahlungsströme sowohl in zeitlicher als auch in betragsmäßiger Hinsicht immer ungenauer.[1096] Um nicht bei jeder kurzfristigen Planabweichung eine Aktualisierung des Gesamt(finanz)plans unter Beibehaltung der mittel- und langfristigen Elemente vornehmen zu müssen, werden **verschiedene Finanzpläne**, die sich jeweils auf Ausschnitte des gesamten Planungszeitraums beziehen, aufgestellt. In den einzelnen Finanzplänen wird der für sie relevante kurz-, mittel- bzw. langfristige Planungszeitraum jeweils in **unterschiedlich lange Planteilperioden** aufgeteilt (**Abbildung 138**[1097]). Somit existieren für einen bestimmten Teil des gesamten Planungszeitraums parallel gültige, sich zeitlich überlappende Einzelpläne mit unterschiedlich langen Planteilperioden. Beispielsweise überlappen sich die Teilpläne des kurzfristigen Finanzplans zeitlich mit den ersten Teilplänen des mittel- und des langfristigen Finanzplans.

Art des Finanzplans	Planungszeitraum	Planteilperiode
kurzfristiger Finanzplan	bis ein Jahr, i. d. R. ein Monat oder ein Quartal	Woche, Dekade, Monat, Quartal
mittelfristiger Finanzplan	bis zu 2–5 Jahren, i. d. R. ein Jahr	Monat, Quartal, Jahr
langfristiger Finanzplan	i. d. R. bis zu 5 Jahren	Quartal, Halbjahr, Jahr

Abbildung 138: Zeitraumeinteilung von Finanzplänen

[1096] Vgl. *Perridon, Louis/Steiner, Manfred/Rathgeber, Andreas W.*: Finanzwirtschaft der Unternehmung. 16. Aufl., München 2012, S. 669.

[1097] Entnommen aus *Bieg, Hartmut*: Betriebswirtschaftslehre 2: Finanzierung. Freiburg i. Br. 1991, S. 167.

Die Wahl der Planungszeiträume sowie die Einteilung der Planteilperioden hängt von den jeweiligen Erfordernissen in dem konkreten Unternehmen ab. Bei überschaubaren Kleinbetrieben werden häufig die mittel- und langfristigen Finanzplanungen in einem Plan zusammengefasst. Demgegenüber stellen Großunternehmen kurz-, mittel- und langfristige Finanzpläne auf und überwachen zusätzlich ihre tägliche Zahlungsfähigkeit durch einen Liquiditätsstatus. Ein Planungszeitraum von z. B. sechs Monaten ist außerdem nicht pauschal für alle Branchen und Größenklassen als kurz-, mittel- oder langfristig zu qualifizieren. So haben Banken beispielsweise tendenziell kürzer ausgelegte Finanzpläne als Schiffswerften oder Bergbauunternehmen.

Mit zunehmender Länge des Planungszeitraums sinkt im Allgemeinen der Aktualisierungsbedarf, d. h., während der kurzfristige Finanzplan nur für eine kurze Periode Gültigkeit besitzt, bleiben die Daten der mittel- bis langfristigen Planung über längere Zeiträume stabil und werden nur in Halbjahres- oder Jahresabständen oder bei wesentlichen Ereignissen aktualisiert.

In Abhängigkeit vom Planungszeitraum bestehen unterschiedliche Möglichkeiten, einen Finanzmittelüberschuss oder -fehlbetrag auszugleichen, wobei die meisten Alternativen – aber auch die größten Prognoseschwierigkeiten und Unsicherheiten – im langfristigen Bereich liegen.

III. Teilpläne der Finanzplanung

1. Langfristiger Finanzplan

Die **langfristige Finanzplanung** zeichnet sich dadurch aus, dass sie **kaum Restriktionen** unterliegt, da auf längere Sicht fast alle betrieblichen Gegebenheiten zur Disposition stehen; z. B. sind die Rechtsform des Unternehmens (und damit auch die Möglichkeiten der Eigenkapitalbeschaffung), der Standort sowie Kapazitäten, Produktsortimente und Auftragsbestände langfristig veränderbare Größen. Allerdings ist die Entwicklung der planerischen Rahmenbedingungen – wie etwa die Konjunktur- und Branchenlage, Technik, Gesetzesvorschriften – auf Jahre hinaus außerordentlich schwer prognostizierbar, weshalb die Planungen im Langfristbereich in erhöhtem Maße auf Schätzungen und mehr oder weniger subjektiv bestimmte Prognoseverfahren angewiesen sind. Die Vorhersage von exakten Zahlungszeitpunkten und -beträgen ist langfristig kaum möglich. Daher ist es, obwohl grundsätzlich falsch, durchaus verständlich, wenn die langfristige Planung von der Zahlungsmittelebene losgelöst und auf eine Einnahmen-/Ausgaben- oder gar Ertrags-/Aufwandsrechnung übergegangen wird. Tatsächlich spielt es kaum eine Rolle, ob z. B. ein in fünf Jahren erwarteter Ertrag ein Quartal früher oder später zu einer Einnahme oder Einzahlung führt; eine Messungenauigkeit ergibt sich lediglich dadurch, dass ausschließlich Zahlungsvorgänge Zinsen und Zinseszinsen nach sich ziehen.

Der langfristige Finanzplan wird – unter Rückkoppelung – ausschließlich von den übrigen Langfristplanungen des Unternehmens beeinflusst. Der formale Aufbau des langfristigen Finanzplans stimmt wie der des mittelfristigen Finanzplans mit dem des kurzfristigen Finanzplans grundsätzlich überein. Unterschiede bestehen nur hinsichtlich der Anzahl der Planteilperioden und der Gliederungstiefe der erfassten Ein- und Auszahlungen.

Aufgrund der hohen Datenunsicherheit im langfristigen Bereich wird vielfach mit sog. **Eventual-, Alternativ-** oder **„Schubladenplänen"** gearbeitet, die Entwicklungen, die gegenwärtig zwar als relativ unwahrscheinlich, aber dennoch als möglich angesehen werden,[1098] relativ grob gerastert planen. Erst mit einem (hinreichend wahrscheinlichen) Eintritt der jeweiligen Eventualsituation werden die betreffenden Alternativpläne aktiviert, detailliert ausgearbeitet und die Resultate als Vorgaben an die operativen Kurzfristpläne weitergereicht.

Die Aufgabe der langfristigen Finanzplanung ist es, die **Kapitalstruktur** so zu gestalten,[1099] dass die Kreditwürdigkeit des Unternehmens auf Dauer jederzeit gesichert bleibt und ausreicht, den langfristigen **Kapitalbedarf** zu decken.[1100] Die langfristige Finanzplanung soll also die finanziellen Rahmenbedingungen so gestalten, dass es der später einsetzenden mittel- und kurzfristigen Planung ermöglicht wird, die Aufrechterhaltung der Liquidität sicherzustellen.

2. Mittelfristiger Finanzplan

Der **mittelfristige Finanzplan** als Bindeglied zwischen dem langfristigen und dem kurzfristigen Finanzplan dient der **Bestimmung konkreter Maßnahmen zur Steuerung der Kapitalstruktur und zur Sicherung der mittelfristigen Zahlungsfähigkeit** des Unternehmens. Im Vergleich zur langfristigen Finanzplanung sind wesentlich mehr Daten sicher bekannt oder zumindest besser prognostizierbar. So sind zum Beispiel aufgrund eines gegebenen Auftragsbestandes die erwarteten Umsatzerlöse und damit die Umsatzeinzahlungen für die Planperiode relativ genau bestimmbar oder aufgrund der Konjunkturentwicklung mit einer hohen Wahrscheinlichkeit schätzbar. Durch diese größere Planungsgenauigkeit können frühzeitig **kapitalfreisetzende oder kapitalbindende Maßnahmen** vorgesehen werden (vgl. dazu **Abbildung 142** und **Abbildung 143**; beide auf S. 443).

3. Kurzfristiger Finanzplan

Der **kurzfristige Finanzplan** baut auf den Daten und Rahmenvorgaben der mittel- und langfristigen Finanzplanung auf. Die kurzfristige Finanzplanung soll zunächst den anstehenden **Zahlungsmittelfehlbetrag bzw. -überschuss ermitteln** und darauf aufbauend,

- bei einer (berechneten) **Unterdeckung** geeignete Maßnahmen zur Sicherstellung der Zahlungsfähigkeit einleiten oder
- bei einer (berechneten) **Überdeckung** die freien Mittel kurzfristig in eine rentable Verwendung lenken.

[1098] Hierbei kann es sich z. B. um gravierende Änderungen der Steuergesetzgebung, extreme Konjunktur- oder Branchenentwicklungen, Preiskämpfe und einen Verdrängungswettbewerb mit der Konkurrenz, eine kapitalintensive Umstellung der Fertigungsverfahren infolge technischer Fortschritte oder erhebliche Preisverschiebungen zwischen verschiedenen begrenzt austauschbaren Produktionsfaktoren handeln.

[1099] Vgl. zur Kapitaldeckung den **Zwölften Abschnitt, Kapitel G.** sowie den **Dreizehnten Abschnitt**.

[1100] Vgl. zum Kapitalbedarf den **Zwölften Abschnitt, Kapitel E.**

D. Ablauf der Finanzplanung

Da solche Maßnahmen auch andere Bereiche innerhalb des Unternehmens betreffen können, muss die kurzfristige Finanzplanung stets mit den übrigen kurzfristigen Teilplänen des Betriebes abgestimmt werden. So ist z. B. eine Abstimmung mit dem Absatz-, Beschäftigungs- und Bestellplan notwendig.

Ausgehend vom jeweiligen Zahlungsmittelanfangsbestand wird für jede einzelne Teilperiode des Planungszeitraums der Zahlungsmittelendbestand ermittelt, indem die Plan-Einzahlungen mit den Plan-Auszahlungen saldiert werden (vgl. **Abbildung 139**[1101]).

Position \ Teilperiode	\multicolumn{8}{c	}{Planungszeitraum}
	1	2	3	4	5	6	7	8
(1) Zahlungsmittelanfangsbestand								
Plan-Einzahlungen aus: ___ ___								
(2) Summe der Plan-Einzahlungen								
Plan-Auszahlungen für: ___ ___								
(3) Summe der Plan-Auszahlungen								
(4) = (1) + (2) − (3) Zahlungsmittelendbestand (Über-/Unterdeckung)								

Abbildung 139: Grobschema eines kurzfristigen Finanzplans

Die Gliederungstiefe der Plan-Einzahlungen bzw. Plan-Auszahlungen hängt von der Art des Betriebes, von der gewünschten Übersichtlichkeit und von der geforderten Einsicht in die Struktur der Zahlungsbewegungen ab, kann also im Wesentlichen nur unternehmensindividuell festgelegt werden. Es ist vielfach üblich, nur die vom finanziellen Volumen her besonders bedeutsamen Positionen detailliert auszuweisen. Aus organisatorischen Überlegungen werden die im Finanzplan auszuweisenden Positionen häufig an die Gliederung des externen Rechnungswesens angepasst (vgl. **Abbildung 140**[1102] auf S. 440 und S. 441).

[1101] Entnommen aus *Bieg, Hartmut*: Betriebswirtschaftslehre 2: Finanzierung. Freiburg i. Br. 1991, S. 170.

[1102] Modifiziert entnommen aus *Bieg, Hartmut*: Betriebswirtschaftslehre 2: Finanzierung. Freiburg i. Br. 1991, S. 171–172.

Wenn es gilt, einen Fehlbetrag (Unterdeckung) oder Überschuss (Überdeckung) auszugleichen, sind mit den Zahlungsströmen häufig auch Bewegungen im Kreditbereich verbunden. Um den Überblick über diese Veränderungen der Forderungen und Verbindlichkeiten zu behalten und um Kreditaufnahmen und -tilgungen zeitlich zu koordinieren, kann es sinnvoll sein, aus dem (zahlungsorientierten) Finanzplan einen Kreditplan auszugliedern. Der **Kreditplan** ist eine tabellarische zeitlich strukturierte Gegenüberstellung aller erwarteten und beabsichtigten Bewegungen der Forderungen und Verbindlichkeiten während des zugrunde liegenden Planungszeitraumes.

Position \ Teilperiode	Planungszeitraum			
	1	2	3	...
(1) Zahlungsmittelanfangsbestand – Kassenbestand – jederzeit verfügbare Guthaben bei Kreditinstituten				

Plan-Einzahlungen aus
a) dem Leistungsbereich
  – Umsatzeinzahlungen
    • aus Barverkäufen
    • aus Forderungseingängen
  – Verkauf von Sachvermögen
  – erwartete Anzahlungen
  – sonstige Einzahlungen
b) dem Finanzbereich
  – Eigenkapitalzuführungen
  – Kreditaufnahmen
    • langfristige Bankkredite
    • sonstige langfristige Kredite
    • sonstige Kredite
  – eingehende Tilgungsbeträge aus vergebenen Krediten
  – Verkauf von Finanztiteln
    • Verkauf von Beteiligungen/Anteilen an verbundenen Unternehmen
    • Verkauf von Wertpapieren des Anlagevermögens
    • Verkauf von Wertpapieren des Umlaufvermögens
  – Finanzerträge
    • Zinseinzahlungen
    • Dividendeneinzahlungen
    • sonstige Finanzerträge
c) sonstigen Einzahlungen				

(2) Summe der Plan-Einzahlungen				

D. Ablauf der Finanzplanung

Position	Teilperiode	Planungszeitraum			
		1	2	3	...
Plan-Auszahlungen für:					
a) den Leistungsbereich					
– Personal					
• Löhne/Gehälter (netto)					
• Lohnsteuer					
• Sozialabgaben					
– Material					
• aus Bareinkäufen					
• aus Bezahlung von Verbindlichkeiten					
– Leistungen Dritter					
– Steuern					
b) Investitionen im Leistungsbereich					
– Grundstücke und Gebäude					
– Maschinen und maschinelle Anlagen					
– Betriebs- und Geschäftsausstattung					
– immaterielles Anlagevermögen (Konzessionen, Schutzrechte, Patente)					
– Roh-, Hilfs- und Betriebsstoffe					
– zu leistende Anzahlungen					
c) den Finanzbereich					
– Eigenkapitalrückzahlungen					
– Kreditrückzahlungen					
• langfristige Bankkredite					
• sonstige langfristige Kredite					
• sonstige Kredite					
– Kreditvergaben (einschl. Geldanlagen bei Kreditinstituten)					
– Kauf von Finanztiteln					
• Kauf von Beteiligungen/Anteilen an verbundenen Unternehmen					
• Kauf von Wertpapieren des Anlagevermögens					
• Kauf von Wertpapieren des Umlaufvermögens					
– Finanzaufwendungen					
• Zinsauszahlungen					
• Dividendenausschüttungen					
d) sonstige Auszahlungen					
(3) Summe der Plan-Auszahlungen					
(4) Zahlungsmittelendbestand (= (1) + (2) – (3)) > 0 → Überdeckung < 0 → Unterdeckung					

(5)   bestehende Kreditlinien
    – in Anspruch genommene Kreditlinien
    = freie Kreditlinien					

Abbildung 140: Beispiel für einen kurzfristigen Finanzplan

Die kurzfristige Finanzplanung lässt sich durch eine **Planfortschreibung (gleitende, rollende, revolvierende Planung)** verfeinern. Sie wird jeweils nach dem Ablauf einer Teilperiode (z. B. einer Woche) des gesamten Planungszeitraums (z. B. acht Wochen) neu durchgeführt. An die Stelle der vergangenen Teilperiode wird eine weiter in der Zukunft liegende, bisher nicht erfasste Teilperiode in die Rechnung miteinbezogen, so dass der Planungszeitraum immer konstant bleibt. Die Plan-Daten der bereits geplanten Teilperioden werden dabei unter Berücksichtigung der inzwischen eingetretenen Ereignisse und des auf der Grundlage einer Finanzkontrolle der gerade vergangenen Teilperiode verbesserten Informationsstandes aktualisiert (**Durchführung einer Planrevision**; vgl. dazu **Abbildung 141**[1103]).

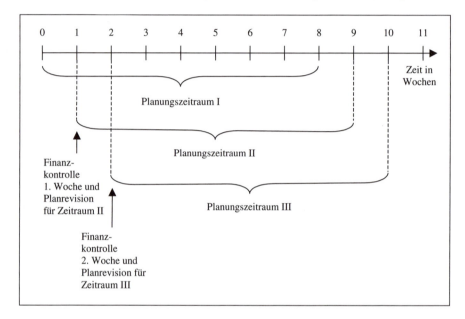

Abbildung 141: Planfortschreibung (revolvierende Planung)

Ergibt sich zum Ende einer Teilperiode ein **Finanzierungsüberschuss** oder ein **Finanzierungsfehlbetrag**, so kann diese Differenz nicht nur durch finanzwirtschaftliche Maßnahmen beseitigt werden (vgl. **Abbildung 142**[1104] auf S. 443); die Unternehmensleitung hat vielmehr auch güterwirtschaftliche Anpassungsmöglichkeiten (vgl. **Abbildung 143**[1105] auf S. 443).

[1103] Entnommen aus *Bieg, Hartmut*: Betriebswirtschaftslehre 2: Finanzierung. Freiburg i. Br. 1991, S. 170.
[1104] Vgl. zur Grundstruktur *Jahrmann, Fritz-Ulrich*: Finanzierung. 6. Aufl., Herne 2009, S. 331.
[1105] Vgl. zur Grundstruktur *Jahrmann, Fritz-Ulrich*: Finanzierung. 6. Aufl., Herne 2009, S. 332.

Maßnahmen bei Unterdeckung	Maßnahmen bei Überdeckung
– Verzögerung von Auszahlungen für Investitionsmaßnahmen	– Kreditvergabe auf einen festen Termin (z. B. Festgeldanlage)
– Kredit(neu)aufnahme (z. B. auch Ausnutzung freier Kreditlinien)	– Erwerb von Finanztiteln (z. B. Schuldverschreibungen, Aktien)
– Kreditprolongation/Kreditsubstitution (nur wirkungsvoll, wenn der Kredit in der Periode mit einem Finanzierungsfehlbetrag zur Rückzahlung fällig wird)	– Eigenkapitalrückzahlung durch Entnahmen
	– (vorzeitige) Kredittilgung (beachte: Kreditkonditionen)
– Eigenkapitalerhöhung (i. d. R. Bareinlagen; die Langfristigkeit der Maßnahme ist zu beachten)	
– Verkauf von Finanztiteln (z. B. Schuldverschreibungen, Aktien)	
– Verkauf von Forderungen (Factoring)	
– Leasing (Sale-and-lease-back)	
– Anzahlungen verlangen	

Abbildung 142: Finanzwirtschaftliche Anpassungsmaßnahmen

Maßnahmen bei Unterdeckung	Maßnahmen bei Überdeckung
– Verzögerung umsatzbedingter Auszahlungen (beachte: Skontoabzugsmöglichkeit)	– Skontoinanspruchnahme durch beschleunigte Auszahlungen für offene Lieferantenrechnungen
– Verkürzung der Kapitalbindungsdauer (z. B. Reduzierung der Lagerbestände, Rationalisierungsmaßnahmen)	– Materialeinkäufe in günstigen Mengen gegen Barzahlung (Preisnachlässe, aber höhere Lagerbestände)
– Verzicht auf die Durchführung von Sachinvestitionen und dadurch kurzzeitige Einsparung der Anschaffungsauszahlungen	– Einräumung längerer Zahlungsziele an Kunden (nur wenn eine Aussicht auf eine Umsatzsteigerung und daraus resultierend eine Aussicht auf Erfolgssteigerung besteht)
– Personalfreisetzung im Rahmen von Rationalisierungsmaßnahmen	– Vorziehen geplanter Ersatz- und Rationalisierungsinvestitionen
– Verkauf von – insbesondere nicht betriebsnotwendigem – Sachvermögen	
– Preiserhöhungen/Umsatzausweitung	

Abbildung 143: Güterwirtschaftliche Anpassungsmaßnahmen

4. Liquiditätsstatus

Der **Liquiditäts- bzw. Finanzstatus** vermittelt einen **Überblick über die aktuelle auf den Tag bezogene Zahlungskraft sowie die unmittelbar fälligen Zahlungsverpflichtungen**; er ist somit kein Finanzplan im eigentlichen Sinne. Diese **extrem kurzfristige Rechnung** soll nur die gegenwärtige Zahlungsfähigkeit[1106] präzise ermitteln. Da sie **keine Plangrößen**, sondern **nur aktuelle Werte** enthält, fehlt ihr jeder Zukunftsbezug.

[1106] Diese ergibt sich aus dem Kassenbestand zzgl. der erwarteten Einzahlungen, abzgl. der Barkäufe, der fälligen Lieferantenverbindlichkeiten, der Lohn- und Gehaltszahlungen sowie der fälligen Zinsen und Tilgungen.

Die an diese Aufstellung anknüpfenden Handlungsmöglichkeiten des Unternehmens sind sehr begrenzt. So können derart kurzfristig z. B. Zahlungsausgänge um einen Tag verzögert, Tagesgeld aufgenommen bzw. angelegt, aber auch vorgesehene Barkäufe nicht getätigt werden. Sofern absehbar, werden solche Anpassungsmaßnahmen allerdings schon in der kurzfristigen Finanzplanung erfasst und dem Liquiditätsstatus vorgegeben.

E. Kapitalbedarf

I. Bestimmungsfaktoren und zeitlicher Anfall des Kapitalbedarfs

Der **Bedarf an liquiden Mitteln**, den das Unternehmen zur Erfüllung seiner Ziele benötigt, wird als **Kapitalbedarf**[1107] bezeichnet.[1108] Er ist von internen und von externen Faktoren abhängig.

Externe Determinanten des Kapitalbedarfs sind die Struktur der Beschaffungsmärkte, die Beschaffenheit der Absatzmärkte, die Entwicklung auf den Beschaffungs- und Absatzmärkten, das Preisniveau, staatliche Beschränkungen sowie Veränderungen der Produktionstechnologien.

Zu den **internen Determinanten des Kapitalbedarfs** zählen der Unternehmensgegenstand, das Unternehmensziel, die Rechtsform, der Standort, die Betriebsgröße, die Prozessanordnung und der Technologieeinsatz, die Prozessgeschwindigkeit, der Beschäftigungsgrad sowie das Produktions- und Absatzprogramm.[1109]

Da es sich bei den internen Kapitalbestimmungsfaktoren um die Haupteinflussfaktoren des Kapitalbedarfs handelt, werden deren Auswirkungen auf die Höhe und die Dauer des Kapitalbedarfs näher erläutert:[1110]

- Eine **Betriebsgrößenänderung** führt wegen der nicht beliebigen Teilbarkeit der Produktionsfaktoren nicht zu einer proportionalen Änderung des Kapitalbedarfs; vielmehr können Kapazitätserweiterungen einen sprunghaften Anstieg des Kapitalbedarfs erzeugen. Dagegen hat eine Reduktion der vorhandenen Kapazität nicht zwingend einen verminderten Kapitalbedarf zur Folge.

- Der organisatorische und technische Unternehmensaufbau **(Prozessanordnung)** ist als systematischer Fluss der Produktionsfaktoren von der Beschaffung über die Fertigung bis zum Absatz zu strukturieren, da eine effiziente Prozessanordnung den Kapitalbedarf für ein gegebenes Unternehmen gering hält.

- Die **Prozessgeschwindigkeit** bestimmt die Dauer der einzelnen Kapitalbindungsfristen und beeinflusst damit die Höhe des Kapitalbedarfs. So sinkt bei identischer Prozess-

---

[1107] Vgl. mit einer beispielhaften Darstellung *Kußmaul, Heinz*: Betriebswirtschaftslehre für Existenzgründer. 7. Aufl., München 2011, S. 264–265.

[1108] Vgl. *Busse, Franz-Joseph*: Grundlagen der betrieblichen Finanzwirtschaft. 5. Aufl., München/Wien 2003, S. 26.

[1109] Vgl. *Busse, Franz-Joseph*: Grundlagen der betrieblichen Finanzwirtschaft. 5. Aufl., München/Wien 2003, S. 43.

[1110] Vgl. *Gutenberg, Erich*: Grundlagen der Betriebswirtschaftslehre. 3. Band: Die Finanzen. 8. Aufl., Berlin/Heidelberg/New York 1980, S. 12–15; vertiefend S. 16–122.

anordnung mit zunehmender Prozessgeschwindigkeit die Kapitalbindungsfrist und damit der Kapitalbedarf.

- Ein **gleichmäßiger Beschäftigungsgrad** (Auslastung pro Zeiteinheit) führt tendenziell zu einem geringeren Kapitalbedarf, da weniger (fixkostenverursachendes) Realkapital brachliegt als z. B. bei Saisonbetrieben.
- Das **Produktions- und Absatzprogramm** bestimmt in erster Linie den Kapitalbedarf für Forschung und Entwicklung, Produktionsumstellungen etc. Mit einer zunehmenden Marktstabilität der Erzeugnisse sinkt der für diese Produkte notwendige Kapitalbedarf.

Der **zeitliche Anfall des Kapitalbedarfs** lässt sich unterscheiden in den:[1111]

- **einmaligen außergewöhnlichen Kapitalbedarf**, der z. B. bei der Gründung, der Sanierung und beim Rechtsformwechsel anfällt;
- **periodisch wiederkehrenden Kapitalbedarf**, der in der Langfristfertigung zu finden ist, aber auch durch Saisonschwankungen ausgelöst werden kann;
- **laufenden (Basis-)Kapitalbedarf**, zu dem der zur Aufrechterhaltung der Betriebs- und Produktionsbereitschaft notwendige Kapitalbedarf zählt.

II. Ermittlung des Kapitalbedarfs

1. Vorbemerkungen

Für ein Unternehmen tritt ein Kapitalbedarf auf, wenn die zu leistenden Auszahlungen und die Einzahlungen zeitlich und betragsmäßig derart divergieren, dass es zu Zahlungsmittelunterdeckungen kommt. Der **Gesamtkapitalbedarf** setzt sich aus Anlage- und Umlaufkapitalbedarf zusammen.

Die **Ermittlung des konkreten Kapitalbedarfs** kann mit Hilfe von zwei unterschiedlichen Methoden erfolgen:

(1) Bei der **statischen Methode** wird der Betrag des einmalig oder durchschnittlich während einer Periode benötigten Kapitals ohne die Berücksichtigung der Zahlungszeitpunkte ermittelt.

(2) Bei der **dynamischen Methode** werden die liquiditätswirksamen Vorgänge ihrem zeitlichen Anfall entsprechend erfasst; eine fristgerechte Kapitaldeckung wird somit ermöglicht.

2. Statische Ermittlung des Kapitalbedarfs

a) Anlagekapitalbedarf

Die **Ermittlung des Kapitalbedarfs im Anlagevermögen** erfolgt bei der statischen Kapitalbedarfsermittlung durch die Addition von Anschaffungskosten und Anschaffungsnebenkosten der für die geplante Produktion erforderlichen Anlagegüter. Die Berechnung des

---

[1111] Vgl. *Busse, Franz-Joseph*: Grundlagen der betrieblichen Finanzwirtschaft. 5. Aufl., München/Wien 2003, S. 44.

Kapitalbedarfs basiert somit auf der bereits abgeschlossenen Investitionsplanung, die unabhängig von den Finanzierungsmöglichkeiten vorgenommen wird (sog. **passive Finanzierung**).[1112]

b) Umlaufkapitalbedarf

Die **Ermittlung des Kapitalbedarfs für das Umlaufvermögen** für den Zeitraum zwischen der Anschaffung der einzelnen dem Umlaufvermögen zugeordneten Produktionsfaktoren und dem Eingang der ersten Einzahlungen aus den laufenden Geschäften kann entweder **direkt (kumulative Methode)** oder **indirekt (differenzierte bzw. selektive Methode)** erfolgen. Obwohl die grundsätzliche Vorgehensweise für beide Formen der statischen Kapitalbedarfsermittlung identisch ist, führen sie – auf die gleiche Situation angewendet – zu unterschiedlichen Ergebnissen. Die statische Ermittlung des Umlaufkapitalbedarfs weist folgende **Grundstruktur** auf:[1113]

(1) Ermittlung der verschiedenen **durchschnittlichen Kapitalbindungsdauern**: Lagerdauer der Fertigungsmaterialien, Produktionszeit, Lagerdauer der fertigen Produkte und Kundenziel; das Lieferantenziel führt zu einer Verminderung der Gesamtkapitalbindungsdauer.

(2) Ermittlung der verschiedenen **durchschnittlichen auszahlungswirksamen Kosten pro Arbeitstag**: Fertigungslöhne, Fertigungsgemeinkosten, Materialeinzelkosten, Materialgemeinkosten, Verwaltungsgemeinkosten und Vertriebsgemeinkosten.

(3) Bestimmung des Umlaufkapitals durch die **Multiplikation** der – methodenabhängig zusammengefassten – durchschnittlichen auszahlungswirksamen Kosten pro Arbeitstag mit den (jeweiligen) durchschnittlichen Kapitalbindungsfristen.

Die **kumulative Methode** ermittelt den Umlaufkapitalbedarf durch die Multiplikation der Summe der verschiedenen durchschnittlichen Auszahlungen (auszahlungswirksame Kosten) pro Arbeitstag mit der Summe der verschiedenen durchschnittlichen Kapitalbindungsfristen. Die gesamte Kapitalbindungsfrist ergibt sich dabei aus der Summe der Tage zwischen dem Zeitpunkt der Materialbeschaffung bis zum Eingang der Umsatzerlöse, gekürzt um ein eventuell bestehendes Lieferantenziel, sofern dieses in Anspruch genommen wird.

Gegen die kumulative Methode ist einzuwenden, dass alle Auszahlungen auf den Zeitpunkt der Materialbeschaffung, d. h. auf den Beginn des Leistungsprozesses, bezogen werden. Da die Auszahlungen aber in den einzelnen Bereichen der Leistungserstellung sukzessive und in unterschiedlicher Höhe anfallen, führt diese Vorgehensweise zwangsläufig zur Ermittlung eines überhöhten Umlaufkapitalbedarfs.

Ferner ist zu kritisieren, dass die undifferenzierte Kürzung der durchschnittlichen Kapitalbindungsfrist um ein in Anspruch genommenes Lieferantenziel zu einem zu niedrig berechneten Umlaufkapitalbedarf führt. Während das Lieferantenziel nur die Auszahlungen für die Materialbeschaffung betrifft, werden durch die Berechnung der auszahlungswirksamen

---

[1112] Vgl. *Buchner, Robert*: Grundzüge der Finanzanalyse. München 1981, S. 163–164.
[1113] Vgl. *Busse, Franz-Joseph*: Grundlagen der betrieblichen Finanzwirtschaft. 5. Aufl., München/Wien 2003, S. 47.

E. *Kapitalbedarf*

Kosten auf Durchschnittsbasis auch die Auszahlungen der anderen Bereiche mit einer um das Lieferantenziel gekürzten Bindungsfrist multipliziert. Trotz dieser Kritik findet die kumulative Methode als **Faustformel** in der Praxis Anwendung.

Bei der **differenzierten Methode** werden die (durchschnittlichen) Auszahlungen der einzelnen Betriebsbereiche mit den für sie relevanten durchschnittlichen Kapitalbindungsfristen multipliziert. Hier ergibt sich also der **gesamte Umlaufkapitalbedarf** aus der **Summe der isoliert ermittelten (durchschnittlichen) Kapitalbedürfnisse**, die aus den Auszahlungen für Fertigungsmaterial, Fertigungslöhne, Produktion, Verwaltung und Vertrieb resultieren. Dabei wird hinsichtlich der Auszahlungen für den Verwaltungsbereich in der Regel davon ausgegangen, dass sie über den gesamten betrachteten Zeitraum hinweg anfallen, während bei den Vertriebskosten zu berücksichtigen ist, dass sie sowohl über die gesamte Prozessdauer verteilt als auch zu einem bestimmten Zeitpunkt, z. B. die Auszahlung für Vertreterprovision, anfallen können.

Vergleichsrechnungen zeigen, dass der nach der differenzierten Methode ermittelte Kapitalbedarf von dem nach der kumulativen Methode ermittelten Kapitalbedarf abweicht. Die Höhe der Abweichung hängt von der Dauer der einzelnen durchschnittlichen Bindungsfristen sowie der Struktur der einzelnen Auszahlungsströme ab.

c) Kritik an der statischen Ermittlung des Kapitalbedarfs

Gegen die statische Ermittlung des Kapitalbedarfs insgesamt sind insbesondere die folgenden Kritikpunkte vorzubringen:[1114]

(1) Selbst geringfügige Modellvariationen (z. B. die Änderung der Produktionszeit) erfordern umfassende Neuberechnungen.

(2) Die funktionalen Zusammenhänge zwischen dem Leistungsbereich und dem Finanzbereich werden nicht hinreichend berücksichtigt.

(3) Zahlungszeitpunkte werden nicht beachtet.

(4) Bindungsfristen und Beträge werden nur mit Durchschnittswerten berücksichtigt und führen so zu ungenauen Ergebnissen.

3. Dynamische Ermittlung des Kapitalbedarfs

Die Ausführungen zur statischen Kapitalbedarfsermittlung haben gezeigt, dass ihr Aussagewert relativ gering ist. Um das finanzielle Gleichgewicht eines Unternehmens zu sichern, sollte daher eine **dynamische Kapitalbedarfs- bzw. Finanzplanung** durchgeführt werden, deren Hauptbestandteil der bereits behandelte Finanzplan ist.[1115] Die dynamische Finanzplanung beinhaltet die **zeitpunktgenaue Ermittlung anfallender Zahlungsströme**, die **Berechnung sich ergebender Überschuss- oder Fehlbeträge** sowie die daraus resultierende **Notwendigkeit der Bestimmung geeigneter Anpassungsmaßnahmen**.

[1114] Vgl. zu weiteren Kritikpunkten *Busse, Franz-Joseph*: Grundlagen der betrieblichen Finanzwirtschaft. 5. Aufl., München/Wien 2003, S. 53–54.

[1115] Vgl. den **Zwölften Abschnitt, Kapitel D.III.**

In der Literatur finden sich verschiedene Ansätze einer dynamischen Finanzplanung. Es handelt sich dabei zum einen um Ansätze im Rahmen der Theorie der partiellen Finanzierung und zum anderen um Ansätze im Rahmen der Theorie der totalen Finanzierung eines Unternehmens.[1116] An dieser Stelle wird nur die Kapitalbedarfsermittlung für das Gesamtunternehmen betrachtet.

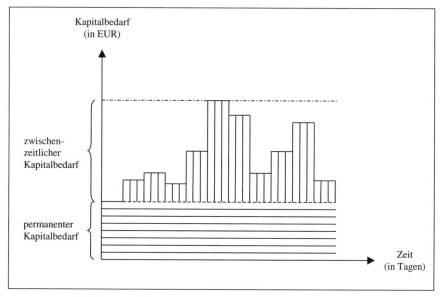

Abbildung 144: Permanenter und zwischenzeitlicher Kapitalbedarf

Abbildung 144[1117] zeigt, dass der Kapitalbedarf keine konstante Größe ist, sondern im Zeitablauf gewissen Schwankungen unterliegt. Die statische Kapitalbedarfsermittlung stellt auf den maximalen Kapitalbedarf ab und geht damit von der realitätsfremden Annahme aus, dass die Umsatzerlöse in ihrer gesamten Höhe erst nach dem Ablauf des Kundenzahlungsziels als flüssige Mittel dem Unternehmen zur Verfügung stehen. In der dynamischen Finanzplanung wird hingegen berücksichtigt, dass der Kapitalbedarf durch Einzahlungen bzw. Einzahlungsüberschüsse reduziert wird, so dass nur ein Teil des gesamten Kapitalbedarfs dauerhaft gedeckt werden muss. Über diesen permanenten Kapitalbedarf hinaus benötigt das Unternehmen entsprechende Finanzierungsmittel nur zur Abdeckung eines zwischenzeitlichen Kapitalbedarfs.

Diese Erkenntnisse sind sowohl für die grundsätzliche Strukturierung der Mittelbeschaffung als auch für die Auswahl geeigneter Instrumente zur Schließung zwischenzeitlich entstehender Deckungslücken wesentlich. Meist wird vorgeschlagen, den permanenten Kapitalbedarf langfristig, den zwischenzeitlichen (fluktuierenden) Kapitalbedarf kurzfristig zu decken.

[1116] Vgl. die zusammenfassende Darstellung bei *Buchner, Robert*: Grundzüge der Finanzanalyse. München 1981, S. 167–189.

[1117] Entnommen aus *Bieg, Hartmut*: Betriebswirtschaftslehre 2: Finanzierung. Freiburg i. Br.1991, S. 184.

E. Kapitalbedarf

Bei der Planung der Einzahlungen ist grundsätzlich zu beachten, dass in der Praxis die zukünftigen Einzahlungen terminlich nicht mit den geplanten Umsatzerlösen (Ertrag) gleichgesetzt werden können. So wird nur ein Teil der Umsatzerlöse als Barumsätze getätigt. Ein zweiter Teil der Umsatzerlöse fließt dem Unternehmen in der Regel relativ kurzfristig zu. Werden dabei Skonti abgezogen, so ist der Mittelzufluss niedriger als der zunächst vereinnahmte Ertrag. Der dritte Teil der Umsatzerlöse führt erst nach Ablauf des von dem Unternehmen gesetzten Zahlungsziels oder noch später zu Einzahlungen. Ein letzter Teil der Umsatzerlöse führt schließlich überhaupt nicht zu Einzahlungen, da die Kunden die zugegangenen Rechnungen nicht bzw. nicht vollständig bezahlen. In der dynamischen Finanzplanung muss daher eine **Transformation der Umsatzerlösgrößen in Zahlungsgrößen** vorgenommen werden.

Für die Planung der Einzahlungen bietet sich als Hilfsmittel die **Ermittlung einer Verweilzeitverteilung** an. Diese gibt an, innerhalb welcher (Verweil-)Dauer sich die Umsatzerlöse in Zahlungsgrößen umwandeln.[1118] Zur Ermittlung der Verweildauer sind folgende Phasen zu unterscheiden:

- Kundenanfrage,
- Kundenauftrag,
- Umsatz,
- Einzahlung.

Während der Übergang vom Kundenauftrag zum Umsatz des Unternehmens in der Regel genau bekannt ist, da die Unternehmensleitung eine vollkommene Information bezüglich der Ausführung des vorliegenden Auftrages hat, kann der Übergang von der Kundenforderung zur Kundenzahlung aufgrund der nur unvollkommenen Informationen hinsichtlich des genauen Zahlungszeitpunktes des Kunden nur mit einer auf der Beobachtung der Zahlungsgewohnheiten in der Vergangenheit basierenden Wahrscheinlichkeit bestimmt werden.

Langen hat die kurzfristige Prognose der Einzahlungen in Form eines **Matrizenkalküls**, dem das obige Phasenschema zugrunde liegt, dargestellt.[1119] Unter der Voraussetzung, dass die Zahlungsgewohnheiten der Kunden bekannt sind, lässt sich die Verweilzeitverteilung zwischen den Umsatzerlösen und den Einzahlungen, das sog. **Liquidationsspektrum**, als Vektor darstellen. Die Komponenten dieses sog. **Spektralvektors** geben an, wie viel Prozent der einzelnen Umsatzerlöse dem Unternehmen jeweils in den einzelnen Perioden als Einzahlungen zufließen. Dadurch werden die geplanten Umsatzerlösgrößen der einzelnen Perioden in einer geeigneten Form in Zahlungsgrößen transformiert und den einzelnen Perioden zugeordnet.

Beträgt die Summe des Vektors 1, so kommt darin zum Ausdruck, dass alle Umsatzerlöse zu Einzahlungen führen. Ist die Summe des Vektors kleiner 1, werden Spezialfälle wie z. B. Skonti und Forderungsausfälle berücksichtigt.

[1118] Vgl. *Perridon, Louis/Steiner, Manfred/Rathgeber, Andreas W.*: Finanzwirtschaft der Unternehmung. 16. Aufl., München 2012, S. 696–697.
[1119] Vgl. *Langen, Heinz*: Die Prognose von Zahlungseingängen. In: Zeitschrift für Betriebswirtschaft 1964, S. 289–326.

450 Zwölfter Abschnitt: Liquidität und Finanzplanung

Zur Veranschaulichung der Transformation von Umsatzgrößen in Zahlungsgrößen nach *Langen* soll das folgende Beispiel dienen:

Beispiel:[1120]

Einem Unternehmen fließen 45 % eines Umsatzes im Zeitraum t, 30 % im Zeitraum t + 1, 15 % im Zeitraum t + 2 und 5 % im Zeitraum t + 3 zu. 5 % der getätigten Umsätze fallen u. a. aufgrund der Inanspruchnahme von Skonti, aber auch aufgrund von Forderungsausfällen aus. Somit ergibt sich folgender Spektralvektor $\vec{s}$:

$$\vec{s} = \begin{pmatrix} 0,45 \\ 0,30 \\ 0,15 \\ 0,05 \end{pmatrix}$$

Es werden fünf Perioden betrachtet. Das Unternehmen erzielt in Periode 1 Umsatzerlöse in Höhe von 90, in Periode 2 in Höhe von 120, in Periode 3 in Höhe von 110, in Periode 4 in Höhe von 80 und in Periode 5 in Höhe von 100 Geldeinheiten, insgesamt also 500 Geldeinheiten. Mit Hilfe des *Langen'schen* **Matrizenkalküls** können nun die Zahlungseingänge für die Perioden 1 bis 5 als Vektor $\vec{z}$ bestimmt werden:

$$\vec{z} = \begin{pmatrix} 90 & 0 & 0 & 0 \\ 120 & 90 & 0 & 0 \\ 110 & 120 & 90 & 0 \\ 80 & 110 & 120 & 90 \\ 100 & 80 & 110 & 120 \end{pmatrix} \cdot \begin{pmatrix} 0,45 \\ 0,30 \\ 0,15 \\ 0,05 \end{pmatrix} = \begin{pmatrix} 40,5 \\ 54 + 27 \\ 49,5 + 36 + 13,5 \\ 36 + 33 + 18 + 4,5 \\ 45 + 24 + 16,5 + 6 \end{pmatrix} = \begin{pmatrix} 40,5 \\ 81,0 \\ 99,0 \\ 91,5 \\ 91,5 \end{pmatrix}$$

Die innerhalb der betrachteten Perioden eingehenden Gesamteinzahlungen belaufen sich auf 403,5 Geldeinheiten und weichen somit vom geplanten Gesamtumsatz der fünf Perioden ab. Von den ausstehenden Forderungen in Höhe von 500 − 403,5 = 96,5 Geldeinheiten werden 25 Geldeinheiten ganz ausfallen.[1121]

Das Matrizenkalkül liefert folgende Erkenntnisse:

- Die für die einzelnen Perioden angenommenen Zahlungseingänge weichen z. T. erheblich von den geplanten Umsätzen dieser Perioden ab.

- Mit zunehmender Periodenanzahl tritt scheinbar eine Glättung der Zahlungseingänge ein. Dies darf jedoch nicht zu der Annahme verleiten, der Mittelzufluss aus Umsatztätigkeit sei langfristig eine konstante Größe. Insbesondere bei saisonalen Umsatzschwankungen kommt es zu mehr oder weniger starken Schwankungen der Einzahlungsströme, wobei deren Volatilität u. U. etwas geringer als die der Umsätze ist.

Handelt es sich im Rahmen der dynamischen Kapitalbedarfsermittlung um eine **aktive Finanzplanung**, so wird die Planung und Implementierung von Anpassungsmaßnahmen sowie die Überprüfung des Planausgleichs implizit berücksichtigt. Die Finanzplanung er-

---

[1120] Modifiziert entnommen aus *Bieg, Hartmut*: Betriebswirtschaftslehre 2: Finanzierung. Freiburg i. Br. 1991, S. 184–188.

[1121] Dies ergibt sich aufgrund der angenommenen Forderungsausfälle und Skontoinanspruchnahmen in Höhe von 5 %, d. h. 500 · 0,05 = 25 Geldeinheiten.

folgt somit nicht losgelöst von der Leistungssphäre, indem sie die Zahlungsvorgänge der Leistungsebene als Datum annimmt, sondern der Gesamtunternehmenserfolg soll durch eine Kombination von Leistungs- und Finanzsphäre in einem simultanen Modell optimiert werden.

F. Finanzbudgetierung als Steuerungsinstrument für das Gesamtunternehmen

Unter **Finanzbudgetierung** versteht man die **Zuweisung eines bestimmten Finanzrahmens**, über den eine einzelne Teileinheit innerhalb der Zielvorgaben entweder frei verfügen kann oder dessen von der Unternehmensleitung fixierte Planangaben und Restriktionen die Verwendung der Mittel weitestgehend festlegen. In beiden Fällen ist die Teileinheit für die Einhaltung des zugewiesenen (Teil-)Budgets verantwortlich.

Der wesentliche Unterschied zur Finanzplanung als einer „reinen Kassenplanung" besteht darin, dass über die Budgetierung mehrere Zielgrößen (Investitionen, Erfolg, Bilanz, Zahlungsmittel) gesteuert werden, wobei die **Zielgrößen** nicht in Form eines Vorschauplans, sondern **als Vorgabeplan festgeschrieben** werden.

Eine notwendige Voraussetzung für die Planung und Steuerung des Gesamtunternehmens über Finanzbudgets ist die organisatorische Abgrenzung einzelner Unternehmenseinheiten, d. h. die **Bildung einzelner Verantwortungsbereiche**, deren kleinste Einheit die sog. **Profit Center** sind.[1122]

In Abhängigkeit von der planenden Instanz des Teilbudgets können folgende **Vorgehensweisen zur Budgetfestlegung** unterschieden werden:

- **bottom-up-approach**
  Die **Planung der Teilbudgets** erfolgt bei diesem Ansatz **durch die einzelnen Unternehmenseinheiten**, um diese mit in den Planungsprozess einzubeziehen. Das Gesamtbudget wird durch die Zusammenfassung und Abstimmung der Teilbudgets festgelegt. Die Unternehmensleitung übt somit primär eine Koordinationsfunktion aus und trifft Entscheidungen, die finanzwirtschaftliche Sachverhalte des Gesamtunternehmens betreffen.

- **top-down-approach**
  Die **Budgetierung** erfolgt bei diesem Ansatz im Wesentlichen **durch die Unternehmensspitze**. Dadurch ist der Autonomiegrad eines Teilbereiches, der nicht notwendigerweise nur eine Abteilung oder Sparte, sondern auch ein ganzes Konzernunternehmen umfassen kann, sehr gering.

- **Gegenstromverfahren**
  Hierbei handelt es sich um die Kombination aus top-down- und bottom-up-approach.[1123]

[1122] Vgl. *Eilenberger, Guido/Ernst, Dietmar/Toebe, Marc*: Betriebliche Finanzwirtschaft. 8. Aufl., München 2013, S. 362.

[1123] Vgl. *Eilenberger, Guido/Ernst, Dietmar/Toebe, Marc*: Betriebliche Finanzwirtschaft. 8. Aufl., München 2013, S. 60–61.

In allen Fällen wird den einzelnen Unternehmenseinheiten ihr Teilbudget zugewiesen; für dessen Einhaltung sind sie verantwortlich (vgl. dazu **Abbildung 145**[1124]).

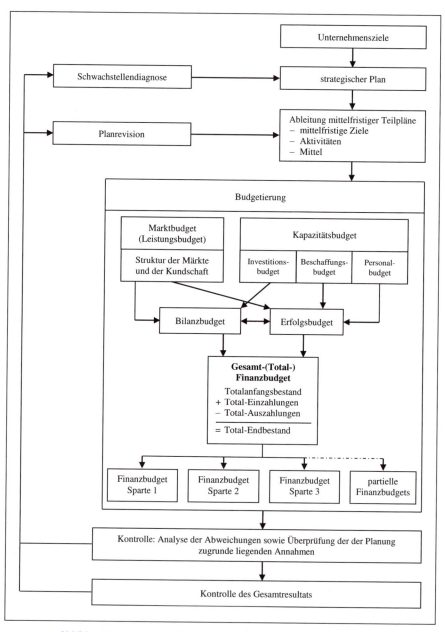

Abbildung 145: Grundstruktur eines integrierten Budgetierungssystems mit Finanzbudgetierung

---

[1124] Modifiziert entnommen aus *Eilenberger, Guido/Ernst, Dietmar/Toebe, Marc*: Betriebliche Finanzwirtschaft. 8. Aufl., München 2013, S. 363.

G. Kapitaldeckung und ihre Determinanten

An die Bestimmung des Kapitalbedarfs eines Unternehmens schließt sich die **Planung der Kapitaldeckung** und damit zugleich die hinsichtlich der Liquiditätserhaltung und Rentabilitätssteigerung sowie der als ausreichend angesehenen Gewährleistung der Sicherheit und Unabhängigkeit möglichst **effiziente Gestaltung der Kapitalstruktur** in diesem Unternehmen an. Die Kapitaldeckung umfasst dabei sowohl das zu Beginn einer Teilperiode des langfristigen Planungszeitraums vorhandene Kapital als auch die (realisierbaren) eingeplanten Möglichkeiten zusätzlicher Eigen- und Fremdkapitalbeschaffung, wobei das Potenzial der Kapitaldeckung mit einer zunehmenden Kreditwürdigkeit und Attraktivität des Unternehmens für (externe) Kapitalgeber steigt.

Die dauerhafte Liquiditätssicherung, die eine wesentliche Voraussetzung für das Weiterbestehen des Unternehmens ist, erfordert, dass die Kapitaldeckung zu jedem Zeitpunkt mindestens dem Kapitalbedarf entspricht. Aus Rentabilitätsüberlegungen sollte allerdings ein zu hoher Überschuss der liquiden Mittel über den Bedarf vermieden werden, da dies die Rentabilität des Unternehmens schmälert.

Die benötigte Kapitaldeckung lässt sich nach folgenden Gesichtspunkten strukturieren:

- nach den durchschnittlichen **Kapitalkosten (Rentabilitätsaspekt)**
  Aufgrund des größeren Risikos der Eigenkapitalgeber, die deswegen eine höhere Rendite verlangen, und einer nicht unerheblichen Steuerbelastung sind die Eigenkapitalkosten für den Kapitalnehmer grundsätzlich höher als die Fremdkapitalkosten. Aber auch die einzelnen Fremdkapitalbestandteile weisen erhebliche Kostenunterschiede auf.

- nach der Kapitalfristigkeit **(Liquiditätsaspekt)**
  Nach dem Grundsatz der Fristenkongruenz sollten sich die Fristigkeit der jeweiligen Kapitalart und die Dauer des Kapitalbedarfs entsprechen. Diese Übereinstimmung ist nicht erforderlich, wenn Gewissheit über eine termin- und betragsgerechte Kreditprolongation oder Kreditsubstitution besteht. Ein besonderes Liquiditätsrisiko ergibt sich, wenn Kapital jederzeit kündbar ist.

- nach dem Verlustrisiko **(Sicherheitsaspekt)**
  Hier geht es im Wesentlichen darum, in ausreichendem Umfang Eigenkapital bereitzustellen, um jederzeit zusätzliches Fremdkapital aufnehmen zu können. Der Fremdkapitalgeber trägt das Risiko der ordnungsgemäßen Erbringung des Kapitaldienstes. Im Vergleich zum voraushaftenden Eigenkapital ist die damit verbundene Verlustgefahr geringer. Ein Gläubiger kann sein Verlustrisiko zusätzlich noch durch Kreditsicherheiten und eine laufende Kreditüberwachung vermindern. Steigendes Verlustrisiko ist in der Regel mit steigenden Kapitalkosten verbunden. Dieser Strukturaspekt konkurriert somit direkt mit dem Rentabilitätsgesichtspunkt. Am größten ist das Verlustrisiko für unbeschränkt mit ihrem Gesamtvermögen haftende Eigenkapitalgeber.

Dreizehnter Abschnitt

Theorien bezüglich der Gestaltung der Kapitalstruktur eines Unternehmens

A. Gestaltung der Kapitalstruktur nach den Finanzierungsregeln

I. Grundlagen

Obwohl den Finanzierungsregeln keine oder nur unzureichende theoretische Überlegungen zugrunde liegen, orientieren sich Unternehmensleitungen immer wieder bei der Auswahl der Finanzierungsmittel und in ihrem Bilanzierungsverhalten an diesen Regeln; auch unternehmensexterne Kapitalgeber beurteilen nicht selten an deren Einhaltung die künftige Zahlungsfähigkeit des Unternehmens. Die **klassischen Finanzierungsregeln** enthalten normative Aussagen über Mindestrelationen entweder bestimmter Kapitalarten zueinander oder aber bestimmter Kapitalarten zu bestimmten Vermögensarten. Da Bilanzzahlen die Grundlage dieser Kennzahlen sind, werden sie auch **Bilanzstrukturregeln** genannt; entsprechend der im Bilanzgliederungsschema vorgesehenen Anordnung der jeweils heranzuziehenden Bilanzzahlen handelt es sich entweder um **vertikale Kapitalstrukturregeln** oder um **horizontale Kapital-Vermögensstrukturregeln**.

Die Einhaltung der Finanzierungsregeln soll die **Liquidität eines Unternehmens** und damit sein Fortbestehen gewährleisten. Unter diesem Gesichtspunkt halten die zeitpunktbezogenen Finanzierungsregeln zwar einer kritischen Betrachtung nicht stand;[1125] dennoch werden sie in der Praxis, z. B. bei Kreditvergabeverhandlungen, zur Beurteilung der künftigen Zahlungsfähigkeit eines Unternehmens herangezogen.[1126] Insofern erlangen Finanzierungsregeln in zweifacher Hinsicht Bedeutung:

- Soweit sich derzeitige wie potenzielle unternehmensexterne Kapitalgeber (insbesondere Kreditinstitute, Lieferanten, externe Eigentümer), aber auch Anlageberater und die Wirtschaftspresse bei ihren Entscheidungen bzw. ihren Ratschlägen über die Vergabe, Prolongation, Ausweitung, Einschränkung oder über die völlige Zurückziehung von Eigen- oder Fremdkapitalpositionen auch an der Einhaltung dieser Finanzierungsnormen am Bilanzstichtag orientieren, die zeitpunktbezogenen Finanzierungsregeln also als Normen für die Beurteilung der künftigen Zahlungsfähigkeit eines Unternehmens ansehen, handelt es sich um **Beurteilungsregeln**.

[1125] Untersuchungen zur Aussagefähigkeit von Kennzahlen haben ergeben, dass bestimmte bilanzanalytische Messwerte, die im Rahmen der traditionellen Bilanzanalyse ermittelt werden, nicht eindeutig als Krisensignalwert oder Insolvenzindikator verwendbar sind. Vgl. *Krehl, Harald*: Krisendiagnose durch klassische Bilanzkennzahlen? In: Krisendiagnose durch Bilanzanalyse, hrsg. von *Jürgen Hauschildt*, Köln 1988, S. 40.

[1126] Vgl. *Buchner, Robert*: Grundzüge der Finanzanalyse. München 1981, insb. S. 197–208; *Krehl, Harald*: Krisendiagnose durch klassische Bilanzkennzahlen? In: Krisendiagnose durch Bilanzanalyse, hrsg. von *Jürgen Hauschildt*, Köln 1988, S. 17–40.

- Dieses Verhalten der Kapitalgeber kann wiederum nicht ohne Auswirkungen auf die Finanzierungsentscheidungen bzw. auf das Bilanzierungsverhalten der Unternehmensleitungen bleiben. Sobald nämlich bekannt ist, dass die Einhaltung bestimmter Bilanzstrukturregeln bei Kapitalvergabeentscheidungen eine nicht unwesentliche Rolle spielt, werden die Unternehmensleitungen zur Sicherung der Liquidität versuchen (müssen), diese Regeln tatsächlich einzuhalten, selbst wenn hierfür kein weiterer Grund bestünde; insoweit handelt es sich um **Entscheidungsregeln**. Oder aber sie werden versuchen, bei der Aufstellung der zu veröffentlichenden Bilanzen die in den Finanzierungsregeln berücksichtigten Bilanzpositionen entsprechend zu manipulieren.

Aufgrund des engen Zusammenhangs zwischen diesen beiden Funktionen der Finanzierungsregeln avancieren aber die Finanzierungsregeln zu generell akzeptierten Handlungsmaximen **(Spielregeln)**, die das Zusammenspiel der kapitalsuchenden Unternehmen und der Kapitalgeber regeln, obwohl sie sich wissenschaftlich nicht schlüssig begründen lassen. Weder die kapitalsuchenden Unternehmen noch die Kapitalgeber haben eigentlich einen Grund, sie anzuwenden, denn weder wird durch die Einhaltung dieser Regeln die Erhaltung der Liquidität gewährleistet, noch korrelieren die Regeln positiv mit anderen betrieblichen Zielsetzungen.

Neben den sog. Finanzierungsregeln können **weitere Kriterien** die Entscheidung über die Kapitaldeckung beeinflussen:[1127]

- **Ergiebigkeit der Finanzierungsquellen**
  Die zur Disposition stehenden Finanzierungsalternativen sind so zu kombinieren, dass sie dem Volumen nach den gesamten Kapitalbedarf decken. Aufgrund der unterschiedlichen Ergiebigkeit der Finanzierungsquellen muss in der Regel ein bestehender Kapitalbedarf unter Ausnutzung verschiedener Finanzierungsinstrumente gedeckt werden **(Mischfinanzierung)**.[1128] Die Kombinationsmöglichkeiten der Finanzierungsquellen sind unter Berücksichtigung der Ergiebigkeit – und der Dauer des Kapitalbedarfs[1129] – auf die individuellen Verhältnisse eines Unternehmens[1130] abzustimmen.

- **Flexibilität**
  Eine flexible Kapitalbedarfsdeckung ermöglicht die Substitution eingegangener Finanzierungsverträge durch andere Verträge (Umschuldung). Eine derartige Flexibilität ist insbesondere gefragt, um bestehende durch kostengünstigere Kredite zu ersetzen.[1131]

- **Mitbestimmung**
  Die Entscheidung über die Art der Kapitaldeckung kann von den dem Kapitalgeber eingeräumten bzw. einzuräumenden Mitbestimmungsrechten abhängig sein. Kreditfinan-

---

[1127] Vgl. zu den Unterschieden zwischen Eigen- und Fremdkapital den **Sechsten Abschnitt, Kapitel A.I.**

[1128] Vgl. zu den Eigenkapitalbeschaffungsmöglichkeiten den **Fünften Abschnitt, Kapitel C., Kapitel D.** und **Kapitel E.**

[1129] Hinzuweisen ist hier auf den engen Zusammenhang zwischen der Ergiebigkeit der Finanzierungsquelle und der Fristigkeit des Kapitals (Liquiditätsaspekt).

[1130] Hierbei spielen Rechtsform, Ertragskraft und Innenfinanzierungspotenzial eine bedeutende Rolle.

[1131] Durch eine flexible Kapitalbedarfsdeckung kann damit dem Rentabilitätsaspekt Rechnung getragen werden.

A. Gestaltung der Kapitalstruktur nach den Finanzierungsregeln

zierungen sichern zwar de jure die Unabhängigkeit des Managements bei Unternehmensentscheidungen, faktisch bestehen jedoch gerade bei mittleren und kleineren Unternehmen mehr oder weniger große Mitwirkungs- und Mitbestimmungsrechte von Großgläubigern.

- **Sicherheitenpotenzial**
Die Kapitaldeckungsmöglichkeiten können durch das vorhandene Sicherheitenpotenzial begrenzt sein. Insofern ist die Innenfinanzierung der Außenfinanzierung grundsätzlich überlegen, da sie keinerlei Sicherheiten erfordert. Da die Art der Sicherheitsleistung und deren Volumen (abhängig von der Beleihungsgrenze) bei Außenfinanzierungen sehr divergieren, kann auch hier das in dem Unternehmen vorhandene freie Vermögen für die Wahl einer bestimmten (Außenfinanzierungs-)Alternative ausschlaggebend sein.

II. Kapitalstruktur- und Kapital-Vermögensstrukturregeln

1. Vertikale Kapitalstrukturregeln

Die Verwendung der finanziellen Mittel bleibt bei den **vertikale Kapitalstrukturregeln** völlig unberücksichtigt; es geht ausschließlich um die **Zusammensetzung des** in der Bilanz ausgewiesenen (Eigen- und Fremd-)**Kapitals**.

Diese Regeln sind in verschiedener Weise formuliert, nämlich als:

- Mindestanteil des Eigenkapitals am Gesamtkapital (**Eigenkapitalquote**),
- Mindestrelation des Eigenkapitals zum Fremdkapital (**Eigenkapitalkoeffizient**),
- Höchstrelation des Fremdkapitals zum Eigenkapital (**Verschuldungskoeffizient**) sowie
- Höchstanteil des Fremdkapitals am Gesamtkapital (**Fremdkapitalquote** oder **Anpassungskoeffizient**).

Über die Konkretisierung dieser Regeln mit Zahlen besteht keine Einigkeit. Neben der **Gleichheitsregel**, wonach das bilanzierte Fremdkapital das bilanzierte Eigenkapital nicht übersteigen darf, wurde auch gefordert, das bilanzierte Eigenkapital müsse 150 %, das Doppelte oder gar das Dreifache des bilanzierten Fremdkapitals ausmachen. Allerdings weichen die Finanzierungsverhältnisse in der Praxis von diesen Forderungen regelmäßig erheblich ab.

2. Horizontale Kapital-Vermögensstrukturregeln

a) Gemeinsamkeiten

Den **horizontalen Kapital-Vermögensstrukturregeln** ist gemeinsam, dass einzelne in der Bilanz ausgewiesene Vermögenspositionen bzw. Gruppen von Aktivpositionen zu bestimmten Passivpositionen der Bilanz bzw. zu Gruppen von Passivpositionen in Beziehung gesetzt werden. **Bestimmungsfaktoren für die Gruppenbildung** sind die **Dauer der Kapitalbindung** in den einzelnen Vermögenspositionen einerseits und die **Dauer der Kapitalüberlassung** durch die Geldgeber andererseits. Die Liquidität soll nach diesem Konzept also offenbar nicht durch die Abstimmung aller zukünftig in einem Unternehmen anfallenden Ein- und Auszahlungen gesichert werden (**unternehmensbezogene Betrachtungsweise**), sondern dadurch, dass grundsätzlich für jede einzelne Vermögensposition bzw. für Gruppen von Aktivpositionen eine Fristenkongruenz hergestellt wird zwischen dem Zeitraum, für den das Kapital darin gebunden ist, und dem Zeitraum, für den das benötigte Kapital bereitgestellt wird (**objektbezogene Betrachtungsweise**).

b) Goldene Bankregel und Goldene Finanzierungsregel

Die allgemeinere der horizontalen Kapital-Vermögensstrukturregeln fordert, dass sich die einem Unternehmen zur Verfügung stehenden finanziellen Mittel und deren Verwendung in ihrer Fristigkeit entsprechen. Die Formulierung dieser Forderung durch *Otto Hübner* ist als **Goldene Bankregel** bekannt: „Der Credit, welchen eine Bank geben kann, ohne Gefahr zu laufen, ihre Verbindlichkeiten nicht erfüllen zu können, muß nicht nur im Betrage, sondern auch in der Qualität dem Credite entsprechen, welchen sie genießt."[1132]

Die **Goldene Finanzierungsregel** in einer generellen Form findet sich bei *Töndury/Gsell*. „Zwischen der Dauer der Bindung des Vermögensmittels, also der Dauer des einzelnen Kapitalbedürfnisses, und der Dauer, während welcher das zur Deckung des Kapitalbedürfnisses herangezogene Kapital zur Verfügung steht, muß Übereinstimmung herrschen. Dieser Grundsatz ist als Mindestanforderung in dem Sinne zu erheben, als das Kapital nicht kürzer befristet sein soll, als das Vermögensmittel benötigt wird."[1133] Hinter dieser Forderung der Fristenkongruenz steckt die Vorstellung, auf diese Weise lasse sich die Zahlungsfähigkeit eines Unternehmens sicherstellen, ohne dass der reibungslose Ablauf des Leistungsprozesses beeinträchtigt wird.

c) Goldene Bilanzregel

Leichter zu handhaben als die Goldene Finanzierungsregel, die mit ihrer Forderung nach Fristenparallelität auf einzelne Vermögenspositionen und ihre Finanzierung abstellt, ist die **Goldene Bilanzregel**. Sie orientiert sich an der in der Praxis bekannten Gliederung der Aktivseite von Bilanzen in Anlage- und Umlaufvermögen bzw. der Passivseite in Eigen- und (lang- und kurzfristiges) Fremdkapital, berücksichtigt also als Folge der Bilanzgliederungsprinzipien ebenfalls die Bindungsdauer der Aktiva sowie die Rechtsstellung der einzelnen Kapitalgeber und die Überlassungsdauer des Kapitals. Somit lässt sich mit den aus Bilanzen bekannten Begriffen die **allgemeine Forderung** umschreiben, **langfristig gebundenes Vermögen sei durch langfristig zur Verfügung stehendes Kapital zu finanzieren**, während kurzfristig gebundenes Vermögen auch durch kurzfristig überlassenes Kapital finanziert werden könne.

Je nachdem, welche Teile des in der Bilanz ausgewiesenen Vermögens man als langfristig gebunden und welche Teile des bilanzierten Kapitals man als langfristig zur Verfügung stehend ansieht, kommt man zu einer der folgenden **Fassungen der Goldenen Bilanzregel**, wobei diese nicht verletzt werden sollen, während gegen eine Übererfüllung nichts eingewendet wird:

[1132] *Hübner, Otto*: Die Banken. Leipzig 1854, S. 28.

[1133] *Töndury, Hans/Gsell, Emil*: Finanzierungen. Das Kapital in der Betriebswirtschaft. Zürich 1948, S. 37.

A. Gestaltung der Kapitalstruktur nach den Finanzierungsregeln

- Die älteste und auch **engste Fassung** fordert die vollständige Finanzierung des Anlagevermögens durch Eigenkapital.

- Eine **weitere Fassung** verlangt, dass das Anlagevermögen langfristig zu finanzieren sei, was durch Eigenkapital, aber auch durch langfristiges Fremdkapital geschehen könne.

- Die **weiteste Fassung** postuliert schließlich, dass alle langfristig gebundenen Vermögenspositionen langfristig zu finanzieren seien. Langfristig gebunden seien aber nicht nur das Anlagevermögen, sondern auch diejenigen Teile des Umlaufvermögens, die zur Aufrechterhaltung der Betriebsbereitschaft ständig gehalten werden müssen (eiserne Bestände).

Eine spezielle Variante der Goldenen Bilanzregel stellt die sog. **Bayer-Formel** dar, die auf eine Negativerklärung zwischen dem ehemaligen Bundesaufsichtsamt für das Versicherungswesen und der Bayer AG zurückzuführen ist, aber auch für andere Fälle Modellcharakter haben kann. Danach wird gefordert:

- Die Gesamtverschuldung darf das 3,5-fache des Durchschnitts des aus den letzten drei Geschäftsjahren gebildeten Brutto-Cashflows nicht übersteigen, wobei der Brutto-Cashflow sich aus der Rücklagendotierung, den Abschreibungen auf Sach- und Finanzanlagen, den Zuführungen zu den Rückstellungen, dem Dividendenbetrag sowie den Steuern vom Einkommen, vom Ertrag und vom Vermögen zusammensetzt.

- 70 % des Anlagevermögens müssen durch Beteiligungskapital gedeckt sein.

- Das Anlagevermögen einschließlich der Forderungen mit einer Restlaufzeit von mehr als 4 Jahren müssen durch Beteiligungskapital sowie länger als 4 Jahre laufende Rückstellungen und Verbindlichkeiten gedeckt sein.[1134]

d) Liquiditätsgrade

Die zur Überwachung der Liquidität aus einer Bilanz errechneten **Liquiditätskennzahlen** sehen die **Liquidität als ein Beziehungsverhältnis**, indem sie eine Verbindung von sofort verfügbaren sowie zu bestimmten Terminen zufließenden Zahlungsmitteln einerseits und sofort fälligen oder innerhalb bestimmter Zeiträume fälligen Auszahlungen andererseits herstellen. Sie sollen Auskunft darüber geben, ob und inwieweit die Zahlungsmittelbestände und andere in die Kennzahlenberechnung einbezogene Vermögenspositionen mit den kurzfristigen Verbindlichkeiten in deren Höhe und Fälligkeit übereinstimmen. Je nachdem, welche Teile des kurzfristigen Vermögens mit einbezogen werden, können **verschiedene Liquiditätsgrade** unterschieden werden (vgl. **Abbildung 146** auf S. 460):

[1134] Vgl. *Eilenberger, Guido/Ernst, Dietmar/Toebe, Marc*: Betriebliche Finanzwirtschaft. 8. Aufl., München 2013, S. 16–17.

$$\text{Liquidität 1. Grades (\textbf{Barliquidität})} = \frac{\text{Zahlungsmittel}}{\text{kurzfristige Verbindlichkeiten}}$$

$$\text{Liquidität 2. Grades (\textbf{Liquidität auf kurze Sicht})} = \frac{\text{Zahlungsmittel} + \text{kurzfristige Forderungen}}{\text{kurzfristige Verbindlichkeiten}}$$

$$\text{Liquidität 3. Grades (\textbf{Liquidität auf mittlere Sicht})} = \frac{\text{Zahlungsmittel} + \text{kurzfristige Forderungen} + \text{Vorräte}}{\text{kurzfristige Verbindlichkeiten}}$$

Abbildung 146: Liquiditätsgrade

Da die Liquiditätskennzahlen von verschiedenen Faktoren, z. B. Größe und Branche der Unternehmen abhängen, wird ihnen bzw. ihren Veränderungen eine besondere Bedeutung allerdings nur im innerbetrieblichen Zeitvergleich beigemessen.

III. Kritik an den beschriebenen Finanzierungsregeln

1. Grundsätzliches

Die dargestellten Finanzierungsregeln sind angreifbar. Die gegen sie gerichteten **Einwände** beruhen auf zwei völlig unterschiedlichen Überlegungen:

- Akzeptiert man zunächst die theoretische Konzeption dieser Finanzierungsregeln, so ist zu untersuchen, ob die zur Errechnung dieser Kennzahlen verwendeten Zahlen überhaupt die Erfüllung der theoretischen Konzeption zu gewährleisten vermögen, ob also die verwendeten **Bilanzzahlen** überhaupt die **Liquiditätssituation** eines Unternehmens hinreichend genau **beschreiben**.

- Losgelöst von dieser ersten Frage, also ohne Rücksicht auf das Rechenwerk, aus dem die verwendeten Zahlen stammen, ist zudem zu fragen, ob die den klassischen Finanzierungsregeln zugrunde liegende **theoretische Konzeption** einer kritischen Untersuchung standhält, ob also bei Einhaltung der Strukturregeln die Liquidität eines Unternehmens gesichert ist.

2. Kritik an den in die Finanzierungsregeln eingehenden Zahlen

Externe Leser des Jahresabschlusses können die Liquiditätslage eines Unternehmens nur dann zutreffend beurteilen, wenn der **Jahresabschluss** nicht nur **alle zukünftigen Ein- und Auszahlungen betragsgenau erfasst**, sondern auch **Informationen über den Zeitpunkt ihres Anfalls** vermittelt. Dies ist aus folgenden Gründen nicht der Fall:

- Die Vorschriften zur Bilanzierungsfähigkeit führen zu **unvollständigen Bilanzinformationen über zukünftige Ein- und Auszahlungen**.

Bilanzen können nur diejenigen Zahlen liefern, die aufgrund einer Buchungs- und Bilanzierungspflicht in sie eingehen. Damit erlangt die Frage der Bilanzierungsfähigkeit und damit die Auslegung der Begriffe Vermögensgegenstand und Schulden eine besondere Bedeutung.

Ein **Vermögensgegenstand** und damit die **abstrakte Aktivierungsfähigkeit** liegt nach allgemeiner Anschauung vor, wenn es sich

- um einen über den Bilanzstichtag hinausgehenden wirtschaftlichen Wert handelt, der
- selbstständig bewertbar und
- selbstständig verkehrsfähig, d. h. einzeln veräußerbar ist.[1135]

Darüber hinaus muss das wirtschaftliche Eigentum des Rechnungslegenden am Vermögensgegenstand vorliegen. Sind diese Voraussetzungen erfüllt, so besteht grundsätzlich eine Bilanzierungspflicht. Ein Aktivierungsverbot besteht jedoch für Gründungsaufwendungen, für Aufwendungen zur Beschaffung des Eigenkapitals sowie für Aufwendungen für den Abschluss von Versicherungsverträgen.[1136] Selbst geschaffene immaterielle Vermögensgegenstände des Anlagevermögens hingegen dürfen in die Bilanz als Aktivposten aufgenommen werden, wohingegen selbst geschaffene Marken, Drucktitel, Verlagsrechte, Kundenlisten oder vergleichbare immaterielle Vermögensgegenstände des Anlagevermögens von diesem Aktivierungswahlrecht explizit ausgenommen sind.[1137]

Schulden i. S. d. **abstrakten Passivierungsfähigkeit** sind definiert als

- bestehende oder hinreichend sicher erwartete Belastungen des Vermögens, die
- auf einer rechtlichen oder wirtschaftlichen Leistungsverpflichtung des Unternehmens beruhen und
- selbstständig bewertbar, d. h. als solche abgrenzbar und nicht nur Ausfluss des allgemeinen Unternehmerrisikos sind, unabhängig davon, ob es sich um eine Verpflichtung zu einer Geld- oder einer Sachleistung handelt.[1138]

Dabei unterscheidet man die dem Betrag und der Fälligkeit nach sicheren Schulden (Verbindlichkeiten), die grundsätzlich passiviert werden müssen, von den unsicheren Schulden, bei denen lediglich der Grund feststeht, Betrag und/oder Fälligkeit jedoch nicht bekannt zu sein brauchen (Rückstellungen; für sie besteht i. d. R. eine Passivierungspflicht (vgl. § 249 HGB) und nur in Ausnahmefällen ein Passivierungswahlrecht (vgl. z. B. Art. 28 EGHGB).

[1135] Vgl. *Bieg, Hartmut/Kußmaul, Heinz/Waschbusch, Gerd*: Externes Rechnungswesen. 6. Aufl., München 2012, S. 79; sehr ausführlich hierzu *Kußmaul, Heinz*: Nutzungsrechte an Grundstücken in Handels- und Steuerbilanz. Hamburg 1987, S. 29–77.

[1136] Vgl. § 248 Abs. 1 HGB.

[1137] Vgl. § 248 Abs. 2 HGB.

[1138] Vgl. *Bieg, Hartmut/Kußmaul, Heinz/Waschbusch, Gerd*: Externes Rechnungswesen. 6. Aufl., München 2012, S. 82; sehr ausführlich hierzu *Kußmaul, Heinz*: Nutzungsrechte an Grundstücken in Handels- und Steuerbilanz. Hamburg 1987, S. 77–82.

Nach derzeitigen Bilanzierungsgepflogenheiten sind bereits abgeschlossene, jedoch noch von keinem Vertragspartner erfüllte gegenseitige Verträge (**schwebende Geschäfte**), soweit der Bilanzierende erwartet, dass sich aus dem Vertrag kein Verlust ergeben wird, weder zu buchen noch zu bilanzieren. Im Fall drohender Verluste ist dagegen eine entsprechende Rückstellung zu bilden (§ 249 Abs. 1 Satz 1 HGB). Damit werden aber in den Bilanzstrukturzahlen weder die vertraglich eingegangenen Verpflichtungen für zukünftige Auszahlungen noch die aus abgeschlossenen Verträgen zu erwartenden Einzahlungen berücksichtigt; dies gilt nicht zuletzt auch für die aus den zahlreichen **Dauerschuldverhältnissen** (wie Arbeits- und Dienstverträgen, Miet-, Pacht-, Darlehens- und Versicherungsverträgen) resultierenden Zahlungsmittelbewegungen.

Selbstverständlich enthalten Bilanzen auch keinerlei Angaben darüber, welche **Auszahlungsverpflichtungen** zwar noch nicht eingegangen wurden, aber **zur Sicherung eines reibungslosen Ablaufs des betrieblichen Leistungsprozesses** zwangsläufig eingegangen werden müssen. Eine zutreffende Einschätzung der Liquiditätssituation erfordert aber auch die Berücksichtigung dieser Verpflichtungen.

Zur Überbrückung von Liquiditätsengpässen können Unternehmen Liquiditätsreserven in Form von Krediten halten, die von Kreditinstituten oder Lieferanten zwar bereits zugesagt, aber noch nicht in Anspruch genommen wurden; ihnen stehen Kredite gleich, mit deren Zusage aufgrund hinreichender rechtlicher und ökonomischer Voraussetzungen gerechnet werden kann. Diese **Kreditreserven** dürfen in Bilanzen allerdings genauso wenig ausgewiesen werden wie die **Möglichkeiten der Zuführung zusätzlichen Kapitals durch die Eigentümer**; eine Berücksichtigung in den aus Bilanzzahlen errechneten Strukturkennzahlen scheidet damit aus.

- Die Bilanz liefert **keine präzisen Angaben über die Termine der zukünftigen Zahlungsmittelbewegungen**.

Eine weitere Beeinträchtigung der Beurteilung der Liquiditätslage eines Unternehmens ergibt sich durch die **nicht präzisen Angaben über die Termine der zukünftigen Zahlungsmittelbewegungen**. Zwar wurde mit dem Bilanzrichtliniengesetz die diesbezügliche Gliederung gegenüber dem alten Recht allein schon dadurch verbessert, dass nunmehr die Zuordnung der Forderungen und Verbindlichkeiten nicht mehr nach Ursprungs-, sondern nach Restlaufzeiten erfolgt und dass die innerhalb des nächsten Jahres fälligen Forderungen und Verbindlichkeiten aus dem Jahresabschluss erkennbar sind (§ 268 Abs. 4 und Abs. 5 HGB). Trotzdem sind die Angaben nicht exakt genug, um die zukünftige Liquiditätssituation eines Unternehmens zutreffend beurteilen zu können.

Hält ein Unternehmen Vermögensgegenstände eigens, um durch ihren Verkauf oder ihre Beleihung Liquiditätsengpässe überbrücken zu können, so werden derartige **Liquiditätsreserven** in der Bilanz nicht von denjenigen Vermögensgegenständen getrennt, die für den betrieblichen Umsatzprozess benötigt werden. Andererseits kann man aber als externer Bilanzleser auch diejenigen Teile des Umlaufvermögens nicht ermitteln, die als **betriebsnotwendige eiserne Bestände** einen langfristigen Charakter haben. In den Strukturkennzahlen können deshalb weder die Liquiditätsreserven noch die eisernen Bestände entsprechend berücksichtigt werden.

A. Gestaltung der Kapitalstruktur nach den Finanzierungsregeln 463

Die Annahme, das **Eigenkapital** stehe dem Unternehmen **langfristig** zur Verfügung, ist nur für Kapitalgesellschaften realistisch; auch dort droht allerdings die Verringerung des Eigenkapitals durch Verluste. Bei Unternehmen, die als Personenhandelsgesellschaften geführt werden, ist das Eigenkapital nach den Vorschriften des Gesellschaftsvertrages oder – wenn der Gesellschaftsvertrag darüber nichts aussagt – nach den Bestimmungen des HGB kündbar; dadurch kann die Verfügungsdauer auf einen relativ kurzen Zeitraum zusammenschmelzen.

Nicht eindeutig ist die Zuordnung bei **Mischformen zwischen Eigen- und Fremdkapitaltiteln** (z. B. Genussscheine, Wandelschuldverschreibungen, Optionsschuldverschreibungen). Außerdem muss beachtet werden, dass durch die Saldierung einzelner Größen (z. B. erhaltene Anzahlungen mit Vorräten) die Höhe sowohl der Teil- als auch der Gesamtgröße beeinflusst wird.

- Da die Bewertungsvorschriften **Wahlrechte** und damit (innerhalb des gesetzlichen Rahmens) **Manipulationsmöglichkeiten** einräumen, gibt der Bilanzausweis nicht in jedem Fall die Höhe der künftigen Ein- und Auszahlungen wieder.

Die handels- und steuerrechtlichen Bewertungsvorschriften sollen in erster Linie zur **Ermittlung eines ausschüttungs- und besteuerungsfähigen Gewinns** führen; Informationsgesichtspunkte werden im Jahresabschluss nur berücksichtigt, soweit dadurch die genannte vom **Vorsichtsprinzip** bestimmte Hauptaufgabe des Jahresabschlusses nicht beeinträchtigt wird.

Mit Hilfe des **Niederstwertprinzips für Aktiva** bzw. des **Höchstwertprinzips für Passiva** soll die Beachtung des an Ausschüttungs- und Besteuerungsüberlegungen orientierten Realisations- und Imparitätsprinzips durchgesetzt werden. Die obere Grenze des Wertansatzes für Aktiva sind grundsätzlich die ursprünglichen Anschaffungs- oder Herstellungskosten; dabei hat der Bilanzierende bei den Herstellungskosten einen Bewertungsspielraum, der zwischen dem Ansatz der Einzelkosten, angemessener Teile der Materialgemeinkosten sowie des Werteverzehrs des Anlagevermögens (soweit durch die Fertigung veranlasst) als Wertuntergrenze und einem um „angemessene Teile der Kosten der allgemeinen Verwaltung sowie angemessene Aufwendungen für soziale Einrichtungen des Betriebs, für freiwillige soziale Leistungen und für die betriebliche Altersversorgung"[1139] erhöhten Betrag liegt und zu bilanzpolitischen Zwecken genutzt werden kann. Nicht als Herstellungskosten anzusetzen sind explizit Forschungs- und Vertriebskosten.[1140]

In den Folgeperioden sind die Ausgangswerte im Fall abnutzbarer Gegenstände des **Anlagevermögens um planmäßige Abschreibungen** zu vermindern.[1141]

Bei abnutzbaren wie nicht abnutzbaren Vermögensgegenständen des Anlagevermögens sind bei voraussichtlich dauernder Wertminderung **außerplanmäßige Abschreibungen**

[1139] § 255 Abs. 2 Satz 3 HGB.
[1140] Vgl. § 255 Abs. 2 Satz 4 HGB.
[1141] Vgl. § 253 Abs. 3 Satz 1 HGB.

vorzunehmen, um diese mit dem niedrigeren Wert anzusetzen, der ihnen am Abschlussstichtag beizulegen ist. Bei Finanzanlagen dürfen außerplanmäßige Abschreibungen auch bei einer voraussichtlich nicht dauernden Wertminderung vorgenommen werden **(gemildertes Niederstwertprinzip)**.[1142]

Umlaufvermögensgegenstände sind immer auf den am Abschlussstichtag niedrigeren Börsen- oder Marktpreis bzw. – wenn ein solcher nicht feststellbar ist – auf den niedrigeren beizulegenden Wert abzuschreiben **(strenges Niederstwertprinzip)**[1143].

Eng damit zusammen hängen auch die Bestimmungen über die Wertaufholung. Für Gegenstände des Anlage- wie des Umlaufvermögens (mit Ausnahme eines entgeltlich erworbenen Geschäfts- oder Firmenwerts) besteht gemäß § 253 Abs. 5 HGB ein **Wertaufholungsgebot**, wenn die Gründe für in einer vorangegangenen Periode vorgenommene außerplanmäßige Abschreibungen entfallen sind.

Im Gegensatz zu den Regelungen bei den Aktiva gibt es für Passiva nur wenige kodifizierte Bewertungsvorschriften. Hier sind gemäß § 253 Abs. 1 Satz 2 HGB **Verbindlichkeiten** mit ihrem Erfüllungsbetrag anzusetzen, wobei allerdings das nicht kodifizierte Höchstwertprinzip zu beachten ist.

Die beschriebenen vom Vorsichtsprinzip bestimmten Gewinnermittlungsvorschriften machen zwar grundsätzlich eine **zu günstige Darstellung der Liquiditätslage unmöglich**; aber sie verhindern eine zutreffende Beurteilung der Liquiditätssituation, für die die tatsächlich zu erwartenden Ein- und Auszahlungen bedeutsam sind. Diesem Anspruch wird nur der Ausweis erwarteter Verluste gerecht. Dagegen wird ein **zutreffender Einblick in die Liquiditätslage verhindert**, wenn – so berechtigt dies aus anderen Gründen auch sein mag – der Ausweis unrealisierte Gewinne verhindert wird.

Da der externe Bilanzleser diese teils vom Gesetzgeber erzwungenen, teils vom Bilanzierenden freiwillig gelegten stillen Rücklagen nicht erkennen kann, werden bei der Errechnung der Strukturkennzahlen einerseits Aktiva bzw. Verbindlichkeiten berücksichtigt, die um die dort jeweils gelegten stillen Rücklagen zu niedrig bzw. zu hoch sind, und andererseits schmälern die gesamten stillen Rücklagen den Bilanzansatz des Eigenkapitals in voller Höhe. Dass sich derartige Eigenkapitalverkürzungen insbesondere auf die vertikale Kapitalstrukturregel auswirken, ist leicht zu sehen.

- Der **stichtagsbezogene Bilanzausweis** kann eigens zur Darstellung einer günstigeren Liquiditätssituation **manipuliert** werden.
  Da die Bilanz eine zeitpunktbezogene Gegenüberstellung von Vermögen und Kapital ist, ergeben sich weitere Manipulationsmöglichkeiten durch entsprechende **Maßnahmen vor dem Bilanzstichtag**. So wird z. B. die Bilanzstruktur beeinflusst, wenn Anlagevermögensgegenstände zunächst an eine Leasing-Gesellschaft verkauft werden, um sie unmittelbar anschließend von ihr zu mieten **(Sale-and-lease-back)**.[1144] Durch eine ent-

---

[1142] Vgl. zu den letzten beiden Sätzen § 253 Abs. 3 Satz 5 und Satz 6 HGB.
[1143] Vgl. § 253 Abs. 4 HGB.
[1144] Vgl. den **Elften Abschnitt, Kapitel D.II.4.**

sprechende Vertragsgestaltung kann die Aktivierung des Leasing-Gegenstandes beim Leasing-Nehmer vermieden werden. Die dadurch erreichte Verminderung des Anlagevermögens und die Verwendung des Verkaufserlöses (Ablösung von Verbindlichkeiten, Halten liquider Bestände, Finanzierung von Investitionsmaßnahmen) verändern die Bilanzstruktur.

Dies gilt auch für das **Factoring**.[1145] Aus der Bilanz ist die strukturelle Veränderung der Bilanz aufgrund des Forderungsverkaufs, nämlich die Kreditgewährung durch den Factor, grundsätzlich nicht ersichtlich. Zur Erhaltung der Liquidität ist aber u. U. der ständige Verkauf von Forderungen auch in der Zukunft erforderlich.

Weitere Möglichkeiten der Beeinflussung und damit verbundene Ermittlungsschwierigkeiten resultieren aus Kreditvereinbarungen, Pensionsgeschäften[1146] und ähnlichen Transaktionen mit Konzernmitgliedern oder sonstigen dem Unternehmen nahe stehenden Personen sowie aus der Wahl des Bilanzstichtages und des Aufstellungs- und Veröffentlichungszeitpunktes.

3. Kritik an der den Finanzierungsregeln zugrunde liegenden theoretischen Konzeption

Wer Finanzierungsregeln als starre Relationen festlegt, geht offensichtlich von einem „Normalunternehmen" aus. Tatsächlich wird aber die Vermögensstruktur, und damit – zumindest nach den Vorstellungen der Verfechter dieser Regeln – auch die Kapitalstruktur u. a. sehr stark durch die von der Branche abhängige Produktionsstruktur und von der Rechtsform, aber auch von der Lebensphase, in der sich ein Unternehmen befindet, und von seiner Größe geprägt. Somit können **Bilanzstrukturregeln** höchstens **branchen-, rechtsform-, lebensphasen-** und **größenspezifisch fixiert** werden. Da es sehr schwierig sein dürfte, eine ausreichend große Zahl von Unternehmen in entsprechende homogene Klassen einzuordnen, sind Unternehmensvergleiche wenig praktikabel. Praktizierbar sind allenfalls Vergleiche der Bilanzrelationen eines Unternehmens zu verschiedenen Zeitpunkten (**Zeitvergleiche**).

Außerdem sind die **Finanzierungsregeln** teilweise **widersprüchlich**. So lassen sich die Goldene Bilanzregel im engsten Sinne (Anlagevermögen = Eigenkapital) und die vertikale 1:1-Regel (Eigenkapital = Fremdkapital) nur dann gleichzeitig realisieren, wenn Anlagevermögen und Umlaufvermögen zufällig gleich hoch sind.

Die mit den Finanzierungsregeln verbundene **Zielsetzung** ist zudem **einseitig**; denn mit all diesen Regeln wird primär versucht, die Liquidität zu sichern. Dagegen werden andere Ziele vernachlässigt, wie etwa die unter bestimmten Voraussetzungen für eine Ausdehnung des Fremdkapitals sprechende Zielsetzung der Maximierung der Eigenkapitalrentabilität. Deren Erhöhung durch die Aufnahme zusätzlichen Fremdkapitals gelingt solange, wie die Gesamtkapitalrentabilität über dem Fremdkapitalzins liegt (**Leverage-Effekt**)[1147]; die daraus resul-

---

[1145] Vgl. den **Elften Abschnitt, Kapitel D.II.3.a)**.
[1146] Vgl. den **Sechsten Abschnitt, Kapitel D.III.4.**
[1147] Vgl. den **Dreizehnten Abschnitt, Kapitel B.**

tierende sinkende Eigenkapitalquote läuft jedoch der vertikalen Kapitalstrukturregel zuwider. Es ist allerdings zu beachten, dass in Planungsrechnungen allenfalls die Fremdkapitalkosten bekannt sind, während die Gesamtkapitalrentabilität vom zukünftigen Erfolg der Investitionen des Unternehmens abhängig ist, so dass bei einer entsprechend ungünstigen Entwicklung der Leverage-Effekt auch in umgekehrter Richtung wirken kann.

Der von der Zielsetzung der Maximierung der Eigenkapitalrentabilität ausgehende **Anreiz zur Ausdehnung der Verschuldung** wird indessen durch das dann wachsende Gläubigerrisiko gebremst, sehen doch die Gläubiger bei einer hohen Fremdkapitalquote nicht nur eine geringe Flexibilität des Schuldners im finanzwirtschaftlichen Bereich aufgrund hoher von der Erfolgssituation unabhängiger Zins- und Tilgungsverpflichtungen und damit die weitgehende Abhängigkeit des Schuldners von seinen Gläubigern, sondern auch die Gefahr, dass zukünftige Verluste von dem Schuldnerunternehmen nicht aufgefangen werden können, also auf die Gläubiger durchschlagen.

Die **ständige Zahlungsbereitschaft** eines Unternehmens wird aber auch **durch die Einhaltung verschiedener Finanzierungsregeln nicht gewährleistet**:

- Auch bei einer betragsgenauen und fristenkongruenten Finanzierung eines Vermögensgegenstandes durch eine bestimmte Passivposition wird höchstens sichergestellt, dass das Unternehmen den **Kapitalbetrag**, falls erforderlich, **verzinsen** und beim Ausscheiden des Vermögensgegenstandes das ursprünglich investierte **Kapital zurückzahlen** kann; allerdings gelingt dies auch nur, wenn die investierten Beträge („Abschreibungsgegenwerte") und die zu zahlenden Fremdkapitalzinsen in vollem Umfang und termingerecht über den Absatz der Produkte an das Unternehmen zurückfließen. Eintretende Verluste, Zahlungsschwierigkeiten der Abnehmer oder Probleme beim Absatz der Betriebsleistungen können dies verhindern.

  Eine fristgerechte Freisetzung, Verzinsung und Tilgung des Kapitalbetrages reichen zur Sicherung der Liquidität jedoch nur im Spezialfall eines **einmaligen Kapitalbedarfs** aus. Da aber Liquidität nicht nur die Erfüllung fälliger Verbindlichkeiten erfordert, sondern auch die Aufrechterhaltung eines reibungslosen Ablaufs des Betriebsprozesses, muss auch sichergestellt sein, dass die erforderlichen Reinvestitionen durchgeführt werden können (**Deckung des wiederkehrenden Kapitalbedarfs**).

  Die Verfechter der horizontalen Finanzierungsregeln nehmen deshalb stillschweigend an, dass die durch den Umsatzprozess wieder verflüssigten und an die Kapitalgeber zurückzuzahlenden Mittel entweder prolongiert oder durch neues Kapital substituiert werden können. Ist diese **Prämisse der Prolongations- oder Substitutionsmöglichkeit** nicht erfüllt, so ist der reibungslose Ablauf des Betriebsprozesses gefährdet; ist sie erfüllt, so ist Fristenkongruenz aber offensichtlich keine notwendige Voraussetzung für die Erhaltung der Liquidität.

- Die kritisierte Unterstellung bezieht sich aber auch auf diejenigen Kapitalbeträge, die zur Finanzierung aller weiteren anfallenden Auszahlungen (etwa für Löhne, Rohstoffe, Mieten, Energie, Steuern) benötigt werden, da auch hier üblicherweise erneut entsprechender Kapitalbedarf besteht.

- Da die Goldene Bilanzregel eine Gruppenbildung der Aktiva und Passiva erfordert, entsteht hier ein zusätzliches Problem. Die **Angaben über die Fälligkeitstermine** in Bilanzen sind derartig **unpräzise**, dass es selbst bei einer Fristenentsprechung der einandergegenübergestellten Gruppen von Aktiva und Passiva möglich ist, dass das Vermögen im Zeitpunkt der Fälligkeit des Kapitals noch nicht in voller Höhe liquidisiert werden konnte.

Die objektbezogene Betrachtungsweise mit der Forderung nach Fristenkongruenz gewährleistet also die Erhaltung der Liquidität eines Unternehmens nicht. Hierfür ist eine unternehmensbezogene Abstimmung aller erwarteten Ein- und Auszahlungen mittels eines Finanzplans erforderlich.

B. Gestaltung der Kapitalstruktur nach dem Leverage-Effekt

Der **grundlegende traditionelle kapitaltheoretische Ansatz** versucht, unter Rentabilitätsgesichtspunkten aus der Perspektive des Kapitalgebers das **optimale Verhältnis von Eigen- und Fremdkapital** (optimaler Verschuldungsgrad v^*) durch die Berücksichtigung des Leverage-Effektes zu bestimmen. Unter der Zielsetzung der langfristigen Gewinnmaximierung wird ein Unternehmen diejenige Eigenkapitalhöhe wählen, bei der die Eigenkapitalrentabilität maximiert wird.[1148] Die Frage nach der optimalen Höhe des Eigenkapitals ist zugleich die Frage nach dem optimalen Verschuldungsgrad (v^*).

Der **Leverage-Effekt** beinhaltet den folgenden Zusammenhang:[1149] Die Gesamtkapitalrentabilität (r_{GK} ausgedrückt in Prozent) eines Unternehmens ergibt sich als Quotient aus dem Gesamtkapitalertrag (KE) und dem Gesamtkapital (GK) dieses Unternehmens (r_{GK} = KE ÷ GK), wobei sich das Gesamtkapital aus dem Eigenkapital (EK) und dem Fremdkapital (FK) des Unternehmens zusammensetzt (GK = EK + FK). Damit gilt aber auch der in **Abbildung 147**[1150] auf S. 468 in der Formel (1) dargestellte Zusammenhang.

Aus der Perspektive der Kapitalgeber ergibt sich der **Gesamtkapitalertrag** (KE) des Unternehmens aus der Summe der **Eigenkapitalverzinsung** (r_{EK} · EK) und der Fremdkapitalverzinsung (r_{FK} · FK); (vgl. dazu **Abbildung 147** auf S. 468, Formel (2)). Die **Kapitalverzinsung des Fremdkapitals** (r_{FK} · FK) wiederum ist aufgrund der vertraglichen Vereinbarungen unabhängig von der Ertragslage des Unternehmens, so dass der Fremdkapitalzinssatz (r_{FK} ausgedrückt in Prozent) als eine konstante Größe angenommen werden kann. Unter der Annahme einer mit dem zur Verfügung stehenden Gesamtkapital (GK) zu erwirtschaftenden Gesamtkapitalrendite (r_{GK}) ergibt sich die **Eigenkapitalrendite** (r_{EK} ausgedrückt in Prozent) schließlich – wie in **Abbildung 147** auf S. 468 gezeigt – in Abhängigkeit vom Verhältnis des eingesetzten Fremdkapitals zum Eigenkapital (FK ÷ EK).

[1148] Vgl. *Hax, Herbert*: Rentabilitätsmaximierung als unternehmerische Zielsetzung. In: Zeitschrift für handelswissenschaftliche Forschung 1963, S. 342.

[1149] Vgl. auch *Waschbusch, Gerd*: Die Gestaltung der Kapitalstruktur nach dem Leverage-Effekt. In: AKADEMIE – Zeitschrift für Führungskräfte in Verwaltung und Wirtschaft 1993, S. 57–58.

[1150] Entnommen aus *Bieg, Hartmut*: Die Kapitaldeckung und Kapitalstruktur der Unternehmung – Das Modigliani/Miller-Theorem. In: Der Steuerberater 2000, S. 50.

Kann durch das eingesetzte Fremdkapital eine Gesamtkapitalrendite erreicht werden, die höher als der fest vereinbarte Fremdkapitalzinssatz ist ($r_{GK} > r_{FK}$), so fällt der gesamte vom Fremdkapital über den festen Fremdkapitalzins hinaus erwirtschaftete Ertragsteil dem Eigenkapital zu. Die Eigenkapitalverzinsung (r_{EK}) wird dann umso größer, je kleiner der prozentuale Anteil des Eigenkapitals am Gesamtkapital ist, d. h., je höher der Verschuldungsgrad ($v = FK \div EK$) des Unternehmens ist ($r_{EK} \uparrow$, falls $v = FK \div EK \uparrow$ und damit $EK \downarrow$ bzw. $FK \uparrow$ unter Konstanz von GK; vgl. **Abbildung 147**, Formel (4)).

Diese **Erhöhung der Eigenkapitalrentabilität** durch den Einsatz von Fremdkapital bei Investitionen (Ersatz von Eigen- durch Fremdkapital bei Konstanz des Gesamtkapitals), deren Gesamtkapitalrentabilität über dem Fremdkapitalzins liegt, wird als **Leverage-Effekt** bezeichnet, d. h. als **Hebelwirkung einer zunehmenden Verschuldung auf die Eigenkapitalrentabilität**. Die Eigenkapitalrentabilität steigt also, solange zwischen der Gesamtkapitalrentabilität und der Kapitalverzinsung des Fremdkapitals (Effektivzins für das aufgenommene Fremdkapital) noch eine positive Differenz besteht ($r_{EK} \uparrow$, falls $r_{GK} - r_{FK} > 0$). Dieser Zusammenhang lässt sich in allgemeiner Form wie in **Abbildung 147** gezeigt darstellen.

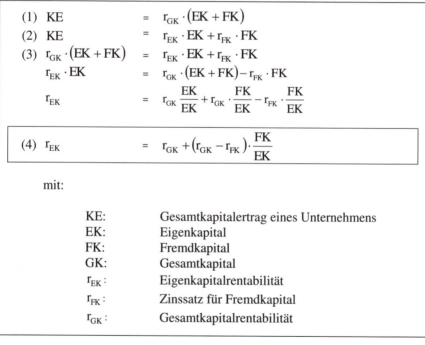

Abbildung 147: Eigenkapitalrentabilität

Nach den Umformungen der Formel (3) in **Abbildung 147** zeigt Formel (4), dass die Eigenkapitalrentabilität (r_{EK}) von der Gesamtkapitalrentabilität (r_{GK}), dem Fremdkapitalzinssatz (r_{FK}) und dem Verschuldungsgrad ($v = FK \div EK$) abhängig ist. Wird eine bestimmte Gesamtkapitalrentabilität (r_{GK}) und ein vom Verschuldungsgrad (v) unabhängiger Fremdkapitalzins unterstellt, der geringer ist als die angenommene Gesamtkapitalrentabilität, so besteht zwischen Verschuldungsgrad (v) und Eigenkapitalrentabilität (r_{EK}) die in **Abbildung 148**[1151] dargestellte lineare Abhängigkeit.

Es muss jedoch darauf hingewiesen werden, dass in Planungsrechnungen allenfalls der Fremdkapitalzins (r_{FK}) bekannt ist, während die Gesamtkapitalrentabilität (r_{GK}) vom Erfolg der Investitionen des Unternehmens abhängig ist. Bei einer entsprechend ungünstigen Entwicklung kann deshalb der **Leverage-Effekt** selbstverständlich auch **negativ** ausfallen. Der Vorteil, durch kostengünstiges Fremdkapital die Eigenkapitalrentabilität zu erhöhen, wird zum Nachteil, **wenn die Gesamtkapitalrentabilität unter den Fremdkapitalzins sinkt** ($r_{GK} < r_{FK}$). In diesem Fall geht die Eigenkapitalrentabilität umso stärker zurück (und kann dabei auch negativ werden), je höher der prozentuale Anteil des Fremdkapitals am Gesamtkapital (Verschuldungsgrad v) und je größer die negative Differenz zwischen Gesamtkapitalrentabilität und Fremdkapitalzins ist.

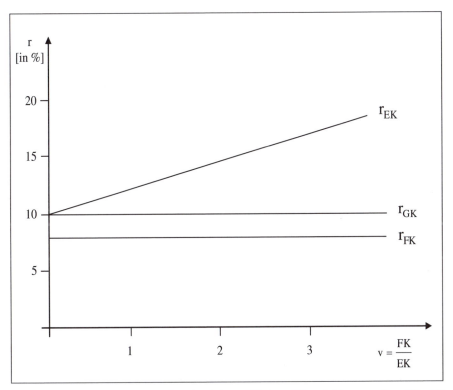

Abbildung 148: Abhängigkeit der Eigenkapitalrentabilität vom Verschuldungsgrad v = FK ÷ EK (Leverage-Effekt)

[1151] Entnommen aus *Bieg, Hartmut*: Die Kapitaldeckung und Kapitalstruktur der Unternehmung – Das Modigliani/Miller-Theorem. In: Der Steuerberater 2000, S. 50.

Wie **Abbildung 149**[1152] zeigt, ist die Eigenkapitalrentabilität genau im Punkt

$$v = \frac{FK}{EK} = \frac{r_{GK}}{r_{FK} - r_{GK}}$$

gleich null. Eine negative Eigenkapitalrentabilität ist jedoch gleichbedeutend mit Verlusten, die das vorhandene Eigenkapital vermindern, es teilweise oder ganz aufzehren.

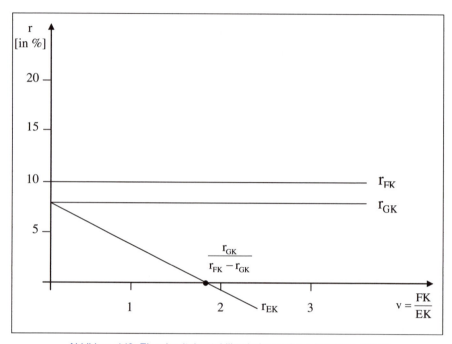

Abbildung 149: Eigenkapitalrentabilität bei negativem Leverage-Effekt

Wöhe u. a. zeigen an zwei Zahlenbeispielen[1153] den hier nur allgemein beschriebenen Zusammenhang sehr deutlich. Zusammenfassend lässt sich feststellen:[1154]

- Liegt die Gesamtkapitalrentabilität über dem Fremdkapitalzins, so wächst die Eigenkapitalrentabilität mit wachsender Verschuldung.

- Ist die Gesamtkapitalrentabilität gleich dem Fremdkapitalzins, so ist unabhängig vom Verschuldungsgrad die Eigenkapitalrentabilität gleich der Gesamtkapitalrentabilität und gleich dem Fremdkapitalzins.

[1152] Entnommen aus *Bieg, Hartmut*: Die Kapitaldeckung und Kapitalstruktur der Unternehmung – Das Modigliani/Miller-Theorem. In: Der Steuerberater 2000, S. 50.

[1153] Vgl. *Wöhe, Günter u. a.*: Grundzüge der Unternehmensfinanzierung. 11. Aufl., München 2013, S. 410–415.

[1154] Vgl. *Wöhe, Günter u. a.*: Grundzüge der Unternehmensfinanzierung. 11. Aufl., München 2013, S. 413–415.

- Sinkt die Gesamtkapitalrentabilität unter den Fremdkapitalzins, ist sie aber noch positiv, so fällt die Eigenkapitalrentabilität mit wachsender Verschuldung vom positiven in den negativen Bereich.
- Ist die Gesamtkapitalrentabilität null oder sogar negativ, so wird die Eigenkapitalrentabilität mit wachsendem Verschuldungsgrad negativ bzw. fällt noch stärker in den negativen Bereich.

In der bisherigen Darstellung des Leverage-Effekts wurde unterstellt, dass das Gesamtkapital unverändert bleibt und das Eigenkapital durch Fremdkapital substituiert wird, wobei die Gesamtkapitalrentabilität konstant bleibt. Im Modell werden keine Annahmen darüber getroffen, zu welchen Konditionen die alternative Anlage des freigesetzten Eigenkapitals erfolgt.

In der Praxis erfolgt die Fremdkapitalaufnahme in der Regel nicht zum Zwecke der Substitution von Eigenkapital, sondern sie dient der Erhöhung des Gesamtkapitals. Ein Leverage-Effekt in der beschriebenen Weise (linearer Verlauf) ergibt sich dann jedoch nur, wenn die Investitionsrendite des zusätzlich in dem Unternehmen eingesetzten Kapitals der durchschnittlichen Rendite des ursprünglichen Kapitals entspricht.

Ferner geht das Modell davon aus, dass die **zunehmende Verschuldung keine Auswirkungen auf den Fremdkapitalzins** hat. Dieser wird als eine konstante Größe sowohl für das bisher eingesetzte Fremdkapital als auch für das neu aufgenommene Fremdkapital angenommen. Geht man jedoch von realistischen Annahmen aus, so wird die Investitionsrendite selten exakt der ursprünglichen Gesamtkapitalrendite entsprechen. Ferner wird der Fremdkapitalzins aufgrund des steigenden Verlustrisikos (eine zusätzliche Fremdkapitalaufnahme führt, wenn nicht gleichzeitig eine Eigenkapitalzuführung erfolgt, zu einer Verringerung der Eigenkapitalquote, wodurch das für die Gläubiger bestehende Risiko tendenziell steigt) zumindest für das neu aufzunehmende Fremdkapital ab einem gewissen Verschuldungsgrad steigen.[1155]

Zudem ist es möglich, dass auch die von den Anteilseignern erhobenen Ausschüttungsforderungen bei firmenbezogenen Unternehmen mit einem zunehmenden Verschuldungsgrad steigen werden, da auch das von ihnen eingebrachte Kapital mit einem höheren Verlustrisiko behaftet ist.

Es ist auch zu beachten, dass das dargestellte Modell von der Annahme ausgeht, dass die Maximierung der Eigenkapitalrentabilität die relevante zu verfolgende Zielsetzung darstellt. Für Unternehmen, bei denen Personen- oder zumindest Zielidentität zwischen Unternehmensleitung und Eigenkapitalgebern besteht, erscheint die Annahme plausibel. Bei einer personellen Trennung von Unternehmensleitung und Eigenkapitalgebern ist jedoch zu vermuten, dass das Ziel der Eigenkapitalrentabilitätsmaximierung stärker von Überlegungen überlagert wird, die auf eine Erhöhung des Haftungspotenzials zur Sicherung der Fremd-

---

[1155] In diesem Fall ergibt sich eine unterproportionale Abhängigkeit der Eigenkapitalzinssätze vom Verschuldungsgrad. Trotzdem lässt sich die Eigenkapitalrentabilität durch einen verstärkten Einsatz von Fremdkapital steigern, sofern der steigende Fremdkapitalzins noch unterhalb der Gesamtkapitalrentabilität liegt; vgl. *Perridon, Louis/Steiner, Manfred/Rathgeber, Andreas W.*: Finanzwirtschaft der Unternehmung. 16. Aufl., München 2012, S. 520–521.

finanzierungsmöglichkeiten und auf eine Minderung des Nichtprolongationsrisikos und der Insolvenzwahrscheinlichkeit abzielen.[1156]

Im Fall der **Gesellschafter-Fremdfinanzierung** erweist sich die unkritische Verfolgung des Ziels der Maximierung des Unternehmensgewinns und der Eigenkapitalrentabilität über eine Erhöhung der Fremdmittelaufnahme nicht unbedingt als sinnvoll. Vielmehr sollte die Strategie, über hohe Fremdkapitalvergütungen an die kreditgewährenden Anteilseigner eine „Abschöpfung" der Gewinne zu erreichen,[1157] in Erwägung gezogen und auf seine Vorteilhaftigkeit hin geprüft werden; dabei sind insbesondere auch steuerliche Effekte auf Gesellschafts- und Gesellschafterebene zu berücksichtigen.

Abschließend bleibt festzuhalten, dass der Leverage-Effekt zwar die Bedeutung unterstreicht, die der Kapitalstruktur beizumessen ist, dass aber die Festlegung eines optimalen Eigenkapital-/Fremdkapital-Verhältnisses einzelfallbezogen ist und unter Abwägung der konkurrierenden Zielsetzungen zu erfolgen hat; sie ist nur möglich, „wenn von den Erwartungen des Unternehmens über die zukünftige Entwicklung der Gesamtkapitalrentabilität sowie der Fremdkapitalkosten ausgegangen wird und wenn zugleich die Chancen-Risiko-Präferenz der Finanzierenden festgelegt werden"[1158] kann.

[1156] Vgl. *Witte, Eberhard*: Finanzplanung der Unternehmung: Prognose und Disposition. 3. Aufl., Opladen 1983, S. 28.

[1157] Vgl. *Baumgärtel, Martina*: Fremdfinanzierung von Kapitalgesellschaften durch ausländische Anteilseigner. Neuried 1986, S. 18.

[1158] *Wysocki, Klaus von*: Zur Frage der angemessenen Eigenkapitalausstattung aus betriebswirtschaftlicher Sicht. In: Fremdfinanzierung von Kapitalgesellschaften durch Anteilseigner im deutschen und ausländischen Körperschaftsteuerrecht, hrsg. von *Klaus von Wysocki u. a.*, München 1982, S. 4.

Literaturverzeichnis

Achleitner, Ann-Kristin u. a.: Die Kapitalmarktfähigkeit von Familienunternehmen – Unternehmensfinanzierung über Schuldschein, Anleihe und Börsengang. München 2011.

Albach, Horst: Aktuelle Tendenzen der Mittelstandsförderung. In: Mittelstandsförderung in der Praxis, hrsg. von *Rudolf Ridinger* und *Manfred Steinröx*. Köln 1996, S. 5–22.

Anstett, Christof Werner: Financial Futures im Jahresabschluss deutscher Kreditinstitute. Wiesbaden 1997.

Arbeitskreis „Finanzierung" der Schmalenbach-Gesellschaft – Deutsche Gesellschaft für Betriebswirtschaft e. V.: Asset Backed Securities – ein neues Finanzierungsinstrument für deutsche Unternehmen? In: Zeitschrift für betriebswirtschaftliche Forschung 1992, S. 495–530.

Baier, Wolfgang: Venture Capital. In: Gründungsplanung und -finanzierung, hrsg. von *Willi K. M. Dieterle* und *Eike M. Winckler*, 3. Aufl., München 2000.

BAKred: Veräußerung von Kundenforderungen im Rahmen von Asset-Backed Securities-Transaktionen durch deutsche Kreditinstitute – Rundschreiben Nr. 4/97 vom 19. März 1997, Geschäftsnummer I 3–21 – 3/95, Berlin 1997.

Bank für Internationalen Zahlungsausgleich: Recent Innovations in International Banking. Basel 1986.

Baumeister, Alexander/Werkmeister, Clemens: Auktionsverfahren für Aktienemissionen. In: Finanz Betrieb 2001, S. 44–49.

Baumeister, Alexander/Werkmeister, Clemens: Aktuelle Entwicklungen bei Emissionsverfahren für Aktien. In: Wirtschaftswissenschaftliches Studium 2001, S. 225–228.

Baumgärtel, Martina: Fremdfinanzierung von Kapitalgesellschaften durch ausländische Anteilseigner. Neuried 1986.

Becker, Hans-Paul/Peppmeier, Arno: Bankbetriebslehre. 10. Aufl., Herne 2015.

Beckmann, Liesel: Die betriebswirtschaftliche Finanzierung. 2. Aufl., München 1956.

Beike, Rolf: Devisenmanagement. Hamburg 1995.

Bell, Markus G.: Venture Capital. In: Das Wirtschaftsstudium 1999, S. 53–56.

Benner, Wolfgang: Asset Backed Securities – eine Finanzinnovation mit Wachstumschancen? In: Betriebswirtschaftliche Forschung und Praxis 1988, S. 403–417.

Betsch, Oskar: Factoring. In: Handwörterbuch des Bank- und Finanzwesens, hrsg. von *Wolfgang Gerke* und *Manfred Steiner*, 3. Aufl., Stuttgart 2001.

Betz, Roland: Unternehmer und Existenzgründer – ein Handbuch über öffentliche Fördermittel. 3. Aufl., Witten 2008.

Beyel, Jürgen: Kapitalbeteiligungsgesellschaften in der Bundesrepublik Deutschland. In: Der Langfristige Kredit 1987, S. 657–660.

BFA des IDW: Stellungnahme BFA 1/1978: Zur Abschlussprüfung bei Kreditinstituten – Einzelfragen zur Prüfung des Kreditgeschäftes und Darstellung der Prüfungsergebnisse im Prüfungsbericht. In: Die Wirtschaftsprüfung 1978, S. 486–490.

BFH-Beschluss vom 25.06.1984, BStBl. II 1984, S. 769.

BFH-Urteil vom 22.08.1951, IV 246/50 S, BStBl. III 1951, S. 181–183.

BFH-Urteil vom 05.02.1992, I R 127/90, BStBl. II 1992, S. 532–537.

BGH-Urteil vom 11.05.1987, II ZR 226/86. In: Der Betrieb 1987, S. 1781–1782.

BGH-Urteil vom 24.02.1997, II ZB 11/96. In: Der Betrieb 1997, S. 1219–1222.

Bieg, Hartmut: Schwebende Geschäfte in Handels- und Steuerbilanz. Frankfurt a. M./Bern 1977.

Bieg, Hartmut: Gläubigerschutzprinzip. In: Handwörterbuch des Steuerrechts, hrsg. von *Georg Strickrodt u. a.*, 2. Aufl., München/Bonn 1981, S. 686–689.

Bieg, Hartmut: Möglichkeiten betrieblicher Altersversorgung aus betriebswirtschaftlicher Sicht. In: Steuer und Wirtschaft 1983, S. 41–45.

Bieg, Hartmut: Die betriebliche Altersversorgung. In: Der Steuerberater 1985, S. 163–178 und S. 207–221.

Bieg, Hartmut: Betriebswirtschaftslehre 2: Finanzierung. Freiburg i. Br. 1991.

Bieg, Hartmut: Bankbetriebslehre in Übungen. München 1992.

Bieg, Hartmut: Kapitalstruktur- und Kapital-Vermögensstrukturregeln. In: Wirtschaftswissenschaftliches Studium 1993, S. 598–604.

Bieg, Hartmut: Aufgaben, Grundprinzipien und Bestandteile der Finanzwirtschaft. In: Der Steuerberater 1994, S. 456–460 und S. 499–504 sowie Der Steuerberater 1995, S. 15–19 und S. 53–60.

Bieg, Hartmut: Betriebswirtschaftslehre 1: Investition und Unternehmungsbewertung. 2. Aufl., Freiburg i. Br. 1997.

Bieg, Hartmut: Überblick über die Finanzierungstheorien. In: Der Steuerberater 1997, S. 27–31.

Bieg, Hartmut: Die Eigenkapitalbeschaffung nicht-emissionsfähiger Unternehmungen. In: Der Steuerberater 1997, S. 64–69.

Bieg, Hartmut: Die Eigenkapitalbeschaffung emissionsfähiger Unternehmungen. In: Der Steuerberater 1997, S. 106–111, S. 153–159 und S. 182–189.

Bieg, Hartmut: Die Kreditfinanzierung. In: Der Steuerberater 1997, S. 221–227, S. 268–275, S. 306–313, S. 347–354 und S. 394–402.

Bieg, Hartmut: Leasing als Sonderform der Außenfinanzierung. In: Der Steuerberater 1997, S. 425–435.

Bieg, Hartmut: Finanzmanagement mit Optionen. In: Der Steuerberater 1998, S. 18–25.

Bieg, Hartmut: Finanzmanagement mit Swaps. In: Der Steuerberater 1998, S. 65–70.

Bieg, Hartmut: Finanzmanagement mit Futures. In: Der Steuerberater 1998, S. 104–112.

Bieg, Hartmut: Finanzmanagement mit Forward Rate Agreements. In: Der Steuerberater 1998, S. 140–147.

Bieg, Hartmut: Die Selbstfinanzierung – zugleich ein Überblick über die Innenfinanzierung. In: Der Steuerberater 1998, S. 186–195.

Bieg, Hartmut: Die Fremdfinanzierung aus Rückstellungen. In: Der Steuerberater 1998, S. 225–235.

Bieg, Hartmut: Die Kapitaldeckung und Kapitalstruktur der Unternehmung – Das Modigliani/Miller-Theorem. In: Der Steuerberater 2000, S. 6–12 und S. 49–57.

Bieg, Hartmut: Börsenaufsicht, Börsenorganisation und Börsenhandel. In: Der Steuerberater 2000, S. 254–262 und S. 303–311.

Bieg, Hartmut: Börsenaufsicht. In: Vahlens Großes Auditing Lexikon, hrsg. von *Carl-Christian Freidank, Laurenz Lachnit* und *Jörg Tesch*, München 2007, S. 229–231.

Bieg, Hartmut: Die Finanzmarktkrise – Ursachen, Verlauf, Erkenntnisse und Lösungsversuche. In: Der Steuerberater 2009, S. 66–75.

Bieg, Hartmut: Bankbilanzierung nach HGB und IFRS. 2. Aufl., München 2010.

Bieg, Hartmut: Buchführung. 8. Aufl., Herne 2015.

Bieg, Hartmut/Hossfeld, Christopher: Finanzierungsentscheidungen. In: Saarbrücker Handbuch der Betriebswirtschaftlichen Beratung, hrsg. von *Karlheinz Küting*, 4. Aufl., Herne/Berlin 2008, S. 35–146.

Bieg, Hartmut/Krämer, Gregor/Waschbusch, Gerd: Bankenaufsicht in Theorie und Praxis. 4. Aufl., Frankfurt a. M. 2011.

Bieg, Hartmut/Kußmaul, Heinz: Investitions- und Finanzierungsmanagement. Band III: Finanzwirtschaftliche Entscheidungen. München 2000.

Bieg, Hartmut/Kußmaul, Heinz/Waschbusch, Gerd: Externes Rechnungswesen. 6. Aufl., München 2012.

Bieg, Hartmut/Kußmaul, Heinz/Waschbusch, Gerd: Finanzierung in Übungen. 3. Aufl., München 2013.

Bieg, Hartmut/Kußmaul, Heinz/Waschbusch, Gerd: Investition in Übungen. 3. Aufl., München 2015.

Bieg, Hartmut/Kußmaul, Heinz/Waschbusch, Gerd: Investition. 3. Aufl., München 2016.

Bieg, Hartmut/Sopp, Guido: Der Gesetzesentwurf eines Bilanzrechtsmodernisierungsgesetzes (BilMoG) – Teil III. In: Der Steuerberater 2008, S. 280–285.

Bieg, Hartmut/Waschbusch, Gerd/Käufer, Anke: Die Bilanzierung von Pensionsgeschäften im Jahresabschluss der Kreditinstitute nach HGB und IFRS. In: Zeitschrift für Bankrecht und Bankwirtschaft 2008, S. 63–76.

Binkowski, Peter/Beeck, Helmut: Finanzinnovationen. 3. Aufl., Bonn 1995.

Birck, Heinrich/Meyer, Heinrich: Die Bankbilanz. 3. Aufl., 5. Teillieferung, Wiesbaden 1989.

Bitz, Michael/Stark, Gunnar: Finanzdienstleistungen. 9. Aufl., Berlin/München/Boston 2015.

Blaurock, Uwe: Handbuch der Stillen Gesellschaft. 7. Aufl., Köln 2010.

BMF-Schreiben vom 19.04.1971, IV B/2-S 2170-31/71, BStBl. I 1971, S. 264–266.

BMF-Schreiben vom 21.03.1972, F/IV B2-S 2170-11/72, BStBl. I 1972, S. 188–189.

BMF-Schreiben vom 22.12.1975, IV B-2-S 2170-161/75. In: Deutsches Steuerrecht 1976, S. 134.

BMF-Schreiben vom 23.12.1991, IV B2-S 2170-115/91, BStBl. I 1992, S. 13–15.

Bösl, Konrad: Kosten einer Emission – Verhandlungsspielräume. In: Unternehmermagazin 2012, S. 31–32.

Bösl, Konrad/Hasler, Peter Thilo: Mittelstandsanleihen: Überblick und Weiterentwicklungspotenziale. In: Mittelstandsanleihen – Ein Leitfaden für die Praxis, hrsg. von *Konrad Bösl* und *Peter Thilo Hasler*, Wiesbaden 2012, S. 11–21.

Buchner, Robert: Grundzüge der Finanzanalyse. München 1981.

Bürgschaftsbank Saarland: http://www.bbs-saar.de/ (01.04.2015).

Büschgen, Hans E.: Venture Capital – der deutsche Ansatz. In: Die Bank 1985, S. 220–226.

Büschgen, Hans E.: Grundlagen betrieblicher Finanzwirtschaft – Unternehmensfinanzierung. 3. Aufl., Frankfurt a. M. 1991.

Büschgen, Hans E.: Bankbetriebslehre – Bankgeschäfte und Bankmanagement. 5. Aufl., Wiesbaden 1998.

Bundesministerium für Bildung und Forschung: http://www.foerderinfo.bund.de/de/Saarland-228.php (Stand: 01.04.2015).

Bundesministerium der Wirtschaft: Preisangabenverordnung (PAngV) in der Fassung der Bekanntmachung vom 18. Oktober 2002. In: BGBl. I, Nr. 76 vom 25.10.2002, S. 4197–4204; zuletzt geändert durch Art. 7 des Gesetzes zur Umsetzung der Verbraucherrechterichtlinie und zur Änderung des Gesetzes zur Regelung der Wohnungsvermittlung vom 20. September 2013, in: BGBl. I, Nr. 58 vom 27.09.2013, S. 3660–3661.

Bundesministerium für Wirtschaft und Energie: http://www.foerderdatenbank.de/Foerder-DB/Navigation/foerderwissen.html (Stand: 01.04.2015).

Bundesministerium für Wirtschaft und Energie: http://www.foerderdatenbank.de/Foerder-DB/Navigation/Foerderwissen/gruendung-wachstum.html (Stand: 01.04.2015).

Bundesministerium für Wirtschaft und Energie: http://www.foerderdatenbank.de/Foerder-DB/Navigation/Foerderwissen/forschung-innovation.html (Stand: 01.04.2015).

Bundesministerium für Wirtschaft und Energie: http://www.foerderdatenbank.de/Foerder-DB/Navigation/Foerderwissen/aussenwirtschaft.html (Stand: 01.04.2015).

Bundesministerium für Wirtschaft und Energie: http://www.foerderdatenbank.de/Foerder-DB/Navigation/Foerderwissen/regionalfoerderung.html (Stand: 01.04.2015).

Bundesministerium für Wirtschaft und Energie: http://www.foerderdatenbank.de/Foerder-DB/Navigation/Foerderwissen/eu-foerderung,did=230980.html (Stand: 01.04.2015).

Bundesverband deutscher Banken: Bankinternes Rating mittelständischer Kreditnehmer im Zuge von Basel II – Daten, Fakten, Argumente. 2. Aufl., Berlin 2009.

Bundesverband deutscher Banken: Rating. Berlin 2010.

Bundesverband deutscher Banken: Working Capital Management. Berlin 2014.

Bundesverband Deutscher Kapitalbeteiligungsgesellschaften – German Venture Capital Association e. V.: Venture Capital von A bis Z. Berlin 1993.

Bundesverband Deutscher Kapitalbeteiligungsgesellschaften – German Private Equity and Venture Capital Association e. V.: http://www.bvk-ev.de (Stand: 24.06.2015).

Busse, Franz-Joseph: Grundlagen der betrieblichen Finanzwirtschaft. 5. Aufl., München/Wien 2003.

Christian, Claus-Jörg: Finanzinnovationen und bankaufsichtsrechtliche Information. Stuttgart 1992.

Christian, Claus-Jörg/Regnery, Peter/Waschbusch, Gerd: Optionsgenussscheine von Banken – Beurteilung der Vorteilhaftigkeit eines innovativen Anlagepakets, in: Wirtschaftswissenschaftliches Studium 1991, S. 201–204.

Collrepp, Friedrich von: Handbuch Existenzgründung – Sicher in die dauerhaft erfolgreiche Selbständigkeit. 6. Aufl., Stuttgart 2011.

Creditreform: DRD-Index – Zahlungserfahrungen Creditreform – Herbst 2012. Neuss 2012.

Creditreform: http://www.creditreform-rating.de/fileadmin/user_upload/creditreform-rating.de/Dokumente/presse/14-09-25_Corporate_Bonds_in_Deutschland_2013_14.pdf (Stand: 07.04.2015).

Creditreform: Unternehmensinsolvenzen in Europa 2013/14. Neuss 2014.

Däumler, Klaus-Dieter/Grabe, Jürgen: Betriebliche Finanzwirtschaft. 10. Aufl., Herne 2013.

Deutsche Börse AG (Hrsg.): Unterwegs zur Weltaktie. In: vision + money 1999, Heft 4, S. 11.

Deutsche Bundesbank: Asset-Backed Securities in Deutschland: Die Veräußerung und Verbriefung von Kreditforderungen durch deutsche Kreditinstitute. In: Monatsbericht der Deutschen Bundesbank Juli 1997, S. 57–67.

Deutsche Bundesbank: Überwachung des Kreditgeschäfts hinsichtlich Groß- und Millionenkredite. Http://www.bundesbank.de/bankenaufsicht/bankenaufsicht_kredit.php (Stand: 11.04.2010).

Deutsche Bundesbank: Statistischer Teil. In: Monatsberichte der Deutschen Bundesbank, Juli 2015, S. 1*–82*.

Dilger, Eberhard: Die kleine AG und die Neuregelung zum Bezugsrechtsausschluß. In: Die Bank 1994, S. 610–615.

Drukarczyk, Jochen/Lobe, Sebastian: Finanzierung. 11. Aufl., Konstanz/München 2015.

DTB Deutsche Terminbörse: Aktienoptionen. 2. Aufl., Frankfurt a. M. 1993.

Egeln, Jürgen/Gottschalk, Sandra: Finanzierung von jungen Unternehmen in Deutschland durch Privatinvestoren – Auswertungen aus dem KfW/ZEW Gründungspanel, Mannheim 2014, S. 26 (www.business-angels.de (Stand: 01.07.2015), Rubrik: Marktinformationen → Forschung & Statistik).

Eilenberger, Guido: Bankbetriebswirtschaftslehre – Grundlagen – Internationale Bankleistungen – Bank-Management. 8. Aufl., München 2012.

Eilenberger, Guido: Betriebliche Finanzwirtschaft. 8. Aufl., München 2013.

Eilenberger, Guido/Ernst, Dietmar/Toebe, Marc: Betriebliche Finanzwirtschaft. 8. Aufl., München 2013.

Eisele, Wolfgang/Knobloch, Alois Paul: Technik des betrieblichen Rechnungswesens. 8. Aufl., München 2011.

Engels, Wolfram: Optimaler Verschuldungsgrad. In: Handwörterbuch der Finanzwirtschaft, hrsg. von *Hans E. Büschgen*, Stuttgart 1976, S. 1773–1786.

Eschrich, Alfred: Bilanzierung als Instrument zum Schutz von Gläubigern. Saarbrücken 1969.

Europäische Investitionsbank: Europäische Investitionsbank und SaarLB finanzieren Erneuerbare-Energien-Sektor. Pressemitteilung vom 07.04.2015, http://www.eib.org/ (Stand: 01.04.2015).

Europäische Investitionsbank: http://www.eib.org/products/lending/loans/index.htm (Stand: 01.04.2015).

Europäische Investitionsbank: http://www.eib.org/products/lending/intermediated/index.htm (Stand: 01.04.2015).

Europäische Zentralbank: Die einheitliche Geldpolitik im Eurowährungsgebiet. Frankfurt a. M. 2002.

Europäisches Parlament/Rat der Europäischen Union: Richtlinie 98/7/EG des Europäischen Parlaments und des Rates vom 16. Februar 1998 zur Änderung der Richtlinie 87/102/EWG zur Angleichung der Rechts- und Verwaltungsvorschriften der Mitgliedstaaten über den Verbraucherkredit. In: Amtsblatt der Europäischen Gemeinschaften, Nr. L 101 vom 01.04.1998, S. 17–23.

Everling, Oliver: Asset Securitisation in Europa. In: Die Bank 1993, S. 82–86.

Falter, Manuel u. a.: Die Praxis des Kreditgeschäfts. 21 Aufl., Stuttgart 2014.

Fanselow, Karl-Heinz: Unternehmensbeteiligungen in Deutschland: Was ist erreicht? Was bleibt zu tun? In: Zeitschrift für das gesamte Kreditwesen 1998, S. 208.

Fischer, Otfrid: Neuere Entwicklungen auf dem Gebiet der Kapitaltheorie. In: Zeitschrift für betriebswirtschaftliche Forschung 1969, S. 26–42.

Franke, Günter/Hax, Herbert: Finanzwirtschaft des Unternehmens und Kapitalmarkt. 6. Aufl., Dordrecht u. a. 2009.

Franke, Jörg: Indexprodukte und Strategien mit Indizes. In: Knapps Enzyklopädisches Lexikon des Geld-, Bank- und Börsenwesens, hrsg. von der Redaktion der Zeitschrift für das gesamte Kreditwesen u. a., Band 1, Frankfurt a. M. 1999, S. 915–930.

Frommann, Holger/Dahmann, Attila: Zur Rolle von Private Equity und Venture Capital in der Wirtschaft – Aktualisierte Fassung der im Dezember 2003 erschienenen BVK-Untersuchung „Zur volkswirtschaftlichen Bedeutung von Private Equity und Venture Capital". Berlin 2005.

Früh, Andreas: Asset Backed Securities/Securitization am Finanzplatz Deutschland. In: Betriebs-Berater 1995, S. 105–109.

Gans, Bernd/Looss, Wolfgang/Zickler, Dieter: Investitions- und Finanzierungstheorie. 3. Aufl., München 1977.

Gesetz zur Änderung des Aktiengesetzes (Aktienrechtsnovelle 2016) vom 22. Dezember 2015. In: BGBl. I, Nr. 55 vom 30.12.2015, S. 2565–2568.

Glessner, Miriam: Die grenzüberschreitende stille Gesellschaft im Internationalen Steuerrecht. Einkommen- und körperschaftsteuerliche Wirkungen aus deutscher Sicht. Frankfurt a. M. u. a. 2000.

Grill, Wolfgang/Perczynski, Hans: Wirtschaftslehre des Kreditwesens. 48. Aufl., Köln 2014.

Grisebach, Rolf: Innovationsfinanzierung durch Venture Capital: eine juristische und ökonomische Analyse. München 1989.

Grochla, Erwin: Finanzierung, Begriff der. In: Handwörterbuch der Finanzwirtschaft, hrsg. von *Hans E. Büschgen*, Stuttgart 1976, Sp. 413–431.

Groh, Manfred: Das betriebswirtschaftlich gebotene Eigenkapital. In: Betriebs-Berater 1971, Beilage 4/1971, S. 2–5.

Grundmann, Wolfgang: Bookbuilding – ein neues Emissionsverfahren setzt sich durch. In: Zeitschrift für gesamte Kreditwesen 1995, S. 916–917.

Günther, Thomas: Investitions- und Finanzplanung, simultane. In: Handwörterbuch des Bank- und Finanzwesens, hrsg. von *Wolfgang Gerke* und *Manfred Steiner*. 3. Aufl., Stuttgart 2001, Sp. 1096–1107.

Gutenberg, Erich: Grundlagen der Betriebswirtschaftslehre. 3. Band: Die Finanzen. 8. Aufl., Berlin/Heidelberg/New York 1980.

Hahn, Oswald: Finanzwirtschaft. 2. Aufl., Landsberg a. L. 1983.

Härle, Dietrich: Finanzierungsregeln. In: Handwörterbuch der Finanzwirtschaft, hrsg. von *Hans E. Büschgen*, Stuttgart 1976, Sp. 483–491.

Häuser, Karl: Kapitalmarkt. In: Handwörterbuch der Finanzwirtschaft, hrsg. von *Hans E. Büschgen*, Stuttgart 1976, Sp. 1058–1075.

Hauser, Joachim: Kreditderivate – Grundlagen – Risiken – Aufsichtsrechtliche Behandlung. Berlin 2013.

Hax, Herbert: Rentabilitätsmaximierung als unternehmerische Zielsetzung. In: Zeitschrift für handelswissenschaftliche Forschung 1963, S. 337–344.

Hax, Herbert: Finanzierung. In: Vahlens Kompendium der Betriebswirtschaftslehre, Band 1, 4. Aufl., München 1998, S. 175–233.

Hax, Herbert/Hartmann-Wendels, Thomas/Hinten, Peter von: Moderne Entwicklung der Finanzierungstheorie. In: Finanzierungs-Handbuch, hrsg. von *Friedrich W. Christians*, 2. Aufl., Wiesbaden 1988, S. 689–713.

Hertz-Eichenrode, Albrecht: Venture Capital in Deutschland: Stimmen die Rahmenbedingungen? In: Zeitschrift für das gesamte Kreditwesen 1998, S. 203–206.

HFA des IDW: Stellungnahme HFA 2/1976: Zur aktienrechtlichen Vermerk- und Berichterstattungspflicht bei Patronatserklärungen gegenüber dem Kreditgeber eines Dritten. In: Die Wirtschaftsprüfung 1976, S. 528–536.

HFA des IDW: Stellungnahme HFA 1/1994: Zur Behandlung von Genußrechten im Jahresabschluß von Kapitalgesellschaften. In: Die Wirtschaftsprüfung 1994, S. 419–423.

HFA des IDW: Rechnungslegungshinweis HFA 1.013: Handelsrechtliche Vermerk- und Berichterstattungspflichten bei Patronatserklärungen. In: IDW Fachnachrichten 2008, S. 116–119.

HFA des IDW: RS HFA 7: Handelsrechtliche Rechnungslegung bei Personenhandelsgesellschaften. In: WPg Supplement 1/2012, S. 73–83.

Hölscher, Reinhold: Stichwort „Credit Linked Notes". In: Gabler Banklexikon: Bank – Börse – Finanzierung, hrsg. von *Ludwig Gramlich u. a.*, 14. Aufl., Wiesbaden 2012, S. 331.

Hölscher, Reinhold/Kalhöfer, Christian: Mathematik und Statistik in der Finanzwirtschaft – Grundlagen – Anwendungen – Fallstudien. Berlin/München/Boston 2015.

Hübner, Otto: Die Banken. Leipzig 1854.

Institut der Wirtschaftsprüfer in Deutschland e. V.: IDW Stellungnahme zur Rechnungslegung: Handelsrechtliche Bilanzierung von Optionsgeschäften bei Instituten (IDW RS BFA 6) (Stand: 18.08.2011). In: IDW Prüfungsstandards – IDW Stellungnahmen zur Rechnungslegung, hrsg. vom *Institut der Wirtschaftsprüfer in Deutschland e. V.*, Bd. II, Düsseldorf 1999 ff., S. 1–6.

Jahr, Günther/Stützel, Wolfgang: Aktien ohne Nennbetrag. Frankfurt a. M. 1963.

Jahrmann, Fritz-Ulrich: Finanzierung. 6. Aufl., Herne 2009.

Karollus, Martin: § 221 AktG. In: Aktiengesetz – Kommentar von *Ernst Geßler u. a.*, München 1994, Rn. 1–492.

Köhler, Richard: Zum Finanzierungsbegriff einer entscheidungsorientierten Betriebswirtschaftslehre. In: Zeitschrift für Betriebswirtschaft 1969, S. 435–456.

Kollar, Axel: Emission von Wertpapieren. In: Handwörterbuch des Bank- und Finanzwesens, hrsg. von *Wolfgang Gerke* und *Manfred Steiner*, 2. Aufl., Stuttgart 1995, Sp. 500–511.

Kreditanstalt für Wiederaufbau: Merkblatt – Risikogerechtes Zinssystem. Frankfurt a. M. 2014, Stand: 08/2014.

Kreditanstalt für Wiederaufbau: http://www.kfw.de (Stand: 01.07.2015).

Kreditanstalt für Wiederaufbau: https://www.kfw.de/inlandsfoerderung/Unternehmen/Unternehmen-erweitern-festigen/Finanzierungsangebote/ERP-Beteiligungsprogramm-(100-104)/ (Stand: 01.04.2015).

Krehl, Harald: Krisendiagnose durch klassische Bilanzkennzahlen? In: Krisendiagnose durch Bilanzanalyse, hrsg. von *Jürgen Hauschildt*, Köln 1988, S. 17–40.

Krumnow, Jürgen u. a.: Rechnungslegung der Kreditinstitute – Kommentar zum deutschen Bilanzrecht unter Berücksichtigung der IAS/IFRS. 2. Aufl., Stuttgart 2004.

Kruschwitz, Lutz: Investitionsrechnung. 14. Aufl., München 2014.

Kruschwitz, Lutz/Husmann, Sven: Finanzierung und Investition. 7. Aufl., München 2012.

Kübler, Friedrich: Aktien, Unternehmensfinanzierung und Kapitalmarkt. Köln 1989.

Kümpel, Siegfried: Börsenrecht – Eine systematische Darstellung. 2. Aufl., Berlin 2003, S. 108–133.

Kurth, Matthias: Börsenaufsicht. In: Knapps Enzyklopädisches Lexikon des Geld-, Bank- und Börsenwesens, hrsg. von der Redaktion der Zeitschrift für das gesamte Kreditwesen u. a., Band 1, Frankfurt a. M. 1999, S. 242–249.

Küting, Karlheinz/Dürr, Ulrike: Mezzanine-Kapital – Finanzierungsentscheidung im Sog der Rechnungslegung. In: Der Betrieb 2005, S. 1529–1534.

Kußmaul, Heinz: Nutzungsrechte an Grundstücken in Handels- und Steuerbilanz. Hamburg 1987.

Kußmaul, Heinz: Betriebswirtschaftliche Überlegungen bei der Ausgabe von Null-Kupon-Anleihen. In: Betriebs-Berater 1987, S. 1562–1572.

Kußmaul, Heinz: Die GmbH & Co. KG auf Aktien. In: Das Wirtschaftsstudium 1990, S. 494–496.

Kußmaul, Heinz: Betriebswirtschaftliche Beratungsempfehlungen zur Finanzierung mittelständischer Unternehmen. In: Steuerberaterkongreß-Report 1990, München 1991, S. 179–295.

Kußmaul, Heinz: Betriebliche Altersversorgung in mittelständischen Unternehmen. In: Steuerberaterkongreß-Report 1993, München 1993, S. 227–376.

Kußmaul, Heinz: Grundlagen der Investition und Investitionsrechnung. In: Der Steuerberater 1995, S. 99–103, S. 135–139 und S. 179–183.

Kußmaul, Heinz: Betriebswirtschaftliche Aspekte bei der Zuführung von Eigen- oder Fremdkapital. In: Der Steuerberater 1996, S. 437–442 und S. 480–483.

Kußmaul, Heinz: Betriebswirtschaftliche und steuerliche Analysen von Zero-Bonds und Stripped Bonds. In: Rechnungswesen als Instrument für Führungsentscheidungen. Festschrift für *Adolf G. Coenenberg* zum 60. Geburtstag, hrsg. von *Hans P. Möller* und *Franz Schmidt*. Stuttgart 1998, S. 287–304.

Kußmaul, Heinz: Finanzierung über Zero-Bonds und Stripped-Bonds. In: Betriebs-Berater 1998, S. 1868–1871.

Kußmaul, Heinz: Investition eines gewerblichen Anlegers in Zero-Bonds und Stripped-Bonds. In: Betriebs-Berater 1998, S. 1925–1929.

Kußmaul, Heinz: Investition eines Privatanlegers in Zero-Bonds und Stripped-Bonds. In: Betriebs-Berater 1998, S. 2083–2087.

Kußmaul, Heinz: Gestaltungsmöglichkeiten im Zusammenhang mit Zero-Bonds und Stripped-Bonds. In: Betriebs-Berater 1998, S. 2236–2240.

Kußmaul, Heinz: Kapitalbeteiligungsgesellschaften. In: Praxishandbuch Familiengesellschaften, begr. von *Vincent Bünz* und *Ernst W. Heinsius*, Freiburg i. Br. 1980 ff. (Loseblatt), Stand: 1999, Gruppe 4, S. 301–344.

Kußmaul, Heinz: Aufgaben und Aufbau eines Business Plans. In: Der Steuerberater 1999, S. 471–477.

Kußmaul, Heinz: Zero-Bonds und Stripped Bonds. Begriff, Merkmale, Gemeinsamkeiten. In: Wirtschaftswissenschaftliches Studium 1999, S. 62–68.

Kußmaul, Heinz: Business Plan – Aufbau, Inhalt, Zweck, Beispiel –. In: Arbeitspapiere zur Existenzgründung, hrsg. von. *Heinz Kußmaul*, Band 2, 2. Aufl., Saarbrücken 2002.

Kußmaul, Heinz: Betriebswirtschaftslehre für Existenzgründer. 7. Aufl., München 2011.

Kußmaul, Heinz: Betriebswirtschaftliche Steuerlehre. 7. Aufl., München 2014.

Kußmaul, Heinz (unter Mitarbeit von *Richard Lutz*, *Stephan Ruhl* und *Wolfgang Wegener*): Betriebliche Altersversorgung von Geschäftsführern: Voraussetzungen und finanzwirtschaftliche Auswirkungen. München 1995.

Kußmaul, Heinz/Junker, Andy: Vorteilhaftigkeitsveränderungen bei Kapitalbeteiligungsgesellschaften im Kontext des „Steuersenkungsgesetzes"? In: Finanz Betrieb 2000, S. 418–430.

Kußmaul, Heinz/Junker, Andy: Der Business-Plan am Beispiel. In: Arbeitspapiere zur Existenzgründung, hrsg. von *Heinz Kußmaul*, Band 7, 2. Aufl., Saarbrücken 2003.

Kußmaul, Heinz/Richter, Lutz: Betriebswirtschaftliche Aspekte von Venture Capital-Gesellschaften und ihre Bedeutung im Hinblick auf Existenzgründungen: Einordnung, Funktionsweise, Beteiligungsformen, Finanzierungsphasen. In: Deutsches Steuerrecht 2000, S. 1155–1160.

Kußmaul, Heinz/Richter, Lutz: Betriebswirtschaftliche Aspekte von Venture Capital-Gesellschaften und ihre Bedeutung im Hinblick auf Existenzgründungen: Zeitlicher Ablauf und öffentliche Finanzierungsprogramme. In: Deutsches Steuerrecht 2000, S. 1195–1204.

Kußmaul, Heinz/Richter, Lutz: Venture Capital im Rahmen der Existenzgründung. In: Arbeitspapiere zur Existenzgründung, hrsg. von *Heinz Kußmaul*, Band 8, Saarbrücken 2000.

Kußmaul, Heinz/Ruiner, Christoph: Das Gesetz zur Modernisierung des GmbH-Rechts und zur Bekämpfung von Missbräuchen (MoMiG) – Ein Überblick. In: Der Steuerberater 2009, S. 22–28.

Kußmaul, Heinz/Ruiner, Christoph/Schappe, Christian: Die Einführung einer Zinsschranke im Rahmen der Unternehmenssteuerreform 2008. In: Arbeitspapiere zur Existenzgründung, hrsg. von *Heinz Kußmaul*, Band 25, Saarbrücken 2008.

Kußmaul, Heinz u. a.: Ausgewählte Anwendungsprobleme der Zinsschranke. In: Betriebs-Berater 2008, S. 135–141.

Langen, Heinz: Die Prognose von Zahlungseingängen. In: Zeitschrift für Betriebswirtschaft 1964, S. 289–326.

Laskos, Thomas: Die Strafbarkeit wegen Untreue bei der Kreditvergabe. Baden-Baden 2001.

Leinberger, Detlef: Risikokapital für kleine und mittlere Unternehmen: Erfahrungen der Kreditanstalt für Wiederaufbau. In: Zeitschrift für das gesamte Kreditwesen 1998, S. 216–218.

Lejsek, Alfred: Was erwartet die Aufsichtsbehörde vom Kredit-Risikomanagement in Kreditinstituten? In: Kreditrisiken erfolgreich managen – Risikokontrolle und Risikosteuerung im Firmenkundengeschäft, hrsg. von *Anton Schmoll*, Wiesbaden 1999, S. 19–50.

Lutter, Marcus: Rechtliche Ausgestaltung von Genußscheinen. In: Bankinformation und Genossenschaftsforum 1993, Heft 2, S. 14–18.

Lutter, Marcus: Das neue „Gesetz für kleine Aktiengesellschaften und zur Deregulierung des Aktienrechts". In: Die Aktiengesellschaft 1994, S. 429–447.

Lutter, Marcus: Kommentierung § 221 AktG. In: Kölner Kommentar zum AktG, hrsg. von *Wolfgang Zöllner*, Band 5/1, 2. Aufl., Köln u. a. 1995, Rn. 1–456.

Lutz, Stefan: Börse. In: Knapps Enzyklopädisches Lexikon des Geld-, Bank- und Börsenwesens, hrsg. von der Redaktion der Zeitschrift für das gesamte Kreditwesen u. a, Band 1, Frankfurt a. M. 1999, S. 229–231.

Marsch-Barner, Reinhard: Die Erleichterung des Bezugsrechtsausschlusses nach § 186 Abs. 3 Satz 4 AktG. In: Die Aktiengesellschaft 1994, S. 532–540.

Martinek, Michael: Moderne Vertragstypen. Band I: Leasing und Factoring. München 1991.

Matschke, Manfred Jürgen/Olbrich, Michael: Internationale und Außenhandelsfinanzierung. München/Wien 2000.

Meiswinkel, Christoph: Asset-Backed Securities. In: Mitteilungen aus dem Bankseminar der Rheinischen Friedrich-Wilhelms-Universität, Nr. 75, Bonn 1989.

Mellerowicz, Konrad: Allgemeine Betriebswirtschaftslehre. 3. Band, 12. Aufl., Berlin 1967.

Merkle, Erich: Venture Capital als Instrument des Technologiemanagements. In: Betriebs-Berater 1984, S. 1060–1064.

Modigliani, Franco/Miller, Merton H.: The Cost of Capital, Corporation Finance and the Theory of Investment. In: American Economic Review 1958, Vol. 48, S. 261–297.

Modigliani, Franco/Miller, Merton H.: Corporate income taxes and the cost of capital: A correction. In: American Economic Review 1963, S. 433–443.

Modigliani, Franco/Miller, Merton H.: Kapitalkosten, Finanzierung von Aktiengesellschaften und Investitionstheorie. In: Die Finanzierung der Unternehmung, hrsg. von *Herbert Hax* und *Helmut Laux*, Köln 1975, S. 86–119.

Modigliani, Franco/Miller, Merton H.: Körperschaftsteuern und Kapitalkosten: Eine Berichtigung. In: Die Finanzierung der Unternehmung, hrsg. von Herbert Hax und Helmut Laux, Köln 1975, S. 120–132.

Munsch, Michael/Weiß, Bernd: Rating, hrsg. vom Deutschen Industrie- und Handelskammertag. 4. Aufl., Bonn 2004.

Nabben, Stefan: Financial Swaps. Wiesbaden 1990.

Neske, Christian: Grundformen von Kreditderivaten. In: Kreditderivate – Handbuch für die Bank- und Anlagepraxis, hrsg. von *Hans-Peter Burghof u. a.*, 3. Aufl., Stuttgart 2015.

Noack, Ulrich: Die Namensaktie – Dornröschen erwacht. In: Der Betrieb 1999, S. 1306–1310.

Obermüller, Manfred: Ersatzsicherheiten im Kreditgeschäft. Wiesbaden 1987.

Olbrich, Michael: Projektfinanzierung. In: Betriebliche Finanzwirtschaft, hrsg. von *Heiko Burchert* und *Thomas Hering*, München/Wien 1999, S. 188–196.

Olbrich, Michael: Unternehmensnachfolge und Unternehmensgründung – eine terminologische Abgrenzung. In: Entrepreneurship in Forschung und Lehre – Festschrift für *Klaus Anderseck*, hrsg. von *Klaus Walterscheid*, Frankfurt a. M. u. a. 2003, S. 133–145.

Olbrich, Michael/Rapp, David: Die Wandlung von Vorzugsaktien in Stammaktien als Problem der Unternehmensbewertung. In: Die Wirtschaftsprüfung 2011, S. 474–484.

Olfert, Klaus: Finanzierung. 16. Aufl., Herne 2013.

o. V.: Trüffelzinsen und Kuh-Aktien. In: Börsen-Zeitung vom 14.12.2007, Nr. 241, S. 2.

o. V.: Schuldscheindarlehen blühen wieder auf. In: Börsen-Zeitung vom 31.01.2015, Nr. 21, S. 9.

Pahlen, Dieter: WGZ Venture-Capital Gesellschaft: Erwartungen an ein junges Unternehmen. In: Zeitschrift für das gesamte Kreditwesen 1998, S. 224–225.

Paul, Stephan: Zur Finanzierung über Asset Backed Securities. In: Semesterbericht Nr. 34 des Instituts für Kredit- und Finanzwirtschaft an der Ruhr-Universität Bochum, hrsg. von *Joachim Süchting*, Bochum 1991, S. 21–32.

Paul, Stephan: Asset Backed Securities (ABS). In: Die Betriebswirtschaft 1993, S. 848–850.

Perridon, Louis/Steiner, Manfred/Rathgeber, Andreas W.: Finanzwirtschaft der Unternehmung. 16. Aufl., München 2012.

Pfeifer, Axel: Venture Capital als Finanzierungs- und Beteiligungsinstrument. In: Betriebs-Berater 1999, S. 1665–1672.

Pochmann, Günter: Controlling-Information im Derivativbereich, dargestellt am Beispiel von zinsbezogenen Optionen. Frankfurt a. M. u. a. 1996.

Rapp, Andreas: Factoring, Forfaitierung. In: Knapps Enzyklopädisches Lexikon des Geld-, Bank- und Börsenwesens, hrsg. von der Redaktion der Zeitschrift für das gesamte Kreditwesen u. a., 5. Aufl., Frankfurt a.M. 2007, Artikel 4488.

Rat der Europäischen Union:Verordnung (EG) Nr. 2157/2001 des Rates vom 8. Oktober 2001 über das Statut der Europäischen Gesellschaft (SE). In: Amtsblatt der Europäischen Gemeinschaften, Nr. L 294 vom 10.11.2001, S. 1–33.

Rechtsausschuss des Deutschen Bundestages: Beschlussempfehlung und Bericht des Rechtsausschusses (6. Ausschuss) zu dem Gesetzentwurf der Fraktionen CDU/CSU und F.D.P. – Drucksache 12/6721 – Entwurf eines Gesetzes für kleine Aktiengesellschaften und zur Deregulierung des Aktienrechts. In: BT-Drucksache 12/7848 vom 13.06.1994.

Reeb, Hartmut: Recht der Kreditfinanzierung. München/Wien 1994.

Reichling, Peter/Bietke, Daniela/Henne, Antje: Praxishandbuch Risikomanagement und Rating – Ein Leitfaden. 2. Aufl., Wiesbaden 2007.

Richter, Hans Ernst: Strafrechtliche Risiken der Rechtsberater und Mitarbeiter von Banken bei Unternehmenskrise und Sanierung. In: Problematische Firmenkundenkredite – Krise – Sanierung – Insolvenz, 4. Aufl., Heidelberg 2012, S. 310–370, Rn. 1261–1418.

Richter, Rudolf/Furubotn, Eirik G.: Neue Institutionenökonomik – eine Einführung und kritische Würdigung. 4. Aufl., Tübingen 2010.

Rieger, Wilhelm: Einführung in die Privatwirtschaftslehre. 3. Aufl., Erlangen 1964.

Röhl, Klaus-Heiner: Mittelstandspolitik – Eine wirtschaftspolitische Agenda zur Stärkung mittelständischer Unternehmen, Köln 2005.

Rössle, Karl: Allgemeine Betriebswirtschaftslehre. 5. Aufl., Stuttgart 1956.

Rohleder, Michael/Schulze, Nathalie: Euro-Umstellung: Plädoyer für die Stückaktie. In: Die Bank 1998, S. 287–289.

Rohwedder, Marion: Praxishandbuch Fördermittel – Wegweiser für kleine und mittlere Unternehmen. Berlin 2013.

Rosen, Rüdiger von: Börsen und Börsenhandel. In: Handwörterbuch des Bank- und Finanzwesens, hrsg. von *Wolfgang Gerke* und *Manfred Steiner*, 3. Aufl., Stuttgart 2001, Sp. 356–374.

Rosen, Rüdiger von/Seifert, Werner G. (Hrsg.): Die Namensaktie. Schriften zum Kapitalmarkt. Band 3, Frankfurt a. M. 2000.

Saarländische Investitionskreditbank: Geschäftsbericht 2013. Saarbrücken 2014.

Saarländische Investitionskreditbank: http://www.sikb.de/Vision_SIKB (Stand: 01.04.2015).

Saarländische Investitionskreditbank: Konditionenübersicht gewerbliche Investitionen – SIKB Förderkreditprogramme. Stand: 19.03.2015.

Saarländische Kapitalbeteiligungsgesellschaft: http://www.kbg-saar.de/die-kbg/wir-ueber-uns (Stand: 01.04.2015).

Schierenbeck, Henner: Ertragsorientiertes Bankmanagement. Band 2, 6. Aufl., Wiesbaden 1999.

Schierenbeck, Henner/Hölscher, Reinhold: BankAssurance – Institutionelle Grundlagen der Bank- und Versicherungsbetriebslehre. 4. Aufl., Stuttgart 1998.

Schierenbeck, Henner/Wöhle, Claudia: Grundzüge der Betriebswirtschaftslehre. 18. Aufl., München 2012.

Schmidt, Martin: Derivative Finanzinstrumente – Eine anwendungsorientierte Einführung. 4. Aufl., Stuttgart 2014.

Schmidt, Reinhard H.: Venture Capital in Deutschland – ein Problem der Qualität? In: Die Bank 1988, S. 184–187.

Schmidt, Reinhard H./Terberger, Eva: Grundzüge der Investitions- und Finanzierungstheorie. 4. Aufl., Wiesbaden 1997.

Schmitt, Christoph: Die Begebung von Mittelstandsanleihen als Alternative zum Bankkredit – Voraussetzungen und praktische Hinweise. In: Betriebs-Berater 2012, S. 1079–1082.

Schmitz-Morkramer, Philipp C.: Die Beteiligungspolitik von Venture-Capital-Gesellschaften in den neuen Bundesländern. In: Zeitschrift für das gesamte Kreditwesen 1995, S. 500–509.

Schmoll, Anton: Bonitäts- und Risikoklassen – Instrumente für ein effizientes Risikomanagement. In: BankArchiv 1992, S. 988–1003.

Sievers, Maren: Kreditderivate – Gestaltungsmöglichkeiten, bankenaufsichtsrechtliche Behandlung und der Handel mittelständischer Kreditrisiken. Baden-Baden 2009.

Singer, Uwe: Genußscheine als Finanzierungsinstrument – Eine kritische Analyse aus betriebswirtschaftlicher Sicht unter besonderer Berücksichtigung eines Finanzmarketing für Genußscheine. Pfaffenweiler 1991.

Solomon, Ezra: The theory of financial management. New York/London 1963.

Solomon, Ezra (Übersetzung): Verschuldungsgrad und Kapitalkosten. In: Die Finanzierung der Unternehmung, hrsg. von *Herbert Hax* und *Helmut Laux*, Köln 1975, S. 160–166.

Staub, Nadine: Wirtschaftlicher Wandel und Mittelstand – Konjunkturelle und unternehmerische Herausforderungen meistern. Berlin 2012.

Steiner, Manfred: Kreditwürdigkeitsprüfung. In: Bank- und Versicherungslexikon, hrsg. von *Henner Schierenbeck*, 2. Aufl., München/Wien 1994, S. 425–438.

Steiner, Manfred/Kölsch, Karsten: Finanzierung – Zielsetzungen, zentrale Ergebnisse und Entwicklungsmöglichkeiten der Finanzierungsforschung. In: Die Betriebswirtschaft 1989, S. 409–432.

Struwe, Hans (Hrsg.): Schlanke § 18 KWG-Prozesse – Die neuen Freiheiten und Pflichten im Fokus von Bankenaufsicht, Interner Revision und Staatsanwaltschaft. 3. Aufl., Heidelberg 2011.

Stützel, Wolfgang: Liquidität. In: Handwörterbuch der Sozialwissenschaften, hrsg. von *Erwin von Beckerath u. a.*, 6. Band, Stuttgart/Tübingen/Göttingen 1959.

Süchting, Joachim: Finanzmanagement – Theorie und Politik der Unternehmensfinanzierung. 6. Aufl., Wiesbaden 1995.

Swoboda, Peter: Betriebliche Finanzierung. 3. Aufl., Heidelberg 1994.

Töndury, Hans/Gsell, Emil: Finanzierungen. Das Kapital in der Betriebswirtschaft. Zürich 1948.

Voigt, Hans-Werner: Bookbuilding – der andere Weg zum Emissionskurs. In: Die Bank 1995, S. 339–343.

Volkmann, Christine/Tokarski, Kim Oliver: Entrepreneurship – Gründung und Wachstum von jungen Unternehmen. Stuttgart 2006.

Vormbaum, Herbert: Finanzierung der Betriebe. 9. Aufl., Wiesbaden 1995.

Waschbusch, Gerd: Kapitalherabsetzung und Kapitalerhöhung. In: Fortbildung – Zeitschrift für Führungskräfte in Verwaltung und Wirtschaft 1992, S. 89–90.

Waschbusch, Gerd: Die Gestaltung der Kapitalstruktur nach dem Leverage-Effekt. In: AKADEMIE – Zeitschrift für Führungskräfte in Verwaltung und Wirtschaft 1993, S. 57–58.

Waschbusch, Gerd: Die Rechnungslegung der Kreditinstitute bei Pensionsgeschäften. In: Betriebs-Berater 1993, S. 172–179.

Waschbusch, Gerd: Asset Backed Securities – eine moderne Form der Unternehmungsfinanzierung. In: Zeitschrift für Bankrecht und Bankwirtschaft 1998, S. 408–419.

Waschbusch, Gerd: Finanzierung durch Vermögensumschichtung und Umfinanzierung (Teil I und Teil II). In: Der Steuerberater 1998, S. 269–277 und S. 311–318.

Waschbusch, Gerd: Kernbereiche der Unternehmensführung – Teil B: Besondere Fragen der Finanzierung des Mittelstands. In: Saarbrücker Handbuch der Betriebswirtschaftlichen Beratung, hrsg. von *Karlheinz Küting*, 4. Aufl., Herne/Berlin 2008, S. 161–250.

Waschbusch, Gerd: Kurzfristige Außenhandelsfinanzierung. In: Fallstudien zum Internationalen Management – Grundlagen – Praxiserfahrungen – Perspektiven, hrsg. von *Joachim Zentes, Bernhard Swoboda* und *Dirk Morschett*, 4. Aufl., Wiesbaden 2011, S. 55–67.

Waschbusch, Gerd: Stichwort „Familienunternehmen". In: Gabler Banklexikon: Bank – Börse – Finanzierung, hrsg. von *Ludwig Gramlich u. a.*, 14. Aufl., Wiesbaden 2012, S. 522–523.

Waschbusch, Gerd: Stichwort „mittelständisches Unternehmen". In: Gabler Banklexikon: Bank – Börse – Finanzierung, hrsg. von *Ludwig Gramlich u. a.*, 14. Aufl., Wiesbaden 2012, S. 986–987.

Waschbusch, Gerd: Genussrechte. In: Handbuch der Bilanzierung, hrsg. von *Rudolf Federmann, Heinz Kußmaul* und *Stefan Müller*, Freiburg i. Br. 1977 ff., Loseblatt, Stand: Dezember 2015, Abschnitt 55/1.

Waschbusch, Gerd: Mezzanines Kapital. In: Handbuch der Bilanzierung, hrsg. von *Rudolf Federmann, Heinz Kußmaul* und *Stefan Müller*, Freiburg i. Br. 1977 ff., Loseblatt, Stand: Dezember 2015, Abschnitt 88/1.

Waschbusch, Gerd: Stille Gesellschaft. In: Handbuch der Bilanzierung, hrsg. von *Rudolf Federmann, Heinz Kußmaul* und *Stefan Müller*, Freiburg i. Br. 1977 ff., Loseblatt, Stand: Dezember 2015, Abschnitt 128.

Waschbusch, Gerd/Druckenmüller, Jens/Staub, Nadine: Mittelstandsfinanzierung: Externe und interne Ratings – Auswirkungen auf die Finanzierungssituation mittelständischer Unternehmen (Teil I). In: Der Steuerberater 2009, S. 274–280.

Waschbusch, Gerd/Druckenmüller, Jens/Staub, Nadine: Mittelstandsfinanzierung: Externe und interne Ratings – Auswirkungen auf die Finanzierungssituation mittelständischer Unternehmen (Teil II). In: Der Steuerberater 2009, S. 306–312.

Waschbusch, Gerd/Kakuk, Christian/Breier, Carina: Mittelstandsanleihen – eine echte Finanzierungsalternative für den gesamten Mittelstand oder nur ein Instrument für Branchengrößen?! In: Der Steuerberater 2014, S 19–26.

Waschbusch, Gerd/Kaminski, Volker/Staub, Nadine: Mittelstandsfinanzierung: Wer ist der Mittelstand? – Eine Annäherung an den Begriff des wirtschaftlichen Mittelstands. In: Der Steuerberater 2009, S. 105–112.

Waschbusch, Gerd/Knoll, Jessica/Staub, Nadine: Existenzgründung – Erfolgsfaktoren auf dem Weg in die Selbstständigkeit. In: Finanzierung im Mittelstand 2010, S. 6–11.

Waschbusch, Gerd/Kreis, Nina/Druckenmüller, Jens: Mittelstandsfinanzierung: Business Angels – mehr als nur eine Finanzierungsalternative junger Wachstumsunternehmen. In: Der Steuerberater 2010, S. 224–234.

Waschbusch, Gerd/Sendel-Müller, Markus: Wenn die Technokratie versagt – Zum Umgang der Betriebswirtschaftslehre mit Unternehmenskrisen. In: OrganisationsEntwicklung 2009, S. 17–26.

Waschbusch, Gerd/Staub, Nadine: Staatliche Förderprogramme in der Mittelstandsfinanzierung – Theoretische Grundlagen und praktische Gestaltungshinweise insb. für saarländische Unternehmen. In: Arbeitspapiere zur Existenzgründung, hrsg. von. *Heinz Kußmaul*, Band 23, Saarbrücken 2008.

Waschbusch, Gerd/Staub, Nadine: Notwendigkeit und Möglichkeiten der Finanzierung des Mittelstands durch staatliche Förderprogramme. In: Finanz Betrieb 2008, S. 819–832.

Waschbusch, Gerd/Staub, Nadine/Horváth, Thomas: Mittelstandsfinanzierung: Der Entry Standard – Das Börseneinstiegssegment für mittelständische Unternehmen. In: Der Steuerberater 2009, S. 226–233.

Waschbusch, Gerd/Staub, Nadine/Karmann, Oliver: Die Zukunftsfähigkeit der kapitalmarktorientierten Mittelstandsfinanzierung über die Börse. In: Finanz Betrieb 2009, S. 689–697.

Waschbusch, Gerd/Staub, Nadine/Karmann, Oliver: Das aktuelle Stichwort: „Bondm" – Neues Anleihen-Handelssegment an der Börse Stuttgart. In: Finanzierung im Mittelstand 2010, S. 24.

Waschbusch, Gerd/Staub, Nadine/Knoll, Jessica: Mittelstandsfinanzierung: Finanzierung durch den Verkauf von Forderungen – Fremdkapitalersatz für mittelständische Unternehmen? In: Der Steuerberater 2009, S. 390–400.

Waschbusch, Gerd/Staub, Nadine/Knoll, Jessica: Mittelstandsfinanzierung: Private Equity – Möglichkeiten der Eigenkapitalbeschaffung nicht kapitalmarktorientierter mittelständischer Unternehmen (Teil I und Teil II). In: Der Steuerberater 2010, S. 74–80 und S. 146–150.

Waschbusch, Gerd/Staub, Nadine/Luck, Pascal: Basel III – Gefährdung der Mittelstandsfinanzierung?!. In: Corporate Finance law 2012, S. 191–202.

Waschbusch, Gerd u. a.: Kredithandel in Deutschland – Rechtliche und marketingpolitische Aspekte des Kreditverkaufs. In: Finanz Betrieb 2009, S. 15–25.

Waschbusch, Gerd u. a.: Kapitel 4: Finanzierungseffekte einer Mitarbeiterkapitalbeteiligung. In: Mitarbeiterkapitalbeteiligung unter Verwendung einer Beteiligungsgesellschaft – Gestaltung und Finanzierungsansätze, hrsg. von *Jens Lowitzsch* und *Stefan Hanisch*, Düsseldorf 2014, S. 135–193.

Werner, Horst S.: Mezzanine-Kapital – mit Mezzanine-Finanzierung die Eigenkapitalquote erhöhen. 2. Aufl., Köln 2007.

Witte, Eberhard: Die Liquiditätspolitik der Unternehmung. Tübingen 1963.

Witte, Eberhard: Finanzplanung der Unternehmung: Prognose und Disposition. 3. Aufl., Opladen 1983.

Wöhe, Günter: Betriebswirtschaftliche Steuerlehre I/2: Der Einfluß der Besteuerung auf das Rechnungswesen des Betriebes. 7. Aufl., München 1992, S. 307–308.

Wöhe, Günter: Bilanzierung und Bilanzpolitik. 9. Aufl., München 1997.

Wöhe, Günter: Einführung in die Allgemeine Betriebswirtschaftslehre. 21. Aufl., München 2002.

Wöhe, Günter/Bilstein, Jürgen: Grundzüge der Unternehmensfinanzierung. 9. Aufl., München 2002.

Wöhe, Günter/Döring, Ulrich: Einführung in die Allgemeine Betriebswirtschaftslehre. 25. Aufl., München 2013.

Wöhe, Günter/Kußmaul, Heinz: Grundzüge der Buchführung und Bilanztechnik. 9. Aufl., München 2015.

Wöhe, Günter u. a.: Grundzüge der Unternehmensfinanzierung. 11. Aufl., München 2013.

Wolff-Simon, Dirk: Erfahrungen mit Venture-Capital-Finanzierungen für Existenzgründer aus Sicht einer finanzierenden Bank. In: Akademie 1999, S. 16–21.

Wulfken, Jörg/Weller, Michael: Securitisation als neue Finanzierungsform. In: Die Bank 1992, S. 644–647.

Wysocki, Klaus von: Zur Frage der angemessenen Eigenkapitalausstattung aus betriebswirtschaftlicher Sicht. In: Fremdfinanzierung von Kapitalgesellschaften durch Anteilseigner im deutschen und ausländischen Körperschaftsteuerrecht, hrsg. von *Klaus von Wysocki u. a.*, München 1982, S. 1–11.

Stichwortverzeichnis

A

Abschlussprüfer 78, 88
Abschreibung
  bilanzielle 401, 406
  kalkulatorische 401, 406
Abschreibungen
  außerplanmäßige 463
  planmäßige 463
Abschreibungsgegenwerte 400, 402
Abschreibungsverfahren 292
Adressenrisiko 181, 314
Agio 43, 67, 72, 83, 94, 96, 114, 156, 161, 207, 380
Akkreditiv
  unbestätigtes 245
  unwiderrufliches 244
Aktie 44, 82
  Arten 82
  Begriff 82
  echte nennwertlose 95
  eigene 96, 128
  nennwertlose 94
  stimmrechtslose 89
  unechte nennwertlose 95
Aktiengesellschaft 57, 78, 380
  europäische 80
  Gründung 78
Aktienkursänderungsrisiko 295
Aktienregister 84
Aktiensplitting 123
Aktienzerlegung 123
Aktionärsschutz 80
Akzeptkredit 42, 242, 247
Am Geld 298, 299
American Depository Receipts 85
Amortisationsdauer 156
Änderungspflicht 38
Änderungsrecht 38
Anhang 261, 293
Anlagekapitalbedarf 445
Anleihe *Siehe* Schuldverschreibung
Anleihen
  ewige 272
Annuitätentilgung 157
Anpassungskoeffizient 457
Anzahlungsgarantie 243
Arbitrage 305, 323, 326, 339, 341, 343
Arbitrage Pricing Theory 25
Asset Backed Securities 420
Aufgabegeschäft 363

Aufgeld *Siehe* Agio
Aufsichtsrat 57, 78, 80, 88, 380
Aus dem Geld 298, 299
Ausfallbürgschaft 166
Ausfallrisiko 62, 316, 343, 414
Ausgleichszahlung 334, 335, 343, 345
Auskunftsrecht 58
Auskunftsverweigerungsrecht 58
Auslandsanleihe 36
Auslandsgeschäft 244
Ausschüttungssperrfunktion 152
Außenfinanzierung 27, 65, 368
  Konditionenvereinbarung 35
Außenhandelsfinanzierung
  kurzfristige 242, 244
Auszahlungen 12
Auszahlungsbetrag 43, 156
Avalkredit 42, 243
Avalprovision 243

B

Bankakzept 242, 247
Bankenkonsortium *Siehe* Konsortium
Bankgarantie 229
Bankregel
  Goldene 458
Bankschuldverschreibung 37, 208
Barakkreditiv 244
Bareinlage 72
Bargründung 79
Barrier Option 308
Basis 322
Basisinstrument *Siehe* Referenzinstrument
Basispreis 296
Basiswert 296
Bayer-Formel 459
Belegschaftsaktie 100
Beleihungsgrenze 162
Beleihungssatz 237
Beleihungswert 162
Benchmark 364
Berichtigungsaktie 122
Besitzkonstitut 175
Bestände
  eiserne 462
Beteiligung
  offene 138
  stille 138

Beteiligungsfinanzierung *Siehe* Einlagenfinanzierung
Beteiligungsfonds 137
Beteiligungsgesellschaft 136
   erwerbswirtschaftliche 131
   öffentlich geförderte 136
   öffentliche 138
   staatliche 131
Betrachtungsweise
   wirtschaftliche 281
Beurkundung 163
Bezugsrecht 42, 87, 99, 118, 119, 261, 265, 268, 271
Bezugsrechtsabschlag 102
Bezugsrechtsausschluss 100, 121
   erleichterter 113
BGB-Gesellschaft 68
Bietungsgarantie 243
Bilanzgewinn 80, 87, 88, 152, 374
Bilanzregel
   Goldene 458, 467
Bilanzstrukturregeln 455
Bonität 37, 65, 206, 208, 218, 235, 240, 242, 295, 422
Bonitätsprüfung 181
Bookbuildingverfahren 107
Bookrunner 109
Börse 50, 66, 208, 349, 351
Börsenaufsicht 352, 353
Börsenauftrag
   limitierter 361
   unlimitierter 360
Börsengeschäft
   Abwicklung 356
Börsengeschäftsführung 352
Börsenhändler 356, 359
Börsenmakler 360, 361, 363
Börsenmitglieder 358
Börsenordnung 351, 353
Börsenorgane 351
Börsenorganisation 351
Börsenpreis 360
Börsenrat 351
Börsenteilnehmer 355
Börsenträger 351
Börsenzulassung
   Zulassungsprospekt 76
Briefhypothek 179
Broker 356
Buchhypothek 179
Bundesanleihe 36
Bundesanstalt für
   Finanzdienstleistungsaufsicht 353
Bundesschatzbrief 210
Bürgschaft 165, 219, 243
   Formen 166

   selbstschuldnerische 166
Bürgschaftsvertrag 165
Business Angels 132
Business Plan 141
Buy Back 144
Buy-Out 132
Buy-Out-Finanzierung 132

C

Call *Siehe* Kaufoption
Cap 213
Capital Asset Pricing Model 25
Carry Basis 322, 324
Cash settlement 320, 322, 333
Certificates of Deposit 241
Chance-Constrained-Modell 23
Collar 213
Commercial Papers 52, 241
Commodities 349
Commodity Futures 318
Computerbörsen 50
Corporate Venture Capital-Gesellschaften 131
Cost of Carry-Satz 323
Credit Default Linked Notes 347
Credit Default Swaps 346
Credit Event *Siehe* Kreditereignis
Cross Hedges 327

D

Damnum *Siehe* Disagio
Darlehen 149
   gesamtfälliges 156
   partiarisches 271
   unverbrieftes 202
Dauerschuldverhältnisse 462
DAX 42, 321
Dean-Modell 23
Debt-Equity-Swaps 309
Deckungsstock 206
Deckungsstockfähigkeit 206
Definanzierung 371, 374
Deport 308
Depotwechsel 234
Derivate *Siehe* Finanzinstrumente, derivative
Desinvestition 402
Devisenbörse 349
Devisen-Futures 319, 324
Devisenkursänderungsrisiko 295
Devisentermingeschäft 308
Disagio 43, 156, 161
Disintermediation 202
Diskontkredit 234, 242, 249
Diversifikation 81

Dividende 45
Dividendenkontinuität 382
Dividendennachteil 103
Dividendenoptik 123
Dividendenvorrechte 89
Dokumentenakkreditiv 244
Doppelwährungsanleihe 41, 218
Due Diligence 141
Duration 213

E

Effektenbörse 349
Effektenlombard 237
Effektivverzinsung 158, 210
Eigenemission 105
Eigenfinanzierung 29
Eigengeschäft 359, 363
Eigenkapital 61, 67, 68, 70, 71, 72, 73,
  82, 131, 133, 134, 147, 256, 366
  Begriff 59
  bilanzielles 60
  effektives 60
Eigenkapitalkoeffizient 457
Eigenkapitalquote 457
Eigenkapitalrentabilität 465, 467
  reales 60
Eigenkapitalfunktionen 60
Eigenkapitalquote 135, 293, 423
Eigentum
  wirtschaftliches 152, 281, 282, 284,
    287, 288, 289
Eigentümerposition 428
Eigentümerrechte 8, 57, 87
Eigentumsvorbehalt 174
Einflussnahme 57
Einkommensteuer 396
Einlagen 67, 69, 73
  ausstehende 62
Einlagenfinanzierung 8, 27
Einlagensicherungsverband 74
Einrede der Vorausklage 165, 243
Einzahlungen 11
Einzelkredite 37
Einzelunternehmen 67, 74, 379
Emissionen
  revolvierende 240
Emissionskosten 424
Emissionskurs 44, 99, 104, 112
Endfällige Tilgung 218
Entgeltung
  erfolgsabhängige 45
  erfolgsunabhängige 47
Entnahmen 69
Entscheidungskriterien
  finanzwirtschaftliche 5
Equipment-Leasing-Verträge 276

Equity Mezzanine 130
Equity story 108
Erfolgsabgrenzung
  periodenrichtige 382
Erfolgsermittlung
  periodengerechte 402
Erfolgsfeststellung 372, 376
Erfolgslage *Siehe* Ertragslage
Erfolgssituation 386
Erfolgsverwendung 372, 374, 376
Erfolgszähler 43, 45
Erfüllungsfähigkeit 150, 152
Erfüllungsrisiko 316
Erfüllungswilligkeit 150
Ergebnisrücklagen
  andere 73
Ersatzzeitpunkt 407
Ertragslage 151, 366
Ertragsteuerbelastung 367, 369, 374,
  386, 389, 393, 394, 398, 408
Escape-Klausel 241
EUR-Anleihen 36
Eurex 50, 320, 354
  Clearing 359
  Handelsprodukte 359
  Handelsteilnehmer 359
  Terminhandel 359
EURIBOR 212
Euronotes 240
Eventualverbindlichkeit 242, 243, 383
Existenzgründer 134
Expansion Stage 140

F

Factoring 406, 413, 414, 443, 465
  Delkrederefunktion 414
  echtes 414
  Finanzierungswirkung 414
  offenes 415
  Servicefunktion 414
  Sicherheitsabschlag 416
  stilles 415
Fair Value 323
Federführer 108, 109
Festgeld 241
Festpreisverfahren 106
Finance-Leasing 279, 281
Financial Engineering 26, 35
Financial Futures 318, 321
  Preisbildung 322
Financial Swap *Siehe* Swap
Finanzanalyse 21
  statische 459
Finanzbudgetierung 432, 451
Finanzchemie 26

Finanzierung
  aus Abschreibungsgegenwerten 29, 400
  fristenkongruente 52
  objektgestützte 421
Finanzierungsarten 27
Finanzierungsbegriff 13
  entscheidungsorientierter 13
Finanzierungsfehlbetrag 442
Finanzierungsformenlehre 21
Finanzierungsfreiheit 30
Finanzierungsfunktion 64, 271
Finanzierungshilfen 135
Finanzierungsinstrumente
  Übertragung 49
Finanzierungsmaßnahmen
  bilanzverkürzende 16
  bilanzverlängernde 15
Finanzierungsprogramme
  öffentliche 145
Finanzierungsregel
  Goldene 458
  Kritik 460
Finanzierungstheorie
  klassische 19
  Neo-institutionalistische 25
  neuere 22
Finanzierungsüberschuss 442
Finanzierungsvorgänge
  kapitalumschichtende 16
  vermögensumschichtende 16
Finanzierungswirkung
  direkte 365
  indirekte 365
  negative 387, 388, 395, 396, 397
  positive 388, 394, 395, 397
Finanzinstrumente
  derivative 295, 318, 357, 359
  mezzanine 130
  originäre 358
Finanzkontrolle 10
Finanzmarkt 49
Finanzmittelbedarf 10
Finanzplan 432
  kurzfristiger 438
  langfristiger 437
  mittelfristiger 438
Finanzplanung 22, 431
  Ablauf 435
  Grundsätze 432
  Grundschema 435
  Zeitdimension 436
Finanzwechsel 234
Finanzwirtschaft
  Aufgaben 10
  Begriff 2
  Bestandteile 11
  Grundprinzipien 4
  Ziele 4
Finanzwirtschaftlicher Bereich 1
Firmenwert 66, 70
First Stage 140
Fixing Date 334
Floating Rate Notes 47, 212
Floor 213
Forderung
  nachrangige 56
Forderungsabtretung 169
Forderungsverzicht 258
Forderungszession 201
Forfaitierung 419
Forward Rate Agreements 48, 328
  Ausgleichszahlung 333
  Begriff 330
  Erfüllung 333
  Glattstellung 337
  Motive 341
  Preisbildung 339
Foundation-Venture Capital 136
Frachtstundungsaval 243
Fraktilmodell 23
Free retention 110
Freimakler 356
Freiverkehr 266
Fremdemission 100, 105
Fremdfinanzierung 29, 57, 147
Fremdkapitalquote 147, 293, 419, 457
Fremdkapitalzins 471
Fristenkongruenz 156, 453, 458, 466
Fristentransformation 156, 350
Fund raising 141
Fungibilität 50, 72, 84, 205, 208, 265, 271, 321, 349
Fusion 100, 119
Future Rate Agreement *Siehe* Forward Rate Agreement
Futures 318
  Arten 318
  Erfüllung 321
  Glattstellung 321
  Motive 324
  Preis 323
  Standardisierung 318

G

Garantie 168, 243
Garantiefunktion 64
Geldkredite 229
Geldmarkt 52
Geldschöpfung 240
Generalversammlung 58
Genossenschaft 73

Genussrechte 257, 463
  Ausstattungsmerkmale 267
Genussschein *Siehe* Genussrechte
Gesamtkapazität 410
Gesamtkapitalrentabilität 467
Gesamtplanungssystem 435
Geschäft
  schwebendes 383, 462
Geschäftsanteil 73
Geschäftsführung 57, 58, 81, 256
Geschäftsführungsfunktion 65
Geschäftsguthaben 73
Gesellschaft
  stille 259
Gesellschaft mit beschränkter Haftung
  Siehe GmbH
Gewährleistungsgarantie 243
Gewerbeertragsteuer 395
Gewinn
  unversteuerter 378
Gewinnrücklagen *Siehe* Rücklagen
Gewinnschuldverschreibung 148, 260, 270
Gewinnverwendung 388, 392
  Gewinnausschüttung 408
  Gewinnthesaurierung 68, 72, 74, 379, 389
Gewinnvortrag 380
Gläubigerposition 428
Gläubigerschutz 80, 96, 124, 126, 128, 149, 219
Gleichgewicht
  finanzielles 7, 11
Gleichmäßigkeit der Besteuerung 372
Globalzession 172, 414
GmbH 71, 75, 380
Going Public 115, 143, 144
Gratisaktie 122
Greenshoe-Phase 110
Grundbuch 179, 180
Grundkapital 44, 78, 81, 94, 118, 121, 124, 125, 126, 128
Grundmietzeit 280, 283, 288, 292
Grundpfandrechte 178, 205, 219
Grundschuld 179, 180, 203, 219
Gründungsbericht 79
Gründungsfunktion 60
Gründungsprüfung 79
Güter
  immaterielle 41

H

Haftsumme 56
Haftung 55
  beschränkte 65, 81
  unbeschränkte 65

Haftungsfunktion 63, 72, 147
Handel
  auftragsgetriebener 361
  Auktion 362
  preisgetriebener 361
  variabler 361, 362
Handelsregister 69, 70, 71, 79, 99, 120, 122, 125, 127
Handelssysteme
  hybride 361
Handelsteilnehmer 355
Handelsüberwachungsstelle 352
Handelswechsel 234
Hauptversammlung 57, 80, 81, 88, 116, 119, 121, 125, 127, 128, 129, 260, 266, 380
Haushalte
  öffentliche 36
  private 36
Hebeleffekt 211, 326
Hebelwirkung 324
Hedging 327, 341
Herunterstempeln 124
High-Yield Bonds 37
Höchstbetragsbürgschaft 167
Höchstbetragshypothek 180
Höchstwertprinzip 463, 464
Hurdle-Rate 137
Hybridkapital *Siehe* mezzanines Kapital
Hypothek 178, 179, 203
Hypothekenbrief 179
Hypothekenpfandbrief 219

I

Illiquidität *Siehe* Zahlungsunfähigkeit
Im Geld 298, 299
Imparitätsprinzip 463
Implied Forward Rate 341
Indexanleihe 45, 218
Index-Future 320
Indizes 42, 364
  Kursindizes 364
  Performanceindizes 364
Indossament 84, 232
Industrieobligation 37, 208
Informationsrecht 87
Inhaberaktie 51, 82
Inhaberschuldverschreibung 207
Inkasso 231
Inlandsanleihe 36
Innenfinanzierung 27, 133
  aus Vermögenszuwachs 371
  durch Vermögensumschichtung 368, 371, 399
  Instrumente 375
  Überblick 365

Innengesellschaft 255
Insolvenz 56, 63, 74, 78, 152, 256, 271, 414
Insolvenzverfahren 80, 153
Intrinsic value *Siehe* Wert, innerer
Investition 11
Investitionsrechnung 11, 12
Investorenmix 110
ISMA-Methode 158

J

Jahresabschluss 150
Jahresabschlusspolitik 371
Jahresüberschuss 366, 369, 372, 374, 380, 386, 392, 396

K

Kaduzierung 83
Kapazitätserweiterungseffekt 406, 407
Kapital
    bedingtes 265
    genehmigtes 120
    gezeichnetes 77, 78, 120
Kapitalabfluss 14, 16
Kapitalanlage 11
Kapitalanteil
    negativer 75
Kapitalaufbringung 11
Kapitalbedarf 412, 444
    Bestimmungsfaktoren 444
    dynamische Ermittlung 447
    statische Ermittlung 445
Kapitalbereitstellung 55
    befristete 52
    unbefristete 52
Kapitalbeschaffung 2, 13, 14, 15
Kapitaldeckung 453
Kapitalentgeltung 41, 43, 45, 48
Kapitalerhöhung 72, 98, 429
    bedingte 118, 266
    Begriff und Motive 98
    genehmigte 120
    nominelle 99, 121
    ordentliche 87, 88, 99, 113, 128
Kapitalerhöhung aus Gesellschaftsmitteln 121, *Siehe* Kapitalerhöhung, nominelle
Kapitalerhöhung gegen Einlagen *Siehe* Kapitalerhöhung, ordentliche
Kapitalfreisetzung 14, 16, 29
    durch Forderungsverkauf 413
    durch Rückfluss von Abschreibungsgegenwerten 400
    durch Verkauf (nicht) betriebsnotwendiger Vermögensgegenstände 427
    durch Verkürzung der Kapitalbindungsdauer 428
Kapitalgeber 35, 38, 54
Kapitalherabsetzung 74, 80, 429
    Begriff 124
    durch Einziehung von Aktien 124, 128
    ordentliche 124
    vereinfachte 124, 126
Kapitalhingabe 41, 43, 48, 50
Kapitalkonto 70, 379
Kapitalkosten 453
Kapitalmarkt 52
    freier 76
    organisierter 76
    unvollkommener 23
    vollkommener 23
Kapitalmehrheit 93
Kapitalnehmer 35, 38, 54
Kapitalrentabilität 5
Kapitalrückgabe 41, 43, 44, 48
Kapitalrücklage *Siehe* Rücklagen
Kapitalrückzahlung 13
Kapitalsammelstellen 204
Kapitalstruktur 431, 438, 453
Kapitalstrukturregel 457
    vertikale 466
Kapitaltilgung 2
Kapitalumschichtung 13, 14, 16, 399, 428
Kapitalumschlag 29
Kapitalumschlagshäufigkeit 6
Kapital-Vermögensstrukturregeln 457
Kapitalverwaltungsgesellschaft 60
Kapitalverwendung 2
Kassabörse 349
Kassageschäft 38, 354
Kassakurs
    Feststellung 362
Kauf
    kreditfinanzierter 292
Kaufoption 296, 297, 301
KG 70, 75, 379
Kombizinsanleihe 47
Kommanditaktionär 77
Kommanditgesellschaft *Siehe* KG
Kommanditgesellschaft auf Aktien 77
Kommanditist 70, 379
Komplementär 70, 77, 379
Konditionenvereinbarungen
    Art der Konditionen 40
    Bindungsgrad 38
    Zeitpunkte der Festlegung 38

Konsortialkredit 37
Konsortium 106, 107, 112, 206, 420
Kontokorrentkredit 229
Kontraktgröße 296
Kontrollrecht 58, 70, 87, 256
Konventionalstrafe 229
Körperschaftsteuer 395
Kosten- und Leistungsrechnung 401
Kreditauftrag 168
Kreditderivate 343
Kreditereignis 344
Kreditfinanzierung 9, 27, 133
    Formen 154
    kurzfristige 226
    langfristige 201
Kreditkosten 195
Kreditleihe 42, 242
Kreditplan 440
Kreditprolongation 156
Kreditreserven 462
Kreditrisiken 181
Kreditrisikokategorien 198
Kreditsicherheiten 9, 135, 149, 162, 164
    akzessorische 164, 165, 168, 179
    fiduziarische 164, 168, 175, 179
    sachenrechtliche 163, 174
    schuldrechtliche 165
Kreditsicherungspflichten 163
Kreditsubstitution 156
Kreditvereinbarung
    Inhalte 156
Kreditwürdigkeit 381, 416, 419, 438
Kreditwürdigkeitsprüfung 65, 74, 135, 181, 186, 206, 227, 243, 293
    Verfahren der 187
Kundenanzahlung 228
Kündigung 38
Kündigungsgeld 241
Kündigungsrecht 58, 217
Kursbildung 360
Kursindizes *Siehe* Indizes
Kursrisiko 211, 215
Kux 94

L

Laufzeit 162
Lead Manager 106
Leasing 42, 275
    direktes 276
    Finanzierungslücke 294
    indirektes 276
Leasing-Erlasse 282
Leasing-Gegenstand
    steuerbilanzielle Zurechnung 281
Leasing-Rate
    Tilgungsanteil 289

Zins- und Kostenanteil 289
Leistungsgarantie 243
Leistungswirtschaftlicher Bereich 1
Leitungsbefugnisse 256
Leveraged Buy-Out 133
Leverage-Effekt 465, 467
Lieferantenkredit 150, 227
Lieferungsgarantie 243
Limit Order 361
Liquidation 44
Liquidationserlös 56, 87, 93
Liquidisierbarkeit 6
Liquidität 17, 381
    absolute 6
    Begriffe 6
    Liquiditätsgrade 459
    Liquiditätsreserven 462
    Liquiditätsstatus 443
    zeitpunktbezogene 7
Liquiditätslage 128, 151, 365, 366
Liquiditätsreserve 229
Liquiditätssituation 57, 386, 394
Lohmann-Ruchti-Effekt *Siehe*
    Kapazitätserweiterungseffekt
Lombardkredit 236
Long Hedge 328
Lookback Option 308
Losgrößentransformation 350

M

Macro Hedge 327
Management Buy-In 133
Management Buy-Out 21, 133
Mantelzession 172
Market Maker 361
Market Orders 360
Marketing-Phase 108
Marktanalyse 139
Marktaufsicht 354
Marktausgleich 363
Maturity Date 334
Mehrdividende 91
Mehrstimmrechtsaktie 93
Meistausführungsprinzip 361, 362
Merchant-Venture Capital 136
Metakredit 37
mezzanines Kapital 29, 251
Micro Hedge 327
Minderheitsbeteiligung 134
Mindesteigenkapitalausstattung 61
Mindestgrundkapital 60
Mindeststammkapital 60
Mitbürgschaft 167
Mitgliedschaftsrechte *Siehe*
    Eigentümerrechte
Mittelbeschaffung 11

Mittelstandsanleihen 221
Mittelstandskredit 37
Mittelverwendung 11
Modified Duration 216
Monitoring 142
Moral-Hazard-Risiko 26

N

Nachbürgschaft 167
Nachgründung 79
Nachrangdarlehen *Siehe* : Darlehen, nachrangiges
Nachschusspflicht 62, 70, 72, 74
Namensaktie 51, 83
  vinkulierte 51, 86
Namensschuldverschreibung 207
Nebenleistungsgesellschaft 86
Negativerklärung 173
Negativklausel 219
Negoziationskredit 249
Nennbetrag
  fiktiver 95
  rechnerischer 44, 95, 125
Nennbetragsaktie 81, 94, 122
Nennwert 43, 156
  rechnerischer 44, 122, 123
Nennwertaktie 81, 94
Nennwertillusion 122
Nichtaktivierung 377
Niederstwertprinzip 463
  gemildertes 464
  strenges 464
Nominalbetrag 43
Nominalzinssatz 158, 210
Note Issuance Facilities 202
Null-Kupon-Anleihe *Siehe* Zero-Bond
Nutzungsdauer
  betriebsgewöhnliche 283, 284, 288, 289, 292

O

Obligation *Siehe* Schuldverschreibung
Offene Handelsgesellschaft *Siehe* OHG
OHG 69, 74, 379
One-on-one Meetings 108
Operate-Leasing 279, 281
Optionen 296
  amerikanische 296, 298
  asiatische 308
  Begriff 296
  europäische 296, 298
  Gewinn- und Verlustprofile 301
  Motive 305
  Zeitwert 300

Optionsanleihe *Siehe* Optionsschuldverschreibung
Optionsgenussschein 265
Optionsgeschäft 357
Optionsinhaber 296
Optionsprämie *Siehe* Optionspreis
Optionspreis 296, 297
Optionsrecht 42, 265
Optionsschein 270
Optionsschuldverschreibung 42, 118, 260, 269, 463
Optionsstrategien 307
Orderbuch
  elektronisches 354
Order-Driven-Market 361
Orderschuldverschreibung 207
Order-Taking-Phase 109
Over the counter 328

P

Passivtausch 28, 428
Patronatserklärung 168
Pensionsgeschäft *Siehe* Wertpapierpensionsgeschäft
Pensionsrückstellung 383, 385, 394
  Finanzierungswirkung 396
Perfect Hedge 327
Performanceindizes *Siehe* Indizes
Periodenkapazität 407, 410
Perpetuals 52
Personalsicherheiten 164, 165
Pfandbrief 208, 219, 421
Pfandrecht 176
  bewegliches 177
Physical settlement 322
Plain Vanilla Swap 309, *Siehe* Zinsswap
Plan
  Planerstellung 435
  Planfeststellung 436
  Planfortschreibung 442
  Plankontrolle 436
  Planrevision 442
Plant-Leasing 276
Platzierung
  öffentliche 105, 420
  private 105, 420
Platzierungsmethoden 105
Portfolio-Theorie 24
Prämiengeschäft 357
Präsenzbörse 50
Preisfeststellung 361
Preisrisiko 314
Pre-Marketing-Phase 108
Pricing-Phase 110
Primärmarkt 50
Principal-Agent-Theorie 25

Private Equity 130
Produkte
  strukturierte 347
Profit Center 451
Progressionseffekt 211
Public Equity 130
Pure Hedge 327
Put *Siehe* Verkaufsoption

Q

Quote-and-Order-Driven-Market 361
Quote-Driven-Market 361
Quotenaktie 94
Quotes 361

R

Ratentilgung 156, 205
Rating 37, 223
  internes 194
Ratingagenturen 37
Ratingverfahren 182, 187
Rationalisierungsmaßnahmen 368, 373, 399, 428
Realisationsprinzip 463
Realkredit 203
Realkreditinstitut 204
Realsicherheiten 164, 178
Referenzinstrument 344
Referenzwert 43
Referenzzinssatz 47
Regress 232
Regulierten Markt 114, 266
Reinvermögen *Siehe* Eigenkapital
Rembourskredit 247
Rentenschuld 181
Repartierung 107
Replicating 26, 35
Report 308
Repräsentationsfunktion 65
Research-Berichte 108
Restlaufzeit 33, 462
Return On Investment 5
REX 42
Risiko 8
Risikoaktivum 344
Risikoanalyse 23
Risikodiversifizierung 137
Risikokäufer 344
Risikokosten 196
Risikoverkäufer 344
Risk Based Margin 360
Road-show 108
Rückbürgschaft 167
Rücklagen
  Ergebnisrücklagen 73
  gesetzliche 73, 80, 126, 380
  Gewinnrücklagen 72, 121, 126, 379
  Kapitalrücklage 72, 73, 94, 96, 121, 126, 129, 380
  offene 72, 374
  satzungsmäßige 122
  stille 16, 62, 66, 122, 374, 427, 464
  versteckte 374
Rücklagenbildung 368, 372, 376, 380, 398
Rückstellung 377
  Auflösung 382, 385, 392
  Bildung 382, 386
  Finanzierungswirkung 386
Rückversicherungsgesellschaft 83
Rückzahlungsbetrag 43, 156

S

Sacheinlage 72
Sachgründung 79
Sachverhaltsdarstellung 372
Sachverhaltsgestaltung 372
Sale-and-lease-back 443, 464
Sale-and-lease-back-Verfahren 280, 427
Sanierung 89, 127, 128
Sanierungswürdigkeit 128
Sanktionsausschuss 352
Satzung 78
Satzungsänderung 88
Schachtelbeteiligung 116
Scheck-Wechsel-Verfahren 236
Schuldbeitritt 168
Schulden 461
Schuldendeckung 151
Schuldenüberbewertung 377
Schuldscheindarlehen 43, 204, 421
Schuldverschreibung 207
  Anleihe 213
  Ausstattungsmerkmale 209
  Besicherung 218
  Gesamtbetrag 209
  Kosten 209
  Kündigungsrecht 217
  Stückelung 209
  Tilgungsmodalitäten 217
  Verzinsung 209
Securitization 201
Seed-Phase 139
Sekundärmarkt 50
Selbstdiskontierung 242
Selbstfinanzierung 59, 376
  gesetzliche 380
  Instrumente 377
  offene 29, 80, 368, 374, 376, 379
  stille 29, 371, 374, 376, 377, 407
  Vorteile 381

Selektionsfunktion 350
Sensitivitätsanalyse 23
Settlement Date 334
Shareholder Value 144
Short Hedge 327
Sicherheit 8
Sicherungsgrundschuld 180
Sicherungshypothek 179
Sicherungsübereignung 175
Sicherungszession 169
Simultanplan 435
Skonto 42, 227, 236
Skontro 361
Skontroführer 356
Societas Europaea *Siehe*
   Aktiengesellschaft, europäische
Solawechsel *Siehe* Wechsel, eigener
Sorgfaltsmaßstäbe
   bankübliche 183
Sparbrief 43
Spekulation 324, 341, 343
Spezial-Leasing 280, 284, 286
Spin-Off 133
Spread 307
Stammaktie 86
Stammkapital 60, 71
Start-Up-Phase 139
Steuerstundungseffekt 211, 292, 378
Stille Gesellschaft 130, 255
   atypische 256
   typische 256
Stimmenmehrheit 93
Stimmrecht 87, 88, 259
Stimmrechtsvertretung 84
Straddle 307
Strangle 307
Stripping 26
Stückaktie 81, 94, 122, 123
Sukzessivplanung 435
Summenaktie 94
Swaps 48, 308
   Adressenrisiko 315
   Arten 309
   Preisrisiko 314
   Swapsatz 308

T

Teilamortisations-Leasing
   über bewegliche Wirtschaftsgüter
   287
   über unbewegliche Wirtschaftsgüter
   288
Teilschuldverschreibung *Siehe*
   Schuldverschreibung
Teilwertverfahren 397
Tenderverfahren 105

Terminbörse 349
Termineinlage 241
Termingeschäft 38, 354
   Abwicklung 359
   Arten 356
   Handelsobjekte 357
   unbedingte 318
Thesaurierung *Siehe* Rücklagenbildung
Tilgungsfonds 218
Tilgungsmodalitäten 217
   Ratentilgung 218
   Rückkauf 218
Tilgungsstruktur 156
Tilgungsteilbeträge 156
Tilgungszeitpunkte 156
Time value *Siehe* Zeitwert
Transaktionskosten 325
Treuhandeigentümer 175

U

Übernahme
   feindliche 82, 85, 118
Überpari-Emission 44, 94
Überschuldung 63, 153
Überzeichnung 107
Umfinanzierung 14, 28, 121, 399, 428
Umkehrwechsel 236
Umlaufkapitalbedarf 446
Umsatzprozess 365
Umsatzrentabilität 5
Unabhängigkeit 8
Unterbeteiligung 256
Unterbilanz
   berichtigte 127
Unternehmen
   emissionsfähige 76
   mittelständische 9, 131
   nicht emissionsfähige 66
Unterpari-Emission 44, 79, 89, 96
Ursprungslaufzeit 32

V

Value Basis 322, 324
Venture Capital 133
   Begriff 134
   Investitionsphase 141
   Notwendigkeit 133
   zeitlicher Ablauf 140
Verbriefung 43, 50, 201
Verkauf
   freihändiger 106
Verkaufsoption 296, 299, 303
Verkehrshypothek 179
Verlustausgleichsfunktion 61, 147, 271
Verlustrücktrag 369, 390

Verlustvortrag 369, 390
Vermögensgegenstand 461
Vermögensrechte 8, 87
Vermögensumschichtung 14, 27, 375, 399, 402
  Instrumente 400
Vermögensunterbewertung 377
Vermögenszuwachs 375
Verschuldungsgrad 24, 147, 431
  optimaler 467
Verschuldungskoeffizient 457
Versicherung
  eidesstattliche 153
Versicherungsunternehmen 205
Versorgungszusage 397
Vertretbarkeit 349
Vertreterversammlung 58
Vertretung 70, 256
Vertretungsmacht 67, 68
Verwaltungsrechte 257
Verweilzeitverteilung 449
Verzinsung 43, 47
  feste 47, 210
  variable 47, 212, 213
Vollamortisations-Leasing 282
  mit Kaufoption 283, 285
  mit Mietverlängerungsoption 284, 285
  ohne Option 282, 285
Vorabdividende 89
Vorausklage *Siehe* Einrede der Vorausklage
Vorlaufzeit 330, 333, 337
Vorratsaktie 98
Vorsichtsprinzip 374, 463
Vorstand 57, 78, 80, 117, 380
Vorzugsaktie 56, 88
  absolute 88
  kumulative 45, 89
  relative 88
  stimmrechtslose 259

W

Währungen
  synthetische 41
Währungsrisiko 314, 315, 420
Währungsswap 309, 312
Wandelgenussschein 264
Wandelschuldverschreibung 118, 260, 266, 463
  Ausstattungsmerkmale 269
Wandlungsfrist 266
Wandlungsverhältnis 266
Warenbörse 349, 354
Warenkredit 42, 227
Warenlombardgeschäft 238

Warrant *Siehe* Optionsschein
Wechsel
  eigener 230, 231, 234, 236
  gezogener 230
Wechselkredit 230
Wechsellombard 237
Wechselobligo 235
Wechselprotest 232
Wechselprozess 233
Wert
  innerer 297
Wertadditivitätstheorem 24
Wertaufholungsgebot 464
Wertpapierbörse 349, 354
Wertpapiere
  fungible 237
Wertpapierpensionsgeschäft 238
  echtes 238
  Pensionsgeber 238
  Pensionsnehmer 238
  unechtes 238
Wertpapierprospekt 223
Wertpapierterminbörse 354
Wiederanlagerisiko 215
Working Capital Management 428

X

Xetra 50, 354

Z

Zahlungsbereitschaft 7
Zahlungsfähigkeit 7, 134
Zahlungskraft 6
Zahlungsmittelbestand 6, 11
Zahlungsunfähigkeit 7, 63, 72, 153
Zahlungsverkehr 10
Zahlungsverpflichtungen 6, 7, 10
Zahlungsziel 413
Zeichnung
  öffentliche 105
Zeitbürgschaft 167
Zeitwert 300
Zero-Bond 210
Zins- und Währungsswaps
  kombinierte 309, 314
Zinsänderungsrisiko 210, 213, 215, 295, 314, 333
Zinsbegrenzungsvereinbarung 213
Zins-Future 320, 342
Zinsstruktur 157
  inverse 320
  normale 320
Zinsstrukturkurve 341
Zinsswap 309
Zinsvariabilität 47

Zinsverrechnung
  Art der 47
Zollbürgschaft 243
Zusammenlegung von Aktien 125
Zuteilungs-Phase 110
Zuzahlungssanierung 258

Zwangshypothek 180
Zwangsrücklage
  stille 377
Zwangsvollstreckung 153, 163, 166, 178, 180
Zweckgesellschaft 420